CW01497355

PUBLIÉ SOUS LA DIRECTION DE LA SECTION HISTORIQUE DE L'ÉTAT-MAJOR DE L'ARMÉE

CAMPAGNE

DE

L'EMPEREUR NAPOLÉON

EN ESPAGNE

(1808-1809)

Par le Commandant breveté **BALAGNY**

TOME DEUXIÈME

TUDELA, SOMOSIERRA, MADRID

« Les événements se préparent et tout est
en marche ; rien ne réussit à la guerre qu'en
conséquence d'un plan bien combiné. »
4e bulletin de l'armée d'Espagne.
Burgos, le 15 novembre 1808.

AVEC 9 CARTES, PLANS ET CROQUIS

BERGER-LEVRAULT ET Cie, LIBRAIRES-ÉDITEURS

PARIS | NANCY
5, RUE DES BEAUX-ARTS | 18, RUE DES GLACIS

1903

CAMPAGNE

DE

L'EMPEREUR NAPOLÉON

EN ESPAGNE

(1808-1809)

.

PUBLIÉ SOUS LA DIRECTION DE LA SECTION HISTORIQUE DE L'ÉTAT-MAJOR DE L'ARMÉE

CAMPAGNE

DE

L'EMPEREUR NAPOLÉON

EN ESPAGNE

(1808-1809)

Par le Commandant breveté **BALAGNY**

TOME DEUXIÈME

TUDELA, SOMOSIERRA, MADRID

« Les événements se préparent et tout est
en marche ; rien ne réussit à la guerre qu'en
conséquence d'un plan bien combiné. »
4ᵉ bulletin de l'armée d'Espagne.
Burgos, le 15 novembre 1808.

AVEC 9 CARTES, PLANS ET CROQUIS

BERGER-LEVRAULT ET Cⁱᵉ, LIBRAIRES-ÉDITEURS

PARIS | NANCY
5, RUE DES BEAUX-ARTS | 18, RUE DES GLACIS

1903

ERRATA

Page 8, ligne 14, *au lieu de :* sur la ligne, du Queilès, *lire :* sur la ligne du Queilès.

Page 64, ligne 31, *au lieu de :* Gumiel-de-Izan, *lire :* Gumiel-de-Hizan.

Page 71, ligne 24, *au lieu de :* occupant, *lire :* occupent.

Page 219, ligne 16, *au lieu de :* 29, *lire :* 22.

Page 314, ligne 24, *au lieu de :* Guéhénenc, *lire :* Guéhéneuc.

Page 331, ligne 20, *au lieu de :* .cf. uer, *lire :* refluer.

Page 338, ligne 14, *au lieu de :* 27 décembre, *lire :* 20 décembre.

Page 435, ligne 26, *au lieu de :* le placer, *lire :* la placer.

Page 462, ligne 5, *au lieu de :* versant sud, *lire :* versant nord.

Page 464, ligne 6, *au lieu de :* Valdesillas, *lire :* Valdestillas.

Page 493, avant-dernière ligne, *au lieu de :* M. Felipe Neri, *lire :* San Felipe de Neri.

Page 561, ligne 17, *au lieu de :* sud-ouest, *lire :* sud-est.

Page 583, ligne 18, *au lieu de :* le 20 au soir, *lire :* le 30 au soir.

Page 630, ligne 11, *au lieu de :* 1,000 livres, *lire :* 5,000 livres.

Page 630, ligne 14, *au lieu de :* vous fournir, *lire :* nous fournir.

Page 658, ligne 33, *au lieu de :* la résolution prochaine que j'ai prise, *lire :* la résolution que j'ai prise.

Page 670, ligne 7, *au lieu de :* avant-courière, *lire :* avant-courrière.

Page 670, ligne 14, *au lieu de :* faire venir, *lire :* faire serrer.

Page 670, ligne 9 de la note, *au lieu de :* 29 décembre, *lire :* 29 novembre.

OBSERVATION. — Une erreur de copie restée inaperçue nous a fait dire dans la préface de notre premier volume, page XII, ligne 25, que la correspondance de Sir John Moore avait été publiée *par son fils* en 1809 ; c'est *par son frère* qu'il faut lire ; James Moore était le frère cadet du général.

NOTA

Le texte personnel de l'auteur est imprimé en gros caractères ; le texte des documents en caractères plus petits.

CAMPAGNE

DE

L'EMPEREUR NAPOLÉON

EN ESPAGNE

(1808-1809)

CHAPITRE IV

OPÉRATIONS DIRIGÉES DE BURGOS PAR L'EMPEREUR

(13-23 novembre)

EXPLORATION DE LA CAVALERIE. — MOUVEMENT
SUR ARANDA ET SORIA.

Une fois installé à Burgos entre les deux masses principales des armées espagnoles, dorénavant séparées sans remède, l'Empereur resta jusqu'au 23 novembre dans la capitale de la Vieille-Castille, dirigeant les opérations de ses divers corps, et épiant une occasion favorable pour combiner une manœuvre savante qui lui permît d'obtenir d'un seul coup les grands résultats qu'il recherchait pour terminer rapidement la guerre.

Informé, dès son arrivée à Burgos, du mouvement rétrograde de l'armée de Galice vers l'ouest, il avait

essayé de la couper de sa ligne de retraite, en dirigeant, aussitôt qu'il l'avait pu, le maréchal Soult sur
Reinosa. S'il ne suivit pas de sa personne le mouvement du maréchal Soult, c'est probablement parce
qu'il jugea inutile d'abandonner Burgos et de laisser
sa gauche isolée devant l'armée intacte de Castaños,
pour aller opérer contre une armée déjà éprouvée et
ayant affaire à trois corps français plus que suffisants
pour la détruire ou la prendre, si le maréchal Soult
arrivait à temps.

Ayant abandonné à ses lieutenants le soin de disperser la gauche espagnole, l'Empereur tourna son
attention vers la droite ennemie, toujours immobile
depuis la fin du mois d'octobre, et qui constituait pour
lui une proie tentante; il considérait alors comme probable que Castaños, dès qu'il aurait appris la défaite
de la gauche et du centre espagnols, ne resterait pas
plus longtemps dans la vallée de l'Èbre et se retirerait
prudemment sur Madrid par la route directe qui passe
par Soria et Almazan; dans le cas où cette éventualité
ne se produirait pas et où la droite espagnole continuerait à rester sur ses positions, l'Empereur pouvait
essayer de la couper de Madrid en se portant sur
Almazan et Soria, tandis que le 3e corps attaquerait
par la vallée de l'Èbre. Mais, afin de pouvoir exécuter
cette manœuvre, il fallait d'abord qu'il fût sûr des résultats obtenus contre l'armée de Blake; ensuite, qu'il
fût maître de la région d'Aranda où se retirait l'armée
d'Extremadure, et enfin qu'il fût certain que les forces
anglaises signalées dans le sud-ouest de l'Espagne
n'arrivaient pas à proximité de Burgos par les routes
de Madrid ou de Valladolid.

Afin d'être exactement renseigné sur tous ces points, l'Empereur lança toute sa cavalerie aussi loin que possible dans le sud et dans l'ouest et, dès le 14 novembre, il reçut comme renseignements positifs que la région de Valladolid était vide d'ennemis, mais qu'Aranda était occupé par une force espagnole qui paraissait attendre des renforts. Pendant la journée du 15, ces renseignements furent confirmés. Il dirigea aussitôt sur Aranda le maréchal Ney, qui y parvint dans la soirée du 16 et trouva la ville évacuée.

Aussitôt informé de l'occupation d'Aranda par ses troupes et de la disparition des Espagnols au sud de cette ville dans la direction de Somosierra, l'Empereur organise sa manœuvre contre l'armée de Castaños qui est restée en place, et donne ses ordres, le 18 novembre, pour que le maréchal Ney se dirige sur Almazan puis sur Soria, où il arrivera le 22 novembre et où il interceptera la route de Madrid à Pampelune, tandis que le maréchal Lannes, à la tête du corps du maréchal Moncey et de la division Lagrange, attaquera le même jour Castaños à Calahorra.

Tout en s'occupant de la droite espagnole, Napoléon ne perdait pas de vue que l'adversaire le plus sérieux qu'il pût avoir à combattre, et auquel il devait réserver ses coups les plus puissants, c'était l'armée anglaise. Or, les nouvelles qu'il possédait au sujet de cette dernière étaient peu nombreuses et assez vagues : il savait seulement qu'elle avait pénétré en Espagne par le sud-ouest, venant de Lisbonne, mais il ignorait ses mouvements et ses projets. C'est pour éventer sa marche et recueillir des nouvelles à son sujet qu'il avait poussé sa cavalerie au delà de Palencia et de Valladolid. Pour la première fois, il avait l'espoir de pouvoir bientôt voir en face les troupes de sa mortelle ennemie l'Angleterre, et il tenait à ne négliger aucun moyen pour être prêt à leur infliger dès la première rencontre une sévère leçon. Il agit donc avec une grande circonspection, afin de ne pas manquer l'occasion favorable quand elle se présentera, et il surveille avec attention la direction du sud-ouest, d'où surgira vraisemblablement l'armée britannique.

Voilà probablement ce qui explique pourquoi l'Empereur prolonge son séjour à Burgos, au centre de gravité de ses forces et au centre géométrique du terrain occupé par ses troupes : il est ainsi prêt à se porter partout où sa présence sera nécessaire.

Il ne suivra donc pas de sa personne le maréchal Ney pour diriger l'important mouvement qui va s'exécuter dans la vallée du Duero ; il n'a d'ailleurs plus à Burgos d'autre troupe disponible que sa Garde, et le 1er corps qu'il a rappelé à lui ne l'a pas encore rejoint ; ce n'est que le 20 novembre que le maréchal Victor arrivera à l'ouest de Burgos.

Or, les nouvelles qu'il reçoit à cette date lui montrent que Castaños est toujours dans la vallée de l'Èbre, qu'il n'y a pas trace d'Anglais au delà de Valladolid, et que les forces espagnoles qui ont été signalées à Aranda se retirent sur Somosierra ; il se trouve ainsi débarrassé pour un temps de toute crainte au sujet de son centre et de sa droite, et comme il peut alors disposer de 26,000 hommes d'infanterie et de 9,000 cavaliers, il songe de suite à les employer à sa gauche et décide de se porter avec toutes ces forces dans la vallée du Duero pour soutenir le maréchal Ney et essayer de porter à Castaños un coup formidable; pendant qu'il manœuvrera vers l'est, il sera couvert vers l'ouest et le sud-ouest par le corps du maréchal Lefebvre descendu sur Carrion et par la cavalerie du général Milhaud vers Palencia et Valladolid, vers le sud par la cavalerie du maréchal Bessières sur la route de Madrid. L'Empereur dirige donc, le 20 novembre, le 1er corps droit sur Lerma; il y porte aussi sa Garde et fait continuer sans interruption le mouvement sur Aranda, où toutes ces troupes parviennent le 23 et le 24 novembre; il quitte Burgos le 23 novembre et arrive à Aranda le même jour, prêt à se mettre à la tête du 1er corps et de la Garde et à continuer sur Almazan.

Il était déjà un peu tard pour exécuter ce mouvement, puisque l'attaque des maréchaux Lannes et Ney sur Calahorra et Soria avait été fixée au 22 novembre; mais il avait été matériellement impossible à l'Empereur de disposer plus tôt de nouvelles troupes, et les événements s'étaient présentés de telle façon qu'il n'avait pas pu agir avec plus de rapidité.

La plupart des historiens ont si souvent dit et répété que Napoléon disposait pendant la campagne d'Espagne de forces écrasantes, qu'on ne se figure pas aisément qu'il fût obligé à la prudence par suite d'une pénurie d'effectifs; c'est cependant la vérité : l'Empereur, pendant le mois de novembre, ne put pas mettre en ligne plus de 120,000 combattants; si l'on considère la nécessité où il se trouvait d'occuper avec ces 120,000 hommes une énorme étendue de territoire, on comprendra qu'il lui fût difficile de réunir sur le même point plus de 35,000 à 40,000 hommes, c'est-à-dire l'effectif nécessaire pour livrer une bataille sérieuse;

dans ces conditions, il n'y a plus lieu de s'étonner
lorsqu'on le voit prendre toute sorte de précautions et
ne s'engager qu'avec prudence même en face des armées espagnoles qu'il jugeait peu redoutables.

D'après tout ce qui précède, il ne semble pas que
l'Empereur mérite le reproche qui lui a été quelquefois
adressé (1) d'avoir perdu son infatigable activité d'autrefois en négligeant de se porter lui-même à la tête
de ses troupes, soit sur Calahorra, soit sur Soria.

Il est bien certain, d'autre part, que les maréchaux
Lannes et Ney devant, d'après les ordres de l'Empereur, se trouver le 22 novembre à Calahorra et à Soria
pour y attaquer l'armée de Castaños, cette armée était
perdue si elle se retirait devant le maréchal Lannes en
prenant la route de Soria, puisqu'elle y rencontrerait
le maréchal Ney; mais il était improbable qu'elle ne
connût pas la présence des Français dans cette ville,
et il était à prévoir qu'elle gagnerait par Tarazona et
Calatayud la route de Saragosse à Madrid. Or, la distance de Tarazona à Soria, où devait être le maréchal
Ney, étant plus considérable que celle de Tarazona

---

(1) Voici ce que dit à ce sujet le colonel Yorck de Wartenburg, dans son
remarquable ouvrage : *Napoleon als Feldherr*.

« Si la campagne a été bien inaugurée, il y a lieu toutefois de constater chez
l'Empereur un certain relâchement dans les moyens d'exécution. En nous rap-
pelant l'énergie infatigable, presque surhumaine, que le général de Montenotte
et de Rivoli déployait personnellement partout où il fallait frapper le coup décisif, nous sommes en droit de nous étonner de voir cette fois l'Empereur rester
à Burgos et laisser à ses sous-ordres le soin d'anéantir Blake et Castaños.
Présent à Soria, il eût lui-même, comme en 1796, conduit Ney sur les derrières de Castaños ; ou bien, si Ney l'avait su à Tudela, il serait accouru sans
hésitation, et Castaños était perdu. Dans l'exécution du plan de Napoléon,
nous ne voyons plus cette activité fiévreuse, infatigable, ce besoin impérieux
de ne pas perdre un temps précieux, une occasion qui ne revient plus. »
Il y a une part de vérité dans ces appréciations, mais il faut observer que
Napoléon ne commandait en Italie que l'équivalent d'un corps d'armée, tandis
qu'en Espagne il en dirigeait six à la fois, et que sa conduite ne pouvait pas
être la même.

à Calahorra (¹), où se trouvait Castaños, le maréchal Ney avait beaucoup de chances d'arriver à Tarazona plus tard que le général espagnol, si ce dernier se retirait sans perdre de temps.

Ces considérations ont amené certains critiques à conclure que l'Empereur aurait dû combiner les mouvements de ses maréchaux de façon que le maréchal Lannes n'attaquât les Espagnols dans la vallée de l'Èbre que le jour où le maréchal Ney serait arrivé à Tarazona, sur la ligne de retraite de l'ennemi.

Il est évidemment fort simple de raisonner ainsi après coup, mais il ne faut pas oublier que, vu les circonstances, l'Empereur ne put pas envoyer avant le 18 novembre ses ordres aux maréchaux Lannes et Ney ; or, il fallait six grands jours de marche à ce dernier pour se rendre d'Aranda à Tarazona ; comme il ne pouvait partir d'Aranda que le 19 novembre, il ne devait pas arriver à Tarazona avant le 24 novembre ; l'attaque du maréchal Lannes aurait donc dû être remise à cette date. Mais l'Empereur dut considérer que le délai était beaucoup trop long, car il craignait surtout de voir Castaños se dérober dès la nouvelle de la marche du maréchal Ney sur Almazan ; il ne voulut donc pas retarder l'attaque du maréchal Lannes sous peine de voir l'armée espagnole s'échapper sans combat de la vallée de l'Èbre, ou se présenter tout entière devant le maréchal Ney vers Soria. Il choisit la date du 22 parce qu'à ce moment le maréchal Ney pouvait être à Soria et le maréchal

---

(1) De Calahorra à Tarazona : 55 kilomètres par une bonne route en plaine ; de Soria à Tarazona : 75 kilomètres par une mauvaise route de montagne.

Lannes à Calahorra : il croyait qu'on se battrait le 22
à Calahorra, et c'était en effet probable, puisqu'on savait de source certaine que l'armée de Castaños y était
concentrée ; si l'ennemi perdait la bataille, Napoléon
pensait qu'il mettrait plus d'une journée pour franchir
les 55 à 60 kilomètres qui séparent Calahorra de Tarazona, où il n'arriverait guère que le 24, c'est-à-dire à
peu près en même temps que le maréchal Ney. La
combinaison de l'Empereur était donc fondée sur des
calculs raisonnables, et aurait peut-être réussi selon
ses désirs, si l'armée espagnole avait accepté le combat à Calahorra le 22 novembre, au lieu de se dérober
dans la nuit du 21 pour aller s'établir le 22 au soir
sur la ligne, du Queilès de Tarazona à Tudela.

De ce que la manœuvre n'a pas réussi, il ne faut
pas conclure qu'elle a été mal conçue : il vaut mieux
se reporter aux circonstances qui l'ont amenée et aux
conditions dans lesquelles elle a été exécutée.

Lorsqu'on examine avec attention les ordres jour-
naliers de l'Empereur et l'enchaînement des événements
survenus pendant son séjour à Burgos, on se rend
compte que sur un théâtre d'opérations aussi vaste, où
tous ses corps marchaient à peu près dans l'inconnu,
faute de renseignements positifs, sa préoccupation essentielle devait être de présider de haut à l'ensemble
des opérations sans vouloir régler tous les détails, et
de coordonner les mouvements de ses maréchaux tout
en parant à l'imprévu en se tenant prêt lui-même à
faire face à un adversaire surgissant d'une direction
quelconque.

Dans ces conditions, la conduite des opérations exi-
geait beaucoup de prudence et de méthode, associées

à une grande largeur de vues, et l'Empereur, qui ne pouvait être partout à la fois, devait se borner à poser les bases générales des manœuvres de large envergure dont il confiait l'exécution à ses lieutenants; le talent de ces derniers et les circonstances devaient faire le reste.

Si l'on considère dans cet esprit le détail des dispositions quotidiennement prises par l'Empereur pendant cette période, on est saisi d'admiration en constatant avec quelle incomparable habileté il sut manier les pièces de son échiquier stratégique, menaçant l'adversaire partout, tandis que lui-même ne se trouvait en prise nulle part.

JOURNÉE DU 13 NOVEMBRE.

L'Empereur avait reçu, pendant la nuit du 12 au 13 novembre, les rapports suivants du général Lasalle au maréchal Bessières, qui furent apportés directement au quartier général impérial :

LE GÉNÉRAL LASALLE AU MARÉCHAL BESSIÈRES.

Lerma, le 12 novembre 1808, à 8 heures.

Monseigneur,

Je reçois à l'instant la lettre au crayon que Votre Excellence m'a fait l'honneur de m'adresser et j'exécuterai ponctuellement ses intentions.

L'officier commandant la reconnaissance sur Aranda m'annonce qu'il est arrivé à Bahabon à 4 heures de l'après-midi. Sa marche a été lente par la nécessité où il a été de s'éclairer sur ses flancs. Les paysans lui ont annoncé que l'ennemi était passé hier, que sa force pouvait être d'à peu près 5oo hommes qui ont en partie couché à Bahabon et en sont partis ce matin. De petites colonnes se sont jetées à droite et à gauche dans des routes qui conduisent à Aranda, et le gros de la troupe s'est mis en marche par la grande route. Ceux qui ont pris la droite disaient cependant qu'ils allaient à Tortolès.

On a dit à l'officier qu'on n'avait pas vu d'artillerie, et que, si elle était passée, c'était de nuit. On ignore le nom du général qui commande cette troupe, composée en majeure partie de paysans.

Il a passé aussi par Bahabon à peu près 200 cavaliers. Les habitants ignorent si l'ennemi est à Aranda.

L'officier n'a pu faire qu'un seul prisonnier; il lui a été impossible de faire poursuivre ceux qu'il a aperçus parce qu'ils se sont jetés dans les bois, et qu'il n'avait que 20 che-vaux avec lui. Il a cherché à inspirer de la confiance aux habitants qui, selon toute apparence, n'abandonneront pas leur village.

Comme j'ai eu l'honneur de l'annoncer à Votre Excellence, une seconde reconnaissance s'est portée sur Bahabon et la première s'est avancée sur Aranda.

P.-S. — Puisque Sa Majesté s'approche et que probable-ment je ferai demain un mouvement, je supplie Votre Excellence de m'autoriser à retirer mes postes de corres-pondance qui sont en arrière, à Villariezo, à Cogollos et Madrigalejo.

Monseigneur,

Je décachète ma lettre pour annoncer à Votre Excellence que l'officier envoyé sur Soria vient de m'amener 11 pri-sonniers. Il en aurait fait davantage sans la difficulté des chemins.

Les paysans, selon les intentions de Votre Excellence, ont été rassurés ; ils ont déclaré qu'il n'avait passé aucun corps de ce côté.

On interroge les prisonniers dans ce moment, je rendrai compte à Votre Excellence du résultat.

LE GÉNÉRAL LASALLE AU MARÉCHAL BESSIÈRES.

Lerma, le 12 novembre 1808.

Monseigneur,

Voici le résultat des renseignements que j'ai pu prendre d'un prisonnier amené par la reconnaissance du 10ᵉ de chasseurs, qui avait été envoyée sur Soria. Cet homme vient de Leon, où il y a 300 ou 400 hommes que l'on exerce. Il dit en outre qu'une colonne de 20,000 Anglais se rendait à Aranda, mais qu'ils ont changé leur route et se dirigent sur Valladolid.

Le marquis de Castelar fils commandait une division à la journée du 10.

Le marquis de Castelar père vient sur Aranda avec une colonne de 22,000 hommes ; il ignore s'il amène de l'artillerie.

Il y a en outre à Saoul, à 6 heures de Carrion-de-los-Condes, sur la route de Léon, 1,500 paysans qui s'exercent.

J'ai l'honneur d'envoyer à Votre Excellence copie de la proclamation qu'elle m'a ordonné de faire aux habitants de Lerma, j'emploie la nuit à en faire faire des exemplaires en langue espagnole ; il n'y a point ici d'imprimerie.

L'Empereur, après avoir pris connaissance des rapports précédents, écrivit au maréchal Bessières pour lui recommander de prescrire aux généraux Lasalle et Milhaud de déployer toute l'activité possible afin de faire des prisonniers et d'avoir des renseignements précis ; il ordonnait aussi qu'on maintînt parmi les troupes une exacte discipline.

L'EMPEREUR AU MARÉCHAL BESSIÈRES.

Burgos, le 13 novembre 1808 à 2 heures du matin.

Mon Cousin, vous trouverez ci-joint une lettre du général Lasalle, que votre ordonnance a apportée au quartier général. Répondez-lui sur-le-champ que j'ai lu avec plaisir le rapport et les renseignements qu'il a donnés (¹) ; que je suis fâché que les 400 hommes qui étaient égarés sur la droite n'aient pas été faits prisonniers ; de maintenir la meilleure discipline et de faire réorganiser la poste de Lerma ; d'avoir des renseignements sur les 24,000 hommes qui arrivent de Madrid. Comment étaient-ils à Madrid ? Qu'il tâche de savoir ce que fait l'armée de Castaños. Qu'il envoie de petites patrouilles sur les chemins de traverse pour arrêter les courriers. J'espère aussi qu'il m'enverra plus de prisonniers, je n'en ai pas encore reçu.

Cependant, en fouillant les villages, en envoyant beaucoup de patrouilles sur les traverses, on aurait trouvé beaucoup d'hommes égarés. Il est bien fâcheux que le courrier expédié par le général de l'Extremadure au général Blake n'ait pas été pris.

Burgos, le 13 novembre 1808 à 2 heures du matin.

Mon Cousin, écrivez au général Milhaud que je crois qu'il sera arrivé à midi à Palencia, que j'attends avec impatience des nouvelles de ce qui se sera passé de ce côté-là, et surtout des renseignements sur ce qui se passe à Valladolid et dans le reste de la plaine ; que je désire qu'il intercepte les courriers que le général Blake envoie en Galice et en reçoit ; que j'espère qu'il aura arrêté la poste qui va en Galice ; qu'il faudra envoyer des partis au point où le chemin de Reinosa entre dans la plaine, parce qu'il est probable que les bagages et le parc du général Blake, sur la marche du maréchal Soult, auront évacué et se seront diri-

---

(1) Lettre de Lerma, 12 novembre.

gés sur la Galice. S'il a de l'activité et du savoir-faire, il doit prendre tout cela. Recommandez-lui de nouveau une bonne discipline et faites-lui comprendre qu'il serait fâcheux que la terreur précédât de huit jours la marche de l'armée.

Faites dans la nuit une proclamation aux habitants de Palencia et Valladolid. Annoncez-leur que les habitants des villages qui ne seront pas évacués seront bien traités ; qu'il n'est pas possible d'empêcher le désordre dans ceux qui ne sont pas habités.

Entre 2 et 3 heures du matin, le général Merlin apporta au quartier général impérial les lettres du maréchal Lefebvre du 10 novembre et donna des renseignements détaillés sur ce qu'il savait au sujet des opérations des 1er et 4e corps à cette date.

Après avoir entendu les explications du général Merlin, l'Empereur, sans faire aucune allusion au différend survenu entre les maréchaux Lefebvre et Victor, envoya au maréchal Victor, dont le corps était le plus considérable, l'ordre de marcher sur Villarcayo, dans le but de rejeter l'armée de Galice sur Reinosa, où se dirigeait le maréchal Soult ; ce dernier eut l'ordre de hâter sa marche sur Reinosa, afin d'essayer de couper l'armée de Galice sur ce point ; les 1er et 2e corps étant largement suffisants pour assurer la défaite de l'armée du général Blake, l'Empereur donna l'ordre au maréchal Lefebvre de pousser jusqu'à Santander pour occuper ce point important et pacifier le pays ; tous ces mouvements avaient pour but de fermer à l'armée de Galice toute issue vers le sud ou vers l'est et de la rejeter au loin dans les Asturies.

Au moment où furent envoyés ces ordres, l'armée de Galice était déjà battue et dispersée depuis deux jours ;

mais l'Empereur ignorait encore la victoire du 1er corps
à Espinosa ; il savait seulement que le 10 novembre
les 1er et 4e corps s'étaient portés de Nava sur Espinosa
et Villarcayo.

Après avoir donné les ordres qui précèdent, l'Empereur fit prescrire au maréchal Ney de porter un de
ses régiments sur la route de Lerma, probablement pour
être à portée de soutenir, en cas de besoin, la cavalerie légère du général Lasalle.

LE MAJOR GÉNÉRAL AU MARÉCHAL LEFEBVRE.

Burgos, le 13 novembre 1808, à 3 heures du matin.

L'Empereur, Monsieur le duc de Danzig, a reçu vos lettres des 9 et 10. Nous sommes à Burgos, après avoir battu,
comme je vous l'ai mandé, l'armée d'Extremadure, forte
d'environ 20,000 hommes.

Le maréchal Soult s'est mis en marche hier sur Villarcayo et Reinosa pour y couper l'ennemi. Notre cavalerie est
déjà arrivée à Reinosa et à Palencia. Il est nécessaire, Monsieur le Duc, que vous désarmiez et que vous rassoyiez tout
le pays entre Santander et Bilbao. Vous devez à cet effet
y laisser une partie de la division Leval et, avec la division
Sébastiani et le reste de la division Leval, marcher sur Santander, afin de pouvoir pousser Blake au delà des Asturies.

LE MAJOR GÉNÉRAL AU MARÉCHAL VICTOR.

Burgos, le 13 novembre 1808, à 3 heures du matin.

L'intention de l'Empereur, Monsieur le Maréchal, est que
du moment où l'ennemi sera en pleine retraite, Sa Majesté
apprenne que vous marchiez sur Villarcayo. Le maréchal
Soult, qui marche sur Reinosa, envoie un parti à votre rencontre. Le maréchal Soult marche pour tâcher de couper

Blake sur Reinosa. Je vous ai mandé que l'armée d'Extremadure qui était à Burgos, forte de 25,000 hommes(¹), a été détruite. Notre cavalerie est à Palencia et sur Aranda.

LE MAJOR GÉNÉRAL AU MARÉCHAL SOULT.

Burgos, le 13 novembre 1808, à 3 heures du matin.

Au moment même arrive le général Merlin, qui est parti le 10 de Nava. Il résulte des renseignements qu'il nous a donnés que l'ennemi se retire sur Reinosa, que le maréchal Victor marche sur Espinosa, le maréchal Lefebvre sur Villarcayo ; marchez donc droit, le plus vite que vous pourrez, Monsieur le Maréchal, sur Reinosa, et envoyez sur Villarcayo une reconnaissance pour communiquer avec le maréchal Lefebvre. Le général Blake n'a pas aujourd'hui 20,000 hommes, ils sont dans le plus grand désordre et ne peuvent faire face à une de vos divisions(²). L'ordre a été donné au général Milhaud de tomber sur les derrières de Reinosa.

LE MAJOR GÉNÉRAL AU MARÉCHAL NEY.

Burgos, le 13 novembre 1808, à 3 heures du matin.

L'intention de l'Empereur, Monsieur le duc d'Elchingen, est de passer aujourd'hui en revue, à 5 heures du matin, les cinq régiments de votre corps qui sont ici. Vous choisirez à cet effet une plaine sur le chemin de Madrid. Après la revue, le 31ᵉ régiment d'infanterie légère ira prendre position en

---

(1) Plus haut, c'était 20,000 hommes : toutes ces exagérations sont intentionnelles.

(2) Pendant toute la campagne, Napoléon ne cessa de recommander à ses lieutenants de montrer de la hardiesse à l'égard des Espagnols qu'il méprisait fort. Voici ce qu'il écrivait le même jour au général Gouvion Saint-Cyr, auquel il recommandait de marcher franchement sur Barcelone :

« Dans ce moment, l'armée de Galice est entièrement cernée ; l'armée d'Extremadure a été détruite à Burgos ; bientôt nous serons à Madrid et devant Saragosse.

« En général, les troupes espagnoles sont très mauvaises ; un régiment comme le 42ᵉ peut en détruire six espagnols. N'ajoutez point foi à ce que l'on vous dit, le principe adopté est en général d'exagérer les forces. »

avant sur la route de Lerma, à la première poste. Vous me ferez connaître le nom du village qu'occupera ce régiment, si les localités exigent qu'il soit en deçà ou au delà de la poste. L'intention de l'Empereur est qu'il soit en position à environ 2 ou 3 lieues d'ici.

L'Empereur reçut, avant 8 heures du matin, la lettre du maréchal Soult, datée d'Huermecès, à minuit et demi, le 13 novembre ([1]), dans laquelle le maréchal disait que les rapports de son avant-garde annonçaient à Reinosa la présence de l'ennemi avec un matériel considérable ; il ajoutait qu'on avait entendu le canon à Villarcayo, mais que les chemins dans cette région étaient si mauvais qu'il jugeait improbable que l'ennemi se retirât par cette direction ; qu'en conséquence, il se portait avec le 2ᵉ corps sur Canduela.

L'Empereur fit répondre au maréchal Soult qu'il approuvait sa conduite et lui annonça que le général Milhaud avait reçu l'ordre de pousser au nord-est vers Aquilar-del-Campo.

Ce furent probablement les nouvelles envoyées par le maréchal Soult, en faisant envisager à l'Empereur la présence possible d'un corps ennemi vers Villarcayo, qui firent modifier les ordres envoyés précédemment au maréchal Ney, car, après la revue de l'Empereur, ce fut le 6ᵉ régiment d'infanterie légère qui fut dirigé sur la route de Lerma, et le 31ᵉ d'infanterie légère (général Mermet) fut envoyé sur Huermecès pour garder les deux routes de Reinosa et de Villarcayo, assurant ainsi les derrières du maréchal Soult et barrant le chemin aux troupes qui pourraient s'échapper de Villarcayo.

_____

(1) Voir tome I, page 447.

L'EMPEREUR AU MARÉCHAL SOULT.

Burgos, le 13 novembre 1808, à 8 heures du matin.

Mon Cousin, le Major général me met sous les yeux votre lettre d'aujourd'hui à minuit. La canonnade de Villarcayo est évidemment une attaque du maréchal Lefebvre(¹) contre le corps ennemi qui s'est porté là, dans le dessein de protéger Burgos.

Tâchez de communiquer, à l'Escudo, avec le maréchal Victor. Portez-vous hardiment sur Reinosa, avec la seule précaution de tenir votre corps réuni. Le général Milhaud est arrivé à Palencia hier à midi. Je lui ai ordonné d'envoyer un fort détachement sur Reinosa, en passant par Torquemada, Melgar-de-Yuso, Herrera, Aguilar-del-Campo. Nous serons bien malheureux si nous n'avons pas un morceau de tout cela.

P.-S. — Quand je dis Reinosa, j'entends s'emparer de la ville, pousser des reconnaissances sur Santander, sur le chemin de Leon, à la rencontre des patrouilles du général Milhaud, et marcher à la rencontre de l'ennemi s'il se retirait par Villarcayo.

LE MARÉCHAL NEY AU MAJOR GÉNÉRAL.

Burgos, le 13 novembre 1808.

Monseigneur,

J'ai l'honneur de rendre compte à Votre Altesse Sérénissime que le 6ᵉ régiment d'infanterie légère est parti, immédiatement après la revue que Sa Majesté en a passée ce matin, pour aller prendre position à Villariezo, route de Lerma.

Le 31ᵉ d'infanterie légère est également parti après la revue pour se diriger sur Quintana-Dueñas et Arroyal, route de Santander.

---

(1) C'était en effet la division du général Sébastiani poursuivant la colonne du marquis de Malespina qui se retirait au sud-ouest de Villarcayo.

Les mouvements du 2ᵉ corps sur Reinosa et du 4ᵉ corps sur Villarcayo ne laissaient d'autre issue à l'armée espagnole, si elle voulait s'échapper, que du côté de Frias et de la gorge d'Oña; l'Empereur, afin de lui fermer ce débouché, fit envoyer l'ordre suivant au général Digeon, resté à Miranda avec une brigade de dragons de la division Latour-Maubourg :

LE MAJOR GÉNÉRAL AU GÉNÉRAL DIGEON.

Burgos, le 13 novembre 1808, à 10 heures du matin.

Une colonne ennemie est coupée à Villarcayo et à Reinosa, et il ne lui reste plus d'autre débouché que par Frias. Montez sur-le-champ à cheval et faites des reconnaissances sur cette ville. Tenez-vous en mesure de chercher l'ennemi et de ramasser des prisonniers. Mettez en position l'artillerie qui peut se trouver à Miranda, et, si vous pouvez avoir des attelages et des pièces d'artillerie, n'importe à qui elles peuvent appartenir, le présent ordre que vous montrerez à celui qui les commanderait vous autorise à les prendre avec vous; s'il passe de l'infanterie, vous la retiendrez jusqu'à ce que vous soyez sûr que l'ennemi soit entièrement éparpillé. Si véritablement l'ennemi, qui doit être talonné par les maréchaux Lefebvre et Victor, a l'air de se diriger de vos côtés, prévenez-en le général Lagrange qui est à Logroño, pour qu'il puisse se mettre en mouvement et les arrêter. Donnez-moi de vos nouvelles tous les jours et faites-m'en donner également par le commandant d'armes de Miranda.

C'est dans l'après-midi du 13 novembre que l'Empereur reçut la lettre du maréchal Soult envoyée le même jour, à 6 heures du matin; le maréchal annonçait que la reconnaissance qu'il avait envoyée sur Villarcayo n'avait pas rencontré l'ennemi la veille; le mouvement sur Canduela se poursuivait. L'Empereur fit répondre au maréchal Soult en lui donnant connaissance du mouvement du général Mermet.

LE MAJOR GÉNÉRAL AU MARÉCHAL SOULT.

Burgos, le 13 novembre 1808, à 4 heures du soir.

Nous recevons, Monsieur le Maréchal, votre lettre de ce jour, 6 heures du matin. Le général de division Mermet doit être arrivé à Huermecès ; il a ordre d'appuyer la reconnaissance de Villarcayo, de vous envoyer un officier, et d'être à vos ordres si les circonstances l'exigent. Notre cavalerie est à Palencia et sur Aranda. Nous attendons de bonnes nouvelles de vous. L'Empereur donne des ordres pour qu'on vous envoie des subsistances, mais nos moyens sont bien bornés.

Mesures d'organisation et d'administration.

LE MAJOR GÉNÉRAL A L'ORDONNATEUR MATHIEU FAVIER.

Burgos, le 13 novembre 1808, à 3 heures du matin.

L'Empereur ordonne que vous fassiez partir pour le corps de M. le maréchal Soult le pain qui lui était destiné, sur des voitures du pays ou sur des mulets de bât, les gros caissons ne pouvant aller où se trouve le maréchal.

L'Empereur ira, avant midi, voir le parc de tous les transports militaires. Choisissez donc un terrain convenable où toutes les voitures soient parquées et les chevaux à la prolonge. Vous devez remettre à l'état-major général l'état de tous les caissons ; l'intention de l'Empereur est qu'on ne puisse en disposer sans son autorisation.

. . . .

L'EMPEREUR AU MAJOR GÉNÉRAL.

Burgos, le 13 novembre 1808.

Donnez l'ordre que l'évacuation que j'avais ordonnée sur Saint-Sébastien et Tolosa cesse, puisque la bataille de Bur-

gos n'a donné aucun blessé. Faites-moi connaître l'état nécessaire pour faire faire des hôpitaux pour 3,000 hommes à
Burgos ; qu'on prenne dans les couvents toutes les fournitures nécessaires. Enfin, il faut prendre des mesures pour
faire 30,000 rations de pain par jour. Il faut faire ici comme
en Allemagne, donner deux fours à la Garde, le blé ou la
farine nécessaire pour faire les 12,000 rations par jour.
Écrivez au général Milhaud et au général Lasalle qu'ils
fassent faire du pain dans les lieux où ils se trouvent et le
dirigent sur Burgos . . . .

Il faut qu'on rassemble à Burgos 100,000 rations de biscuit, attendu que les corps des maréchaux Lefebvre et Victor
vont descendre affamés des montagnes.

Burgos, le 13 novembre 1808.

Mon Cousin, envoyez l'ordre à Bilbao que le 1er régiment
de hussards hollandais et le 5e régiment de dragons soient
dirigés sur Vitoria. Faites-moi connaître le jour où ces deux
régiments arriveront à Vitoria. Dans la province de Bilbao
commande aujourd'hui un général hollandais. Proposez-moi
un général français pour commander là (1).

Burgos, le 13 novembre 1808.

J'avais ordonné que le 118e fût réuni à Tolosa ; cependant
je vois encore des détachements dans l'état de Tolosa du 8.
Avez-vous nommé des commandants d'armes et organisé les
routes et les postes d'ici à Miranda ? Que font 9 hommes du
119e dans la place de Bergara ?

Avez-vous donné des ordres pour que les dépôts de cavalerie soient réunis à Vitoria ?

Que font 21 hommes d'infanterie de ligne à Mondragon ?
Que font 82 hommes du 118e à Irun ?. . . . .

Pourquoi le bataillon du 86e n'est-il pas déjà ici ?. . . .

Je trouve que vous avez en général peu de renseignements ; mettez à l'ordre qu'ils soient plus exacts.

_____

(1) C'est le général Verdier qui fut nommé le 15 novembre gouverneur de
la province de Bilbao.

Burgos, le 13 novembre 1808.

Il a été demandé 250,000 rations de biscuit de réserve sur Vitoria ; ces 250,000 rations seront dirigées sur Burgos pour y rester en réserve ; 250,000 seront encore dirigées de Bayonne, dont 150,000 sur Vitoria et 100,000 sur Tolosa.

250,000 rations doivent être dirigées sur Pampelune, c'est assez. Il reste 250,000 rations à Bayonne, on n'en doit plus faire. J'avais demandé à Bayonne une réserve de 1,000 bœufs : elle est inutile. J'avais aussi un million de rations d'eau-de-vie en réserve ; on peut en disposer.

. . . .

On fera un marché pour m'expédier de suite toutes les capotes et tous les souliers existant à Bayonne, les souliers étant la chose la plus pressée . . . .

Burgos, le 13 novembre 1808.

Mon Cousin, mettez à l'ordre de l'armée que tous les chevaux ou bidets de poste que des officiers auraient pris soient renvoyés aux postes. Faites mettre des gendarmes aux postes de Miranda et de Briviesca. Nommez des commandants d'armes dans ces deux places, qui seront sous les ordres du commandant de la Vieille-Castille.

Burgos, le 13 novembre 1808.

Mon Cousin, vous avez reçu un ordre pour mettre le séquestre sur les laines. Faites faire le relevé des lieux où elles se trouvent, afin que j'ordonne qu'on en fasse un magasin général. Toutes celles de ces laines qui appartiendraient aux moines, prêtres, évêques, mainmortes, aux grands d'Espagne, hormis ceux qui sont restés fidèles au Roi, devront être confisquées.

JOURNÉE DU 14 NOVEMBRE.

———

Ce n'est que le 14 novembre au matin que l'Empereur apprit la défaite de l'armée de Galice à Espinosa; cette armée se trouvant dispersée et en fuite, il donna les ordres nécessaires pour en rejeter au loin tous les débris, et faire occuper par le 2ᵉ corps la ville et la région de Santander. L'Empereur attachait une grande importance à la possession de ce port, le plus considérable du nord de l'Espagne, où les Anglais entretenaient un trafic maritime des plus sérieux, et dans lequel ils avaient débarqué de nombreux approvisionnements pour les armées espagnoles. La région de Santander se trouvant isolée du reste du pays sur le revers nord de la chaîne cantabrique, il était nécessaire d'y envoyer un corps suffisamment nombreux et muni de tous ses accessoires, notamment d'artillerie; le corps du maréchal Soult répondait à ces conditions, et, comme il se trouvait déjà avancé jusqu'à Reinosa sur le chemin de Santander, ce fut lui que désigna l'Empereur pour procéder à l'occupation et au désarmement de la province.

L'armée du général Blake se trouvant désormais hors de cause, le corps du maréchal Victor et celui du maréchal Lefebvre devenaient disponibles; mais l'Empereur ne voulut pas les rappeler à lui avant d'avoir acquis la certitude que la marche du maréchal Soult sur Santander ne serait pas entravée. C'est pourquoi il prescrivit au maréchal Lefebvre de soutenir le maré-

chal Soult en prenant position à Reinosa et se liant
sur sa gauche avec la cavalerie du général Milhaud;
le maréchal Victor eut l'ordre de ne revenir sur Burgos que si son assistance n'était point nécessaire au
2ᵉ corps.

Premiers ordres du 14 novembre.

LE MAJOR GÉNÉRAL AU MARÉCHAL SOULT.

Burgos, le 14 novembre 1808, à 5 heures du matin.

Je vous préviens, Monsieur le Maréchal, qu'un officier
d'état-major du maréchal Victor nous apporte la nouvelle
suivante : le 11, le maréchal Victor a trouvé l'armée de Galice, forte de 25,000 à 30,000 hommes, sur les hauteurs de
l'Estadas ; il l'a attaquée, battue, chassée de toutes ses positions et pris son artillerie ; de là, il l'a poursuivie sur les
directions de Santander, Reinosa et Villarcayo. Par votre
lettre du 13, Monsieur le Duc, vous nous dites que le 12 on
a entendu une canonnade sur Villarcayo ou que le maréchal
Victor était à la poursuite des fuyards. Nous n'avons pas
encore de nouvelles de cette canonnade du 12 à Villarcayo,
mais Sa Majesté espère que vous en aurez eu hier à Reinosa
de plus positives sur les lieux où s'est retiré l'ennemi. Dans
tous les cas, Monsieur le Maréchal, nous n'avons rien de
mieux à faire que de le poursuivre et d'occuper Santander,
ce qui fera un grand effet sur les Anglais, et sera d'un résultat réel sur la guerre. Cette occupation de Santander ne
saurait donc avoir trop tôt lieu. C'est vous, Monsieur le
Maréchal, qui êtes seul en mesure de vous y rendre, parce
que vous êtes sur le grand chemin, et le seul qui ait du canon. Exécutez donc ce mouvement et, selon les circonstances, l'Empereur se décidera à vous faire soutenir à Reinosa,
soit par le maréchal Lefebvre ou par toute autre troupe. Sa
Majesté suppose que Reinosa vous a fourni des vivres, que
vous en aurez tiré des vallées et que vous vous serez mis en
communication avec le général Milhaud.

LE MAJOR GÉNÉRAL AU MARÉCHAL LEFEBVRE.

Burgos, le 14 novembre 1808, à 1 heure après midi.

L'Empereur n'a point reçu de vos nouvelles depuis celles apportées par le général Merlin (¹). Il apprend cependant indirectement que vous êtes à Villarcayo. Le maréchal Victor paraît avoir battu l'ennemi qui, depuis, semble s'être retiré sur Santander. Le maréchal Soult, qui a dû arriver à Reinosa, se porte sur Santander. L'intention de l'Empereur est que vous souteniez le maréchal Soult et que vous vous portiez à cet effet à Reinosa. Vous aurez sur votre gauche dans la plaine le général Milhaud, qui est à Palencia avec 6,000 hommes de cavalerie, et sur votre droite le maréchal Soult qui marche sur Santander. Vous vous porterez partout où il sera nécessaire pour seconder ce maréchal. Vous désirez rentrer en plaine, attendez la prise de Santander et la retraite de l'armée de Blake dans les Asturies et la Galice ; l'Empereur vous enverra des ordres pour vous porter sur votre gauche par Valladolid.

LE MAJOR GÉNÉRAL AU MARÉCHAL VICTOR.

Burgos, le 14 novembre 1808, à 1 heure après midi.

Si vous n'êtes pas maître des hauteurs de Los Tornos, Monsieur le Maréchal, il faut attaquer l'ennemi et vous en emparer. Si l'ennemi est en position à une marche de vous, il faut vous porter sur lui et le battre. Si le mouvement du maréchal Soult sur Santander décide l'ennemi à la retraite sur les Asturies, vous pourrez alors venir par le plus court chemin sur Burgos. Le duc de Danzig se rend sur Reinosa pour appuyer le maréchal Soult. Si vous prévoyiez que l'ennemi fasse une grande résistance, soutenez-le avec votre corps. Car, avant tout, l'intention de l'Empereur est d'appuyer sa droite, de chasser l'ennemi dans les Asturies, le

---

(1) C'est-à-dire depuis le 10 novembre.

forcer d'accourir à la défense de la Galice, menacée par nos troupes déjà entrées à Valladolid. Si vous êtes assez sûr de la journée du 11 pour que vous croyiez le maréchal Soult suffisant pour battre l'ennemi, laissez un général de brigade sur les hauteurs de Los Tornos, avec la consigne d'arrêter tous les paysans ; il y restera 36 heures jusqu'à ce que le maréchal Soult soit entièrement passé pour se rendre à Santander. Vous recevrez ce soir de nouvelles dépêches par votre aide de camp qui passera par Villarcayo.

LE MAJOR GÉNÉRAL AU MARÉCHAL SOULT.

Burgos, le 14 novembre 1808, à 1 heure après midi.

Vous avez dû recevoir l'ordre, Monsieur le Maréchal, que je vous ai envoyé ce matin de vous porter sur Santander. Je viens d'envoyer l'ordre au maréchal Lefebvre de se porter sur Reinosa pour appuyer votre gauche, détruire le corps de Blake ou le poursuivre dans les montagnes des Asturies et de la Galice. Le 31ᵉ d'infanterie légère, avec le général Mermet, a l'ordre de se réunir à votre corps d'armée. L'intention de l'Empereur est que le 31ᵉ fasse partie de la division du général Merle, lequel sera remplacé par le général Mermet. Le général Merle passera à la division Mouton, et ce dernier reviendra près de l'Empereur. L'Empereur ordonne également que le 118ᵉ se rende à la division Bonnet. Il n'y a point d'ennemi à Valladolid. Notre cavalerie légère y est entrée.

Les nouvelles envoyées par le général Lasalle signalaient que les Espagnols semblaient vouloir se rallier à Aranda et peut-être y faire résistance avec le secours de l'armée anglaise qui, d'après les bruits du pays, s'approchait de Valladolid et d'Aranda (¹); d'autre part,

---

(¹) Napoléon cherchait surtout à ce moment à joindre les Anglais, comme le montre le passage suivant d'une lettre de Berthier à la princesse de Neuchâtel :

Burgos, 14 novembre 1808.

«.... Partout nos armées victorieuses battent les rebelles espagnols à la solde des Anglais. La nation est bonne, le peuple vient au-devant de nous. Voilà

les rapports du général Milhaud annonçaient qu'il n'y
avait pas trace d'ennemis dans la région de Valladolid.
Les dernières nouvelles reçues du maréchal Moncey
montraient que l'armée du général Castaños ne semblait pas vouloir sortir de son immobilité dans la vallée de l'Èbre ; cependant, le général Lagrange annonçait de Logroño, le 12 novembre, qu'il s'attendait à
être attaqué.

Rapports reçus au 14 novembre.

LE GÉNÉRAL LASALLE AU MARÉCHAL BESSIÈRES.

Lerma, le 13 novembre 1808 à 2 heures et demie du matin.

Monseigneur,
Ma reconnaissance sur Torre-Sandino a passé par Villa-
fruela, village situé dans la direction et mal placé sur la
carte ; elle y a trouvé un peu de soldats d'infanterie ennemie qui a fait feu sur elle, mais qui ont été sabrés. L'officier n'est pas rentré, mais il m'a envoyé un soldat de marine blessé et un paysan de Villafruela. Cet homme m'a
déclaré qu'après la bataille il a passé par ce village des soldats venant de Tordomar ; qu'à Tortolès il y a, dit-on, des
volontaires de Galice ; qu'à Aranda on y attendait des Anglais ; qu'il a passé 3 pièces d'artillerie, 2 caissons, 50 ou
60 chevaux de Marie-Louise (houzards rouges) et 100 hommes d'infanterie de Zafra ; que les Espagnols disaient qu'ils
avaient fait une retraite déshonorante, mais qu'ils allaient
se réunir à Aranda ; qu'il y a beaucoup de soldats qui fuient
pour leur compte ; que les paysans jettent leurs armes, mais

---

déjà deux armées détruites, celle d'Estramadure et celle du général Blake et
(de) la Romana : tout fuit si vite que nous crevons nos chevaux pour joindre
l'ennemi.
   « Nous cherchons à approcher les Anglais, et si nous les joignons, il en rentrera peu en Angleterre. Nous voilà près de Madrid, et bientôt cette guerre...
sera terminée. »
   (Archives du prince de Wagram.)

que les gardes wallonnes et les troupes de ligne gardent les leurs. Il a passé quelques blessés et balafrés par son village. Les paysans disent que leur sort est déterminé et qu'ils voient bien que les Français seront leurs maîtres.

Ma reconnaissance sur Aranda a poussé jusqu'à Gumiel-de-Hizan, d'où elle a trouvé un poste ennemi de 15 hommes qu'elle a chassé et poussé jusqu'à une demi-lieue de là, la nuit obscure l'a empêché de s'avancer davantage, craignant d'ailleurs de tomber dans une embuscade.

L'alcade de Gumiel a annoncé qu'il pouvait y avoir 7,000 ou 8,000 ennemis à Aranda.

L'officier m'annonce qu'il s'est retiré sur Bahabon et que demain de très bonne heure il se portera sur Aranda s'il est possible, d'où il me fera parvenir d'autres renseignements.

Lerma, le 13 novembre 1808, à 7 heures du matin.

L'officier que j'avais envoyé sur Aranda est arrivé près de Gumiel vers 1 heure du matin. Le village était occupé par l'ennemi. Un fort poste d'infanterie en défendait l'entrée. L'officier s'est assez approché pour reconnaître les uniformes. Alors le factionnaire a fait feu sur lui. Il est revenu lentement avec son détachement sans être inquiété.

Il n'a pu se procurer d'autres renseignements que ceux qui lui ont été donnés par les paysans de Bahabon, que ses bons traitements ont décidés à lui dire qu'une colonne de 14,000 à 15,000 Anglais venait du côté de Valladolid, mais il ne savait pas à quelle hauteur elle se trouve.

Sur la route de Tortolès, on n'a pas vu de feux, mais aperçu une clarté sur l'horizon, ce qui s'accorderait avec les rapports des paysans, qui disent que quelques fuyards ont pris cette direction. Je viens d'ordonner à un capitaine et 50 chevaux de pousser jusqu'à Gumiel, de tâcher d'enlever le poste d'infanterie et de me faire des prisonniers.

Lerma, le 13 novembre 1808.

Monseigneur,

J'ai l'honneur de prévenir Votre Excellence que la reconnaissance sur Soria ne m'a fait aucun rapport nouveau.

Une seconde envoyée sur Aranda m'a donné de ses nouvelles de Bahabon, d'où elle continuait sa route jusqu'à Aranda, s'il est possible.

Une troisième s'est dirigée par Palenzuela sur Villodriqo pour savoir si ce point était occupé par le général Milhaud ou s'il était à Quintanilla-del-Ponte.

Une quatrième a été envoyée du côté de Tortolès par Torre-Sandino pour couper la communication de l'ennemi avec Aranda.

Je me suis assuré qu'il n'y avait personne à Santivañez.

Son Altesse le prince de Neuchâtel me donne l'ordre de faire fabriquer du pain et d'en envoyer à Burgos ; j'ai déjà eu l'honneur d'annoncer à Votre Excellence que je n'avais pas de boulangers; je m'en suis procuré deux dans les corps, et ils ne peuvent suffire à la fabrication qu'exige la consommation. J'ai reçu 4oo rations qui m'ont été fort utiles. Je ne manque pas de grains et de farines, et avec des boulangers je pourrai envoyer le pain, pourvu que M. l'ordonnateur me fournisse quelques moyens de transport, car les Espagnols ont tout emmené.

Il est rentré quelques habitants, mais ce ne sont pas les magistrats et les ouvriers.

Lerma, le 13 novembre 1808.

Monseigneur,

J'ai l'honneur de rendre compte à Votre Excellence que la reconnaissance envoyée sur la rive droite de l'Arlanza a appris par un paysan venant du côté de Valladolid que l'ennemi avait quitté Valladolid et Palencia pour se diriger sur Aranda, et que tout ce qui était sorti de Burgos et qui s'était retiré de ce côté avait eu ordre de se rallier à Aranda en passant par Bahabon et Santivañez.

Je me trouve dans l'impossibilité absolue de remonter la poste de Lerma; le propriétaire s'est sauvé, les autorités ont suivi l'armée, et la ville a été un peu pillée par les fuyards.

Il vient de rentrer à la poste 3 chevaux, dont 2 boiteux, et un postillon.

Je vais jeter des patrouilles vers Tortolès comme je l'ai fait sur toutes les autres routes.

Je n'ai pu arrêter le courrier du général de l'Estramadure au général Blake, attendu qu'il a passé plus de douze heures avant mon arrivée. Je compte être plus heureux au moyen des dispositions que j'ai prises.

J'ai été fort mécontent de la reconnaissance commandée par l'officier polonais qui a cru apercevoir 400 ennemis du côté de Santa-Maria-del-Campo ; je l'ai renvoyé comme guide d'une seconde reconnaissance plus forte que la première, avec ordre de me ramener des prisonniers ou de faire blesser de ses soldats. Ce régiment polonais est fort jeune et ne vaut pas pour moi le 22ᵉ.

Je viens d'envoyer le lieutenant Marescot à Villodrigo pour savoir où est la division du général Milhaud et pour communiquer avec lui ; j'espère enfin obtenir un résultat satisfaisant.

P.-S. — J'ai eu l'honneur de rendre compte à Votre Excellence que l'armée de Castaños opère sa retraite ; il est probable que les 24,000 arrivés de Madrid sont des renforts de Valence et de l'Extremadure.

J'ai ici du blé et de la farine, mais je suis sans boulangers ; j'en ai demandé à l'ordonnateur, je prie Votre Excellence d'ordonner qu'on en attache au moins une brigade à ma division.

LE GÉNÉRAL MILHAUD AU MARÉCHAL BESSIÈRES.

Sur la route, à une lieue de Torquemada, le 12 novembre 1808
à 10 heures du matin.

Monseigneur,

Un postillon de Villodrigo, qui avait conduit hier au soir un officier espagnol à Torquemada, assure qu'il n'a passé sur cette route que 400 soldats d'infanterie et 200 cavaliers qui, au lieu de passer par Torquemada, s'étaient dirigés sur leur gauche dans les montagnes.

Les chasseurs ont trouvé ce matin des bivouacs dans les gorges de gauche qui ont été abandonnés. Ce postillon dit

encore qu'on parle à Torquemada de 20,000 Anglais arrivés
à Valladolid.

P.-S. — J'ai laissé un second poste de correspondance
à Villodrigo et j'ai ordonné qu'on mette un planton à la
poste espagnole; chaque poste de correspondance doit aussi
avoir un cheval sellé prêt à partir.

Palencia, le 13 novembre 1808.

Dans mon dernier rapport je rendais compte que les débris de Burgos s'étaient dispersés avec tant de rapidité dans
les montagnes ou sur la route d'Aranda, que nous n'avons
pu prendre que quelques malades insignifiants; un bruit
assez général et le dire des habitants qui sont restés semblent annoncer que des colonnes anglaises ont marché sur
Valladolid et sur Aranda.

Cependant les personnes les plus respectables de Palencia
disent qu'on n'en a aucune certitude. J'ai déjà envoyé en
avant de Dueñas la cavalerie légère; je marche à l'instant
avec les dragons et l'artillerie et pousserai le plus près de
Valladolid. La ville de Palencia, les autorités et l'évêque
surtout ont le meilleur esprit.

Dueñas, le 13([1]) novembre 1808, à 2 heures après minuit.

J'ai reçu vos ordres et vos instructions qui m'ont été
remis par M. Flahault, votre aide de camp. Je ne reçois qu'à
l'instant le rapport du général Franceschi dont j'ai l'honneur de vous adresser l'original([2]); il est toujours certain que
depuis Burgos jusqu'à Valladolid il n'y a point de troupes
ennemies. J'avais ordonné au général Franceschi d'envoyer

---

(1) La date est erronée, cette lettre est certainement du 14 à 2 heures du
matin, puisque le rapport du général Franceschi est du 13 novembre à 6 heures du soir.

(2) Voici le rapport du général Franceschi :
Valladol d, le 13 novembre 1808.
« Nous continuons notre marche forcée, mon Général, et les Espagnols continuent à fuir dispersés, on ne peut les atteindre. Il est 6 heures du soir, j'entre
à Valladolid. Cette ville de 15,000 âmes n'en renferme pas aujourd'hui 150.
Cette guerre est affreuse ! Les renseignements sont presque impossibles à recueillir. Demain, je pourrai peut-être vous en donner. La journée de demain
est absolument indispensable pour le ferrage des chevaux. »

le 5ᵉ chasseurs jusqu'à Valladolid pour savoir positivement
ce qui se passait dans cette ville, et je lui avais donné une
pièce de 8 et un obusier pour soutenir en cas de besoin le
5ᵉ avec le 22ᵉ et les Hanovriens ; il avait pour instruction de
garder les ponts. Je le soutiens avec les dragons et le reste
de l'artillerie par échelons. Le rapport du général Franceschi est trop concis ; il ne m'a pas encore envoyé les lettres du bureau de la poste.

J'ai pris position à Dueñas pour avoir plus de renseignements, soit de Medina-de-Rio-Seco, soit d'Aguilar, et pour
occuper un défilé et deux ponts sur deux rivières différentes,
et surveiller aussi tout ce qui pourrait arriver soit de Reinosa, soit de Palencia, soit d'Aranda. . . . .

Pour mieux me conformer aux instructions de Votre Altesse, j'envoie à Palencia le commissaire des guerres pour
faire accélérer la confection des rations de pain et prendre
avec le corrégidor et les alcades..... toutes les mesures qui
peuvent accélérer le transport des 36,000 rations de pain
dans trois convois différents.

Je vais porter de forts partis sur Ampudia et Aguilar ; je
ferai de Palencia l'arrière-pivot de mes opérations militaires,
et si j'ai des renseignements sur la retraite du parc de
Blake ou des débris de ses troupes, je marcherai sur-le-
champ avec toutes mes forces pour l'enterrer. J'ordonne en
conséquence au général Franceschi de se replier en remontant vers Ampudia où il établira son quartier général et d'où
il enverra de fortes reconnaissances sur la route de Mayorga ; je reviendrai de ma personne à Palencia, et je ferai
garder et reconnaître toutes les communications d'Amusco
et d'Aguilar-del-Campo. Ainsi, en formant l'éventail, j'espère réussir à remplir autant que possible les intentions de
Sa Majesté. . . . .

Chaque régiment a 8 à 10 chevaux éclopés hors d'état de
marcher ; je pense bien faire d'en former un petit dépôt
provisoire à Palencia, et d'y établir un commandant de
place pour assurer les réquisitions. . . . .

LE MARÉCHAL MONCEY AU MAJOR GÉNÉRAL.

Tafalla, le 11 novembre 1808 à minuit.

Monseigneur,

J'ai reçu vers les 4 heures du soir les deux lettres de Votre Altesse du 9. Le pont de Lodosa devenant, dans cette circonstance, un poste des plus importants, je me suis empressé de donner des ordres qui doivent l'assurer en portant à Carcar et Andosilla toutes les troupes de la brigade de droite de M. le général Maurice Mathieu, et lui-même à Carcar. Conformément à vos ordres, le 116ᵉ régiment est en marche avec le général Aubrée pour se rendre de Pampelune à la division du général Morlot à Lodosa. Le 7ᵉ de marche, que vous destinez à la garnison de Pampelune, se trouvait dissous; ayant appris que le bataillon prussien était resté à Pampelune, j'ai ordonné qu'il reste jusqu'à nouvel ordre de Votre Altesse en remplacement du 7ᵉ bataillon de marche.

Je me suis empressé de même d'écrire à M. le général Lagrange à Logroño et de me mettre en communication avec lui.....

J'ai écrit aussi sur-le-champ à Pampelune pour recommander de bien surveiller la nouvelle route par Salvatierra.

Monseigneur, jusqu'à nouvel ordre..., j'occupe toujours Caparroso, Olite et Tafalla, car si je les quittais dans ce moment-ci en en retirant toutes mes forces, l'ennemi, au moins par ses coureurs, nous y enlèverait une quantité de moyens de transport, si nécessaires tout à l'heure au matériel de siège de Saragosse. Par des échelons à Peralta et à Miranda, je me suis mis à même de me serrer au besoin sur ma droite, et je suis tout prêt, d'ailleurs, à exécuter à la minute les ordres que Votre Altesse pourra m'adresser.....

LE GÉNÉRAL LAGRANGE AU MARÉCHAL NEY.

Logroño, le 12 novembre 1808.

Monsieur le Maréchal,

J'ai l'honneur de prévenir Votre Excellence que je suis arrivé ici le 10 au matin : je me suis de suite empressé de me conformer aux dispositions prescrites par votre lettre du 9. J'ai vu la ville et ses environs pour combiner les moyens de défense, d'autant qu'hier et ce matin encore j'ai lu des rapports qui portaient que l'ennemi avait tiré des forces considérables de Tudela et marchait sur Logroño : déjà beaucoup de monde était arrivé à Calahorra, et aujourd'hui on m'annonce qu'un corps de 7,000 à 8,000 hommes était parti d'Arnedo pour Nalda. J'ai écrit à M. le maréchal Moncey et au général Morlot pour leur faire part de ces mouvements, les invitant à faire de leur côté ce que leur position et les circonstances exigeraient, si l'ennemi porte, comme on le dit, presque toute son armée sur nous. Certainement les troupes de M. le maréchal Moncey pourraient lui faire beaucoup de mal en manœuvrant sur ses derrières.

Dans ce moment, on m'annonce que l'ennemi a attaqué l'avant-poste que nous avons à Agoncillo ; je vais monter à cheval pour voir ce qui en est ; je défendrai Logroño jusqu'à ce que des forces très supérieures m'obligent à repasser l'Èbre qui, malheureusement, est guéable dans beaucoup d'endroits, d'après ce qu'on m'annonce, vu que le beau temps a fait considérablement baisser les eaux depuis quelques jours. Les troupes sont d'ailleurs dans les meilleures dispositions.

LE MARÉCHAL NEY AU MAJOR GÉNÉRAL.

Burgos, le 14 novembre 1808.

Le général Mermet m'écrit ce matin de Huermecès qu'il a poussé une reconnaissance de 300 hommes sur la route de Villarcayo pour soutenir 50 dragons de la Garde qui se dirigent sur ce point pour chercher M. le maréchal Lefebvre. Ce général a écrit à M. le maréchal Soult pour le prévenir de son arrivée. Les habitants lui ont rapporté qu'avant-hier matin 4 officiers espagnols sans troupes passèrent à Huermecès précipitamment.

Le général Dessolles, qui est toujours établi à Ibéas et environs, a fait reconnaître la route de Palazuelos, qui conduit par les montagnes vers Lerma et Aranda. Cette route est très mauvaise, mais il n'est pas impossible cependant d'y faire passer de l'artillerie.

D'après l'ensemble des nouvelles précédentes, l'Empereur se détermina, dans l'après-midi du 14 novembre, à lancer tout ce qui lui restait de cavalerie dans la direction du sud, et à envoyer à sa suite le corps du maréchal Ney sur Lerma. La gauche des armées espagnoles se trouvant dispersée et hors d'état de nuire, l'Empereur n'avait plus à s'occuper que de manœuvrer contre les forces ennemies signalées dans la vallée de l'Èbre et sur la route de Madrid; il résolut donc de pousser le corps du maréchal Ney jusqu'à Aranda pour y forcer le passage si l'ennemi voulait y tenir avec de l'infanterie.

Si l'ennemi se trouvait en force à Aranda, le corps du maréchal était indispensable sur ce point pour soutenir la cavalerie; si l'ennemi n'y était pas, le maréchal Ney se trouverait bien placé à Aranda pour prendre ensuite la direction d'Almazan et agir sur les derrières de l'armée de Castaños.

En dépit des nouvelles envoyées par le général Lagrange, l'Empereur ne paraissait nullement craindre un mouvement offensif de cette armée; il semblait plutôt redouter qu'elle se dérobât rapidement vers le sud-est, lorsque le général Castaños apprendrait le mouvement des Français sur Aranda et Almazan; c'est pourquoi il prescrivit au maréchal Moncey de se tenir prêt à prendre l'offensive contre l'armée d'Aragon dès que celle de Castaños se retirerait; les généraux Lagrange et Colbert pourraient alors rallier le 6ᵉ corps vers Aranda.

Après avoir pris ces dispositions, l'Empereur, laissant se dessiner les mouvements ordonnés, resta à Burgos avec sa Garde et attendit les événements.

Ordres du 14 novembre au soir.

L'EMPEREUR AU MAJOR GÉNÉRAL.

Burgos, le 14 novembre 1808.

Mon Cousin, donnez ordre au maréchal Bessières de partir demain à 4 heures du matin pour avoir de bonne heure son quartier général à Lerma et prendre le commandement de la cavalerie de l'armée. Vous chargerez le maréchal Bessières de donner les ordres suivants : il ordonnera à la brigade de dragons de Latour-Maubourg, qui est sur le chemin de Lerma, de continuer sa marche sur cette ville, il donnera le même ordre au général Latour-Maubourg, à son artillerie, et à la brigade qui est avec ce général. Il donnera le même ordre à la 3e brigade qui est à Miranda. Le maréchal Bessières donnera également l'ordre au général Beaumont de se rendre sur Lerma. Donnez-lui deux commandants d'armes et deux commissaires des guerres, les uns pour Lerma, les autres pour Aranda, pour organiser le service dans les deux points. Le maréchal Bessières emmènera avec lui un escadron de ma garde, qui ne sera employé à aucun service, et qui marchera toujours avec un service de ma maison. Le maréchal Bessières laissera à Lerma les chevau-légers polonais, désirant les réunir à ma garde en passant. Le ministre de l'intérieur d'Espagne a fait une proclamation. Vous chargerez le maréchal Bessières d'en emporter quelques milliers pour la répandre partout.

LE MAJOR GÉNÉRAL AU MARÉCHAL NEY.

Burgos, le 14 novembre 1808, à 7 heures du soir.

L'Empereur, Monsieur le duc d'Elchingen, ordonne que vous partiez demain avec votre corps d'armée, avant le jour, pour vous porter en arrière de Lerma. Le 6ᵉ régiment d'infanterie légère, qui est déjà à deux lieues en avant, pourra prendre une position militaire à Lerma.

L'Empereur désire, Monsieur le Maréchal, que vous fassiez partir des boulangers afin de faire du pain à Lerma. En partant de Burgos, faites distribuer à vos troupes pour 4 jours de pain. Sa Majesté ordonne également que vous fassiez diriger le général Dessolles sur Lerma de manière à ce qu'il puisse être demain en position de se soutenir réciproquement avec le général Marchand.

L'Empereur, Monsieur le Maréchal, désirerait passer demain en revue la division Dessolles. Faites-moi connaître le point le plus près de Burgos où cette division passera et l'heure où elle y serait rendue. Sa Majesté s'y trouvera, la passera en revue, et de là, la division continuera sa marche. Donnez l'ordre, Monsieur le Maréchal, au général Lagrange et au général Colbert de se mettre en marche, aussitôt qu'ils apprendront le mouvement de retraite du général Castaños.

Les généraux Lagrange et Colbert se dirigeront sur Aranda en suivant la même route par laquelle a marché la division du général Dessolles. L'intention de l'Empereur est que vous laissiez le dépôt de vos hommes éclopés, vos bagages, et tous vos attirails inutiles dans la citadelle de Burgos.

LE MAJOR GÉNÉRAL AU MARÉCHAL MONCEY.

Burgos, le 14 novembre 1808, à 7 heures du soir.

L'Empereur, Monsieur le maréchal Moncey, me charge de vous prévenir qu'il manœuvre sur les derrières du général Castaños par Aranda et Almazan. Aussitôt, Monsieur le Maréchal, que vous serez instruit que le général Castaños fait son mouvement de retraite, vous déboucherez de suite par Lodosa, et vous porterez vigoureusement tout votre corps réuni sur Tudela. De là, vous vous emparerez du pont, et vous le repasserez pour nettoyer vos derrières, si vous le jugez nécessaire, ou enfin pour repousser le corps ennemi qui aurait pris position à Caparroso, et ensuite vous porter avec tout votre corps d'armée sur Saragosse.

Aussitôt que vous serez arrivé à Tudela, Monsieur le Maréchal, vous ferez mettre en état le canal, et vous ferez venir de Pampelune les outils, l'artillerie, les munitions, et tous les attirails nécessaires pour le siège de Saragosse.

LE MAJOR GÉNÉRAL AU GÉNÉRAL DIGEON.

Burgos, le 14 novembre 1808, à 7 heures du soir.

L'Empereur, Monsieur le général Digeon, ordonne que vous partiez de Miranda avec votre brigade pour vous diriger sur Burgos. Vous aurez soin de me faire connaître l'endroit où vous coucherez chaque jour. Avant votre départ de Miranda, donnez l'ordre à tous les parcs d'artillerie du 1er et du 4e corps de partir de suite de Miranda pour se rendre à Burgos. Donnez également l'ordre au 55e régiment et à toute l'infanterie qui se trouve à Miranda de se rendre à Burgos. Il ne restera à Miranda qu'un commandant d'armes et un poste de gendarmerie. Vous laisserez 50 hommes au commandant d'armes de Miranda, pour la garnison de la place.

Mesures d'organisation et d'administration.

L'EMPEREUR AU GÉNÉRAL DEJEAN.

Burgos, le 14 novembre 1808.

Je reçois votre rapport du 2 novembre avec un état qui y était joint. Il en résulte que j'aurais à Bayonne 83,000 paires de souliers, 140,000 chemises, 23,000 havre-sacs, 39,000 shakos et des capotes en quantité. Tout cela sont des contes pour les enfants. Je n'ai rien, je suis nu, mon armée est dans le besoin, et vos bureaux se moquent de moi. Les fournisseurs sont des voleurs qui seront payés, et je n'aurai rien. Tout votre service « habillement » va mal. Ceux qui sont à la tête sont des sots ou des fripons. Jamais on n'a été plus indignement servi et trahi.

Burgos, le 14 novembre 1808.

Monsieur Dejean, je vous recommande le 8ᵉ corps qui doit entrer en Portugal. Faites-lui donner tout ce qui lui est nécessaire pour qu'il entre promptement en campagne. Mon intention est qu'il passe la Bidassoa le 1ᵉʳ décembre.

L'EMPEREUR AU MAJOR GÉNÉRAL.

Burgos, le 14 novembre 1808.

Mon Cousin, donnez ordre aux huit compagnies de marche qui sont à Vitoria de se rendre à Burgos, où elles resteront jusqu'à nouvel ordre. Donnez ordre au bataillon de réserve qui était à Vitoria et qui a été arrêté à Miranda de continuer sur Burgos, où il tiendra garnison dans la citadelle.

Burgos, le 14 novembre 1808.

Mon Cousin, donnez l'ordre aux 10ᵉ, 11ᵉ et 12ᵉ compagnies de marche arrivées le 13 à Tolosa de continuer leur route sur Burgos. Le cadre du 4ᵉ bataillon du 47ᵉ de ligne et le cadre du 5ᵉ bataillon du 119ᵉ se rendront à Bayonne pour recevoir des conscrits. Ils seront chargés d'escorter les prisonniers de guerre. Je trouve sur l'état de la place de Burgos qu'on a fait partir 300 prisonniers de guerre espagnols, escortés par 40 canonniers, que veut dire cela ?

Burgos, le 14 novembre 1808.

1° Des fours seront établis au château de Burgos ;

2° Il sera organisé et arrangé trois magasins : un d'artillerie, un de vivres et un d'habillement et autres effets ;

3° Un adjoint aux commissaires des guerres et un officier d'état-major seront envoyés à Frias pour saisir tous les draps qui s'y trouvent, propres à faire des capotes : également à San-Domingo-de-la-Calzada. Ces draps seront transportés pour confectionner 10,000 capotes, à Vitoria, et le surplus à Burgos. On établira deux ateliers pour les confectionner. Le directeur de ces ateliers sera un adjoint aux commissaires des guerres, qui aura sous ses ordres un garde-magasin et trois maîtres-tailleurs. L'intendant général donnera un prix pour la confection.

JOURNÉES DES 15 ET 16 NOVEMBRE.

La cavalerie des généraux Milhaud et Lasalle, lancée après la prise de Burgos sur les routes de Valladolid et de Madrid, avait fouillé le pays à grande distance dans ces deux directions.

Le général Milhaud était arrivé le 13 à Dueñas, ayant en avant de lui la cavalerie légère du général Franceschi, qui avait poussé jusqu'à Valladolid, où elle n'avait trouvé que quelques fuyards.

Ayant reçu des instructions du maréchal Bessières [1] pour intercepter les chemins de Reinosa à Leon, par où pouvaient se retirer les convois de l'armée de Galice, le général Milhaud dirigea, le 14 novembre, la cavalerie du général Franceschi sur Mayorga et Medina-de-Rio-Seco, et revint avec ses dragons à Palencia, d'où il fit reconnaître les chemins de Leon, Carrion et Aguilar-del-Campo.

Pendant les journées du 14 et du 15, l'exploration donna des résultats négatifs; la cavalerie des généraux Milhaud et Franceschi ne rencontra que des fuyards isolés; mais on acquit ainsi la certitude qu'il n'existait aucun rassemblement ennemi dans un rayon de 130 kilomètres au sud-ouest de Burgos.

(1) Envoyées d'après les ordres de l'Empereur du 13 novembre.

Au sud de cette ville, le général Lasalle était arrivé à Lerma le 12 novembre, et avait poussé des reconnaissances sur Gumiel, Tortolès et Hontoria, pour suivre les traces de l'armée d'Extremadure ; il avait envoyé également des partis sur Villodrigo pour se lier avec le général Milhaud.

La reconnaissance envoyée sur Gumiel poussa jusque dans les environs d'Aranda et apprit que la ville était occupée par plusieurs milliers d'Espagnols.

Le maréchal Bessières, parti de Burgos le 15 au matin en vertu des ordres donnés par l'Empereur le 14, arriva à Lerma à midi et poussa immédiatement le gros de la cavalerie du général Lasalle sur Gumiel et Bahabon ; la division de dragons du général Latour-Maubourg et la cavalerie légère du général Beaumont étaient envoyées en avant de Lerma. Dans la journée du 15 novembre, les reconnaissances confirmèrent la nouvelle de l'occupation d'Aranda par un gros de troupes espagnoles ; le maréchal Bessières donna alors à toute la cavalerie l'ordre de se réunir le 16 à Gumiel, afin d'être à même de se porter sur Aranda de concert avec le maréchal Ney.

Ce dernier, qui avait quitté Burgos le 15 novembre avec la division Marchand, arriva à Lerma dans la soirée ; la division Dessolles, partie d'Ibéas, à l'est de Burgos, poussa jusqu'à Cogollos et Madrigalejo.

Dans la vallée de l'Èbre, il ne s'était passé rien de bien saillant. Le 14 novembre, le maréchal Moncey avait concentré son corps d'armée sur sa droite, vers Lodosa, pour être prêt à soutenir le général Lagrange à Logroño, dans le cas où il serait attaqué ; mais les Espagnols n'avaient plus guère bougé après l'affaire d'avant-postes qui avait eu lieu le 13 à Agoncillo, près de Logroño.

D'après les nouvelles qu'il reçut des événements précédents, l'Empereur, en attendant l'achèvement du mouvement prescrit sur Aranda, ordonna au maréchal Moncey de se tenir prêt à barrer le chemin à Castaños, s'il attaquait, et à prendre l'offensive, s'il battait en retraite; il renouvela au maréchal Victor l'ordre de revenir sur Burgos dès que la présence du 1ᵉʳ corps ne serait plus nécessaire vers Reinosa, et il envoya au général Milhaud l'ordre de ramasser tout ce qui pourrait s'enfuir de Reinosa dans la direction de Leon (¹).

Les ordres donnés par l'Empereur dans la soirée du 15 et la matinée du 16 dénotent chez lui l'intention, une fois Aranda occupé, de lancer sa cavalerie au delà du Duero jusqu'aux montagnes de Guadarrama et de manœuvrer contre Castaños par la haute vallée du Duero, soit pour lui couper la route de Madrid, soit pour le prendre à revers dans la vallée de l'Èbre; dès que le maréchal Soult sera maître de la Montaña de Santander, les corps des maréchaux Victor et Lefebvre rejoindront l'Empereur et seront employés dans les opérations ultérieures.

Afin de mener à bien les opérations qu'il méditait contre l'armée de Castaños, l'Empereur avait besoin d'être renseigné aussi rapidement et aussi exactement que possible sur tout ce qui se passerait dans la vallée de l'Èbre; c'est pourquoi le 16 novembre, il confia à ses aides de camp, les généraux Lacoste et Durosnel,

---

(1) Cet ordre fut donné d'après le rapport du maréchal Soult du 14 novembre, annonçant qu'une colonne de l'armée de Galice escortant de l'artillerie et un trésor se trouvait le 13 à Aguilar-del-Campo, paraissant se diriger vers le sud.

deux missions importantes. Le général Lacoste, muni d'instructions spéciales, reçut l'ordre de rejoindre le corps du maréchal Moncey et de rendre compte directement à l'Empereur de tout ce qu'il verrait et apprendrait non seulement au sujet de l'ennemi, mais encore relativement à l'état des troupes françaises, aux positions qu'elles occupaient, etc.

Le général Durosnel, avec 150 cavaliers de la Garde impériale, reçut l'ordre de s'installer à Belorado, de prendre des renseignements sur l'ennemi vers Calahorra et Soria, et de communiquer avec le général Lagrange à Logroño, pour procurer des nouvelles à l'Empereur, qui les recevrait plus vite que par la communication de Miranda et Burgos.

Rapports reçus au 15 novembre.

LE GÉNÉRAL MILHAUD AU MARÉCHAL BESSIÈRES.

Dueñas, le 14 novembre 1808, à 5 heures du soir.

Monseigneur,

L'officier que j'ai envoyé la nuit dernière rentre à l'instant de Valladolid ; le général Franceschi m'écrit qu'il lui a été impossible de m'expédier plus tôt son rapport, parce qu'il attendait celui des reconnaissances envoyées sur les routes de Tudela, Aranda et Ségovie, et jusqu'à trois lieues en avant de Valladolid elles n'ont rien vu ni entendu . . .

L'évêque de Valladolid est parti avec l'alcade et presque toute la population . . . .

Des 13,000 Anglais, dit-on, débarqués à la Corogne, il y en a, dit-on, 5,000 à 6,000 à Iago([1]).

Une reconnaissance du 12ᵉ dragons, partie de Trigueros à 9 heures du matin, a rencontré 40 chevaux ennemis ; les

---

([1]) Santiago, ou Saint-Jacques de Compostelle.

Espagnols étaient habillés en blanc et ont fait feu sur nos 17 dragons, qui ont fondu sur les 40 et les ont poursuivis sans pouvoir les atteindre.....; on croit que c'est un parti égaré de Burgos.

Le général Franceschi marche ce soir dans la direction de Ampudia ou Ampucha. . . . .

Je vais ce soir de ma personne à Palencia avec une brigade et 4 pièces pour pousser des partis nombreux sur les routes de Carrion et d'Aguilar-del-Campo. Le général Franceschi poussera de son côté de forts partis sur Mayorga, afin d'intercepter toutes les communications de Leon et avoir des nouvelles du grand parc de Blake. Mais je crains bien que la marche du maréchal Soult lui ait fait prendre la direction de la mer plutôt que celle de Leon..... On confectionne du pain à Burgos. . . . .

P.-S. — ...Il m'arrive à l'instant un négociant français, natif du Béarn, qui a resté trois mois en prison dans l'Extremadure et qui a été mis en liberté, à ce qu'il assure, parce que la Grande Armée est arrivée. Il assure que les trois corps d'armée de Bilbao, de Logroño et de Madrid auraient éprouvé une grande désertion, surtout de paysans.

. . . .

LE GÉNÉRAL LASALLE AU MARÉCHAL BESSIÈRES.

Lerma, le 14 novembre 1808.

Monseigneur,

J'ai l'honneur de confirmer à Votre Excellence le rapport de cette nuit sur la poursuite d'une quinzaine d'ennemis par une de mes reconnaissances du côté de Gumiel.

Cette reconnaissance a été jusqu'à une demi-lieue d'Aranda, où on lui a annoncé que l'ennemi pouvait être dans cette dernière ville en force de 7,000 à 8,000 hommes; d'après tous les renseignements, il paraît que ce rapport est juste.

Comme il y a 8 lieues de pays d'ici à Aranda, cette distance rend le service fort pénible; si Votre Excellence le jugeait convenable, j'enverrais à Bahabon 2 escadrons qui, placés dans ce point intermédiaire, observeraient plus facilement la route de Soria, celle de Tortolès et celle d'Aranda.

Quoique Bahabon soit ruiné, il serait facile à mes deux escadrons de tirer des subsistances sur leurs flancs; j'ai envoyé une reconnaissance sur Villodrigo pour communiquer avec le général Milhaud, elle est conduite par un de mes aides de camp, une seconde sur Torre-Sandino observe Tortolès, une troisième s'est dirigée par Pineda-de-Trasmonte sur Hontoria-de-Valdearados, point où aboutissent plusieurs routes de communication avec l'ennemi; elle ne peut se porter sur ce point fort éloigné, mais elle prendra dans les environs tous les renseignements possibles.

Je prie Votre Excellence d'avoir la bonté de me faire connaître ce que je dois faire d'une vingtaine de prisonniers qui m'ont été amenés.

J'annonce avec plaisir à Votre Excellence que ma proclamation a produit un résultat assez satisfaisant en faisant rentrer plusieurs habitants.

Lerma, le 14 novembre 1808.

Monseigneur, ...
L'aide de camp que j'avais envoyé sur Villodrigo pour communiquer avec le général Milhaud rentre à l'instant et m'annonce que cette division est à Dueñas, qu'hier il a passé par des villages environnant la route qu'il a tenue des blessés et des traînards qui rejoignent à Aranda.

Lerma, le 14 novembre 1808, à 6 heures du soir (¹).

Monseigneur,
J'apporte l'attention la plus scrupuleuse à questionner les prisonniers que font mes reconnaissances, mais Votre

---

(1) Lettre écrite en réponse aux ordres suivants envoyés le matin par le maréchal Bessières au général Lasalle :
Burgos, le 14 novembre 1808, à 10 heures.
   Monsieur le Général,
« L'Empereur désire savoir s'il a filé des troupes de Valladolid sur Aranda, cela vous sera facile en envoyant des reconnaissances de Lerma sur Pesquera

Excellence sait combien il serait imprudent d'établir une opinion sur les rapports de ces individus qui n'ont aucune connaissance de la composition d'une armée et que je considère comme des brutes ; en comparant les relations qu'ils donnent, on s'aperçoit aisément qu'elles n'ont aucune concordance entre elles et qu'il est impossible d'y ajouter la confiance.

Un homme qui s'est livré à mes avant-postes m'a assuré que l'ennemi avait effectivement fait filer des troupes de Valladolid sur Aranda, mais qu'elles se dirigeaient sur Madrid et qu'il ne restait actuellement à Aranda que 5,000 hommes.

J'enverrai continuellement sur Tortolès pour avoir des nouvelles de l'ennemi. Pesquera est beaucoup trop loin.

Je n'ai que deux moulins à ma disposition, je viens d'en faire mettre un en mouvement et j'ai envoyé chercher le meunier du second qui s'était sauvé à une lieue d'ici, il arrivera ce soir. Il est rentré une famille de boulangers qui peuvent faire le service d'un four, les deux autres que j'ai dans les corps, joints à ceux-là, ne sont pas capables de suffire aux besoins de ma consommation. Hier et aujourd'hui la distribution n'a pas été complète. J'attends donc impatiemment l'arrivée des boulangers que m'annonce Votre Excellence pour remplir ses intentions. J'aurai l'honneur de lui observer que mon zèle se trouve bien entravé par l'absence des habitants et par le manque absolu des ressources premières sur lesquelles on doit compter en entrant dans un pays (¹).

---

et dans la direction de Tortolès. Tâchez de faire des prisonniers, afin de savoir des nouvelles. L'Empereur désire que vous fassiez faire de la farine le plus possible et que vous organisiez bien les moulins ; faites faire du pain à force ; on vous enverra des boulangers ; en attendant servez-vous de ceux que vous trouverez dans les régiments. Maintenez une discipline sévère, et faites faire des exemples s'il le faut. »

(1) Au sujet des subsistances, voici l'ordre que le général Lasalle faisait paraitre à sa division le même jour :

Ordre du 14 novembre 1808.

« Le Général commandant la division rappelle à MM. les Officiers qu'il a déjà été donné plusieurs ordres relatifs aux subsistances et qu'ils sont ou négligés ou inexécutés. Il ordonne pour la dernière fois à tout commandant de poste ou de détachement quel que soit son grade de faire escorter tous les convois de

La reconnaissance sur Aranda, commandée par un capitaine du 10ᵉ, me rend compte qu'elle est arrivée à Gumiel où elle n'a rencontré aucun ennemi. L'alcade a annoncé que l'ennemi était à Aranda et que ses avant-postes étaient à une demi-lieue en avant. La reconnaissance, au moment où j'écris à Votre Excellence, se porte le plus près possible d'Aranda pour reconnaître positivement le point occupé par l'ennemi.

On m'a amené un soldat du régiment Fijo Badajoz, créé en Extremadure par Don José Galluzo, général en chef. La veille de l'affaire de Burgos il était de 2,000 (hommes). Les soldats disaient en se sauvant : « Que l'âme de ceux qui nous ont menés ici soit dans les griffes du diable. » Il n'est pas retourné la moitié de son régiment après l'affaire ; beaucoup de soldats s'en vont chez eux quoiqu'ils aient l'ordre de se rendre à Aranda. Il a dit en outre qu'on leur racontait tant de mensonges qu'on commence à ne plus croire à l'arrivée des Anglais. Avant l'affaire, on les faisait sans cesse manœuvrer en arrière et en avant, de façon qu'ils croyaient à la trahison.

La cavalerie présente à l'affaire était de 2,300 hommes (j'en doute, elle était donc bien en arrière, je n'ai pas vu 300 hommes, encore fort loin).

On a saisi sur un paysan des lettres que j'ai l'honneur d'adresser à Votre Excellence ; je ne les crois pas importantes. Plusieurs prêtres sortent à l'instant de chez moi et désirent rentrer dans leurs maisons ; je les ai fort bien accueillis et leur ai donné l'assurance qu'ils seraient protégés ;

---

subsistances, tous les mulets ou voitures qui en seront chargés et de s'assurer par un reçu du préposé qu'elles ont été versées dans les magasins militaires. Si, à l'avenir, il se commet de nouveaux désordres et si les denrées n'arrivent pas intactes dans les magasins, le Général prendra des informations précises sur le chemin qu'elles auront suivi et il punira exemplairement les officiers et les sous-officiers qui seront répréhensibles, en renvoyant les premiers sur les derrières et en cassant les derniers.

« Le Général voit avec chagrin que l'indiscipline commence à s'introduire dans la division, MM. les officiers et les sous-officiers sont chargés de son maintien et doivent, par conséquent, répondre de toutes les infractions et de toutes les fautes du soldat, ils ne seront donc pas surpris de la sévérité avec laquelle les abus en tout genre seront réprimés et punis. »

ils ont avoué qu'ils devaient s'attribuer le reproche des pertes qu'ils avaient éprouvées et que leur fuite en était la cause inévitable.

LE MARÉCHAL BESSIÈRES A L'EMPEREUR.

Lerma, le 15 novembre 1808, à midi.

Sire,

Je viens d'arriver à Lerma ; les reconnaissances n'étaient point encore rentrées. Je ne puis, par conséquent, dire à Votre Majesté ce qu'il y a à Aranda. La division qui était en marche pour Burgos paraît ne s'être arrêtée à Aranda que pour rallier les fuyards.

En arrivant, j'ai donné l'ordre au général Lasalle d'aller occuper Gumiel et Bahabon. La division du général Latour-Maubourg a l'ordre de s'établir à Quintanilla et dans les environs, en arrière du général Lasalle. Demain matin, je me mettrai en marche à 6 heures pour Aranda. Les habitants de Lerma rentrent. . . . .

On trouve dans ce pays beaucoup de ressources, surtout en vin. Les chevau-légers polonais se réunissent à Lerma, à l'exception des postes de correspondance.

LE MARÉCHAL MONCEY AU MAJOR GÉNÉRAL.

Tafalla, le 14 novembre 1808, à 3 heures et demie du matin.

Monseigneur, j'ai l'honneur de rendre compte à Votre Altesse qu'en vertu de ses ordres sous la date du 9 à 4 heures du soir, qui me prescrivent de refuser autant que possible ma gauche sur Pampelune, et d'être en mesure de couvrir Vitoria, ayant ma droite sur l'Èbre et ma gauche couvrant cette ville ; que d'ailleurs l'intention de l'Empereur est qu'on reste trois ou quatre jours où l'on est : me trouvant au cinquième jour et le général Lagrange m'ayant annoncé que l'ennemi faisait des mouvements par Nalda et Calahorra, et qu'il allait sans doute être attaqué, qu'une forte reconnaissance sur l'un de ses avant-postes qui était à

Agoncillo et qui avait été forcé de se replier après avoir eu quelques hommes blessés, j'ai pensé devoir me conformer sans retard à vos ordres en serrant un peu plus mes forces, de manière à pouvoir protéger promptement celles du général Lagrange, et à être de plus ainsi tout prêt à concentrer mon corps sur la droite pour marcher, au premier ordre que je recevrai de Votre Altesse. En conséquence, j'ai l'honneur de vous rendre compte qu'aujourd'hui dès la pointe du jour, le mouvement suivant aura lieu. La 2ᵉ brigade de la division Maurice Mathieu se porte de Caparroso sur la rive droite de l'Arga, à Funès et Peralta. La 1ʳᵉ brigade du général Musnier de Pitillas à Falcès, et sa 2ᵉ brigade d'Olite à Miranda. Le général Rostolland, qui observait les débouchés de Sanguessa, vient prendre position à environ une lieue et demie en avant de la place de Pampelune, à cheval sur la grande route de Tafalla et sur celle de Sanguessa, de manière à pouvoir au besoin renforcer la garnison, qui est très faible, ou suivre notre mouvement par Puente-la-Reina, que nous occupons et qui devient notre nouvelle ligne de communication avec Pampelune. Dans ces positions, je flanque la grande route et je me trouve assez concentré pour pouvoir me porter rapidement à la protection des débouchés par Lodosa et Logroño qui, vraisemblablement, seraient attaqués du même mouvement de l'ennemi. L'Èbre ayant aussi beaucoup baissé, je me trouve en mesure de pouvoir repousser les colonnes que l'ennemi pourrait porter en deçà de l'Èbre par les gués, de son camp de Calahorra et Alfaro d'autre part, s'il pouvait déboucher sur mes flancs et mes derrières par ses ponts des vallées de l'Aragon, où il est très en forces dans ce moment, et en même temps par Tudela sur Caparroso, une grande partie de mes troupes se trouvant serrées sur les points de Lodosa, Carcar, Andosilla, Lerin et Sesma, d'où je ne pourrais en rappeler assez tôt et sans danger pour notre droite, alors ma gauche dégarnie et ne pouvant se serrer à l'approche de l'ennemi, assez en forces sur les positions de Tafalla, où j'ai toujours en le projet de l'attendre pour le combattre, j'éprouverais nécessairement un insuccès qui pourrait compromettre les mouvements que Votre Altesse m'a prescrits et me mettre peut-être dans l'impossibilité d'exécuter ceux auxquels elle me prépare en me disant de me tenir prêt à concentrer mon corps d'armée sur sa droite.

Ordres du 15 novembre au soir.

LE MAJOR GÉNÉRAL AU MARÉCHAL MONCEY.

Burgos, le 15 novembre 1808, à 8 heures du soir.

Je viens de mettre sous les yeux de l'Empereur, Monsieur le Maréchal, votre lettre du 14. Je vous ai mandé que le corps de Blake avait été coupé et détruit par les corps d'armée des ducs de Bellune et de Danzig, que Blake s'est sauvé lui dixième, après avoir perdu toute son artillerie, ses bagages ; l'armée d'Extremadure a été battue et anéantie à Burgos ; nos troupes occupent Reinosa, Valladolid, et sont aux portes d'Aranda, où le corps du maréchal Ney entrera demain avec plus de 5,000 hommes de cavalerie. Si le général Castaños ne s'est pas déjà retiré sur Madrid, l'intention de l'Empereur est de manœuvrer pour lui couper la retraite sur Almazan. Votre rôle à vous, Monsieur le Maréchal, est de vous tenir toujours réuni au général Lagrange : cela présentera une force de 30,000 hommes à laquelle l'ennemi n'a rien à opposer ; le nombre est moins, à la guerre, que les bonnes dispositions : le principal est que vous teniez les hauteurs de la Guardia, et que vous ne laissiez pas passer l'ennemi entre l'Èbre et vous, et que vous protégiez les communications de l'armée entre Burgos et Miranda. Si l'ennemi s'engageait trop, il serait infailliblement perdu. Si Castaños a battu en retraite, Monsieur le Maréchal, l'intention de l'Empereur est que du moment où vous en aurez connaissance, vous preniez l'offensive : car l'armée d'Aragon ne peut soutenir le seul regard d'une seule de vos divisions.

LE MAJOR GÉNÉRAL AU MARÉCHAL VICTOR.

Burgos, le 15 novembre 1808, à 8 heures du soir.

Je vous envoie duplicata de la dernière lettre que je vous ai adressée. Nos troupes sont à Valladolid et à Aranda ; il faut donc vivement pousser l'ennemi ; mais Sa Majesté me charge de vous observer, Monsieur le duc de Bellune, que si l'ennemi, après s'être retiré du côté de Reinosa et de là par Santander, et qu'il n'y ait rien sur les hauteurs de Los Tornos, vous devez revenir à grandes journées sur Burgos ; jusque-là, il faut poursuivre vivement l'ennemi.

LE MAJOR GÉNÉRAL AU MARÉCHAL LEFEBVRE.

Burgos, le 15 novembre 1808, à 8 heures du soir.

Je vous envoie, Monsieur le Maréchal, duplicata de la dernière lettre que je vous ai adressée. Nos troupes sont à Valladolid et à Aranda ; il faut donc vivement poursuivre l'ennemi.

LE MAJOR GÉNÉRAL A L'ADJUDANT-COMMANDANT LOMET.

Burgos, le 15 novembre 1808, à 8 heures du soir.

..... Sa Majesté me charge de vous demander combien vous pouvez réunir de troupes dans les Basses-Pyrénées, y compris les chasseurs de la Montagne ou miquelets et celles que vous avez sous vos ordres, et jusqu'où vous croyez pouvoir vous porter dans la vallée d'Aragon. L'armée de Blake est détruite..... l'armée d'Extremadure a eu le même sort... bientôt une grande partie de l'armée de l'Empereur va se porter sur sa gauche et cerner Palafox dans Saragosse. Mandez-moi ce que vous croyez pouvoir faire sur Jaca avec les troupes que vous réunirez, de manière à pouvoir établir des communications par la vallée, de la frontière de France aux postes du corps qui assiégera Saragosse.

Au quartier général à Burgos, le 15 novembre 1808.

CIRCULAIRE DU MAJOR GÉNÉRAL.

Les chefs d'état-major des corps d'armée, des divisions détachées, les gouverneurs des provinces, les commandants de place ou de dépôt, donnent très peu de renseignements au vice-connétable. L'Empereur en veut beaucoup. Ils doivent savoir cependant tout ce qui se passe dans l'arrondissement occupé par leurs troupes et ils doivent être instruits de tous les mouvements de l'ennemi dans les environs.

En causant avec les habitants, en questionnant les voyageurs, en interrogeant les prisonniers, les déserteurs, les courriers et les directeurs des postes on sait beaucoup de choses. Par ces derniers surtout on a souvent des rapports très utiles et très avantageux.

A l'avenir, les chefs d'état-major, les gouverneurs de province, les commandants de place ou de dépôt adresseront tous les jours au vice-connétable major général des rapports exacts et très étendus sur toutes les parties. Ils auront soin de faire mention des ressources du pays, etc., afin que l'Empereur puisse être instruit de tout dans le plus grand détail.

Rapports reçus le 16 novembre au matin.

LE MARÉCHAL BESSIÈRES A L'EMPEREUR.

Lerma, le 15 novembre 1808, à 8 heures du soir.

Sire,

La division du général Latour-Maubourg et la brigade du général Beaumont étaient dans leurs cantonnements à cinq heures du soir. L'infanterie de M. le maréchal Ney était arrivée à cinq heures.

J'ai établi le commandant de la place et le commissaire des guerres, et leur ai transmis les ordres de Votre Majesté.

Je n'ai point encore de nouvelles d'Aranda. Il avait été envoyé 50 chevaux sur ce point, avec l'ordre de faire le coup de carabine, pour savoir quelque chose de positif. Demain matin je serai en marche de bonne heure[1]. Je rendrai un compte exact de ce que j'aurai vu et appris. J'envoie à Votre Majesté les rapports des reconnaissances de droite et de gauche.

Il y a dix jours, il n'y avait pas d'Anglais à Madrid . . . On ne sait rien de Castaños, sinon que lorsqu'il évacua Logroño, il se retira à plusieurs marches sur la route de Madrid.

On pense que Castaños se retirera dans l'Andalousie par le Royaume de Valence, si son intention n'est pas de combattre avant.

Rapports joints à la lettre précédente.

LE GÉNÉRAL LASALLE AU MARÉCHAL BESSIÈRES.

Bahabon, le 15 novembre 1808.

Monseigneur,

J'ai l'honneur d'annoncer à Votre Excellence que la reconnaissance sur Quintanilla-de-los-Caballeros est rentrée; on lui a annoncé que Hontoria-de-Valdearados n'est pas

---

[1] Voici les ordres qu'envoya deux heures après le maréchal Bessières au général Lasalle :

Lerma, le 15 novembre 1808, à 10 heures du soir.

« Monsieur le Général, vous réunirez demain matin votre division à Gumiel, vous mettrez en marche le 9e régiment de dragons et votre artillerie lorsque la division Latour-Maubourg sera à la hauteur de Bahabon. Cette division a l'ordre de suivre votre mouvement, ainsi que la brigade du général Beaumont.

« Je désire que vous envoyiez demain matin de Gumiel des reconnaissances sur Aranda, Hontoria-de-Valdearados et sur Olmedillo.

« Lorsque la cavalerie sera réunie à Gumiel, je me porterai sur Aranda.

« Je vous préviens que je donne l'ordre au général Latour-Maubourg de vous fournir de son parc les cartouches qui vous sont nécessaires.

« Prenez des mesures sévères pour prévenir toute espèce de désordres à Gumiel, vous sentez de quelle importance ce point va devenir pour nous si l'ennemi est décidé à tenir à Aranda.

« Je vous renouvelle, Monsieur le Général, l'assurance de ma considération distinguée. »

Le *Maréchal,*

Signé : BESSIÈRES.

occupé; elle a appris que le général commandant à Aranda se nomme Tavarios, qu'il commande 2,000 chevaux et 6,000 fantassins et qu'il a 5 pièces de canon. Le paysan qui lui a fait ce rapport lui a dit en outre qu'il avait appris qu'il y avait à Valladolid 15,000 Anglais et que les canons qui n'avaient pas été pris à Burgos se dirigeaient sur ce point.

Ma reconnaissance sur Aranda n'est pas rentrée.

Je suis établi à Bahabon avec mes deux pièces et le 9ᵉ régiment de dragons, moins un escadron que j'ai détaché à Santivañez. Le 10ᵉ de chasseurs occupe en entier Gumiel et a laissé un fort poste à Oquillas qui a été brûlé au mois d'août dernier.

Ce pays présente très peu de ressources et est couvert de bruyères; j'ai cependant envoyé mon commissaire à Gumiel pour y faire des vivres.

Découverte sur Olmedillo.

LE CAPITAINE PAPILLON AU GÉNÉRAL BORDESSOULLE[1].

Torre-Sandino, ce 15 novembre 1808, à 11 heures et demie.

Mon Général,

J'arrive ici à l'instant, j'ai trouvé le village désert, les habitants sont dans les montagnes. Tous les renseignements que j'ai pris dans les divers villages où j'ai passé s'accordent sur l'endroit, Aranda, où l'ennemi se rassemble, et disent qu'ils sont en grand nombre sans cependant pou-

---

[1] Le général Bordessoulle, qui était à la suite de l'état-major général, avait été mis à la disposition du général Lasalle.
Voici les ordres donnés par lui au sujet de cette reconnaissance :

Lerma, le 14 novembre.

« M. l'officier du 10ᵉ chargé de faire une reconnaissance sur Olmedillo passera par Villa-Fruela et Torre-Sandino, où il passera la rivière ; pour s'y rendre il prendra sur sa route tous les renseignements possibles sur la position et la force de l'ennemi, la composition des corps, le nombre de pièces, le nom des corps et celui des généraux qui les commandent.

« Il s'informera si l'ennemi occupe Roa et Pesquera et quelle espèce de troupe, ainsi que ce qu'on dit du corps anglais, où il se dirige.

« M. l'officier enverra un rapport de Torre-Sandino et poursuivra sa route sur Olmedillo.

« Il engagera les habitants à rester tranquilles chez eux, il demandera ce que

voir le déterminer. Les paysans disent que les Anglais sont arrivés à Valladolid et qu'ils sont environ 10,000, que c'est le bruit du pays.

Il n'y a personne à Olmedillo, d'après le rapport de quelques paysans, je vais m'y transporter de suite pour m'en convaincre, et prendre s'il se peut des renseignements plus positifs que j'aurai l'honneur de vous transmettre à mon retour à Lerma.

Les paysans se sauvent parce qu'on leur fait croire que nous tuons tous ceux que nous trouvons. Je les ai désabusés dans les quatre villages où je suis passé, ils sont très surpris. Ils ont reçu avec plaisir (à ce qu'ils disent) une proclamation qui leur a été envoyée de Lerma.

Ordres du 16 novembre au matin.

LE MAJOR GÉNÉRAL AU MARÉCHAL SOULT.

Burgos, le 16 novembre 1808, à 2 heures du matin.

J'ai mis votre lettre du 14 à 7 heures du soir, Monsieur le Duc, sous les yeux de l'Empereur. Vous avez dû recevoir dans la nuit du 14 au 15 l'ordre de vous porter sur Santander et l'Empereur espère que vous y serez dans la journée. Les débris de l'armée de Galice paraissent s'être retirés au petit port de Cumillas, situé entre Santander et la frontière des Asturies, où de là il peut suivre la côte par Oviedo, etc. On assure que cette route est assez praticable pour les chevaux et même pour les voitures du pays. Donnez sur-le-champ

---

pensent les habitants de cette guerre et si ceux qui ont été forcés de prendre les armes ne rentrent pas chez eux.

« M. l'officier mettra son rapport au bas de la présente instruction et me le remettra.

« Je prie M. le colonel du 10ᵉ de chasseurs de faire partir demain 15 un détachement de 20 hommes dont 10 chevau-légers et un maréchal des logis, commandé par un des officiers de son régiment pour faire cette reconnaissance. Cet officier pourra s'arrêter à Villa-Fruela en revenant si les chevaux sont trop fatigués, mais il enverra son rapport de Olmedillo dans la soirée, cette r. connaissance partira à 4 heures du matin, elle se rassemblera à la porte de Lerma sur la route. Faites encore commander 20 chasseurs et un lieutenant qui seront réunis avec les premiers à 4 heures du matin à la porte de la ville sur la route; ils seront sous les ordres d'un capitaine de chevau-légers. »

vos ordres, Monsieur le Maréchal, pour que les 35 pièces
d'artillerie, les caissons et les caisses de fusils que l'ennemi
a abandonnés à Reinosa soient promptement dirigés sur
Burgos. Arrivé à Santander, vous désarmerez les habitants:
vous ferez arrêter ceux qui se seraient. mal comportés, et
ceux qui seraient agents des Anglais. Vous ferez aussi
mettre le séquestre sur toutes les marchandises anglaises,
qui ne peuvent appartenir qu'aux Anglais qui les auraient
débarquées.

L'EMPEREUR AU MARÉCHAL SOULT.

Burgos, le 16 novembre 1808, à 3 heures du matin.

Le Major général vous a expédié des ordres pour entrer
à Santander où je compte que vous serez arrivé aujourd'hui.
C'est un grand point pour l'Europe et pour nos opérations.
Je vous ai fait soutenir par le maréchal Lefebvre, qui est
lui-même soutenu par le général Milhaud qui est à Palencia
et Valladolid.

Il n'y a aucune nouvelle de l'ennemi de la plaine. Le maréchal Ney attaque aujourd'hui Aranda, et le maréchal Bessières, qui s'y porte, inondera sur-le-champ la plaine de
cavalerie jusqu'aux montagnes de Madrid.

Il me tarde d'apprendre que vous êtes entré à Santander.
Tâchez de confisquer ce qui appartient aux Anglais. Faites
mettre le séquestre sur toutes les laines et sur les marchandises anglaises et coloniales.

On prend de tous côtés des hommes de l'armée de Galice; il paraît qu'ils sont débandés dans tous les sens.

ORDRE DE L'EMPEREUR AU CAPITAINE GILLOT

son officier d'ordonnance.

Burgos, le 16 novembre 1808.

M. Gillot partira pour se rendre à Santander par Reinosa: il portera la lettre ci-jointe (¹) au maréchal Soult. Le

---

(1) C'est la lettre précédente, écrite par l'Empereur au maréchal Soult.

but de sa mission est de reconnaître Santander et Reinosa, et toute la ligne des montagnes de Reinosa à Santander qui sépare des Asturies. 2,000 ou 3,000 hommes qu'on laisserait pour garder ce pays peuvent-ils trouver protection dans un fort quelconque à Santander, existant ou qu'il serait facile de faire ?

Reinosa étant la clef de toute cette position, y a-t-il beaucoup de bois aux environs, au moyen desquels on puisse faire un fort en bois comme celui de Praga, où 400 ou 500 hommes puissent garder un plus grand ouvrage de campagne contenant 1,000 hommes ?

On suppose que de Reinosa il y a comme une muraille de montagnes qui sépare des Asturies ; combien d'épaisseur a cette chaîne ? Y a-t-il des chemins pour venir à Reinosa ou à Santander ? Quelle espèce de chemins ? Où aboutissent-ils ? Où faudrait-il se placer pour surveiller tous les mouvements quand on serait sur la défensive, et être certain de tous les mouvements de ce côté ?

Quels sont les chemins qui aboutissent à Bilbao, soit de Santander, soit de Reinosa ? Quelle espèce de chemins, quelle nature de pays et de montagnes ?

ORDRE DE L'EMPEREUR A M. DE SAVOIE-CARIGNAN

son officier d'ordonnance.

Burgos, le 16 novembre 1808, à 3 heures du matin.

L'officier d'ordonnance Carignan se rendra à Palencia. Il préviendra le général Milhaud qui commande les dragons, que, le 13, un parc d'artillerie et des bagages très peu escortés sont partis de Reinosa pour descendre dans la plaine ; que l'armée de Blake, forte de 45,000 hommes, a été défaite aux combats d'Espinosa et de Reinosa ; que 15,000 hommes ont été tués ou pris et le reste éparpillé ; que les routes sont couvertes de détachements de 200, 300 et 400 hommes qui gagnent la plaine ; qu'il est donc essentiel qu'il dirige de fortes patrouilles pour ramasser tout ce qu'elles trouveront.

Il fera connaître au général Milhaud que Bessières est à Lerma et à Aranda avec le maréchal Ney; que le quartier général est ici, et qu'il faut qu'il écrive fréquemment au Major général. De là, il poussera jusqu'aux avant-postes, s'ils sont encore à Valladolid, pour savoir des nouvelles de la position de l'ennemi, et si les habitants rentrent.

Il prendra note des convois de pain envoyés de Palencia sur Burgos.

L'EMPEREUR AU MARÉCHAL BESSIÈRES.

Burgos, le 16 novembre 1808, à 3 heures du matin.

Mon Cousin, je reçois votre lettre et vos reconnaissances du 15 à 8 heures du soir. Je ne les reçois qu'à une heure après minuit. Je trouve que c'est trop que de mettre cinq heures pour venir de Lerma. Je vous envoie un de mes officiers d'ordonnance que vous me renverrez lorsque vous serez entré à Aranda, avec tous les renseignements et tout ce qui peut m'éclairer sur la position de l'ennemi. Il ne faut pas me l'envoyer avec l'aide de camp Piré, du Major général, qui est auprès du général Lasalle; il vaut mieux qu'il vienne à quelques heures d'intervalle, lorsqu'il y aura quelque chose de nouveau à me faire connaître. Aussitôt que vous serez à Aranda, envoyez-moi tous les renseignements possibles sur la route d'Aranda à Almazan et poussez des partis jusque sur Somosierra.

LE MAJOR GÉNÉRAL AU MARÉCHAL MONCEY.

Burgos, le 16 novembre 1808, à 3 heures du matin.

Je reçois, Monsieur le Maréchal, votre lettre du 14 à 7 heures du soir, au moment où j'en reçois une du duc de Dalmatie, qui annonce à Sa Majesté qu'il a trouvé à Reinosa 40 pièces de canon et des magasins considérables. L'armée de Blake, qui était de 40,000 hommes, n'existe plus. Faites faire des salves à vos avant-postes. Faites mettre à l'ordre cette nouvelle, et ajoutez que l'armée d'Ex-

trémadure a eu le même sort. Nous avons pris l'artillerie
et les bagages, et ce qui a pu s'échapper est entièrement
dispersé. Je vous ai écrit hier soir que votre principal but
était de vous réunir sur votre droite afin de soutenir le général Lagrange. Je vais entrer dans quelques détails avec
vous sur ce qu'il est possible que l'ennemi fasse. Tous les
renseignements que nous avons et les règles du bon sens
annoncent que Castaños est déjà en retraite sur Madrid, et
alors, c'est à vous à prendre l'offensive et à disperser l'armée d'Aragon. Si cependant l'armée espagnole prenait
l'offensive, elle ne pourrait avoir pour but que de marcher
sur Burgos ou de marcher sur vous.

Dans l'un et l'autre cas, elle ne peut le faire qu'en vous
jetant sur la rive gauche de l'Èbre et en s'emparant de la
ville de Logroño. Cette ville ne peut donc jamais être
abandonnée, et vous devez soutenir le général Lagrange
avec toutes vos forces. De forts partis de cavalerie doivent
surveiller l'Èbre jusqu'à Miranda, et enfin, si l'armée de
Castaños fait la sottise de rester longtemps devant Logroño,
dans peu de jours nous serons sur ses derrières. Vous
devez donc toujours manœuvrer de manière à ne jamais
vous laisser couper de Burgos ni de l'armée. Si l'ennemi
prend l'offensive sur vous, prenez-la vous-même sur un
autre point. Vous ne pouvez qu'obtenir des succès.

LE MAJOR GÉNÉRAL AU GÉNÉRAL LAGRANGE.

Burgos, le 16 novembre 1808, à 3 heures du matin.

Le maréchal Moncey, par une lettre du 14, nous a fait
part de vos rapports. Envoyez-moi tous les jours un officier
de votre division, qui fasse connaître ce qui se passe devant vous, car par vos rapports au maréchal Moncey, il
paraîtrait que vous craindriez d'être attaqué, et vous auriez dû en instruire sur-le-champ et directement le quartier général. Le maréchal Moncey a l'ordre de vous soutenir dans la position de Logroño, et à cet effet, de se
renforcer sur sa droite.

L'ennemi n'a rien à opposer aux troupes du maréchal Moncey réunies aux vôtres. Tâchez de faire quelques prisonniers pour avoir des nouvelles, car beaucoup de renseignements annoncent que Castaños a déjà battu en retraite. Tenez des partis de cavalerie jusqu'à Miranda pour que la correspondance soit facile et tenez-en aussi quelques-uns sur l'Èbre pour y protéger les communications. Faites tirer des salves aux avant-postes, en réjouissance de la destruction de l'armée de Galice et de l'armée d'Extremadure.

L'armée de Blake et de La Romana, forte de 45,000 hommes, a été détruite à la bataille de l'Escudo et entièrement tournée par la manœuvre du duc de Dalmatie sur Reinosa. Il a perdu 15,000 hommes, son artillerie, ses bagages et ses magasins. Il en a été de même de l'armée d'Extremadure, détruite à Burgos. Nous occupons Reinosa, Valladolid, et ce soir le maréchal Ney avec son corps d'armée sera à Aranda, et si Castaños reste dans sa position, il sera coupé de Madrid. Le principal, Général, est de garder la position de Logroño, et de ne pas vous laisser couper de l'armée. Le maréchal Moncey a l'ordre de marcher réuni avec vous. Vous devez avoir confiance dans vos troupes, et, avec votre division et votre cavalerie, pour peu que vous soyez soutenu par un parti du corps du maréchal Moncey, vous pouvez braver toutes les forces de l'ennemi.

L'EMPEREUR AU GÉNÉRAL DUROSNEL [1].

Burgos, 16 novembre 1808.

Monsieur le général Durosnel, vous partirez avec l'escadron du grand-duc de Berg, les mameluks et un détachement de dragons de ma Garde, de manière à avoir 150 chevaux en tout, et vous vous dirigerez sur la route de Logroño pour l'éclairer jusqu'à Belorado. Vous saurez là ce qu'on dit de nouveau à la Calzada, où vous enverrez quelques coureurs, et tout ce qu'on dira qui pourrait s'être

---

(1) Le général Durosnel était écuyer de l'Empereur.

passé de nouveau du côté de Logroño, du maréchal Moncey, et du général Castaños. Menez avec vous un homme qui parle espagnol; placez des postes intermédiaires pour la correspondance.

Écrivez au général Lagrange comme si votre lettre devait être interceptée. Vous lui parlerez des succès que nous avons eus, de la destruction de l'armée de Blake, des 60 pièces de canon et des magasins qu'on lui a pris à Espinosa et à Reinosa, de l'entrée de nos troupes à Valladolid et à Aranda, de la destruction de l'armée de l'Extremadure à Burgos, où nous lui avons pris 25 pièces de canon. Vous enverrez un homme du pays en lui promettant récompense s'il rapporte une réponse. Si les lettres sont prises, cela n'aura pas d'inconvénient. Quand la réponse du général Lagrange dirait seulement qu'il n'y a rien de nouveau, ou des choses qui peuvent être sues, cela serait avantageux; ce serait une manière prompte de correspondre. Vous mènerez avec vous un ingénieur géographe qui tracera parfaitement la route de Burgos à Belorado.

Si vous n'y voyez pas d'inconvénient, vous enverrez des partis jusqu'à la Calzada et Santo-Domingo, mais sans compromettre les troupes que je vous confie. Vous laisserez des postes sur vos derrières pour correspondre promptement. Enfin, vous aurez soin de vous informer si l'on peut tirer de là des vivres pour Burgos, soit pain, soit farine; commandez-en.

L'EMPEREUR AU MARÉCHAL BESSIÈRES.

Burgos, le 16 novembre 1808, à 6 heures du soir.

Mon Cousin, aussitôt que vous serez entré à Aranda, envoyez de fortes reconnaissances sur Burgo-de-Osma, afin d'avoir des nouvelles de ce qui se passe à Soria, et d'être informé des mouvements de Castaños. J'espère qu'il y aura des lettres à la poste d'Aranda, et que vous pourrez intercepter un courrier de Madrid à Aranda. Tâchez de savoir ce qu'on fait à Ségovie. Informez-vous quelle serait la route

la plus courte si d'Aranda on jette des partis sur la route
de Madrid à Pampelune, du côté de Paredès, dans l'endroit
le plus près d'Aranda et le plus favorable pour les localités.
On m'assure que la montagne de Buitrago finit à huit ou
dix lieues, et que la route de Madrid à Pampelune, une fois
passé Almazan, marche en plaine.

Mesures d'organisation et d'administration.

L'EMPEREUR AU MAJOR GÉNÉRAL.

Burgos, le 16 novembre 1808.

Mon Cousin, donnez ordre au général Frère de diminuer
les postes qui sont sur les derrières. Par exemple, le poste
de Salinas n'a plus besoin de 200 hommes, une compagnie
de 80 hommes suffit : même chose pour les places de Mondragon et Villareal. Donnez ordre que les chasseurs de
Nassau qui sont à Vitoria se rendent à Burgos. Mon intention est que huit compagnies de sapeurs soient destinées
pour le siège de Saragosse et que les sept autres soient destinées pour l'armée, savoir : une compagnie pour chaque
corps, et deux pour le quartier général. Les compagnies de
mineurs doivent être destinées : trois pour le siège de Saragosse et trois pour le quartier général; donnez des ordres
en conséquence.

Je vois que, le 5 novembre, le bataillon des chasseurs de
la Montagne des Hautes-Pyrénées, employé à la défense
des frontières, et celui de l'Ariège, étaient sur les frontières
de ces départements. Les neiges qui sont tombées dans ces
montagnes rendent ces bataillons inutiles; dirigez-les sur
Pau, où ils seront sous les ordres de l'adjudant-commandant
Lomet. Quant aux bataillons de la Haute-Garonne et des
Pyrénées-Orientales, ils seront réunis au 7e corps et seront
sous les ordres du général Saint-Cyr. Par ce moyen, l'adjudant-commandant Lomet aura les bataillons de trois départements, ce qui doit faire, je crois, six bataillons et près
de 4,000 hommes.

JOURNÉE DU 17 NOVEMBRE.

————

Le maréchal Bessières s'était porté sur Aranda, le 16 novembre, avec toute sa cavalerie ; le maréchal Ney le suivait avec la division Marchand ; mais on ne trouva plus d'Espagnols à Aranda, et la ville, qui venait d'être évacuée, fut occupée sans résistance dans la soirée du 16 par la division Marchand ; la division Dessolles arriva en même temps à Gumiel.

L'Empereur apprit, dans la matinée du 16, la nouvelle de l'occupation de Lerma ; il reçut, pendant la matinée et la soirée du 17 novembre, les rapports du maréchal Bessières concernant l'évacuation d'Aranda et l'occupation de la ville par les troupes françaises ; mais le maréchal ne pouvait pas encore donner de renseignements précis au sujet de la direction prise par l'ennemi.

Du côté de la gauche et de la droite françaises, les nouvelles étaient rassurantes. Un rapport du général Lagrange, du 16 novembre, annonçait que les Espagnols n'avaient plus paru devant Logroño depuis l'affaire d'avant-postes d'Agoncillo. Enfin, le maréchal Lefebvre rendait compte de ses opérations le 16 novembre ; il annonçait qu'il se trouvait installé à Reinosa et faisait coopérer une partie de ses forces au mouvement du maréchal Soult sur Santander.

L'Empereur, n'ayant pas encore de nouvelles précises au sujet de l'ennemi qui avait quitté Aranda, prescrivit simplement au maréchal Bessières de réunir des subsistances dans la ville, de réprimer le pillage, et de recueillir le plus vite possible des renseignements sur l'ennemi.

Il fit ordonner au général Milhaud de rester en observation à Palencia, et d'y faire fabriquer du pain.

Il fit prescrire au maréchal Lefebvre de réunir toute son artillerie à Reinosa en prévision de son prochain retour dans la plaine, et de réunir à sa cavalerie celle du maréchal Soult, inutile dans les montagnes, afin de prolonger vers le nord-ouest le réseau d'exploration de la cavalerie du général Milhaud ; cet ordre était d'ailleurs inexécutable ; au moment où il fut donné, l'Empereur ignorait que le maréchal Soult avait emmené sa cavalerie, qui se trouvait à l'ouest de Santander.

Le maréchal Soult eut l'ordre de revenir sur Reinosa dès qu'il le pourrait, en laissant à Santander la division du général Bonnet.

Le maréchal Victor avait déjà reçu l'ordre de revenir sur Burgos dès que sa présence ne serait plus nécessaire pour soutenir le maréchal Soult ; il quittait d'ailleurs Reinosa le 17 novembre, pour se rendre à Burgos.

Enfin, l'Empereur faisait recommander au général Durosnel, installé à Belorado, de lui faire passer des nouvelles de la vallée de l'Èbre, et de faire fabriquer du pain.

Il faut remarquer avec quelle insistance l'Empereur réclame des vivres à la cavalerie qui est en avant de l'armée. Ces demandes réitérées semblent démontrer, au premier abord, que l'armée n'était pas dans l'abondance de tout, comme l'Empereur le déclarait au ministre Dejean dans sa lettre du 12 novembre. Mais on peut également admettre comme probable que l'Empereur voulait exploiter systématiquement tout le pays occupé par ses troupes, et ménager les localités voisines de la route suivie par l'armée en répartissant les contributions en nature sur une étendue aussi vaste que possible.

Rapports reçus au 17 novembre.

LE MARÉCHAL BESSIÈRES A L'EMPEREUR.

Lerma, le 15 novembre 1808, à 10 heures du soir.

Sire,

J'ai l'honneur d'adresser à Votre Majesté les rapports des reconnaissances envoyées sur Aranda et Olmedillo. Demain matin toute la cavalerie a l'ordre de se réunir à Gumiel, et de là je me mettrai en marche pour Aranda. S'il y a quelques coups de canon à tirer, nous nous entendrons avec M. le maréchal Ney pour faire de la bonne besogne.

Rapports joints à la lettre précédente.

LE GÉNÉRAL LASALLE AU MARÉCHAL BESSIÈRES.

Bahabon, le 15 novembre 1808.

Monseigneur,

La reconnaissance que j'ai envoyée sur Aranda vient de rentrer, et m'a rendu compte qu'elle a poussé jusqu'à une demi-lieue de cette ville; aussitôt que l'ennemi a aperçu la reconnaissance, ses vedettes se sont repliées au galop sur leur garde; il était au nombre de 80 hommes, et un piquet d'infanterie sur sa droite; ma découverte voyant que l'ennemi ne faisait aucun mouvement, a fait son mouvement rétrograde avec tranquillité, alors l'ennemi a détaché un peloton qui a suivi ma reconnaissance jusqu'à Gumiel-de-Izan, et après avoir placé un petit poste, s'est retiré sur les hauteurs.

Les renseignements qui ont été pris auprès de l'alcade de Gumiel sont que, tous les soirs, un piquet de 30 hommes de cavalerie venait dans cette ville, l'occupait toute la nuit et se retirait le matin au jour; l'aide de camp qui a commandé cette découverte a prévenu M. le colonel du 10ᵉ de chasseurs.

La reconnaissance a arrêté deux paysans revenant de Madrid et se rendant à Sierra-de-Pineda; il y a douze jours qu'ils étaient à Madrid, il n'y avait point de troupe, on y formait un régiment de jeunes gens de la ville, ces paysans n'y ont point vu d'artillerie; chemin faisant pour revenir à Aranda, ils ont rencontré huit pièces à trois journées de Madrid, qui se dirigeaient sur Burgos; elles étaient escortées de très peu d'infanterie; on disait à Madrid que le général Galluzo marchait avec l'armée d'Extremadure sur Madrid, qu'il avait des troupes anglaises dans son corps, que déjà 4,000 hommes de cette nation étaient à Pinto, village à 4 lieues de Madrid sur la route d'Aranjuez.

Sur les bords du Duero, ils ont établi quelques postes, pour empêcher que personne ne passe de la rive gauche à la rive droite; ceux des fuyards venant de Burgos qui avaient pris une autre direction que celle d'Aranda ont été arrêtés et forcés de passer par cette ville, où on les réunit et on les replace dans leurs régiments.

A Roa, il y a un poste de cavalerie espagnole qui n'a d'autre but que d'arrêter les fuyards.

L'officier des chevau-légers polonais qui était avec la reconnaissance, remettra à Votre Excellence deux pamphlets, et les paysans qui m'ont donné ces renseignements.

Rapport de Olmedillo [1].

LE CAPITAINE PAPILLON AU GÉNÉRAL BORDESSOULLE.

Je me suis transporté à Olmedillo et me suis assuré qu'il n'y avait aucune troupe réglée, mais il y a dans le village

---

[1] Ce rapport est du 15 novembre au soir.

les habitants de trois autres villages qui s'y sont retirés ;
je me suis approché avec quatre chasseurs, ils ont tiré deux
ou trois coups de fusil ; alors je me suis retiré, m'étant de
nouveau convaincu que ce n'était que des paysans. Les renseignements que j'ai eus est qu'il arrive beaucoup de troupes à Aranda. Ce matin il n'y avait personne à Roa.

Un paysan m'a assuré que les Anglais devaient partir
demain matin de Valladolid.

Le général Cuesta est parti pour Madrid, on n'a pu me
dire le nom de celui qui le remplace.

Comme je reçois l'ordre du colonel de rejoindre le régiment, je vous envoie le rapport par un ordonnance.

LE MARÉCHAL NEY AU MAJOR GÉNÉRAL.

Lerma, le 15 novembre 1808.

Monseigneur, j'ai l'honneur de vous rendre compte que
la division Marchand a pris position cet après-midi en
avant de Lerma et que celle du général Dessolles occupe
Cogollos et Madrigalejo. Ces deux divisions se mettront en
marche demain à la pointe du jour sur Aranda. La première
occupera cette ville et la seconde prendra position à Gumiel.

J'ai vu ce soir le maréchal Bessières, il précédera mon
infanterie à une grande distance, puisque déjà il garde Bahabon. Nous concerterons nos opérations dans le cas où
l'ennemi ferait une grande résistance à Aranda, ce que je
ne puis croire, puisque cette position est tout à notre avantage. L'ennemi paraît n'avoir que fort peu de monde sur la
rive droite du Duero.

LE MARÉCHAL BESSIÈRES A L'EMPEREUR.

Aranda, le 16 novembre 1808, à midi.

Sire,

Aranda a été évacué pendant la nuit, les troupes ont
commencé à en sortir à minuit ; il y avait 4,000 ou 5,000
hommes et 2 escadrons. On a fait quelques prisonniers, des
volontaires de Navarre, quelques mineurs, le reste, des Ca-

liciens. Ce qui appartenait à l'armée de Galice s'est retiré sur Valladolid, ce qui appartenait à l'armée d'Extremadure s'est retiré sur Ségovie ; il y avait en tout 4 pièces de canon. Rien n'a pris la route de Soria ni d'Almazan. J'ai fait saisir les lettres de la poste que je vous envoie. Une partie des habitants s'est sauvée dans les villages voisins : ils rentrent ; il y a ici beaucoup de provisions, c'est un point essentiel ; la ville a été respectée, quoique la plupart des maisons soient désertes. Dans quelques heures, je donnerai à Votre Majesté tous les renseignements que je pourrai recueillir. Je suis ici avec un escadron du 10ᵉ chasseurs ; la tête de la cavalerie va arriver. Je l'établirai ce soir aux environs d'Aranda sur toutes les directions.

Aranda, le 16 novembre 1808, à 10 heures du soir.

Sire,

J'ai l'honneur de vous adresser quelques journaux qui contiennent des détails. Je n'ai pu encore me procurer, sur Madrid et sur Castaños, que des renseignements très inexacts. Je jetterai cette nuit des partis sur Almazan, Somosierra et sur Pesquera. La cavalerie est arrivée tard, l'infanterie de M. le maréchal Ney n'a commencé à arriver qu'à 7 heures du soir.

J'envoie à Votre Majesté quelques renseignements sur les routes, j'en ferai prendre sur toutes les directions ; j'aurai l'honneur de vous les envoyer demain.

J'ai trouvé ici 2 pièces de canon enclouées qui probablement ont été envoyées du fort de Burgos à Ségovie.

Dans le nombre des prisonniers que j'ai envoyés à Burgos se trouve un capitaine.

P.-S. — Un colonel de gardes espagnoles est passé ici avant-hier pour aller à Osma et Almazan où se trouvent les gardes espagnoles. Quelques troupes de celles qui étaient ici se sont retirées sur Osma, la majeure partie a été sur Ségovie. On a entendu ce soir à 5 heures deux coups de canon très loin, dans la direction de Valladolid.

LE GÉNÉRAL MILHAUD AU MARÉCHAL BESSIÈRES.

Palencia, le 15 novembre 1808, à 10 heures du matin.

Le général Franceschi, en arrivant hier à Ampudia, y a trouvé tous les habitants, qui n'ont pas fui, mais qui n'ont voulu donner aucun renseignement. Les éclaireurs de sa colonne ont rencontré à Ortegon 30 hussards espagnols qui escortaient des voitures de vin ; l'escorte a été vivement poursuivie sans être atteinte à cause de la nuit. J'ai ordonné à un escadron de cavalerie légère de pousser une reconnaissance sur Mayorga et à un autre escadron sur Sahagun en avant de Carrion, et d'intercepter toutes les communications entre Reinosa et Léon. Un autre escadron marche sur Aguilar-del-Campo. . . . . D'après vos intentions, je fais aussi reconnaître Medina-de-Rio-Seco. . . . .`. . . . .

RAPPORTS DU GÉNÉRAL LACOSTE A L'EMPEREUR.

Briviesca, le 16 novembre 1808, à 11 heures et demie du matin.

Briviesca. — Situation des postes aux chevaux de Burgos à Briviesca. — Depuis deux jours ce service est mieux organisé, malgré qu'il se fasse encore bien lentement. Il y a deux gendarmes par maison de poste.

Commandant d'armes et commissaire des guerres. — Ce n'est que depuis deux jours qu'il y a un commandant d'armes (Leclerc, chef de bataillon) et un commissaire des guerres ; auparavant le pays avait à se plaindre du passage des troupes, faute d'administration française.

Manque de garnison. — Il n'y a point de garnison, ce qui serait très utile pour maintenir le bon ordre et faire exécuter les réquisitions.

L'hôpital militaire. — Ce qui existe ne présente de l'emplacement que pour 50 malades, il y en a en ce moment 34. Les évacuations se font directement sur Vitoria. Cet hôpital est tenu par l'administration espagnole dont on paraît satisfait. Il vient d'y arriver un chirurgien et un pharmacien français.

Casernes sans fournitures. — Il n'y a qu'une caserne pouvant contenir environ 1,200 hommes. On y tient 250 prisonniers qui ne font que la détériorer.

Magasins de vivres et fourrages. — On y vit du jour au jour, sans magasins.

Fours. — On peut cuire 840 rations de pain par jour dans les fours de la ville.

Il y existe quatre fours militaires capables de fournir 1,320 rations par jour, mais dont on ne se sert point faute d'employés et boulangers.

Moyens de transport. — Le passage des troupes a absorbé tous les moyens de transport du pays, par le désordre qu'on y a commis primitivement.

Esprit du pays. — Le pays est tranquille; l'esprit y paraît bon; il n'y a point eu de désertions, ou très peu. L'administration civile semble bien se prêter aux circonstances et aide de tout son pouvoir pour le fréquent passage des troupes.

Troupes qu'on attend aujourd'hui 16 : 1° Les 20ᵉ et 26ᵉ régiments de dragons se rendant à Burgos ;

2° Un détachement de 75 hommes du 119ᵉ régiment de ligne venant de Burgos et allant à Bayonne ;

3° L'état-major du 1ᵉʳ corps d'armée ;

4° Détachements de divers corps, d'un total de 600 hommes et 400 chevaux, venant de Pancorbo et allant à Burgos ;

5° Autres divers petits détachements.

Vu passer sur la route de Briviesca à Burgos : 1° Six pièces avec caissons de l'artillerie du 6ᵉ corps ;

2° La réserve de l'artillerie du 1ᵉʳ corps (approvisionnements sans pièces) escortée par une compagnie d'artillerie à pied et une de pontonniers.

Draps existant à San-Domingo. — Une commission composée d'un commissaire des guerres et d'un officier d'état-major se trouve à Briviesca avec ordre de se rendre à San-

Domingo (7 à 8 lieues du pays) pour s'emparer d'une grande
quantité de drap dont une partie est destinée à confectionner 10,000 capotes à Vitoria, l'autre doit être réunie à Burgos. Faute d'escorte, cette commission ne peut remplir sa
mission.

Miranda, le 16 novembre au soir.

Ville déserte. — La ville, à peu près déserte, a été pillée
le 11, et depuis lors le pillage n'a presque pas discontinué,
très peu d'habitants ont rejoint leurs foyers.

Autorités du pays. — Le corrégidor et l'alcade sont revenus depuis quelques jours. Le premier paraît bien disposé
pour les Français; le second est presque nul et a peu d'influence sur les habitants.

Approvisionnements; magasins. — La ville a offert d'a-
bord beaucoup de ressources, que le pillage a fait bientôt
disparaître. Il n'y a aucun magasin, ni vivres, ni fourrages.
Jusqu'à présent, l'administration du pays avait pourvu aux
divers passages des troupes; depuis deux jours l'administration française est établie, mais n'a encore aucun moyen.

Fours. — Trois fours militaires pourraient cuire 6,000 à
7,000 rations de pain par jour, si on avait des employés et
des boulangers. Les fours de la ville suffisent jusqu'à présent pour les passages.

Hôpital militaire. — L'hôpital pourrait être disposé pour
250 malades; les fournitures manquent. Il y a en ce moment 130 malades, on ne fait point d'évacuation. On manque de chirurgiens.

Garnison. — Il n'y a que 50 hommes du 8ᵉ régiment de
ligne. On désirerait une plus forte garnison, autant pour la
tranquillité du pays que pour faire exécuter les réquisitions.

Il y a en outre un dépôt des 2ᵉ et 4ᵉ régiments de hussards, au total de 54 hommes et 77 chevaux.

Moyens de transport. — Ils sont tous épuisés, M. l'intendant général avait requis 200 voitures dans cet arrondissement; on n'a pu s'en procurer une seule en employant même
la force armée.

Casernement. — Il n'existe aucune caserne. On pourrait disposer à cet effet d'un couvent hors la ville, abandonné depuis longtemps et qui devrait contenir de 1,200 à 1,500 hommes.

Passage des troupes. — Aujourd'hui 16, un bataillon de marche fort de 1,363 hommes formé des divers régiments du 1er corps. Ce bataillon repart demain se dirigeant sur Burgos pour rejoindre son corps d'armée. On attend demain 17 un convoi d'artillerie de la Garde impériale (24 pièces avec les caissons).

J'ai rencontré sur la route de Briviesca à Miranda :
1° une compagnie d'artillerie légère hollandaise (6 pièces avec caissons) rejoignant le 4e corps d'armée ;
2° L'artillerie du 1er corps qui sera rendue après-demain à Burgos. Il n'y a plus que 22 pièces.

Poste aux chevaux. — Cette poste s'organise, on a remédié aux abus.

LE MARÉCHAL MONCEY AU MAJOR GÉNÉRAL.

A Lerin, le 15 novembre 1808, à 9 heures du matin.

Monseigneur, dans ma dépêche du 14 au matin, j'ai eu l'honneur de rendre compte à Votre Altesse du mouvement que nous opérions, conformément à ses ordres du 9. Ce mouvement s'est fait avec beaucoup d'ordre : deux batail-lons occupant encore Tafalla pour assurer et faire filer notre biscuit, et en même temps pour couvrir encore un peu cette communication sur la place de Pampelune, que d'ailleurs de gros détachements partant de Peralta, de Falcès et de Miranda surveillent aussi avec soin jusqu'à Olite et Caparroso, qui sont vus et observés pour ainsi dire constamment. Je vais parcourir toute la ligne de l'Èbre (où il n'y a rien de nouveau) jusqu'à Lodosa, et j'attends ici, tout prêt à les exécuter à la minute, les ordres de l'Empereur. La nouvelle de son triomphe, si rapide, sur l'armée d'Extremadure, nous est parvenue hier matin et nous a tous comblés de joie, aux cris mille fois répétés de : Vive notre Empereur !

LE GÉNÉRAL LAGRANGE AU MAJOR GÉNÉRAL.

Logroño, le 16 novembre 1808.

Monseigneur, je reçois dans l'instant la lettre que Votre Altesse Sérénissime m'a fait l'honneur de m'écrire ce matin de Burgos. Il est vrai que, pendant trois ou quatre jours, l'ennemi a fait des tentatives inutiles sur deux de mes avant-postes, où il a été toujours constamment repoussé. Hier et aujourd'hui, il n'a plus paru ; mes reconnaissances, qui ont été très loin, n'ont trouvé que quelques-paysans armés qui, à leur approche, se sont enfuis dans les montagnes. Ces premiers mouvements de l'ennemi m'avaient porté à croire qu'il voulait m'attaquer ; j'avais, en conséquence, fait toutes mes dispositions pour le bien recevoir, et nos troupes, animées du meilleur esprit, ne demandaient qu'à combattre. J'ai exactement rendu compte de tout ce qui se passait ici à M. le maréchal Ney, suivant les instructions qu'il m'avait données.

Monseigneur, depuis ce matin j'ai reçu l'ordre de M. le maréchal Ney de me tenir prêt à partir avec ma division et les deux régiments de cavalerie légère commandés par M. le général Colbert, aussitôt que j'aurais été relevé dans les positions que j'occupe par les troupes de M. le maréchal Moncey. Ce qui me surprend, c'est que la lettre de M. le maréchal Ney est du 14, et Votre Altesse ne me parle de rien dans celle du 16 que je viens de recevoir. En attendant, j'exécuterai les dispositions que vous me prescrivez ; mes partis de cavalerie iront jusqu'à Miranda, comme ils vont journellement sur Calahorra et Lodosa. Avant-hier, j'ai fait tirer des salves d'artillerie en réjouissance de la victoire de Burgos. Votre Altesse Sérénissime peut être tranquille sur la position que j'occupe ; la confiance ne nous manque pas ; nous n'avons eu d'autre crainte que celle que l'ennemi ne réalisât pas les projets qu'il paraissait avoir sur nous et auxquels il paraît avoir renoncé.

Ordres du 17 novembre.

LE MAJOR GÉNÉRAL AU MARÉCHAL BESSIÈRES.

Burgos, le 17 novembre 1808, à 1 heure après midi.

L'Empereur, Monsieur le Maréchal, a reçu votre lettre datée d'Aranda hier à midi. Sa Majesté attend avec impatience la seconde lettre que vous avez dû écrire six heures après votre rentrée, ainsi que les lettres interceptées et les nouvelles que vous aurez apprises. Vous dites que vous avez trouvé beaucoup de provisions à Aranda, c'est la chose la plus importante. Faites bien organiser le service des vivres, faites moudre des grains, car nous avons le plus grand besoin de subsistances. Concertez-vous avec le maréchal Ney pour conserver le bon ordre dans la ville et rassurez les habitants. Envoyez de forts partis sur Soria et sur Burgos.

L'EMPEREUR AU MARÉCHAL BESSIÈRES.

Burgos, le 17 novembre 1808.

Mon Cousin, il est 1 heure, et je n'ai encore que les nouvelles d'hier à midi de votre entrée à Aranda. Je suppose cependant qu'hier au soir vous m'avez écrit et je suis surpris que vos dépêches, qui doivent contenir les renseignements que vous aurez recueillis, ne me soient pas encore arrivées.

P.-S. — Il est 4 heures et je n'ai pas de vos nouvelles.

LE MAJOR GÉNÉRAL AU GÉNÉRAL MILHAUD.

Burgos, le 17 novembre 1808, à 1 heure après midi.

Nous n'avons pas de vos nouvelles, Général, depuis trente-six heures, et cependant l'intention de l'Empereur serait que vous rendissiez compte quatre fois par vingt-quatre heures. Si vous avez suivi les ordres qu'on vous a donnés d'envoyer de forts partis de Palencia sur Reinosa, vous avez dû prendre un parc, des bagages et un trésor appartenant à l'ennemi. Nous avons besoin de pain à Burgos ; on vous avait ordonné d'en diriger sur cette ville 10,000 rations par jour, et vous n'en avez pas envoyé une seule. L'intention de l'Empereur est que vous m'adressiez directement vos rapports, que je ferai passer au maréchal Bessières après en avoir donné connaissance à Sa Majesté de manière qu'elle soit promptement instruite, le maréchal Bessières étant bien en avant.

A 4 heures.

Vous ne nous envoyez pas de pain, et nous en avons grand besoin. On vous en avait demandé 10,000 rations. Le duc de Danzig est à Reinosa avec son corps. Si vous n'avez pas encore communiqué avec lui, faites-le sans délai. Si vous avez bien dirigé vos patrouilles, vous devez avoir fait un grand nombre de prisonniers et pris beaucoup de choses à l'ennemi.

LE MAJOR GÉNÉRAL AU GÉNÉRAL DUROSNEL.

Burgos, le 17 novembre 1808, à 1 heure après midi.

L'Empereur, Général, a reçu votre lettre d'hier à 4 heures après midi. Employez tous les moyens pour avoir des nouvelles de l'ennemi ; correspondez avec le général Lagrange à Logroño ; faites-lui connaître de nouveau les avantages que nous avons remportés sur l'armée de Blake... et sur celle d'Extremadure ; enfin tâchez de savoir où est et ce que fait Castaños.

4 heures du soir.

L'intention de l'Empereur, Général, est que vous donniez l'ordre aux postes de correspondance qui appartiennent à la division de dragons du général Latour-Maubourg et à ceux du 26ᵉ de chasseurs de se rendre à Aranda ; donnez également ordre aux petits dépôts de cavalerie qui se trouvent de votre côté de se diriger sur Vitoria.

Faites-nous parvenir des farines et du pain dont nous avons le plus grand besoin ; communiquez fréquemment avec le maréchal Moncey et le général Lagrange par des hommes du pays à cheval ; ne craignez pas de donner 4 à 5 napoléons, et davantage, si on vous donne des nouvelles promptement. Tàchez de savoir ce que fait Castaños et le maréchal Moncey.

LE MAJOR GÉNÉRAL AU MARÉCHAL LEFEBVRE.

Burgos, le 17 novembre 1808, à 5 heures et demie du soir.

Je viens de mettre sous les yeux de l'Empereur la lettre (¹) que vous m'avez écrite par mon aide de camp, de Reinosa. Le général Milhaud est à Palencia et a l'ordre de pousser des postes sur Reinosa. Vous devez vous mettre en communication avec lui. Les chasseurs, commandés par le chef d'escadrons Tascher, le 8ᵉ régiment de dragons sont inutiles au maréchal Soult dans le pays où il va (²). Ces deux régiments et la cavalerie de votre corps d'armée doivent être réunis et jetés sur votre gauche pour inonder les plaines de concert avec le général Milhaud, auquel vous rendrez le 8ᵉ de dragons, et vous réunirez le 5ᵉ régiment de dragons et le régiment de hussards hollandais. J'ai ordonné que tout ce qui était dirigé sur Bilbao se dirigeât ici, d'où on vous l'enverra. Il faut réunir à Reinosa tout votre train d'artillerie, celle du général Sébastiani, celle du général Leval. Dans la guerre de plaine que vous allez faire, vous ne sauriez avoir trop d'artillerie. Nos patrouilles de cavalerie se sont portées jusqu'aux portes de Leon. Les maréchaux Bessières et Ney sont à Aranda. La division polonaise avance dans la Biscaye. L'Empereur, Monsieur le Duc, me charge de vous dire qu'il prendra en considération les demandes d'avancement que vous faites ; envoyez-nous des nouvelles du maréchal Soult.

Établissez des postes de correspondance de manière à communiquer promptement avec nous et nous donner des

---

(1) Celle du 16 novembre.
(2) Ces deux régiments étaient partis avec le maréchal Soult et opérèrent avec lui dans les Asturies.

nouvelles du duc de Dalmatie. Donnez-nous aussi des nouvelles de ce qui se passe du côté du général Milhaud.

Faites-moi passer l'état de situation de votre corps d'armée en indiquant le lieu où se trouvent les corps, l'intention de l'Empereur étant de donner des ordres pour réunir
tout votre corps d'armée. Nous occupons Aranda.

LE MAJOR GÉNÉRAL AU MARÉCHAL BESSIÈRES.

Burgos, le 17 novembre 1808, à 8 heures du soir.

L'Empereur, Monsieur le Maréchal, vient de recevoir
votre lettre d'hier à 10 heures du soir, ainsi que les deux
gazettes de Madrid qui y étaient jointes. Sa Majesté espère
recevoir dans la matinée une autre dépêche de vous plus
détaillée, et par laquelle vous lui donnerez des nouvelles de
l'ennemi. Vous avez sûrement envoyé des partisans et des
espions. Il y a beaucoup de subsistances à Aranda ; organi-
sez un service des vivres régulier ; formez des magasins,
car vous sentez que nous ne pouvons faire aucune opération
au delà d'Aranda sans avoir des subsistances assurées.
L'Empereur est très mécontent de la conduite de la division
Beaumont et de la division Latour-Maubourg sous le rapport de la discipline et du pillage. Sa Majesté ayant particulièrement à se plaindre du général Cambacérès, lui ôte le
commandement de sa brigade et le rappelle au quartier général, où il connaîtra sa destination ultérieure. Enfin, Monsieur le Maréchal, prenez les mesures que la loi autorise
pour arrêter le pillage.

LE MAJOR GÉNÉRAL AU GÉNÉRAL MILHAUD.

Burgos, le 17 novembre 1808, à 8 heures du soir.

Je vous préviens, Général, que vous êtes directement sous
les ordres du maréchal Bessières et que le but du corps à
vos ordres est de former une troupe d'observation entre le
Duero et la montagne. Vous ne devez donc point suivre les
instructions que vous avez reçues du maréchal Soult pour

vous étendre du côté de Santander. Vous devez conserver
votre centre à Palencia et vous étendre dans la plaine.

LE MAJOR GÉNÉRAL AU MARÉCHAL SOULT.

Burgos, le 17 novembre 1808, à 8 heures du soir.

Aussitôt que vous serez arrivé à Santander, Monsieur le
Duc, et que vous occuperez cette ville, que vous aurez fait
désarmer les habitants et exécuté toutes les mesures administratives que l'Empereur vous a prescrites, vous laisserez
le général Bonnet avec sa division jusqu'à ce qu'il puisse
être relevé par d'autres troupes. Vous, Monsieur le Maréchal, vous vous dirigerez avec le reste de votre corps sur
Reinosa ; pendant que vous exécuterez ce mouvement, vous
recevrez des ordres. Vous ferez un mémoire sur la manière
dont la garnison de Santander pourrait être attaquée par
les débouchés des Asturies ; enfin, sur les opérations militaires dans cette partie, offensives ou défensives. Sa Majesté
ne peut que s'en rapporter à votre prudence. J'ai donné
l'ordre au duc de Danzig de rester à Reinosa ; je vous préviens que vous trouverez à Santander un magasin très précieux de quinquina. Dans tous les cas, il faut mettre le séquestre pour éviter le pillage et le désordre.

Mesures d'organisation et d'administration.

L'EMPEREUR AU GÉNÉRAL DEJEAN.

Burgos, le 17 novembre 1808.

Monsieur le général Dejean, je ne compte sur aucun des
convois que vous m'annoncez. Je vous avais prévenu que
rien n'arriverait si vous ne faisiez pas accompagner ces
convois par un maréchal des logis ayant une feuille de route
où les journées de route fussent bien déterminées. Vous
n'en avez tenu aucun compte, et mon armée manque de
tout. Je suis obligé d'avoir recours à des moyens extraordinaires, ce qui produit toujours un mauvais effet. Votre bureau d'habillement est composé d'imbéciles. Vos fournis-

seurs de Paris sont des fripons comme ceux de Bordeaux :
il y en a qui ont vendu des effets qui étaient partis (*sic*) par
vous. Cela est votre faute de n'avoir pas organisé vos transports. Je dépense beaucoup d'argent pour être très mal
servi. Le fait est qu'il y a beaucoup de dilapidation.

L'EMPEREUR AU MAJOR GÉNÉRAL.

Burgos, le 17 novembre 1808.

Mon Cousin, faites connaître au commandant de Miranda
qu'il est responsable de la tranquillité de la ville ; qu'il doit
faire fusiller sur place le premier soldat qui pille, et qu'il
ait à prendre des mesures pour le prompt rétablissement
de l'ordre. Donnez l'ordre à l'intendant général d'établir un
magasin de farine de 100,000 rations, ce qui peut se faire
par des réquisitions provenant de tout l'arrondissement.

JOURNÉE DU 18 NOVEMBRE.

Les nouvelles parvenues à l'Empereur le 18 novembre lui montraient que les troupes espagnoles qui
avaient quitté Aranda avaient disparu très loin dans le
sud ; les partis envoyés à leur suite le 17 novembre
par le maréchal Bessières n'en avaient pas encore rapporté de nouvelles ; la cavalerie du général Milhaud,
par contre, avait trouvé des postes ennemis à Mayorga,
Carrion et sur la route de Leon ; le 1er corps avait
quitté Reinosa le 17, en marche sur Burgos ; enfin, les
rapports du général Lacoste et du général Lagrange
annonçaient que Castaños était toujours du côté de
Calahorra avec des forces considérables.

L'Empereur prend alors une décision ferme et donne ses ordres pour faire attaquer l'armée de Castaños par le corps du maréchal Moncey et la division Lagrange dans la vallée de l'Ebre, et lui faire couper la retraite par le maréchal Ney qui se portera d'Aranda sur Soria avec les divisions Marchand et Dessolles, et la cavalerie du général Beaumont (¹) renforcée du 26° régiment de chasseurs à cheval; le gros de la cavalerie restera vers Aranda, tandis que la cavalerie légère du général Lasalle éclairera au loin le pays au sud du Duero. Les partis signalés à Carrion, Mayorga et vers Leon n'inquiètent pas l'Empereur, vu leur éloignement, l'arrivée du corps du maréchal Victor sur Burgos et la situation du corps du maréchal Lefebvre à Reinosa.

Les ordres de l'Empereur étaient déjà expédiés depuis plusieurs heures aux maréchaux Lannes, Moncey, Ney et Bessières, lorsqu'il reçut de ce dernier, vers 6 heures du soir, des renseignements annonçant que l'ennemi occupait avec de l'infanterie les défilés entre Somosierra et Aranda. Cette nouvelle parut assez sérieuse à l'Empereur pour qu'il fît immédiatement prescrire au maréchal Ney de retarder son mouvement sur Soria et de ne partir qu'après avoir balayé l'infanterie ennemie jusqu'aux montagnes de Guadarrama.

Rien ne donne mieux une idée de la prudence de l'Empereur, qui ne voulait pas, disait-il, entreprendre un mouvement de flanc avant que l'ennemi fût réduit à prendre une position défensive sur la montagne.

----

(1) Les 2ᵉ et 4ᵉ régiments de hussards; le 26ᵉ régiment de chasseurs faisait partie de la division Dessolles.

Rapports reçus au 18 novembre.

LE MARÉCHAL NEY AU MAJOR GÉNÉRAL.

Aranda, le 17 novembre 1808.

Monseigneur,

Comme j'ai eu l'honneur de vous en rendre compte dans mon rapport d'hier, les troupes de la division Marchand sont bivouaquées : la 1re brigade sur la rive gauche du Duero, route de Madrid, et la 2e sur la rive droite. La division Dessolles est réunie à Gumiel ; trois compagnies d'infanterie sont restées à Lerma pour y maintenir l'ordre.

J'ai l'honneur de vous adresser le rapport de l'ordonnateur en chef sur les ressources trouvées à Aranda (¹).

---

(1)   RAPPORTS JOINTS A LA LETTRE DU MARÉCHAL NEY.

A 2 heures du matin d'aujourd'hui 16 novembre, les Espagnols ont évacué Aranda-de-Duero, quoique l'ordre eût été donné pour 5 heures ; ils étaient au nombre de 5,000 à 6,000 hommes, dont 500 de cavalerie (dragons de Marie-Louise) ; l'infanterie se composait de sapeurs, des chasseurs de Zafra, de compagnies franches de Serena, des Provinciaux et autres fragments de corps, tous très mal vêtus, et de 18 à 20 pièces d'artillerie.

Lorsque ce corps passa pour aller à Burgos, il était composé de 12,000 hommes d'infanterie et environ 1,200 cavaliers et 44 pièces d'artillerie, et aux ordres du comte de Belveder, le même qui a ordonné l'évacuation d'Aranda ; on croit qu'à sa retraite il a fait enterrer quelques pièces d'artillerie. Ce général a pris la route de Madrid, et à Fuente-Spina, à une demi-lieue d'Aranda, il a fait prendre celle de Valladolid, distante de 15 lieues d'Aranda. Il n'y avait point d'Anglais et ce corps s'intitulait : corps d'Extremadure.

L'affaire de Burgos a été sue à Aranda le surlendemain très à bonne heure, mais on l'avait publiée comme très avantageuse pour les Espagnols et ayant pris plusieurs pièces d'artillerie et tué beaucoup de Français.

La troupe espagnole s'est très mal conduite à Aranda et ses environs et a fait croire aux habitants que les Français passeraient au fil de l'épée tous les habitants des villes où ils passeraient.

Cette déclaration a été donnée par un capitaine retraité du service d'Espagne qui a offert de la signer. Elle est conforme et même un peu plus étendue que les renseignements pris à plusieurs personnes.

RAPPORT SUR LA PLACE D'ARANDA.

On a trouvé :

1° 3,000 rations de pain ;
2° 50,000 rations de biscuit ;
3° 4,000 quintaux de grain méteil ;
4° 400 quintaux d'orge ;
5° 200 quintaux de paille ;

J'adresse également à Votre Altesse un extrait des rapports faits par les habitants les plus instruits de cette ville. J'attends les ordres de Votre Altesse.

LE MARÉCHAL BESSIÈRES A L'EMPEREUR.

Aranda, le 17 novembre 1808, à midi.

Sire,

J'ai fait partir à 4 heures du matin des partis sur Osma et sur Somosierra. Je n'ai point encore de nouvelles. Il ne s'est retiré sur la route d'Osma que des paysans armés qui ont dit qu'ils rentraient chez eux.

J'ai eu cette nuit quelques détails sur Madrid; il n'y a que très peu de monde et quelques cavaliers de levés; la Junta siège à Aranjuez et a avec elle 5,000 à 6,000 hommes, en partie paysans que l'on exerce. Beaucoup de personnes prétendent que Castaños a marché avec une partie de son armée dans la Catalogne, d'autres qu'il est à Tolède où il organise une réserve, et d'autres qu'il est en retraite. Les renseignements que donnent les particuliers sont si disparates, qu'on ne sait à quoi s'arrêter; ce qu'il y a de très sûr, c'est qu'on ignorait l'arrivée de Votre Majesté et celle de vos troupes. Quant aux Anglais, les personnes que j'ai interrogées s'accordent à dire qu'ils ne sont pas sortis du Portugal et de la Galice, qu'il peut y en avoir du côté de Badajoz et de Ciudad-Rodrigo, et qu'on leur soupçonne

---

6° Du vin dans presque toutes les caves;

7° 4 moulins à deux tournans pouvant produire 100 à 120 quintaux de farine par jour;

8° 27 petits fours, dont 8 défoncés; les 19 autres peuvent produire 6,000 rations par 24 heures;

9° Un hôpital pouvant contenir 250 à 300 malades; il s'y trouve 120 fournitures et 9 malades espagnols;

10° On a trouvé 25 sacs de farine; les moutures sont en activité ainsi que la fabrication du pain.

Nota. — Partie de ces ressources a déjà été employée pour les besoins de la cavalerie et de l'infanterie qui ont passé à Aranda ou qui s'y trouvent en ce moment.

Il se trouve en outre divers approvisionnements de grains dans quelques maisons particulières qui n'ont pu être fouillées.

Aranda, le 17 novembre 1808.

L'Ordonnateur en chef du 6e corps,
MARCHANT.

l'intention de borner leurs démonstrations à la défense du Portugal et de la Galice. Toutes les personnes que j'ai questionnées ici sont d'une ignorance parfaite de ce qui se passe dans le midi de l'Espagne. Un homme qui dans le temps m'avait bien servi et me donnait de très bons renseignements a fui cette nuit parce que sa maison a été pillée. Je voulais l'envoyer à Votre Majesté ; c'est lui qui m'a donné une partie de ceux que je vous envoie. Il prétendait que la terreur était à Madrid et que le moyen d'empêcher l'émigration de cette ville et l'évacuation d'une partie de ses richesses était de se dépêcher d'y arriver. On a pris des mesures sévères pour empêcher la communication de fuyards de Burgos avec la capitale et l'on présume que si Castaños se retire, son armée ne passera pas par Madrid.

Sire, je ne puis donner à Votre Majesté d'autres renseignements ; depuis mon arrivée à Aranda, je lui ai écrit deux fois et lui ai envoyé trois valises de lettres saisies à la poste. Indépendamment des partis que j'ai pour avoir des nouvelles de l'ennemi, j'en ai jeté sur les routes de traverse pour intercepter les courriers.

Les fuyards de Burgos ont jeté la terreur partout.

Les partis que j'avais jetés sur les routes d'Osma et d'Almazan, à 4 lieues dans toutes les directions, ont trouvé les villages presque déserts. Il a été commis cette nuit quelques désordres à Aranda ; M. le maréchal Ney a pris des mesures sévères pour les réprimer, mais une partie des habitants qui y étaient restés se sont sauvés.

J'envoie à Votre Majesté de nouveaux renseignements sur la route d'Almazan et sur celle de Ségovie.

Si Votre Majesté l'autorise, je me mettrai demain en marche pour Buitrago, j'y arriverai après-demain d'assez bonne heure pour jeter des partis sur les routes d'Almazan et de Saragosse, dans la direction d'Hita.

P.-S. — Je reçois à l'instant la nouvelle que la partie de troupes qui s'est jetée sur la route de Valladolid a pris à gauche dans la direction de Ségovie. On est à la poursuite de 200 ou 300 hommes qui étaient hier au soir à Moradillo.

Aranda, le 17 novembre 1808, à 3 heures après midi.

Sire,

J'ai pris de nouveaux renseignements sur la nouvelle route d'Almazan, dont je viens d'adresser le détail à Votre Majesté ; l'homme qui porte les lettres sur cette route-là prétend qu'elle n'est pas bonne et que celle par Osma est la meilleure et n'est que d'une lieue plus longue.

J'envoie à Votre Majesté un rapport du général Milhaud([1]) qui m'est parvenu par le poste de correspondance de Burgos, quoique j'aie donné l'ordre de les faire remettre à l'aide de camp de service.

Je n'ai point encore de nouvelles des partis envoyés sur les différents points.

LE GÉNÉRAL MILHAUD A L'EMPEREUR.

Palencia, le 16 novembre, à 5 heures du soir.

Sire,

J'ai eu l'honneur de rendre compte aujourd'hui à Son Excellence M. le maréchal Bessières, que mes reconnaissances, dirigées sur Mayorga et sur Aguilar, avaient trouvé

---

(1) Voici le rapport du général Milhaud :

Palencia, le 16 novembre 1808, à 2 heures après midi.

« Je reçois à l'instant le rapport de la reconnaissance de Mayorga ; elle n'a pu pénétrer dans la ville parce qu'il y avait beaucoup d'ennemis, infanterie et cavalerie. Toutes les maisons étaient éclairées ; le capitaine Bonnaffis, qui commandait le premier détachement, dit dans son rapport que l'on avait compté 10 à 15 hommes dans chaque maison ; mais il ne dit pas qui a compté les ennemis ; il dit encore que les paysans ont sonné les cloches quand ils ont su que des troupes françaises marchaient de ce côté. On dit qu'il doit se faire une assez grande réunion à Benavente et qu'une partie des troupes de Burgos devait s'y rendre... En rapprochant cette reconnaissance de celle du chef d'escadron Noury, datée de Fromista, on pourrait conjecturer que les 9,000 hommes de Galice, ayant appris que le maréchal Soult était à Reinosa, seraient peut-être revenus sur leurs pas avec les débris de Burgos.

« Le général Franceschi, d'après mes ordres, a envoyé une deuxième reconnaissance sur Rio-Seco et sur Valladolid. Les habitants sont tous à Rio-Seco et fort tranquilles, ...

« 8,000 rations de pain doivent partir de Palencia pour Burgos dans cette journée. . . . .

« La confiance augmente tous les jours chez les habitants. »

l'ennemi à Mayorga, à Carrion et sur la route de Reinosa à Leon ; à l'instant, un dernier rapport du chef d'escadron du 16e, Noury, me confirme la vérité des premiers renseignements ; hier dans la nuit, un petit piquet détaché de Fromista a pénétré dans Carrion et a été forcé de lâcher un prisonnier fait à la porte par le feu de l'infanterie. Un dragon et un brigadier ont cependant pénétré par une autre rue et ont vu distinctement, par le moyen des feux, plusieurs tambours et des postes de fantassins et de hussards qui les ont poursuivis 3oo pas en dehors de la ville. J'ai toujours pensé que ces troupes étaient les débris du corps de Blake, dont la défaite m'est officiellement annoncée par un officier d'ordonnance. J'avais déjà ordonné à de forts détachements de battre les routes dans la direction de Leon et j'en attends à chaque instant les rapports.

D'après les intentions de Votre Majesté qui m'ont été portées par M. de Carignan, j'ordonne au général Franceschi de marcher droit sur Mayorga, qui était plein de troupes de toutes armes la nuit dernière. Je ferai moi-même un mouvement sur Carrion par Becerril et Paredès, afin de soutenir les colonnes mobiles que je mets à la poursuite de l'ennemi.

Hier à midi on n'avait entendu parler d'aucune troupe à Valladolid et l'on n'en attendait pas. Les 6,000 fusils arrivés de Zamora à Valladolid, il y a quinze jours, ont été distribués aux paysans des environs et à d'autres recrues qui passaient par le pays ; c'est un Français domicilié depuis quatorze ans dans Valladolid qui me l'a assuré.

Sire, je dois faire connaître à Votre Majesté que les chefs recteurs des Anglais et Écossais de Valladolid ont été les instigateurs les plus infâmes de l'insurrection, et que c'est à leurs perfides conseils que l'on a vu se répandre des pamphlets aussi sacrilèges que ridicules et des images pour exciter le peuple à la révolte.

Je partirai demain matin de Palencia deux heures avant le jour pour appuyer les fortes patrouilles que j'envoie pour enlever les débris de Blake.

P.-S. — La reconnaissance d'un escadron a été à Sahagun. Cet escadron a trouvé quelques voitures d'équipage, mauvaises. Mais il se trouve en mesure..... de couper la retraite à tout ce qui peut échapper des débris de Carrion et de Mayorga.

Au moment où M. de Carignan allait partir, j'ai été instruit qu'une patrouille de 15 cavaliers espagnols s'était présentée à Torquemada. Ainsi je ne quitterai pas demain matin Palencia ; les troupes légères du général Franceschi avec 2 pièces suffiront bien pour intercepter et nettoyer tout ce qui peut passer par Carrion, Mayorga et Sahagun ; je fais garder tous les ponts pour arrêter tous les débris et je serai ici en mesure pour me porter partout.

RAPPORT DU GÉNÉRAL LACOSTE A L'EMPEREUR.

Logroño, le 17 novembre 1808, à 1 heure après midi.

Haro, à 3 lieues et demie de Miranda. — C'est un poste bien important, attendu que l'ennemi peut y arriver facilement par Cálzada et se porter sur Miranda, etc. Je n'y ai trouvé personne. Le général Lagrange y a fait passer ce matin une compagnie de cavalerie. Je l'ai engagé, d'après l'intention de Votre Majesté, à y envoyer un poste d'infanterie qui y serait encore plus utile ; il y faudrait même un bataillon.

Logroño. — Cette ville, quoique d'un assez grand développement, a devant elle une plaine considérable ; c'est une belle position défensive surtout avec les 8,000 à 9,000 hommes qui composent cette division. Plusieurs couvents et enclos détachés forment une défense naturelle ; entre ces points flanquants et la place, il y a l'espace nécessaire pour manœuvrer les troupes et l'artillerie. On n'a presque rien fait pour améliorer cette position ; il est sans doute trop tard pour y commander de grands travaux.

Logroño a été pillé ; lors de l'attaque, la plus grande partie des habitants en désertèrent, ce qui n'a pas peu contribué à prolonger un pillage qui a enlevé de grandes ressources en subsistances. Les habitants commencent à rentrer.

Le corrégidor semble faire cause commune avec les Français ; on est fort content de son zèle.

Il n'y a aucune espèce de magasin d'approvisionnements, du reste la troupe est abondamment pourvue de tout par l'administration du pays.

Hôpital militaire. — Capable de contenir 3oo à 4oo malades, mais sans fournitures. Il y a à peine 4o malades en ce moment.

Disposition des troupes de la division. — Trois régiments d'infanterie sont à Logroño, le quatrième à Viana, une lieue et demie de Logroño. Le général Lagrange vient de rappeler ici toute la brigade du général Colbert comme devant y être plus utile qu'ailleurs.

Artillerie. — Des quinze bouches à feu, onze sont disposées sur la rive gauche dans une position dominante et à portée de protéger la rive droite. Les quatre autres sont en réserve à Logroño, ce qui est peu ; on devra les renforcer de quelques pièces que doit fournir le corps du maréchal Moncey. Le maréchal Ney avait défendu de tenir du canon sur la rive droite ; le général Lagrange a pris sur lui les quatre qui s'y trouvent.

Avant-postes bien éloignés. — Les avant-postes placés à Agoncillo, Lardero, Entrena et Villamediana, au débouché des gorges, me paraissent bien éloignés ; ils ne peuvent se lier entre eux ou presque point, inconvénient en cas d'une attaque sérieuse ; dans la position actuelle, il est cependant essentiel de s'éclairer le plus loin possible.

Éloignement de Logroño du corps du maréchal Moncey. — Dans ce moment, Logroño est bien faiblement soutenu par le corps du maréchal Moncey, qui n'a au plus près qu'un seul bataillon à Mandavia. Il devrait peut-être y avoir une plus grande force à même de se porter sur Logroño ou Lodosa. J'en parlerai à M. le maréchal Moncey ; je ne pourrai le voir à son quartier général de Lérin que demain matin, attendu que je compte auparavant visiter la position et les travaux de Lodosa.

On suppose encore Castaños à Calahorra. — Le général

Lagrange a des avis, qui paraissent certains, que Castaños est toujours à Calahorra ; qu'il a autour de lui environ 3o,ooo hommes, la majeure partie troupes de ligne ; diverses attaques d'avant-postes de ce côté prouvent qu'il cherche à tâter quelques points.

L'ennemi menace la gauche du maréchal Moncey. — D'un autre côté le maréchal Moncey vient d'annoncer au général Lagrange que l'ennemi se renforce sur sa gauche (vers Sanguessa) et qu'il paraît y vouloir faire des tentatives. Lors même que cette nouvelle se réaliserait, celle-là ne s'opposerait point aux desseins de Votre Majesté.

Le général Lagrange va établir des postes pour communiquer le long de l'Èbre. Le général Durosnel, placé à Belorado, en a donné avis au général Lagrange.

LE GÉNÉRAL LAGRANGE AU MAJOR GÉNÉRAL.

Logroño, le 17 novembre 1808.

Monseigneur,

J'ai répondu par le retour de l'officier de l'état-major à la lettre que Votre Altesse Sérénissime m'a écrite hier à 3 heures du matin de Burgos, et que j'ai reçue par duplicata.

L'ennemi, qui avait resté deux jours sans se montrer, a paru ce matin à mes avant-postes assez en forces, sans cependant qu'il les ait attaqués. Il paraît, d'après un avis que je viens de recevoir par un homme du pays sur lequel on peut compter, que Castaños était encore hier à Calahorra, toujours avec des forces assez considérables, principalement en troupes de ligne. Demain, j'aurai encore l'honneur de vous rendre compte de ses mouvements après la rentrée des reconnaissances qui ne reviennent que très tard, l'ennemi se tenant à six mortelles lieues de nous. Par le pont important de Lodosa, M. le maréchal Moncey peut diriger des reconnaissances avec plus de succès, parce qu'elles ont moins de terrain à parcourir.

Monseigneur, j'ai des postes de cavalerie établis pour assurer nos communications par Miranda ; j'ai envoyé une

compagnie à Haro, mais il faudrait bien au moins une centaine d'hommes d'infanterie pour surveiller ce point essentiel, où l'ennemi peut arriver par une route superbe de la
Calzada, et par une route moins belle, mais cependant praticable, de Najera. Ensuite, de Haro il peut aller sur Miranda,
et même directement sur Armiñon, par des routes aussi
très belles. Si Votre Altesse m'y autorise, je pourrais envoyer 100 hommes à Haro, du bataillon du 118ᵉ qui est à la
Guardia, et alors, on n'éparpillerait pas les régiments que j'ai
ici, et qu'il est essentiel de tenir toujours réunis et prêts à
agir. Même pour la cavalerie, on pourrait y envoyer des
cuirassiers du 13ᵉ régiment, qui ne font rien sur l'autre rive
de l'Èbre, et faire ainsi rentrer les deux compagnies aux
régiments de la brigade Colbert, auxquels elles appartiennent. Je propose ces dispositions à Votre Altesse et j'attendrai ses ordres avant de les exécuter.

Monseigneur, d'après les observations que m'a faites M. le
général Lacoste, qui vient d'arriver, j'ai donné l'ordre pour
que 100 hommes du 118ᵉ partent sur-le-champ de la Guardia pour aller occuper Haro avec la compagnie de cavalerie
que j'y ai depuis ce matin : ces dispositions sont conformes
aux intentions de Sa Majesté l'Empereur.

LE GÉNÉRAL DUROSNEL AU MAJOR GÉNÉRAL.

Belorado, le 17 novembre 1808.

Je suis arrivé ici à 8 heures du soir. Ce matin j'ai fait
partir à 3 heures un détachement de 25 chevaux pour la
Calzada avec ordre d'éclairer la route de Logroño.

Les renseignements sont toujours les mêmes ; on ignore
dans le pays les mouvements de l'armée de Castaños depuis
qu'il a été chassé de Logroño. On ne sait pas davantage ce
qui se passe vers Saragosse, mais il paraît constant que la
route est parfaitement libre d'ici à Logroño. J'ai expédié
hier au soir un messager à cheval avec une lettre pour le
général Lagrange à Logroño ; j'aurai probablement sa réponse ce soir, qui me donnera des détails certains.

Ce pays-ci paraît aisé, on assure que d'ici à Logroño il

devient très bon et qu'on peut y trouver abondamment du
grain et du vin. On pourrait donc y tirer de grandes ressources pour l'armée, mais il n'y a plus de moyens de transport. Les bœufs sont mangés et les mules et chevaux em-
menés à la suite du corps ne reviennent pas. Les habitants
paraissent assez bien disposés ; ils ont souffert du passage
des troupes et des réquisitions, mais ils n'ont point été
pillés.

Il y a des postes de correspondance établis entre ici et
Burgos, savoir : par la division de dragons du général Latour-
Maubourg, 1 maréchal des logis, 1 brigadier et 5 dragons à
Tapuerca et 1 brigadier et 5 dragons à Villanasur. Ces deux
postes ne sont point sur la route, ils sont dans les montagnes et ne peuvent communiquer que très difficilement. Un
autre poste d'un brigadier et 9 chasseurs du 26ᵉ régiment
venu de la division du général Dessolles est placé ici, plus
un dépôt du même régiment de 10 hommes et 8 chevaux.

A Villafranca, il y a un hôpital royal qui pourrait contenir 200 malades, mais il n'y a de fournitures que pour 34.
Il y a une bonne pharmacie et des médecins.

LE MAJOR GÉNÉRAL A L'EMPEREUR.

Burgos, le 18 novembre 1808.

J'ai l'honneur d'adresser à Votre Majesté une lettre du maréchal Victor (¹) qui m'est parvenue ce matin, et d'après
laquelle il rend compte de ses opérations, et m'informe
qu'il se met en marche le 17 pour Burgos.

Ordres du 18 novembre à midi.

LE MAJOR GÉNÉRAL AU MARÉCHAL LANNES.

Burgos, le 18 novembre 1808, à midi.

L'intention de l'Empereur, Monsieur le maréchal Lannes,
est que vous vous rendiez à Logroño, où vous serez arrivé

---

(1) C'est la lettre datée de Reinosa le 16 novembre à 6 heures du soir.

dans la journée de demain. Vous prendrez le commandement de la division Lagrange, de la brigade de cavalerie
Colbert, composée non seulement de deux régiments de la
Grande Armée, mais encore d'environ 1,500 chevaux qui
s'y trouvaient déjà. Vous aurez également sous vos ordres
le corps d'armée du maréchal Moncey. Je lui écris pour lui
faire connaître que par suite d'un mouvement combiné,
l'intention de Sa Majesté est qu'il soit sous vos ordres. Avec
la division du général Lagrange et les troupes qui sont à
Logro˜o, vous passerez le pont pour vous porter sur Lodosa, où vous arriverez dans la journée du 21 : le corps du
maréchal Moncey s'y trouve réuni par des mouvements qui
lui ont été ordonnés, et auxquels il s'est préparé depuis
longtemps. Ainsi, à la tête de 30,000 hommes, vous vous
porterez sur Calahorra, sur Alfaro et Tudela, enfin, partout
où serait l'ennemi. Le maréchal Ney part demain 19 d'A-
randa, et sera le 21 ou le 22 à Soria, et continuera à se
diriger sur les derrières de l'ennemi, si les renseignements
qu'il reçoit lui font penser qu'il soit en grande force sur
Calahorra et Alfaro. Vous ferez, Monsieur le Maréchal,
ce qui vous sera possible pour établir, par votre droite, votre
communication avec M. le maréchal Ney. Aussitôt que vous
aurez battu l'ennemi, ou que vous serez certain que ses forces
ne sont pas aussi considérables qu'on le pense, vous en préviendrez le maréchal Ney, afin qu'il ne fatigue pas ses
troupes et ne perde pas de marche inutile. Il est à prévoir,
Monsieur le Maréchal, que l'ennemi profitera du dégarnis-
sement de la gauche du maréchal Moncey pour se jeter sur
Pampelune ou dans quelque autre point de la Navarre ; il
sera donc essentiel d'envoyer des partis pour le couper et
nettoyer le pays.

LE MAJOR GÉNÉRAL AU MARÉCHAL MONCEY.

Burgos, le 18 novembre 1808, à midi.

L'Empereur, Monsieur le Maréchal, m'ordonne de vous
faire connaître qu'il a donné le commandement du corps

qui est à Logroño à M. le maréchal Lannes; ce maréchal sera rendu demain au soir à Logroño et sera le 21 devant Lodosa, où il est nécessaire que tout votre corps soit réuni pour déboucher du pont aussitôt qu'il paraîtra. Sa Majesté a jugé convenable au bien de son service que vous soyez aux ordres du maréchal Lannes pour la direction de toutes les opérations militaires, continuant toutefois à garder le commandement de votre corps d'armée. L'Empereur a expliqué à M. le maréchal Lannes ses projets et les mouvements combinés de votre corps avec ceux des autres corps d'armée. Sa Majesté, qui connaît votre zèle, vos talents et l'ardeur qui anime vos troupes, est persuadée qu'elles rivaliseront avec celles venant de la Grande Armée que commande le maréchal Lannes, et confondront l'insolence de nos ennemis. S'il y avait des gués près de Lodosa et Calahorra, où vous jugeriez devoir faire passer vos troupes, et qu'il n'y ait point d'inconvénients, et que cela diminue le chemin de vos troupes, vous pouvez vous entendre sur cela avec le maréchal Lannes.

LE MAJOR GÉNÉRAL AU MARÉCHAL NEY.

Burgos, le 18 novembre 1808, à midi.

L'Empereur, Monsieur le Maréchal, ordonne que vous partiez demain avant le jour, avec vos deux divisions, toute votre artillerie, le 26e régiment de chasseurs à cheval et la brigade de cavalerie du général Beaumont, que le maréchal Bessières mettra à vos ordres, et que vous vous rendiez sur San-Estevan-de-Gormaz pour de là vous diriger sur Almazan ou sur Soria, à votre choix, selon les renseignements que vous recevrez. Vous intercepterez à Almazan la route de Madrid à Pampelune, et vous vous trouverez dès lors sur les derrières du général Castaños. En route, et surtout à Almazan, vous aurez les renseignements les plus précis. Si vous apprenez ou que le général Castaños se soit retiré sur Madrid, ou qu'il se soit retiré de Calahorra ou d'Alfaro, et que sa ligne de communication avec Madrid fût celle de

Saragosse, par Calatayud ou Daroca, votre expédition aurait pour premier but alors de soumettre la ville de Soria, qu'il est important de réduire avant de marcher outre : à cet effet, Monsieur le Duc, vous vous dirigerez sur cette ville, vous la désarmerez et ferez sauter les vieilles murailles. Vous y ferez arrêter les comités d'insurrection, vous formerez un gouvernement composé des plus honnêtes gens et vous direz à la ville d'envoyer une députation au Roi. Vous vous mettrez en communication avec le maréchal Lannes, qui marche avec la division Lagrange, la brigade Colbert et tout le corps du maréchal Moncey sur Calahorra, Alfaro et Tudela. Le maréchal Lannes se portera sur Lodosa le 21. Il y sera le 22, où il se réunira au corps du maréchal Moncey, marchera sur Calahorra et le 23 sur Tudela. Vous, Monsieur le Duc, vous serez le 21 au soir à Almazan ou le 22 à Soria. L'Empereur sera le 21 à Aranda. Ainsi, le 22, la gauche sera à Calahorra, le centre que vous formez sera à Almazan ou Soria, la droite sur Aranda. L'Empereur s'en rapporte du reste à vos talents et à votre zèle ; ainsi le premier but de votre armée est de couper l'armée de Castaños, le second de soumettre la ville de Soria (¹).

L'EMPEREUR AU MARÉCHAL BESSIÈRES.

Burgos, le 18 novembre, à midi.

Mon Cousin, le Major général vous envoie vos ordres de mouvement. Le maréchal Ney se rend sur Almazan et Soria, soit pour couper la retraite de Castaños, soit pour soumettre Soria, ce qui est important. Vous devez lui donner la brigade du général Beaumont, et vous mettre en mesure de lui donner une brigade de dragons, si cela est nécessaire ; il faut, si les localités le permettent, qu'une forte partie de votre ca-

---

(1) Tels sont les termes de la lettre originale qui est conservée dans les archives du prince de la Moskowa ; il est curieux de constater que dans la minute qui existe aux Archives de la guerre, la dernière phrase était ainsi conçue :
« Le premier but de votre mouvement, c'est de soumettre la ville de Soria, le second de couper la retraite à l'armée du général Castaños. »
L'interversion des deux derniers membres de phrase montre clairement quel était le principal objectif de l'Empereur.

valerie éclaire sa droite sur la rive gauche du Duero, d'abord jusqu'à Puente-de-Gormaz, et même plus loin.

La 3e brigade de Latour-Maubourg est à la Chartreuse : je vais la voir à midi, et je la mettrai immédiatement en marche pour Lerma afin qu'elle puisse vous joindre demain ou après-demain de bonne heure. Vous aurez ainsi six régiments de dragons qu'il est bon de tenir dans la main. Envoyez le général Lasalle à moitié chemin de Somosierra et que tout soit éclairé jusqu'au pied de cette montagne. Le maréchal Lannes est parti pour prendre le commandement du corps du maréchal Moncey et de la division Lagrange, marcher droit sur Tudela et attaquer l'ennemi. J'attends demain ici le corps du maréchal Victor. Le corps du maréchal Soult doit être entré aujourd'hui à Santander ; le général Milhaud poursuit les débris de tout ce qui s'est échappé de la Montaña.

Si le porteur d'ordres n'était pas encore arrivé, prévenez-en le maréchal Ney, afin qu'il prépare son mouvement. Faites préparer à Aranda du biscuit et des vivres pour 40,000 hommes pour après-demain. L'ennemi occupe-t-il la citadelle de Ségovie ?

LE MAJOR GÉNÉRAL AU MARÉCHAL BESSIÈRES.

Burgos, le 18 novembre 1808, à midi.

Sa Majesté, Monsieur le Maréchal, a reçu vos lettres jusqu'à celle du 17 à 3 heures après midi.....

L'intention de l'Empereur est que vous restiez de votre personne à Aranda, que vous envoyiez le général Lasalle à 8 ou 10 lieues en avant, de manière à ce qu'il puisse éclairer sur Montejo et sur toute la traverse. Le maréchal Ney reçoit l'ordre de marcher avec son corps sur Almazan, c'est-à-dire son infanterie, le 26e de chasseurs et la brigade du général Beaumont que vous mettrez à ses ordres. Vous vous tiendrez en correspondance avec le maréchal Ney pour pouvoir sans autre ordre de Sa Majesté envoyer pour le soutenir une brigade de dragons ou davantage, s'il en avait besoin. La brigade Digeon, faisant partie de la division Latour-Maubourg, se met en marche demain matin pour Aranda. L'intention de Sa Majesté, Monsieur le Maréchal, est que, avec les six régiments de dragons et la cavalerie du général Lasalle, vous éclairiez tout le pays et interceptiez les communications. Vous pourrez appeler à vous le régiment polonais qui est à Lerma, en laissant seulement un escadron dans cette place.

Rapports reçus dans la soirée du 18 novembre.

LE MARÉCHAL BESSIÈRES AU MAJOR GÉNÉRAL.

Aranda, le 17 novembre 1808, à 10 heures du soir.

Monseigneur,

J'ai l'honneur d'adresser à Votre Altesse deux rapports que je reçois du général Lasalle ([1]). Il paraîtrait que l'en-

---

([1])   PREMIER RAPPORT DU GÉNÉRAL LASALLE.

Fuentespina, le 17 novembre 1808.

..... Le chef d'escadron du 9ᵉ régiment de dragons, qui commandait la reconnaissance qui devait pousser jusqu'au Puerto de Somosierra, vient de rentrer. Cette troupe avait à peine dépassé Onrubia, que le poste d'observation qu'elle y avait laissé l'a rejointe au galop en prévenant le commandant que l'ennemi, fort de deux escadrons de hussards, l'un habillé de rouge, l'autre de bleu, et 1,200 hommes d'infanterie, se portaient d'Aldeorno sur Onrubia. Le commandant a parfaitement reconnu l'ennemi et sa force, et, voyant sa retraite coupée, il a été obligé de la diriger par Montero-de-la-Vega et Fuentel-Cesped : trois ou quatre hommes n'ont pu le rejoindre. Il paraît que cette troupe est celle qu'a vue ce matin la patrouille envoyée sur Moradillo, et à la suite de laquelle j'ai mis du monde. Je fais de suite partir 25 chevaux pour Pardilla; ils doivent y reprendre le poste d'observation qu'y avait laissé le chef d'escadron et bien reconnaître Onrubia. Ce détachement reviendra ensuite s'établir en arrière du Rio Riaza près Milagros, et me servira de poste d'avertissement.

DEUXIÈME RAPPORT DU GÉNÉRAL LASALLE.

Fuentespina, le 17 novembre 1808.

D'après l'avis que j'ai reçu de la présence de l'ennemi, j'ai ordonné au chef d'escadron Saint-Léger de se porter sur Moradillo. Il y a trouvé l'officier commandant sa grand'garde, qui, avant son arrivée, avait été prévenu que, à sa gauche, ses éclaireurs ainsi que son poste d'observation avaient aperçu une colonne de cavalerie qui gagnait la route de Madrid.

Tous les rapports annoncent que l'ennemi a couché cette nuit à Moradillo et à Ontangas, et que sa force pouvait être de 1,000 à 1,200 hommes. La découverte a entendu distinctement battre la caisse.

Saint-Michel et Pardilla, d'après les rapports, ont été occupés cette nuit par

nemi a changé de direction, et qu'il a quitté la route de Ségovie pour se jeter dans les montagnes de Somosierra. Le défilé commence à une lieue avant d'arriver à Onrubia. J'avais écrit à l'Empereur pour lui proposer de marcher sur Buitrago, mais auparavant il serait nécessaire que l'infanterie balayât les défilés des routes de Ségovie et de Madrid. Quant aux troupes que les paysans ont dit devoir arriver à Moradillo, j'ai donné des ordres pour que l'on poussât, deux heures avant le jour, des reconnaissances de ce point sur toutes les directions.

La reconnaissance de dragons qui a l'ordre de pousser sur Osma n'est point encore rentrée, ce qui me fait croire qu'il n'y a rien dans cette ville. Par un malentendu du colonel Krasinski les postes de correspondance ont été lents. Je viens de lui donner de nouveaux ordres à ce sujet.

J'ai cru faire plaisir à Votre Altesse en lui adressant des renseignements sur les différentes routes.

Ordres du 18 novembre au soir.

LE MAJOR GÉNÉRAL AU MARÉCHAL BESSIÈRES.

Burgos, le 18 novembre 1808, à 6 heures du soir.

Je reçois à l'instant votre lettre, Monsieur le Maréchal, et le rapport du général Lasalle qui fait connaître que l'ennemi

---

de l'infanterie et de la cavalerie ennemie ; le nombre n'en a pas été déterminé mais il n'était pas considérable.

Il est très probable que toutes ces troupes sont les mêmes que celles qui, en quittant Burgos, avaient pris le chemin de Valladolid, et qu'elles refluent sur Madrid.

Le commandant de la grand'garde s'est aussi (porté) sur Aldeorno, où il a aperçu une vedette avec un uniforme rouge ; elle s'est retirée à son approche ; il a vu aussi à sa droite deux pelotons ayant le même uniforme.

L'alcade d'Aldeorno a déclaré que dans son village il avait couché 1,000 hommes, dont 300 cavaliers ; il n'a pu donner les noms des commandants et des régiments, mais il a déclaré qu'ils s'étaient dirigés sur Onrubia pour prendre la route de Madrid.

On a annoncé à Moradillo qu'on y attendait 10,000 hommes de Ségovie.

Un paysan de ce village qui m'a été amené m'a confirmé ce rapport et les précédents.

Le chef d'escadron Saint-Léger, du 10e, a engagé les habitants des villages qu'il a traversés à ne pas abandonner leurs foyers.

avec de l'infanterie occupe encore le pays entre Somosierra
et Aranda. En conséquence, l'Empereur m'ordonne d'expédier un officier au maréchal Ney pour lui dire que si les
choses sont comme le dit le général Lasalle, il faudrait
retarder son départ d'un jour, et pousser au contraire une
forte avant-garde pour balayer toute l'infanterie ennemie
qui se trouverait entre Somosierra et Aranda, car le mouvement de flanc par la gauche n'est faisable qu'autant que
l'ennemi aurait pris une position défensive sur la montagne.
Les renseignements que le maréchal Ney aura reçus décideront le parti qu'il y aura à prendre. Si, comme tout porte
à le croire, ce ne sont que des fuyards, il faut que le maréchal Ney les poursuive vivement, afin de pouvoir faire
son mouvement ; un jour de plus ou de moins ne fait rien,
puisque le maréchal Ney peut toujours pousser une avant-
garde sur la direction qu'il doit suivre, et y faire préparer
ses vivres. Concertez-vous avec le maréchal Ney.

LE MAJOR GÉNÉRAL AU MARÉCHAL NEY.

Burgos, le 18 novembre 1808, à 6 heures du soir.

Par un rapport du maréchal Bessières que l'Empereur
reçoit à l'instant, il annonce que l'ennemi occupe le pays
entre les montagnes de Somosierra et Aranda. Si cela était
ainsi, il faudrait, Monsieur le Maréchal, retarder votre départ d'un jour, et pousser, au contraire, une forte avant-
garde pour balayer toute l'infanterie ennemie qui se trouverait entre Somosierra et Aranda ; car le mouvement de
flanc par la gauche n'est faisable qu'autant que l'ennemi aurait pris une position défensive sur la montagne. Les renseignements que vous aurez reçus dans la journée décideront le
parti que vous aurez à prendre. Si, comme tout porte à le
croire, ce ne sont que des fuyards, il faut les poursuivre vivement, afin de pouvoir sans inconvénient faire votre mouvement. Un jour de plus ou de moins ne fait rien, puisque
vous pouvez toujours porter une avant-garde sur la direction
que vous devez suivre et y faire préparer les vivres.

JOURNÉE DU 19 NOVEMBRE.

———

Au début de la journée du 19 novembre, les nouvelles reçues par l'Empereur ne contenaient pas de renseignements très importants; aussi ne donna-t-il que des ordres de détail: la brigade de dragons du général Digeon, qu'il avait d'abord fait venir de Miranda pour lui faire rejoindre la division Latour-Maubourg, fut dirigée sur Logroño pour renforcer la cavalerie du corps du maréchal Lannes; les commandants d'armes de Briviesca et Pancorbo reçurent l'ordre de poursuivre les bandes espagnoles qui se montraient sur la ligne de communications de l'armée.

Rapports reçus au 19 novembre.

LE GÉNÉRAL MILHAUD AU MAJOR GÉNÉRAL.

Palencia, le 17 novembre 1808, à midi.

Conformément aux ordres de Sa Majesté, j'ai envoyé dans toutes les communications de Reinosa, de Leon et de Valladolid de fortes patrouilles pour enlever le parc et les débris de l'armée de Blake; de petits détachements de cavalerie espagnole se sont présentés cette nuit au pont de Torquemada, de Vezzo près Magaz, et de Dueñas; ils sont revenus sur leurs pas poursuivis par mes postes sans être atteints. Le général Franceschi m'écrit qu'on voit partout des morceaux de troupe espagnole et qu'on ne peut encore en prendre aucun! Si vraiment le parc d'artillerie est descendu des montagnes, j'espère qu'il ne pourra pas échapper à la poursuite de tant de colonnes mobiles qui couvrent vingt lieues de pays de territoire.

J'attends à chaque instant de nouveaux rapports.

L'ordre et la confiance se rétablissent, et nous pourrions envoyer à Burgos beaucoup de pain et de vin, si les premiers fuyards n'avaient pas semé l'épouvante et n'avaient pas fait cacher dans les montagnes les mulets et les autres bestiaux. 9,000 rations de pain sont cependant parties de Palencia hier pour Burgos ; aucun pays ne peut offrir plus de ressources en subsistances de toute nature que les plaines de Palencia, Valladolid et Mayorga.

LE MARÉCHAL BESSIÈRES A L'EMPEREUR.

Aranda, le 18 novembre 1808, à 10 heures du matin.

Sire,

J'ai l'honneur d'adresser à Votre Majesté les rapports des généraux Latour-Maubourg et Beaumont ([1]). Tous les habi-

---

(1)   PREMIER RAPPORT DU GÉNÉRAL DE BEAUMONT.
Aranda, le 18 novembre 1808, à 9 heures du matin.
Monseigneur,
La reconnaissance envoyée sur la route de Ségovie par le 2e régiment de hussards, qui occupe la position de Castrillo-de-la-Vega, sur la rive gauche du Duero, n'a rien rencontré. D'après les renseignements qu'elle a pris, il résulte des rapports faits par un chaudronnier que le 17 novembre à 8 heures du matin 300 chevaux ont quitté Aldeorno.
M. le général de Cambacérès me mande qu'il est en mesure et qu'il fait observer tous les mouvements que l'ennemi pourrait faire, et qu'au moment qu'il en aura des nouvelles certaines il m'en rendra compte.
Le colonel du 4e régiment de hussards, qui occupe Villalba-de-Duero, sur la rive droite de ce fleuve, a fait pousser une forte reconnaissance sur Roa, Pesquera et Peñafiel. Il me mande par son premier rapport que, le 16 novembre, des hommes isolés ont passé par Roa, qu'ils sont de la troupe de ligne, mais qu'il n'a pas pu savoir de quel régiment ils étaient.
Il a fait arrêter 20 mulets chargés de pain qui allaient aux insurgés : la distribution en a été faite à son régiment. Il a gardé les mulets.
On n'a pas trouvé de bureau de poste aux lettres à Roa. Un hussard qui lui avait été envoyé par le commandant de la reconnaissance n'a pas encore paru. Trois otages ont été pris et ne seront mis en liberté que lorsqu'il sera rentré.
Par son second rapport, il me rend compte que tout est tranquille sur la route de Valladolid ; que la reconnaissance envoyée le 17 à Roa, Pesquera et Peñafiel n'est pas encore rentrée ; qu'aussitôt qu'il aura des renseignements il me les adressera et je m'empresserai de vous les remettre très exactement.
La reconnaissance ordonnée par votre dernier ordre du 17, à 10 heures du soir, sera faite ce matin ; j'ai donné mes ordres aux deux régiments de hussards et j'en attends le résultat.

DEUXIÈME RAPPORT DU GÉNÉRAL DE BEAUMONT.
Aranda, le 18 novembre 1808, à 9 heures et demie du matin.
Le colonel du 4e de hussards rend compte, dans son rapport du 18 au matin, que nos troupes sont à Valladolid depuis mardi 15 au soir. Il dit qu'il paraît

tants de Roa sont dans leur ville. Roa a 2,000 âmes de population et pourra fournir beaucoup à l'armée. Un des habitants qui est venu ce matin chez moi m'a répété qu'il n'y avait aucune espèce de troupes à Ségovie ; que la citadelle n'était point occupée, et que s'il en est arrivé depuis, ce ne peut être que les 8,000 ou 10,000 hommes qui étaient à Madrid. Il ne sait rien de Castaños, sinon que le bruit avait couru, il y a huit jours, qu'il avait fait un mouvement rétrograde et que des lettres particulières, arrivées il y a trois jours de Madrid, annoncent qu'il avait été déposé de son commandement. Quant aux Anglais, on les annonçait devoir arriver à Madrid depuis longtemps. Il n'y a personne à Osma. Je n'ai point encore de nouvelles de quelques escadrons que j'ai envoyés sur les routes de Ségovie et de Madrid, d'après les rapports qui me furent faits hier, que l'ennemi avait paru à Aldeorno.

Je vais me servir des ressources que je trouverai à Roa pour rétablir les relais de poste, soit avec des chevaux, soit avec des mules. J'ai déjà ici 6 chevaux et un postillon.

LE GÉNÉRAL DUROSNEL AU MAJOR GÉNÉRAL.

Belorado, le 18 novembre 1808, à midi.

Monseigneur,

L'homme que j'ai envoyé avant-hier soir à Logroño avec une lettre pour le général Lagrange n'est point encore revenu. Il m'avait promis de faire diligence. Je lui ai donné

---

prouvé qu'un corps de 6,000 hommes insurgés bien armés s'est porté sur Ségovie du 14 au 15.

Les habitants de Roa et de Pesquera sont restés chez eux et sont venus au-devant des troupes en criant : Vive Napoléon !

RAPPORT DU GÉNÉRAL DE LATOUR-MAUBOURG.

Fresnillo, le 17 novembre 1808, à 8 heures du soir.

Deux reconnaissances se dirigent sur Milagros, l'une directement, l'autre en passant par Fuentelcesped.

La reconnaissance envoyée ce matin sur San-Estevan rentre après avoir fait 15 ou 16 lieues : elle a appris qu'un capitaine d'infanterie avec 50 hommes a passé hier à San-Estevan, venant de Burgos et allant sur Almazan. A l'approche de la reconnaissance, les habitants se sont sauvés, puis sont rentrés chez eux.

de l'argent pour faire sa route et je lui ai fait espérer une bonne récompense s'il me rapportait promptement une réponse. Je ne sais que penser de ne point le voir revenir. Tous les renseignements qu'on me donne me confirment toujours que la route est parfaitement libre d'ici à Logroño; en conséquence, je me suis décidé à faire partir ce matin un officier, avec ordre de changer de chevaux partout où il en trouvera, de les bien payer pour aplanir les difficultés et d'aller en toute diligence à Logroño en marchant pourtant avec précaution quand il en approchera. Je lui ai donné une lettre (j'ai inséré dans ma lettre celle du général Belliard pour le général Lagrange) pour le général Lagrange, dans laquelle je lui répète les détails de nos succès et je lui demande ceux que l'Empereur désire. J'espère par ce moyen pouvoir donner demain à Votre Altesse des nouvelles certaines.

Je questionne sans cesse les habitants; j'ai fait prendre des renseignements à la Calzada et deux lieues plus loin, aucun ne sait dire où se trouve Castaños avec son armée ni ce qui se passe du côté de Logroño. Tous s'accordent à dire qu'il n'y a personne d'ici à Logroño où il y a 6,000 ou 7,000 Français. Les habitants de Belorado disaient ce matin qu'on s'était battu avant-hier à Logroño avec des troupes de Palafox, ce qui doit être faux, puisque M. de Marteville, l'un des officiers que Votre Altesse m'a expédiés, a rencontré hier au soir près de Burgos un officier, venant de Logroño par la route de Briviesca avec des dépêches pour vous, qui lui a dit qu'il n'y avait là rien de nouveau. Cet officier était parti de Logroño hier matin. Cette certitude que vous avez reçu des nouvelles fraîches de ce point me tranquillise sur l'impossibilité où j'ai été jusqu'à présent de m'en procurer de positives. Je ne négligerai rien pour vous en faire passer d'autres.

Mes postes à la Calzada ont commandé du pain pour Burgos, le canton peut en fournir 900 rations tous les deux jours. J'en attends un convoi aujourd'hui que j'enverrai à Burgos. J'en ai fait partir d'ici ce matin 500 rations que j'ai adressées à M. Mathieu Favier. Il y a beaucoup de grain mais point de farine, et très peu de moulins pour moudre. Le vin ne manque pas non plus, mais je ne puis pas me procurer de moyens de transports. Les troupes qui ont passé ont emmené beaucoup de chevaux et de mules, et les habitants ont retiré ceux qui leur restent dans la montagne. A cela près, ils me paraissent assez bien disposés et ne fonder aucune espérance sur la résistance des troupes espagnoles. Je recommande à M. Mathieu Favier de me faire renvoyer les chevaux et mules qui portent le pain, autrement je ne pourrai plus rien envoyer.

Conformément à votre intention (¹), j'ai ordonné aux postes de correspondance de la division de dragons du général Latour-Maubourg et à celui du 26ᵉ régiment de chasseurs de partir sur-le-champ pour se rendre à Aranda, et au dépôt de ce régiment qui était ici, qui s'est encore augmenté hier, de se diriger sur Vitoria; il se compose de 35 hommes et 26 chevaux. A la Calzada, il y avait 10 fantassins malades, qui y sont depuis huit jours, venant du corps de M. le maréchal Moncey. Ils seront évacués aujourd'hui sur Miranda.

Vous trouverez ci-joint, Monseigneur, le rapport de M. Delahaye, capitaine ingénieur-géographe, qui m'a accompagné par ordre de l'Empereur pour faire le tracé de la route de Burgos ici, ouvrage dont il s'occupe. Veuillez bien me faire savoir si son opération doit se borner là et s'il doit retourner à Burgos.

J'ai l'honneur d'observer à Votre Altesse que les postes de correspondance que j'ai établis à Ibeas et Villafranca m'apporteront plus promptement ses ordres que les officiers de correspondance qui prennent la route de poste et sont retardés en route faute de chevaux.

Ordres du 19 novembre.

LE MAJOR GÉNÉRAL AU MARÉCHAL BESSIÈRES.

Burgos, le 19 novembre 1808, à 2 heures du matin.

L'Empereur a lu votre lettre du 18 à 10 heures du matin.

---

(1) D'après les ordres du Major général du 17 novembre.

Sa Majesté vous avait annoncé la brigade du général Digeon ; vous ne devez plus y compter, elle part ce matin pour
Logroño renforcer la cavalerie de ce côté. Le général Lagrange mande en date du 17 qu'on disait le 16 que Castaños
était avec son corps à Calahorra et Alfaro. Continuez à nous
donner des nouvelles de ce qui se passe. Faites-nous connaître ce qu'a fait le maréchal Ney.

LE MAJOR GÉNÉRAL AU GÉNÉRAL DIGEON.

Burgos, le 19 novembre 1808, à 2 heures du matin.

L'Empereur ordonne, Monsieur le général Digeon, que
vous partiez ce matin à 4 heures et demie avec votre brigade
pour vous diriger sur Logroño par Belorado, passant par
la Ventilla, Castañarès, San-Medel, Ibeas, où vous trouverez un poste de correspondance du général Durosnel. De là
à Zalduendo, à la Venta-de-Val-Fuentès, à Villafranca, à
Espinosa, à Villambista, à Tosantos, enfin à Belorado, où
se trouve le général Durosnel. La journée est forte et celle
de demain pour arriver à Logroño plus forte encore. Il serait bon que vous arriviez le 20, mais au moins le 21 à midi
à Logroño. Vous prendrez les ordres du maréchal Lannes
et vous préviendrez de votre arrivée. Les habitants, sur la
route, sont restés chez eux. Sa Majesté vous rend responsable de la moindre indiscipline. Vous ménagerez le pays
et les habitants, et vous empêcherez toute espèce de pillage.
Vous trouverez à Belorado du pain que fait préparer le général Durosnel. Vous regarderez comme nul et non avenu
l'ordre que je vous ai donné de vous rendre à Lerma.

LE MAJOR GÉNÉRAL AU GÉNÉRAL DUROSNEL.

Burgos, le 19 novembre 1808, à 2 heures du matin.

J'ai reçu votre lettre du 18 à 2 heures après midi. Écrivez
au général Lagrange que le maréchal Lannes est parti le 18
pour se rendre à Logroño par Miranda où il doit être arrivé,

que le général de brigade Digeon avec sa brigade de dragons couchera le 19 à Belorado pour se rendre à Logroño,
où elle sera le 21 de bonne heure. Quant à vous, Général,
vous continuerez à rester à Belorado pour avoir des nouvelles, et vous continuerez à correspondre avec le général
Lagrange par les gens du pays et par tel autre moyen que
vous jugerez convenable. Il n'y a, du reste, rien de nouveau
sur la ligne. La brigade de dragons du général Digeon part
à 5 heures du matin. Faites-lui préparer du pain et du fourrage. Comme l'expédition du maréchal Lannes partant de
Logroño se trouve combinée avec d'autres mouvements sur
les derrières de l'ennemi, il est très important que nous
ayons des nouvelles un peu plus tôt ou un peu plus tard.
Il est donc nécessaire d'envoyer des exprès trois fois par
jour. Donnez 3 napoléons si vos exprès font deux lieues à
l'heure. Donnez-en jusqu'à 10 s'ils vous donnent des nouvelles en faisant trois lieues de pays par heure. En montrant
et donnant de l'argent, vous aurez des nouvelles aussi vite
que vous le voudrez. Envoyez aussi des espions sur Soria
pour connaître quand nos troupes y seront. Faites suivre
les mouvements que fera le général Lagrange sans même
lui écrire ; vous nous donnerez des nouvelles. Il nous est
bien important de savoir ce qui se passe sur Logroño, Calahorra et sur Soria. Vous serez remboursé de tout l'argent
que vous êtes autorisé à avancer.

LE MAJOR GÉNÉRAL AU COMMANDANT D'ARMES DE BRIVIESCA.

Burgos, le 19 novembre 1808, à 2 heures et demie du matin.

Je vous ai écrit hier pour vous dire d'envoyer des partis
de 30 à 40 hommes pour éloigner les brigands qui se trouveraient sur la route. Si cette bande de brigands échappée
du corps que nous avons battu vous paraît assez consé-
quente pour nuire à la communication, vous êtes autorisé à
arrêter et à garder à Pancorbo le premier bataillon qui passera, ainsi que l'escadron de Nassau. Vous mettriez des détachements de ces troupes aux trousses de ces brigands pour

les exterminer. Vous m'en rendrez compte et vous ne retiendrez point ces troupes sans une nécessité démontrée (¹).

L'EMPEREUR AU MARÉCHAL BESSIÈRES.

Burgos, le 19 novembre 1808, à 10 heures du matin.

Mon Cousin, faites faire du pain à Roa, faites-en faire à Aranda, à Lerma et dans toutes les villes environnantes. Faites surtout faire de la farine partout, car nous avons grand besoin de tout cela, et concentrez un bon approvisionnement à Aranda.

L'EMPEREUR AU MAJOR GÉNÉRAL.

Burgos, le 19 novembre 1808.

Mon Cousin, le général de brigade Darnaud prendra le commandement du 118ᵉ régiment, du bataillon de la légion qui est à Burgos, et en général de toutes les troupes qui sont à Burgos. Il aura soin de veiller à leur instruction, d'y maintenir un bon service, et de se tenir toujours prêt à défendre le fort, maintenir la police dans la ville et les environs, et de se porter partout où il serait nécessaire. Il prendra également l'inspection de tous les dépôts que les corps avaient laissés à Burgos ainsi que des compagnies isolées et de marche qui arriveraient dans cette ville. Il sera sous les ordres du général Darmagnac, commandant la province.

JOURNÉE DU 20 NOVEMBRE.

Les nouvelles reçues par l'Empereur pendant les journées du 19 et du 20 novembre lui montraient que

---

(1) Le Major général envoyait en même temps au commandant d'armes de Pancorbo l'ordre d'envoyer des patrouilles de 3o à 4o hommes pour fouiller les gorges de Pancorbo.

l'infanterie espagnole battait décidément en retraite sur le Puerto de Somosierra, et que la cavalerie du général Lasalle la suivait dans cette direction.

L'Empereur apprenait aussi que le maréchal Ney était parti d'Aranda le 19 au matin, c'est-à-dire sans avoir reçu l'ordre qui lui avait été envoyé dans la soirée du 18 : cet ordre ne lui parvint très probablement qu'à son arrivée à San-Estevan-de-Gormaz, et la situation dut paraître au maréchal assez rassurante pour qu'il ne se détournât point de sa route.

Les rapports du général Milhaud annonçaient que la cavalerie avait rencontré des partis espagnols au delà de Sahagun, Mayorga et Rio-Seco, et que les renseignements recueillis à Benavente montraient 10,000 Anglais à Toro, tandis que le reste de l'armée de Blake se réunissait à Leon.

Deux lettres du maréchal Soult annonçaient son arrivée sans encombre à Santander, la dispersion des forces espagnoles dans les Asturies, et la marche de la division Mouton sur Cumillas, où l'on avait découvert de l'infanterie ennemie.

Le maréchal Lefebvre était toujours à Reinosa.

Le maréchal Victor annonçait l'arrivée du 1er corps le 19 au soir à Villadiego et Castroxeriz.

Du côté du maréchal Moncey et du général Lagrange, il ne s'était passé rien d'important, et l'armée de Castaños ne paraissait pas avoir bougé de Calahorra.

D'après cette situation générale, l'Empereur, pour qui l'important était alors de battre la droite ennemie, se décida à porter ses forces disponibles sur Aranda, pour être à même de manœuvrer à la suite du maréchal Ney dans la vallée du Duero, de le soutenir dans le cas où l'ennemi réunirait toutes ses forces contre lui, ou de se porter sur la ligne de retraite de Casta-ños, vers Calatayud ou Medinaceli.

Les seules troupes dont pût disposer à ce moment l'Empereur étaient la Garde impériale à Burgos (6,000 hommes), et le corps du maréchal Victor (20,000 hommes), qui arrivait à deux marches de Burgos. Les fusiliers de la Garde reçurent l'ordre de se porter sur Lerma le 21 novembre ; on envoya directement l'ordre au général Villatte, à Castroxeriz, de se porter sur Lerma, et au maréchal Victor de pousser sur Burgos. Le maréchal Bessières reçut l'ordre de tenir la division Latour-Maubourg prête à marcher du côté du maré-chal Ney.

Mais l'Empereur ne pouvait pas manœuvrer libre-ment vers l'est sans prendre des mesures de précaution contre l'ennemi signalé à Toro et à Leon : c'est pour-quoi il donne l'ordre au corps du maréchal Lefebvre de descendre de Reinosa sur Carrion, où il restera en observation, couvert par la cavalerie du général Milhaud, et se trouvera placé à égale distance de Rei-nosa, Leon, Benavente, Valladolid et Burgos, couvrant par conséquent le corps du maréchal Soult sur Santan-der ainsi que les troupes placées à Burgos, et mena-çant un ennemi qui remonterait la vallée du Duero.

Le corps du maréchal Soult, destiné à opérer encore quelque temps dans les Asturies, pour soumettre com-plètement ce pays, fut augmenté de la division Mermet (31e régiment d'infanterie légère), qui reçut l'ordre de partir de Huermecès sur Reinosa.

Enfin, la cavalerie du maréchal Bessières, s'étant étendue surtout suivant l'axe de la route de Madrid, et celle du général Milhaud ayant poussé à l'ouest de Palencia et Valladolid, il s'était produit un vide entre les deux cavaleries dans la direction de Ségovie ; l'Empereur donna au général Milhaud l'ordre de le combler ; à ce moment la cavalerie de ce général couvrait déjà une étendue de pays considérable, et c'eût été plutôt à la division de dragons de Latour-Maubourg à assurer ce service ; mais l'Empereur voulait tenir cette division en réserve pour la porter, si besoin était, au secours du maréchal Ney.

Rapports reçus au 20 novembre.

LE MARÉCHAL BESSIÈRES AU MAJOR GÉNÉRAL.

Aranda, le 18 novembre 1808, à 2 heures après midi.

Monseigneur,

J'ai reçu votre lettre. Je me suis concerté avec M. le maréchal Ney pour l'ordre à établir. Il rentre quelques habitants. Roa, qui est à trois lieues d'ici, nous offrira beaucoup de ressources.

J'ai l'honneur de vous adresser le dernier rapport du général Lasalle (¹). Je lui ai donné l'ordre d'envoyer des re-

---

(1)   LE GÉNÉRAL LASALLE AU MARÉCHAL BESSIÈRES.

Fuentespina, le 18 novembre 1808.
Monseigneur,

J'ai l'honneur de rendre compte à Votre Excellence qu'une compagnie de voltigeurs du corps de M. le maréchal Ney, allant probablement en reconnaissance, a enlevé ce matin un convoi de 3oo rations de pain destiné pour ma division et venant de Fuentelcesped. J'ai pour habitude, Monseigneur, d'envoyer des vivres aux autres divisions et de ne jamais permettre qu'on enlève les leurs.

La reconnaissance qui est partie cette nuit pour Onrubia m'annonce que ce village a été brûlé par l'ennemi et qu'il est absolument désert ; le guide qui avait conduit les 16o hommes envoyés hier sur Somosierra a été trouvé mort au delà du village, et on n'a pu avoir aucun renseignement.

Il paraît que l'ennemi, ayant entendu tirer le canon du côté de Valladolid et se sachant poursuivi par la reconnaissance du 10ᵉ, qui avait ordre de le voir de près, s'est jeté sur la route de Madrid en quittant celle de Ségovie. Je pense, d'après les informations que m'ont procurées les officiers des reconnaissances, que l'ennemi était aussi surpris de se trouver entre deux partis français, que la reconnaissance sur Somosierra l'a été elle-même de le rencontrer après avoir

connaissances jusque sur Somosierra. Onrubia est le troisième village que les insurgés ont brûlé. Dans presque tous les villages on trouve des fusils, des cartouches et des balles, que l'on brise ou que l'on détruit.

LE MARÉCHAL BESSIÈRES AU MAJOR GÉNÉRAL.

Aranda, le 19 novembre 1808, à 3 heures après midi.

Monseigneur,

M. le maréchal Ney est parti ce matin pour Osma avec ses deux divisions. Le général Lasalle s'est porté avec sa division à moitié chemin de Somosierra, avec l'ordre d'éclairer le pays dans toutes les directions. Pour échelonner le général Lasalle, une brigade du général Latour-Maubourg occupera Fuentespina, Milagros, Pardilla et Moradillo ; la 2ᵉ brigade restera à Aranda avec un escadron à Castrillo-de-la-Vega. Le pays où va se trouver le général Lasalle est très difficile. Il paraît que l'ennemi est loin, car je n'ai point encore de nouvelles des partis envoyés sur Somosierra et sur les routes de Ségovie. Votre Altesse me permettra de lui dire qu'il serait bien essentiel d'occuper Buitrago le plus tôt possible par de l'infanterie, et de jeter quelque chose sur Ségovie.

Il m'est impossible de faire ici une grande quantité de pain..... Si Votre Altesse pouvait envoyer ici une fraction de la boulangerie de l'administration de la Garde, lorsque les troupes arriveraient elles trouveraient assez de pain pour passer les montagnes. On pourrait leur préparer au moins pour quatre jours de vivres.

---

fait éclairer ses flancs sans avoir rien vu ; car, je le répète à Votre Excellence, le ruisseau de Traspardilla avait été bien reconnu, et aucun mouvement n'avait été remarqué à Aldeorno.

Il a été envoyé de Lerma à Madrigalejo 15 chasseurs du 10ᵉ pour le service de la correspondance ; le colonel du 10ᵉ a remis lui-même au maréchal des logis des chevau-légers la lettre pour le maréchal des logis du 10ᵉ à Madrigalejo, par laquelle on lui donnait l'ordre de rejoindre de suite. Ce détachement, au lieu de rentrer le 15, ne fait que d'arriver actuellement et il n'est plus composé que de 6 hommes, les autres ont été pris par des généraux.

La reconnaissance du 10ᵉ sur Aldeorno n'a rien appris de nouveau.

D'après l'autorisation que vous m'en aviez donnée, je donne l'ordre au colonel Krasinski de partir de Lerma avec la moitié de son régiment pour aller occuper Gumiel.

LE MARÉCHAL BESSIÈRES AU MAJOR GÉNÉRAL.

Aranda, le 19 novembre 1808, à 9 heures du soir.

Monseigneur,

J'ai l'honneur de vous adresser les seules nouvelles que j'aie du général Lasalle depuis son départ (¹). L'émigration des paysans continue, la plupart se sont sauvés des villages où ils étaient restés jusques aujourd'hui avec leurs curés, quoiqu'ils eussent été ménagés autant que possible. J'ai appris ce soir que presque tous les habitants de Gumiel qui étaient dans leur ville lorsque j'y suis passé étaient partis.

Je n'ai point de nouvelles de M. le maréchal Ney. Je m'empresserai de vous envoyer celles que je recevrai du général Lasalle. Il est tellement enfourné que je doute qu'il pût tenir sa position contre 500 ou 600 paysans qui viendraient dans les bois et dans les montagnes. Il est bien es-

---

(1) PREMIER RAPPORT DU GÉNÉRAL LASALLE.

Fuentespina, le 19 novembre 808.

Monseigneur,

Je reçois à l'instant même les ordres de Votre Excellence. Je les exécuterai dans leur teneur ; j'irai m'établir ce soir à Grajera, craignant d'arriver à la nuit à Boceguillas et ne pouvant pas assez reconnaître le pays ; et surtout en arrière de Boceguillas, il existe un embranchement de route qu'il paraît assez essentiel de garder. Demain j'enverrai des reconnaissances sur Sepuldeva et Riaza qui éclairciront le pays, et alors je pousserai sur Boceguillas.

Je laisserai de préférence mon artillerie à Fuentespina qui a encore des ressources, n'ayant point été pillé ; elle trouvera plus à vivre qu'à Aranda.

L'escadron qui est à Campillo me rejoindra à Onrubia.

DEUXIÈME RAPPORT DU GÉNÉRAL LASALLE.

A une demi-lieue en avant de Moradillo, à 4 heures et demie du soir, le 19 novembre.

Monseigneur,

Mes deux régiments se sont mis en marche aussitôt que les deux premiers dragons du général Maubourg ont paru.

Je marcherai jusqu'à la nuit et m'arrêterai où je pourrai pour repartir demain de bonne heure pour occuper Boceguillas.

La reconnaissance sur cette route a poussé jusqu'à Caravias et dit y avoir vu des hommes à cheval qu'on a chargés sans pouvoir les atteindre.

Il faudra, comme le dit Votre Excellence, interroger la pierre ; il ne reste pas un être vivant dans cette vallée.

sentiel de s'assurer du passage par de l'infanterie. Ce pays a presque toujours été difficile sous le rapport des habitants.

Les avant-postes ont arrêté aujourd'hui cinq hommes de ceux qu'on a fait sortir des galères pour leur donner du service. Ils sont avec le reste des prisonniers à Aranda.

LE MARÉCHAL NEY AU MAJOR GÉNÉRAL.

Aranda, le 19 novembre 1808, à 3 heures du matin.

Monseigneur,

Conformément aux intentions de l'Empereur, les troupes sous mes ordres se mettent en marche ce matin à 6 heures pour se diriger sur Almazan et Soria. Je suivrai très exactement les instructions que me donne Votre Altesse Sérénissime.

San-Estevan-de-Gormaz, le 19 novembre 1808.

Monseigneur,

J'ai l'honneur de rendre compte à Votre Altesse que les troupes sous mes ordres se sont mises en marche ce matin d'Aranda et de Gumiel. La division Marchand, précédée du 26e de chasseurs, prendra position à la gauche de San-Estevan, gardant les communications d'Osma et d'Olmeda (¹), direction de Soria et d'Almazan.

La division du général Dessolles, venant de Gumiel, s'établira à Langa.

La brigade du général Beaumont était trop éloignée d'Aranda pour pouvoir prendre la tête du corps d'armée, de sorte qu'elle s'établira ce soir à San-Estevan au lieu de se rendre à Osma, comme je l'avais d'abord ordonné.

Les ordres sont expédiés pour que la colonne se dirige demain à la pointe du jour par Osma sur Berlanga, et le jour suivant sur Almazan. J'ai préféré me diriger d'abord sur cette dernière ville qui me paraît plus importante comme position militaire, puisqu'elle menace les communications

---

(1) La Olmeda-de-Osma, au sud d'Osma.

et les derrières de l'ennemi qui, suivant tous les rapports, est encore sur Calahorra, et même près d'Ausejo, au-dessous de Logroño. Je pourrai ensuite aisément me porter sur Soria avec une brigade d'infanterie et même plus, si les circonstances l'exigent.

Je laisserai de distance en distance des postes de correspondance pour mes communications avec M. le maréchal Bessières.

LE GÉNÉRAL MILHAUD AU MAJOR GÉNÉRAL.

Palencia, le 18 novembre 1808, à 5 heures du matin.

Monseigneur,

Je n'ai pas manqué d'écrire trois fois par jour au moins, comme Sa Majesté me l'avait ordonné; peut-être quelques-uns de mes rapports auront suivi Son Excellence M. le maréchal Bessières ou bien auront été enlevés par quelques piquets de fuyards ennemis qui rôdent partout et fuient devant une patrouille de sept soldats français; j'ai envoyé un gros paquet de lettres de Valladolid.

J'ai écrit trois fois avant-hier, ma troisième lettre a dû être portée par M. Carignan, officier d'ordonnance de Sa Majesté. Malgré la difficulté des transports, 9,000 rations sont parties avant-hier soir avec du vin pour Burgos.

J'ai eu l'honneur de rendre compte à Votre Altesse des mesures que j'avais prises pour remplir les intentions de l'Empereur, j'ai même envoyé deux rapports originaux, un daté de Sahagun, point qui a dû intercepter tout ce qui pouvait venir de Reinosa à Leon; un autre de Fromista et Carrion. Je ne peux concevoir comment l'infanterie trouvée à Carrion par une petite patrouille détachée de Fromista aura pu échapper aux escadrons du général Franceschi que j'ai envoyés à Mayorga et Sahagun, à moins qu'elle ait gagné Guardo dans les montagnes. Si un parc d'artillerie est descendu de Reinosa dans la plaine, il n'a pu passer que par Alar. Votre Altesse verra cependant par le rapport du chef d'escadron Noury, officier aussi intelligent qu'actif, qu'il n'a pu découvrir encore aucune trace du passage de ce parc; peut-être qu'à l'approche du corps du maréchal Soult le parc aura été enfoncé dans quelque gorge et caché pour attendre un moment favorable ; mais depuis Sahagun, Mayorga, Rio-Seco, Dueñas, Ampudia, Palencia, Torripuando et en remontant la rivière ou le canal, tout le pays est couvert de patrouilles ou de postes d'observation par mes troupes. Je désirerais bien que les rapports de Mayorga et de Sahagun fussent plus circonstanciés et plus détaillés.

Peut-être aussi le parc de Reinosa, au lieu de descendre vers la route de Leon, aura-t-il gagné la direction de la mer.

J'attends avec la plus grande impatience les nouveaux rapports du général Franceschi qui doit couvrir et intercepter toutes les communications de Leon et Benavente.

J'ai ici un canonnier espagnol arrêté auprès de Fromista qui m'a assuré avoir déserté et qui m'a dit avoir laissé le parc d'artillerie à Reinosa le 12; il a assuré qu'il ignorait si ce parc avait fait sa retraite ! je le trémousse pour lui faire avouer quelque chose de plus essentiel; il m'a dit que les régiments, sans ordre et sans chefs, se sauvaient dans les montagnes depuis la défaite de Blake à Espinosa.

Le courrier arrêté à Alar et les deux autres individus ne sont pas encore arrivés, parce qu'ils ne peuvent marcher aussi vite que la correspondance.

P.-S. — Un autre envoi de pain et de vin doit partir ce matin.

LE GÉNÉRAL MILHAUD AU MARÉCHAL BESSIÈRES.

Palencia, le 19 novembre 1808, à 2 heures après midi.

Le chef d'escadron Noury m'écrit d'Osorno qu'une heure avant son retour de Herrera, où il a trouvé le corps du maréchal Victor, 40 Espagnols à cheval et 20 à pied ont attaqué, à Osorno même, 7 dragons chargés de l'escorte du courrier qu'il avait arrêté à Alar.

Les sept dragons, malgré leur défense opiniâtre, ont cédé

au nombre et le courrier a été enlevé avec un autre prisonnier espagnol déguisé. On n'a trouvé qu'un dragon blessé de plusieurs coups de sabre et d'un coup de feu à travers le corps. Un habitant qui parle un peu français a assuré, ainsi que le dragon laissé pour mort, que le détachement espagnol était très mal habillé, et mal monté, et que la moitié des cavaliers et fantassins étaient sans uniforme ; on assure aussi qu'ils font partie d'une légion de galériens rendus à la liberté et qui porte le nom de la Vitoria. C'est hier 18 que ce parti a enlevé l'escorte et le courrier espagnol, mais le rapport ne désigne pas l'heure.

Le chef d'escadron Noury s'est mis à la poursuite de ce parti d'Osorno sur Melgar, direction qu'on lui a désignée.

Le général Franceschi m'écrit de Villalon que les partis de sa cavalerie légère inondent les plaines jusques au pied de la montagne et dans toutes les directions et qu'on n'a pu arrêter qu'un vieux officier et une douzaine de soldats dont la moitié ne peut marcher ou est malade. Il est bien certain que l'ennemi, si bien servi par les habitants, peut échapper plus facilement aux poursuites les mieux combinées.

Je commence à croire que le parc d'artillerie de Blake et les débris de cette armée, au lieu de descendre dans nos plaines, se sont retirés du côté de la mer. Nos partis vont si loin que nous perdons tous les jours beaucoup de chevaux [morts] de fatigue.

Dix mille rations partent aujourd'hui pour Burgos. Si nous avions des moyens de transport nous pourrions envoyer une grande quantité de pain et autant de vin, mais les mulets sont encore cachés dans les montagnes.

P.-S. — J'ai l'honneur de vous envoyer des lettres ouvertes qui paraissent intéressantes.

Palencia, le 19 novembre 1808, à 7 heures du soir.

Enfin, les partis de cavalerie légère ont rencontré des troupes ennemies : un escadron poussé au delà de Sahagun

s'est emparé d'un convoi de malades du corps de Blake et
de 10 soldats d'escorte et de plusieurs chariots et bagages.
Au moment où le commandant de l'escadron écrivait, il faisait poursuivre le reste de l'escorte qui fuyait vers Leon. Il
n'a point dit le nombre de malades. On lui a assuré qu'une
partie de l'armée de Blake se rendait par les montagnes sur
Leon.

Un autre escadron, parti de Mayorga, a rencontré 200 cavaliers espagnols et 400 fantassins se dirigeant du côté du
village d'Izagres, sur le chemin de Benavente. L'escadron
n'a pas hésité : il a chargé, en a tué un bon nombre et le
reste s'est enfui sur Leon.

Le 22e chasseurs marche sur ce point pour tâcher de tout
prendre. A Rio-Seco, où l'on a été plusieurs fois sans rien
trouver, étaient hier soir des gardes wallonnes. Le général
Franceschi y a fait marcher deux escadrons de la légion hanovrienne : ils doivent y arriver cette nuit et tâcher de les
enlever.

Une reconnaissance sur Benavente rapporte que l'ennemi
y a réuni un gros de troupes, et les paysans disent qu'il y a
des Anglais, ce que je ne crois pas bien sûr. Une deuxième
reconnaissance et des espions sont envoyés ce soir de nouveau sur Benavente.

A Valladolid, les habitants disent que l'Empereur n'est
pas encore arrivé en Espagne : il leur est cependant arrivé
un courrier qui leur a annoncé la défaite de Blake, et un
autre la retraite de Castaños, avec la nouvelle de l'arrivée de nos troupes à Soto, dans la direction de Calahorra à
Soria.

Avant-hier, 6 officiers de Castaños arrivèrent à Valladolid.
Il reste encore dans Valladolid 1,000 fusils et quelques
pistolets et sabres que j'ai fait mettre par le général Franceschi sous la responsabilité de l'alcade qui a répondu par
écrit.

La pointe que j'avais eu ordre de faire sur Valladolid a
retardé d'un jour notre mouvement sur Leon et Reinosa, et
nous a privés du plaisir de couper la retraite à beaucoup de

débris de Burgos et de Blake qui marchaient le long des montagnes à dix ou quinze lieues de la grand'route.

P.-S. — Permettez-moi, Monseigneur, d'observer à Votre Altesse que sans argent on ne peut pas avoir d'espions, surtout dans un pays où l'espionnage est si dangereux et si difficile.

Palencia, le 19 novembre 1808, à 9 heures et demie du soir.

Je m'empresse de faire passer à Votre Altesse le rapport original que je reçois à l'instant du général Franceschi([1]).

([1])   RAPPORT DU GÉNÉRAL FRANCESCHI.

Villalon, le 19 novembre 1808, à 1 heure après midi.

Hier, en avant de Sahagun, on n'a pu faire que 3 prisonniers, le reste a été tué ou mis en fuite. Dans les trois, il y a un homme de Leon parti de la veille; il dit qu'il y a dans cette ville beaucoup d'Anglais et un parc d'artillerie. J'attends ce soir un rapport plus positif sur cette troupe anglaise ; j'ai ordonné au colonel du 22e de faire pousser aussi près de la ville que possible.

Les reconnaissances sur Valladolid et Benavente rapportent qu'on dit qu'il y a 10,000 Anglais à Toro.

C'est sans doute les Anglais qu'on disait être à Salamanca et Zamora, les mêmes que par erreur on assurait être à Valladolid, avant notre arrivée dans cette ville.

Si vous avez reçu mes lettres d'hier, vous devez remarquer, mon Général, qu'il est impossible de s'étendre davantage que nous le faisons et de battre plus de pays..... Je crois, moi, qu'on n'aurait pas fait de semblables découvertes en Allemagne. Il est vrai qu'on doit toujours agir en raison de l'activité, du talent et de la valeur de son ennemi.

Je laisse toujours les points de Mayorga, Sahagun et Aguilar-del-Campo occupés par des escadrons pour être en mesure contre tout ce qui arriverait des côtés d'Almanza, Leon, Benavente et Toro.

J'ai envoyé aux corrégidors des pays voisins l'ordre de faire du pain pour les magasins de Palencia.

Si vous ne venez pas à notre secours avec vos dragons pour l'escorte de ces convois de pain jusqu'à Palencia, je doute que les chasseurs puissent suffire au service actif qu'ils font en partis, et à celui des escortes : tous les jours nous perdons des chevaux, parce que tous les jours il n'y a pas un peloton de troupes legeres qui ne fasse plus de dix lieues dans l'une ou l'autre direction. Si quelque autre corps de troupes légères de l'armée fait plus que nous, je l'en félicite, c'est qu'il est plus heureux, car je défie qu'il y en ait un qui soit plus zélé et plus actif que le nôtre.

Je vous prie de donner l'ordre aux chasseurs disponibles qui sont à Palencia de rejoindre leurs corps.

Le colonel Desfossés, commandant le 22e régiment, me rend compte que le parti ennemi repoussé hier par l'escadron en reconnaissance en avant de Sahagun l'a été par celui de Mayorga, lorsqu'il cherchait à passer se dirigeant sur la route de Villalpando et Benavente.

Battu et chassé, il s'est retiré sur Leon, où le colonel dit aussi qu'il a des forces réunies. Il m'écrit de 10 heures du matin, et envoyait à cette heure-là la reconnaissance sur Leon. Dans la nuit j'espère que j'aurai des nouvelles.

Vous voyez, mon Général, que tout le pays est gardé, et que rien ne peut

Il annonce que les Anglais sont à Leon avec un parc d'artillerie et qu'il y a 10,000 Anglais à Toro. Voici le 3ᵉ rapport que j'ai l'honneur d'envoyer à Votre Altesse depuis ce matin.

La reconnaissance du 16ᵉ dragons n'est retournée sur ses pas qu'après avoir rencontré à Herrera, près d'Alar, le corps de M. le maréchal Victor. Il faut que l'ennemi soit bien servi par les habitants pour avoir enlevé le courrier espagnol à Osorno et pour ne pas se laisser prendre au milieu de nos nombreuses patrouilles.

LE MARÉCHAL VICTOR AU MAJOR GÉNÉRAL.

Villadiego, le 19 novembre 1808, à 5 heures du soir.

Monseigneur,

Ainsi que j'ai eu l'honneur de le mander à Votre Altesse Sérénissime de Reinosa le 16 à 6 heures du soir, je me suis dirigé sur Burgos par Villadiego et Castroxeriz. Deux divisions arriveront ce soir à Villadiego, la troisième à Castroxeriz. Si le 1ᵉʳ corps d'armée doit agir bientôt, je prie Votre Altesse de permettre qu'il se réunisse en totalité dans une des villes qu'elle voudra me faire désigner. Cette réunion est indispensable pour le réorganiser. L'état de dénuement où il est depuis vingt jours a dérangé le moral du soldat. Il commence à montrer une insubordination qui aurait des suites dangereuses si on ne s'empressait d'y mettre ordre ; il est d'ailleurs très fatigué, et quelques jours de repos lui sont très nécessaires.

J'ai l'honneur de vous expédier un de mes aides de camp pour prendre les ordres de Votre Altesse et me les rapporter le plus promptement qu'il pourra.

J'ai fait passer une division par Castroxeriz, afin de trouver quelques ressources pour faire subsister les troupes.

---

passer sans être attaqué ; s'il s'en échappe, c'est que les paysans servent de tout leur cœur les militaires espagnols.

P.-S. — Ce matin, au village de Palazuelo, une reconnaissance de 12 chasseurs hanovriens a été assaillie par les paysans de l'endroit qui, après l'avoir laissée entrer, l'ont fusillée ; il y a eu un chasseur de tué et quatre de blessés ; les chasseurs ont tué plusieurs paysans. J'envoie au village faire arrêter les magistrats.

RAPPORT DU GÉNÉRAL LACOSTE A L'EMPEREUR.

Lérin, le 18 novembre 1808.

Lodosa. — Ce poste important, qui fournit un bon débouché sur la rive droite, soutient Logroño. Il est gardé par la division Morlot, forte de six bataillons seulement et cinq pièces de canon. La ville est sur la rive gauche, adossée à la hauteur ; de l'autre côté du pont, une plaine boisée, mais qu'on a découverte jusqu'à une certaine distance de la tête de pont. Cette tête de pont ne consiste que dans une lunette, mais flanquée par les batteries de la rive gauche.

Rapports sur l'armée de Castaños. — Les rapports sur l'armée de Castaños varient. A Lodosa, on m'a assuré, d'après le dire de quelques déserteurs gardes wallonnes, qu'une grande partie de cette armée avait abandonné la position de Calahorra, qu'il n'y restait plus que 8,000 à 10,000 hommes, dont 3,000 ou 4,000 de troupes réglées, le reste paysans armés des environs de Soria ; que les Espagnols (les moines surtout qui suivent les armées) commencent à se méfier de Castaños comme trahissant les intérêts des insurgés, etc.

A Lérin, au contraire, M. le maréchal a des rapports opposés ; les derniers reçus rapportent que Castaños, avec ses 25,000 à 30,000 hommes, n'a pas encore bougé de Calahorra, Arnedo, etc. ; que les mouvements de l'ennemi par la gauche de cette armée étaient faits par l'armée de Palafox, qui ne paraît plus en bonne intelligence avec Castaños.

Tafalla et Caparroso occupés par l'ennemi. — Les découvertes de ce matin ont appris que Tafalla et Caparroso étaient occupés par les insurgés; on ignore s'ils ont porté de grandes forces sur ces points. M. le maréchal y va faire pousser de fortes reconnaissances pour s'en assurer.

Position actuelle du corps d'armée. — Ce corps d'armée occupe la ligne de l'Arga jusqu'à Milagro, et de là celle de l'Èbre jusqu'à Mandavia. La division Grandjean s'est portée aujourd'hui à Sesma. Il a donc appuyé entièrement sur sa droite pour être à même de secourir Logroño et Lodosa. Le maréchal Moncey est dans l'intention de passer l'Èbre et de prendre l'offensive, aussitôt un mouvement rétrograde de Castaños. Il est en mesure pour faire quelques tentatives à la première occasion.

La garnison de Pampelune non complète. — La garnison de Pampelune n'est pas à 3,000 hommes, nombre fixé. Le 7ᵉ bataillon de marche, qui devait en faire partie, a déjà rejoint les corps respectifs. On va y faire passer en remplacement le bataillon prussien. Les 4ᶜˢ bataillons des 44ᶜ et 14ᵉ régiments n'ont pas rejoint l'armée.

Les 1,200 hommes (brigade Rostolland) qui couvrent Pampelune sur la gauche ont ordre de se renfermer dans la place s'ils étaient forcés.

Le maréchal Moncey est en ce moment si resserré qu'il est gêné pour les subsistances.

Je vais me rendre à Pampelune afin d'y organiser mon service relatif au siège de Saragosse ; j'y laisserai encore les sapeurs, à l'exception de trois compagnies que j'enverrai au corps d'armée. Je rejoindrai ensuite M. le maréchal.

Le maréchal Moncey n'a pas reçu d'ordres pour porter de l'artillerie à Logroño ; il va y envoyer cinq pièces d'après l'intention de Votre Majesté que je lui ai manifestée.

LE GÉNÉRAL LAGRANGE AU GÉNÉRAL DUROSNEL [1].

Logroño, le 17 novembre 1808.

Général, je reçois dans l'instant votre lettre datée de Belorado. J'ai écrit cette nuit au Prince Vice-Connétable, et je pense que ce soir Sa Majesté l'Empereur connaîtra ma position qui, il s'en faut de beaucoup, n'est pas inquiétante. Il y a trois à quatre jours que l'ennemi porta de Tudela des forces considérables sur Calahorra, avec l'apparence de vouloir m'attaquer dans ma position de Logroño ; j'étais prévenu de tous ces mouvements : nous nous tenions sur nos gardes..... Mais toutes ces démonstrations se bornaient à

---

(1) Cette lettre parvint dans la soirée du 18 novembre au général Durosnel, qui l'expédia de suite au Major général.

attaquer avec des forces supérieures mes avant-postes de gauche qui sont à Agoncillo, et celui de droite qui est à Entrena. Il fut vigoureusement repoussé sur ces deux points sans avoir pu faire plier mes voltigeurs. Ces attaques eurent lieu le 13 et le 15, et depuis, il s'est retiré, nous laissant très tranquilles. Nos reconnaissances n'ont aperçu que de très loin quelques patrouilles de cavalerie qui toujours se sont repliées sur Ausejo et Calahorra…. Des avis donnés aujourd'hui par des gens du pays portent que Castaños était venu hier à Calahorra avec des forces considérables, principalement en troupes de ligne. Telle est, Général, ma position. M. le maréchal Moncey a établi son quartier général à Lérin et a renforcé les postes importants de Lodosa, où nous avons une tête de pont, ce qui facilite le passage des troupes pour se porter sur les derrières de l'ennemi s'il se décide à m'attaquer… Le général Lacoste arrive dans ce moment : il est venu par Miranda et Haro.

LE MARÉCHAL MONCEY AU MAJOR GÉNÉRAL.

Lerin, le 18 novembre 1808, à 1 heure après midi.

Monseigneur,

J'ai reçu hier soir et cette nuit, à peu de distance l'une de l'autre, les deux lettres de Votre Altesse du 14, et le duplicata de celle datée de 6 heures du soir, celle du 15 et celle du 16, ainsi que le duplicata de cette dernière.

Monseigneur, je ferai en sorte de remplir le mieux qu'il sera possible les intentions de l'Empereur. Vis-à-vis de nous, à Calahorra, rien n'annonce encore que le général Castaños ait quelques inquiétudes pour ses derrières. Ces jours derniers, il a passé ses troupes en revue. Depuis lors, il a son quartier général à Corella. Des bruits se sont répandus sur son compte qui tendraient à le faire considérer comme ayant perdu la confiance des insurgés. Il paraît certain qu'il a sous sa main, tant à Calahorra qu'à Arnedo, Corella, Alfaro et Tudela, 25,000 hommes, non compris les troupes qu'il peut avoir devant Logroño, dans les directions de Solto et Nalda.

L'ennemi a une force à peu près égale dans toutes les vallées de l'Aragon. Il occupe en ce moment Caparroso avec 5,000 ou 6,000 hommes ; d'après les rapports qui me sont parvenus ce matin, il paraîtrait que, s'étant appuyé à ses ponts de Caseda et d'Aybar, sur l'Aragon, il occupe Olite et Tafalla. Demain, de fortes reconnaissances s'en assureront. Aujourd'hui, des salves d'artillerie à nos avant-postes ont annoncé les nouveaux triomphes de l'Empereur. L'ennemi est bien observé : à son premier mouvement de retraite aperçu, nous déboucherons vigoureusement par le point que Sa Majesté ordonne, et je me conformerai scrupuleusement à ses ordres. Je ne pense pas qu'il soit dans les intentions de l'Empereur que le général Lagrange suive notre mouvement, vu qu'il peut être nécessaire à Logroño pour assurer la ligne de Miranda et Burgos. Cependant, comme les ordres de Votre Altesse me laissent quelques incertitudes à ce sujet, je la prie de vouloir bien me faire connaître ses intentions.....

P.-S. — M. le général Lacoste, aide de camp de l'Empereur, vient d'arriver. D'après l'entretien que j'ai eu avec lui, il m'a paru que je me trouvais dans la situation qu'entend l'Empereur : il m'a parlé de quelques pièces d'artillerie nécessaires à envoyer au général Lagrange, d'après les intentions de Sa Majesté. Je me conformerai à ce que son aide de camp me dira à ce sujet.

LE GÉNÉRAL DUROSNEL AU MAJOR GÉNÉRAL.

Belorado, le 19 novembre 1808, à 10 heures du matin.

Monseigneur,

L'officier que j'ai envoyé hier à Logroño arrive à l'instant, et je m'empresse de vous faire passer la lettre qu'il m'apporte de M. le général Lagrange. J'ai fait partir ce matin un autre commissionnaire qui me rapportera demain des nouvelles fraîches. Tant que je resterai ici, je continuerai à en expédier de manière à vous faire passer tous les jours des nouvelles de l'ennemi.

Je fais conduire aujourd'hui à Burgos 1,334 rations de pain, demain j'espère en faire partir davantage.

LE GÉNÉRAL LAGRANGE AU MAJOR GÉNÉRAL.

Logroño, le 18 novembre 1808.

Monseigneur,

Les reconnaissances que j'ai fait partir ce matin de mes avant-postes ont été très loin et n'ont pas vu l'ennemi. Celle des dragons, qui avait passé le gué à Mandavia et qui s'est dirigée sur Ausejo, a aperçu un détachement de 25 cavaliers qui, à son approche, s'est replié sur la ville ; elle a remarqué beaucoup de feux de bivouac dans les villages voisins d'Ausejo ; les paysans ont dit à l'officier que l'ennemi était toujours en force entre Calahorra et Ausejo. Si l'on pouvait ajouter foi à ce que disent les paysans de quelques villages, il paraîtrait que Castaños a été arrêté et conduit à Madrid, et qu'il est remplacé dans le commandement de l'armée par le général Reding.

Monseigneur, j'avais prévenu hier Votre Altesse Sérénissime que je donnais l'ordre pour que 100 hommes du bataillon du 118e, qui était à la Guardia, allassent s'établir à Haro. Mais il paraît que ce bataillon est parti de la Guardia sans que le commandant m'en ait prévenu et que je sache par conséquent là où il est allé, ce qui fait que mon ordre n'a pas été exécuté ; il y a toujours à Haro la compagnie du 3e régiment de hussards que j'y ai envoyée, soit pour le service de la correspondance, soit pour veiller à la sûreté des communications. . . . .

Ordres du 20 novembre (¹).

LE MAJOR GÉNÉRAL AU MARÉCHAL VICTOR.

Burgos, le 20 novembre 1808, à midi.

L'Empereur ordonne, Monsieur le Duc, que la division

---

(1) Indépendamment des ordres purement militaires, voir *Correspondance*, nº *14499.*

aux ordres du général Villatte, qui est à Castroxeriz, en parte demain matin 21 pour se rendre à Lerma, où elle attendra de nouveaux ordres. Quant à vous, Monsieur le Maréchal, l'intention de Sa Majesté est qu'avec les deux autres divisions qui sont à Villadiego, vous partiez avant le jour, pour vous rendre à Burgos, où vous recevrez de nouveaux ordres.

J'ordonne à l'artillerie de la division Villatte, à son ambulance, et à tout ce qui appartient à cette division, de partir demain matin avant le jour pour se rendre à Lerma.

Les hommes isolés appartenant à la division Villatte partiront également pour Lerma. La route que suivra la division Villatte sera par Villaldemiro, Santa-Maria, Villahoz, et de là suivant la rive droite de la rivière d'Arlanza jusqu'à Lerma.

L'intention de l'Empereur, Monsieur le Maréchal, est que vous donniez l'ordre pour qu'on fasse du pain à Villadiego et à Castroxeriz pour être dirigé sur Burgos, où l'on en a besoin.

LE MAJOR GÉNÉRAL AU MARÉCHAL SOULT.

Burgos, le 20 novembre 1808, à midi.

L'Empereur, Monsieur le Maréchal, vient de lire vos deux lettres du 18, apportées par un officier de votre état-major. L'intention de Sa Majesté est que vous donniez les ordres nécessaires pour qu'on mette le séquestre sur les cotons et sur toutes les marchandises coloniales et anglaises qui se trouvent à Santander. Vous ferez également mettre le séquestre sur toutes les laines, et dresser des inventaires en règle. Il doit y avoir à Santander une grande quantité de quina, objet aussi précieux à l'armée qu'à la France. (On assure que le pharmacien chef du 2e corps a déjà dilapidé une pharmacie à Burgos; prenez des mesures, Monsieur le Duc, pour que cela n'arrive pas à Santander.)

Si vous avez marché droit et vigoureusement sur Cumillas, vous aurez pris quelque chose, car c'est un point important d'embarquement. De là, Monsieur le Maréchal, l'armée des insurgés aura dû se diviser en trois parties : une se sera embarquée; une autre, composée de paysans et d'hommes accoutumés aux montagnes, aura suivi le sentier si mauvais qui conduit aux Asturies; enfin, la troisième partie, composée des troupes de ligne, aura marché sur Potès pour se diriger soit sur Leon, soit pour garnir les débouchés des montagnes.

Le principal but du corps d'armée que vous commandez est le même qu'il a toujours été en Espagne, c'est-à-dire, d'être opposé à l'armée de Galice. Protéger Santander, Monsieur le Maréchal, voilà le premier but du moment; car la prise de Santander sera d'un effet très important à Londres, et ce serait, sous ce point de vue, un malheur que nous fussions obligés de l'évacuer, ou que la possession pût en être incertaine. Burgos n'a jamais été menacé que par les armées de Galice et des Asturies; l'Empereur ne compte pas pour incursion l'armée d'Extremadure. Il paraît que beaucoup de dépêches ont été arrêtées; cinq malheureux fuyards ont pris un officier d'ordonnance de l'Empereur qui vous était expédié. L'aide de camp du maréchal Victor, qui vient d'arriver, n'a passé que parce qu'il avait 15 hommes d'escorte; il faut donc bien nettoyer le pays rempli de fuyards.

Je vous avais déjà mandé, Monsieur le Duc, que votre corps d'armée devait être partagé en trois divisions; que le général Merle devait passer à la division Mouton, et le général Mermet à la division Merle qui devait être renforcée du 31e régiment d'infanterie légère; que la division Bonnet elle-même devait être renforcée du 118e régiment, ce qui portera votre corps à 20,000 hommes. Le général Mermet est à Huermecès; je lui ai mandé qu'il était à vos ordres, et qu'il doit attendre que vous lui en adressiez.

L'Empereur, Monsieur le Maréchal, attend une nouvelle dépêche de vous sur le mouvement que vous avez fait sur Cumillas. L'Empereur manœuvre en ce moment à la droite de l'ennemi.

J'ai écrit au duc de Danzig de se préparer à marcher

avec son corps d'armée sur la gauche, pour intercepter la route de Leon à Reinosa et celle de Leon à Burgos, protéger votre gauche et manœuvrer suivant les circonstances. Sa Majesté pense, Monsieur le Maréchal, qu'il est impossible de manœuvrer dans les Asturies sans avoir votre artillerie.

L'Empereur craint que vous ne soyez mal informé, car les renseignements que nous avons sont que la route après Cumillas est impraticable pour les voitures d'artillerie.

LE MAJOR GÉNÉRAL AU MARÉCHAL LEFEBVRE.

Burgos, le 20 novembre 1808, à midi.

L'Empereur, Monsieur le Maréchal, a reçu votre lettre du 19, apportée par un officier d'état-major du maréchal Soult. Sa Majesté me charge de vous faire connaître que son intention est que vous réunissiez votre corps d'armée pour vous tenir prêt à marcher sur notre gauche par la grande route de Leon, de manière à prendre une position pour intercepter la route de Leon à Reinosa et celle de Leon à Burgos, et par ce moyen protéger la gauche du maréchal Soult et en même temps donner protection à la cavalerie du général Milhaud qui bat la plaine, en imposer à l'ennemi et lui faire craindre un mouvement offensif sur Leon et la Galice. Vous vous trouverez d'ailleurs, Monsieur le Duc, dans un très bon pays, où vos troupes pourront se refaire, et où votre artillerie et cavalerie vous rejoindront; aussitôt qu'il sera possible de remplacer la brigade hollandaise qui est à Bilbao par des quatrièmes bataillons qui se forment à Bayonne, on réunira cette brigade à votre corps.

LE MAJOR GÉNÉRAL AU GÉNÉRAL MILHAUD.

Burgos, le 20 novembre 1808, à midi.

Dans l'instant, on reçoit, Général, vos lettres du 19; faites-moi connaître où se trouvent vos quatre régiments de dragons et votre cavalerie légère. Le maréchal Bessières ayant des postes à 20 lieues au delà d'Aranda, sur la route de Madrid, il faut envoyer des postes pour appuyer sa droite.

LE MAJOR GÉNÉRAL AU GÉNÉRAL WALTHER ([1]).

Burgos, le 20 novembre 1808, à midi.

L'Empereur, Général, ordonne que vous teniez prêts à partir demain matin tous les caissons de la Garde, chargés de biscuit et de vivres, pour se rendre à Lerma. Tout doit être chargé aujourd'hui, et on attendra des ordres pour le départ. Donnez l'ordre à dix brigades de boulangers de la Garde de se rendre à Lerma et à Aranda pour y faire du pain.

LE MAJOR GÉNÉRAL AU MARÉCHAL BESSIÈRES.

Burgos, le 20 novembre 1808, à midi.

Je vous préviens, Monsieur le Maréchal, que les fusiliers de la Garde reçoivent l'ordre de partir demain avant le jour pour se rendre à Lerma. Peut-être l'Empereur y portera-t-il son quartier général. Cent caissons chargés de vivres s'y rendent également. Le corps du maréchal Victor se met en marche pour Lerma et Aranda.

LE MAJOR GÉNÉRAL AU MARÉCHAL SOULT.

Burgos, le 20 novembre 1808, à 5 heures du soir.

Je vous préviens, Monsieur le Duc, que, d'après les intentions de l'Empereur, je donne l'ordre au maréchal duc de Danzig de se porter à Carrion. Il sera là dans un excellent pays, à deux bonnes journées de Reinosa, et à portée de menacer Leon, Toro, de se porter sur Valladolid, et de couvrir Burgos. Le général Mermet se rend en toute diligence à Reinosa avec le 31e d'infanterie légère. Il est nécessaire, Monsieur le Duc, que vous mettiez des postes entre Carrion et Reinosa pour pouvoir correspondre avec le duc de Danzig. Il paraît qu'il y a un corps d'Anglais à Toro; que l'armée de Blake, qui a longé les montagnes, cherche à

---

(1) Commandant la Garde impériale.

se réunir à Leon, et qu'il y a un autre rassemblement à Benavente. La cavalerie qui inonde la plaine s'est déjà rapprochée de ces points et le maréchal duc de Danzig, avec tout son corps, sera bien placé à Carrion pour éclairer tout le pays. Il faut, Monsieur le Maréchal, que vous renvoyiez au duc de Danzig tout ce que vous avez de son corps d'armée, soit cavalerie, infanterie ou artillerie.

Quant à vous, Monsieur le duc de Dalmatie, l'Empereur attend que vous lui fassiez connaître ce que vous avez fait pour dégager et nettoyer la montagne, et les mémoires qu'il vous a demandés sur les moyens de protéger la situation de Santander, pour vous envoyer des ordres définitifs.

LE MAJOR GÉNÉRAL AU MARÉCHAL LEFEBVRE.

Burgos, le 20 novembre 1808, à 5 heures du soir.

L'Empereur, Monsieur le duc de Danzig, ordonne que vous vous portiez avec votre infanterie, votre cavalerie, et votre artillerie, à Carrion. Vous vous trouverez là à trois petites marches de Leon, à trois petites marches de Burgos, et à trois marches de Valladolid, et à même distance à peu près de Toro.

Vous serez, dans cette position, à même d'éclairer toute la plaine. On assure, Monsieur le Maréchal, qu'il y a quelques milliers d'Anglais à Toro; que l'armée de Galice, dispersée et détruite, cherche à se réunir à Leon; on dit également qu'il y a un autre rassemblement à Benavente. Vous serez couvert dans les plaines de Carrion et au delà par la cavalerie du général Milhaud, qui a son quartier général à Palencia. L'artillerie légère batave part demain de Burgos pour vous rejoindre. Les ordres sont donnés pour que le reste de votre artillerie, le 5e de dragons et les hussards hollandais vous rejoignent également. Vous réunirez toute la division Leval. Vous serez à Carrion dans un très bon pays. Ayez soin, par des postes que vous placerez, de maintenir vos communications avec le maréchal Soult, afin d'être toujours à même de vous concerter avec lui. Vous pouvez, de Reinosa, arriver en deux marches à Carrion.

LE MAJOR GÉNÉRAL AU GÉNÉRAL MERMET.

Burgos, le 20 novembre 1808, à 5 heures du soir.

L'Empereur ordonne, Monsieur le général Mermet, que vous partiez de Huermecès avec les troupes à vos ordres pour vous rendre à Reinosa où vous serez sous les ordres du maréchal Soult. Le 31e d'infanterie légère doit faire partie de la division Merle, dont le commandement vous est destiné, ce qui portera cette division à plus de 6,000 hommes. Le général Merle est appelé à un autre commandement. Arrivé à Reinosa, vous prendrez les ordres du maréchal Soult.

LE MAJOR GÉNÉRAL AU MARÉCHAL BESSIÈRES.

Burgos, le 20 novembre 1808, à 8 heures du soir.

L'Empereur me charge de vous faire connaître, Monsieur le Maréchal, qu'il est nécessaire de tenir la division Latour-Maubourg reposée et prête à se porter du côté du maréchal Ney, parce qu'il est convenable de prévoir le mouvement que l'ennemi peut faire sur lui, voyant qu'il marche pour le couper. Ne fatiguez donc pas ces quatre régiments de dragons et ne les éloignez pas d'Aranda, ou du moins de la direction où ils doivent aller. Une division du 1er corps, celle du général Villatte, arrivera demain au soir à Lerma. Les fusiliers de la Garde y seront également. L'Empereur même peut s'y porter d'un moment à l'autre.

40 boulangers sont partis aujourd'hui, ainsi qu'un convoi de 60 caissons chargés de biscuit et qui arriveront demain à Lerma.

Maintenez bien, Monsieur le Maréchal, les communications par des postes que vous placerez, pour avoir promptement des nouvelles du maréchal Ney. Ces nouvelles doivent être de la plus grande importance. Nous sommes entrés à Santander, où nous avons pris beaucoup de choses. Nos postes sont sur Leon et au delà de Valladolid.

LE MAJOR GÉNÉRAL AU MARÉCHAL LANNES.

Burgos, le 20 novembre 1808, à 8 heures du soir.

Je vous préviens, Monsieur le Maréchal, que le maréchal Ney arrivera demain matin de bonne heure à Almazan. Le maréchal Soult est arrivé à Santander, où nous avons pris beaucoup de choses à l'ennemi. L'Empereur pense que vous serez à Logroño dans la journée du 20, et que le 21 vous aurez été en marche. Vous aurez reçu la brigade du général Digeon le 21; elle était partie de Burgos le 19 pour suivre la route de Belorado et de Santo-Domingo-de-la-Calzada.

LE MAJOR GÉNÉRAL AU GÉNÉRAL DUROSNEL.

Burgos, le 20 novembre 1808, à 8 heures du soir.

L'Empereur désire, Monsieur le général Durosnel, que vous écriviez au maréchal Lannes à Logroño que le maréchal Ney arrive le 21 à Almazan, c'est-à-dire demain, sur la ligne de l'ennemi; que Sa Majesté espère que le maréchal Lannes se sera aussi mis en mouvement le 21, et que la brigade Digeon sera arrivée le même jour de bonne heure à Logroño. Envoyez des vivres autant que vous pourrez à Burgos. Tâchez d'avoir des gens du pays à la suite de l'armée du maréchal Lannes, afin de savoir promptement ce qui se passe. Les mameluks sont moins propres que d'autres à cela, parce qu'ils sont plus haïs que les autres troupes. Il est possible que demain 21 on soit en présence, et il est bien important d'avoir des nouvelles. Ne pourrait-on pas envoyer avec les gens et les chevaux du pays un Français déguisé en paysan? Enfin, vous pouvez donner telle somme que vous jugerez convenable, si les nouvelles sont promptes.

LE MAJOR GÉNÉRAL AU GÉNÉRAL WALTHER.

Burgos, le 20 novembre 1808, à 8 heures du soir.

L'Empereur ordonne, Monsieur le général Walther, que les fusiliers de la Garde, avec 12 pièces de canon de la

Garde, de celles qui étaient ici, partent demain de bonne heure pour se rendre à Lerma. Les caissons de la Garde, chargés de biscuit et de pain, se mettront aussi en marche demain pour aller coucher à moitié chemin de Lerma à Cogollos. Tout le reste de la Garde se tiendra prêt à partir au premier ordre. Sa Majesté ordonne également que les chasseurs à cheval de sa Garde partent demain à 7 heures du matin pour aller à Lerma.

J'ai donné l'ordre à l'intendant général de vous donner le biscuit et le pain nécessaires pour charger vos caissons.

JOURNÉE DU 21 NOVEMBRE.

Les ordres donnés par l'Empereur pendant la journée du 21 complètent ceux du 20 et tendent au même but : porter sur Aranda le 1er corps et la Garde, et sur Carrion le 4e corps, tandis que le maréchal Lannes attaquera le 22 à Calahorra l'armée de Castaños, et que le maréchal Ney se portera par Soria sur les derrières de cette armée.

Ordres du 21 novembre.

LE MAJOR GÉNÉRAL AU MARÉCHAL NEY.

Burgos, le 21 novembre 1808, à 4 heures après midi.

Je vous préviens, Monsieur le Maréchal, que les maréchaux Lannes et Moncey attaquent, le 22, l'ennemi à Calahorra. Vous devez donc continuer votre mouvement sur Agreda pour vous trouver sur les flancs de l'ennemi et faire votre jonction avec le maréchal Lannes, si cela est nécessaire. Vous arrivez aujourd'hui sur la route de Madrid, et vos patrouilles doivent déjà être d'un côté sur Agreda, de l'autre sur Paredès. Il est donc impossible que vous n'ayez pas de nouvelles certaines de l'ennemi. La division Villatte est ce soir à Lerma : les deux autres divisions du maréchal Victor arrivent aujourd'hui à Burgos. Une partie de la Garde est déjà en route pour Lerma. Sa Majesté attend avec impatience les nouvelles que vous donnerez de la droite de l'ennemi.

L'EMPEREUR AU MAJOR GÉNÉRAL.

Burgos, le 21 novembre 1808, à 5 heures du soir.

Mon Cousin, je passerai demain matin la revue des divisions Lapisse et Ruffin dans la position où elles se trouvent ce soir à Villa-de-Buniel et à Tardajos. Tous les hommes isolés de ces corps partiront ce soir de Burgos pour rejoindre leurs corps dans ces deux endroits, afin que demain, à ma revue, ces corps soient aussi complets que possible. L'artillerie enverra ce soir 250,000 cartouches à ces deux divisions. L'intendant général fera partir ce soir tout le pain qui est ici, sur des caissons, afin que la distribution leur en soit faite dans la nuit : aussitôt après que j'en aurai passé la revue, ces divisions se rendront par la traverse qui conduit à Serracin sur la route de Lerma, de manière à pouvoir aller demain, une division à Madrigalejo et l'autre à Cogollos. Le général Sénarmont, avec l'artillerie et le parc, se rendra directement à Cogollos ; également les ambulances, fourgons et bagages des corps qui sont à Burgos, et chacun rejoindra son corps à mesure qu'il passera. La division Villatte ira en avant de Lerma aussi loin qu'elle pourra sur la route d'Aranda.

LE MAJOR GÉNÉRAL AU MARÉCHAL SOULT.

Burgos, le 21 novembre 1808, à 9 heures du soir.

Nous n'avons pas de vos nouvelles depuis le 18, Monsieur le Maréchal, et nous ignorons les opérations que vous avez dû faire pour dégager la montagne. L'Empereur manœuvre sur sa gauche. Le maréchal Ney est déjà à Almazan et marche sur les derrières de l'ennemi, tandis que le maréchal Lannes et le maréchal Moncey l'attaquent de front. Le maréchal Lefebvre a dû descendre sur Carrion, où il est important qu'il réunisse tout son corps. D ux compagnies du 15ᵉ régiment et un bataillon du 86ᵉ partent demain pour vous rejoindre et se rendre à Reinosa. Le 1ᵉʳ corps vient d'arriver. L'Empereur vous écrira plus positivement du moment qu'il aura de vos nouvelles, qu'il attend dans la nuit.

LE MAJOR GÉNÉRAL AU MARÉCHAL LEFEBVRE.

Burgos, le 21 novembre 1808, à 9 heures du soir.

L'Empereur, Monsieur le Maréchal, suppose que vous partez demain 22, et que vous serez le 24 à Carrion ; le général de brigade prince d'Isembourg part demain avec 500 hommes de votre corps, l'artillerie hollandaise, votre payeur, un adjudant général. Il passe par Castroxeriz et sera le 24 à Carrion. Le 5ᵉ de dragons, les chasseurs hollandais, l'artillerie du général Sébastiani arrivent le 23 à Burgos et suivront leur marche pour vous rejoindre.

Il est nécessaire, Monsieur le Duc, que vous correspondiez tous les jours avec le général de brigade Darmagnac, commandant la province de Burgos, et avec le général Mathieu Dumas, que je laisse ici comme partie de mon état-major pour me transmettre les rapports. L'Empereur portera vraisemblablement demain son quartier général à Aranda.

LE MAJOR GÉNÉRAL AU MARÉCHAL MONCEY.

Burgos, le 21 novembre 1808, à 9 heures du soir.

J'ai mis vos différentes lettres sous les yeux de l'Empereur, Monsieur le Maréchal. Sa Majesté attend des nouvelles de l'attaque que vous allez faire conjointement avec la division du général Lagrange. Elle ne doute pas que les

opérations que vous allez faire, conjointement avec le maréchal Lannes, n'aient un plein succès ; le maréchal Ney
était aujourd'hui à Almazan, et de là continue sa marche
pour se porter sur les derrières de l'ennemi que vous com-
battez.

LE MAJOR GÉNÉRAL AU MARÉCHAL BESSIÈRES.

Burgos, le 21 novembre 1808, à 9 heures du soir.

Je vous préviens, Monsieur le Maréchal, que les fusiliers
de la Garde se mettent demain en marche pour se rendre
à Aranda, avec 12 pièces de canon. La division Villatte sera
demain entre Lerma et Aranda. Les chasseurs à cheval de
la Garde seront aujourd'hui à Lerma. Tout le reste du
1er corps se met en marche demain pour Cogollos, moitié
chemin de Burgos à Lerma. Il est probable que l'Empereur
va porter son quartier général à Aranda. Écrivez au maréchal Ney tous les jours pour lui faire connaître la situation
des choses. Le maréchal Lannes et le maréchal Moncey
doivent attaquer demain l'ennemi qui est à Calahorra (1).

_____

(1) Le même jour, l'Empereur faisait écrire au général Gouvion Saint-Cyr :

Burgos, le 21 novembre 1808, à 9 heures du soir.

« Sa Majesté a vu avec quelque plaisir la bonne conduite de ses troupes ita-
liennes aux ordres du général Pino. Elle vous charge de leur témoigner son
contentement . . . .
« L'Empereur espère que Roses sera pris avant la fin du mois, et qu'avant le
8 décembre vous pourrez être à Barcelone . . . .
« Je vous ai ordonné de faire tirer le canon en réjouissance de la bataille de
Burgos..... il est nécessaire de mettre beaucoup d'affectation dans les réjouissances, tant pour nos troupes que pour l'Angleterre et les Espagnols même . .
. . . .
« Nous manœuvrons actuellement pour envelopper l'armée d'Andalousie et
d'Aragon... et j'espère avoir dans peu de jours à vous annoncer que toute cette
droite de l'ennemi aura subi le même sort que la gauche, ce qui, peu de jours
après, nous mettra dans le cas de vous annoncer notre entrée à Madrid, ce
qui, nécessairement alors, attirera sur Valence et Grenade les troupes qui
seraient en Catalogne. . . . . »

Mesures d'organisation et d'administration.

Donnez ordre au convoi de 5o voitures de vivres qui sont parties hier, et aux 5o caissons partis aujourd'hui, de se rendre à Lerma où ils attendront de nouveaux ordres, leurs papiers en règle.

Donnez ordre également aux fusiliers de la Garde de partir demain de Lerma pour Aranda, où ils prendront des ordres du maréchal Bessières.

Donnez ordre aux caissons de la Garde de partir aujourd'hui, de se rendre à Lerma, ce qui fera demain à Lerma 15o caissons environ.

Donnez ordre à l'administration du petit quartier général de se rendre demain à Lerma, au chirurgien en chef avec son ambulance légère, à l'ordonnateur Favier, de se rendre demain à Lerma, ainsi qu'à la moitié de vos officiers d'état-major. L'intendant général continuera de rester ici.

Donnez l'ordre au général hollandais qui commande à Bilbao de garder simplement les deux bataillons hollandais et de diriger sur Burgos les autres troupes d'infanterie qu'il aurait.

Donnez l'ordre au général Thouvenot à Saint-Sébastien, de réunir en entier un des deux bataillons qu'il a et de l'envoyer à Bilbao pour tenir garnison.

Mon Cousin, donnez l'ordre suivant à l'intendant général : il faut faire charger sur-le-champ 3o,ooo rations de pain, s'il est possible, et l'envoyer à la division Lapisse et à la division Ruffin qui sont à deux lieues d'ici sur le chemin de Valladolid, afin que ces deux corps puissent se mettre en marche d'aussi bonne heure que possible. Donnez ordre au général d'artillerie d'envoyer à la division Lapisse et à la division Ruffin, qui sont à deux lieues d'ici sur le chemin de Valladolid au village de Tardajos et à celui de Villa-Buniel, 250,000 cartouches, afin qu'ils complètent leurs 50. Le général Sénarmont peut envoyer de suite six caissons qui pourront revenir dans la nuit pour se recharger à la citadelle de Burgos, et partiront demain avec le parc.

Burgos, le 21 novembre 1808.

Mon Cousin, donnez ordre à la 10e et 11e compagnie de marche du 4e corps, que commande le maréchal duc de Danzig, ainsi qu'à tout ce qu'il y aura encore ici de bagages et de fourgons dudit corps, de partir d'ici demain matin avec l'artillerie hollandaise et ce qu'il y a de l'artillerie du 4e corps, pour se rendre, sous les ordres du général prince d'Isembourg, à Carrion en passant par Castroxeriz. Ils trouveront à Carrion le corps du maréchal duc de Danzig, qui s'y rend de Reinosa. Le général Dumas passera la revue de cette artillerie, de ce détachement et de tout ce qui part de ce corps demain avant leur départ. Faites partir également les grenadiers et voltigeurs du 15e de ligne pour se rendre à Reinosa où ils rejoindront leur régiment. Profitez de cette circonstance pour faire partir tout ce qui appartient au maréchal duc de Dalmatie, soit bagages, soit d'autres objets. Réitérez l'ordre au général Darmagnac pour que tout ce qui arrive à Burgos y reste jusqu'à nouvel ordre, surtout les compagnies de marche; le général doit voir toutes les troupes qui arrivent au plus tard le lendemain de leur arrivée, principalement les compagnies de marche. Faites-moi connaître les numéros de celles de ces compagnies qui sont arrivées ici et de quels corps elles étaient composées.

JOURNÉE DU 22 NOVEMBRE.

Les rapports reçus pendant la journée du 21 et la matinée du 22 avaient apporté à l'Empereur les nouvelles les plus rassurantes sur la marche des opérations (¹).

Le général Milhaud signalait toujours quelques rassemblements espagnols vers Saldaña et Leon, mais le bruit de la présence des Anglais à Toro ne se confirmait plus.

Le général Lasalle annonçait qu'il était parvenu jusqu'à Boceguillas, toujours au contact des Espagnols, qui paraissaient occuper Sepulveda et le Puerto de Somosierra.

Le maréchal Bessières déclarait que, sur la demande du maréchal Ney, il avait pris l'initiative d'envoyer à Osma une brigade de dragons pour assurer la liaison avec le maréchal et garder cet embranchement important.

Le maréchal Ney annonçait l'arrivée de la division Marchand à Berlanga le 20 novembre, et celle de la division Dessolles à Osma le même jour; la division Marchand devait marcher le 21 sur Almazan, et la division Dessolles le 22 sur Soria.

(1) L'ennemi ne tenant nulle part, l'Empereur paraissait considérer la fin des opérations militaires comme proche et devant faire place à l'action politique.

Voici ce qu'écrivait Berthier à la princesse de Neuchâtel le 21 novembre 1808 :

« ..... Nous sommes très bien en Espagne ; nous n'y trouvons pas des ennemis dignes de nous, aussi tout fuit sans chef, sans gouvernement ; ils sont bien heureux que l'Empereur soit parmi eux avec la force et le génie de remettre cette belle nation au rang des États civilisés, car on peut bien dire que l'Espagne était à deux cents ans de la civilisation de la France. »

(*Archives du prince de Wagram.*)

Le maréchal Lannes rendait compte de son arrivée
à Lodosa, où se trouvait le corps du maréchal Moncey;
la division Lagrange devait y arriver le 21, et ces
forces réunies devaient marcher le 22 sur Calahorra.

Le centre et la droite de son armée se trouvant parfaitement dégagés et libres d'ennemis sur leur front,
l'Empereur pouvait manœuvrer en toute sécurité vers
sa gauche, et avait les yeux fixés sur la vallée de
l'Ebre, où l'armée du général Castaños attirait toute
son attention et formait dorénavant son objectif principal. L'Empereur pensait à ce moment que le maréchal Lannes trouverait à Calahorra la majeure partie
de cette armée, mais il envisageait aussi le cas où le
maréchal Ney se heurterait, à Soria, à une portion ou
même à la totalité des forces de Castaños. Il voulait
donc être prêt à le soutenir, et il jugea le moment venu
de transporter son quartier général à Aranda, où se dirigeaient les troupes du 1ᵉʳ corps et la Garde impériale,
qui devaient y arriver le 23 et le 24 novembre; à
Aranda il se trouverait bien placé, soit pour se porter
sur Soria au secours du maréchal Ney, soit pour marcher sur Somosierra et Madrid, suivant la tournure que
prendraient les événements.

Avant de quitter Burgos, l'Empereur, afin d'étendre
le réseau d'exploration déjà vaste de sa cavalerie, et
de couvrir son mouvement éventuel vers l'Est, recommande au général Milhaud de se porter sur Tudela-de-
Duero pour être mieux à même de reconnaître la direction de Ségovie, de continuer à observer les routes
partant de Carrion et de Palencia, et de se lier sur sa
gauche avec la cavalerie du maréchal Bessières qui
s'étendait au sud d'Aranda.

Avant de s'enfoncer au cœur de l'Espagne et de quitter sa position centrale sur l'unique ligne de communication de son armée avec la France, l'Empereur prend la précaution de laisser à Burgos un officier général investi de sa confiance et muni d'instructions spéciales ; le général Mathieu Dumas restera à Burgos comme chargé des affaires d'état-major pour veiller à l'exécution des ordres de l'Empereur et du Major général, maintenir l'ordre sur les derrières de l'armée, et assurer la transmission des nouvelles aussi bien que la continuité des mouvements de troupes et de matériel entre l'avant et l'arrière. On verra plus tard que l'Empereur avait bien placé sa confiance, et que le général Mathieu Dumas, s'inspirant des circonstances, sut prendre l'initiative de porter au secours du maréchal Soult, qui se trouvait en danger, des troupes que les ordres de l'Empereur prescrivaient de diriger sur Madrid.

Rapports reçus au 22 novembre.

LE GÉNÉRAL MILHAUD AU MAJOR GÉNÉRAL.

Palencia, le 20 novembre 1808, à 8 heures du matin.

Une reconnaissance du 12ᵉ dragons envoyée sur Carrion et Saldaña rend compte que Saldaña est occupé... Je donne l'ordre à l'escadron du 12ᵉ et à celui du 16ᵉ (Noury) de culbuter cette colonne, qu'on estime de 1,200 à 1,500 hommes.

Palencia, le 20 novembre 1808, à 7 heures du soir.

Une reconnaissance du 22ᵉ a rencontré à Valverde, sur la route de Leon, un bataillon d'étudiants qui s'est enfui sur la ville et en a sabré plusieurs. Le général Franceschi m'écrit qu'on avait pris pour des Anglais quelques bataillons de volontaires et d'étudiants qu'on a habillés en rouge. Il ne me parle plus de l'habitant de Leon arrêté avant-hier soir avec quelques soldats espagnols ; on n'a pris que 60 malades qui ont été ramenés et déposés dans l'hôpital de Sahagun : le général Franceschi m'annonce 15 prisonniers et un lieutenant vieux.

Le bruit sur l'existence des Anglais à Toro et Zamora ne se confirme plus. Le général Franceschi a offert 25 napoléons pour envoyer un espion à Leon et à Astorga, il n'a trouvé personne ! Hier au soir le poste de correspondance de Villodrigo a été attaqué par un peloton de hussards et quelques fantassins. Le poste qui n'a que dix hommes aurait été enlevé si le petit dépôt de six régiments envoyé à Burgos par ordre de S. E. M. le maréchal Bessières n'était arrivé inopinément à son secours. Un fantassin espagnol a été tué dans la poursuite ; comme des fuyards ou des partis rôdent sur tous les points, j'ai fait renforcer les postes de correspondance de Villodrigo, de Quintanilla-del-Puente et de Torquemada, et j'ai envoyé dans chacun un officier afin de conserver les communications avec Burgos.

A présent que j'ai la presque certitude qu'il n'existe point de troupes dangereuses entre les montagnes et les plaines de la Pisuerga, je pense que l'occupation permanente de Valladolid pourrait faire un grand bien ; à moins d'ordres contraires, j'y enverrai après-demain le général Franceschi avec deux régiments, et je laisserai le 22ᵉ entre la montagne et dans la plaine qui se trouve autour de Mayorga pour observer les communications de Zamora, Benavente et Guardo, et j'occuperai par échelons Dueñas et Palencia avec les dragons, en faisant toujours garder tous les ponts pour intercepter les espions et les courriers ennemis.

Au village de Palenzuela deux chasseurs hanovriens qui faisaient partie d'une patrouille ont été assassinés par les paysans, à ce que vient de m'écrire le général Franceschi ; il a ordonné qu'on lui amène l'alcade et le curé.

Je soupçonne beaucoup de connivence entre quelques alcades et quelques ecclésiastiques et les partis ennemis ! et je viens de donner un ordre qui rend responsables les alcades et les curés et les propriétaires de tous les assassinats commis contre des Français ou des sujets fidèles au roi catholique Joseph Napoléon, et je ferai livrer à des commissions militaires tout individu qui, par ses actions ou ses conseils, se rendrait complice des brigands sans uniforme, salariés par les Anglais, et tout soldat français qui serait convaincu de pillage, de viol ou de tout autre attentat contre les habitants paisibles et contre les propriétés ! c'est le seul moyen de purifier le pays !

Palencia, le 21 novembre 1808, à 8 heures du matin.

Depuis la rencontre du bataillon d'étudiants sur la route de Leon, dont une partie a été sabrée par les chasseurs du 22ᵉ, rien ne s'est passé d'intéressant dans les communications de Leon, Benavente et Valladolid . . . .

Je n'ai pas eu de rapports de la reconnaissance du 12ᵉ dragons que j'ai envoyée à Saldaña.....; le chef d'escadron Noury, qui avait poursuivi le parti espagnol d'Osorno, en a joint l'arrière-garde près de Melgar et en a tué trois, mais n'a pu faire de prisonniers. Il a sauvé du pillage l'église de Melgar d'une foule de traînards du 1ᵉʳ corps. Il a laissé le corps du maréchal Victor qui prenait la direction de Burgos.

...20,000 rations de pain sont à Palencia . . . .

LE MARÉCHAL BESSIÈRES AU MAJOR GÉNÉRAL.

Aranda, le 20 novembre 1808, à 3 heures après midi.

Monseigneur,

J'ai l'honneur d'adresser à Votre Altesse le rapport du général Lasalle (1). Les postes de correspondance établis

---

(1)   LE GÉNÉRAL LASALLE AU MARÉCHAL BESSIÈRES.
Fresnillo-la-Fuente, le 20 novembre 1808.
« J'ai l'honneur de rendre compte à Votre Excellence que je suis arrivé à Fresnillo-la-Fuente, où je fais halte. J'y ai trouvé une douzaine de paysans qui sont venus au-devant de moi. Ils m'ont annoncé que le 18, il est arrivé ici, à 7 heures du soir, 2,500 hommes d'infanterie qui en sont repartis à 9 heures du soir. Cette troupe était composée en grande partie de paysans de l'Extremadure; ils avaient en outre 150 hommes de cavalerie qui étaient restés à Caravias et qui

depuis Burgos jusqu'à Aranda sont à Serracin, Cogollos,
Lerma, Quintanilla, Bahabon et Gumiel. Les paysans commencent à rentrer depuis hier au soir.

---

les ont rejoints. Ils se sont dirigés sur Somosierra, où on dit qu'ils ont reçu
l'ordre de partir pour Ségovie, et qu'en route ils ont reçu un autre ordre pour
retourner à Somosierra.

« Dans une heure, je serai à Boceguillas. Le village de Grajera n'est pas situé
sur la route, mais bien à gauche.

« D'Onrubia ici il n'y a qu'un bout de chaussée, le reste est bruyères, bois et
défilés. »

Autre rapport du général Lasalle, envoyé d'Aranda le 20 novembre, à 10 heures
du soir, par le maréchal Bessières au Major général :

Boceguillas, le 20 novembre 1808, à 1 heure trois quarts.

Monseigneur,
« J'ai l'honneur de rendre compte à Votre Excellence qu'au moment où mon
avant-garde est entrée à Boceguillas, elle a aperçu un petit poste de cavalerie
espagnole à Barbolla. Je l'ai fait charger, mais on n'a pu le joindre et il s'est
replié sur Sepulveda.

« Les paysans qui m'ont été amenés m'ont dit qu'il y avait à Sepulveda une
centaine de cavaliers et 600 hommes d'infanterie sans artillerie. Aussitôt que
j'aurai fait rafraîchir mes chevaux, je ferai reconnaître ce point et entrer dans
Sepulveda, si le terrain ne s'y oppose pas trop.

« D'après le rapport des mêmes paysans, le Puerto de Somosierra serait occupé
par 25,000 hommes, et ils disent tenir ces renseignements des reconnaissances
et patrouilles ennemies. Les habitants des derniers villages environnants se sont
retirés à Riaza.

« Je vais aussi envoyer une reconnaissance sur Cerezo-de-Abajo pour avoir des
nouvelles du Puerto. Le chemin d'ici à Somosierra passe par Castillejo, Soto,
Cerezo-de-Abajo et La Venta, qui se trouve en avant du lieu où le défilé se
rétrécit et où on commence à monter le col.

« Je viens d'apprendre qu'il y avait à Sepulveda, hier, 200 hommes de cavalerie qui avaient reçu ordre de se porter sur Ségovie.

« Du point que j'occupe, je puis observer (même à l'œil) Sepulveda et Duraton,
qui se trouvent sur une seconde grande route qui conduit à Ségovie, et qui n'est
pas occupée par l'ennemi; Castillejo, chemin qui conduit à Riaza et à Somosierra. Pour assurer ma droite, j'ai laissé un escadron à Fresnillo-la-Fuente.

« Le pays tout autour de moi est entièrement découvert et assez uni, il s'y
trouve des villages qui paraissent offrir des ressources. Je suis obligé d'avoir
beaucoup de monde sur pied pour me garder.

« La nécessité dans laquelle je me trouve de détacher à Fresnillo-la-Fuente un
escadron pour la garde des équipages et des chevaux de main et observer mes
derrières, en outre 25 hommes à Caravias pour la correspondance, m'engage à
prier Votre Excellence de faire porter au moins la tête de la colonne de la division Latour-Maubourg à Fresnillo-la-Fuente, village fortifié à la sortie du
défilé. »

Autre rapport du général Lasalle, envoyé d'Aranda le 21 novembre, à 5 heures
du matin, par le maréchal Bessières au Major général :

Boceguillas, le 20 novembre 1808, à 9 heures moins un quart (soir).

« La reconnaissance que j'ai envoyée sur Sepulveda n'a pas pu entrer dans cette
ville ; elle a remarqué quelques hommes de cavalerie placés en avant-postes et
un poste d'infanterie en avant de la ville, fort d'une centaine d'hommes ; dans

Conformément aux ordres de l'Empereur, on a fait des demandes de vivres dans tous les villages à un rayon de 5 à 6 lieues et j'ai envoyé de la cavalerie pour en opérer la rentrée.

LE MARÉCHAL BESSIÈRES AU MAJOR GÉNÉRAL.

Aranda, le 21 novembre 1808, à 2 heures du soir.

Monseigneur,

J'ai l'honneur de vous adresser le rapport que je reçois à l'instant du général Lasalle (1).

------

la gorge au milieu de laquelle se trouve la route de Ségovie, on a aperçu des feux en assez grande quantité.

« La reconnaissance qui devait aller à Cerezo-de-Abajo pour avoir des nouvelles du Puerto de Somosierra n'a pu aller qu'en avant de Castillejo, entre ce village et celui de Soto. L'officier qui la commande a aperçu plusieurs feux en avant de ce dernier village et dans la direction de Duraton. Dans la gorge qui conduit au Puerto il y en avait plusieurs à une grande distance et il a été impossible d'obtenir aucun renseignement des habitants de Castillejo sur la force et l'espèce de troupes qui occupaient le col de Somosierra. Avant le départ de cette dernière découverte, 5 hommes de cavalerie étaient venus pour reconnaître nos avant-postes et, ayant été vigoureusement chargés par les chasseurs du 10ᵉ, se sont retirés précipitamment.

« Il me paraît certain que l'ennemi occupe avec des forces les défilés. A la pointe du jour, je ferai reconnaître de nouveau Sepulveda, Castillejo et Duraton.

« J'ai recommandé au chef d'escadron que j'ai placé à Fresnillo-la-Fuente de se garder avec soin sur sa droite et sur sa gauche et de faire allumer des feux en avant de lui pour faire croire à l'ennemi qu'il y a de l'infanterie. Il serait bien nécessaire, Monseigneur, que la division Latour-Maubourg serrât sur la mienne pour être mieux échelonné. Un de ses régiments pourrait occuper Fresnillo-la-Fuente. »

(1)   LE GÉNÉRAL LASALLE AU MARÉCHAL BESSIÈRES.

Boceguillas, le 21 novembre 1808.

« La reconnaissance que j'ai envoyée dès le matin sur Sepulveda a trouvé les avant-postes ennemis près Santa-Cruz, sur la hauteur. Ces postes semblaient vouloir attirer la reconnaissance sur de l'infanterie qui les soutenait et que j'apercevais à Boceguillas. Je n'ai pas jugé à propos de les faire charger. Sepulveda se trouve placé entre deux montagnes et dans une vallée fort étroite. On aperçoit beaucoup de fumée de ce côté. Il est 9 heures. Je fais mettre pied à terre à ma troupe, et je vois déjà revenir la reconnaissance sur Duraton. Je rendrai compte à Votre Excellence de ce qu'elle aura appris en même temps que de celle de Somosierra.

« Le poste placé entre Boceguillas et Castillejo m'a dit avoir vu beaucoup de feux pendant la nuit et sur un grand espace, mais éloignés les uns des autres. Ceux qui étaient allumés dans la gorge étaient assez resserrés.

« J'ai ordonné à l'escadron que j'ai laissé à Fresnillo de reconnaître le chemin

Je n'ai point de nouvelles de M. le maréchal Ney. Un de mes aides de camp est parti hier de San-Estevan au moment où il allait continuer son mouvement. Trois compagnies du 55ᵉ sont parties ce matin de Fresnillo pour rejoindre leur régiment avec 50 dragons que j'ai envoyés à San-Estevan pour savoir des nouvelles.

LE MARÉCHAL BESSIÈRES AU MAJOR GÉNÉRAL.

Aranda, le 21 novembre, à 8 heures du soir.

Monseigneur,

J'ai l'honneur de vous transmettre le rapport du général Lasalle([1]). Je n'ai point encore de nouvelles de M. le maréchal Ney. J'en attends cette nuit par les reconnaissances que j'ai envoyées. J'ai fait escorter par 25 dragons l'officier d'état-major, parti ce matin, porteur de vos dépêches.

de Sepulveda par Encinas, et celui de Somosierra par Aldeanovilla-del-Campanario.

« *P.-S.* — Il est 9 heures, et la lettre de Votre Excellence partie hier à 11 heures du soir me parvient seulement à l'instant.

« Je ne puis faire de pain par le manque absolu de farines : les paysans ont tout emporté.

« Les villages des environs sont abandonnés et ne présentent pas plus de ressources en farines et en vin.

« Il n'y a pas d'eau, par conséquent pas de moulins dans le rayon de deux lieues. »

(1)   LE GÉNÉRAL LASALLE AU MARÉCHAL BESSIÈRES.
                Boceguillas, le 21 novembre 1808.

« J'ai l'honneur de rendre compte à Votre Excellence que ma reconnaissance sur Puerto de Somosierra, ayant dépassé Soto, n'avait pas aperçu une grand'-garde ennemie soutenue par quelques cavaliers, qui avait pris position dans un lieu couvert d'arbres et de pierres ; en revenant sur ses pas, la reconnaissance vit bien que cette grand'garde cherchait à la tourner, mais comme le terrain n'était convenable sous aucun rapport pour de la cavalerie, elle se retira.

« Il m'est impossible actuellement d'envoyer mes reconnaissances au delà de Castillejo, le chemin est affreux et d'ailleurs coupé.

« La reconnaissance sur Duraton n'a rien aperçu, celle sur Sepulveda a rencontré un poste de cavalerie ennemie et l'a chargé jusqu'au petit village de Santa-Cruz, où, s'étant aperçue qu'il allait être soutenu par de l'infanterie, elle s'est arrêtée et est revenue sur ses pas.

« La reconnaissance de l'escadron de dragons qui est à Fresnillo-la-Fuente a rencontré la reconnaissance du 10ᵉ à Olmillo en poussant la sienne par le chemin de droite qui conduit à Sepulveda. L'officier du 10ᵉ, qui a été jusqu'à Olmillo, m'a rendu compte qu'on avait entendu de ce point et en arrière sur la droite deux coups de canon et quelques coups de fusil. Serait-ce M. le maréchal Ney qui se porterait de ce côté ? »

Si je n'ai pas de nouvelles de M. le maréchal Ney d'ici demain matin, je ferai partir une brigade de dragons du général Latour-Maubourg pour aller à sa rencontre.

Les dernières que j'ai reçues me sont arrivées hier à 2 heures après midi. Nous étions convenus, avant son départ, que nous nous ferions mutuellement connaître tout ce que nous apprendrions de nouveau. Je lui ai écrit plusieurs fois dans la journée.

Il est rentré aujourd'hui un assez grand nombre d'habitants à Aranda. Les villages commencent à verser ce qu'on leur demande. Ils ont envoyé aujourd'hui 400 moutons et 60 bœufs.

P.-S. — Je reçois à l'instant des nouvelles de M. le maréchal Ney. Je vous envoie sa dépêche. M. le maréchal me dit dans sa lettre, qu'il écrit à Votre Altesse pour lui demander une brigade de dragons afin de l'établir à Osma. Je crois cela d'autant plus nécessaire que les différentes reconnaissances envoyées sur cette route ont aperçu des groupes de paysans armés dans les montagnes et que les communications deviendraient extrêmement difficiles si dans chaque village il n'y avait un poste.

En conséquence, je donne l'ordre au général Latour-Maubourg de faire partir demain matin pour Osma la brigade de dragons qui est à Aranda. Elle laissera des postes à Vadocondes, Langa et San-Estevan. Je prie Votre Altesse de me faire connaître si l'Empereur approuve ce mouvement. J'aurais bien fait partir toute la division, mais le général Lasalle eût été trop en l'air, n'ayant aucune espèce de troupe pour le soutenir, et ne croyant pas devoir lui faire faire un mouvement rétrograde sans nécessité.

LE MARÉCHAL NEY AU MAJOR GÉNÉRAL.

Berlanga, le 20 novembre 1808, à 9 heures du soir.

Monseigneur,

Les renseignements qui me sont parvenus sur la position de l'ennemi m'ont déterminé à faire quelques changements aux dispositions dont je vous ai rendu compte par la lettre que j'ai eu l'honneur de vous écrire hier de San-Estevan-de-Gormaz.

La cavalerie légère du général Beaumont s'établit ce soir entre Berlanga et Almazan ; elle se portera demain de bonne heure en avant de cette dernière ville et dirigera de fortes reconnaissances sur Soria et Calatayud.

La division du général Marchand occupe Berlanga et la rive droite du Duero, près Hortezuela. Demain elle marchera sur Almazan et portera une brigade entre cette ville et Soria.

La division Dessolles prend position ce soir à Osma et porte sa tête de colonne en avant sur la direction de Calatañazor ; elle s'établira demain à la gauche de ce dernier village et marchera le 22 sur Soria. Un fort détachement de cavalerie passera demain le Duero et ira occuper Calatañazor pour pousser des reconnaissances sur Soria en attendant l'arrivée de la division Dessolles.

Lorsque je recevrai le rapport du général Dessolles sur les forces ennemies qu'il aurait pu rencontrer et sur celles qu'il présumera se trouver à Soria, je serai en mesure de me réunir à lui avec la division Marchand et, dans ce cas, je ne laisserai que des piquets de cavalerie en observation sur Almazan, où l'on m'assure qu'il n'y a dans ce moment que quelques paysans, qui sans doute prendront la fuite à notre approche.

Tous les rapports s'accordent à dire que Castaños est à Calahorra et que Cuesta a rejoint l'armée sur le bas Èbre il y a quinze jours.

Il serait essentiel, Monseigneur, de faire occuper Osma par une brigade de dragons ; cette position est importante à cause de l'embranchement des routes de Soria et d'Almazan, et pour masquer les mouvements sur l'une ou sur l'autre rive du Duero. La ville offre d'ailleurs des ressources pour l'établissement d'une manutention.

J'ai l'honneur de vous adresser l'extrait de l'interrogatoire que j'ai fait subir à des soldats de milice faits prisonniers

aujourd'hui. J'y joins des lettres interceptées et des gazettes de Madrid (¹).

---

(1)   RAPPORT JOINT A LA LETTRE DU MARÉCHAL NEY.

« Plusieurs hommes intelligents ont été interrogés : leurs réponses, quelquefois
contradictoires, sont assez d'accord sur les points suivants :

« 1° Que les troupes du général Castaños ne s'étaient point encore retirées par
Soria ;

« 2° Que l'on y avait bien annoncé un corps de 12,000 hommes, de même qu'à
Osma, mais qu'il n'avait point paru, et que cette mesure avait été souvent prise,
sans doute pour intimider ;

« 3° On croyait qu'il y avait un bataillon de nouvelle levée à Atienza ;

« 4° Environ 80 habitants de Berlanga sont à l'armée de Castaños ; les nouvelles
que leurs parents recevaient étaient datées de Cintruenigo, et tous présument
qu'il est aux environs de Corella ;

« 5° Il n'est passé à Berlanga qu'une cinquantaine de Catalans, débris de l'affaire de Burgos ; ils se sont sauvés de différents côtés ;

« 6° Un seul habitant a déclaré que les autorités avaient reçu des ordres d'un
général qui commande un corps à Soria, et que tous les renforts qui étaient en
marche devaient s'arrêter à Atienza pour y former un cordon ;

« 7° Tous les habitants du pays qui fuient devant l'armée ne paraissent avoir
but de rassemblement, et il y en a fort peu qui possèdent des armes ; ils sont
engagés par les prêtres, qui tous en donnent l'exemple, et répandent les bruits
les plus ridicules contre l'armée ;

« 8° Le chef de la Junte de Soria est le marquis de Vadillo, jeune officier des
gardes ; il doit être absent. Don Matheo Diaz y Duran, intendant de la province,
est un des plus zélés. Castaños l'a appelé à l'armée et l'a chargé de rassembler
toutes les armes possibles. »

EXTRAITS DE TROIS LETTRES ÉCRITES PAR DES SOLDATS ESPAGNOLS.

Cintruenigo (Navarre), le 11 novembre 1808.

« . . . .
et tu sauras que vers la fin du mois passé il y a eu bien des événements à
Logroño. La division de Cuesta est remplie de traîtres. Cette ville n'eût point
été prise si en Espagne on n'était pas toujours trahi. Nous sommes très heureux
d'avoir attrapé un espion qui fut envoyé pour avertir les Français de venir
nous enlever notre artillerie. Il fut arrêté avec trois dépêches bien fermées. Tu
sens bien que la perte de notre artillerie devait entraîner la nôtre.

« Heureusement que Castaños nous envoya dire de nous échapper de l'endroit
où nous étions. Sans cela il n'en échappait pas un seul. Nous le quittâmes à
2 heures de l'après-midi ; cependant, nos canons étaient fort bien placés. Mais
le général, qui était un traître, ordonnait de pointer trop haut. Alors l'artilleur
ne voulut point faire feu et dit au général de servir la pièce lui-même. Cette
réponse fut très agréable à tout le monde. On dit aussi que le général Blake a
fait un grand carnage des Français en Galice. Enfin, nous ne savons comment
ceci finira. Nous souffrons beaucoup. On assure que nous allons attaquer un de
ces jours. Depuis que j'ai quitté le pays, je ne me suis pas déshabillé. Les
paysans s'enfuient au premier coup de fusil et s'en retournent chez eux. . . . »

Vadoconders, le 15 novembre 1808.

« . . . .
Grâces à Dieu que moi j'aie pu me sauver du désastre de Burgos, ainsi que
presque tous ceux du pays : le 4ᵉ bataillon des gardes wallones, celui des Catalans, celui des volontaires d'Extremadure, etc., ont été détruits. Il y a beaucoup
de traîtres parmi nous ; nous en avons reconnu un hier sur le pont d'Aranda

RAPPORT DU GÉNÉRAL LACOSTE A L'EMPEREUR.

Pampelune, le 19 novembre 1808.

Garnison actuelle. — Voici la composition actuelle de la garnison :

Bataillon de marche de Portugal.	491 hommes.
Bataillon irlandais.	543 —
Garde nationale.	682 —
Hommes isolés	400 —
Total	2,116 hommes

sans les officiers.

Le général Bisson observe qu'il lui est presque impossible de tirer parti des hommes isolés, dont la volonté est mauvaise ainsi que la tenue.

Hôpitaux. — Il y a en ce moment 3,300 malades aux divers hôpitaux, la mortalité y est considérable, encore point de chirurgiens ni pharmaciens français. L'administration espagnole continue, mais a peu de moyens. Depuis mon dernier rapport à Sa Majesté sur ces hôpitaux, on s'est contenté d'envoyer un inspecteur pour s'assurer si la chose était bien ou mal. On annonce 1,200 malades de Vitoria que l'on sera très embarrassé de placer. Il y a défense d'évacuer en France, parce que l'expérience a prouvé que c'étaient autant de soldats perdus pour l'armée.

Armement. — La citadelle est complètement armée et en état ; la ville au tiers seulement, mais à l'abri d'un coup de main.

Artillerie pour le siège de Saragosse. — Les préparatifs en sont au même point qu'à mon dernier passage ; rien ne vient de Bayonne. On attend des chariots à canon, dont on

---

de Duero, et nous l'avons criblé de coups de poignard . . . . Dieu sait ce que nous deviendrons ; presque tous ceux qui étaient venus de Campo-Mayo (Extremadure) se sont en allés chez eux. . . . . »

Fresnillo, le 14 novembre 1808.

« Surtout, mon père, faites que le fils de votre ami qui est à Burgos, et qui est à son aise, me donne quelque argent : je suis nu et sans souliers. On nous a trahis. Le général a disparu au commencement de l'affaire du 10. Il y a toujours des traîtres en Espagne, et nous ne ferons rien. . . . . »

manque absolument. Il n'existe que les 40,000 kilogr. de poudre, encore une partie s'emploie en cartouches d'infanterie. La demande est de 250,000 kilogr. On attend aussi de Bayonne quelques bateaux, câbles, etc., pour les ponts de communication (chose indispensable).

Manque absolu de moyens de transport. — Le général Dedon se plaint qu'il manque de moyens de transport pour conduire son artillerie jusqu'à Tudela et peut-être même devant Saragosse, si le canal est rompu. Le pays est épuisé pour les transports. L'ennemi, qui en ce moment serre de si près, va encore enlever des ressources.

LE MARÉCHAL MONCEY AU MAJOR GÉNÉRAL.

Lérin, le 19 novembre 1808, à 7 heures du soir.

Monseigneur,

Dans ma dépêche d'hier, j'ai eu l'honneur de rendre compte à Votre Altesse qu'aujourd'hui je portais des reconnaissances sur Olite et Tafalla, qu'on m'avait annoncé que l'ennemi occupait. En effet Olite l'était par un bataillon du 2ᵉ régiment de Murcie, et Tafalla par une compagnie de Valenciens et 50 lanciers. M. le général Musnier ayant fait lui-même cette reconnaissance, a fait attaquer ce bataillon, qui était en bataille devant les murs d'Olite, par deux compagnies de voltigeurs et une compagnie de grenadiers du 115ᵉ régiment, qui ont suffi pour le forcer à une retraite précipitée dans les montagnes sur Saint-Martin; un peloton de hussards et un peloton de dragons qui s'étaient portés sur leurs derrières, ont taillé en pièces une centaine d'hommes et ont fait 141 prisonniers dont un officier; une moitié à peu près de ces prisonniers sont des Suisses; il s'est trouvé 3 déserteurs du 115ᵉ régiment, qui ont été fusillés sur-le-champ. Du moment que nos gens ont paru devant Tafalla, ce qu'avait l'ennemi dans cette ville s'est sauvé à toutes jambes; ce qui est très satisfaisant dans cette opération, c'est de n'avoir pas même eu un homme blessé. En se retirant, M. le général Musnier a aperçu le régiment des dra-

gons de la Reine et un bataillon d'infanterie qui venaient
de Caparroso et se dirigeaient sur Olite, où il les a vus entrer ;
mais il était trop éloigné et déjà trop tard pour retourner à
la charge, sa troupe ayant eu huit bonnes lieues à faire.

Tous les rapports que M. le général Musnier a recueillis
des habitants d'Olite et des prisonniers s'accordent à dire
que l'ennemi a de grandes forces à Caparroso ; l'alcade de
cette ville, dont nous étions contents, a été arrêté par l'ennemi et conduit à Caparroso, où il est retenu prisonnier ; sa
femme, qui venait de le voir, a confirmé aussi ces rapports
comme venant de le voir elle-même ; cela s'accorde assez avec
les rapports des reconnaissances de Milagro qui plongent sur
les vallées de Villafranca ; quoi qu'il en soit, dans le mouvement que nous allons faire je recommande de bien observer
nos derrières. De Caparroso, l'ennemi pourrait être derrière
nous, à Lodosa, en deux petites marches ; mais je ne peux
le croire susceptible d'une telle entreprise ; il pourrait plutôt se préparer une retraite sur Saragosse par la rive gauche
de l'Èbre par Exea et Tauste. Les rapports d'aujourd'hui
de M. le général Maurice Mathieu m'annoncent que la nuit
dernière l'ennemi a porté 2 pièces de canon vis-à-vis Saint-
Adrien, et que d'après les nouvelles qu'il a eues, il s'est renforcé à Calahorra, à Autol, Quel et Arnedo.

Le bataillon prussien était venu jusqu'à Lodosa, se trouvant parti de Pampelune lorsque mes ordres de l'y arrêter
sont arrivés ; demain soir il sera dans cette place, et comme
la garnison en est très faible, je laisse M. le général Rostolland
avec les deux bataillons qu'il a en observation devant cette
place, provisoirement sous les ordres de M. le général Bisson, de manière à pouvoir, au besoin, en renforcer la garnison ; mais il ne reste plus à M. le général Grandjean que
trois bataillons et j'ai pensé que je remplirais les intentions
de l'Empereur, en plaçant provisoirement dans sa division
le 1er régiment de la Vistule au lieu d'en renforcer la division
Musnier.

LE GÉNÉRAL LAGRANGE AU MAJOR GÉNÉRAL.

Logroño, le 20 novembre, à 3 heures du soir.

Monseigneur,

J'ai l'honneur de prévenir Votre Altesse Sérénissime que M. le maréchal Lannes qui était arrivé hier au soir ici est reparti ce matin pour Lodosa.

Mes reconnaissances de ce matin ont trouvé l'ennemi à Nalda, il a montré à peu près 5oo hommes d'infanterie et 5o chevaux ; j'espère demain avant le jour l'y surprendre s'il y est encore ; Nalda se trouvant adossé aux montagnes, leur donne beaucoup de facilité pour s'y réfugier lorsqu'on en approche ; il n'y a absolument qu'une marche de nuit qui puisse faire espérer de les joindre. Monseigneur, nous avons fait toutes nos dispositions et nous sommes prêts à partir au premier ordre que nous donnera M. le maréchal Lannes, ce qui vraisemblablement sera demain ou après au plus tard. Je fais faire ici le plus de vivres possible et nous n'en manquerions pas si nous avions des moyens de transport.

Ordres du 22 novembre.

LE MAJOR GÉNÉRAL AU MARÉCHAL SOULT.

Burgos, le 22 novembre 1808, à 9 heures du matin.

Nous n'avons pas de vos nouvelles depuis trois jours, Monsieur le Maréchal, ce qui fait présumer que quelqu'un de vos officiers a été pris : ce qui me porte à prendre le parti de vous écrire par les deux compagnies du 15e de ligne. L'Empereur passe aujourd'hui la revue du corps du maréchal Victor qui se rend à Aranda, où Sa Majesté aura son quartier général ce soir, pour de là tomber sur Almazan et sur les derrières de l'ennemi. Le maréchal Lannes est à Logroño pour attaquer de front avec le corps du maréchal Moncey. Le maréchal Bessières est à Aranda. Une partie de sa cavalerie est sur Somosierra : le maréchal

Lefebvre a ordre de se rendre à Carrion avec son artillerie et sa cavalerie ; les ordres sont donnés pour qu'il y réunisse tout son corps : de là il 'menacera Leon et tiendra toute la plaine.

LE MAJOR GÉNÉRAL AU MARÉCHAL BESSIÈRES.

Burgos, le 22 novembre, à 10 heures du matin.

Je reçois, Monsieur le Maréchal, ensemble vos trois dépêches du 21 à 2 heures après midi, l'autre du 21 à 8 heures du soir. L'Empereur approuve que vous ayez envoyé une brigade de dragons au maréchal Ney : c'est une très bonne opération. Les fusiliers de la Garde doivent être arrivés ce soir 22 à Aranda. La division Villatte dépasse aujourd'hui Lerma ; la Garde se met en marche dans le moment, et l'Empereur portera vraisemblablement son quartier général à Aranda ce soir. Il est probable que Soria aura été attaquée aujourd'hui. Cela fera une bonne diversion en faveur des maréchaux Lannes et Moncey qui doivent également attaquer l'ennemi aujourd'hui.

LE MAJOR GÉNÉRAL AU GÉNÉRAL MILHAUD.

Burgos, le 22 novembre 1808, à 10 heures du matin.

Il faut, Général, appuyer vos reconnaissances du côté de Ségovie ; s'il n'y a aucun danger et inconvénient, il serait convenable que vous vous portassiez avec votre division de dragons sur le point de Duero le plus près de Ségovie, tel que Tudela-de-Duero, et que vous ayez un régiment de chasseurs pour éclairer Ségovie. Vous pourriez vous trouver là en correspondance avec le maréchal Bessières qui est à Aranda et qui y éclaire sur sa droite. Il est cependant très nécessaire que le général Franceschi, avec les autres régiments, couvre Carrion et Palencia. Le maréchal Lefebvre doit probablement être en ce moment à Carrion. Je n'ai pas besoin de vous dire que de votre position de Tudela-de-Duero il faut avoir le plus grand soin de vous éclairer du côté de Ségovie.

LE MAJOR GÉNÉRAL AU GÉNÉRAL DUROSNEL.

Burgos, le 22 novembre 1808, à 10 heures du matin.

Écrivez à Logroño que le 22, le maréchal Ney doit avoir attaqué Soria, que nous attendons à chaque instant des nouvelles du général Lagrange et du maréchal Lannes. Il nous importe beaucoup de savoir si le maréchal Lannes a commencé son mouvement.

Mesures d'organisation et d'administration.

L'EMPEREUR AU GÉNÉRAL CLARKE.

Burgos, le 22 novembre 1808.

. . . .
Ne faites partir de Paris que des conscrits ayant leurs habits, leurs souliers et leurs capotes, sans quoi tous ces malheureux conscrits ne serviront qu'à garnir les hôpitaux.

Je vous ai déjà mandé comment je désirais que les détachements du 75ᵉ, du 58ᵉ et du 28ᵉ partissent de Paris. Il faut également que les détachements des 32ᵉ, 2ᵉ, 4ᵉ et 15ᵉ légère ne partent qu'après avoir passé deux fois votre revue, munis de capotes, de souliers, et en bon état. Dix jours de plus ou de moins ne peuvent pas être d'une grande importance.

. . . .

LE MAJOR GÉNÉRAL AU GÉNÉRAL MATHIEU DUMAS,

resté chargé des affaires d'état-major à Burgos.

Burgos, le 22 novembre 1808.

L'intention de l'Empereur, Monsieur le général Mathieu Dumas, est que vous restiez à Burgos. Vous y passerez la revue de tous les détachements qui y arriveront. Vous prendrez les mesures nécessaires pour que les officiers porteurs de dépêches, les ordonnances qui arriveraient soit pour l'Empereur, soit pour le Major général, vous soient amenés aussitôt, à telle heure de jour ou de nuit que ce soit. Ils vous remettront leurs dépêches que vous expédierez successivement par trois officiers d'ordonnance de l'Empereur et par trois officiers d'état-major laissés à cet effet à Burgos. Ces officiers partiront immédiatement pour Lerma et Aranda, pour rejoindre l'Empereur, et iront le plus vite possible. . . . .

Vous verrez l'intendant général pour faire fabriquer le plus de pain possible, et pour que chaque jour on en fasse partir 10,000 rations pour Aranda. Du moment qu'il y aura 20,000 rations de biscuit arrivées à Burgos, vous les ferez filer sur Aranda ; vous m'adresserez un rapport en forme d'inventaire qui fasse connaître les quantités, et sur quels bataillons du train elles seront chargées..... La division de dragons du général La Houssaye arrive demain. Vous la passerez en revue ; vous aurez soin qu'elle garde une bonne discipline et vous m'enverrez son état de situation. J'ai donné l'ordre qu'on établît à la Chartreuse les dépôts de cavalerie composés des hommes et des chevaux éclopés, ils sont aux ordres d'un major ; vous surveillerez et inspecterez ce dépôt. Vous ferez établir une distinction dans les dépôts composés des hommes fatigués et éclopés du 1er corps, du 2e, du 4e et du 6e. Ces quatre dépôts bien distincts doivent recevoir les hommes éclopés et isolés, chacun de son corps d'armée. Vous vous concerterez avec le général Darmagnac, commandant la province, le commandant de la place, avec l'intendant général.

Vous m'enverrez tous les jours un rapport sur tout ce que vous apprendrez de nouveau dans la ville ; vous aurez soin qu'insensiblement on approvisionne le château.

Surtout, Général, prenez bien toutes les précautions nécessaires de jour et de nuit, en vous concertant avec le général Darmagnac, pour que les officiers d'ordonnance n'éprouvent aucun retard. Ils vous remettront leurs dépêches aussitôt leur arrivée ; vous nous les réexpédierez le plus promptement possible.

JOURNÉE DU 23 NOVEMBRE.

L'Empereur avait reçu, dans la soirée du 22 novembre, des nouvelles des maréchaux Lefebvre, Soult et Ney, et du général Milhaud. Le maréchal Lefebvre annonçait, par une lettre du 20 novembre, qu'il se portait sur Potès pour seconder la marche du maréchal Soult dans les Asturies ; le maréchal Soult, de son côté, annonçait, par une lettre du 19 novembre, qu'il avait dispersé les Espagnols à Cumillas et à San-Vicente. Le maréchal Ney rendait compte de son arrivée, le 21, à Almazan, et déclarait qu'il marcherait le 22 sur Soria ; quant au général Milhaud, il annonçait que la situation de son côté était toujours la même, et il se plaignait de la dissémination de sa cavalerie.

L'Empereur, qui tenait à être couvert sur sa droite contre un mouvement éventuel des Anglais pendant qu'il manœuvrerait vers sa gauche, fut contrarié en voyant que le maréchal Lefebvre ne pourrait pas exécuter en temps voulu l'ordre qui lui avait été envoyé le 20 de se porter sur Carrion : il approuva néanmoins le mouvement du maréchal Lefebvre, tout en lui faisant réitérer l'ordre de descendre sur Carrion ; il fit en même temps recommander au maréchal Soult de prendre position dans les Asturies et de se tenir prêt à soutenir le maréchal Lefebvre en cas de besoin ; les ordres minutieux envoyés au maréchal Soult dévoilent nettement ses intentions et ses projets à ce moment.

Avant de quitter Burgos, l'Empereur donna ses der-

niers ordres pour accélérer la marche de ses troupes
sur Aranda, organiser solidement la ligne de communications entre cette ville et Burgos, et purger des
brigands qui l'infestaient la route de Burgos à Reinosa.

L'Empereur quitta Burgos dans la matinée du 23 novembre et arriva dans la soirée à Aranda, où parvenaient en même temps les troupes du 1er corps et de
la Garde ; ayant été témoin des désordres qui avaient
accompagné l'occupation de Burgos, et voulant éviter
dorénavant le retour des mêmes scènes de pillage, il
donna, dès son arrivée à Aranda, les ordres les plus
sévères pour que ses troupes fussent logées en dehors de la ville et ne pussent y pénétrer sous aucun
prétexte.

Rapports reçus au 23 novembre.

LE GÉNÉRAL MILHAUD AU MAJOR GÉNÉRAL.

Palencia, le 21 novembre 1808, à 6 heures du soir.

Je ne reçois qu'à l'instant vos ordres du 20, datés à
2 heures après midi, pour envoyer des postes en avant de
Valladolid, destinés à appuyer la droite de Son Excellence
M. le maréchal Bessières. Voici l'emplacement actuel des
régiments de dragons et de la cavalerie légère.

D'après les ordres que Votre Altesse m'avait envoyés de
tâcher d'intercepter les débris de l'armée de Blake dans
toutes les communications de Reinosa à Leon et dans la
plaine, et de rester en observation entre le Duero et les
montagnes en conservant Palencia pour le centre de mes
opérations, la cavalerie légère occupait Villalon, Mayorga et
Sahagun, et poussait des partis sur Benavente, sur Leon et
sur Guardo ; les régiments de dragons occupaient Palencia,
Carrion et Dueñas. Le quartier général du général Fran-

ceschi était aujourd'hui à Mayorga et le mien à Palencia ;
la cavalerie légère poussait des partis sur Valladolid, déjà
occupé, sur Benavente, sur Zamora, sur Leon, et en passant
par Guardo jusqu'à Valdeverde ; les dragons gardaient tous
les ponts de la Pisuerga et poussaient des partis sur Saldaña, Alar, Herrera et Melgar.

Pour exécuter les derniers ordres de Votre Altesse, je
viens d'ordonner au général Franceschi de partir de
Mayorga et de se rendre à Valladolid avec 2 régiments de
chasseurs, d'où il poussera des postes aussi loin que possible pour flanquer la droite de M. le maréchal Bessières.
Un autre régiment de chasseurs couvrira la droite de Valladolid sur la rive droite du Duero, entre Valladolid, Zamora et Benavente. Je placerai un régiment de dragons à
Cigales et Cabezon, un à Dueñas avec l'artillerie et un
escadron, et deux escadrons à Palencia pour soutenir par
échelons la cavalerie légère et observer tout ce qui peut
venir de Leon et des montagnes.

Je pense que je pourrai diminuer la force des quatre postes de correspondance qui se trouvent entre Burgos et Palencia ; j'ai été obligé de répartir un escadron pour assurer
les communications, les régiments s'affaiblissent tous les
jours par les partis et pour garder une aussi grande étendue
de territoire.

Je n'ai rien appris de nouveau depuis hier matin.

P.-S. — Je vais m'établir à Dueñas jusqu'à nouvel ordre.
Mais je pense que je suis bien disséminé, et qu'il serait
peut-être utile que je me porte jusqu'à Valladolid pour
mettre la cavalerie légère à la hauteur des avant-postes de
M. le maréchal Bessières. Le général Franceschi m'annonce
d'autres prisonniers près de Leon, mais il m'assure qu'il
lui est impossible d'avoir des renseignements positifs sur ce
qui se passe dans cette ville et dans Astorga et Zamora.

Un vieux adjudant-major du régiment de la Princesse, de
Ségovie, qui était à la bataille d'Espinosa, a avoué toute la
défaite de Blake, il m'a dit que Blake ne commandait en
chef que par intérim et que La Romana devait être le géné-

ral en chef. Il m'a assuré que tout au plus 10 canons s'étaient sauvés de Reinosa et qu'ils avaient passé le 12 à Aguilar, et filé nuit et jour sur la route de Leon, avec quelques détachements d'escorte. Aussi, n'étant arrivés que le 12 à Palencia, et devant reconnaître positivement ce qui existait à Valladolid, il nous était impossible de nous jeter à temps à 15 lieues de pays sur notre droite pour enlever ces dix pièces d'artillerie, dont nous n'avons eu l'avis de Votre Altesse que le 16. J'avais cependant envoyé dès le 15 (l'ordre) de pousser des partis sur la route de Leon . . . . .

Pardonnez, Monseigneur, la longueur de ma lettre, mais le bien du service m'oblige de faire remplacer, s'il est possible, nos postes de correspondance par d'autre cavalerie, parce qu'en nous portant en avant, nous tenons une étendue de plus de 40 lieues, ce qui rend nos forces presque nulles.

LE MARÉCHAL NEY AU MAJOR GÉNÉRAL.

Almazan, le 21 novembre 1808, à 7 heures du soir.

Monseigneur,

J'ai l'honneur de vous rendre compte que la cavalerie légère du général Beaumont et la division du général Marchand se sont mises en marche ce matin de Berlanga pour venir prendre position la droite à la ville d'Almazan, rive droite du Duero, et la gauche se prolongeant sur la direction de Soria. Toutes les communications qui conduisent d'Almazan à Sigüenza, Calatayud et Agreda sont gardées par des piquets. Un fort détachement de cavalerie est en position entre Almazan et Soria ; il communique par des reconnaissances avec la division du général Dessolles qui occupe Calatañazor.

Demain, à la pointe du jour, je marcherai sur Soria, où je me réunirai à la division Dessolles. Si l'ennemi tient dans cette ville, ce que je suis loin de croire, je prendrai les mesures nécessaires pour m'en emparer, soit par capitulation, soit de vive force, si l'entreprise est praticable.

Je fais replier mes postes de correspondance sur la rive

droite du Duero, et dès demain je communiquerai avec Aranda par Calatañazor et Osma. L'avant-garde a trouvé ce matin quinze soldats Espagnols, et quelques autres, nés Français, et qui ont déserté cette nuit d'un bataillon de 400 hommes qui est parti à 2 heures du matin d'Almazan pour se rendre vers Agreda ; ce bataillon venait de Madrid. Les déserteurs déposent qu'il n'y a plus de troupes dans cette capitale, et qu'au fur et à mesure que les détachements de nouvelle levée y arrivent, on les envoie au général Castaños à Tudela. . . . .

P.-S. — Je laisse le 2ᵉ régiment de hussards à Almazan pour observer les communications de Calatayud et d'Agreda. Je n'ai point trouvé d'habitants dans la ville d'Almazan.

LE GÉNÉRAL DUROSNEL AU MAJOR GÉNÉRAL.

Belorado, le 21 novembre 1808, à 9 heures du soir.

Monseigneur,

Conformément à vos instructions, j'ai écrit ce matin à M. le maréchal Lannes qui doit être aujourd'hui à Lodosa pour lui annoncer l'arrivée de M. le maréchal Ney à Almazan.

Il m'est absolument impossible d'organiser l'espionnage tel que vous le désirez. Il n'y a pas moyen de trouver un seul habitant qui puisse inspirer la moindre confiance. Je me suis adressé aux gens du pays qui paraissent le plus portés pour nous, tous me disent la même chose. Ce serait de l'argent perdu pour n'avoir aucun rapport prompt ni sûr ; la seule manière d'employer avec succès les gens du pays, c'est de s'en servir comme messagers et de leur faire porter des lettres dont la remise seule assure la récompense. C'est donc pour remplir le mieux possible les intentions de l'Empereur que j'ai instamment prié le général Digeon, le général Lagrange et M. le maréchal Lannes de m'envoyer partout où ils le pourront des messagers avec des nouvelles que je paierai suivant les promesses qu'ils auront faites et en raison de la vitesse des messagers. Ce moyen est le seul praticable et celui qui me paraît devoir donner de plus fréquents et de plus prompts rapports si les généraux remplissent exactement leurs engagements avec moi. Je continuerai nonobstant à envoyer souvent des messagers à Logroño et je ne négligerai aucun autre moyen qui pourrait se présenter pour remplir du mieux possible les intentions de Sa Majesté.

On continue à me rapporter que les montagnes sont infestées de soldats fugitifs de l'armée de Blake ; les habitants disent qu'on en a vu beaucoup aux environs de Villafranca. Nous ne pouvons en joindre aucun, quelque activité que j'y mette. Ils sont armés et rançonnent, dit-on, les paysans, malgré cela ils en sont protégés et nous ne pouvons les suivre dans les gorges. Ils sont d'ailleurs vêtus en paysans, desquels on ne peut les distinguer quand ils quittent leurs armes. La patrouille que j'ai envoyée cette nuit vers Pedralo, à trois lieues de la Calzada, n'a pu aller jusque-là par la difficulté des chemins : dans les villages, sur la route, les paysans prétendent n'avoir rien vu. A San-Turdejo, à une lieue de la Calzada, cinq de ces soldats y ont logé et en sont sortis hier à trois heures. On n'a pu savoir s'ils faisaient route ou s'ils continuaient d'errer dans les montagnes.

J'ai fait partir aujourd'hui pour Burgos 5,000 rations de pain en deux convois.

J'ai un de mes messagers de Logroño en retard ; je l'attendais cette après-midi entre 4 et 5 heures. Dans ce moment j'en ai quatre en tout, non compris le berger que j'ai envoyé à Soria. J'aurai l'honneur de vous faire passer des nouvelles aussitôt que j'en recevrai.

A l'instant le messager que j'attendais arrive ; il a perdu beaucoup de temps en route.

Belorado, le 22 novembre 1808, à 2 heures moins un quart.

Monseigneur,

Je m'empresse d'adresser à Votre Altesse les rapports que je reçois de Logroño à l'instant. Mon messager prétend qu'il a rencontré une quinzaine d'Espagnols armés au delà de la Calzada, ce qui l'a forcé à faire un détour. On ne peut ajouter aucune foi à ce que disent ces coquins-là; il aura dormi cette nuit et n'aura marché que de jour, voilà ce qui m'a paru plus croyable. Il dit être parti de Logroño hier soir à 8 heures.

Sauf la rencontre que prétend avoir faite mon messager, on n'a point aperçu depuis hier dans le pays de soldats fugitifs de l'armée de Blake.

Je ne sais rien de Soria, mon envoyé n'est point de retour.

J'ai envoyé ce matin à Burgos vingt quintaux de farine, j'espère faire partir encore un autre convoi.

Belorado, le 22 novembre 1808, à 4 heures et demie du soir.

Monseigneur,

J'ai l'honneur d'adresser à Votre Altesse un rapport que je reçois de l'Intendant de la province de Burgos (¹), emploi auquel il a été nommé par le roi Joseph, et qui paraît dévoué. Il se trouve pour le moment à la Calzada et je l'ai chargé de me procurer des renseignements.

---

(1) RAPPORT DE L'INTENDANT DE LA PROVINCE DE BURGOS.

Monsieur le Général,

On continue à recevoir l'avis que les déserteurs de l'armée de Blake traversent le pays en grand nombre ; ils assurent, dit-on, qu'il doit en passer dans ces cantons jusqu'à 3,000, provenant d'une colonne dispersée, qui se dirige en petites parties vers les montagnes de Soria. Ce passage fréquent pouvant compromettre la sûreté du pays et celle des militaires français qui voyagent isolés ou en petit nombre, et désirant prévenir les malheurs qui pourraient en résulter, j'ai consulté des personnes attachées à leur patrie et qui connaissent parfaitement le pays ; elles m'ont assuré qu'en plaçant dans cette ville un détachement de 50 à 60 cavaliers et un autre de pareille force à San-Millan-de-la-Cogola, points indiqués par lesquels il faut nécessairement passer pour gagner les montagnes, on parviendrait à assurer la tranquillité du pays, et que les détachements faisant des patrouilles deux lieues à la ronde, tous les déserteurs qui chercheraient à prendre cette route seraient certainement arrêtés. Chargé par ma place de veiller au bonheur de ce pays et d'y maintenir l'ordre et la tranquillité, je prie Votre Excellence de vouloir bien prendre ces mesures de précaution.

On assure qu'il n'y a aucun corps d'armée espagnol ni à Soria ni dans les environs, et que celui qui est en position à Calahora, Pradejon et lieux environnants, se compose de 80,000 à 90,000 hommes, dont 30,000 de troupes de ligne.

DOMINGO BLANCO DE SALCEDO.

Je n'ai point assez de monde pour garnir avec force les points qu'il m'indique. J'ai à la Calzada un poste de vingt cavaliers qui battent le pays aussi bien que la troupe qui est ici et qui jusqu'ici ne rencontrent pas un seul des déserteurs qu'on me signale. J'ordonne au poste de la Calzada d'envoyer des patrouilles sur San-Millan-de-la-Cogola.

Vous verrez, Monseigneur, à la fin de ce rapport ce qu'on dit de Soria et du corps de Castaños à Pradejon et Calahorra.

Il y a à la Calzada du pain qu'on n'a pu faire partir aujourd'hui faute de moyens de transport.

Voici l'emploi de mon détachement, composé de 149 hommes, officiers compris :

En correspondance	16 hommes.
Continuellement en route pour les convois et les ordonnances. . . .	15 —
Détachés à la Calzada.	20 —
A Belorado point central.	98 —
	149 hommes.

J'attends d'un moment à l'autre le retour d'un messager de Logroño.

Ordres du 23 novembre.

LE MAJOR GÉNÉRAL AU MARÉCHAL VICTOR.

Burgos, le 23 novembre 1808, à 2 heures du matin.

J'envoie par votre aide de camp l'ordre direct aux généraux Lapisse et Ruffin de partir au jour pour continuer leur mouvement sur Aranda. Sa Majesté ne donne point d'ordre au général Villatte parce que vous êtes plus près de cette division pour lui en faire passer. Arrivez de votre personne avec votre corps d'armée le plus près possible d'Aranda sans trop fatiguer vos troupes, et rendez-vous de votre personne ce soir même à Aranda ; en passant à Lerma, faites donner l'ordre pour que les convois de subsistances qui avaient l'ordre de s'y arrêter continuent leur marche pour se rendre à mi-chemin de Lerma à Aranda. Vous donnerez l'ordre au général Sénarmont de n'aller qu'à 2 ou 3 lieues au delà de Lerma.

LE MAJOR GÉNÉRAL AU GÉNÉRAL PRINCE D'ISEMBOURG (¹).

Burgos, le 23 novembre 1808, à 2 heures du matin.

L'Empereur, Prince, me charge de vous prévenir que le maréchal duc de Danzig ne s'est pas rendu à Carrion, s'étant porté sur sa droite pour faire un mouvement combiné. L'intention de l'Empereur, Général, est donc que vous organisiez bien votre petit bataillon et que vous preniez position jusqu'à nouvel ordre à Castroxeriz. Vous vous mettrez en communication avec le général Milhaud qui est à Palencia, et vous ne vous rendrez à Carrion avec votre bataillon et votre artillerie que quand vous saurez que le maréchal Lefebvre duc de Danzig y est arrivé.

LE MAJOR GÉNÉRAL AU GÉNÉRAL DUROSNEL.

Burgos, 23 novembre 1808, à 2 heures du matin.

Nous venons de recevoir vos lettres du 22. L'Empereur va partir pour porter son quartier général à Aranda. Vous sentez que l'Empereur est impatient des nouvelles des maréchaux Lannes et Moncey. Nous avons eu des nouvelles du maréchal Ney, qui marchait sur Soria.

LE MAJOR GÉNÉRAL AU GÉNÉRAL WALTHER.

Burgos, 23 novembre 1808, à 2 heures du matin.

Envoyez, Monsieur le général Walther, un de vos aides de camp pour porter l'ordre aux différents corps de la Garde, infanterie et cavalerie, de partir au jour des positions où ils se trouvent pour continuer leur marche sur Aranda. Faites dire également par le même officier que les

---

(1) Le prince d'Isembourg avait un commandement dans la division allemande du 3ᵉ corps ; il rejoignait le maréchal Lefebvre en lui amenant un renfort de 400 hommes et 6 pièces d'artillerie.

150 voitures de subsistances et tout ce qui appartient à l'administration du quartier impérial se rendront ce soir à mi-chemin de Lerma à Aranda.

LE MAJOR GÉNÉRAL AU GÉNÉRAL DARMAGNAC.

Burgos, le 23 novembre 1808, à 10 heures du matin.

L'Empereur, Monsieur le Général, ordonne que vous fassiez partir de Burgos un de vos aides de camp ou un officier d'état-major intelligent avec trois patrouilles de 100 hommes chacune, ayant soin que les hommes soient bien couverts et aient des souliers. Ces trois patrouilles marcheront à distance l'une de l'autre et se dirigeront de manière à pouvoir arrêter les brigands qui sont entre Huermecès et Valconsiglio. Ces patrouilles marcheront dans tous les sens afin d'assurer la route d'ici à Reinosa qui est infestée de brigands. Vous me rendrez compte journellement de ce que feront ces patrouilles; il faut que l'officier qui les commandera maintienne une bonne discipline afin de donner de la confiance aux habitants et de faire rentrer les paysans.

LE MAJOR GÉNÉRAL AU MARÉCHAL LEFEBVRE.

Burgos, le 23 novembre 1808, à 10 heures du matin.

L'Empereur a reçu votre lettre du 20, Monsieur le Duc. Sa Majesté vous avait envoyé l'ordre de vous rendre à Carrion ; mais elle approuve cependant que vous ayez marché du côté de Potès pour seconder le maréchal Soult. Du moment que ce maréchal aura chassé l'ennemi de la position de Colombrès, s'il a osé s'y tenir, vous laisserez la défense des montagnes au maréchal Soult qui a des forces suffisantes. Vous vous porterez avec votre corps d'armée à Carrion pour y soutenir la cavalerie du général Milhaud, menacer Leon, couvrir Burgos, maintenir Valladolid. Le général de brigade d'Isembourg est à Castroxeriz avec un détachement de votre corps d'armée et votre artillerie. Vous lui enverrez l'ordre de vous rejoindre à Carrion aus-

sitôt que vous y serez ; faites-moi connaître le jour où vous
aurez rallié tout votre corps d'armée sur ce point.

LE MAJOR GÉNÉRAL AU MARÉCHAL SOULT.

Burgos, le 23 novembre 1808, à 10 heures du matin.

J'ai mis sous les yeux de l'Empereur votre lettre de Cumillas en date du 19. Sa Majesté a vu avec plaisir que vous
avez suivi votre succès en chassant vigoureusement l'ennemi de Cumillas et de San-Vicente ; l'Empereur suppose
que vous l'aurez également chassé de la position de Colombrès, s'il a été assez osé dans son désastre pour y tenir.
Sa Majesté trouve que vos trois divisions sont suffisantes pour
occuper les montagnes et garder Santander. Il est nécessaire,
Monsieur le Maréchal, que le corps du maréchal Lefebvre
descende dans la plaine et occupe Carrion, afin de couvrir
Burgos, d'appuyer la cavalerie du général Milhaud, et se
trouver en communication avec les autres armées. Les événements qui se sont passés de votre côté, ceux qui vont
se passer du côté de Calahorra, les renseignements qu'on
acquerra sur les Anglais, décideront les opérations ultérieures ; il est certain que dans les premiers jours du mois
un corps anglais a débarqué en Galice, et qu'un autre s'est
montré à Badajoz. Il faut voir le parti qu'ils prendront,
comme il faut voir aussi l'issue des événements de ces
jours-ci. Dans toute circonstance, il est nécessaire que le
maréchal Lefebvre exécute l'ordre qu'il a eu de se porter
à Carrion, d'où il menace Leon, contient l'ennemi du côté
de Salamanque, appuie notre cavalerie, couvre Burgos et
observe les Anglais.

De la position de Carrion, le maréchal Lefebvre pourra,
lorsque les choses seront suffisamment éclaircies, c'est-à-
dire d'ici à quelques jours, recevoir l'ordre de quitter la
position de Carrion pour se porter sur Leon.

Il faut vous occuper, Monsieur le Maréchal, à organiser
et désarmer vos derrières. Les agents du roi d'Espagne, tout
en faisant ce qu'ils pourront, ne pourront rien, s'ils ne sont

pas appuyés de bonnes colonnes mobiles qui désarment les habitants.

Quant à votre artillerie, il faut la garder à Reinosa, et si vous vous trouvez obligé de descendre dans la plaine pour soutenir le maréchal Lefebvre contre un mouvement des Anglais, vous la trouveriez à Reinosa où vous la prendriez en passant. Dans tout état de cause, elle s'organisera, se reposera et servira à l'évacuation des prises que vous avez faites.

L'Empereur porte aujourd'hui son quartier général à Aranda, où la Garde et le 1ᵉʳ corps du maréchal Victor arrivent ce soir. Le maréchal Ney a dû soumettre hier Soria, et se porter sur Agreda ; les événements de cette portion de l'armée ennemie détermineront la marche de l'Empereur soit pour marcher droit sur Madrid, soit pour appuyer le maréchal Ney et couper l'ennemi. L'intention de Sa Majesté est donc que vous preniez position, que vous organisiez vos derrières, que vous désarmiez les habitants, et qu'enfin vous puissiez soutenir le maréchal Lefebvre s'il en avait besoin, ce maréchal devant exécuter l'ordre qu'il a de réunir tout son corps d'armée à Carrion.

Faites prendre des renseignements et faites-nous connaître le chemin qui va à Oviedo : toutes les données ici sont que les chemins sont impraticables, hormis celui de la plaine.

Ordonnez au général Bonnet, qui commande à Santander, d'envoyer des colonnes mobiles sur Villarcayo et jusque sur l'Èbre, afin de désarmer les villages et détruire les brigands qui interceptent les routes. Tâchez d'avoir des renseignements sur les Anglais qui sont en Galice et à Badajoz, et ayez l'œil sur eux.

L'EMPEREUR AU MAJOR GÉNÉRAL.

Aranda, le 23 novembre 1808.

Réitérez l'ordre au général Darmagnac de faire partir une bonne compagnie du 118ᵉ pour Lerma, et une autre pour Gumiel. Cette dernière laissera un officier et 15 hommes dans la tour de Bahabon. Donnez ordre également qu'un officier du génie voie cette tour et la mette en état de défense ; on y mettra deux pièces de canon et des vivres pour quinze à vingt hommes pendant quinze jours.

L'officier sera chargé du commandement de cette tour, et aura soin que la moitié de son monde soit toujours dedans [1].

L'EMPEREUR AU ROI JOSEPH.

A Aranda sur le Duero, le 23 novembre 1808, à 7 heures du soir.

Mon frère, je suis arrivé ici à 4 heures. Le maréchal Ney a dû marcher le 22 sur Soria ; je n'en ai pas encore de nouvelles. Il paraît qu'il y a eu beaucoup de mouvements et de désordres à Madrid. Je vous envoie quelques lettres interceptées. J'ai fait ordonner au général Darmagnac d'envoyer une compagnie du 118ᵉ à Lerma pour y tenir garnison et y maintenir l'ordre : il en enverra une autre à Gumiel pour le même objet.

LE MAJOR GÉNÉRAL AU MARÉCHAL VICTOR.

Aranda, le 23 novembre 1808, à 8 heures du soir.

Je vous préviens, Monsieur le Maréchal, que l'Empereur passera demain à 11 heures du matin la revue de la division du général Villatte à l'endroit même où elle est bivouaquée ce soir. Vous donnerez l'ordre à tout le reste de votre corps d'armée et à votre artillerie d'arriver à Aranda. M. le maréchal Bessières vous dira la position des différents bivouacs de vos divisions et celui de votre parc d'artillerie.

L'Empereur défend que les soldats entrent en ville, les distributions se feront au camp. Votre ordonnateur s'entendra avec M. Mathieu Favier.

---

(1) Ces ordres furent expédiés à 8 heures du soir par le Major général aux généraux Darmagnac, Lariboisière et Léry.

LE MAJOR GÉNÉRAL AU MARÉCHAL BESSIÈRES.

Aranda, le 23 novembre 1808, à 8 heures du soir.

L'Empereur, Monsieur le Maréchal, passera demain à 11 heures du matin la revue de la division Villatte au bivouac même qu'elle occupe ce soir. Je donne l'ordre au maréchal Victor de porter ses deux autres divisions sur Aranda ainsi que son parc d'artillerie. L'intention de l'Empereur est que vous désigniez au maréchal Victor le bivouac de ses divisions et l'emplacement de son parc. Sa Majesté défend que les soldats entrent en ville. On fera les distributions en règle.

Le parc des transports et équipages militaires d'armée sera en arrière de celui de l'artillerie. Je vous prie de dire à votre chef d'état-major d'en indiquer les emplacements à M. Mathieu Favier.

Je vous envoie une lettre pour le maréchal Ney. L'intention de l'Empereur est que vous la fassiez partir tout de suite par un officier de votre état-major.

LE MAJOR GÉNÉRAL AU MARÉCHAL NEY.

Aranda, le 23 novembre 1808, à 8 heures du soir.

Je m'empresse, Monsieur le Maréchal, de vous annoncer que l'Empereur vient d'arriver à Aranda. Sa Majesté attend avec impatience de vos nouvelles. Le maréchal Lannes, avec le corps du maréchal Moncey, doit avoir aujourd'hui attaqué l'ennemi à Calahorra.

CHAPITRE V

OPÉRATIONS A LA DROITE DE L'ARMÉE FRANÇAISE.
DISPERSION DES RESTES DE L'ARMÉE DE GALICE.

(16-24 novembre.)

***

2ᵉ CORPS (MARÉCHAL SOULT). — OPÉRATIONS A L'OUEST
DE SANTANDER (17-24 NOVEMBRE).

***

Le maréchal Soult était arrivé le 17 novembre à Santander avec la division Bonnet et avait été rejoint le même jour par la division Leval arrivant par la vallée du Rio Pas. Le maréchal avait laissé deux divisions sur la Besaya pour faire face à l'ennemi qui était signalé à l'ouest de la rivière; la division Mouton s'était installée entre Torrelavega et Cartès, et la division Merle entre Riocorbo et Somahoz. Le général Debelle était à Bareda avec le 8ᵉ dragons et avait envoyé le colonel Tascher avec le 1ᵉʳ chasseurs provisoire sur Santillana et Cumillas.

Dans la soirée du 17 novembre le colonel Tascher atteignit à Cumillas l'arrière-garde des troupes asturiennes du général Llano-Ponte qui suivait la route de San-Vicente. Après une légère escarmouche, le colonel se retira sur Santillana devant les colonnes d'infanterie que montra l'ennemi.

Dès qu'il fut informé de cet événement, le maréchal Soult ordonna au général Mouton de se porter sur

Cumillas pour y attaquer l'ennemi, et le fit soutenir par le général Merle et le général Leval, qui furent dirigés sur Torrelavega et Santillana.

Le 19 novembre, la brigade du général Sarrut, qui tenait la tête de la division Mouton, rencontra l'ennemi en avant de San-Vicente; le 2ᵉ régiment d'infanterie légère le repoussa vigoureusement et le suivit jusqu'au défilé formé par le pont qui traverse la baie de San-Vicente; sans lui donner le temps de se reconnaître, il le chargea en colonne serrée, pénétra pêle-mêle avec lui sur le pont, et le culbuta complètement; les troupes qui défendaient les hauteurs au sud du pont, épouvantées par ce coup d'audace, lâchèrent pied; la cavalerie du colonel Tascher se mit alors à leur poursuite sur la route de Colombrès et leur fit 400 prisonniers.

Si le combat fut vite décidé, les Français n'en restèrent pas moins maîtres d'un butin considérable; ils trouvèrent à San-Vicente 25 bâtiments chargés de vivres et de munitions, 4 pièces de campagne et des approvisionnements de toute nature qui leur furent très utiles; en passant à Cumillas, ils s'étaient déjà emparés de 30 pièces de campagne et d'un grand nombre de fusils et de munitions.

Après le succès de San-Vicente le maréchal Soult concentra son corps d'armée dans cette ville le 20 novembre et envoya la division Leval sur Potès; il écrivit en même temps au maréchal Lefebvre, resté à Reinosa, pour le prier de se diriger sur Potès par le revers sud des montagnes.

A ce moment, le maréchal Soult attendait des ordres de l'Empereur au sujet de la destination ultérieure de son corps d'armée; pensant que l'Empereur lui ordonnerait de se diriger sur les Asturies en longeant la côte, il prit une position d'attente en s'établissant sur la Nansa, et couvrant sa gauche par la division Leval envoyée à Potès.

Le 21 novembre, le maréchal donna ses ordres pour que le corps d'armée se trouvât établi de la façon suivante :

La division Mouton à San-Vicente ;

La division Merle à Bielva, Celis et Ravago ;

La division Bonnet à Santillana, avec un détachement à Santander ;

La division Leval en marche sur Potès.

(Le corps d'armée se trouva établi le soir même sur ses positions, sauf la division Leval qui arriva à Potès le 23.)

C'est après avoir donné ces ordres que le maréchal reçut, le 21, à San-Vicente, ceux que l'Empereur lui avait envoyés le 17 novembre, dans lesquels il lui était prescrit de laisser la division Bonnet à Santander et de revenir à Reinosa avec son corps d'armée. Mais le maréchal, jugeant que, d'après les événements survenus, l'Empereur ordonnerait une expédition sur les Asturies et sur Leon, conserva sa position en attendant qu'il eût reçu d'autres instructions données en connaissance de sa situation présente ; il envoya des reconnaissances jusqu'à Llanès et, le 23, porta la 1ʳᵉ brigade de la division Mouton sur la Deba pour mieux tenir le débouché de la vallée de Potès.

Pendant ce temps, le général Leval était arrivé à Potès le 23 novembre, et le maréchal Lefebvre avait quitté Reinosa le 21 novembre pour s'y rendre par Cervera où il était arrivé le 22 novembre, lorsqu'il reçut les ordres de l'Empereur du 20 novembre, lui prescrivant de réunir son corps d'armée entre Leon et Burgos; le maréchal Lefebvre avait marché sur Cervera avec le général Mermet qui conduisait au maréchal Soult le 31ᵉ régiment d'infanterie légère; il laissa le général Mermet continuer sur Potès, envoya l'ordre au général Leval de le rejoindre sur Carrion, et se dirigea le 23 sur cette ville où il parvint le lendemain.

LE MARÉCHAL SOULT AU MAJOR GÉNÉRAL.

Au quartier général à Santander, le 18 novembre 1808, à 3 h. du matin.

J'ai attendu, pour rendre compte à Votre Altesse Sérénissime de mon arrivée à Santander, que les reconnaissances que j'avais envoyées vers Cumillas et San-Vicente, par Santillana, fussent rentrées, afin d'avoir des renseignements plus précis à donner que ceux que j'avais d'abord acquis sur les mouvements de l'ennemi.

M. le colonel Tascher m'a rendu compte, d'un village intermédiaire entre Santillana et Cumillas, que les dernières troupes réunies qui sont passées sur cette route étaient commandées par un brigadier des armées, frère du marquis de La Romana, mais la plupart fuyards des dernières affaires de la Biscaye, dont beaucoup manquaient de fusils; il y avait avec lui 11,000 ou 12,000 hommes et 15 pièces de canon. Sa direction était sur San-Vicente-de-la-Barquera et il paraissait bien décidément aller dans les Asturies. Depuis le 15, il n'est passé que des traînards de cette colonne.

Une autre colonne forte de 5,000 à 6,000 hommes de troupes de ligne, commandée par le marquis de La Romana en personne, s'est dirigée de Santillana sur Cabezon, d'où probablement elle sera descendue sur la côte pour suivre la même route que la première et aller dans les Asturies; peut-être aussi se sera-t-elle dirigée par les montagnes sur Potès pour occuper la ligne de San-Vicente à Leon. Un militaire espagnol de Santillana, retiré depuis très longtemps du service, à qui j'ai parlé, m'a même dit qu'il croyait que c'était le projet de M. de La Romana, afin, a-t-il dit, de rallier tous les hommes épars qui sont dans les montagnes, et défendre les Asturies.

L'artillerie que les Espagnols mènent est montée sur des affûts-charrettes qui ont la même voie que les voitures du pays; souvent ils l'attellent avec des bœufs, et ainsi passent par des chemins où nous ne pouvons pénétrer qu'avec l'infanterie; j'ai trouvé à Santander trois de ces canons montés sur leurs affûts.

M. le colonel Tascher pensait pouvoir pousser jusqu'à San-Vicente, ainsi il est probable que le premier rapport qu'il enverra donnera des renseignements plus précis sur les mouvements de l'ennemi.

Depuis Reinosa, on ne parle plus du général Blake, et personne n'a pu me dire où il était passé de sa personne; il est cependant certain qu'il est parti de Reinosa pour Santander, mais il n'a pas paru dans cette dernière ville, ainsi il est probable qu'il aura été avec la colonne qui suit les bords de la mer, et qu'ayant remis le commandement au marquis de La Romana, il n'est plus question de lui.

L'ennemi a entièrement évacué Santander depuis le 16 au matin, et nous n'y avons trouvé que 20 pièces de fer de côte enclouées, 4 pièces de 3 sur affûts-charrettes, aussi enclouées, 20 obusiers de 6 pouces et 5 mortiers de 12 pouces, neufs; ces dix dernières bouches à feu sont en bronze; il y a aussi 8,000 à 9,000 fusils, dont la moitié est à réparer, 500 carabines, 110 caisses de plomb en balles, 32,000 livres de plomb en saumon, et quantité de boulets de tous calibres, de bombes et d'objets d'artillerie; il y a passablement de poudre, malgré qu'hier au matin l'ennemi en se retirant en ait fait sauter 100 barils.

En subsistances on n'a encore découvert que 4,000 quintaux de blé, 300 à 400 sacs de farine chez des particuliers, très peu de biscuit, mais beaucoup de riz; il n'y a point d'effets d'habillement.

Le 15, il y avait dans le port de Santander 3 frégates

anglaises et 2 espagnoles qui ont embarqué beaucoup de choses, surtout de l'artillerie et des munitions venant de la Corogne, que depuis quelques jours elles avaient débarquées ; elles ont aussi reçu à leur bord 5oo blessés ou malades espagnols qui étaient à l'hôpital. Ces frégates sont parties le 16 au matin et ont paru se diriger vers la Corogne ; une d'elles avait porté un million de piastres pour payer l'armée espagnole ; on croit qu'elle a donné les deux cinquièmes de cette somme et qu'elle emporte le restant. Une autre de ces frégates avait débarqué à San-Antonio quelques troupes, ainsi qu'en rend compte la lettre ci-jointe.

Le général-major anglais Leith, ses aides de camp et 2 officiers du génie de la même nation étaient à Santander, il est parti le 15 pour suivre le marquis de La Romana ; je mets aussi ci-joint une lettre à son adresse.

L'évêque de Santander s'est embarqué ; tous les moines et la plupart des habitants sont aussi partis, mais j'espère parvenir à faire rentrer ceux de ces derniers qui sont dans les montagnes ; on m'a aussi dit que plusieurs familles s'étaient embarquées pour l'Amérique, emmenant avec elles beaucoup de marchandises. Il n'y a point de bâtiments dans le port, excepté quelques vieilles carcasses ; l'hôpital contient encore 100 malades.

J'ai porté la division Bonnet jusqu'à Santander.

La division du général Merle occupe depuis Somahoz jusqu'à Riocorbo.

Celle du général Mouton et le 8e dragons occupent depuis Cartès jusqu'à Torrelavega et Bareda.

Le 1er régiment de chasseurs provisoire commandé par le colonel Tascher, soutenu par un détachement d'infanterie, a été porté en reconnaissance sur San-Vicente, ainsi que j'ai dit.

En partant de Reinosa, j'avais prié M. le maréchal Lefebvre de porter une tête de colonne vers Santander par la vallée de Rio Pas. M. le général Leval, qui commande cette colonne composée de 3,000 à 4,000 hommes de troupes allemandes, est arrivé hier, trois heures après le général

Bonnet, à deux heures de Santander où je l'ai arrêté; aujour-d'hui je lui ferai porter quelques troupes sur San-Antonio et Laredo.

J'ai engagé M. le maréchal Lefebvre à rester avec ses autres troupes à Reinosa jusqu'à ce que Votre Altesse lui ait donné de nouveaux ordres.

Les troupes sont extrêmement fatiguées et presque tous les chevaux déferrés; aujourd'hui et peut-être même demain, si je ne reçois pas des ordres de Votre Altesse, je leur ferai prendre séjour pour les remettre en état.

Je n'ai reçu aucune nouvelle du général Milhaud.

LE MARÉCHAL SOULT AU MAJOR GÉNÉRAL.

Au quartier général à Santander, le 18 novembre 1808.

Aux premiers détails renfermés dans ma première lettre de ce jour je dois ajouter qu'il m'a été rendu compte que les habitants de la Biscaye qui avaient pris part à l'insur-rection, voyant le peu de succès de leur entreprise, rentrent chez eux et paraissent disposés à se soumettre; il serait donc à désirer que des commissaires de Sa Majesté le Roi d'Espagne pussent mettre à profit ces bonnes dispositions.

L'arrondissement de Santander devait fournir un contin-gent de 4,000 hommes; à force de menaces on en a obtenu à peu près 2,000 qui sont partis le 13 ou le 14 pour suivre le mouvement des troupes commandées par le marquis de La Romana.

Depuis la lettre que Votre Altesse Sérénissime m'a fait l'honneur de m'écrire le 14 à 5 heures du matin, aucune au-tre de ses dépêches ne m'est parvenue; il paraît même qu'une lettre du 13 relative au général Mermet et au 31e d'infan-terie légère est restée en route. J'ai connu l'existence de cette dépêche par un duplicata que M. le maréchal Lefebvre m'a communiqué à Reinosa. Cette circonstance me fait craindre que tous mes rapports ne soient pas parvenus à Votre Altesse.

Dans mon dernier rapport j'ai eu l'honneur de prier Votre

Altesse de vouloir bien me faire connaître les intentions de Sa Majesté sur la destination ultérieure du corps d'armée ; j'attends avec bien de l'impatience les ordres qu'il plaira à l'Empereur de me donner, et je serai toujours prêt à les exécuter.

J'ai aussi sollicité des ordres au sujet du général et des troupes qui doivent rester à Santander et à Laredo ; si je ne recevais pas des instructions et que je fusse dans le cas de partir, j'y laisserai M. le général de division Leval, avec le restant des Allemands qu'il commande, je lui prescrirai en même temps de faire occuper Laredo et San-Antonio, ainsi que Torrelavega et Reinosa, et quelques autres postes dans les vallées de la Besaya et de Rio Pas, d'où ils pourraient envoyer fréquemment des détachements vers Cabezon et San-Vicente-de-la-Barquera ; ainsi cette partie serait gardée et maintenue, et tout le 2e corps serait de nouveau disponible, mais il ne resterait à M. le maréchal Lefebvre que la division Sébastiani et je craindrais de lui indiquer une destination avant que les intentions de l'Empereur ne fussent connues.

Sans doute que Sa Majesté ordonnera de marcher sur les Asturies et même en Galice ; dans cette supposition, je me permets d'observer qu'on peut entrer dans les Asturies par la route qui suit les bords de la mer, où on serait à peu près assuré de ne pas manquer de subsistances ; arrivé à Gijon, on se rejetterait sur Oviedo et on chercherait de suite à établir la communication avec les troupes qui auraient suivi l'autre revers des montagnes et seraient à Leon.

Si on marchait encore en avant, la communication pourrait s'établir de Luarca par Cangas-de-Tineo sur Ponferrada et Astorga.

On pourrait ainsi aller jusqu'au Ferrol et Vigo, mais il serait nécessaire qu'une colonne d'infanterie partant de Reinosa se dirigeât soit sur Potès, soit sur Leon, pour nettoyer d'ennemis tout le pays et ensuite se porter vers Oviedo.

Il me paraîtrait aussi utile que les troupes qui agiront sur le revers oriental des montagnes, lesquelles devraient particulièrement être composées de cavalerie, d'artillerie et de 10,000 hommes d'infanterie, fussent sous les ordres du chef particulier qui dirigera l'opération.

Je pense aussi pour le succès de cette opération qu'il faudrait que l'instruction ne fût pas subordonnée à un seul mouvement, mais qu'elle comprît toute cette partie de campagne.

Il serait, je crois, nécessaire que la colonne qui suivrait les bords de la mer fût de 18,000 à 20,000 hommes d'infanterie et quelques chevaux dont on se servirait au besoin.

S'il entrait dans les intentions de Sa Majesté que je fusse chargé de cette opération, je la supplierais de me faire donner ses ordres et de permettre que je laissasse à Santander une infinité de gens éclopés, de tous les régiments, qui ont besoin de plusieurs jours de repos pour se rétablir.

Les 13 et 14 il y avait à l'entrée du port de Santander un convoi considérable de bâtiments anglais qui portaient des marchandises et des approvisionnements ; ce convoi a viré de bord aussitôt qu'il a pressenti l'arrivée des Français à Santander.

Il existe un dépôt très considérable de laines à Santander ; il est à présumer que c'était pour l'Angleterre.

J'attendrai avec impatience les ordres de Sa Majesté que je supplie Votre Altesse de solliciter.

P.-S. — Dans l'instant (5 heures du matin) je reçois un nouveau rapport du colonel Tascher par lequel il rend compte qu'ayant poussé jusqu'à Cumillas, il y a joint l'arrière-garde de l'ennemi qui couvrait son artillerie et ses bagages et l'a aussitôt attaqué ; il avait déjà fait une trentaine de prisonniers, parmi lesquels 3 officiers, lorsqu'il a aperçu deux colonnes, l'une qui marchait sur son front et l'autre à sa gauche pour le tourner ; il s'est engagé alors une petite affaire qui a fait juger au colonel Tascher que les forces qu'il avait devant lui étaient trop supérieures en nombre et il s'est retiré sur Santillana. Dans cet engagement nous avons eu 8 hommes blessés et 4 chevaux tués ; le colonel Tascher se plaint du détachement du 119e régiment d'infanterie qui était avec lui. ·

D'après ce rapport je donne ordre au général Mouton de marcher de suite à l'ennemi avec son infanterie, et de laisser ses canons à Torrelavega, où je fais venir la division du général Merle pour suivre au besoin le mouvement. J'ordonne aussi au général Leval, qui a avec lui 3,000 hommes, de se diriger sur Santillana et je fais rester à Santander jusqu'à nouvel ordre la division du général Bonnet. Je vais moi-même me porter en avant de Santillana.

J'ai l'honneur de rendre compte à Votre Altesse Sérénissime des mouvements qu'a faits le corps d'armée hier et aujourd'hui.

Dans mon dernier rapport elle a vu qu'une reconnaissance commandée par M. le colonel Tascher, que j'avais porté sur Cumillas, y avait joint l'ennemi, et qu'elle avait été obligée de se replier sur Santillana ; aussitôt que j'en fus instruit, j'ordonnai au général Mouton de se diriger avec toute sa division sur Cumillas, je portai la brigade de troupes alliées que commande le général Leval à Torrelavega, ainsi que la division du général Merle ; ces deux dernières troupes devaient s'établir à Santillana, mais la nuit les empêcha de terminer leur mouvement.

Le général Mouton exécuta celui qui lui avait été ordonné, la brigade commandée par le général Sarrut arriva hier au soir à Cumillas, et elle prit aussitôt un transport d'artillerie et de munitions qui était prêt à mettre à la voile ; sa troupe fut établie en avant de Cumillas.

La 2ᵉ brigade du général Mouton resta à Santillana.

Ce matin on a vérifié les bâtiments à bord desquels est l'artillerie, on y a trouvé 24 pièces de campagne dont 12 de 8, 3 obusiers, et le restant du calibre de 4; la plupart de ces pièces manquent d'affûts, l'ennemi en se retirant en a jeté dans la mer; on a aussi trouvé à bord des bâtiments 800 fusils anglais tout neufs et beaucoup de munitions, ainsi que des malles, bagages, etc.

J'ai ordonné l'évacuation de cette artillerie sur Burgos, mais je crains qu'on manque de moyens de transport pour l'opérer.

Hier au soir, deux compagnies de voltigeurs du 36e régiment d'infanterie de ligne, qui avaient été envoyées au port de Suancès, ont forcé un brick marchand espagnol, qui cherchait à s'éloigner, à amener pavillon et l'ont fait rentrer; ce brick est chargé de sucre et de café; le même détachement a fait 40 prisonniers d'un parti que l'ennemi avait oublié sur ce point; il y restait encore quelques hommes épars que l'on va ramasser.

Ce matin, les troupes se sont mises en marche, la brigade aux ordres du général Leval a été portée à Santillana, la division Merle à Cabezon, la brigade du général Mouton qui était restée à Santillana, à Cumillas, et celle aux ordres du général Sarrut s'est dirigée sur San-Vicente, elle devait éclairer les mouvements que l'ennemi faisait dans cette partie, et l'acculer même sur San-Vicente, pour demain le forcer à une affaire générale. Il m'avait été rendu compte que l'ennemi avait sur ce point 12,000 à 14,000 hommes qui devaient passer un défilé pour en sortir.

Le général Sarrut a rencontré l'ennemi à moitié chemin de Cumillas à San-Vicente; le 2e d'infanterie légère qui tenait la tête de la colonne a aussitôt replié ses postes et l'a mené battant jusqu'à la position de San-Vicente; là l'ennemi a voulu faire résistance et a montré 8,000 à 9,000 hommes assez bien formés; le 2e régiment, n'écoutant que son courage et ne comptant pas le nombre, l'a aussitôt chargé à la baïonnette, l'a culbuté et est entré avec lui dans le défilé (c'est un pont sur le golfe de San-Vicente qui a près de 400 toises); le 1er régiment de chasseurs provisoire, commandé par le colonel Tascher la Pagerie, a alors chargé l'ennemi, lui a tué beaucoup de monde et fait de suite 400 prisonniers.

On en était là lorsque le général Mouton, qui joignait le général Sarrut en cet instant même, m'a envoyé un officier pour me rendre compte de ce succès; la charge continuait encore, le colonel Tascher envoyait à chaque instant des prisonniers; déjà on était à une lieue de San-Vicente, sur la route de Llanès; sans doute que dans la nuit je recevrai un rapport détaillé; du reste je serai à la pointe du jour à San-Vicente pour prendre les dispositions qu'il conviendra.

On a trouvé à San-Vicente un convoi de 25 bâtiments chargé d'approvisionnements, de bagages et de fusils; je ferai sur tout cela, ainsi que sur l'affaire, un rapport plus détaillé à Votre Altesse.

Je vais, si je puis, profiter de l'avantage; à cet effet je ferai demain venir à San-Vicente les divisions Mouton et Merle, je dirigerai la brigade aux ordres du général Leval sur Potès et j'écrirai à M. le maréchal Lefebvre que je crois utile au service de l'Empereur qu'il se porte avec le restant de ses troupes qui se trouvent à Reinosa sur Potès, laissant cependant un bataillon à Reinosa; j'envoie ordre au général Bonnet de laisser le général Sabatier, avec 2 bataillons du 109e régiment de ligne et 4 pièces de canon, à Santander, et de se diriger de suite avec le restant de sa division sur San-Vicente; je fais également venir le 8e régiment de dragons.

Je donne ordre au général Bourgeat de réunir toute l'artillerie du corps d'armée qui est resté à Torrelavega et de la conduire à Palencia, où je supplie Votre Altesse de vouloir bien lui envoyer des ordres pour continuer sa route sur Leon, si toutefois Sa Majesté juge à propos d'envoyer à Leon 10,000 hommes d'infanterie et 6 régiments de cavalerie, pour concourir à l'opération des Asturies et de la Galice, ainsi que je l'ai proposé dans mon dernier rapport.

Cette artillerie pourrait aller directement d'Aguilar-del-Campo à Leon, mais je craindrais de l'engager sur cette route, ignorant si elle est libre.

J'ai fait prendre au général Mouton deux pièces de 4 et deux obusiers dont on a doublé les attelages; on a eu des peines infinies à les passer, mais enfin ces bouches à feu sont arrivées à Cumillas, et j'espère pouvoir les pousser encore plus avant.

Si l'opération des Asturies et de la Galice est sur-le-champ entreprise, elle doit infailliblement réussir, mais pour cela, il faut être le plus tôt possible maître de Leon pour communiquer avec moi, par Potès et sur Oviedo, et ensuite marcher sur Ponferrada pour établir les communications de Cangas-de-Tineo et.Luarca. Je crois aussi que les moyens que j'ai demandés sont nécessaires et qu'il convient en outre que je sois renforcé de deux régiments sur le point où je serai. Car les communications que je dois conserver, l'escorte des prisonniers et des malades m'affaiblissent tous les jours.

Le général de La Romana avait déjà dépassé San-Vicente lorsque le combat a eu lieu; le comte de La Barca a commandé en son absence, il avait sous lui le général del Ponte, et on évalue à 14,000 hommes la totalité des troupes qui se sont retirées sur ce point; on prétend que les ennemis veulent se rallier à Colombrès, sur la rive gauche de la Deba, où ils ont une position très avantageuse, la même qu'ils prirent pour se former lors de l'insurrection; si je puis encore les joindre, je ne leur donnerai pas le temps de s'y établir; ces gens sont découragés, ils ne mangent pas et ils manquent de tout, les levées des Asturies continuent à déserter et rentrent dans leur pays. Je crois que si cette guerre de montagnes est poussée avec vigueur, dans vingt jours elle doit être finie, mais il faut les moyens que j'ai demandés et surtout que les commissaires de Sa Majesté le roi d'Espagne viennent après moi pour organiser le pays.

Au quartier général, à San-Vicente, le 21 novembre 1808.

Hier j'ai fait une reconnaissance sur la rivière Nansa, en avant de San-Vicente, et je suis rentré très tard, cette circonstance m'a empêché d'écrire hier à Votre Altesse Sérénissime; à mon retour, j'ai trouvé les deux lettres qu'elle m'a écrites le 17 de ce mois à 5 heures et à 9 heures du soir.

Par la dernière, Votre Altesse me fait connaître que l'intention de Sa Majesté est que je laisse le général Bonnet avec sa division à Santander et que je porte le restant du corps d'armée à Reinosa; cependant Votre Altesse me dit que Sa Majesté s'en rapporte à ma prudence.

Par mon dernier rapport elle aura vu les dispositions

que j'avais faites pour occuper la ligne de San-Vicente à Potès, afin de me préparer à l'expédition des Asturies, et aussi pour menacer Leon par un des débouchés des montagnes qui conduit à cette ville ; j'ai été entraîné à cette disposition par suite des avantages que le général Mouton a obtenus à Cumillas et à San-Vicente ; l'occasion était favorable, j'en ai profité, et le résultat a été avantageux. Je ne voulais cependant pas faire d'autre mouvement avant que les intentions de Sa Majesté me fussent connues, et que j'eusse l'assurance que la ville de Leon était occupée en force par de l'infanterie et de la cavalerie, afin de me mettre en communication avec les troupes qui seraient dans cette partie, et marcher de front sur les Asturies et sur la Galice.

' Dans ma situation actuelle je crois devoir rester à San-Vicente, et occuper la ligne de la Nansa jusqu'à Potès, en attendant que Votre Altesse ait eu la bonté de me transmettre les nouveaux ordres de Sa Majesté ; ainsi la division du général Mouton sera à San-Vicente, gardant les bords de la Nansa ; la division du général Merle sera à Bielva, Ravago et Celis, d'où elle communiquera avec les troupes du général Leval qui seront à Potès ; j'ai arrêté le 8e régiment de dragons à Cumillas d'où il gardera la vallée de la Cabuerniga, partie où la cavalerie peut aller ; les troupes du général Bonnet resteront en position à Santillana, d'où il sera également à portée de Santander, gardera le port de Suancès, et enverra 1 ou 2 bataillons pour détruire des rassemblements de paysans qui se sont formés dans la vallée de la Besaya ; je donne ordre au général Bourgeat de réunir l'artillerie du corps d'armée à Reinosa, d'y rester jusqu'à nouvelles dispositions, et de diriger l'évacuation sur Burgos des bouches à feu, munitions et fusils qu'on a pris sur l'ennemi soit à Reinosa, soit à Santander.

J'avais engagé M. le maréchal Lefebvre à se diriger de Reinosa sur Potès, mais je crains qu'il n'ait pas fait ce mouvement, je lui écris de nouveau pour le prier de porter au moins un fort poste en avant de Reinosa sur la route de Potès pour communiquer avec le général Leval.

Cette position me paraît très convenable, elle en imposera à l'ennemi, et nous met sur la frontière des Asturies où, à la deuxième marche, nous pourrons entrer. Santander sera couvert, et je me trouverai en mesure d'exécuter les nouveaux ordres qu'il plaira à Sa Majesté de me donner.

Voici les renseignements sur l'ennemi que j'ai recueillis.

Un homme parti il y a dix jours du Ferrol et de la Corogne m'a dit avoir lui-même vu, le 4 de ce mois, 15,000 hommes d'infanterie anglaise débarquer et se mettre immédiatement en marche, par divisions de 4,000 à 5,000 hommes, se dirigeant par la route royale sur la Castille ; il y avait avec cette infanterie beaucoup d'artillerie ; le 7 il a vu débarquer 5,000 hommes de cavalerie de la même nation qui ont suivi l'infanterie, toutes ces troupes ont été portées par 200 bâtiments de transport ; une seconde expédition anglaise était annoncée à la Corogne.

Il n'y avait aucunes troupes au Ferrol, non plus qu'à la Corogne, excepté celles d'expéditions, à la Corogne il y avait seulement un vaisseau de 80 canons, anglais ; le restant était des transports.

Le général de La Romana a fait retrancher la position de Colombrès, sur la rive gauche de la Deba, où il y a quelques pièces de gros calibre ; on évalue ses forces à 14,000 ou 15,000 hommes, y compris les troupes venues du nord et les levées des Asturies et de Galice ; ce nombre augmentera vraisemblablement s'il a le temps de rallier tous les fuyards des deux provinces. On assure que le général Blake a été à Leon pour y organiser de nouvelles levées, et surtout pour recevoir des chevaux destinés à remonter les hommes de cavalerie que le général La Romana a amenés du nord ; peut-être aussi pour se mettre en communication avec les Anglais qui doivent passer à Ponferrada et Astorga, s'il est vrai qu'ils se dirigent sur la Castille.

Si ce rapport est vrai, ainsi que tout porte à le croire, il deviendrait d'une grande importance d'occuper Leon, et de ce point de diriger une forte tête de colonne sur Oviedo ; il est probable que cette opération assurerait la conquête des

Asturies, et peut-être même qu'on pourrait pousser jusqu'au Ferrol et à la Corogne, et s'en emparer avant que les Anglais eussent le temps d'y revenir.

Les pertes que l'ennemi a faites à Cumillas et à San-Vicente sont très considérables ; il avait à Cumillas 30 pièces de campagne en bronze, beaucoup de munitions et des fusils anglais embarqués ; le convoi était prêt à mettre à la voile, la rapidité de notre marche l'a fait tomber en notre pouvoir ; j'ai ordonné qu'on l'évacuât sur Burgos le plus promptement possible.

A San-Vicente, il y avait aussi beaucoup de munitions de guerre, 4 pièces de canon de campagne, beaucoup de fusils anglais, du blé, de la farine, du riz, un peu de biscuit ; de l'eau-de-vie, de la viande salée, des chemises (le général Mouton en a fait donner une à chaque soldat de sa division), 700 à 800 paires de souliers, 5,000 à 6,000 gibernes, des havresacs, du drap et quelques capotes ; ensuite beaucoup d'affûts de campagne qu'il a jetés dans la mer ou brisés ; tout cela était embarqué et mettait à la voile lorsque le général Sarrut est arrivé ; son attaque a été si vigoureuse que le convoi a été retenu ; un seul bâtiment a pu sortir.

L'affaire de San-Vicente fait infiniment d'honneur au général Sarrut et au 2e régiment d'infanterie légère ; l'ennemi occupait une position formidable en avant de San-Vicente et sur le plateau qui domine le pont qu'il faut passer pour arriver à la ville ; il avait aussi une réserve en arrière de San-Vicente qui couvrait un second défilé, également périlleux à passer. Les forces de l'ennemi étaient de 8,000 à 9,000 hommes, qui se composaient du restant de l'armée des Asturies et du régiment d'Hibernia, infanterie ; le général Sarrut, après avoir chassé l'ennemi de deux mamelons escarpés qui couvraient le premier pont, est entré avec 3 compagnies de voltigeurs soutenues par un bataillon du 2e régiment dans le défilé, a chargé impétueusement l'ennemi et par la vivacité de son attaque lui a tellement imposé qu'il a aussitôt abandonné sa position et s'est mis en déroute. Le colonel Tascher avec 2 pelotons de cavalerie l'a alors poursuivi sur la route principale, et a contribué à faire prendre 400 prisonniers.

Les deux ponts de San-Vicente sont sur le golfe au milieu duquel la ville est bâtie; le premier a 32 arches et trois pas seulement de largeur, on doit déboucher sous un rideau presque à pic qui est couronné par des couvents, sur les devants desquels l'ennemi était formé. Le deuxième pont n'a que 10 arches, il est un peu plus large, mais il est après la ville, et la position opposée est également très dominante; la marée était à demi haute, ainsi pour le moment on ne pouvait pas tourner l'ennemi; si celui-ci s'était défendu comme il pouvait faire, tout ce qui s'était porté en avant devait être exterminé; cependant nous n'avons eu que 10 hommes tués, dont 2 officiers, et 59 blessés.

L'ennemi a eu beaucoup de tués, et un grand nombre de ceux qui se sont sauvés ont jeté leurs armes; on n'a fait que 380 prisonniers parmi lesquels se trouve Don Ignacio Basquez, colonel d'artillerie, qui avait été nommé général par la Junte de Madrid, et lequel remplissait, depuis l'insurrection, les fonctions de chef d'état-major de l'armée des Asturies; il y a aussi un lieutenant-colonel et 4 autres officiers; je leur ai fait donner à tous leur parole d'honneur qu'ils se rendraient à la destination qu'on devait leur donner, et qu'ils empêcheraient qu'aucun de leurs soldats cherchât à s'échapper. Depuis l'affaire on a encore ramassé une cinquantaine de prisonniers.

J'aurai des grâces à demander à Sa Majesté pour récompenser les actions d'éclat qui ont eu lieu.

J'ai l'honneur de supplier Votre Altesse de demander à l'Empereur qu'il me soit envoyé un détachement de marins de la Garde impériale; dans la position où je suis ils pourraient m'être très utiles, et ils pourraient même servir à évacuer par mer sur Santander, Saint-Sébastien ou Bayonne, une partie des prises qui ont été faites sur l'ennemi.

Toutes les batteries de côtes depuis Santander sont très bien armées; quelques canons sont seulement encloués, mais je crois qu'on pourra aisément les remettre en état.

S'il était possible que le général commandant l'artillerie m'envoyât 5o mulets de bât pour porter des munitions dans ces montagnes, ils seraient plus utiles que les caissons à cartouches que déjà je ne puis plus faire passer. Je désirerais aussi que le général d'artillerie pût m'envoyer quelques officiers, à chaque instant je suis obligé d'en laisser dans les lieux où des prises sont faites, et le nombre en est considérablement diminué.

Je n'ai aucune connaissance de la marche du général Mermet, ni de celle des 31e d'infanterie légère et 118e de ligne qui paraissent devoir joindre le corps d'armée; je supplie Votre Altesse de vouloir bien réitérer ses ordres en conséquence.

Je supplie aussi Votre Altesse de vouloir bien mettre mon rapport sous les yeux de Sa Majesté et de m'honorer de ses ordres.

P.-S. — Parmi les prisonniers qu'on a faits avant-hier, on m'a dit qu'il y avait des alcades de la Vieille-Castille qui étaient dans les rangs comme les autres soldats de nouvelle levée.

LE MARÉCHAL SOULT A L'EMPEREUR.

San-Vicente, le 24 novembre 1808, à midi et demi.

Sire,

J'ai l'honneur de rendre compte à Votre Majesté de l'entrée dans le port de Santander d'un brick anglais armé de quatre caronades et ayant 11 hommes d'équipage; le capitaine de ce bâtiment était porteur de dépêches pour l'armée anglaise, qu'il croyait pouvoir remettre à Santander; il paraît qu'il a jeté ces dépêches à la mer, car on ne lui a trouvé que les papiers que j'ai l'honneur de mettre sous les yeux de Votre Majesté, et ceux de bord, que j'adresse à Son Altesse le prince vice-connétable. J'ai ordonné que les prisonniers anglais fussent de suite conduits à Burgos, et que le bâtiment fût tenu en état d'armement, afin que si Votre Majesté jugeait à propos de l'employer le long des côtes dans la partie où je

me trouve, il fût prêt à partir aussitôt qu'un équipage lui
serait donné.

Ce bâtiment pourrait m'être très utile s'il était à ma disposition; je l'emploierais aux évacuations de l'artillerie et des
munitions, ou d'autres objets d'approvisionnement, qu'on
prend sur la côte et qui, faute de transports, sont en partie
perdus, mais il faudrait pour cela un officier de marine et
quelques sous-officiers; je pourrais trouver dans la troupe
des hommes d'équipage.

Il est aussi entré à Santander deux corsaires français de
Saint-Jean-de-Luz qui ont fait quelques prises.

Son Altesse le prince vice-connétable aura rendu compte
à Votre Majesté des rapports que j'ai eu l'honneur de lui
faire sur les mouvements et positions actuelles des troupes
du corps d'armée, et Votre Majesté y aura vu que j'attendais ses nouveaux ordres, pour me porter plus en avant,
et entrer dans les Asturies et même en Galice, dont la conquête me paraît possible, surtout si Votre Majesté jugeait
à propos de faire occuper en force Leon, ainsi que je l'ai
demandé. Il paraît, d'après tous les rapports, que les troupes
des Asturies sont dans une grande défection, mais qu'on
s'occupe à Oviedo de les réorganiser; on rend aussi compte
qu'à Leon on forme un nouveau rassemblement, on prétend
même que le marquis de La Romana s'y est porté après avoir
été à Oviedo.

Un de mes aides de camp que j'avais envoyé sur Llanès,
avec une reconnaissance, rentre à l'instant et me rend compte
qu'il a été jusqu'à un quart de lieue de Llanès, où il n'est
pas entré parce qu'il était nuit, qu'il n'avait que très peu
d'hommes avec lui et qu'en approchant de la ville on lui a
tiré plusieurs coups de fusil; il a cependant appris qu'il n'y
avait à Llanès que 400 ou 500 hommes, la plupart blessés
ou traînards; qu'à Ribadesella il y avait un général avec
4,000 ou 5,000 hommes, et que toutes les troupes, soit de
ligne (en partie celles venues du nord), soit paysans armés
ou nouvelles levées, formant une force de 12,000 à 14,000
hommes, se dirigeaient sur Oviedo; depuis la Nansa jus-

qu'à Llanès il y a trois lieues, et on rencontre plusieurs bons villages des Asturies; les paysans étaient restés et les alcades, à la tête de nombreuses députations, sont venus au-devant de la reconnaissance pour lui offrir des rafraîchissements.

J'ai ordonné au général Renaud, commandant la 1re brigade de la division Mouton, de pousser aujourd'hui une nouvelle reconnaissance sur Llanès, d'entrer dans la ville, mais de n'y pas prendre poste, et de revenir sur la Debà; il aura aussi pour objet d'affermir les habitants dans leurs bonnes dispositions et de prendre des renseignements; le restant du corps d'armée conservera sa position jusqu'à ce qu'il ait plu à Votre Majesté de me donner de nouveaux ordres; ainsi la division du général Mouton sera à San-Vicente ayant son avant-garde sur la Deba, éclairant Llanès; la division du général Merle sera à Bielva et Ravago, occupant Fuente-de-Nansa et communiquant avec les troupes qui sont à Potès; la division du général Bonnet sera à Santillana, d'où elle fournira deux bataillons à Santander et deux bataillons dans la vallée de la Besaya pour achever de détruire les rassemblements de fuyards espagnols et de paysans armés qui se formaient dans les vallées et montagnes de Somahoz et de Los Corales.

Il ne m'appartient pas de préjuger les dispositions de Votre Majesté, mais s'il entrait dans ses intentions que la guerre des montagnes dans cette partie fût terminée promptement, je crois que le moment d'agir dans les Asturies et en Galice serait venu; en quinze ou vingt jours on détruirait ce qui reste des levées de ces deux provinces et des troupes venues du nord. Peut-être pourrait-on entreprendre quelque chose sur le Ferrol et la Corogne et menacer d'entrer en Portugal par la Galice, ensuite Votre Majesté aurait à disposer pour le plat pays d'une partie des troupes qu'on aurait employées pour cette expédition, mais pour cela, il me paraît indispensable que Léon, ensuite Astorga et après Ponferrada, soient occupées par des troupes de Votre Majesté, afin de présenter des têtes de colonne sur toutes les communications qui aboutissent dans les Asturies et en Galice et se mettre en relation avec moi, si j'agis dans ces deux provinces.

J'ai la confiance que cette opération réussirait et qu'indépendamment de la destruction de ce restant d'armée, il en résulterait encore l'avantage de faire un tort immense aux Anglais, peut-être même que les troupes de cette nation qui se sont dirigées de la Corogne sur Madrid, voyant cette communication menacée, feraient quelque faux mouvement qui permettrait au corps de troupes qui serait sur Leon de les entamer.

Si Votre Majesté me donnait la faculté de faire le mouvement que je propose, je lui demanderai la permission de diriger le corps du maréchal Lefebvre de Potès sur Oviedo à travers les montagnes; en même temps je marcherai aussi sur Oviedo, le long de la mer, et par Gijon; à Oviedo, je prendrais de nouvelles dispositions, que les circonstances nécessiteraient, mais je me tiendrai toujours en mesure de descendre sur Leon ou sur Ponferrada, s'il devenait nécessaire.

Sur tout cela j'ai l'honneur de supplier Votre Majesté de m'honorer de ses ordres, et de pardonner la digression peut-être indiscrète que j'ai faite, mais qu'un zèle ardent pour son glorieux service a dictée.

LE MARÉCHAL SOULT AU MAJOR GÉNÉRAL.

San-Vicente, le 24 novembre 1808.

J'ai l'honneur de rendre compte à Votre Altesse Sérénissime de l'entrée à Santander d'un brick anglais armé de 4 caronades et 11 hommes d'équipage, ce brick était porteur de dépêches qu'il paraît avoir jetées à la mer; j'ai l'honneur de mettre sous les yeux de Sa Majesté quelques papiers et les journaux qu'on a encore trouvés et j'adresse à Votre Altesse les papiers de son bord.

Il est aussi entré à Santander deux corsaires français de Saint-Jean-de-Luz, qui ont fait quelques prises.

Je mets ci-joint le rapport du général Sabatier, relatif à

ces bâtiments, ce rapport renferme un procès-verbal de vérification de magasins contenant 325 balles de quina du
poids de 120 kilogr. l'une ; il y avait encore des magasins
à vérifier, dont il sera rendu compte.

J'ai ordonné que les prisonniers anglais fussent conduits
à Burgos.

Je fais aussi conduire à Burgos par plusieurs détachements
200 prisonniers espagnols qui ont été ramassés depuis l'affaire de San-Vicente ; ainsi cette affaire a donné plus de
600 prisonniers, dont plusieurs officiers, et des approvisionnements précieux qui nous feront encore vivre cinq à six
jours.

Il y avait aussi à San-Vicente deux pièces de 4 de campagne, beaucoup d'affûts, quelques munitions et 6,000 fusils anglais en caisses ; depuis hier le transport sur Burgos
de tous ces objets a commencé, on évacue aussi les vingt-
quatre pièces de canon de campagne et les 2,000 ou 3,000
fusils qu'on a trouvés à Cumillas.

J'ai l'honneur d'adresser à Votre Altesse des débris d'une
correspondance qu'on a trouvée dans la maison du lieutenant général de La Barca, à San-Vicente ; il y a, parmi, quelques lettres du général Blake et de la Junte de Madrid qui
sont assez curieuses.

M. le maréchal Lefebvre m'a écrit de Reinosa le 20 que,
d'après l'invitation que je lui ai faite, il partirait le 21 pour
se diriger sur Potès, où il a dû arriver hier au soir ou ce
matin, et où il aura trouvé la division du général Leval qui
doit y être depuis avant-hier au soir. Je n'ai cependant pas
encore de rapport direct de l'occupation de Potès si ce n'est
par les paysans qui disent que les Français y sont arrivés ;
le général Merle, qui est à Ravago et occupe Fuente de
Nansa, a envoyé plusieurs détachements pour établir la communication, le général Leval doit aussi en envoyer de son
côté.

Le général Leval m'avait écrit de Lamason (trois lieues de
Potès) le 22 au matin et m'annonçait qu'il avait ramassé une
cinquantaine de traînards ennemis, et croyant joindre à Po-

tès une arrière-garde de 2,000 hommes; j'attends avec impatience de ses nouvelles.

Le général Bonnet, qui est avec le 120e à Santillana, a envoyé deux bataillons du 119e régiment, sous les ordres du colonel Cretin, dans les vallées et montagnes de Los Corales et de Somahoz pour détruire un rassemblement de paysans armés et de fuyards espagnols qui s'était formé dans cette partie et intercepte la communication, cette opération se continue et produira, je crois, un bon effet.

J'ai ordonné qu'un transport de 90 sacs de riz fût dirigé de Santander sur Burgos, il sera porté par les fourgons du corps d'armée.

Les ports de Santoña et de Laredo me paraîtraient devoir être occupés. Je supplie Votre Altesse de vouloir bien prendre les ordres de Sa Majesté au sujet des troupes qui doivent y être envoyées, je désire bien vivement qu'elles ne soient pas prises dans les troupes du corps d'armée, et même que celles que j'ai laissées à Santander soient relevées et aient ordre de me joindre, le corps d'armée déjà très faible serait réduit presque à rien si, dans tous les ports, je devais laisser des détachements.

Je n'ai point encore de nouvelles de l'arrivée du général Mermet avec le 31e régiment, ni de la marche du 118e régiment, que Votre Altesse m'a annoncée.

Il serait bien utile que dans la division Bonnet il y eût un régiment de ligne d'ancienne formation, pour donner du ton et de l'appui aux nouveaux régiments, qui aujourd'hui composent cette division. Je supplie Votre Altesse d'en faire la demande à Sa Majesté.

J'ai attendu le retour d'un de mes aides de camp que j'avais dirigé avec une reconnaissance sur Llanes pour achever ma lettre; il rentre à l'instant et me rend compte que la nuit le peu de monde qu'il avait avec lui, et une fusillade qu'on lui a fait en approchant de Llanès, l'ont empêché d'entrer dans cette ville, il a su cependant qu'il n'y avait que 400 ou 500 hommes, et que le restant des troupes espagnoles, formant un corps de 12,000 à 14,000 hommes, s'était retiré sur

Oviedo ; aujourd'hui j'envoie une nouvelle reconnaissance sur Llanès pour avoir des nouvelles de l'ennemi et occuper cette ville, dans laquelle cependant on ne prendra pas poste.

Les troupes du corps d'armée restent dans la même position qu'il est dit dans mon dernier rapport, excepté cependant l'avant-garde du général Mouton que j'ai portée sur la Deba avec ordre d'éclairer Llanès.

L'ennemi avait remué de la terre à Colombrès et y a laissé une pièce de canon enclouée.

Parmi les prisonniers que j'envoie, il y a l'ancien commandant de San-Vicente, qui était autrefois lieutenant de marine, et un homme venu de Madrid avec un passeport du général La Cuesta qui, dit-il, lui a été pris aux avant-postes ; cet homme m'a paru très suspect, mais je n'ai pas cru pouvoir le convaincre d'espionnage.

Beaucoup de paysans rentrent dans leurs villages.

Je supplie Votre Altesse d'avoir la bonté de mettre ce rapport sous les yeux de l'Empereur, qui complète celui que j'ai eu l'honneur de faire à Sa Majesté.

Je la supplie aussi de m'honorer des ordres de l'Empereur.

P.-S. — Je mets sous le couvert de Votre Altesse tous les papiers et journaux trouvés sur le brick anglais.

San-Vicente, le 25 novembre 1808.

Je reçois au même instant les trois lettres que Votre Altesse Sérénissime m'a fait l'honneur de m'écrire le 20 à midi et à 5 heures du soir, et le 21 à 9 heures aussi du soir. M. le maréchal Lefebvre m'a aussi écrit pour me prévenir qu'en exécution des ordres qu'il avait reçus, il réunissait son corps d'armée à Carrion, et qu'il y rappelait le général Leval que j'avais dirigé sur Potès, où il était établi depuis deux jours.

Le général Mermet m'annonce aussi qu'il va arriver à Potès avec le 31e régiment. J'aurais désiré, ainsi que j'ai eu l'honneur de l'écrire à Votre Altesse, que tout le corps du maréchal Lefebvre pût être réuni à Potès, pour ensuite agir avec moi dans l'opération des Asturies et de la Galice. Le

résultat de cette opération me paraissait infaillible, et au
15 décembre il n'y eût plus eu d'ennemis armés dans ces
montagnes et on eût pu, par un mouvement à gauche, se
porter sur le Duero ou menacer d'entrer en Portugal par la
Galice. Dans la position actuelle, il faudra plus de temps
pour obtenir le même résultat, et qu'un corps assez fort
occupe Leon pour porter une tête de colonne sur Oviedo,
tandis que j'entrerai dans les Asturies. Un autre corps
pourrait remplacer le maréchal Lefebvre, soit à Carrion,
soit à Mayorga.

Une reconnaissance que j'avais envoyée à Llanès, première ville des Asturies, y est entrée et n'y a trouvé qu'une
quarantaine de blessés. Les habitants ont parfaitement reçu
nos troupes et leur ont offert des vivres. Je mets ci-joint le
rapport du général Reynaud. Votre Altesse y remarquera
que les ennemis qui se sont retirés par cette partie étaient
au nombre de 10,000 à 11,000 hommes, et qu'ils se dirigent
sur Oviedo, où un nouveau rassemblement se forme.

Le général Leval m'écrit de Potès qu'il y a fait une trentaine de prisonniers et que les paysans lui ont dit qu'il y
avait 10,000 hommes près de lui ; mais il ne me dit pas
quelle est leur position, quelle est la direction qu'ils suivaient, ni quelle est l'espèce des troupes. Je pense que s'il y
a un corps ennemi en cette partie, le nombre en est au
moins exagéré ; mais qu'il peut y avoir 4,000 à 5,000 hommes provenant d'un reste de colonne qui s'est dirigé par les
montagnes et par San-Vicente sur Potès. Ce reste a d'ailleurs pour objet de se réunir, soit aux troupes qui se rallient
à Oviedo, soit à celles qu'on forme de nouveau à Leon. J'ai
ordonné qu'on éclairât leur marche et qu'on obtînt de meilleurs renseignements. Votre Altesse m'a demandé un mémoire sur la défense de Santander. J'ai assez resté dans
cette ville pour reconnaître que du côté de terre elle n'était
pas susceptible de défense, à moins qu'on n'y laissât beaucoup de troupes ; mais il me paraît que tant qu'on agira
dans les Asturies et sur la Galice, et que les postes de Aquilar-del-Campo, Reinosa et Torrelavega seront occupés pour

lier la communication avec Burgos, on ne doit rien craindre pour Santander. D'ailleurs, si le cas arrivait que les troupes qui y sont en garnison dussent se retirer, elles pourraient sans crainte faire leur mouvement sur Santoña et Laredo, d'où elles iraient par Castro et Bilbao.

Les ports de Laredo et de Santoña sont très importants à occuper : des frégates peuvent y entrer et les Anglais ont eu beaucoup de relations avec ces deux villes. Une reconnaissance que j'avais envoyée de Santander sur Santoña a manqué y prendre un brick anglais qui en sortait, elle y a détruit beaucoup de munitions et de fusils. Il me paraît que les troupes qui sont à Bilbao pourraient occuper Castro, Laredo et Santoña, où il faut indispensablement qu'on y envoie d'autres troupes. Dans ma position je ne crois pas pouvoir le faire ; je demande au contraire que celles que j'ai laissées à Santander me soient renvoyées.

J'ai dit que tant qu'on agirait sur les Asturies il n'y avait rien à craindre pour Santander ; je dois ajouter que pour prendre une ligne en avant de cette ville pour couvrir tous les débouchés des montagnes, celle de la Besaya me paraîtrait préférable. Elle appuierait sa gauche à Reinosa et Aguilar-del-Campo et garderait tous les débouchés ; mais pour cela il faudrait encore beaucoup de troupes, et on éprouverait de grandes difficultés pour les faire vivre, car Santander manque de blé et il n'y en a point dans ces montagnes.

Du reste, il s'agit moins aujourd'hui d'occuper cette ligne que d'achever la conquête de l'Espagne et de détruire les ennemis ; ainsi je persiste à dire que l'opération des Asturies et de la Galice est très urgente, si on veut profiter de la terreur que les derniers succès ont répandue parmi les ennemis. Il est aussi très urgent que des commissaires soient envoyés dans le pays pour l'organiser, calmer les esprits et recueillir tout ce que nous laissons en arrière. Je ne sais même si avec de l'argent et de bonnes paroles on ne parviendrait pas à former, dans les montagnes de la Biscaye et de Santander qui, à présent, sont toutes conquises, quelques bataillons. J'ai vu beaucoup d'habitants qui me paraissaient bien disposés et qui maudissaient ceux qui avaient causé leur malheur. Il résulterait au moins de cette tentative qu'on s'occuperait et utiliserait beaucoup de gens que l'oisiveté et la misère portent à l'infâme métier d'assassins et qui, sur nos derrières, interceptent nos communications.

J'ai réuni l'artillerie du corps d'armée à Reinosa, ainsi que je l'ai mandé à Votre Altesse. Si je devais me porter en avant, je la supplierais de nouveau de vouloir bien lui donner des ordres; j'ai amené avec la division Mouton deux pièces de 4 et deux obusiers qui sont arrivés à San-Vicente malgré les chemins épouvantables que nous avons parcourus. J'espère les pousser jusqu'à Llanès et même plus loin ; avec du travail on vient à bout de tout.

Je supplie Votre Altesse de vouloir bien donner ordre au maréchal Lefebvre de laisser des troupes à Reinosa; il m'est impossible d'en laisser aucunes pour garder ce poste qui contient encore beaucoup d'objets d'artillerie que le manque de transports ne permet d'évacuer que lentement.

Je désirerais aussi qu'il fût dit à M. le maréchal Lefebvre d'appuyer toujours ma gauche, et que si j'entre dans les Asturies il suive mon mouvement en se portant sur Oviedo par la route de Leon ou par celle de Potès.

J'ai donné tous les ordres nécessaires pour que le séquestre fût mis sur les laines, marchandises anglaises et denrées coloniales qu'on a trouvées à Santander; on en fera de même dans tous les autres ports par lesquels je passerai.

J'ai ordonné au général Mermet de rester avec le 31e régiment à Potès et d'y réunir le 118e régiment que je présume devoir le suivre et auquel, d'après les ordres que je lui avais envoyés, il a dû écrire en conséquence. Au premier mouvement, chaque régiment rentrera à sa division, mais en attendant, le point important de Potès sera gardé et je me trouverai couvert sur ma gauche. Le général Leval partira pour rejoindre le maréchal Lefebvre aussitôt que le général Mermet sera arrivé à Potès.

J'ai l'honneur de prier Votre Altesse de vouloir bien mettre ce rapport sous les yeux de l'Empereur et de m'envoyer ses ordres.

———

4ᵉ CORPS (MARÉCHAL LEFEBVRE). — MARCHE SUR POTÈS, PUIS SUR CARRION (16-24 NOVEMBRE).

———

Le maréchal Lefebvre était resté à Reinosa depuis le 16 novembre avec la seule division Sébastiani; il avait auparavant détaché la brigade hollandaise du général Chassé vers Bilbao pour occuper et pacifier le pays, organisé une colonne mobile sous le général Grandjean pour nettoyer la région entre Santander et Bilbao, et envoyé le général Leval avec les troupes allemandes pour appuyer le mouvement du maréchal Soult sur Santander par la vallée du Rio Pas. Le général Leval était arrivé à Santander le 17 novembre, en même temps que le maréchal Soult, et avait été emmené par lui quand il avait marché sur San-Vicente; il était ainsi parvenu le 23 novembre à Potès, où le maréchal Soult l'avait envoyé d'abord pour couvrir sa gauche et ensuite pour lui faire rejoindre le corps du maréchal Lefebvre qu'il avait prié de seconder son mouvement sur les Asturies en marchant sur Potès. Le maréchal Lefebvre, en effet, très déférent envers son collègue le maréchal Soult, avec lequel il s'entendait bien, avait obtempéré à son invitation et s'était mis en marche, le 20 novembre, de Reinosa sur Potès. On a vu comment, arrivé à Cervera le 22 novembre, il avait reçu des ordres de l'Empereur d'après lesquels il devait descendre dans la direction de Carrion ; le maréchal rebroussa donc chemin, envoya au général Leval l'ordre de le rejoindre, et parvint le 24 novembre à Carrion où il s'établit avec la division Sébastiani.

Dans cette position de Carrion choisie par l'Empereur, le maréchal Lefebvre protégeait la gauche du maréchal Soult resté dans les Asturies et assurait sa liaison avec le reste de l'armée ; il soutenait efficacement la cavalerie du général Milhaud qui rayonnait autour de Palencia dans les plaines de la Vieille-Castille ; il menaçait à la fois Valladolid, Toro, Leon, d'où pouvaient sortir des forces anglaises ; situé à égale distance de ces trois villes et de Burgos, il maîtrisait les chemins qui conduisent à Burgos et assurait ainsi les communications et les derrières de l'armée qui avait marché de Burgos sur Aranda ; enfin, il se trouvait à même de tomber rapidement sur un ennemi remontant la vallée du Duero et il protégeait ainsi le flanc de l'armée située à Aranda.

LE MARÉCHAL LEFEBVRE AU MAJOR GÉNÉRAL.

Reinosa, le 17 novembre 1808.

Monseigneur,

Je suis toujours dans la position de Reinosa. La brigade allemande qui avait été dirigée sur le pays entre Santander et Bilbao vient de rentrer d'après les ordres que Votre Altesse Sérénissime m'a donnés de me réunir sur Reinosa ; il reste toujours à Bilbao le général Chassé avec 2,500 hommes de troupes étrangères et cette force me paraît bien suffisante surtout depuis l'occupation de Santander par le maréchal Soult. Le général Leval lui-même va rentrer ici, son opération devant être finie dans la journée. Je pense donc que les troupes qui me restent seront en totalité après-demain à Reinosa, excepté le détachement de Bilbao. J'attends avec impatience l'ordre de me rendre sur la gauche et de me rapprocher de Sa Majesté. Il paraît aujourd'hui certain qu'il ne s'est rendu à Santander d'autres forces ennemies que celles qui étaient nécessaires pour convoyer les équipages de l'artillerie ennemie. Tous les Asturiens, tous les Galiciens, une partie de la troupe de ligne et le général Blake de sa personne ont pris le chemin des Asturies. Toute cette levée est dissoute à l'heure qu'il est ou va se dissoudre : chacun rentre dans ses foyers. Plus de la moitié a déjà jeté ses habits et ses armes.

Un fait certain, et qui mérite d'être connu de Sa Majesté, c'est que l'armée du marquis de La Romana a été au moment de s'insurger et d'aller à l'armée française pour s'y joindre. Les soldats poussaient des cris de sédition en disant : « L'Empereur des Français nous avait conduits dans un pays où nous trouvions gloire et bien-être. Nous sommes ici dans la mendicité et dans la honte. » Lorsque les premiers coups de fusil se sont fait entendre à Reinosa, les officiers anglais sont partis au galop pour Santander et les généraux espagnols pour les Asturies. Les troupes, sans ordre, ont fui vers la montagne.

Une de nos reconnaissances a pris, avec des fuyards, un canon sur la route des Asturies près de Soto.

P.-S. — J'apprends que ce matin l'avant-garde du maréchal Soult est entrée dans Santander.

Reinosa, le 18 novembre 1808.

Monseigneur,

Je suis toujours à Reinosa. Le maréchal Soult m'a engagé à y rester jusqu'à de nouveaux ordres. Je porte de fortes reconnaissances sur la route de Leon ainsi que vers la tête de la vallée de la Saja et les routes de Potès.

La brigade allemande, qui a appuyé le mouvement sur Santander de M. le maréchal Soult, poursuit l'ennemi (con-

jointement avec la division Mouton), qui a engagé ses bagages et son artillerie par la route de Cumillas et San-
Vicente-de-la-Barquera.

Le général Grandjean, à la tête d'une colonne mobile, dé-
sarme le pays entre Santander et Bilbao. Ce général prendra
le commandement de cette place et l'opération du désarmement sera continuée par M. le général hollandais Chassé,
homme très actif. Vous me voyez, Monseigneur, réduit à
ma seule division française et une centaine de dragons. Le
régiment de hussards est, ou va se rendre, à Bilbao. Ce corps
est nul, à cause du peu de chevaux qui lui restent.

Votre Altesse me permettra de réclamer l'escadron de
chasseurs à cheval de Nassau ; de quelle utilité peut être un
si petit corps avec les nombreux régiments français ? J'espère que Votre Altesse me voyant avec un corps si petit, ne
le diminuera pas encore. La cavalerie ne m'a pas été très utile
à l'ennemi jusqu'à présent, mais le pays s'ouvrant, il est indispensable que j'aie de la cavalerie ; mon régiment de dragons, dont la majeure partie se trouve également à Bilbao,
sera bientôt en état de me rejoindre et de m'être utile, mais
je ne compte nullement sur le régiment de hussards dont
l'administration ne peut parvenir à mettre les officiers en
état de faire ferrer le peu de chevaux qui reste.

Je fais réunir à l'arsenal tous les petits dépôts d'armes et
de munitions que l'on a trouvés dans le pays et que je découvre à chaque instant, j'aurai l'honneur d'en envoyer
l'état à Votre Altesse. Il y a une quantité considérable de
fusils et de munitions.

P.-S. — Mon petit corps d'armée est tellement disséminé
aujourd'hui qu'il me faudrait quatre ou cinq jours pour le
réunir. Bilbao est une ville essentielle à conserver à cause des
ressources qu'elle offre en tous genres. On peut y fabriquer
jusqu'à 30,000 rations de pain par jour, on y fait des souliers. Enfin on peut s'y procurer tout ce que l'on veut pour
les hôpitaux, la ville ayant été parfaitement conservée. Pourquoi Votre Altesse ne voudrait-elle pas y envoyer une petite
garnison, afin que mes troupes me rejoignent ? Je renouvelle

à Votre Altesse la demande des chasseurs de Nassau qui me deviennent même indispensables pour correspondre.

Reinosa, le 19 novembre 1808, 4 heures après midi.

Monseigneur,

Reinosa est l'emplacement qu'occupe mon corps d'armée en se prolongeant par la route d'Aguilar-del-Campo. Je vais me mettre en communication avec M. le général Milhaud. Toute la division Sébastiani est réunie et se trouve forte de 5,000 hommes. Une brigade allemande commandée par M. le général Scheffer, forte de 1,000 hommes, est également ici. Le général Leval pourra me rejoindre avec 3,000 hommes dans la journée de demain ou après-demain, de manière que j'aie une force disponible de réunie de 9,000 combattants. J'ai avec moi 4 obusiers et 2 pièces de 4 qui me suivront. Le reste de l'artillerie de mon corps d'armée que j'avais réunie à Mondragon, recevra l'ordre de se porter sur-le-champ à Burgos où elle sera rendue bientôt. La cavalerie de mon corps d'armée se compose du 5ᵉ régiment de dragons, d'environ 400 hommes montés, et de 150 hussards hollandais. J'expédie à ces derniers, qui se trouvent à Bilbao, l'ordre de me rejoindre sur-le-champ, et je vais placer mes dragons de suite intermédiairement entre Palencia et Reinosa.

Les 2,000 hommes que j'avais laissés à Bilbao paraissent une force bien considérable sur ce point, qui est aujourd'hui bien loin de l'ennemi ; je crois que 1,000 hommes seraient suffisants, et M. le général Chassé m'informe que tous les habitants rentrent dans leurs foyers et paraissent disposés à y vivre paisiblement.

Votre Altesse a des nouvelles de M. le maréchal Soult qui achève la dispersion de l'ennemi.

Je viens de faire connaître en détail à Votre Altesse et la force et l'emplacement de mon corps d'armée ; je suis prêt à exécuter les ordres que Sa Majesté daignera me donner. Je vous supplie, Monseigneur, de rappeler quelquefois mon respectueux dévouement à la personne de Sa Majesté, et de lui recommander les officiers en faveur desquels j'ai fait des demandes d'avancement. Je ne désire pas avec moins d'intérêt de voir obtenir à M. le général Sébastiani, qui a rendu et qui rend de si importants services, des marques de satisfaction de la part de Sa Majesté.

Reinosa, le 20 novembre 1808, à 11 heures et demie du soir.

Monseigneur,

D'après ce que M. le maréchal duc de Dalmatie vient de m'écrire, et dont il fait part à Votre Altesse Sérénissime, j'ai cru devoir seconder son mouvement en me portant à Potès, ainsi qu'il le désire, avec la division du général Sébastiani, laissant à Reinosa un bataillon de Darmstadt et celui du Prince Primat, tant pour les magasins et l'arsenal de cette ville et mon artillerie que j'y laisse que pour observer la route de Leon. Ces deux bataillons sont aux ordres de M. le colonel Dupuy.

La route de Reinosa à Potès par les montagnes étant absolument devenue impraticable, même pour les gens du pays, je n'ai pas cru devoir la prendre avec ma division. Je me rends donc à Potès par Aguilar-del-Campo, la Villa-de-Salinas, Cervera, Sierra-de-Alba(¹), Bendejo, Cabezon-de-Navarra et Potès. Si Votre Altesse a des ordres à me faire parvenir, ils me trouveront sur cette route. Je pars demain à la pointe du jour. Je laisse le 5ᵉ de dragons à Aguilar-del-Campo.

Le colonel Dupuy, que je laisse à Reinosa, a l'ordre de rendre compte directement à Votre Altesse de ce qui se passerait de nouveau ici, ainsi qu'à mes colonnes mobiles, depuis Santander jusqu'à Bilbao.

Quand il plaira à Votre Altesse de réunir mon corps d'armée, elle me fera un grand plaisir ; je la prie de se rappeler que je marche demain avec une division de 5,000 hommes.

_____

(1) Puerto de Sierras Albas, ou col des montagnes blanches, qui franchit la chaîne des Asturies entre Cervera et Bendejo.

A la Puebla, le 23 novembre 1808, à minuit.

Monseigneur,

J'ai reçu hier à 11 heures du soir à Cervera les ordres du 20 de ce mois que Votre Altesse Sérénissime m'avait adressés à Reinosa. J'étais à la distance d'une marche de Potès, M. le général Mermet se dirigeant avec le 31e régiment sur cette ville où il arrivera demain 24, et où il attendra les ordres de M. le maréchal Soult. J'ai aussitôt envoyé l'ordre au général Leval de se mettre en marche et de se diriger sur Carrion pour me rejoindre. Mes avant-postes ont été repliés ce matin et je me suis de suite dirigé de Cervera sur Carrion par le chemin royal. Je couche cette nuit à la Puebla, parce que mon avant-garde avait été portée à 3 lieues en avant de Cervera. Le général Blake s'est retiré le 21 au matin de Potès et l'on m'assure qu'il a pris la route de Leon. J'ai prévenu M. le maréchal Soult de ce mouvement, ainsi que de l'ordre que j'ai reçu de Votre Altesse..... Il résulte donc que le général Leval ne peut me rejoindre à Carrion que dans trois jours, dans la supposition même qu'il serait relevé le 24 au matin. Mais comme le général Mermet n'arrivera à Potès que le 24 au soir, le général Leval ne pourra me rejoindre peut-être que le 27 au soir. Son artillerie, qu'il a laissée à Santander, ne pourra me rejoindre que vers le 30, si nous restons jusqu'à cette époque à Carrion. Ma cavalerie qui est à Bilbao ne pourra également me rejoindre que huit jours après que l'ordre lui en sera parvenu. La colonne mobile, composée d'un bataillon du régiment de Darmstadt, ne me rejoindra que quand vous aurez fait relever la brigade hollandaise qui est à Bilbao. Le bataillon du Prince Primat restera à Reinosa, ville essentielle à bien garder à cause de l'arsenal et des magasins qu'elle renferme, jusqu'à ce que le maréchal Soult l'ait fait relever. Je lui en fais la demande, et ne sais s'il le fera, car personne ne veut disséminer ses forces ; il n'y a que moi qui éprouve ce désagrément, malgré la faiblesse de mon corps, et avant sa réunion entière.

J'arriverai donc demain 24 à Carrion avec la division de M. le général Sébastiani forte de 5,000 hommes. Si les circonstances permettent au général Leval de me rejoindre dans trois ou quatre jours, il m'amènera avec lui le régiment de Baden, celui de Nassau et le bataillon de la garde de Paris, formant ensemble environ 3,000 hommes, parce que ce général m'a mandé qu'il avait été obligé de laisser du monde à Santander faute de souliers. Le régiment de dragons sera rendu demain à Carrion. Je ne compte point sur le régiment hollandais parce que ce régiment est entièrement déferré. Comme je vais être en plaine, la cavalerie me devient indispensable, surtout si je dois entreprendre quelque chose sur les points indiqués dans votre ordre ; il devient donc indispensable que Votre Altesse m'envoie les chasseurs de Nassau et les chevau-légers westphaliens, avec mes Polonais, alors Votre Altesse pourra m'envoyer partout où il plaira à Sa Majesté.

. . . .

———————

RETRAITE DE L'ARMÉE DE GALICE OU DE LA GAUCHE,
SUR LES ASTURIES ET LEON (15-24 NOVEMBRE)

(D'APRÈS LES DOCUMENTS ESPAGNOLS.)

Pendant que les restes de l'armée de Blake se dirigeaient sur Leon par la vallée de Cabuerniga, quelques troupes se trouvaient encore dans la vallée de la Besaya pour essayer de défendre les passages des Asturies; ces troupes provenaient soit des fractions de l'armée de Galice coupées le 8 à Valmaseda, soit de régiments nouvellement formés dans les Asturies; la 4ᵉ division de l'armée de Galice (général Porlier), qui avait vainement essayé de rejoindre Blake par la Nestosa le 9 novembre, s'était repliée avec 1,200 hommes sur Santander et, de là, sur Ganzo et Cabezon, où elle se trouvait établie le 15 novembre, et où elle s'était renforcée de 2,500 hommes de la division de réserve (général Mahy).

4,000 hommes de troupes asturiennes, aux ordres du général Llano-Ponte, qui avaient été coupés le 8 novembre à Valmaseda et s'étaient retirés sur Santander, se trouvaient également le 15 novembre à Torrelavega, au sud-est de Ganzo.

Enfin, une division cantabre de trois régiments, qui se trouvait en formation dans la province de Santander, sous le commandement du comte de Villanueva de la Barca, avait rallié le gros des troupes sur la Besaya, et s'était installée à Cartès, au sud de Torrelavega. Toutes ces troupes formaient un total d'environ 10,000 hommes, mais n'ayant pas de chef unique ni d'instructions bien définies, elles ne pouvaient guère agir en vue d'une action commune ; puis, composées, comme elles l'étaient, de soldats battus dans plusieurs rencontres et de recrues inexpérimentées, elles se trouvaient incapables d'opposer une résistance bien énergique.

Le 16 novembre, les Espagnols, informés de l'approche du corps du maréchal Soult venant de Reinosa, opérèrent un mouvement de retraite vers l'ouest ; la 4ᵉ division et la réserve se dirigèrent sur San-Vicente-de-la-Barquera, la division cantabre et la division asturienne sur Santillana et Cumillas.

Le lendemain 17 novembre, les troupes asturiennes furent atteintes à Cumillas par le 1ᵉʳ régiment de chasseurs provisoire (colonel Tascher) avec lequel elles eurent une légère escarmouche.

Le général Llano-Ponte se retira avec les Asturiens à San-Vicente-de-la-Barquera, tandis que la 4° division et la division cantabre se dirigeaient sur Potès, et la réserve sur Llanès ([1]).

18 novembre. — Le général Llano-Ponte avait l'intention de défendre le passage de San-Vicente-de-la-Barquera et le pont long de 4oo mètres qui traverse la baie en cet endroit; son avant-garde, établie sur la route de Cumillas, en avant du pont, fut surprise par la 2° brigade de la division Mouton, qui la culbuta, passa le pont pêle-mêle avec elle et dispersa le reste des troupes asturiennes; la cavalerie française, survenant alors, acheva la déroute.

Le général Llano-Ponte se retira à Colombrès, où il arriva le 19 avec 4oo hommes complètement démoralisés; il essaya néanmoins d'organiser la défense de la position de Colombrès et demanda au général Mahy, qui s'était retiré sur Llanès avec la réserve, de lui

---

([1]) Tout en abandonnant Cumillas, voici la lettre que le général Llano-Ponte adressa à l'alcade de cette ville :

« Ayant eu connaissance que votre ville voulait capituler avec les Français, je vous préviens que j'impose à ses habitants la peine de mort s'ils venaient à le faire, aussi bien qu'à ceux qui se rendraient coupables de la moindre démarche à cet effet; les déclarant en outre traîtres au Roi et à la patrie et vous rendant personnellement responsable si vous ne prenez pas toutes les mesures nécessaires pour vous y opposer; vous prévenant de plus que si je venais à être instruit que quelque démarche relativement à cet effet ait été faite, j'ordonnerais de suite de mettre votre ville au pillage, et que dans le cas ou l'arrivée des troupes françaises s'opposerait à l'exécution de mon ordre, il le fût aussitôt l'évacuation desdites troupes.

« Vous me rendrez compte que vous êtes instruit et pénétré des dispositions que je vous transmets pour qu'au besoin je puisse condamner ou non votre conduite.

« Dieu vous conserve pendant de longues années.

« Cumillas, le 17 novembre 1808. .

« *Signé* : Nicolas DE LLANO-PONTE. »

Ce document fut trouvé par les Français lors de leur entrée à Cumillas.

envoyer 2,000 hommes pour arrêter la marche des Français ; il demanda en même temps au comte de Villanueva de la Barca de défendre la ligne de la Deba de Narganas à Abandamès avec la division cantabre ; mais le comte se retira sur Oviedo par Arenas et Cangas-de-Onis, sous prétexte que sa division était trop mal organisée et manquait de tout ; ce fut la 4ᵉ division qui vint s'établir à Narganas le 20 novembre d'après un ordre du marquis de La Romana.

Le général Mahy n'ayant envoyé que 700 hommes au général Llano-Ponte, ce dernier reconnut l'impossibilité d'arrêter les Français à Colombrès avec 1,100 hommes en tout, et il abandonna la position le 21 novembre après avoir encloué les canons et détruit les bateaux qui s'y trouvaient.

Il se retira sur Llanès, et décida de continuer avec le général Mahy sur Oviedo et Leon : puis ayant appris en route que le marquis de La Romana désirait couvrir la position de Colombrès, il s'arrêta à Ribadesella le 22 et laissa le général Mahy continuer sur Oviedo (1).

Sur ces entrefaites, la 4ᵉ division avait abandonné Narganas et s'était retirée, le 21, sur Arenas et Oviedo.

Le général Llano-Ponte fut relevé par la Junte des Asturies du commandement des troupes asturiennes, et remplacé par le général Ballesteros. Ce dernier arriva le 25 novembre à Ribadesella, et employa la fin du mois à réunir les troupes asturiennes qui rejoignaient peu à peu.

_____

(1) Les troupes du général Mahy se conduisirent fort mal pendant cette retraite, et se signalèrent par des actes de pillage ; en passant à Llanès, elles avaient complètement saccagé la ville.

Pendant ce temps, le général Blake avait conduit les restes de son armée par la Liebana (¹) et Valdeburon dans la vallée de l'Esla, et était parvenu le 23 novembre à Mansilla-de-las-Mulas. Ayant appris que les Français avaient dépassé Sahagun et se rassemblaient vers Ampudia et Rio-Seco, en marche sur Leon, il résolut de tenir les passages de l'Esla, de couper le pont de Gradefès et de défendre celui de Mansilla, qu'il fit occuper par un détachement formé des corps les moins désorganisés, sous le commandement du brigadier Antonio Pilon; en même temps, il donna avis de l'approche des Français au général Baird qu'il savait établi à Astorga; mais il eut le tort de ne pas contrôler les renseignements qu'il lui envoyait et de lui montrer une armée française en marche sur Leon, alors qu'en réalité il n'avait devant lui que quelques escadrons du général Franceschi; il en résulta que le général anglais, effrayé, se résolut à battre en retraite.

Le 24 novembre, le général Blake remit le commandement au marquis de La Romana qui s'occupa dès lors de rassembler autour de Leon les débris épars de l'armée dont il voulait tenter la réorganisation.

---

(1) C'est le nom de la région de Potès.

CHAPITRE VI

L'EMPEREUR A ARANDA

(23-29 novembre)

JOURNÉE DU 24 NOVEMBRE

Dans la matinée du 24 novembre, l'Empereur n'avait pas encore reçu de nouvelles du maréchal Ney, pas plus que du maréchal Lannes: si l'on songe à l'importance qu'il attribuait aux opérations de ces deux maréchaux contre le groupe le plus considérable des forces espagnoles et le seul qui fût demeuré intact, on se représente aisément l'impatience avec laquelle il devait attendre d'être renseigné par ses lieutenants. Il fait écrire dans la nuit du 24 novembre au maréchal Ney pour le presser d'envoyer des nouvelles; convaincu, d'ailleurs, que le maréchal, suivant les instructions qu'il a reçues, se sera porté par Agreda sur les derrières de l'armée de Castaños, il s'attend à chaque moment à recevoir l'avis que ce mouvement s'est exécuté. Pendant ce temps les troupes du 1er corps affluaient à Aranda, où elles se réunissaient dans la soirée du 24, pour être à même d'aller renforcer le maréchal Ney, si, comme l'Empereur le jugeait possible, il advenait qu'il fût attaqué vers Soria par toute l'armée de Castaños.

Ce ne fut que vers 4 heures du soir que parvint le rapport du maréchal Ney du 22 novembre, annonçant l'arrivée à Soria des divisions Marchand et Dessolles, et la marche de la cavalerie du général Beaumont sur Agreda ; le maréchal prévenait en outre qu'il enverrait le lendemain 23 novembre un parti d'infanterie et de cavalerie sur Arnedo, où était signalé le quartier général de Castaños.

Ces nouvelles confirmèrent probablement l'Empereur dans sa conviction que le maréchal Ney avait dû marcher le 23 novembre sur Agreda ou Arnedo : mais afin d'être prêt dans tous les cas à le renforcer, et afin d'établir sa liaison avec lui, il décida de lui envoyer la brigade de dragons du général d'Oullembourg qui avait été poussée sur Osma, et de diriger sur cette ville le général Latour-Maubourg avec son autre brigade, dans le but d'éclairer la marche du 1er corps et de la Garde qu'il se disposait à faire marcher le lendemain vers Almazan.

A ce moment, la tête de la division de dragons du général La Houssaye, qui venait d'entrer en Espagne, arrivait à Burgos ; l'Empereur ne voulant jamais laisser inutilisée une partie quelconque de ses forces, dirigea immédiatement cette division sur Aranda.

C'est probablement dans la soirée du 24 novembre que l'Empereur reçut une lettre du maréchal Lannes [1] dans laquelle le maréchal annonçait qu'il marcherait le 22 novembre sur Calahorra et qu'il estimait à 40,000 ou 50,000 hommes les forces de Castaños dans la vallée de l'Èbre ; ce dernier renseignement qui attribuait

---

[1] De Lodosa le 22 novembre, à 6 heures du matin.

au général espagnol des effectifs trop considérables, ne pouvait que confirmer l'Empereur dans la résolution qu'il avait prise de soutenir le maréchal Ney avec toutes les forces dont il pourrait disposer.

Ordres du 24 novembre (¹).

LE MAJOR GÉNÉRAL AU MARÉCHAL NEY.

Aranda, le 24 novembre 1808, à minuit et demie.

Nous n'avons pas eu de nouvelles, Monsieur le Maréchal, depuis le 21 à 7 heures du soir, nous ignorons ce qui s'est passé dans la journée du 22, et ce qui s'est fait dans la journée du 23. Le maréchal Moncey et le maréchal Lannes ont dû se porter le 22 sur Calahorra. Il deviendrait donc très important, comme je vous l'ai mandé il y a deux jours, de marcher sur Agreda afin de vous trouver en communication avec eux. Des patrouilles envoyées d'Almazan sur la route de Madrid à dix ou douze lieues auraient dû nous apporter des nouvelles. Tout le corps du maréchal Victor arrive ici. Nous n'avons pas reçu les lettres interceptées de la poste d'Almazan.

L'EMPEREUR AU MAJOR GÉNÉRAL.

Aranda, le 24 novembre 1808.

Mon Cousin, donnez l'ordre sur-le-champ au général de division La Houssaye de faire partir de Burgos demain matin pour venir coucher à Lerma la brigade de sa division qui est arrivée hier à Burgos. Vous lui ordonnerez de laisser un petit dépôt de tous ses hommes éclopés qui se joindra à celui de la Chartreuse. La brigade qui arrive aujourd'hui à Burgos se reposera demain.

---

(1) A compléter avec le n° 14504 de la *Correspondance de Napoléon I*ᵉʳ.

LE MAJOR GÉNÉRAL AU MARÉCHAL NEY.

Aranda, le 24 novembre 1808, à 4 heures du soir.

Je ne reçois qu'à l'instant votre lettre du 22 à 4 heures après midi, Monsieur le Duc, l'officier d'ordonnance de l'Empereur s'étant égaré à son retour.

Je vous préviens, Monsieur le Maréchal, que la brigade de dragons qui est à Osma (¹) a l'ordre de vous rejoindre, et que le général Latour-Maubourg part de suite avec son autre brigade pour Osma. Le corps du maréchal Victor sera tout entier ici ce soir. Toute la Garde à pied et à cheval y est arrivée ; ainsi vous voyez que nous sommes en mesure d'agir. Nous n'avons pas de nouvelles des maréchaux Lannes et Moncey, mais les bruits du pays disent qu'ils étaient le 22 à Calahorra ; vous vous serez sûrement, Monsieur le Maréchal, dirigé le 23 sur Agreda pour établir votre communication avec les maréchaux Lannes et Moncey.

Le maréchal Soult continue à avoir de grands succès, il est entré dans les Asturies où il a atteint les débris de l'armée de Blake dans les gorges, où il en a fait un grand massacre et bon nombre de prisonniers. Vous sentez, Monsieur le Maréchal, l'importance de faire une diversion en faveur du maréchal Lannes et du maréchal Moncey.

---

(1) Celle du général d'Oullembourg; voici en quels termes ce général avait rendu compte au maréchal Bessières de son arrivée à Osma :

Osma, le 23 novembre 1808.

Monseigneur,

« Je suis arrivé avec ma brigade de ce matin à Osma. J'ai trouvé la ville presque déserte . . . . j'ai trouvé ici la plus grande partie des maisons enfoncées ou dévastées; les rues pleines de matelas et d'effets, des bestiaux tués et à moitié pourris. Le brigadier du poste de correspondance de hussards qui a été placé ici par M. le maréchal Ney au moment de son passage, m'a dit qu'une partie de ces dégâts avaient été commis par les nombreux traînards du 6ᵉ corps, qu'il avait couru de grands risques avec ses quatre hussards, en voulant empêcher le désordre . . on vient de découvrir un magasin de biscuits . . . . J'ai rencontré un officier ce matin en route, qui m'a dit que M. le maréchal Ney arriverait sans doute aujourd'hui à Soria. »

Aranda, 24 novembre 1808.

Faites partir sur-le-champ, Général, d'une manière sûre et prompte, les ordres ci-joints par lesquels je prescris au général La Houssaye de faire partir demain matin de Burgos la 1ʳᵉ brigade de sa division pour venir coucher à Lerma.

L'officier ira en poste : donnez-lui aussi la lettre ci-jointe pour le Roi.

MOUVEMENT SUR ALMAZAN

(25 et 26 novembre)

JOURNÉE DU 25 NOVEMBRE

Dans la soirée du 24 novembre, le 1ᵉʳ corps et la Garde impériale étaient réunis à Aranda, la division de dragons Latour-Maubourg avait une brigade à Osma, et l'autre à Aranda. Vers le milieu de la nuit du 24 au 25 l'Empereur reçut la lettre du maréchal Ney du 23 novembre ([1]) ; le maréchal n'y parlait plus du tout de marcher sur Agreda : il donnait seulement des renseignements sur la position et les forces de l'armée de Castaños, auquel les bruits du pays attribuaient 60,000 hommes ; le maréchal Ney ne manifestait d'ailleurs aucune appréhension, mais sa lettre était d'un calme déconcertant, et il n'y était plus question de marcher de l'avant. Néanmoins l'Empereur resta persuadé que le maréchal

---

(1) Voir cette lettre page 289.

Ney avait dû marcher sur Agreda, comme le portaient ses instructions primitives et comme le lui prescrivaient les ordres ultérieurs qui lui avaient été adressés. N'ayant aucune nouvelle positive de ce qui s'était passé dans la vallée de l'Èbre depuis le 22, et pressentant que le dénoûement approchait de ce côté, l'Empereur jugeant plus que jamais indispensable de se rapprocher du maréchal Ney, envoya dans la nuit ses ordres de mouvement au corps du maréchal Victor pour le diriger sur San-Estevan-de-Gormaz et à la cavalerie du général Latour-Maubourg pour la porter d'Osma sur Soria, et d'Aranda sur Osma, une brigade devant rejoindre le maréchal Ney, l'autre précédant le maréchal Victor. La Garde impériale recevait l'ordre de se tenir prête à partir au premier signal.

Au moment où l'Empereur se décidait à manœuvrer au loin sur sa gauche pendant un temps qu'il ne pouvait pas prévoir, il prit toutes les précautions et fit toutes les recommandations nécessaires pour assurer sa liberté de manœuvre, la sécurité de ses mouvements, la conservation des territoires occupés et la sûreté de la ligne de communications de l'armée.

Laissant en place la cavalerie du général Milhaud et celle du général Lasalle, il avait déjà prescrit au maréchal Lefebvre de se porter sur Carrion, où il serait bien placé pour maîtriser toute la Vieille-Castille, soutenir le général Milhaud, et protéger la droite de l'armée : mais l'Empereur avait appris que le maréchal Lefebvre s'était porté de Reinosa sur Potès et que l'exécution de ses ordres serait retardée. Il lui fit écrire dans la nuit du 24 au 25 pour le presser de gagner Carrion.

Il fit écrire en même temps au maréchal Soult pour lui prescrire de se tenir prêt à seconder le maréchal Lefebvre si les circonstances le nécessitaient.

Il fit prévenir le général Milhaud des mouvements de l'armée et lui prescrivit d'appuyer ses postes sur Aranda pour maintenir la communication avec lui.

Afin de parer à l'imprévu, il ordonna au général Frère, commandant à Vitoria, d'arrêter dans cette ville la cavalerie westphalienne et la division polonaise qui devait y arriver à la fin du mois, de façon à constituer un corps de réserve qui serait porté en cas d'événement sur le point menacé, et l'Empereur ne prévoyait pas seulement le cas où le danger viendrait de la Vieille-Castille, mais aussi l'éventualité d'un mouvement que l'armée de Castaños pourrait exécuter sur la Navarre lorsqu'elle se verrait prise en queue par les forces que l'Empereur mettait en mouvement contre elle.

C'est dans la même pensée qu'il prescrivit au maréchal Mortier, dont le corps devait entrer en Espagne au commencement de décembre, de se diriger sur Burgos avec ses troupes réunies et prêtes à combattre.

Enfin, il dicta pour le général Darmagnac, gouverneur de Burgos, des ordres très détaillés, dans lesquels il lui prescrivait de constituer en vue d'un siège possible des approvisionnements de toute sorte pour la place, et de prendre toutes les mesures pour être prêt à la défendre pendant plusieurs mois.

En dernier lieu l'Empereur, songeant à utiliser ses moindres forces, et à diviser celles de l'ennemi, prescrivit au général Drouet, commandant à Bayonne, de diriger sur la vallée de Jaca les corps de chasseurs des montagnes organisés sur la frontière des Basses et des Hautes-Pyrénées sous les ordres du général Wouillemont et de l'adjudant-commandant Lomet.

Les ordres du 25 novembre préparaient une opération d'une remarquable ampleur; laissant tendu le rideau formé par sa cavalerie, répandue dans la Vieille-Castille et dont les postes avancés étaient répartis sur un vaste demi-cercle de 250 kilomètres de développement, passant par Boceguillas, Medina-del-Campo, Medina-de-Rio-Seco, Sahagun et Saldaña, l'Empereur avait tout disposé pour soutenir efficacement cette cavalerie et protéger sa ligne de communications pendant qu'il s'éloignerait vers l'est; il maintenait du même coup l'occupation des territoires conquis, considération importante en pays insurgé, tout en se trouvant à l'abri d'une irruption des Anglais par Salamanque ou Valladolid.

Ainsi gardé vers le sud et vers l'ouest, il allait transporter la majorité de ses forces de la vallée du Duero dans celle de l'Èbre, dans l'espoir d'y écraser définitivement l'armée espagnole, si elle commettait l'imprudence d'y attendre ses coups.

Dans la soirée du 25 novembre, l'Empereur n'ayant toujours reçu aucune nouvelle, et plus décidé que jamais à marcher vivement, envoya ses ordres au maréchal Victor pour pousser le 1ᵉʳ corps le plus loin possible sur la route d'Almazan le 26, et prit ses dispositions pour se rendre de sa personne à San-Estevan-de-Gormaz le lendemain.

Ordres du 25 novembre.

LE MAJOR GÉNÉRAL AU MARÉCHAL NEY.

Aranda, le 25 novembre, à 2 heures du matin.

Je reçois, Monsieur le Duc, votre lettre du 23 de Soria,

et je vous réexpédie votre aide de camp. Les officiers qui viennent de Soria mettent 40 et 50 heures à venir quand ils ne devraient en mettre que 14 ou 15. Cela vient de ce que depuis Osma jusqu'à Soria, vous n'avez pas mis de poste de correspondance. Vous sentez cependant combien il est important que nous ayons promptement de vos nouvelles.

La 1re brigade de dragons du général Latour-Maubourg part ce matin d'Osma pour se rendre à Soria ; le général Latour-Maubourg part ce matin avec une autre brigade pour se rendre à Osma, d'où il continuera sa route pour Soria.

Le maréchal Victor aura ce soir son quartier général à Gormaz-de-San-Estevan où sera réuni son corps d'armée.

Les opérations de la journée du 26 seront déterminées par les nouvelles que vous allez nous envoyer. Les seules que nous avons du maréchal Lannes sont qu'il était le 22 à Lodosa tout réuni avec le maréchal Moncey, la division du général Lagrange, la brigade du général Colbert et celle de dragons du général Digeon. L'Empereur attend avec bien de l'impatience de vos nouvelles. Sa Majesté espère avoir aujourd'hui avant midi des nouvelles du 24.

LE MAJOR GÉNÉRAL AU MARÉCHAL LEFEBVRE.

Aranda, le 25 novembre, à 2 heures du matin.

L'Empereur, Monsieur le Duc, avait compté que vous seriez le 20 à Carrion (1) avec votre corps réuni : la marche que vous avez faite sur Potès retardera votre arrivée dans cette ville.

Je vous ai de nouveau de Burgos réitéré l'ordre que vous vous rendiez dans la position de Carrion ; cela est très important ; l'armée espagnole d'Aragon et d'Andalousie est tout entière à Calahorra et à Tudela.

Le maréchal Ney est à Soria et marche sur Agreda pour manœuvrer sur les derrières de l'ennemi, mais il est indis-

---

(1) Il ne pouvait y être que le 22 au plus tôt, puisque l'ordre de s'y rendre ne lui fut expédié que le 20 au soir.

pensable et nécessaire que nous entrions dans la plaine, soit pour le protéger, soit pour couvrir Burgos, soit pour nous rapprocher de ce côté-ci.

LE MAJOR GÉNÉRAL AU MARÉCHAL SOULT.

Aranda, le 25 novembre, à 2 heures du matin.

L'Empereur, Monsieur le Duc, a été un peu contrarié de ce que le duc de Danzig ait tardé d'arriver à Carrion. Il espère qu'il y est actuellement. Vous jugerez facilement de l'importance par la situation de l'armée.

Castaños, avec une armée plus forte que celle de Blake, est à Calahorra et à Tudela. Les Aragonais sont à Tafalla et à Sanguessa. Les maréchaux Lannes et Moncey sont réunis à Lodosa. Le maréchal Ney est entré à Soria. Il marche sur Agreda et il aura besoin d'être soutenu par tout le corps du maréchal Victor. Blake étant tout à fait hors de procès, il est nécessaire qu'avec votre corps vous gardiez les montagnes, et que vous descendiez même dans la plaine avec une partie de vos troupes, afin de maintenir et couvrir Burgos.

Il est donc nécessaire, Monsieur le Maréchal, que le duc de Danzig s'approche du Duero. Enfin, Monsieur le Maréchal, jusqu'à ce que les coups aient été portés dans l'Aragon, la tendance générale du mouvement doit être portée sur notre gauche. Réglez-vous là-dessus.

LE MAJOR GÉNÉRAL AU GÉNÉRAL MILHAUD.

Aranda, le 25 novembre, à 2 heures du matin.

Je vous préviens, Général, que nous manœuvrons sur les derrières de l'ennemi qui est sur l'Èbre à Calahorra et à Tudela ; c'est là que se trouve sa principale armée. Il est donc bien important que vous, Général, vous envoyiez des postes jusqu'à Aranda afin de nous maintenir la communication jusqu'à cette ville et pouvoir appuyer de ce côté-ci, si cela devenait nécessaire. Mettez-vous aussi en communication avec le duc de Danzig qui doit être arrivé à Carrion.

Aranda, le 25 novembre 1808, à 2 heures du matin.

L'intention de l'Empereur, Général, est que le régiment de chevau-légers westphaliens, qui est arrivé le 24 à Vitoria, y reste. S'il était déjà parti pour Miranda, vous le feriez rester dans cette ville. La division polonaise doit arriver vers le 30 novembre. Retenez cette division afin que réunie à ce régiment westphalien et à quelques pièces d'artillerie que vous lui organiserez à Vitoria, cela puisse former un corps de réserve qui sera dans le cas d'agir selon les événements. S'il est possible, activez l'arrivée des derniers régiments de la division polonaise. Le général Valence qui la commande doit arriver avec elle.

Le maréchal Lannes avec la division Lagrange et avec le corps du maréchal Moncey, étaient réunis le 22 à Lodosa. Il paraît que l'armée de Castaños se trouve être encore à Calahorra et à Tudela.

Le maréchal Ney s'est emparé le 22 d'Almazan et de Soria, et avait ainsi coupé la route et la communication de l'ennemi avec Madrid, et manœuvre sur ses derrières. Il n'est donc pas impossible que l'ennemi déborde sur la Navarre, et la division polonaise servira à le maintenir, à protéger les communications de l'armée, ou même à renforcer le corps du maréchal Lannes. Comme cette division n'a pas d'artillerie, vous pourrez lui en attacher momentanément ce qui serait en dépôt à Vitoria, ou ce qui arriverait pour rejoindre l'armée.

Aranda, le 25 novembre 1808, à 3 heures du matin.

L'intention de l'Empereur, Monsieur le Maréchal, est que vous portiez aujourd'hui 25 votre quartier général à Gormaz-de-San-Estevan. La division Villatte partira aujourd'hui à 6 heures du matin pour arriver de bonne heure à Gormaz-de-San-Estevan. Indépendamment de son artillerie, vous y joindrez une division d'artillerie légère de votre réserve. Vous ferez partir la division Ruffin à 9 heures du matin pour aller coucher aussi à Gormaz-de-San-Estevan. Vous donnerez l'ordre au général Lapisse et au parc de ne partir qu'à 11 heures du matin pour aller coucher seulement à Langa, à 5 lieues d'ici, sur la route de Gormaz. Vous ordonnerez au général Lapisse de venir prendre les ordres chez moi, à 10 heures, avant de mettre la division en route. J'ordonne au général Le Brun, aide de camp de l'Empereur, de partir avec le régiment polonais de la Garde pour Gormaz-de-San-Estevan. Ce général sera à vos ordres.

Le petit quartier général de l'Empereur suit votre marche. Il y a à Osma, à une lieue de Gormaz, 20,000 rations de biscuit français : vous pourrez les faire prendre.

Le général Latour-Maubourg continue sa marche aujourd'hui sur Osma.

Le maréchal Ney, avec son corps d'armée, était aujourd'hui à Soria : il marche sur Agreda.

Le maréchal Lannes et le maréchal Moncey étaient le 22 à Lodosa ; à cette époque, l'ennemi était à Calahorra.

Le but de l'Empereur, Monsieur le Maréchal, est que votre corps d'armée appuyant celui du maréchal Ney, manœuvre sur les derrières de l'ennemi. Les renseignements qui vont nous arriver dans la journée d'aujourd'hui décideront les mouvements de la journée de demain.

Le maréchal Ney a fait éclairer la route qui de Saragosse va à Madrid par Calatayud. Il a envoyé à Medinaceli un régiment de hussards.

Envoyez un de vos officiers d'état-major au maréchal Ney afin de l'instruire de votre mouvement et de connaître sa position.

LE MAJOR GÉNÉRAL AU GÉNÉRAL WALTHER.

Aranda, le 25 novembre 1808, à 4 heures du matin.

L'Empereur, Général, ordonne que les chasseurs à cheval

et les fusiliers à pied de la Garde se tiennent prêts à partir au premier ordre qu'ils recevront.

LE MAJOR GÉNÉRAL AU GÉNÉRAL LE BRUN (¹).

Aranda, le 25 novembre 1808, à 4 heures du matin.

L'Empereur, Général, ordonne que vous partiez à 6 heures du matin avec le régiment de chevau-légers de sa Garde, que vous demanderez au maréchal Bessières. Vous vous rendrez à Gormaz-de-San-Estevan où vous serez aux ordres du maréchal Victor. Le général Latour-Maubourg se porte en avant sur Osma.

LE MAJOR GÉNÉRAL AU MARÉCHAL LANNES.

Aranda, le 25 novembre 1808, à 10 heures du matin.

Nous attendons avec impatience de vos nouvelles, Monsieur le Maréchal, n'en ayant pas reçu depuis la dernière lettre que vous avez écrite à l'Empereur. Le maréchal Ney est entré le 22 à midi à Soria, il continue sa marche sur Agreda pour se mettre en communication avec vous. Le maréchal Victor avec son corps est en marche vers Soria pour appuyer le maréchal Ney. La division polonaise que commande le général Valence arrivera vers le 30 à Vitoria.

Quand vous aurez quelque chose d'intéressant indépendamment du compte que vous me rendez, écrivez aussi un mot au Roi à Burgos.

Dans l'instant, une lettre du major Dumolard, commandant à Logroño, datée du 23 novembre à 8 heures du soir, nous écrit qu'il apprend que vous avez mis en fuite ce qui se trouvait de l'ennemi en avant de Calahorra et que vous étiez depuis le matin 23 à Cintruenigo. Vous sentez combien vos nouvelles intéressent Sa Majesté et combien nous sommes impatients d'en recevoir.

---

(1) Aide de camp de l'Empereur.

LE MAJOR GÉNÉRAL AU GÉNÉRAL DUROSNEL.

Aranda, le 25 novembre 1808, à 10 heures du matin.

Je reçois, Général, votre lettre du 24 à 9 heures du matin (¹) ; le commandant de Logroño ne paraît pas être un homme d'une grande intelligence : comment ne peut-il pas dire, étant si près, ce que le maréchal Lannes a fait dans la journée du 22. Le maréchal Ney est entré le 22 à midi à Soria ; ainsi l'espion vous a fait un conte et mérite une punition. Le maréchal Victor est également en marche et appuie le maréchal Ney pour se porter sur Agreda et faire sa jonction avec le maréchal Lannes.

LE MAJOR GÉNÉRAL AU MARÉCHAL NEY.

Aranda, le 25 novembre 1808, à 11 heures du matin.

Dans l'instant, Monsieur le Maréchal, nous recevons une lettre du major Dumolard, commandant à Logroño, qui nous dit que le 29 au matin le maréchal Lannes avait mis en fuite

---

(1) Dans cette lettre, le général Durosnel transmettait un rapport du major Dumolard, qui commandait à Logroño depuis que le général Lagrange en était parti le 21 novembre. Nous n'avons pas retrouvé ce rapport qui, d'après ce que dit le Major général dans sa lettre ci-dessus, ne devait contenir que des nouvelles incertaines. Voici une autre lettre qu'écrivait à 10 heures du matin le général Durosnel au prince de Neuchâtel :

Belorado, le 24 novembre 1808, à 10 heures du matin.

« Monseigneur,

« Le rapport que m'a fait hier le messager de Logroño qu'il y avait un parti ennemi entre Najera et Logroño était exact. L'un des miens y a été arrêté et on lui a pris ma lettre qui ne contenait rien d'intéressant. On l'a menacé, puis on l'a relâché sans lui faire de mal. Depuis je suis sans nouvelles. J'ai encore quatre messagers en route, aucun ne revient.

« Les habitants continuent à dire qu'il y a beaucoup de soldats déserteurs de l'armée de Blake dans les montagnes; malgré tous mes soins nous n'en avons pas encore aperçu un seul.

« Les habitants disent toujours que nous sommes à Calahorra, qu'il n'y a eu que quelques coups de fusil tirés et que l'ennemi s'est retiré.

« L'or que je répands ici, la Garde impériale qui est avec moi, et le soin que je prends de faire respecter les propriétés me font passer ici pour un grand personnage ; on se dit à l'oreille que je suis le Roi Joseph, et il n'y a pas moyen de détromper, parce que plusieurs habitants prétendent avoir vu le Roi à Vitoria et le reconnaître parfaitement.

« Je continue à envoyer tous les jours beaucoup de pain et de farine à Burgos. »

ce qui se trouvait d'ennemis en avant de Calahorra, et qu'il devait être à Cintruenigo sur le Rio d'Al'.ama. Si cela est vous devez déjà être en communication avec lui. Je vous ai mandé ce matin que le général Latour-Maubourg, avec sa division, se rendait à Osma et de là à Soria ; que le corps d'armée du maréchal Victor était parti pour vous soutenir.

LE MAJOR GÉNÉRAL AU MARÉCHAL MORTIER.

Aranda, le 25 novembre 1808, à 11 heures du matin.

L'Empereur me charge de vous prévenir, Monsieur le Maréchal, que les armées espagnoles de Galice et d'Extremadure, qui occupaient Burgos et les montagnes de Santander, fortes ensemble de 80,000 hommes, ont été entièrement défaites. Sa Majesté manœuvre actuellement sur les armées d'Andalousie, d'Aragon et de la Nouvelle-Castille, qui sont sur Tudela et Saragosse. Nous avons coupé toutes les communications de ces armées sur Madrid. Il serait donc possible que quelques partis de ces armées se soient jetés sur Pampelune et même sur la frontière. L'intention de l'Empereur, Monsieur le Maréchal, est donc que vous fassiez entrer votre corps d'armée en Espagne, par brigade, marchant dans le plus grand ordre, les officiers généraux, colonels et autres étant à leur poste, chaque homme ayant 50 cartouches, chaque brigade ayant avec elle 6 pièces d'artillerie, afin de pouvoir vous conduire suivant les circonstances. Vous voyez par là que vous devez entrer en Espagne à la tête de votre corps d'armée. Votre direction, Monsieur le Maréchal, et celle de votre corps d'armée est sur Burgos. Rendez-moi compte chaque jour, du lieu où vous vous trouverez, et de celui où seront les brigades de votre corps d'armée.

LE MAJOR GÉNÉRAL AU GÉNÉRAL DARMAGNAC.

Aranda, le 25 novembre 1808, à 11 heures du matin.

L'Empereur me charge de vous donner l'ordre suivant pour vous servir de règle en tout événement imprévu où

vous n'auriez pas des ordres précis de Sa Majesté. Si des
forces supérieures à celles que vous avez sous la main vous
obligeaient à abandonner la ville de Burgos, vous devriez
vous retirer dans la citadelle, et la défendre envers et contre
tous, en en prenant vous-même le commandement, et ayant
soin que le Payeur de l'armée, l'Intendant général, et tout
ce qui reste à Burgos s'y réfugie.

Comme on peut calculer à 3,000 hommes les individus
qui en temps ordinaire doivent se trouver à Burgos et environs, il faut que vous ayez des approvisionnements pour ce
nombre d'hommes pendant 3o jours ; en conséquence l'Empereur vous charge d'y faire transporter dans la journée de
demain 5oo quintaux de blé, 3,000 à 4,000 boisseaux d'orge,
5oo quintaux de farine, dont 100 seront placés au château
dans la journée de demain, et le reste successivement. Vous
y ferez mettre 60,000 rations de riz, autant d'eau-de-vie, du
bois pour cuire 200,000 rations, enfin 20 bœufs et 6o moutons qui seront sous la garde et la responsabilité du commandant du château, qui les fera parquer et nourrir dans
l'enceinte. Vous ferez également porter dans le fort un moulin à bras.

Ces approvisionnements sont très peu considérables,
mais en cas d'événement vous auriez soin de les quintupler
en prenant ce qui se trouverait dans la ville, de manière que
les 3,000 à 4,000 hommes que vous auriez dans le fort y
puissent vivre trois et quatre mois.

Cette instruction, Général, vous fait sentir l'importance
de surveiller vous-même les travaux du fort, la construction
du four, les magasins d'artillerie et de vivres, enfin tout ce
qui tient à la bonne défense et à l'approvisionnement du
fort. Il faut indépendamment des soldats trouver des paysans
et les faire travailler en les payant ; dans l'état de misère où
ils sont, ils se trouveront heureux de travailler pour de l'argent. Il faut que sans délai l'enceinte des vieilles murailles
soit réparée, le puits occupé par un ouvrage. L'intention de
l'Empereur est aussi qu'il y ait dans le fort de Burgos de
grosses pièces : donnez en conséquence des ordres pour en

faire venir.quatre de ce calibre prises parmi celles qui sont
au fort de Pancorbo.

Je n'ai pas besoin de vous dire que dans le cas imprévu ou
inattendu, où avec 3,000 hommes vous seriez dans le cas de
vous enfermer dans le fort de Burgos, vous feriez alors tra-
cer une redoute sur la montagne, c'est-à-dire sur la hauteur,
avec du monde. Cette redoute sera tracée et faite en deux fois
24 heures, et, étant sous la protection du fort se trouvera
à l'abri d'un coup de main ; alors avec les 2,000 ou 3,000
hommes que vous auriez, il serait facile de garder cette
redoute, car le fort dans l'ordre naturel de la défense ne
devrait être défendu que par 300 ou 400 hommes. C'est
pourquoi l'Empereur n'a pas ordonné de travailler à la redoute, que vous ne feriez faire que dans la supposition du
cas prévu ci-dessus. Si le cas arrivait, vous auriez soin de
faire évacuer tous les malades de la ville au fort.

Il y a aussi à Reinosa des effets de campement qu'il faudrait tâcher d'y faire venir. Vous devez donc considérer la
bonne organisation des travaux du fort, celle de son approvisionnement et des magasins comme une.chose qui vous
est personnelle, puisque vous devez vous y renfermer et
prendre le commandement du château en cas d'événement.
Vous verrez l'Intendant général pour les choses qui le concernent.

LE MAJOR GÉNÉRAL AU GÉNÉRAL SAINT-CYR.

Aranda, le 25 novembre 1808, à 5 heures du soir.

. . . .

Dans ce moment, l'Empereur manœuvre l'armée d'Aragon et d'Andalousie commandée par Castaños ; le maréchal
Ney est entré à Soria, pays le plus exalté de l'Espagne, et
déjà il a coupé les communications de Calahorra à Madrid
par Almazan, ainsi que celle de Saragosse à Madrid par
Calatayud. Les maréchaux Lannes et Moncey étaient réunis
à Lodosa le 22, et marchaient sur Calahorra. Le but du
mouvement de l'Empereur en ce moment est d'empêcher
Castaños de pouvoir se replier sur Madrid.

· Si d'ici au 1ᵉʳ du mois vous avez pris Roses, vous entrerez assez à temps à Barcelone pour entrer en ligne avec nous.

. . . .

LE MAJOR GÉNÉRAL AU MARÉCHAL SOULT.

Aranda, le 25 novembre 1808, à 5 heures du soir.

M. Destournel arrive et m'apporte votre lettre du 21, que je reçois aujourd'hui 25. Je vous ai fait connaître par une lettre que je vous ai adressée cette nuit la situation de l'armée. Dans ce moment l'Empereur manœuvre sur la gauche. Différentes raisons nous portent à penser que le maréchal Lannes et le maréchal Moncey se sont portés à Calahorra, et que l'armée de Castaños aurait rétrogradé par Tudela; dans ce moment, nous avons des partis qui coupent les routes de Saragosse à Madrid par Almazan et Calatayud. Le maréchal Ney est parti de Soria pour se rendre à Agreda. Dans la situation des choses, il importe que le duc de Danzig prenne position dans la plaine à Carrion et que vous soyez prêt à le soutenir s'il était jamais question d'Anglais de ce côté.

L'Empereur aurait vu avec plaisir que vous ayez chassé les Espagnols de leur position de Colombrès; mais dans la guerre de montagne, pour juger des choses, il faut être sur les lieux, et comme je vous l'ai dit, Sa Majesté s'en rapporte sur tout ce que vous croirez devoir faire. Le général Mermet a dû vous rejoindre avec le 31ᵉ régiment d'infanterie légère; quant au 118ᵉ régiment, il est nécessaire qu'il reste à Burgos jusqu'à nouvel ordre. Le bataillon du 86ᵉ est arrivé à Burgos et va vous rejoindre.

Faites exécuter ponctuellement les ordres que vous avez reçus relativement à Santander; faites-vous fournir du drap pour confectionner 15,000 capotes, toute espèce de drap est bonne; faites faire également 15,000 paires de souliers; Santander peut fournir tout cela; faites-y faire du biscuit.

Je donne l'ordre à l'Intendant général de vous envoyer deux brigades de mulets de bât. Si votre ligne est bonne sur la Nansa, faites-en faire une bonne reconnaissance, faites-la dessiner et envoyez-nous-la. J'ordonne au général Lariboisière d'envoyer une compagnie de canonniers à Santander; vous avez sûrement fait mettre le séquestre sur les laines, sur le quina, et sur les marchandises coloniales anglaises, et vous aurez tout prévu pour empêcher les dégâts.

LE MAJOR GÉNÉRAL AU GÉNÉRAL DROUET.

Aranda, le 25 novembre 1808, à 5 heures du soir.

Vous trouverez ci-jointes les lettres que j'écris à M. le général Wouillemont et à l'adjudant-commandant Lomet. Après en avoir pris lecture, vous voudrez bien les leur adresser. S'il est possible que ces 4,000 hommes soient promptement habillés, l'Empereur désire que vous les passiez en revue, que vous complétiez leur organisation, et que vous les dirigiez pour que cette brigade entre par les vallées de l'Aragon et par Jaca, se tenant d'un côté en communication avec Pampelune et de l'autre soutenant les derrières du siège de Saragosse; ce serait un moyen d'utiliser les chasseurs de la montagne.

LE MAJOR GÉNÉRAL AU GÉNÉRAL WOUILLEMONT.

Aranda, le 25 novembre 1808, à 5 heures du soir.

J'ai mis sous les yeux de l'Empereur, Général, votre lettre du 19, d'où il résulte que vous avez 3 bataillons de miquelets formés de 18 compagnies présentant environ 2,000 hommes. L'adjudant-commandant Lomet en a autant. Vous pourriez donc vous porter ensemble sur les vallées de l'Aragon, attaquer la vallée de Jaca, et couvrir de ce côté le siège de Saragosse. Dans ce moment, les neiges défendent suffisamment les cols et par là le pays que vous étiez chargé de protéger.

Il faut donc que vous entriez en Espagne par les vallées de l'Aragon pour utiliser d'une manière efficace le zèle des chasseurs des montagnes. Vous êtes donc le maître d'organiser à Pau 2 bataillons de 1,000 hommes chacun, de vous joindre à l'adjudant-commandant Lomet qui en organise-

rait autant : vous vous mettriez en communication avec
Pampelune, vous vous rendriez maître de la vallée de Jaca,
et vous vous mettriez en communication avec le corps qui
va faire le siège de Saragosse. Alors je communiquerai avec
vous par Pampelune. J'écris aux préfets d'accélérer la confection de l'habillement des chasseurs de la montagne ; faites-
les bien armer s'ils ne l'étaient pas entièrement ; qu'ils aient
des souliers et des cartouches, et la brigade de 4,000 hommes
que vous fourniriez avec l'adjudant commandant Lomet
servirait fort utilement de cette manière : étant en communication avec Pampelune, vous pourriez en tirer vos munitions.

LE MAJOR GÉNÉRAL AU GÉNÉRAL WALTHER.

Aranda, le 25 novembre 1808, à 7 heures du soir.

L'Empereur ordonne que ses chasseurs à cheval partent
demain à 6 heures du matin pour se rendre à Gormaz-de
San-Estevan. On laissera un piquet d'escorte à Langa où
sera placée une brigade de chevaux de l'Empereur. Vous
donnerez l'ordre que tout le reste de la Garde se tienne prêt
à partir au premier ordre qu'il pourrait recevoir.

LE MAJOR GÉNÉRAL AU MARÉCHAL VICTOR (¹).

Aranda, le 25 novembre 1808, à 8 heures du soir.

L'Empereur, Monsieur le Maréchal, ordonne que vous par-

---

(1) A la même heure, le maréchal Victor rendait compte au Major général
de la marche du 25 novembre :

San-Estevan-de-Gormaz, le 25 novembre 1808, à 8 heures du soir.

Monseigneur,

Conformément aux ordres de Votre Altesse Sérénissime, le 1er corps s'est mis
en marche ce matin pour se porter à San-Estevan-de-Gormaz.

Les chevau-légers de la garde commandés par M. le général Le Brun y sont
arrivés à 6 heures, la moitié garde les routes de Pedraja, Olmillos, Atauta et
Peñalva ; l'autre moitié reste ici.

La 3e division du 1er corps ne pourra arriver qu'à minuit, quoiqu'elle ait
marché très vite. Je puis dire, sans crainte d'être repris, que les lieues de ce
pays valent au moins les milles d'Allemagne.

La 1re division ne pourra pas arriver : elle couchera à Villa-de-San-Estevan,
à une lieue et demie d'ici.

La 2e division couchera à Langa.

. . . .

tiez demain à 7 heures du matin de Gormaz-de-San-Estevan.
Si d'ici là vous ne recevez aucun autre ordre pour marcher
avec vos deux divisions en suivant la route d'Almazan, vous
réglerez votre journée de manière à faire 9 à 10 lieues de
France. Le général Le Brun avec le régiment de chevau-légers marchera avec vous. Le petit quartier général de l'Empereur vous suivra et s'établira demain où vous coucherez.

Je donne l'ordre à la division Lapisse et à votre parc de
partir demain de Langa pour aller coucher à Gormaz-de-San-
Estevan. L'Empereur se déterminera à vous faire prendre,
de préférence, la route d'Almazan parce qu'elle est meilleure et que, suivant les circonstances, il est plus à portée
de marcher sur Madrid, selon les événements qui auront
lieu à gauche.

LE MAJOR GÉNÉRAL AU GÉNÉRAL LAPISSE.

Aranda, le 25 novembre 1808, à 8 heures du soir.

L'Empereur, Monsieur le général Lapisse, ordonne que
vous partiez demain avec votre division et le parc d'artillerie
du 1er corps, de Langa, pour vous rendre à Gormaz-de-San-
Estevan où vous attendrez de nouveaux ordres.

LE MAJOR GÉNÉRAL AU GÉNÉRAL NANSOUTY.

Aranda, le 25 novembre 1808, à 8 heures du soir.

L'Empereur, Monsieur le général Nansouty, me charge
de vous faire connaître que son intention est que son petit
quartier général qui est à Gormaz-de-San-Estevan en parte
demain à 7 heures du matin avec le corps du maréchal Victor
pour suivre la route d'Almazan jusqu'à l'endroit où le maréchal Victor établira son quartier général, à neuf ou dix
lieues de France de Gormaz-de-San-Estevan.

Le général Le Brun qui suit le mouvement du maréchal
Victor, sera chargé d'établir le petit quartier général de
l'Empereur : il laissera à moitié chemin de Gormaz, à l'endroit où sera établi le maréchal Victor sur la route d'Alma-

zan, un détachement de chevau-légers, et une des deux brigades des chevaux de Sa Majesté. Le général Le Brun laissera aussi un piquet de chevau-légers à Gormaz. Demain à 2 heures du matin, vous ferez partir d'ici deux brigades de chevaux de l'Empereur ; une se rendra à Gormaz-de-San-Estevan, et l'autre restera à Langa, de manière que Sa Majesté aura un relais à Langa, un à Gormaz-de-San-Estevan, un à moitié chemin de là à l'endroit où sera établi son petit quartier général, et une brigade fraîche à ce dernier endroit. Je vous prie de communiquer ces dispositions au Grand Maréchal du Palais. On placera un détachement de chasseurs à cheval à Langa.

LE MAJOR GÉNÉRAL A L'EMPEREUR.

Aranda, le 25 novembre 1808.

. . . .

Je reçois à l'instant une lettre du général prince d'Isembourg, qui me prévient qu'il a reçu à temps l'ordre de rester à Castroxeriz, jusqu'à ce que le maréchal Lefebvre lui donne celui de le rejoindre à Carrion ([1]).

LE MAJOR GÉNÉRAL AU GÉNÉRAL JUNOT.

Aranda, le 25 novembre 1808.

L'Empereur ordonne, Monsieur le duc d'Abrantès, que vous portiez votre quartier général à Bayonne et que vous y centralisiez tout votre corps d'armée. Sa Majesté me charge de vous faire connaître qu'il est convenable que votre quartier général soit porté à Bayonne le 5 décembre et que votre corps d'armée y soit centralisé avant le 10. Faites vos dispositions en conséquence et envoyez-moi, Monsieur le Duc, votre état de situation avec un rapport détaillé sur votre mouvement afin que je puisse les mettre sous les yeux de Sa Majesté.

---

(1) Le parc du 4e corps était encore à Burgos ; voir *Correspondance* n° 14508.

L'EMPEREUR AU GÉNÉRAL CLARKE.

Aranda, le 25 novembre 1808.

Monsieur le général Clarke, je reçois votre lettre du 18. Je considère toute la cavalerie qui est à Niort et ci-devant appartenant au 8ᵉ corps, comme un grand dépôt.

Je désire que vous m'envoyiez tous les cinq jours l'état de ce qu'il y a de disponible, et à mesure qu'il y aura 500 hommes prêts à marcher, que vous les fassiez partir, vu que ces régiments ont des escadrons et des détachements en Espagne; quand le premier convoi ne partirait que le 1ᵉʳ ou le 15 décembre, cela serait suffisant. Il ne faut pas considérer cette cavalerie comme appartenant au 8ᵉ corps, et ne point la porter sur les états de ce corps. Il arrivera lorsque nous serons à Madrid et sur nos derrières, et quand je le lancerai, je lui donnerai selon les circonstances la cavalerie nécessaire. Ainsi, toutes fois qu'il sera question du 8ᵉ corps, il ne faut plus y comprendre les corps de cavalerie qui sont à Niort, Saumur, etc. ; l'artillerie et le train joindront lorsqu'ils pourront le faire, et qu'ils seront en bon état; pour du matériel nous n'en manquerons pas, c'est du train et des chevaux qu'il nous faut.

JOURNÉE DU 26 NOVEMBRE

Dans la soirée du 25 novembre, l'Empereur reçut la nouvelle que le maréchal Lefebvre était arrivé la veille à Carrion; il fut infiniment satisfait, avant de se porter sur Almazan, de savoir le 4ᵉ corps installé dans la position qu'il lui avait assignée. Mais il se trouvait toujours sans nouvelles certaines du maréchal Lannes,

au sujet duquel il avait reçu de l'officier commandant
à Logroño des nouvelles disant qu'il avait repoussé
l'ennemi au delà de Tudela; mais ces renseignements
étaient vagues, l'Empereur ignorait les opérations réelles
du maréchal et l'impatience commençait à le gagner.

C'est dans cette disposition d'esprit qu'il reçut vers
le milieu de la nuit du 25 au 26 novembre, les deux
lettres du maréchal Ney datées du 24. Dans la première, le maréchal annonçait que ses reconnaissances
avaient entendu le bruit du canon et de la fusillade du
côté de Tudela, et qu'il aurait été désireux de marcher
sur ce point, mais il ajoutait, sans autre explication,
qu'il avait dû se borner à rester sur les positions qu'il
occupait, et qu'il attendait des ordres. Dans sa deuxième
lettre, le maréchal annonçait qu'il venait de recevoir
les ordres de l'Empereur du 20 novembre lui enjoi-
gnant de marcher sur Agreda, et qu'il se dirigerait le
lendemain sur cette ville.

Ces nouvelles durent causer une désagréable surprise à l'Empereur, qui jusque-là avait considéré comme
certain que le maréchal Ney aurait marché sur Agreda
pour se porter sur les derrières de l'armée de Castaños.
En apprenant que le maréchal était resté immobile à
Soria, et qu'une bataille dont on ignorait l'issue avait
probablement eu lieu du côté de Tudela le 23 novembre, il dut se rendre compte que la manœuvre qu'il
avait méditée se trouvait irrémédiablement manquée,
et que le maréchal Ney, parti de Soria le 25 novembre,
arriverait dans la vallée de l'Èbre trop tard pour obtenir de grands résultats: c'était pour l'Empereur une
déception d'autant plus vive qu'il n'avait pas prévu un
contretemps de ce genre : mais, quels que fussent son

mécontentement et sa déconvenue, il ne les manifesta que très discrètement dans les ordres qu'il fit envoyer dans la matinée du 26 au maréchal Ney. Comme les nouvelles envoyées par ce dernier ne faisaient rien prévoir au sujet de l'engagement dont il disait avoir entendu le bruit vers Tudela les 23 et 24 novembre, et que le maréchal, dans une lettre précédente, attribuait, d'après les bruits du pays, une force de 60,000 hommes à l'armée de Castaños, l'Empereur, dans l'incertitude de l'issue de l'attaque du maréchal Lannes, agit comme si elle n'avait pas réussi, et résolut de poursuivre son mouvement sur Almazan, Soria et Agreda à la suite du maréchal Ney. C'est pourquoi il envoya ses ordres dans la matinée du 26 au maréchal Victor pour presser le mouvement du 1er corps sur Almazan et au général La Houssaye pour faire venir sa division sur Aranda; lui-même se prépara à se porter de sa personne sur Almazan dans la matinée du 26.

Ordres du 26 novembre au matin.

LE MAJOR GÉNÉRAL AU MARÉCHAL NEY.

Aranda, le 26 novembre 1808, à 3 heures du matin.

Je reçois votre lettre du 24 à 3 heures après midi, Monsieur le Duc. Sa Majesté espérait que vous auriez été le 23 au soir à Agreda. Cela paraissait être indiqué dans vos instructions primitives. Le maréchal Victor marche sur Almazan : c'est par cette route qu'il faut envoyer des nouvelles. Nous attendons avec impatience ce que vous aurez appris de vos postes d'Agreda, qui doivent déjà avoir communiqué avec ceux du maréchal Lannes. Vous avez bien fait de rappeler votre poste de Medina. En se disséminant trop, on n'est fort nulle part.

LE MAJOR GÉNÉRAL AU MARÉCHAL VICTOR.

Aranda, le 26 novembre 1808, à 3 heures du matin.

Le maréchal Ney est entré le 24 au soir à Agreda. Envoyez directement dans cette ville pour avoir de ses nouvelles, et faites-les connaître à l'Empereur, par la route par laquelle vous avez marché. L'intention de l'Empereur est que vous pressiez avec la tête de vos troupes, pour arriver le plus près possible d'Almazan. Une forte canonnade a été entendue du côté de Tudela : c'étaient les maréchaux Lannes et Moncey qui attaquaient l'ennemi. Nous en ignorons encore l'issue. Si vous apprenez quelque chose, faites-nous-le dire.

L'Empereur suivra la même route que vous ; il attend encore quelques nouvelles de la droite avant de partir.

LE MAJOR GÉNÉRAL AU GÉNÉRAL MATHIEU DUMAS.

Aranda, le 26 novembre 1808, à 3 heures du matin.

Donnez l'ordre au général La Houssaye et à sa deuxième brigade de partir de Burgos aujourd'hui avant midi pour se rendre à Lerma et de là à Aranda, où elle pourra arriver demain. Donnez l'ordre au prince d'Isembourg qui est à Castroxeriz d'en partir pour joindre le corps du maréchal Lefebvre qui est à Carrion. Donnez l'ordre à tous les hommes du 4e corps qui est celui du duc de Danzig, c'est-à-dire hommes isolés, détachements et artillerie, de partir de Burgos dans un seul convoi que vous inspecterez et que vous dirigerez directement sur Carrion. Dans cet ordre, je ne comprends pas Nassau, qui est nécessaire au service de Burgos.

Écrivez sur toute la ligne pour que les détachements du 5e de dragons et des hussards hollandais se réunissent et se dirigent sur Carrion. Faites passer la lettre ci-incluse, que vous fermerez et que vous cachèterez, au maréchal Lefebvre à Carrion.

LE MAJOR GÉNÉRAL AU MARÉCHAL LEFEBVRE.

Aranda, le 26 novembre 1808, à 3 heures du matin.

L'Empereur a vu avec plaisir, Monsieur le duc de Danzig, votre arrivée à Carrion. L'artillerie hollandaise, avec 5oo à 6oo hommes de votre corps d'armée, se trouve à Castroxeriz, ainsi que le prince d'Isembourg : ils doivent vous avoir rejoints à Carrion.

Tout ce que vous avez laissé à Bilbao a l'ordre de vous rejoindre. Il en est de même de tout ce qui tient au 5ᵉ de dragons et aux hussards hollandais. Le général Dumas, qui est à Burgos, fait partir aujourd'hui 26 un convoi où se trouve une grande partie de votre artillerie. Occupez-vous de la bien organiser, parce qu'il en faut beaucoup en plaine. Il y a six pièces d'artillerie allemande, détachées sur Logroño, que l'on fera rejoindre le plus tôt possible. L'Intendant général vous envoie 2,5oo paires de souliers. Donnez ce qui est nécessaire à la division Sébastiani, et gardez le reste pour la division Leval. La division polonaise, avec le général Valence, n'arrive que le 3o à Vitoria. Le général Milhaud, avec sa cavalerie, a fait un mouvement sur Tudela-de-Duero, près de Valladolid. Écrivez-lui afin de pouvoir vous soutenir mutuellement. Un de ses généraux de brigade est chargé d'observer la route de Leon et de Carrion. Du reste, Monsieur le Duc, le général Milhaud reçoit les ordres directs du maréchal Bessières, commandant la cavalerie, parce que sa concurrence est nécessaire au mouvement général de l'armée.

Si le général Milhaud avait besoin d'être soutenu, et si l'ennemi voulait entreprendre quelque chose par Tudela-de-Duero sur Burgos, vous devez marcher à lui et le culbuter. Le maréchal Bessières, comme vous savez, est à Aranda.

Voici notre position : Le maréchal Lannes et le maréchal Moncey ont attaqué, le 23, toute l'armée d'Andalousie et d'Aragon sur Tudela, armée qu'on dit forte de 6o,ooo hommes. Le maréchal Ney est entré le 22 à Soria et s'est porté sur Agreda. On a entendu dans la journée du 24 une forte canonnade sur Tudela. Le maréchal Victor, avec son corps, se porte sur Almazan afin de marcher sur les derrières de l'armée d'Andalousie et d'Aragon, et de manœuvrer pour l'empêcher de se retirer sur Madrid, et l'écraser en lui coupant toute retraite.

Il est possible que l'Empereur parte dans la journée avec sa Garde pour se porter sur Almazan. Le maréchal Bessières reste à Aranda.

Il est intéressant que vous communiquiez aussi avec lui, c'est-à-dire que vous lui écriviez.

Quand nous aurons des nouvelles de l'issue du combat du maréchal Lannes le 24, je vous en ferai part.

Nos postes de cavalerie sont à 15 lieues plus loin qu'Aranda sur Somosierra, au pied de la montagne. D'après les rapports, il paraît que l'ennemi a du monde à Ségovie. Enfin, de quelque point qu'il débouche pour marcher sur Burgos, vous devez marcher à lui et couvrir cette ville.

Le 26 novembre à 8 heures du matin, un aide de camp du maréchal Lannes arriva au quartier général impérial apportant la nouvelle de la victoire de Tudela (¹). La bataille ayant été livrée le 23, et l'armée espagnole complètement mise en déroute, le grand mouvement préparé par l'Empereur devenait absolument inutile, et le corps du maréchal Ney suffisait pour poursuivre les débris de l'armée espagnole. Ne voyant plus de grands coups à frapper dans la vallée de l'Èbre, l'Empereur résolut de prendre la direction de Madrid et donna immédiatement ses ordres pour que le maréchal Ney poursuivît sans retard Castaños; il arrêta le

---

(1) Cet aide de camp était probablement parti de Tudela le 23 au soir, avec une lettre particulière du maréchal Lannes. Le rapport sur la bataille fut envoyé le 24 et confié au capitaine de Marbot, qui revint blessé à Tudela le 26. (Voir Marbot, *Mémoires*, tome II, page 80.)

1er corps dans sa marche sur Almazan et lui fit faire
un à-droite dans la direction de la Somosierra, où il
savait que des forces espagnoles occupaient la montagne et barraient la route de Madrid.

Le 1er corps se trouvant très avancé dans la direction
d'Almazan, l'Empereur constitua une nouvelle avant-
garde sur la route de Somosierra avec deux régiments
de fusiliers de la Garde qui n'avaient pas encore quitté
Aranda, et qui furent envoyés sur Onrubia avec le général Savary.

Afin de protéger vers l'ouest le mouvement sur la
Somosierra, l'Empereur prescrivit au maréchal Lefebvre
de quitter Carrion et de se diriger sur Tudela-de-Duero
et Ségovie, précédé par la cavalerie du général Milhaud
dont une partie devait rester vers Palencia pour observer la direction de Leon. Le 2e corps devenait ainsi
flanc-garde mobile, et pouvait remplir un rôle offensif
en débouchant de Ségovie soit sur le col de Navacerrada,
soit sur celui de Guadarrama, ou défensif en s'interpo-
sant entre les forces que l'Empereur conduisait sur
Madrid et celles qui pouvaient le menacer venant de
l'Ouest.

En même temps qu'il déplace vers le sud le centre
de gravité de ses forces, l'Empereur attire davantage
à lui les renforts qui sont arrivés en Espagne : c'est
ainsi que la division polonaise, au lieu de se concentrer
à Vitoria comme il en avait primitivement donné l'ordre,
doit se réunir à Burgos.

Tous les mouvements projetés vers le sud paraissent
devoir s'exécuter sans difficulté, car la cavalerie des
généraux Milhaud et Lasalle n'annonce aucun mouvement menaçant de l'ennemi du côté d'Aranda ou de

Valladolid; néanmoins le général Milhaud signalait l'existence de rassemblements anglais vers Astorga et Salamanque (¹).

(¹) Voici les rapports des généraux Milhaud, Lasalle et Durosnel :

LE GÉNÉRAL MILHAUD AU MAJOR GÉNÉRAL.

Valladolid, le 24 novembre 1808, à 8 heures du soir.

Monseigneur,

J'ai l'honneur d'adresser à Votre Altesse les lettres et gazettes les plus récentes que j'ai fait intercepter à la poste : nous avons trouvé ici beaucoup de poudre et plusieurs milliers de fusils tout neufs et des habillements. J'en aurai demain l'état exact que je m'empresserai de faire passer à.Votre Altesse. Un grand nombre d'habitants ont resté dans les maisons, je fais régner le plus grand ordre ; un général espagnol est venu il y a douze jours ordonner à tous les juges et autres magistrats de se rendre à Avila ; quelques milliers d'Espagnols ont quitté dimanche dernier Tudela. J'ai laissé pour couvrir Carrion et Palencia deux cents chevaux à Rio-Seco et le 21ᵉ dragons à Palencia ; j'ai envoyé le 5ᵉ à Tudela et demain le général Franceschi sera à Simancas avec le 22ᵉ et la légion hanovrienne.

Le 5ᵉ de chasseurs a ordre de pousser des partis sur la route de Ségovie, ainsi que les escadrons de Simancas sur Olmedo, afin de couvrir la droite de M. le maréchal Bessières. Aussitôt que j'aurai des nouvelles de la route de Leon et d'Astorga, et de l'arrivée du corps du maréchal duc de Danzig à Carrion, je me rapprocherai du Duero et de Ségovie le plus près possible et ferai tout ce qui dépendra de moi pour communiquer par ma gauche avec Mᵍʳ le maréchal Bessières.

Il paraît, d'après tous les rapports que j'ai, que la plus grande confusion règne à Madrid, et qu'il est de la plus grande importance d'intercepter toutes les communications de cette capitale avec toutes les ramifications provinciales des insurgés. On a un grand moyen de faire déserter les drapeaux de la révolte en ouvrant les yeux de la multitude sur le parti des chefs vendus aux Anglais. Je peux garantir que l'esprit général depuis Burgos, Palencia et Valladolid est prêt à se déclarer en faveur de l'Empereur et du Roi Joseph. Avec une bonne discipline dans les pays paisibles, et de la vigueur contre les brigands armés, on peut atteindre ce but, l'objet de tous les militaires dévoués à notre Auguste Souverain. Je fais de mon côté tous mes efforts pour me conformer aux instructions de Votre Altesse et aux intentions de Sa Majesté.

Valladolid, le 25 novembre 1808, à 10 heures du matin.

Un avocat qui avait la confiance du maréchal Bessières m'a assuré que le 17 de ce mois, 5,000 Anglais étaient arrivés à Astorga, moitié infanterie et moitié cavalerie. C'est son gendre qui lui a écrit en date du 17 et qui a assuré que sa sœur avait été aussi sur la place pour entendre la musique anglaise. On parle aussi d'un corps de 18,000 Anglais arrivé à Salamanque, qui s'y était concentré après les affaires de Burgos et la bataille d'Espinosa.

J'ai déjà rendu compte à Votre Altesse que j'avais laissé le général Barthélemy avec un régiment de chasseurs et le 21ᵉ de dragons pour couvrir la route de Leon, observer Carrion et couvrir Palencia — le général Franceschi est à Simancas, et éclaire la route de Ségovie par Olmedo — le 5ᵉ de chasseurs est à Tudela et Portillo, et éclaire aussi la route de Ségovie.

Je me rendrai demain à Tudela avec deux régiments de dragons et l'artillerie, et je pousserai le 5ᵉ de chasseurs le plus en avant possible, pour me lier avec la

Ordres du 26 novembre.

LE MAJOR GÉNÉRAL AU MARÉCHAL VICTOR.

Aranda, le 26 novembre 1808, à 9 heures du matin.

Je m'empresse de vous faire connaître, Monsieur le Maréchal, que le maréchal Lannes vient de remporter à Tudela

---

cavalerie du général Lasalle, et conformément à vos instructions, j'aurai soin de faire éclairer les routes de Ségovie.

Je viens de recevoir une lettre du général prince d'Isembourg qui me donne avis qu'il a pris position à Castroxeriz avec 400 fantassins et 6 pièces d'artillerie, et qu'il a ordre de Votre Altesse de communiquer avec moi, et de m'envoyer des renseignements. Ne serait-il pas convenable que cette troupe se rapprochât de Palencia, et que les deux régiments de cavalerie que j'ai laissés pour observer les routes d'Astorga, Léon et Carrion, se rapprochassent de Valladolid, en se liant toutefois avec les troupes du prince d'Isembourg?

Je pense que si le corps du maréchal duc de Danzig est arrivé à Carrion, ce que j'ignore encore, je n'aurai plus besoin de faire couvrir Palencia.

. . . .

Il me paraîtrait bien essentiel, Monseigneur, de faire occuper la grande ville de Valladolid par de l'infanterie, cette espèce de capitale a beaucoup d'influence à vingt lieues à la ronde, et ses déterminations politiques doivent avoir un grand résultat pour tous les pays qui l'environnent.

On n'a trouvé que deux mille bons fusils du calibre français et deux mille gâtés, et cinq cents armes blanches impropres à la guerre, une certaine quantité de pièces de drap, bon pour l'infanterie, quelques malles pleines de souliers et d'uniformes et des poudres avariées.

L'intendant du Roi Joseph a été installé hier avec assez de pompe; à chaque instant la confiance renaît et la population augmente par le nombre des fugitifs qui rentrent.

Un détachement du 5ᵉ chasseurs a dû accompagner mon exprès jusqu'à Peñafiel.

LE GÉNÉRAL LASALLE AU MARÉCHAL BESSIÈRES.

Boceguillas, le 25 novembre 1808, à 2 heures après midi.

Monseigneur,

J'ai reçu l'avis que m'a donné Votre Excellence que les dragons sous les ordres du général Maubourg devaient être relevés par 2 escadrons de dragons de la Garde et non par les chevau-légers.

Le capitaine de grand'garde vers Sepulveda vient de me rendre compte que les hommes de cavalerie espagnole qui se sont présentés ce matin à l'avant-poste n'étaient plus des houzards, mais des carabiniers ou des gardes du corps. J'ai cru important d'instruire Votre Excellence de ce changement, qui me paraît être le résultat des bruits de tambour entendus cette nuit; et de cela je conjecture que la garnison de Sepulveda a été relevée ou renforcée.

P.-S. — Il n'y avait ce matin en arrière de Castillejo que 20 hommes de cavalerie et quelques fantassins.

LE GÉNÉRAL DUROSNEL AU MAJOR GÉNÉRAL.

Belorado, le 25 novembre 1808, à 3 heures du soir.

Monseigneur,

Depuis hier je n'ai point reçu de rapport du commandant de Logroño. Mes

une victoire complète, dans la bataille qu'il a donnée devant cette ville dans la journée du 23 ; il a pris plus de 30 pièces de canon et fait un grand nombre de prisonniers. En conséquence, l'Empereur ordonne que vous fassiez halte avec tout votre corps d'armée dans la position où vous recevrez cet ordre.

J'envoie directement l'ordre au général Lapisse de reprendre la position de Langa.

Dans une heure, je vous écrirai de nouveau, et vous ferai connaître la direction que Sa Majesté donne à votre corps d'armée.

LE MAJOR GÉNÉRAL AU MARÉCHAL NEY.

Aranda, le 26 novembre 1808, à 9 heures du matin.

Je m'empresse de vous annoncer, Monsieur le Maréchal, que les maréchaux Lannes et Moncey ont complètement battu l'ennemi le 23 devant Tudela ; lui ont pris 40 pièces de canon, en ont fait un grand massacre, fait un grand nombre de prisonniers et mis le reste de l'armée en déroute : ils poursuivent l'ennemi sur Saragosse.

L'ennemi paraissait prendre la direction de Calatayud. L'Empereur ordonne, Monsieur le Maréchal, que vous le poursuiviez vivement et l'épée dans les reins, telle direction qu'il puisse prendre.

Si vous eussiez pu être à Agreda le 23 ou le 24, vous auriez pris le reste de l'armée (¹).

---

exprès ne marchent plus qu'avec crainte, il y a beaucoup de brigands qui commettent des désordres sur la route. Hier matin une quinzaine sont entrés à Najera et se sont emparés des lettres à la poste. Cette opération ne doit s'être faite que par l'ordre d'un chef militaire, et pourtant il paraît très probable que l'ennemi s'est retiré de Nalda. Il faut que ces brigands se cachent de nous avec beaucoup de soin, car nous ne pouvons en joindre, ni en apercevoir aucun. Pourtant depuis trois jours il me manque un chevau-léger de la garde du grand-duc de Berg qui aura marché seul malgré mes ordres et qui probablement sera tombé entre leurs mains.

Depuis avant-hier j'ai envoyé dans les magasins de Burgos 7,834 rations de pain et 144 quintaux de farine.

(1) La prétention est exagérée ; c'était absolument impossible, puisque le maréchal Ney ne pouvait être à Agreda avant le 23 au soir, et que pendant la nuit l'ennemi en fuite traversa Tarazona.

LE MAJOR GÉNÉRAL AU MARÉCHAL NEY.

Aranda, le 24 novembre 1808, à 10 heures du matin.

Je vous préviens, Monsieur le Maréchal, qu'en conséquence de la victoire signalée remportée par le maréchal
Lannes à Tudela, Sa Majesté prescrit au maréchal Bessières
de donner l'ordre au général Latour-Maubourg de revenir
avec sa seconde brigade à Langa. Il a même l'ordre, dans
le cas où la première brigade serait encore à Soria, de la
faire revenir aussi à Langa. Si elle est avec vous à Agreda
vous la conserverez.

LE MAJOR GÉNÉRAL AU MARÉCHAL VICTOR.

Aranda, le 26 novembre 1808, à midi.

La victoire complète remportée par les maréchaux Lannes
et Moncey à Tudela rend inutile, Monsieur le Maréchal,
votre mouvement sur Almazan. Je vous ai écrit ce matin
pour que vous arrêtiez vos troupes là où elles se trouveraient
quand vous recevriez mon ordre. Je vous ai dit que je vous
écrirais pour vous faire connaître votre destination ultérieure.

L'Empereur ordonne, Monsieur le Maréchal, que vous
vous rendiez avec les deux divisions qui sont avec vous au
pied de Somosierra sur la route d'Aranda à Madrid. Vous
choisirez la direction la plus convenable pour vous y rendre
du point où vous ferez partir vos deux divisions.

Sa Majesté pense que vous pourriez passer par Ayllon,
El Corral, Riaza, où vous rejoignez la route de Madrid, et
où vous seriez au pied de la montagne, ou enfin toute
autre route qui vous conduira au même endroit.

Quant à la division Lapisse, je lui ai envoyé l'ordre de
partir de Langa pour se rendre également au pied de Somosierra. Je lui ai indiqué une route par Milagros et l'autre
par Linarès. Sa Majesté lui laisse le choix, mais il a l'ordre
de vous faire connaître où il couchera ce soir et où il couchera demain.

Votre parc a l'ordre de suivre le mouvement de la division Lapisse. L'Empereur ordonne les dispositions nécessaires pour que vous trouviez des vivres au pied de la Somosierra. Le général Lasalle, qui a son quartier général à Bocequillas, couvre avec sa cavalerie tout le pays. Vous voyez que l'intention de l'Empereur est actuellement d'arriver le plus tôt possible à Madrid. Faites-moi connaître la route que vous aurez choisie, et le lieu où vous coucherez chaque jour (¹).

LE MAJOR GÉNÉRAL AU GÉNÉRAL LAPISSE.

Aranda, le 26 novembre 1808, à midi.

La victoire remportée le 23 par les maréchaux Lannes et Moncey rend inutile le mouvement sur Almazan. Je vous ai déjà écrit ce matin pour vous ordonner de venir reprendre position à Langa. L'intention de l'Empereur est que vous en partiez pour vous rendre le plus tôt possible au pied de Somosierra, route d'Aranda à Madrid. Sa Majesté vous laisse le maître de choisir celle des deux routes qui vous conviendra, savoir : la première de Langa à Lavid, de Lavid à Milagros, où vous vous trouverez sur la grande route de Madrid qu'alors vous suivrez. La deuxième route pourrait être de Langa à Val-de-Conejos, de là à Linarès, de

---

(1) Voici la réponse du maréchal Victor :

Berlanga, le 27 novembre 1808, à 7 heures du matin.

Monseigneur,

J'ai l'honneur de prévenir Votre Altesse Sérénissime que, conformément à l'ordre qu'elle m'a fait l'honneur de m'adresser hier, je vais me mettre en marche avec la 1ʳᵉ et la 2ᵉ division du 1ᵉʳ corps pour me rendre au pied de Somosierra, sur la route d'Aranda à Madrid. Trois chemins conduisent sur ce point, un par Arentia, un deuxième par Quintanas-Rubias, le troisième par San-Estevan-de-Gormaz et Ayllon. Celui d'Arentia n'est praticable pour les voitures que jusqu'à cette ville, à moins de descendre sur Ayllon pour aller à Riaza, ce qui nous détournerait beaucoup, le chemin de Quintanas-Rubias n'est pas praticable pour les voitures. Il n'y a donc que celui de San-Estevan que nous puissions suivre. A le voir sur la carte, il semble le plus long, mais les renseignements qui m'ont été donnés assurent qu'il est plus court que les deux autres de deux lieues, et qu'il offre, en outre, l'avantage d'être très bon. Nous serons demain à Ayllon.

Linarès à Campo-de-San-Pedro, de là à Grajera où vous tombez sur la route de Madrid que vous suivez.

· L'artillerie du grand parc du 1er corps d'armée devra prendre la route de Langa à Lavid et Milagros, si le chemin est assez bon pour les voitures ; et s'il était trop difficile, l'artillerie retournerait par Aranda pour prendre la route de Madrid.

Dans tous les cas vous me ferez connaître le chemin que vous vous serez déterminé à suivre et vous en instruirez le maréchal Victor afin que l'un et l'autre nous sachions toujours où vous êtes.

Le général Lasalle a son quartier général à Boceguillas et couvre tout le pays avec sa cavalerie. Ne fatiguez pas trop vos troupes et faites-moi connaître où vous coucherez ce soir et où vous coucherez demain (1).

LE MAJOR GÉNÉRAL AU MARÉCHAL BESSIÈRES.

Aranda, le 26 novembre 1808, à midi.

L'intention de l'Empereur, Monsieur le Maréchal, est que vous fassiez connaître le plus tôt possible la victoire complète remportée par le maréchal Lannes à Tudela, et qu'en conséquence Sa Majesté va marcher sur Madrid. Il faut donc que le général Milhaud dirige de Tudela-de-Duero

---

(1) Voici la réponse du général Lapisse à cet ordre et à celui de 9 heures du matin :

Langa, le 26 novembre 1808.

Monseigneur,

La dépêche que Votre Altesse m'a fait l'honneur de m'adresser pour revenir prendre position ici ne m'est parvenue qu'à 3 heures après midi, au moment où ma division arrivait à Gormaz-San-Estevan. Sans perdre de temps, je me suis mis en marche pour me rendre à Langa, où je fais reposer mes troupes extrêmement fatiguées, le trajet étant d'environ 10 lieues.

Demain 27, mon artillerie couchera à Pardilla et rejoindra la route de Madrid à Milagros.

Le même jour, je me rendrai avec mon infanterie à Linarès, et s'il n'est pas trop tard lorsque j'arriverai dans cet endroit, je coucherai à Maderuelo, le 28 à Grajera, où toute l'artillerie doit me rejoindre.

D'après les renseignements que j'ai pris, j'ai cru devoir diriger ma marche de cette manière pour éviter tout encombrement et faire vivre mes troupes.

Je donne avis à Son Excellence le maréchal Victor de ces dispositions.

la moitié de sa cavalerie sur Ségovie, où, s'il a besoin d'être soutenu, il le sera par le duc de Danzig. J'écris à ce maréchal par duplicata ; je lui envoie des lettres par Burgos, et vous lui ferez passer l'autre par les postes du général Milhaud. Je lui fais connaître la victoire remportée à Tudela par le maréchal Lannes. Je lui ordonne que s'il n'a pas devant lui un corps d'armée qui menace Burgos, l'intention de l'Empereur est qu'il se porte avec son corps d'armée au pont de Tudela-de-Duero, pour de là marcher sur Ségovie.

En même temps que l'Empereur se portera sur Madrid, je le préviens que vous donnez l'ordre au général Milhaud de laisser une brigade de sa cavalerie pour couvrir Palencia et la route de Leon. Il faut donc que vous donniez une instruction au général Milhaud afin qu'il corresponde avec le maréchal Lefebvre sur le mouvement qu'il va faire.

Je pense que vous devrez écrire également au maréchal Lefebvre pour lui faire connaître les ordres que vous donnerez au général Milhaud.

LE MAJOR GÉNÉRAL AU GÉNÉRAL SAVARY.

Aranda, le 26 novembre 1808, à midi.

L'Empereur, Monsieur le duc de Rovigo, ordonne que vous partiez aujourd'hui avec les deux régiments de fusiliers de la Garde et douze pièces de canon. Vous veillerez à ce que les fusiliers prennent des vivres pour aujourd'hui 26, pour les 27, 28 et 29. Vous irez aujourd'hui prendre position sur la grande route de Madrid par Somosierra, de manière à pouvoir être demain au pied de cette montagne s'il est nécessaire. L'intention de Sa Majesté est qu'aujourd'hui vous dépassiez Onrubia. Vous ferez connaître votre arrivée au général Lasalle qui a son quartier général à Boceguillas, afin qu'il vous fasse bien connaître ce qui se passe et s'il y a possibilité d'enlever quelques bataillons ennemis. Tâchez de concert avec lui de savoir ce qui se passe du côté de Ségovie et sur la Somosierra. Vous aurez soin de m'instruire chaque jour de ce que vous apprendrez.

LE MAJOR GÉNÉRAL AU MARÉCHAL LEFEBVRE.

Aranda, le 26 novembre 1808, à midi.

Je m'empresse de vous prévenir, Monsieur le Duc, que le maréchal Lannes et le maréchal Moncey ont le 23 remporté une victoire complète sur l'armée d'Andalousie et d'Aragon à Tudela. En conséquence, Monsieur le Maréchal, l'Empereur ordonne au général Milhaud qui doit être à Tudela-de-Duero, de porter la moitié de sa cavalerie sur Ségovie, et de laisser une brigade pour éclairer Palencia et la route de Leon.

Quant à vous, Monsieur le Maréchal, l'Empereur ordonne que vous partiez de Carrion avec votre corps d'armée, dans le cas où vous n'auriez pas devant vous un corps ennemi qui menacerait Burgos, et que vous vous rendiez à Tudela-de-Duero près Valladolid. Arrivé à Tudela-de-Duero, vous soutiendriez le général Milhaud, et vous marcheriez avec lui sur Ségovie, en même temps que le quartier général de l'Empereur se portera sur Madrid. Alors, le général Milhaud et la moitié de sa cavalerie se trouveraient sous vos ordres. Si vous exécutez ce mouvement, vous en préviendrez le général Dumas à Burgos. Vous en préviendrez aussi le maréchal duc de Dalmatie en lui envoyant la relation ci-jointe.

LE MAJOR GÉNÉRAL AU GÉNÉRAL FRÈRE (¹).

Aranda, le 26 novembre 1808, à midi.

L'Empereur ordonne que la division polonaise file de suite sur Burgos à mesure que les régiments arriveront. Ainsi, ce n'est plus à Vitoria qu'elle se réunira. Faites partir sur-le-champ le régiment des chevau-légers de Cassel pour se rendre à Burgos, et successivement pour la même ville tous les régiments polonais, à mesure qu'ils arriveront à Vitoria, sans y prendre de séjour.

---

(1) Commandant à Vitoria.

Mon Cousin, écrivez au duc de Dalmatie de donner au longre qui a été pris le nom de *Santander,* et d'en donner le commandement à un officier de marine de ma Garde et à quarante des marins qui se rendent à Santander. Il faut qu'il profite des corsaires de Saint-Jean-de-Luz et autres bâtiments de la côte de France pour faire transporter sur Saint-Jean-de-Luz et Bayonne les objets qui se trouvent dans la place de Santander, et qui doivent être évacués. Écrivez au duc de Dalmatie qu'il peut entreprendre une négociation avec les principaux habitants des Asturies pour tâcher de les soumettre. Recommandez-lui de faire faire des réjouissances pour la victoire de Tudela. Faites exécuter l'ordre que je viens de vous envoyer relatif au quina, nos hôpitaux en manquent en France, il faut le prendre où il se trouve, même chez les particuliers, et l'emmagasiner à Bayonne ; faites du reste connaître au duc de Dalmatie qu'il reste dans la position où il se trouve, en continuant à reconnaître le pays, et tâchant d'établir des négociations avec les principaux habitants et magistrats des cantons des Asturies. Écrivez-lui que j'attends de nouveaux détails sur la bataille de Tudela et sur les premières entreprises contre Saragosse. Prescrivez-lui aussi de faire faire à Santander des biscuits, des cartouches, de lever quelques brigades de mulets, de faire faire des capotes et de prendre des draps partout où il en trouvera ; que dans ce temps et dans ce pays de montagnes, les capotes sont indispensables aux troupes, et de faire mettre le séquestre sur toutes les marchandises anglaises et coloniales.

MARCHE SUR SOMOSIERRA

(27-29 novembre)

Pendant la journée du 27 novembre, l'Empereur laisse ses troupes exécuter le mouvement prescrit vers Somosierra; il se contente de diriger le maréchal Bessières au delà de Milagros, et attend les résultats de la mission de reconnaissance confiée au général Savary ([1]).

L'ennemi se trouvait toujours observé par le général Lasalle dont la cavalerie couvrait le mouvement de l'armée. Ce général avait rendu compte dès le 20 no-

---

([1]) Voici les nouvelles qu'envoya le général Savary dans l'après-midi du 27 novembre :

Boceguillas, le 27 novembre 1808, à 1 heure après midi.

Monseigneur,

« Je suis parti d'Aranda à 2 heures après midi hier 26. J'ai passé la nuit à Cabrias, à une lieue et demie de pays en avant de Onrubia. Je suis arrivé ici avec mes 4 bataillons et leur artillerie à 9 heures du matin ; j'ai trouvé à cette heure la grand'garde de droite du général Lasalle en escarmouche avec une cinquantaine de cavaliers espagnols et autant de fantassins, tous sortis de Sepulveda. J'ai profité de cette occasion pour reconnaître la position de cette ville de très près, et tout ce que j'ai appris me fait croire qu'il y a dans cette position et dans la ville environ 1,000 à 1,200 hommes à pied et 300 ou 400 chevaux.

« J'arrive encore d'une seconde reconnaissance sur le même point, et cette nuit à minuit je me mettrai en marche avec le général Lasalle pour enlever le cantonnement qui est bien mal gardé.

« Lasalle ira avec ses chasseurs sur le chemin de Buitrago à Sepulveda, pendant que je l'attaquerai avec un régiment de fusiliers, laissant l'autre ici avec les deux tiers de l'artillerie, et 1 ou 2 escadrons de dragons que le général Lasalle y laisse également.

« Je joins ici une note de ce que j'ai appris. Si les prisonniers que je ferai cette nuit, c'est-à-dire à 4 heures du matin, m'apprennent ce qu'il y a à la Somosierra et qu'il n'y ait que le double des deux régiments de fusiliers, j'entreprendrai la même opération le lendemain.

. . . .
« Je n'ai point voulu dépasser Boceguillas parce que j'y suis caché et que l'on ne m'y a pas vu arriver. D'ici au pied de la Somosierra, où est le premier poste espagnol, il y a une demi-heure de marche.

« Il y a aujourd'hui quelques bivouacs espagnols à la crête des montagnes en avant de nous. »

vembre de l'occupation par l'infanterie ennemie de la
ville de Sepulveda et du défilé de Somosierra; sa cavalerie était restée depuis ce temps dans les environs de
Boceguillas, au contact de l'ennemi, avec lequel elle
faisait le coup de feu aux avant-postes.

Les ordres que l'Empereur donna le 27 novembre
concernèrent surtout les corps qui opéraient en Aragon. Il fut prescrit au maréchal Moncey de profiter de
la victoire de Tudela pour opérer l'investissement de
Saragosse, au maréchal Ney de poursuivre sans trêve
les débris de l'armée de Castaños, et aux colonnes mobiles réunies sur la frontière béarnaise de se porter
sur les vallées de l'Aragon pour protéger les derrières
du corps de siège de Saragosse. L'Empereur ayant
l'espérance de paraître bientôt devant Madrid, donna
l'ordre au roi Joseph de quitter Burgos et de le rejoindre; en réalité, son frère n'était entre ses mains
qu'un instrument de sa politique ; tant qu'il s'était agi
d'opérations militaires, auxquelles il ne voulait pas le
mêler, il l'avait relégué sur les derrières de l'armée ;
mais dès lors que le moment approchait où l'armée
française allait reconquérir Madrid et rendre au Roi sa
capitale perdue, l'Empereur voulait avoir son frère à
ses côtés pour lui faire jouer le rôle royal qu'il lui
avait imposé et le montrer à l'Espagne et à l'Europe
entouré de l'appareil de la puissance française.

L'Empereur se plaignait de n'avoir point de nouvelles
du maréchal Ney depuis le 24 novembre; mais le fait
n'avait rien d'étonnant, car à mesure que les troupes
françaises s'avançaient dans l'intérieur du pays, les
communications devenaient de plus en plus difficiles
par suite de l'hostilité des habitants, qui maltraitaient

les courriers indigènes, assassinaient les estafettes françaises, et favorisaient la fuite des soldats espagnols fugitifs qui commettaient des désordres sur les derrières
de l'armée française et s'emparaient des hommes isolés.

L'Empereur venait justement de recevoir de son
aide de camp, le général Durosnel, une lettre qui lui
montrait la presque impossibilité de se procurer des
nouvelles de la vallée de l'Èbre vers Logroño (¹) ; à plus
forte raison devait-il être bien difficile de faire passer
des dépêches de la moyenne vallée de l'Èbre, où se
trouvait le maréchal Ney, dans celle du haut Duero, où
les troupes françaises envoyées à son secours n'avaient
pas dépassé Almazan.

Ordres du 27 novembre.

L'EMPEREUR AU MARÉCHAL LANNES (²).

Aranda, le 27 novembre 1808.

Votre aide de camp est arrivé le 26 à 8 heures du matin,
et m'a annoncé la brillante affaire de Tudela ; je vous en

---

(1) Voici la lettre du général Durosnel :

Belorado, le 26 novembre 1808, à 2 heures après midi.

Monseigneur,

« Je ne suis plus bon à rien ici qu'à faire cuire du pain. Ma correspondance
avec Logroño est interceptée par les brigands. Mes messagers reviennent avec
des coups de bâton et des certificats d'alcades qu'ils ont été arrêtés et maltraités.
Nos troupes poursuivent leurs succès au delà de Tudela, voilà le bruit du pays,
mais je ne sais aucun détail.

« Le passage des fugitifs de l'armée de Blake est toujours continuel, mais aussi
toujours invisible pour nous. Un habitant d'Escaraz me raconte qu'on voit passer
par cette commune et les montagnes aux environs jusqu'à cent de ces soldats
par jour et par quatre et cinq, jamais plus ensemble. Ils ne s'y arrêtent pas et
suivent la direction de Soria. Ils conduisent quelques prisonniers avec eux,
qu'ils traitent bien. On en a vu une dizaine, entre autres le chevau-léger de la
garde du grand-duc de Berg qui manque à mon détachement. Il a été pris en
plein jour sur la route de la Calzada.

« Je continue d'envoyer beaucoup de pain et de farine à Burgos. »

(2) Nous n'avons pas retrouvé l'original de cette lettre, mais la minute existe
aux Archives Nationales.

fais mon compliment. Le maréchal Ney n'a pas, dans cette circonstance, rempli mon but. Arrivé le 22 à midi à Soria, il devait, selon les ordres qu'il avait reçus, être le 13 de bonne heure à Agreda [1]. Mais, s'étant laissé imposer par les habitants, et ajoutant foi à un tas de bêtises qu'ils lui débitaient, croyant sur leur parole qu'il y avait 80,000 hommes de troupes de ligne, etc., il a eu peur de se compromettre [2], et il est resté le 23 et le 24 à Soria. Je lui ai donné l'ordre de partir sur-le-champ et de ne rien craindre. Il a dû être le 25 à Agreda. Il avait entendu votre canonnade le 23 et le 24, et il avait cru que vous aviez été battu, sans raison et sans aucun indice raisonnable. Je lui ai donné l'ordre de pousser Castaños l'épée dans les reins. Je m'occupe de rappeler le corps du maréchal Victor que j'avais envoyé du côté de l'Aragon, afin de pouvoir enfin marcher sur Madrid.

L'EMPEREUR AU ROI JOSEPH.

Aranda, le 27 novembre 1808.

Mon Frère, vous pouvez vous mettre en marche avec votre Garde pour venir coucher à Lerma et être le 29 à Aranda. Les affaires d'Espinosa, mais surtout celle de Tudela, font voir ce que c'est que ces troupes espagnoles. Il y avait cependant à Tudela 30,000 hommes de troupes d'élite, 60 pièces de canon ; 6,000 hommes des nôtres ont pu à peine donner. Castaños et Palafox ont commencé la déroute. Envoyez à Pampelune un officier intelligent pour causer avec les 3,000 à 4,000 prisonniers qu'on a faits, et pour connaître bien le nom des régiments qui se trouvaient

---

(1) Le maréchal Ney aurait pu arriver au plus tôt le 23 au soir à Agreda ; or, à ce moment, les colonnes de Castaños se dirigeaient sur Tarazona, qu'elles traversèrent dans la nuit : le maréchal Ney les aurait donc forcément manquées.

(2) Ce n'est que le 23 novembre que le maréchal Ney apprit par les bruits du pays que Castaños avait à ses ordres 60,000 hommes ; mais, dès le 22, le maréchal était décidé à rester à Soria, et ce n'était pas par timidité qu'il ne voulait pas aller plus loin, car à ce moment il venait d'apprendre que Castaños n'avait que 30,000 hommes. L'Empereur, qui devait être alors un peu dépité, exagère la faute du maréchal Ney.

là. Si le maréchal Ney ne s'en était pas laissé imposer par les habitants, et ne fût pas resté les 23 et 24 à Soria, parce qu'il s'imaginait que les Espagnols avaient 80,000 hommes, et autres bêtises, il devait être arrivé le 23, d'après mon ordre, à Agreda, et pas un homme n'eût échappé.

P.-S. — Si cette lettre vous arrivait trop tard, il suffirait que vous soyez ici le 30 au soir en ne partant que le 29.

LE MAJOR GÉNÉRAL AU MARÉCHAL NEY ([1]).

Aranda, le 27 novembre 1808, à 10 heures du matin.

L'Empereur, Monsieur le Maréchal, n'a pas encore reçu de vos nouvelles depuis votre départ de Soria; il paraît qu'après la bataille de Tudela, l'armée d'Aragon s'est retirée dans Saragosse, et que l'armée de Castaños s'est retirée sur Tarazona, et si vous vous fussiez trouvé le 23 à Agreda, elle aurait été prise ([2]). Je vous ai déjà fait connaître, Monsieur le Maréchal, que votre mission était de poursuivre Castaños. Sa Majesté me charge de vous réitérer cet ordre ; ne le quittez pas et poursuivez-le la baïonnette dans les reins. Faites-vous rejoindre par la brigade Colbert, afin que quand elle vous aura rallié, vous puissiez nous rendre la brigade du général Beaumont. Point de repos que votre corps d'armée n'ait aussi un morceau de l'armée de Castaños. Écrivez-moi souvent pour me faire connaître l'état des choses et votre marche. N'écoutez pas les bruits du pays : on disait qu'à Tudela, il y avait au delà de 80,000 hommes et il n'y en avait pas 40,000, y compris les paysans, et ils ont fui aussitôt qu'on a marché sur eux, abandonnant drapeaux et canons. Cette canaille n'est pas faite pour tenir devant nous, et rien en Espagne ne peut résister à vos deux divisions, quand vous êtes à leur tête. Ne quittez donc pas Castaños, et ayez-en votre part ; voilà votre but.

---

(1) Cette lettre ne figure pas dans les Archives du Prince de la Moskowa, ce qui donne à penser qu'elle n'est pas arrivée à destination.

(2) Nous avons montré que ce n'était pas possible, puisque le maréchal Ney ne pouvait pas arriver à Agreda plus tôt que le 23 au soir, et que les fuyards traversèrent Tarazona dans la nuit du 23 au 24.

LE MAJOR GÉNÉRAL AU MARÉCHAL MONCEY.

Aranda, le 27 novembre 1808, à midi.

Je reçois votre lettre du 24, Monsieur le Maréchal; l'Empereur en a pris lecture, mais il attend de vous un rapport beaucoup plus détaillé sur toutes les circonstances de la bataille de Tudela. Sa Majesté a vu avec plaisir la bonne conduite de votre corps d'armée dans cette belle journée.

Le maréchal Ney a malheureusement perdu le 23 et le 24 à Soria : il a dû arriver le 25 à Agreda. Je lui ai donné l'ordre de poursuivre Castaños l'épée dans les reins partout où il se retirerait.

Quant à vous, Monsieur le Maréchal, l'intention de l'Empereur est que vous vous empariez de Monte-Torrero, que vous fassiez le strict investissement de la place de Saragosse et que vous poussiez des avant-gardes sur Calatayud et Daroca. Vous en devez aussi avoir à 10 ou 12 lieues en avant sur les routes de Barcelone et de Valence.

J'ordonne au général Wouillemont, qui a plus de 2,000 chasseurs de la montagne à ses ordres, et qui est dans le département des Hautes-Pyrénées; j'ordonne à l'adjudant-commandant Lomet, qui a le même nombre de troupes, et qui est dans le département des Basses-Pyrénées, de se réunir et, de se porter par les vallées de l'Aragon sur Jaca : ils se mettront en communication avec vous : ils auront leurs derrières appuyés sur Pampelune, et ils couvriront les derrières de vos troupes du siège de Saragosse du côté de la vallée de l'Aragon.

Donnez l'ordre au commandant de l'artillerie et à celui du génie de m'envoyer tous les jours, et directement, un journal très détaillé des vingt-quatre heures.

Aussitôt que Castaños sera éloigné, que vous vous serez emparé de Monte-Torrero, et que vous aurez cerné Saragosse sur les deux rives, vous sommerez la place de se rendre. Si vous avez des pourparlers, vous ferez comprendre que dans le dernier siège, l'armée était peu nombreuse, qu'on n'avait ni sapeurs ni mineurs, et enfin, point d'équipages de siège ; que tout est changé ; que vous avez une armée nombreuse et tous les moyens de faire un grand siège ; que vous pouvez écraser la ville par des bombes et la faire sauter jusqu'au dernier édifice par les mines. Si la ville capitule, il ne doit être question d'aucun objet politique : on ne doit désigner aucun individu nominativement. La base générale doit être pardon, oubli du passé, garantie des propriétés particulières et publiques, et, s'il le faut, même de celle des églises. La capitulation ne doit pas contenir autre chose, et on ne doit y dénommer personne en particulier.

LE MAJOR GÉNÉRAL AU GÉNÉRAL BISSON.

Aranda, le 27 novembre 1808, à midi.

L'Empereur désire que vous écriviez à l'adjudant-commandant Lomet, qui est dans les Basses-Pyrénées, de se diriger avec environ 2,000 chasseurs de la montagne sur vous par la vallée de l'Aragon · il vous servira à renforcer la brigade du colonel Pepin. Prenez également dans la garnison de Pampelune pour renforcer ce colonel, de manière qu'il puisse balayer toutes les vallées.

L'intention de l'Empereur est que, quand il passe des prisonniers à Pampelune, on en prenne l'état par corps, et que l'on questionne les plus intelligents, afin de savoir de quels corps étaient composées l'armée de Castaños, celle de Palafox, etc. Ces renseignements sont de la dernière importance.

LE MAJOR GÉNÉRAL AU GÉNÉRAL DROUET (¹).

Aranda, le 27 novembre 1808, à midi.

Je vous préviens, Général, que 3,000 à 4,000 prisonniers faits à la journée de Tudela, et que beaucoup d'autres, qui en seront la suite, sont dirigés sur Bayonne. L'Empereur

---

(1) Commandant à Bayonne la 11ᵉ division militaire.

désire que vous fassiez prendre l'état nominatif des officiers
et des corps dont ils font partie : également l'état des prisonniers par corps ; enfin qu'on puisse connaître les corps
qui composaient l'armée de Palafox, celle de Castaños, etc.

Cela est très important pour la suite des opérations.

Il est aussi de la plus grande importance que le général
Wouillemont et l'adjudant-commandant Lomet sortent de
leurs cantonnements, où ils n'ont d'ennemis que les neiges,
pour se porter avec 4,000 chasseurs de la montagne dans
les vallées de l'Aragon, où ils auront leurs derrières appuyés
sur Pampelune; en occupant cette vallée, ils seconderont le
général Moncey, qui assiège Saragosse.

LE MAJOR GÉNÉRAL AU MARÉCHAL LANNES.

Aranda, le 27 novembre 1808, à midi.

L'Empereur, Monsieur le Maréchal, a reçu vos deux
lettres. Sa Majesté a été très satisfaite de la brillante victoire que vous avez remportée à Tudela. Elle voit avec
peine que vous êtes incommodé. Il est malheureux que le
maréchal Ney ait perdu le 23 et le 24 à Soria, il doit être
arrivé le 25 à Agreda. C'est un grand malheur qu'il n'y soit
pas arrivé le 23 comme il pouvait y être. J'ordonne de nouveau au maréchal Ney de poursuivre partout Castaños l'épée
dans les reins et de ne pas le quitter.

Aranda, le 27 novembre 1808, à 8 heures du soir.

Ordre au maréchal Bessières de partir demain avec la
division La Houssaye pour porter son petit quartier général
au delà de Milagros, route de Madrid.

Ordre aux caissons de la Garde de partir demain pour se
rendre à Milagros.

Ordre à M. Joinville de partir demain avec les 30 caissons de l'administration du quartier général pour se rendre
à Milagros.

Ordre à M. Favier de faire partir les 170 caissons chargés
de riz, biscuit, etc., pour Milagros.

Mesures d'organisation et d'administration.

Aranda, le 27 novembre 1808.

Mon Cousin, donnez l'ordre au maréchal Mortier de se diriger avec son corps d'armée sur Burgos, et que je compte que la tête y sera arrivée le 11. Ces troupes ne prendront de séjour qu'à Vitoria. Donnez ordre au général Thouvenot de faire bon logis, et bien établir la division Laborde(¹), qui se rend à Saint-Sébastien pour s'y établir et de faire diriger de suite sur Bilbao les 4 bataillons qui étaient à Saint-Sébastien. Donnez l'ordre au général Laborde de prendre dans sa division le 4ᵉ bataillon du 47ᵉ ; ainsi il aura dans sa division deux bataillons de ce régiment. Ce bataillon est composé du cadre des compagnies qui étaient à Bayonne et des quatre compagnies qui étaient en Portugal ; il faut qu'il soit complété avec les conscrits qui étaient à Bayonne et ce que le 2ᵉ bataillon a de trop. La force du bataillon ne devant pas être de plus de 840 hommes, ces deux bataillons seront commandés par le major auquel il faut donner l'ordre de rejoindre.

Aranda, le 27 novembre 1808.

Monsieur Berthier (²), demandez au général Laborde si dans l'état de situation de sa division qui est composée de 6,000 hommes se trouvent compris les mille hommes du bataillon provisoire de Rennes, formé de deux compagnies du 15ᵉ de ligne, de deux compagnies du 47ᵉ, de deux du 70ᵉ et de deux du 86ᵉ. Je vois que le colonel Lacroix du 86ᵉ n'est pas arrivé, il faut écrire en Bretagne pour faire joindre

---

(1) Le vrai nom est de Laborde : le général signait Delaborde.
(2) Berthier est écrit de la main de l'Empereur à la place des mots : « le général Clarke », qui sont raturés.

le major. Vous donnerez l'ordre que cette division marche sur Saint-Sébastien où elle sera toute réunie ; elle logera chez les habitants s'il n'y a pas suffisamment de caserne, et là elle achèvera de se former. Il faut que le général Laborde écrive au dépôt des 15ᵉ, 86ᵉ, 47ᵉ et 50ᵉ, pour qu'ils envoient des souliers. Ainsi je pense que le 3 décembre toute la division Laborde sera à Saint-Sébastien, sans qu'elle fasse de service autre que le service de sûreté de la place ; à Bayonne, il faut qu'on donne à cette division 6,000 capotes et 12,000 paires de souliers, sauf à en tenir compte par les régiments. On laissera cependant cette division séjourner deux jours à Bayonne. Recommandez au général Laborde d'envoyer l'état de sa division par régiment, par bataillon et par compagnie, pour bien connaître la situation des corps et la force de l'effectif et au présent des compagnies.

L'EMPEREUR AU MAJOR GÉNÉRAL.

Aranda, le 27 novembre 1808.

Il faut faire partir l'ambulance de la division Lapisse sur la route de Madrid pour la rejoindre demain. Si les 215 hommes qui appartiennent au 1ᵉʳ corps sont de la division Lapisse il faut également les faire partir.

Accordez les 100,000 francs que demande le général Lariboisière.

J'avais ordonné que les détachements de cavalerie de la Bidassoa à l'Èbre se réunissent à Vitoria, cependant je trouve à Villafranca un dépôt de cavalerie le 15 novembre. Où est ce Villafranca ?

L'EMPEREUR AU MAJOR GÉNÉRAL.

Aranda, le 27 novembre 1808.

Mon Cousin, donnez ordre qu'on vous envoie l'état de situation du magasin d'habillement de Burgos, et qu'on envoie ici trois mille paires de souliers. Je vois dans l'état de la place de Burgos au 25, qu'il est arrivé un détache-

ment de 123 hommes du 75°. Donnez l'ordre au général
Mathieu Dumas de réunir tous les hommes appartenant au
corps du duc de Danzig, entre autres ce détachement, et
aussitôt qu'il aura réuni 3oo hommes, qu'il les dirige sur
Palencia d'où ils rejoindront le corps de ce maréchal. Je
crois qu'il est arrivé un détachement du 2° de hussards;
faites-le diriger sur Aranda. Je vois qu'il est arrivé un détachement du 27°, appartenant au 1ᵉʳ corps ; dirigez-le sur
Aranda, comme tout ce qui appartiendrait à ce corps, sur
Reinosa ce qui appartiendrait au maréchal Soult, sur
Aranda ce qui appartiendrait au maréchal Ney. Réitérez
l'ordre de mettre le séquestre sur les laines existant à Santander, Bilbao et à 20 ou 3o lieues de Burgos, et de les
faire filer sur Bayonne.

L'EMPEREUR AU MAJOR GÉNÉRAL.

Aranda, le 27 novembre 1808.

Donnez l'ordre à l'ordonnateur de faire partir 20,000 rations de pain aujourd'hui pour se rendre à Grajera, route
de Madrid; elles seront mises là en magasin, et les caissons
reviendront tout de suite après à Aranda.

L'EMPEREUR AU GÉNÉRAL DEJEAN.

Aranda, le 27 novembre 1808.

Monsieur Dejean, j'ai déjà 12,000 conscrits arrivés à
Bayonne: mais ils sont tout nus, de manière que je ne peux
pas m'en servir. Prenez donc enfin des moyens pour me
donner ces hommes et pour réussir à m'en habiller 20,000.
Beaucoup de choses me portent à penser que je paie deux
fois les souliers. Vous les payez en partant de Paris, et, à
Bayonne ou en route, on les vend aux corps, qui les paient.

JOURNÉE DU 28 NOVEMBRE

Pendant la journée du 28 novembre, les troupes du 1er corps et les divisions de dragons La Houssaye et Latour-Maubourg continuèrent leur mouvement dans la direction de Somosierra ([1]).

La division Lapisse, partie le 27 novembre de Langa, arriva dans la journée du 28 à Grajera par le chemin de Linarès; les divisions Villatte et Ruffin, conduites par le maréchal Victor, étaient parties le 26 de Berlanga, et avaient atteint le lendemain San-Estevan-de-Gormaz; elles arrivèrent dans la soirée du 28 à Ayllon, précédées par les chevau-légers polonais conduits par le général Le Brun.

La division de dragons La Houssaye parvint à Aranda le 27 novembre et partit dans la journée du 28 pour Onrubia; la division de dragons Latour-Maubourg, revenant sur ses pas après avoir marché sur Soria, arriva le 28 à Langa, d'où elle devait continuer le lendemain sur Boceguillas.

([1]) A ce moment l'Empereur ne comptait plus rencontrer d'obstacles sérieux jusqu'à Madrid : voici ce qu'écrivait Berthier à la princesse de Neuchâtel, le 27 novembre 1808 :

« Nous venons, mon amie, de battre le 23 les armées de Valence, d'Aragon, d'Andalousie, réunies, commandées par Castaños, et nous pouvons dire que le combat finit faute de combattants ennemis. Nous voilà à quatre journées de troupes de Madrid sans aucun obstacle pour y entrer, et sous peu nous aurons couronné le roi Joseph dans sa capitale, et ce vaste pays bénira ses ennem's momentanés. Il est donc possible que dans deux mois nous soyons à Paris. Nous cherchons les Anglais qui fuient. Nous avons déjà battu deux cent mille hommes, pris 150 pièces de canon. Il n'y a plus d'armée espagnole, et en vérité ils n'étaient pas dignes de notre courroux. La santé de l'Empereur est parfaite, la mienne de même. »

(Archives du Prince de Wagram.)

Ce mouvement convergent était protégé par la cavalerie du général Lasalle qui observait Somosierra et Sepulveda, et aussi par les deux régiments de fusiliers de la Garde, arrivés avec le général Savary à Boceguillas dans la soirée du 27.

La cavalerie du général Milhaud était depuis le 26 novembre autour de Tudela-de-Duero, d'où elle poussait des reconnaissances sur la route de Ségovie, et se liait par sa gauche avec la cavalerie du général Lasalle ; le maréchal Lefebvre, qui était à Carrion depuis le 24, n'attendait plus que l'arrivée de la division Leval, restée en arrière dans les Asturies, pour se diriger le 29 sur Tudela-de-Duero et Ségovie.

L'Empereur, resté à Aranda avec sa Garde, attendit pendant la journée du 28 les résultats de la reconnaissance du général Savary qui devait lui procurer des renseignements précis sur la position et les forces de l'ennemi. Les premières nouvelles envoyées par le duc de Rovigo le 27 au soir, annonçant qu'il y avait dans Sepulveda au plus 1,200 fantassins et 400 chevaux, eurent probablement pour effet de faire croire à l'Empereur que les positions de Sepulveda et de Somosierra, mal gardées par de faibles troupes, seraient facilement enlevées ; aussi résolut-il d'essayer de passer la Somosierra le 29 : son intention était d'arriver le plus vite possible à Madrid, de façon à y précéder Castaños et à couper l'armée de ce dernier vers Guadalaxara ; ses projets sont nettement exprimés dans les instructions qu'il adressa dans la soirée du 28 aux maréchaux Ney, Soult et Moncey. Décidé à porter le lendemain son quartier général à Boceguillas, il donna l'ordre aux troupes de la Garde restées à Aranda de se diriger le jour suivant sur Boceguillas ; il crut probablement à la possibilité de franchir la montagne sans coup férir le lendemain, car il ordonna au maréchal Bessières de faire marcher la division Lapisse de Najera sur Castillejo dans la matinée du 29, et d'essayer de lui faire passer la Somosierra.

Les nouvelles reçues du général Milhaud deux jours auparavant (lettre du 25) annonçant d'une façon assez précise l'arrivée de troupes anglaises vers Astorga et Salamanque, l'Empereur, pour être en mesure contre elles, envoya l'ordre aux troupes du 8ᵉ corps qui allaient entrer en Espagne de se réunir à Saint-Sébastien où elles devaient arriver le 3 décembre, et au maréchal Mortier de marcher rapidement sur Burgos, où il devait parvenir le 11 décembre.

Les troupes du maréchal Soult pouvant promptement se réunir à celles qui allaient entrer en Espagne, l'Empereur aurait dans le nord de la Péninsule une force suffisante pour arrêter les Anglais, s'ils se portaient sur Burgos, et pour lui permettre de manœuvrer contre eux avec avantage.

Ordres du 28 novembre.

LE MAJOR GÉNÉRAL AU MARÉCHAL NEY.

Aranda, le 28 novembre 1808, à 7 heures du soir.

L'Empereur, Monsieur le Duc, me charge de vous donner l'ordre de poursuivre Castaños l'épée dans les reins. S'il va sur Madrid, vous le suivrez ; soyez toujours à sa piste. L'Empereur passe demain la Somosierra, et son projet est de faire couper, s'il est possible, Castaños sur Guadalaxara. Mais il est essentiel que vous, Monsieur le Maréchal, vous le poursuiviez et que vous ne le laissiez point se jeter sur le corps français qui marche à Madrid, et qui pourrait avoir en même temps à lutter contre les efforts des Anglais, qui, suivant les nouvelles, se mettent en mouvement ([1]).

Le quartier général de l'Empereur sera demain à Boceguillas et après-demain à Buitrago. Ainsi, Monsieur le Duc, le but que vous avez à remplir n'est ni la défense, ni la conquête, ni l'occupation d'aucun territoire ; mais bien de suivre, d'attaquer et de combattre l'armée de Castaños, surtout si elle se portait sur Madrid. Tout porte à penser que nous serons dans cette capitale au plus tard le 2 décembre. N'épargnez donc rien pour établir une communication directe avec nous.

Si Castaños a gagné Madrid ou se jette en Andalousie, le maréchal Moncey restera avec son corps d'armée pour faire le siège de Saragosse, et vous lui laisserez toute l'ancienne cavalerie que vous aviez, et vous, Monsieur le Maréchal, vous suivrez Castaños et vous approcherez de Madrid avec la cavalerie Beaumont, ce que vous pouvez avoir de dragons de Latour-Maubourg, la brigade Digeon et la brigade Colbert. Si les circonstances et la position des choses à Saragosse vous faisaient penser qu'il soit prudent de laisser la division Lagrange à portée de cette ville, vous êtes autorisé à le faire, jusqu'à ce que l'Empereur ait fait connaître sa volonté.

LE MAJOR GÉNÉRAL AU MARÉCHAL SOULT.

Aranda, le 28 novembre 1808, à 7 heures du soir.

Je vous préviens, Monsieur le Duc, que l'Empereur ordonne que le général de brigade Soult, votre frère, prenne le commandement de Santander. Sa Majesté marche sur Madrid avec le 1ᵉʳ corps d'armée. Le 4ᵉ corps commandé par le duc de Danzig a quitté sa position de Carrion pour marcher sur l'Èbre et se reployer sur Madrid. Une brigade du

---

[1] Ce renseignement venait du général Milhaud, dans sa lettre du 25 novembre, arrivée le 26.

général Milhaud reste à Palencia pour battre la plaine. Le maréchal Moncey, par suite de la victoire de Tudela, a investi Saragosse. Le duc d'Elchingen poursuit l'épée dans les reins les débris de Castaños (¹). Ce général a perdu 4o pièces de canon et laissé 5,ooo prisonniers. Si Castaños se porte sur Madrid, nous le couperons à Guadalaxara. Demain nous attaquons et passons la Somosierra. Vraisemblablement, le 2, nous serons à Madrid. Quant à vous, Monsieur le Duc, votre but, dans ce moment, doit être de défendre Santander et Burgos. Quand l'Empereur sera à Madrid, les nouvelles qu'il aura décideront le parti qu'il prendra sur le mouvement offensif de ses différents corps d'armée. Le moment de repos que prend le 2ᵉ corps est utile pour organiser vos derrières, désarmer et nettoyer le pays des brigands et fuyards qui l'infestent. Cela vous donnera le temps d'avoir des capotes et des souliers. Communiquez souvent avec le général Darmagnac à Burgos. J'envoie votre payeur à Reinosa. L'Empereur pense que si on laisse sur les ports les mêmes signaux qui y étaient, et qu'on n'effraie pas les bâtiments qui se présentent, on prendra encore beaucoup de bâtiments anglais.

LE MAJOR GÉNÉRAL AU MARÉCHAL MONCEY.

Aranda, le 28 novembre 1808, à 8 heures du soir.

J'ai reçu, Monsieur le Maréchal, votre lettre du 25. Sa Majesté ne conçoit pas comment votre corps d'armée peut se trouver sans subsistances, quand vous avez 140 caissons des bataillons du train depuis quinze jours, ce qui porte 140,000 rations. Enfin, Monsieur le Maréchal, l'Empereur me charge de vous dire que dans le cas où vous vous trouvez, le besoin de pain n'est pas un motif de s'arrêter : on mange de la viande, on mange même ses chevaux.

L'Empereur, Monsieur le Duc, a ordonné au maréchal Ney

---

(1) C'était, en effet, ce qui aurait dû se passer logiquement, mais il est curieux de constater qu'au moment où cette lettre fut écrite, c'était le maréchal Moncey qui poursuivait Castaños, mollement d'ailleurs, et le maréchal Ney qui se dirigeait sur Saragosse ; cette ville ne fut investie qu'à la fin de décembre.

de poursuivre le général Castaños partout où il se portera ; quant à vous, Monsieur le Maréchal, Sa Majesté ordonne que vous formiez l'investissement de Saragosse sur l'une et l'autre rive ; que vous jetiez un pont sur l'Èbre près Saragosse, et que vous ayez des avant-gardes à 10 lieues autour de vous sur la direction des différents chemins.

LE MAJOR GÉNÉRAL AU GÉNÉRAL WALTHER.

Aranda, le 28 novembre 1808, à 8 heures du soir.

L'intention de l'Empereur est que les chasseurs se rendent à Boceguillas, où Sa Majesté aura demain son quartier général. Envoyez l'ordre aux caissons de la Garde qui ont couché à Milagros d'en partir demain pour aller coucher à Boceguillas. Donnez l'ordre à toute la Garde à pied et à cheval de partir demain à 7 heures précises pour se rendre à Boceguillas.

Les dragons de la Garde resteront à Aranda et ne partiront qu'après le départ de l'Empereur.

LE MAJOR GÉNÉRAL AU MARÉCHAL BESSIÈRES.

Aranda, le 28 novembre 1808, à 9 heures (du soir).

L'intention de l'Empereur, Monsieur le Maréchal, est que vous donniez l'ordre à la division Lapisse, qui est ce soir à Najera, de se porter au pied de la Somosierra, au village de Castillejo, de bonne heure, et s'il n'y a pas d'inconvénient, lui faire passer la Somosierra. Nous n'avons pas encore de nouvelles du général Savary. Sa Majesté en attend d'un moment à l'autre. M. le maréchal Victor est arrivé ce soir avec ses deux divisions à Ayllon, et sera demain de bonne heure au pied de la Somosierra ; ainsi, il n'y a pas de temps à perdre ; le quartier général part demain pour Boceguillas.

Aranda, le 28 novembre 1808.

Je vous préviens, Général, que je donne l'ordre au général Delaborde, commandant la 1ʳᵉ division du 8ᵉ corps d'armée, forte d'environ 6,000 hommes, qui arrive du 28 au 29 de ce mois à Bayonne, de se rendre à Saint-Sébastien, où elle sera arrivée le 3 décembre, pour s'y réunir entièrement et achever de se former. S'il n'y a pas suffisamment de casernes, vous la logerez chez les habitants, et elle ne fera d'autre service que le service de sûreté de la place. Sa Majesté vous recommande de faire bon logis et de bien établir cette division. Instruisez-moi de son arrivée.

L'Empereur ordonne aussi que vous profitiez de l'arrivée de ces troupes pour faire diriger sur Bilbao les quatrièmes bataillons qui sont à Saint-Sébastien. Prévenez le général Chassé à Bilbao de leur marche, et rendez-m'en compte.

L'EMPEREUR AU MAJOR GÉNÉRAL.

Aranda, le 28 novembre 1808.

Mon Cousin, le général Treilhard joindra au commandement du dépôt de Vitoria le commandement de la Province, et le général Frère rejoindra le quartier général. Le général de brigade Soult ira à Santander prendre le commandement de la Province.

Après avoir donné les ordres qui précèdent, c'est-à-dire après 9 heures du soir, l'Empereur n'avait encore rien reçu du général Savary, et cette absence de nou-

_____

(1) Le général Thouvenot commandait à Saint-Sébastien.
Le Major général adressait le même jour au duc d'Abrantès une lettre contenant les mêmes renseignements que ci-dessus; il ajoutait que la division Delaborde s'établirait à Saint-Sébastien jusqu'à nouvel ordre, et qu'il lui serait donné à Bayonne six mille capotes et douze mille paires de souliers.

velles lui faisait peut-être conjecturer que ses troupes n'avaient pu joindre l'ennemi.

Mais avant 10 heures du soir, il reçut le rapport du général Savary sur la reconnaissance effectuée dans la matinée. Nous ne possédons malheureusement pas ce document, qui a dû être égaré, mais il est possible de reconstituer les renseignements principaux qu'il contenait parce qu'ils sont répétés dans un autre rapport et qu'ils s'en déduisent facilement. Dans sa lettre du 27 au soir, Savary se flattait d'enlever le lendemain le point de Sepulveda qu'il déclarait fort mal gardé; il s'y porta effectivement le 28 au petit jour, avec un régiment de fusiliers, fort de 1,200 hommes, tandis que Lasalle avec le 10ᵉ chasseurs (400 hommes) se portait sur le chemin de Somosierra à Sepulveda. Savary voulant, suivant les ordres de l'Empereur, faire des prisonniers, essaya de surprendre par une attaque brusquée les troupes qui étaient à Sepulveda et donna l'ordre à son avant-garde de marcher vivement sans tirer un coup de fusil.

Mais les Espagnols avaient été prévenus de son mouvement et leurs soldats, embusqués autour de la ville derrière de petits murs et des haies, accueillirent l'avant-garde par une fusillade nourrie; celle-ci riposta malgré la défense faite, et un combat de tirailleurs s'engagea bientôt sur le plateau à l'est de Sepulveda. L'attaque étant ainsi éventée, le général Savary dut se rendre compte que son coup de main était manqué, et voyant que Sepulveda était beaucoup plus fortement occupé qu'il ne l'avait supposé, il renonça très sagement à enlever la ville avec ses 1,200 hommes; il se retira donc après avoir fait quelques prisonniers; cette affaire

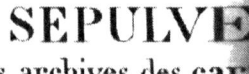

SEPULVE

des archives des car

Église

Inf

Sepulveda

de la Position

...nols à Sepulveda

. 1808

lui coûtait une quarantaine de blessés; la cavalerie du
général Lasalle avait eu occasion de faire le coup de
sabre avec les régiments espagnols d'Alcantara et de
la Montesa, qui essuyèrent une perte assez considérable. .

Malgré le mouvement rétrograde que fit Savary, son
opération avait atteint le but que se proposait l'Empereur, car les forces relativement considérables montrées par les Espagnols et les renseignements donnés
par les prisonniers montraient que Sepulveda et Somosierra étaient fortement tenus par des troupes paraissant résolues à bien se défendre. Néanmoins Savary,
un peu humilié d'avoir été obligé de reculer avec des
troupes de la Garde impériale, avait demandé au
général Lapisse, à Najera, de recommencer l'attaque
avec lui le lendemain.

Quand l'Empereur reçut ces nouvelles, il renonça à
son projet de passer la Somosierra dès le lendemain;
l'attaque du Puerto ne pouvait en effet s'effectuer
tant que les troupes placées à Sepulveda menaceraient
le flanc droit des colonnes qui se porteraient sur Somosierra.

L'Empereur défendit donc tout mouvement offensif
pendant la journée du 29, et prescrivit aux maréchaux
Bessières et Victor de procéder à une reconnaissance
générale des positions espagnoles pour préparer une
attaque combinée en règle le 30 novembre.

LE MAJOR GÉNÉRAL AU GÉNÉRAL SAVARY.

Aranda, le 28 novembre 1808, à 10 heures du soir.

J'ai reçu, Monsieur le duc de Rovigo, votre lettre du 28 à

1 heure après midi([1]). Je viens de la communiquer à Sa Majesté. Elle me charge de vous dire que votre reconnaissance a rempli le but qu'elle désirait. Envoyez-nous au quartier général les prisonniers que vous avez faits. L'intention de Sa Majesté n'est point qu'on engage d'affaire dans la journée de demain ; elle ordonne que le maréchal Bessières, le maréchal Victor reconnaissent le terrain et la position de l'ennemi, de manière que dans la journée du 30 on puisse faire une attaque régulière pour enlever la position de l'ennemi. L'intention de Sa Majesté n'est point que les fusiliers de la Garde fassent l'avant-garde, mais qu'ils forment un corps de réserve.

LE MAJOR GÉNÉRAL AU MARÉCHAL VICTOR.

Aranda, le 28 novembre 1808, à 10 heures du soir.

Vous vous concerterez, Monsieur le maréchal Victor, avec le maréchal Bessières, sur la position que prendra votre corps d'armée ; l'intention de l'Empereur n'est point qu'on engage demain d'affaire sur Somosierra, mais bien qu'on emploie la journée à reconnaître le terrain et la position de l'ennemi pour attaquer le 30 si l'ordre en est donné. Vous ferez donc de votre personne, avec le maréchal Bessières, la reconnaissance du terrain afin de pouvoir faire une attaque en règle après-demain.

LE MAJOR GÉNÉRAL AU MARÉCHAL BESSIÈRES.

Aranda, le 28 novembre 1808, à 10 heures du soir.

L'Empereur, Monsieur le maréchal Bessières, me charge de vous envoyer la lettre qu'il reçoit du général Savary ; l'intention de Sa Majesté n'est point qu'on engage d'affaire demain. La reconnaissance faite aujourd'hui par le général Savary suffit : elle a procuré des nouvelles ; le but est rempli.

---

(1) C'est cette lettre qui contenait le rapport de la reconnaissance du matin et qui n'a pu être retrouvée.

L'Empereur ordonne que dans la journée de demain 29, vous, le général Lapisse et le maréchal Victor, fassiez la reconnaissance du terrain et de la position de l'ennemi, afin que dans la journée du 30 on soit à même de faire une attaque combinée pour enlever l'ennemi.

L'intention de l'Empereur n'est point que les fusiliers de la Garde fassent l'avant-garde ; il veut qu'ils forment une réserve.

Vous aurez soin d'envoyer demain au soir les rapports des reconnaissances que vous aurez faites : communiquez ces dispositions au maréchal Victor, au général Lapisse et au général Savary ; faites partir sur-le-champ les prisonniers qui ont été faits, afin qu'ils soient interrogés au quartier général à Aranda. Faites connaître si vous avez des nouvelles de la division Latour-Maubourg, s'il vous a rejoint avec ses 4 régiments, ou s'il est resté avec le maréchal Ney.

Le maréchal Victor a couché cette nuit à Ayllon, et arrivera demain à la Somosierra.

Napoléon reçut dans la matinée du 29 novembre à Aranda les rapports envoyés la veille, de Boceguillas, par le général Savary et le maréchal Bessières ; ils confirmaient et développaient les renseignements reçus le 28. L'Empereur, après en avoir pris connaissance, renouvela ses ordres précédents aux maréchaux Victor et Bessières ainsi qu'au général Savary, en leur indiquant que l'attaque aurait lieu le lendemain en commençant par la position de Sepulveda.

Rapports reçus au 29 novembre.

LE GÉNÉRAL SAVARY AU MAJOR GÉNÉRAL.

Boceguillas, le 28 novembre, à 7 heures du soir.

A peine avais-je fait partir le rapport de ma reconnaissance de ce matin (¹) que le maréchal Bessières est arrivé lui-même à Boceguillas, et d'après ce qu'il me dit du mouvement général de plusieurs corps de l'armée, je n'ai plus osé faire d'instance au général Lapisse pour venir demain avec moi attaquer sérieusement le corps placé à Sepulveda en prenant cette position à revers, c'est-à-dire par le chemin qui y mène de Somosierra ; je l'avais fait reconnaître pendant toute la matinée et l'on peut monter à Sepulveda par une pente aisée, et arriver jusqu'au sommet avec de grosses masses et de l'artillerie. Je regarde cette opération comme infaillible. Mais toute considération observée, je dois me borner à rendre compte de ce que j'ai vu, d'autant plus que le général Lapisse ne marcherait sûrement que par ma persuasion. Votre Altesse appréciera assurément que cette opération aurait été suivie d'un succès complet.

Je viens encore de causer avec mon caporal de gardes wallonnes, déserteur, et il me confirme qu'il y a à Sepulveda 6 bataillons de troupes et 4,000 à 5,000 paysans avec 6 pièces de canon, et une portion de 3 régiments de cavalerie différents.

Il ajoute qu'il n'y a pas à Sepulveda un seul des corps qui étaient à Burgos : qu'ils sont tous à Ségovie, qu'ils y ont été directement d'Aranda et qu'avant-hier il avait vu à Sepulveda des hussards bleus qui lui avaient dit qu'à Ségovie, d'où ils venaient, il y avait déjà beaucoup de monde mais sans en préciser le nombre.

Il me dit que son bataillon est parti de Madrid le 11 pour venir par Alcovendas, Buitrago et Somosierra à Sepulveda, où il est arrivé depuis huit jours ; ils ont trouvé en route plusieurs régiments qui venaient comme eux de l'armée d'Andalousie : ils les ont dépassés en chemin parce qu'ils étaient cantonnés, et depuis que son bataillon est à Sepulveda, il y a été rejoint par 2 régiments qui sont ceux d'Irlande et de Jaen, et que ceux de Murcie et de la Reine sont restés sur la route.

_____

(1) C'est le rapport daté du 28 à 1 heure de l'après-midi, dont il a été question plus haut.

Lorsqu'il est parti de Madrid, il y avait encore quelques bataillons et régiments, le reste avait pris la route qui conduit à Alcala : c'était la plus grande partie. Il dit qu'avant le mouvement, ils étaient à Madrid plus de 50,000 à 60,000 hommes, et que les régiments qui sont ici sont ceux qui composaient la division Reding à l'affaire de Bailen.

Ils ne savent pas l'Empereur à l'armée, au contraire, on disait qu'il allait en Allemagne.

Ils avaient le projet d'attaquer ce matin lorsqu'ils n'ont vu que 3 bataillons des nôtres, mais ils n'ont point osé s'engager dans le plateau sur lequel nous étions, à cause de notre cavalerie, dont ils ont grand'peur. Ils ne connaissaient point l'affaire de Tudela.

Les Espagnols viennent de replacer leurs postes comme ils les avaient hier, hormis un de plus qu'ils ont mis sur le chemin que j'avais pris pour arriver le plus promptement à eux.

A présent, d'après le rapport de M. Larrey (¹), nous avons 30 ou 40 blessés, dont 6 grièvement, et le reste assez légèrement, même en grande partie resté aux rangs.

Je le répète à Votre Altesse : les deux compagnies d'avant-garde, malgré ma défense réitérée, se sont insensiblement engagées à la fusillade dans des haies ou des petits murs, sans quoi elles n'auraient pas eu un blessé.

---

(1) On lit à ce sujet dans les *Mémoires* de Larrey, t. III, p. 248 :

« Quelques jours après (le combat de Burgos), nous nous remîmes en route pour Madrid, en passant par la route de Buitrago. Je suivis l'avant-garde commandée par le général Savary. Elle était composée du corps des fusiliers de la Garde, d'une partie de son artillerie volante et de la division de la cavalerie légère du général Lasalle.

« A notre arrivée à Boceguillas, village qui se trouve à l'entrée des gorges de la Somosierra, on fut informé qu'un corps de troupes d'environ six mille hommes était retranché sur les hauteurs de Sepulveda, et qu'un autre corps beaucoup plus nombreux défendait le défilé des montagnes. Avant de s'y engager, on jugea nécessaire d'attaquer le camp de Sepulveda. L'attaque n'eut point le succès qu'on en espérait ; néanmoins l'ennemi leva son camp, prit la fuite et se dispersa promptement.

« Ce combat nous donna environ une trentaine de blessés, que je fis réunir à Boceguillas, après les avoir pansés sur le terrain, et de là nous les fîmes transporter à Burgos. »

LE MARÉCHAL BESSIÈRES AU MAJOR GÉNÉRAL.

Boceguillas, le 28 novembre 1808.

Monseigneur,

Je suis arrivé à 3 heures à Boceguillas ; le général Savary venait de faire sa reconnaissance : il m'a dit avoir fait son rapport à Votre Altesse.

Je vous envoie les renseignements que m'a donnés le général Lasalle, qui sont approchant les mêmes. Il savait que la division de Reding est tout entière à Sepulveda, à Somosierra et à Buitrago : elle a quitté Madrid le 11 de ce mois. Reding commande en Catalogne (¹) ; les déserteurs que j'ai questionnés croient que la division Coupigny est avec lui. La 3ᵉ division d'Andalousie était avec Castaños. Les restes de l'armée d'Extremadure, avec une partie des fuyards de Blake, sont à Ségovie. Il y a à Buitrago 10 ou 12 pièces de canon en batterie sur la route à droite et à gauche du défilé. Ils n'ont pas vu d'Anglais, mais à leur départ on disait que l'on s'occupait à préparer leur logement ; on croyait peu à leur arrivée prochaine. Cadix est occupé par les Anglais, il n'est resté dans les forts que les canonniers espagnols. Je n'ajoute point à tous ces détails tous ceux que m'ont donnés les déserteurs ; Votre Altesse pourra les faire questionner.

Je ne puis rien vous dire de la position de Sepulveda : je suis arrivé trop tard pour aller la reconnaître moi-même ; je monterai demain matin à cheval au jour, et je me porterai sur Duraton avec quelques escadrons.

Le général Lapisse est arrivé de bonne heure à Grajera ; j'enverrai cette nuit sur Ayllon pour avoir des nouvelles du maréchal Victor, conformément aux ordres de l'Empereur. Il y a six lieues d'ici à Ayllon en passant par Riaza.

J'ai l'honneur de prévenir Votre Altesse que je donne

---

(1) Reding avait en effet été envoyé en Catalogne avec 15,000 hommes de l'armée de Grenade ; parti de Grenade le 8 octobre, il arriva à Barcelone le 26 novembre.

Il y avait à Somosierra 5,000 hommes de son ancienne division, qui en comprenait plus de 9,000 à Bailen. La division Coupigny était avec Castaños.

l'ordre à la division La Houssaye de continuer demain sa marche sur Boceguillas. La division du général Latour-Maubourg a dû arriver ce soir à Langa, d'après l'avis qu'il m'en a donné, il a l'ordre de se porter demain sur Onrubia.

Ordres du 29 novembre.

LE MAJOR GÉNÉRAL AU GÉNÉRAL SAVARY.

Aranda, le 29 novembre 1808, à 10 heures du matin.

J'ai reçu votre lettre d'hier à 6 heures du soir : vous avez dû en recevoir une de moi ce matin par laquelle je vous fais connaître que l'intention de Sa Majesté n'est point qu'on attaque aujourd'hui.

Le maréchal Victor arrive aujourd'hui à Riaza ; il se concertera avec le maréchal duc d'Istrie et avec vous pour attaquer l'ennemi dans la journée de demain. Il faut d'abord attaquer vivement Sepulveda et ensuite la montagne : il faut le faire de manière à envelopper tout ce qui tiendra, et avoir une grande quantité de prisonniers.

LE MAJOR GÉNÉRAL AU MARÉCHAL BESSIÈRES.

Aranda, le 29 novembre 1808, à 10 heures du matin.

L'Empereur, Monsieur le duc d'Istrie, après avoir pris lecture de votre lettre du 28 au soir, me charge de vous envoyer la lettre que j'ai reçue du maréchal duc de Bellune, par laquelle vous verrez l'itinéraire de sa marche.

Vous ferez donner au 1er corps les 20,000 rations de pain qui vous sont arrivées, et vous vous concerterez avec le duc de Bellune pour attaquer vivement l'ennemi demain 30 (si cela est possible), qu'il faut commencer par enlever [1] du village de Sepulveda, point par lequel on peut tourner la position.

---

[1] La phrase est obscure : c'est l'ennemi qu'il faut commencer par enlever de Sepulveda.

LE MAJOR GÉNÉRAL AU MARÉCHAL VICTOR.

Aranda, le 29 novembre 1808, à 10 heures du matin.

L'intention de l'Empereur, Monsieur le duc de Bellune, est que vous vous concertiez avec le maréchal duc d'Istrie et avec le duc de Rovigo, qui commande les fusiliers de la Garde, pour attaquer demain 30 l'ennemi de manière à vous emparer de la Somosierra. Mais avant tout, il faut attaquer vivement Sepulveda, et faire cette attaque de manière à pousser vivement et envelopper l'ennemi. Si vous pouvez dans la journée de demain enlever toute la montagne, afin que le maréchal Bessières puisse déboucher dans la plaine avec toute sa cavalerie, ce serait d'un grand avantage. J'ordonne au maréchal Bessières de vous faire donner 20,000 rations de pain. Vous trouverez ci-joint le rapport fait par le maréchal Bessières sur la force de l'ennemi.

Après avoir donné les ordres qui précèdent, l'Empereur était parti dans la matinée pour Boceguillas où il était arrivé à midi. De là il était allé de sa personne faire la reconnaissance de la position de Somosierra et avait résolu son plan d'engagement pour le lendemain. La division Lapisse, qui se trouvait à Grajera, près de l'intersection des routes de Madrid et de Ségovie, et par conséquent la plus rapprochée de Sepulveda, attaquerait la première cette ville dès le matin, soutenue par la cavalerie du général Lasalle et par celle du général La Houssaye.

Le maréchal Victor, avec les divisions Ruffin et Villatte, devait se porter de Cerezo-de-Arriba et Riaza sur le défilé de Somosierra et l'attaquer dès que Sepulveda serait enlevé ; la Garde impériale devait rester en réserve sur la route de Madrid.

L'artillerie des divisions Ruffin et Villatte étant encore en arrière, l'Empereur, afin de ne pas retarder l'attaque, fit envoyer au maréchal Victor 12 pièces de l'artillerie du général Sénarmont, qui se trouvait à Grajera ([1]).

Rapports reçus dans la soirée et la nuit du 29 novembre.

LE MARÉCHAL VICTOR AU MAJOR GÉNÉRAL.

Riaza, le 29 novembre 1808, à 1 heure après midi.

Monseigneur,

J'arrive à l'instant à Riaza avec les chevau-légers de la Garde. Une centaine d'insurgés occupaient cet endroit dont ils ont défendu l'approche un instant. Un cavalier polonais a été tué, ayant eu l'imprudence d'entrer seul dans la ville. Ces paysans se sont retirés dans les montagnes, vers Cerezo-de-Abajo.

M. le général Le Brun, avec sa cavalerie et six compagnies de voltigeurs, commandés par le colonel Aymé, va partir pour aller à Cerezo-de-Abajo, où il passera la nuit.

La division Ruffin, qui sera réunie ici vers 2 heures, ira s'établir derrière le général Le Brun à Cerezo-de-Arriba. La division Villatte, qui ne pourra être rendue ici que vers 4 heures, y passera la nuit avec moi. Je n'ai pas de nouvelles de la 2ᵉ division depuis deux jours. Je pense qu'elle n'est pas éloignée de nous.

Deux hommes qui ont été rencontrés hier venant de Madrid, ont donné les renseignements suivants :

Qu'à Madrid on avait connaissance de la bataille de Burgos et Espinosa ; que les Espagnols avaient éprouvé de grandes

---

([1]) Ces douze pièces provenaient probablement des deux batteries à cheval du 1ᵉʳ corps, comprenant chacune 6 pièces (les batteries à pied avaient 8 pièces).

pertes dans ces batailles, et qu'on les attribuait aux généraux espagnols qu'on regardait comme des traîtres ; on a la même opinion sur Castaños. Ces hommes ont ouï dire que 13,000 Anglais s'étaient réunis aux troupes espagnoles qui sont à Buitrago et en avant jusqu'à Somosierra. Ces deux Espagnols sont venus de Madrid jusqu'à Ayllon, où ils ont été arrêtés, par des chemins de traverse à droite de la grande route de Madrid ; ils n'ont pu rien dire de positif sur les troupes ennemies qui occupent Buitrago.

Cinq hommes de la milice d'Andalousie qui faisaient partie de ceux qui étaient ici ce matin, et que l'on vient de m'amener, disent : qu'à une demi-lieue en avant de Somosierra, il y a treize pièces de canon en batterie, gardées par 1,000 hommes des milices d'Andalousie ; qu'il y a 2,000 hommes des mêmes troupes à Somosierra ; qu'à Robregordo, il y a 3,000 ou 4,000 hommes aussi des milices d'Andalousie avec peu de troupes de ligne et quelques escadrons ; qu'ils n'ont pas vu d'Anglais, mais qu'ils ont ouï dire qu'ils étaient en route pour Buitrago ; que les soldats, en général, sont mal nourris et presque nus, qu'ils servent malgré eux, et que c'est par force qu'on les retient.

Le général qui commande les troupes à Somosierra se nomme Don Juan de la Cruz.

J'ai l'honneur de prévenir Votre Altesse Sérénissime que je me mettrai en marche demain au point du jour avec la division Villatte pour rejoindre le général Ruffin à Cerezo-de-Arriba, où je serai à portée de recevoir et de faire exécuter les ordres qu'il plaira à Sa Majesté de me faire expédier.

LE GÉNÉRAL SAVARY AU MAJOR GÉNÉRAL.

Boceguillas, le 29 novembre 1808.

Monseigneur,

J'ai l'honneur de vous adresser l'interrogatoire qu'un capitaine de ma légion, interprète espagnol, a fait subir par mon ordre à trois déserteurs et à un prisonnier de guerre.

Je les fais conduire par un gendarme au quartier général, où ils arriveront demain au plus tard (¹).

---

(1) INTERROGATOIRE DE TROIS DÉSERTEURS ET D'UN PRISONNIER DE GUERRE ESPAGNOL.

Boceguillas, le 29 novembre 1808.

I

D. Comment vous nommez-vous ? et quelle est votre patrie ?

R. Je me nomme Joseph Julien, je suis de Trieste.

D. Depuis quand servez-vous en Espagne, et dans quel régiment ?

R. Je sers depuis douze ans dans les gardes wallonnes.

D. A quel corps d'armée appartenez-vous ?

R. Je faisais d'abord partie du corps d'armée d'Andalousie, hier j'étais à Sepulveda dans le corps qui défend cette position.

D. En quoi consistent les troupes qui sont à Sepulveda ?

R. Elles forment environ 6,000 hommes d'infanterie savoir :

1° Gardes wallonnes, 4 compagnies	550
2° Régiment d'Irlande, 2 bataillons	1,500
3° Régiment de Jaen, 2 bataillons.	2,000
4° Bataillon de volontaires d'Andalousie	700
5° Quelques paysans.	»
	4,750

D. D'où sont sorties en ce moment ces troupes de ligne ?

R. En venant d'Andalousie nous avons passé à Madrid où nous avons resté environ un mois. Nous avons aussi passé un mois aux environs.

D. Savez-vous à peu près à quel nombre s'élèvent les troupes chargées de défendre la route de Madrid par Buitrago ?

R. Je ne le sais pas positivement, mais je les évalue à vingt mille hommes en comprenant les bataillons de volontaires.

D. Comment sont-elles réparties ?

R. Je ne le sais pas positivement, mais d'abord il y a six mille hommes à Sepulveda ; le régiment de la Reine est à Duraton avec quelque cavalerie ; nous avons laissé à Alcovendas le régiment de Murcie, j'ignore quels sont les autres corps de l'armée ; mais je sais que la gorge qu'on appelle le Puerto ou Pertus est bien défendue par une dizaine de pièces d'artillerie et deux ou trois bataillons de volontaires qui ne peuvent être attaqués que par la droite et par des tirailleurs, la route étant couronnée à gauche par de hautes montagnes couvertes de neige.

D. Comment êtes-vous venus à Sepulveda ?

R. En suivant la grande route de Madrid jusque près de Duraton ; là, tournant à gauche, nous avons marché une lieue et demie et sommes venus prendre sur la hauteur la position dans laquelle nous étions hier.

D. Peut-on facilement, en passant par Duraton, arriver à l'esplanade sur laquelle vous étiez en bataille ?

R. A une portée de canon il y a une espèce de petite colline qui n'est rien ; d'ailleurs on peut développer sur ce point vingt mille hommes.

D. Si la position de Sepulveda était enlevée par Duraton, quelle serait la route de l'ennemi pour opérer sa retraite ?

R. En passant derrière la ville, sur la route de Ségovie : celle du Pertus serait coupée.

D. Pourrait-on par la droite de l'armée française se porter sur la route de Ségovie en arrière de l'ennemi fuyant de Sepulveda ?

R. Il n'y a que des ravins impraticables autour de Sepulveda, à un quart de

LE GÉNÉRAL LE BRUN AU MARÉCHAL BESSIÈRES.

Cerezo-de-Abajo, le 29 novembre 1808, à 8 heures du soir.

Monsieur le Maréchal,
Je suis avec le régiment polonais et 6 compagnies d'infanterie à Cerezo-de-Abajo. J'y suis arrivé aujourd'hui à l'entrée de la nuit.

---

lieue à droite ; il faudrait faire au moins deux lieues de détour par des chemins que je ne connais pas.

D. Quel est l'esprit de l'armée dans laquelle vous étiez ?

R. Il y a beaucoup de paysans qui ne sont pas habillés, beaucoup de Français, particulièrement des corps étrangers, dans les régiments d'Irlande, de Jaen, et dans les gardes wallonnes qui ont été faits prisonniers à Bailen et que les mauvais traitements ont forcés à prendre du service. La majeure partie n'attend qu'une occasion pour déserter.

D. Que sont devenus les débris de l'armée de Burgos ?

R. Ils se sont retirés sur Ségovie.

D. Savez-vous s'il y a beaucoup de troupes à Ségovie ?

R. Je l'ignore, mais on dit qu'il y a une forte armée composée des troupes qui ont fui de la Biscaye, de la Castille, etc.

On dit aussi que les Anglais sont attendus en force.

D. Quelle était à peu près votre cavalerie à Sepulveda ?

R. Il y a environ trois escadrons de divers régiments formant un corps de quatre à cinq cents hommes.

II

D. Comment vous nommez-vous, depuis quand servez-vous et dans quel régiment ?

R. Je me nomme Pierre Fernandez, je suis de Santander, je sers depuis deux mois dans le régiment d'Alcantara cavalerie.

D. De combien d'escadrons votre régiment est-il composé ?

R. Je ne connais que deux escadrons, celui dont je fais partie, et un qui est resté à Cordoue. Celui qui était hier à Sepulveda est le seul qui puisse entrer en campagne, l'autre n'a que des recrues non vêtues et non montées. J'étais une des plus anciennes recrues, c'est pour cela que j'ai été habillé et monté.

D. Comment êtes-vous entré au régiment ?

R. J'étais à Xérès chez un de mes oncles, petit marchand, on m'a forcé de servir ; d'abord on a levé des volontaires et ensuite on a levé la milice.

D. Par où avez-vous passé pour venir de Xérès à Sepulveda ?

R. Par Cordoue, Tolède, Aranjuez, Valdemoro, Buitrago, etc.

D. Avez-vous rencontré beaucoup de troupes sur votre route ?

R. Nous n'en avons pas rencontré, nous étions précédés jusqu'à Buitrago par le corps qui est à Sepulveda. Quelques jours avant d'y arriver nous avons formé l'avant-garde laissant notre armée à Buitrago.

D. Quelle est à peu près la force de la cavalerie qui est à Sepulveda ?

R. Il n'y a que deux escadrons, un du régiment d'Alcantara, l'autre du régiment de Montesa. Le tout forme environ 350 chevaux.

D. Depuis quel jour êtes-vous à Sepulveda ?

R. Nous arrivâmes un dimanche, il y a dix jours, nous fûmes suivis quel-

J'aperçois en avant de moi, dans la gorge de Somosierra, une ligne de feux, et quelques-uns à droite et à gauche. Il n'y a pas de paysans dans mon village ; je ne puis avoir aucun renseignement ce soir. J'ai l'honneur de vous adresser ceux qui ont été pris par M. le maréchal Victor de quelques prisonniers que j'ai faits dans la journée à Riaza, où même j'ai eu un homme tué. Je les crois exacts.

Voici la position du corps d'armée de M. le maréchal Victor : moi, avec les Polonais et 6 compagnies d'infanterie à Cerezo-de-Abajo, le général Ruffin à Cerezo-de-Arriba avec sa division, le maréchal Victor à Riaza avec la division Villatte.

---

ques jours après par une partie de l'infanterie et le reste arriva il y a trois jours.

D. Connaissez-vous à peu près la force de l'armée qui est à Sepulveda ?

R. Non, je sais seulement qu'il y a des Wallons, le régiment de Jaen, Irlande et des paysans.

D. Quand vous avez passé au Pertus et à Buitrago, avez-vous vu des troupes et de l'artillerie ?

R. Il n'y en avait pas encore, je ne sais pas s'il en est arrivé depuis.

D. Comment nommez-vous votre colonel ?

R. Je le connais à peine, il est venu de Madrid tout récemment, je ne sais pas son nom.

D. Comment se nomme le colonel du régiment de Montesa ?

R. Je ne sais pas son nom, je sais cependant que c'est un brigadier des armées et qu'il commandait en chef à Sepulveda.

(Fernandez est une recrue peu capable de donner des renseignements positifs et d'observer les mouvements de sa division.)

3e et 4e interrogatoires.

D. Comment vous nommez-vous, d'où êtes-vous, depuis quand êtes-vous au service d'Espagne ?

R. 1° Je m'appelle Joseph Bernadé, je suis de Parme, je sers depuis huit ans dans les gardes wallonnes.

2° Je m'appelle Dominique Castanio, je suis Corse, né à Ajaccio, je sers depuis dix ans dans les gardes wallonnes.

D. Dites-moi l'un et l'autre ce que vous savez de l'Espagne et de ses armées ?

R. Nous étions en Portugal, on nous y embarqua et nous vînmes à Cadix, nous étions au combat de Bailen. De Madrid, où nous avons resté deux ou trois mois, nous sommes venus à Sepulveda. Au Pertus nous avons vu huit à dix pièces de canon. Nous étions commandés à Sepulveda par un brigadier de cavalerie. L'armée de Sepulveda est de six mille hommes, etc.

Observation.

Les dépositions de Bernadé et de Castanio confirment celles de Joseph Julien qui, plus intelligent, a donné des renseignements plus précis et plus justes.

LAGORSSE.

La reconnaissance ordonnée par le Major général n'a pas pu se faire aujourd'hui, mais demain M. le maréchal Victor arrive de bonne heure avec la division Villatte et la fera faire aussitôt.

Ordres donnés dans la nuit du 29 au 30 novembre.

LE MAJOR GÉNÉRAL AU MARÉCHAL VICTOR.

Boceguillas, le 29 novembre 1808, à 11 heures du soir.

L'Empereur est arrivé à midi à Boceguillas, et a fait lui-même la reconnaissance de l'entrée des gorges de Somosierra.

L'Empereur ordonne, Monsieur le Maréchal, que demain 30 à 10 heures du matin, vos deux divisions soient réunies à Cerezo-de-Arriba pour attaquer et forcer la gorge de Somosierra et vous porter à Buitrago. Quant à la division Lapisse, l'Empereur lui a donné l'ordre de tourner Sepulveda, où il y a environ 6,000 hommes ; il sera soutenu par la cavalerie du maréchal Bessières. Comme il a l'ordre d'attaquer à 7 heures du matin, l'affaire sera finie à 9 heures et vous saurez l'issue de cette attaque avant d'être en mesure d'attaquer et de forcer les gorges.

Comme il paraît que votre artillerie n'arrivera que demain tard, j'écris au général Sénarmont qui est à Grajera de faire partir demain, à 4 heures du matin, 12 pièces d'artillerie pour se rendre à Cerezo-de-Arriba. Si cette artillerie ne suffisait pas, l'Empereur vous en ferait donner de celle de sa Garde qui est toute réunie.

LE MAJOR GÉNÉRAL AU GÉNÉRAL SÉNARMONT.

Boceguillas, le 29 novembre 1808, à 11 heures du soir.

L'Empereur a son quartier général à Boceguillas. Sa Majesté me charge de vous prévenir que le maréchal Victor est à Riaza et qu'il a une de ses divisions à Cerezo-de-Arriba.

L'intention de l'Empereur est que vous fassiez partir demain 30, à 4 heures du matin, 12 pièces d'artillerie qui se rendront directement à Cerezo-de-Arriba. Cela est nécessaire parce que l'artillerie des deux divisions qui sont avec le maréchal Victor n'arrivera demain que très tard. Le maréchal Victor, avec ses deux divisions, doit attaquer demain les gorges de la Somosierra.

Dans les premiers ordres qu'il avait donnés le 29 novembre à 11 heures du soir, l'Empereur avait prescrit au maréchal Victor d'avoir les deux divisions Ruffin et Villatte réunies pour 10 heures du matin à Cerezo-de-Arriba; il ne voulait pas, en effet, attaquer le Puerto de Somosierra avant d'être maître de Sepulveda; c'est pourquoi il ne jugea pas convenable de pousser plus loin le maréchal Victor avant d'être certain du résultat de l'attaque que le général Lapisse devait diriger sur Sepulveda, et qu'il prévoyait devoir être terminée vers 9 heures du matin. Mais, vers 3 heures du matin, le 30 novembre, l'Empereur reçut du général Lasalle, dont la cavalerie n'avait pas cessé de surveiller les abords de Sepulveda, la nouvelle positive que les Espagnols avaient abandonné cette ville vers le milieu de la nuit (1). L'attaque de Sepulveda devenait dès lors inutile, et la division Lapisse, qui devait l'exécuter, se trouvait dorénavant disponible. L'Empereur résolut donc de se porter immédiatement sur le défilé de Somo-

---

(1) Voici la lettre du général Lasalle :

Barbolla, le 30 novembre, à 2 heures et demie après minuit.

Le 29 novembre, à 11 heures et demie, l'ennemi a commencé à évacuer sa position ; il se retire sur la Somosierra, qui, au rapport des déserteurs français, est hérissée de canons. Il y avait à Sepulveda 8,000 hommes, 8 pièces de canon ; on a pu savoir le nom du général espagnol, c'est un Français. L'ennemi a eu avant-hier beaucoup de blessés et 12 morts.

P.-S. J'envoie les 4 déserteurs français au quartier général de Votre Excellence.

sierra avec toutes ses forces et d'employer la division
Lapisse et la Garde impériale pour soutenir au besoin
les deux divisions du 1" corps qui devaient se réunir
à Cerezo-de-Arriba et qu'il destinait au mouvement sur
Somosierra; il envoya donc au maréchal Victor l'ordre
de marcher dès le matin à l'attaque du défilé de Somosierra.

En exécution de ces ordres, le maréchal Victor quitta
Cerezo-de-Arriba vers 7 heures du matin, avec la division Ruffin, sans attendre la division Villatte, venant
de Riaza, et les troupes de la division Lapisse et de la
Garde, venant de Grajera et Boceguillas. Le régiment
de chevau-légers polonais suivit le mouvement de la
division Ruffin.

LE MAJOR GÉNÉRAL AU MARÉCHAL VICTOR.

Au camp impérial de Boceguillas, le 30 novembre 1808, à 3 heures du matin.

Je vous préviens, Monsieur le Maréchal, que l'Empereur
sera à 6 heures du matin à Cerezo-de-Arriba, avec la division Lapisse et la Garde impériale. Il paraît certain que
l'ennemi a évacué à 9 heures du soir la position de Sepulveda. En conséquence, Monsieur le Maréchal, l'Empereur
ordonne que vous attaquiez au jour la gorge de Somosierra
pour vous rendre à Buitrago.

CHAPITRE VII

OPÉRATIONS A LA GAUCHE DE L'ARMÉE FRANÇAISE
A LA FIN DE NOVEMBRE
ET AU COMMENCEMENT DE DÉCEMBRE
BATAILLE DE TUDELA ET OPÉRATIONS CONSÉCUTIVES

LE MARÉCHAL NEY A SORIA

(23-25 novembre)

L'inaction du maréchal Ney à Soria pendant les journées du 23 et du 24 novembre a donné lieu à des con-
troverses passionnées : ses détracteurs ont prétendu
que le maréchal, jaloux de son collègue Lannes, avait
intentionnellement ralenti son mouvement pour le laisser seul aux prises avec Castaños ; qu'il avait résisté
aux sollicitations pressantes de son chef d'état-major
Jomini qui le suppliait de marcher sur Calatayud (¹);

---

(1) Voici ce que dit à ce sujet le général Jomini dans ses « Souvenirs » sur
la guerre d'Espagne (publiés par le général Lecomte) :
« Le corps du maréchal Ney traversa Burgos et se dirigea sur Aranda-de-
« Duero le 17 novembre. Ici notre rôle devait se modifier ; l'armée de Castaños
« étant restée sur l'Èbre devant Lannes à Tudela, nous pouvions, en nous diri-
« geant à l'est par Soria, concourir à sa défaite ou la rendre plus complète. La
« tâche n'était pas facile. Si nous remontions trop vers le nord pour prendre
« part à l'action, les ennemis ne nous attendraient pas et regagneraient intacts
« leur place de Saragosse. Si nous nous dirigions à l'est vers cette ville pour
« leur en couper l'accès, nous laisserions Lannes aux prises avec Castaños et
« Palafox. Le 6ᵉ corps, réduit encore à ses deux divisions, avait une belle mis-
« sion, mais par un mouvement un peu large pour être aisément remplie, sur-
« tout dans un pays tel que celui-ci, où l'ennemi surveillait tous nos pas, alors

qu'il était resté à Soria pour avoir le temps de piller la ville; ce sont là d'odieuses calomnies dont la fausseté est cent fois prouvée. D'un autre côté, ses défenseurs ont affirmé qu'il avait été absolument obligé de rester à Soria jusqu'au 25, afin de donner du repos à ses troupes harassées et de rallier ses divisions; qu'il avait été intimidé par les bruits qui attribuaient à l'armée de Castaños une force de 80,000 hommes; enfin, que n'ayant pas d'ordres précis du grand quartier général, il ne savait quelle route prendre, celle de Soria à Calatayud ou celle de Soria à Tudela; il y a peu de chose de vrai dans ces allégations.

L'étude attentive de la correspondance du maréchal Ney et des ordres qu'il reçut permet de juger sa conduite d'une façon assez différente.

« que nous ne pouvions rien apprendre sur son compte que par nos patrouilles « ou nos reconnaissances.

« Quoi qu'il en soit, le maréchal Ney partit le 19 d'Aranda pour San-Estevan, » arriva le 20 à Berlanga, le 21 à Soria, avec une division, attendant le lende- « main la seconde, détournée à droite vers Calatayud, en exploration.

« A Soria, où nous nous établîmes le 22 novembre, nous restâmes jusqu'au « 25 à attendre des ordres ou des nouvelles pour choisir la meilleure route « ultérieure.

« Pendant ce temps, j'eus le plaisir de faire la connaissance plus intime du » général Dessolles, qu'on nous avait donné en remplacement du général Bisson, « avec lequel le maréchal s'était brouillé. Soit qu'il en ait reçu l'ordre, soit qu'il » prît sur lui de marcher vers Tudela, le maréchal se dirigea tardivement, c'est- « à-dire le 25 au matin, de Soria vers Agreda.

« Des bruits d'une affaire sérieuse s'étaient répandus chez les habitants, et je » fus chargé de pousser, avec un détachement de 200 hommes, jusqu'à Tara- « zona, ville assez importante. J'y courus avec l'intelligent Esmenard, qui nous « servait d'interprète. Bientôt nous pûmes constater nous-mêmes la débandade, » et fûmes obligés de bivouaquer, à l'entrée de la nuit, pêle-mêle au milieu de « plusieurs centaines de fuyards ennemis. En effet, l'importante bataille sus- « mentionnée avait eu lieu deux jours auparavant à Tudela, et l'armée espa- « gnole, en longeant les rives de l'Èbre par Alagon, s'était retirée en grand » désordre sur Saragosse. En arrivant à Tarazona, nous apprîmes que Palafox « y avait passé la veille..... Vers le soir du second jour, la division Marchand « arriva. »

De tout ce qui précède, il ressort que le maréchal Ney ne demanda aucun conseil au général Jomini, avec lequel il était en froid depuis que le général avait voulu épouser une Prussienne; il lui en voulait d'ailleurs, parait-il, de passer pour son Mentor.

Le maréchal Ney arriva à Soria dans la soirée du 22 novembre avec les divisions Marchand et Dessolles ; il était informé à ce moment de la présence de Castaños à Arnedo avec 30,000 hommes, et il annonçait au Major général que le lendemain il porterait une reconnaissance d'infanterie et de cavalerie sur Arnedo, et ferait occuper Agreda par la cavalerie du général Beaumont, qui se trouvait déjà à moitié chemin de cette ville.

Pendant les journées du 23 et du 24, il ne fait aucun mouvement et reste à Soria avec ses deux divisions (¹) ; ses reconnaissances poussent le 23 sur Arnedo, Agreda et Medinaceli : celles d'Arnedo et d'Agreda lui rendent compte qu'on entend vers Tudela les bruits d'une canonnade et d'une fusillade violentes, et cette nouvelle ne le fait pas sortir de son immobilité ; il écrit au Major général le 23 et le 24, et le ton de ses lettres paraît

---

(1) On lit dans les *Mémoires* du maréchal Jourdan, page 92 :

« Si le maréchal Ney, qui avait manœuvré de manière à couper la retraite aux ennemis, fût arrivé devant Tarazona le jour de la bataille, les deux armées espagnoles auraient été détruites ; mais il ne partit d'Aranda-de-Duero que le 20 ; le lendemain il campa à Almazan, et le jour suivant il entra à Soria. Ses troupes étaient harassées des longues marches qu'elles venaient de faire par des chemins affreux, il leur accorda un jour de repos. Le 23, il partit de Soria et n'arriva que le 25 à Tarazona, c'est-à-dire deux jours après la retraite de l'ennemi. L'Empereur prétendit que ce maréchal avait mis de la lenteur dans ses mouvements, et mal exécuté ses instructions. Cependant, en calculant la distance d'Aranda à Tarazona par Soria, il est facile de se convaincre que quand même ce maréchal n'aurait donné aucun repos à ses troupes, il lui eût été impossible d'y arriver avant le 24 au soir, c'est-à-dire vingt-quatre heures après la bataille. Ce n'est donc pas à lui à qui on peut adresser des reproches, mais à celui qui ne lui donna pas l'ordre de partir d'Aranda deux jours plus tôt. »

Le maréchal Jourdan commet de nombreuses erreurs dans ce passage. En effet, le maréchal Ney partit d'Aranda le 19 et non pas le 20 ; il arriva le 22 au soir à Soria et en partit, non pas le 23 mais le 25, pour arriver le 26 à Tarazona. Le maréchal Ney ne pouvait pas arriver à Tarazona plus tôt que le 24, s'il avait marché sans interruption depuis Aranda, mais on ne saurait reprocher à l'Empereur de ne pas l'avoir fait partir deux jours plus tôt, car dans ce cas il eût fallu que l'Empereur lui donnât ses ordres le 16 novembre, et à ce moment il ne savait pas encore s'il pourrait manœuvrer par la vallée du Duero.

nous donner la raison de sa conduite : le 23, il rend compte d'une façon très calme des renseignements qu'il vient d'avoir sur l'armée de Castaños ; le 24, il déclare qu'il aurait désiré prendre part à l'affaire qui a dû avoir lieu vers Tudela, mais que, n'ayant pas d'ordres, il doit se borner à défendre ses positions ; mais nulle part il ne manifeste de l'hésitation ou de l'inquiétude ; il exécute simplement à la lettre les ordres reçus.

Or, si l'on se reporte aux ordres de l'Empereur du 18 novembre à midi, les seuls que possédât le maréchal Ney depuis son départ d'Aranda, on se rendra compte que, du moment où il avait occupé Soria, il pouvait se considérer comme ayant rempli sa mission, et juger nécessaire d'attendre des instructions ultérieures avant de « marcher outre », suivant l'expression de l'Empereur. On lui disait en effet d'une part : « Vous vous dirigerez sur Almazan ou sur Soria, où vous intercepterez la route de Madrid à Pampelune, et où vous vous trouverez, dès lors, sur les derrières du général Castaños » ; et l'on ajoutait d'autre part : « Ainsi, le 22, la gauche sera vers Calahorra, le centre, que vous formez, sera à Almazan ou Soria, la droite sur Aranda. »

S'étant trouvé à Soria au jour dit, le maréchal crut de bonne foi avoir obéi ponctuellement aux ordres qu'il avait reçus. On doit convenir, en effet, qu'il les exécuta littéralement ; mais si l'on se reporte à la dernière phrase de ces ordres, on ne tarde point à se convaincre que le maréchal ne se pénétra point assez de leur esprit, car ils se terminaient par le clair résumé qui suit : « Ainsi le premier but de votre armée est de couper l'armée de Castaños, le second de soumettre la ville de Soria. »

La soumission de Soria ne venait qu'au second plan ; il aurait donc fallu marcher et manœuvrer contre l'armée espagnole qui constituait l'objectif principal.

L'ensemble des ordres du 18 novembre indiquait d'ailleurs d'une façon bien nette qu'une fois sur les derrières du général Castaños, le maréchal Ney, dès qu'il aurait des renseignements précis, devrait manœuvrer pour le couper, et dans tous les cas, se mettre en communication avec le maréchal Lannes ; or, cette communication ne fut pas établie parce que, disait le maréchal dans sa lettre du 24, « l'éloignement rend les communications si difficiles pour les hommes isolés, qu'il faut absolument que je me borne à défendre les positions que j'occupe. »

Cette phrase en dit long, à notre avis, sur la façon dont le maréchal Ney concevait le but de sa mission : tenir Soria, voilà quel était, pour lui, le point essentiel, indiqué par les ordres de l'Empereur ; il se considérait simplement comme chargé de faire une diversion ; sa coopération au mouvement du maréchal Lannes sur Tudela ne lui paraissant pas clairement prescrite, il n'osa pas l'entreprendre de peur de contrevenir aux ordres de l'Empereur ; mais on ne saurait admettre un seul instant qu'il ait été intimidé par les renseignements qu'il avait sur les forces de Castaños ; la preuve évidente qu'on peut en donner, c'est que, lorsqu'il reçut l'ordre, dans la soirée du 24, de se porter sur Agreda, il croyait depuis peu à un échec du maréchal Lannes, et qu'il n'en marcha pas moins résolument le 25 novembre contre un ennemi qu'on disait fort de 60,000 hommes. A plus forte raison se serait-il porté en avant sans appréhension, le 23, s'il avait jugé ce mouvement nécessaire, car alors il n'avait pas encore de nouvelles du maréchal Lannes et il croyait que Castaños n'avait que 30,000 hommmes.

On est donc amené à conclure que le maréchal Ney resta immobile parce qu'il n'interpréta pas dans leur véritable sens les ordres qu'il avait reçus.

· D'ailleurs l'inaction du maréchal n'eut pas des résultats aussi fâcheux qu'on le croit.

En admettant qu'il eût quitté Soria le 23 au matin, comme il lui était possible de le faire, il n'aurait pu arriver que dans la soirée du 23 à Agreda et dans la soirée du 24 à Tarazona : or, les colonnes de l'armée de Castaños qui battirent en retraite sur Tarazona et Borja quittèrent Tarazona vers le milieu de la nuit du 23 au 24, arrivèrent à Borja dans la matinée du 24 et en repartirent dans la soirée du même jour.

Le maréchal Ney arrivant à Tarazona dans la soirée du 24 n'y aurait donc trouvé personne et aurait pu tout au plus atteindre la queue des colonnes espagnoles, dont la tête avait une marche d'avance sur lui.

A ce propos, on a reproché à l'Empereur de ne pas avoir fixé la date de l'attaque du maréchal Lannes de façon que le maréchal Ney eût le temps de se porter sur les derrières de l'ennemi. Il est certain que si, par exemple, le maréchal Lannes n'avait attaqué que le 24 et que le maréchal Ney se fût trouvé à ce moment à Tarazona comme c'était possible, l'armée de Castaños aurait subi un désastre autrement considérable que celui de Tudela ; mais il faut bien se convaincre que lorsque l'Empereur donna ses ordres le 18, il lui était matériellement impossible de fixer à si longue échéance des dates précises, et d'organiser une manœuvre sur des données mathématiques, alors qu'il n'avait que des renseignements incertains ; une pareille manœuvre restait d'ailleurs à la merci du moindre contre-temps, et l'Empereur avait trop l'expérience de la guerre pour compter absolument sur sa réussite. Il se contenta de régler d'une façon générale les mouvements des maréchaux Lannes et Ney, et s'en remit à leurs talents et à leur étoile pour obtenir le meilleur résultat possible. Si ce résultat ne fut pas atteint complètement, ce fut pour bien des causes, dont les principales furent le changement de position de l'armée espagnole, la difficulté des communications, et la lenteur fâcheuse de la transmission des ordres. Ainsi, le maréchal Ney ne reçut que dans l'après-midi du 24 l'ordre de l'Empereur du 21 novembre, dans lequel il lui était prescrit de se porter sur Agreda, alors que normalement cet ordre aurait dû lui parvenir dans la soirée du 22 novembre, et lui permettre de marcher sur Agreda le 23, lui évitant ainsi l'inaction dans laquelle il resta pendant quarante-huit heures, faute d'instructions.

Mais il ne faut pas oublier que même si les mouvements des maréchaux Lannes et Ney avaient pu se combiner assez heureusement pour prendre entre eux l'armée de Castaños, cette armée n'était pas perdue pour cela, car, prévenue comme elle l'était toujours des moindres mouvements de l'ennemi, elle aurait probablement pu se retirer à temps ou se disperser pour échapper à l'étreinte de ses adversaires.

Castaños était d'ailleurs au courant depuis le 19 novembre du mouvement des Français sur Almazan, et c'est pour éviter d'être coupé par la route de Soria qu'il avait battu en retraite de Calahorra sur la ligne du Queilès, de Tarazona à Tudela.

Il ne courait donc plus aucun risque à partir du 22, dans le cas où le maréchal Ney marcherait sur Agreda, puisque Tarazona était gardé à son extrême gauche ainsi qu'Agreda, et qu'il disposait toujours de la communication avec Madrid en prenant la route de Calatayud et Daroca; il en eût été tout autrement si le maréchal Ney avait pris la route de Soria à Calatayud; dans ce cas, la retraite sur Madrid était définitivement coupée, et il ne serait resté d'autre ressource à l'armée de Castaños que de se jeter dans Saragosse ou sur la route de Valence. Si le maréchal Ney avait été prévenu par le maréchal Lannes ou le maréchal Moncey, il aurait pu exécuter cette manœuvre, mais il ne reçut aucune nouvelle, et dans la situation où il se trouvait, il ne pouvait sans imprudence songer à marcher sur Calatayud avant que ses derrières fussent assurés à Soria par de nouvelles troupes; les instructions de l'Empereur ne parlaient d'ailleurs que d'Agreda et du maréchal Lannes, c'est-à-dire du nord-est et non du sud-est, et puis le maréchal ne pouvait pas prévoir que l'armée de Castaños se retirerait sur Madrid par Calatayud et Guadalaxara; il y avait tout autant de chances pour qu'elle se retirât sur Saragosse, ainsi d'ailleurs que l'aurait désiré Palafox.

En résumé, l'on peut voir que si la manœuvre par Soria a manqué, ce fut moins à cause de l'immobilité du maréchal Ney qu'à cause du manque de renseignements et de la difficulté incroyable de communications; l'Empereur ayant organisé sa manœuvre d'après des données probables, mais non absolument certaines,

avait besoin que la chance favorisât ses lieutenants
pour obtenir une réussite complète ; il ne l'obtint point
parce que la chance manqua, et il n'est pas étonnant
qu'il en ait été ainsi dans un pays où tout était contre
nous : la difficulté du terrain, la pauvreté du pays et la
mauvaise volonté des habitants, qui nous renseignaient
peu ou mal, tandis qu'ils tenaient leurs compatriotes
au courant de nos moindres mouvements.

Dans ces conditions, il eût été véritablement extraordinaire que la manœuvre donnât le résultat cherché
par l'Empereur.

LE MARÉCHAL NEY AU MAJOR GÉNÉRAL.

Soria, le 22 novembre 1808, à 4 heures du soir.

Monseigneur,

J'ai l'honneur de vous rendre compte que j'ai fait occuper
hier à 10 heures du soir la ville d'Almazan par un détachement de cavalerie et six compagnies de voltigeurs de la division Dessolles. Cette troupe n'a rencontré qu'une centaine
de paysans qui ont pris la fuite après avoir tiré quelques
coups de fusil ; plusieurs de ces fuyards ont été atteints et
sabrés. Hier au soir, un détachement du 25ᵉ de hussards est
entré à Sigüenza et a dispersé un détachement de gardes wallonnes : un cadet a été fait prisonnier. Les divisions Marchand et Dessolles arrivent ici à l'instant par les deux routes
de Calatañazor et d'Almazan : la première campe en arrière
à droite de la ville et la deuxième à la gauche de cette position ; elles sont séparées par le chemin d'Osma.

J'ai laissé à Almazan un régiment d'infanterie et le 2ᵉ de
hussards ; ce dernier corps occupera aujourd'hui Medinaceli et enverra des reconnaissances sur Tortuera, observant
ainsi les deux grandes routes de Saragosse.

Le général Beaumont, avec le surplus de sa cavalerie

occupe une position intermédiaire entre Soria et Agreda.
Il a ordre de s'emparer de cette dernière ville s'il n'y trouve
pas trop de résistance, et de pousser des partis sur Arnedo.
Tous les rapports annoncent que le général Castaños est
avec 30,000 hommes à Arnedo, et que le reste de ses forces
s'étend depuis Calahorra jusqu'à Tudela.

Comme je ne suis qu'à deux marches d'Arnedo, j'enverrai
demain à la pointe du jour un parti d'infanterie et de cavalerie sur cette direction, pour tâcher de savoir, si l'ennemi a
le dessein de tenir dans cette position, qui me paraît tellement critique qu'il me semble que, si nous étions en mesure
d'agir en masse sur ses derrières, la campagne serait terminée en huit jours.

Je renouvelle à Votre Altesse la demande que je lui ai
faite d'un renfort de cavalerie ; les trois régiments qui sont
près de moi n'ont ensemble que 1,000 hommes sous les
armes et sont extrêmement fatigués de service.

Conformément aux intentions de l'Empereur, j'ai formé
une junte provisoire pour gouverner la province de Soria au
nom de Sa Majesté le Roi Joseph Napoléon ; elle est prési-
dée par Don Rogue Maron, premier notable ; au nombre
des membres se trouve M. de Valbueno, lieutenant-colonel
des gardes retiré ; le secrétaire général est M. de Ramaur,
officier. Il est impossible dans ce moment d'envoyer au Roi
une députation convenable, puisqu'il reste à peine à Soria
150 habitants de la classe bourgeoise ; le reste a pris la fuite
avec les chefs de la junte insurrectionnelle, d'après le bruit
qu'on a répandu que les habitants de Burgos avaient été
passés au fil de l'épée. La population et les domestiques des
gens riches profitent de cette épouvante pour piller les maisons et s'enfuir dans les montagnes avec leur butin.

La démolition des murs de Soria exigerait vingt milliers
de poudre et un grand nombre d'ouvriers ; cette opération
ne serait d'ailleurs d'aucune utilité puisque la ville est complètement ouverte du côté d'Osma.

Nous avons trouvé à Soria quelques ressources en vivres.

Je désire beaucoup que Votre Altesse veuille bien m'adres-

ser des ordres le plus tôt possible pour que je puisse régler
ma conduite suivant les intentions de l'Empereur.

J'ai l'honneur de vous adresser ci-joint la prestation de
serment de fidélité au Roi Joseph-Napoléon des principaux habitants de Soria.

P.-S. — J'ai fait publier une proclamation pour engager
les habitants à rentrer : si elle produit l'effet que j'en attends,
la députation au Roi pourra partir dans deux ou trois jours.

Il y a ici un arsenal où se trouve une assez grande quantité de fusils et de balles : on en fait en ce moment un inventaire que j'aurai l'honneur de vous adresser. Je vous fais
passer des lettres interceptées.

LE MARÉCHAL NEY AU MAJOR GÉNÉRAL.

Soria, le 23 novembre 1808.

Monseigneur,

D'après de nouveaux renseignements que je viens de recevoir, il paraît que le général Castaños n'a point son quartier
général à Arnedo, mais à Cintruenigo : il ne s'est rendu
dans ce premier lieu que pour arrêter son plan d'attaque sur
le corps du maréchal Moncey, et il fait même jeter un pont
sur l'Èbre à Calahorra pour faciliter cette opération.

On prétend que le corps de Castille et celui d'Andalousie
ne forment plus qu'une seule armée sous le commandement
de Castaños ; on porte sa force réelle à 60,000 combattants,
non compris le corps de Palafox qui est chargé de couvrir
Saragosse.

Le plan de Castaños paraît être de couvrir l'Aragon et la
Catalogne, d'opérer des diversions sur la gauche de l'armée,
de protéger Saragosse et de soumettre Barcelone, dont on
dit que la citadelle s'est rendue. Ce général ne doit dans
aucune hypothèse se retirer sur Madrid, et cherche à éviter
une action générale et à traîner la guerre en longueur dans
l'espoir où l'on est généralement en Espagne que l'Autriche
nous fera la guerre au printemps prochain.

Mes reconnaissances de ce matin ont rencontré le régiment de Logroño avec un détachement de cavalerie du côté de Deza, route de Calatayud. Si j'avais plus de cavalerie, je pourrais aisément ramasser ces petits corps isolés et tous les détachements qui rejoignent l'armée de Castaños.

Les rapports que j'ai reçus aujourd'hui d'Almazan n'annoncent rien de nouveau.

LE MARÉCHAL NEY AU MAJOR GÉNÉRAL.

Soria, le 24 novembre 1808, midi.

Monseigneur,

Les reconnaissances poussées hier sur Agreda et Arnedo ont entendu un feu très vif d'artillerie et même de mousqueterie dans la direction de Tudela, ce qui annoncerait que l'attaque de M. le maréchal Lannes a eu lieu. J'aurais bien désiré prendre une part active à cette affaire, mais l'éloignement rend les communications si difficiles pour les hommes isolés, qu'il faut absolument que je me borne à défendre les positions que j'occupe.

J'attends les ordres de Sa Majesté avec bien de l'impatience.

Un fort poste de cavalerie a occupé hier Medinaceli et poussé un parti sur Tortuera, il a ramassé quelques Espagnols et un déserteur français. Ce poste rentre parce que son éloignement et la difficulté des chemins l'exposeraient aux insultes des paysans. Il n'y a d'ailleurs rien de nouveau.

P.-S. — J'ai l'honneur de vous adresser ci-inclus l'état des objets d'artillerie qui ont été trouvés dans la ville de Soria.

LE MARÉCHAL NEY AU MAJOR GÉNÉRAL.

Soria, le 24 novembre 1808, à 3 heures après midi.

Monseigneur,

Je ne reçois qu'aujourd'hui 24 à 3 heures de l'après-midi la lettre que vous m'avez fait l'honneur de m'écrire de Burgos le 21 à 3 heures après midi, pour me donner l'ordre de me porter sur Agreda. J'ai fait occuper cette ville dès hier par de la cavalerie, et je m'y rendrai moi-même demain avec les divisions Marchand et Dessolles. Il m'est impossible de me mettre en marche sur-le-champ parce qu'il n'y a plus que deux heures de jour, et que la rentrée des détachements exige du temps.

La canonnade que je vous ai annoncée avoir été entendue par un avant-poste d'Agreda se fait encore entendre aujourd'hui dans la même direction.

OPÉRATIONS DU MARÉCHAL LANNES

(20-23 novembre)

C'est le 18 novembre que l'Empereur avait donné l'ordre au maréchal Lannes de prendre le commandement du corps du maréchal Moncey, de la division Lagrange et de la cavalerie de Colbert, pour se porter sur Calahorra et Tudela et culbuter l'armée de Castaños; le même jour l'Empereur avait donné l'ordre au maréchal Ney de se porter d'Aranda sur San-Estevan et Soria, et de tomber sur les derrières de l'armée du centre. Le lendemain 19 novembre, l'Empereur avait ordonné au général Digeon de partir de Burgos avec sa brigade de dragons pour aller renforcer le maréchal Lannes.

La situation du corps du maréchal Moncey et de la division Lagrange au moment où le maréchal Lannes allait en prendre le commandement, se trouve exposée en détail dans le rapport suivant envoyé par le général Lacoste à l'Empereur.

RAPPORT DU GÉNÉRAL LACOSTE A L'EMPEREUR, SUR LE CORPS
D'ARMÉE DE M. LE MARÉCHAL MONCEY.

Pampelune, le 19 novembre 1808.

Mon devoir me prescrit de faire part à Sa Majesté de tout
ce que j'ai vu ou entendu au corps d'armée du maréchal
Moncey.

Ce corps, dont on ne compte que 15,000 à 16,000 combattants, semble être désorganisé, M. le maréchal s'en plaint ; il
parle assez amèrement du général Belliard qu'il accuse d'y
avoir contribué dans le temps.

Il n'y a point d'ambulance, ni moyens de transport y relatifs ; point de chirurgien en chef, seulement quelques jeunes
gens sans expérience ; point de transports militaires.

Il y manque environ 8,000 capotes.

Cette armée, composée de très jeunes gens, fait chaque
jour des pertes par les maladies (40 à 45).

Les dernières victoires des corps d'armée de droite ont
au reste électrisé l'esprit de ce corps ; mais il est vrai de
dire qu'il est composé d'éléments bien moins consolidés que
dans les autres. On me permettra même une observation,
c'est que s'il est destiné à former le siège de Saragosse,
une grande partie des troupes qui le composent a été déjà
devant cette place, et y a peut-être perdu cet esprit d'audace
qui décide de pareilles entreprises. Cette expédition doit
être décisive, et ne peut être supposée douteuse.

Le bataillon prussien, d'une bonne espèce d'hommes,
n'est pas encore habillé malgré les mouvements que M. le
maréchal s'est donnés depuis longtemps à ce sujet.

Dans plusieurs régiments, surtout de nouvelle formation,
il manque bien des officiers. Dans le 116ᵉ, par exemple, il
faudrait 16 capitaines et 15 lieutenants de plus.

Dans mon dernier rapport j'ai commis une erreur au sujet
des 4ᵉˢ bataillons des 44ᵉ et 14ᵉ régiments. Celui du 44ᵉ a
rejoint l'armée il y a deux mois, il a de suite été incorporé
dans les trois autres, M. le maréchal ne croit pas devoir le

détacher ; celui du 14ᵉ ne fait que d'arriver et va être envoyé à Pampelune.

Le général Grandjean va se porter à Viana ; il y sera plus à même de secourir Logroño en hommes et en artillerie.

L'ennemi est décidément à Tafalla et à Olite, et même en grand nombre, 15,000 à 20,000 hommes dit-on, mais les rapports sont très incertains. C'est du corps d'O'Neille qui depuis longtemps se tenait à Sanguessa et Sos. Le général Rostolland a quitté sa position, et se trouve maintenant à Noain (une lieue et demie de Pampelune), à l'embranchement des routes de Sanguessa et de Tafalla ; on ne connaît point encore le projet de l'ennemi : on ne lui suppose pas une vue offensive. La ligne de l'Arga est au reste faiblement défendue ; en cas d'attaque tout doit se replier vers le quartier général. M. le maréchal, devant se tenir à portée de Logroño et de Lodosa, ne peut que refuser sa gauche.

Le corps du maréchal Moncey se trouvait concentré depuis le 15 novembre vers Lodosa ; le maréchal, d'après les renseignements qu'il avait pu recueillir, évaluait les forces espagnoles qu'il avait devant lui à près de 60,000 hommes, dont 25,000 réunis en une seule masse entre Arnedo, Corella, Alfaro et Tudela, 5,000 à 6,000 hommes à Caparroso, et des corps détachés vers Logroño, Soto et Nalda d'un côté, de l'autre vers Olite et Tafalla et les vallées de l'Aragon.

Le corps du maréchal Moncey comprenait 16,000 hommes présents au maximum : la division Lagrange 7,800 hommes ; la cavalerie du 3ᵉ corps, aux ordres du général Wathier et constituée avec des formations provisoires, pouvait être évaluée à 1,600 hommes ; celle du général Colbert comprenait 2,095 hommes et la brigade de dragons du général Digeon était forte de 1,308 hommes.

Le total des forces françaises dans la vallée de l'Èbre était donc d'environ 24,000 hommes d'infanterie et 5,000 de cavalerie.

Le maréchal Lannes, encore imparfaitement remis d'une grave chute de cheval qu'il avait faite entre Mondragon et Vitoria, lors de son entrée en Espagne ([1]), tint cependant à remplir la mission que lui donnait l'Empereur, et partit de Burgos le 18 novembre pour arriver à Logroño le 19; il y trouva le général Lagrange, auquel il donna l'ordre de se porter le 21 vis-à-vis Lodosa pour s'y réunir au corps du maréchal Moncey; toutes les troupes devaient emporter quatre

---

([1]) Voici ce que raconte à ce sujet Larrey, dans ses *Mémoires de chirurgie militaire :*

« S. E. le maréchal duc de Montebello, en suivant à franc étrier l'Empereur, fut renversé avec son cheval sur le Mondragon, montagne très escarpée et couverte de neige glacée. Cette chute lui fit éprouver une pression d'autant plus forte sur la poitrine et le bas-ventre, que le cheval, en se relevant, était retombé sur lui.

« Lorsqu'il fut apporté à Vitoria, il était couvert d'ecchymoses ; son ventre était enflé et tendu ; il ressentait de vives douleurs dans les entrailles, de la gêne dans la respiration, et il ne pouvait exécuter le moindre mouvement.

« Le pouls était petit, nerveux, le visage pâle, décoloré, les yeux abattus, la voix très affaiblie et les extrémités froides. Le plus léger attouchement sur le bas-ventre lui causait la plus vive douleur et augmentait l'oppression. Tout annonçait un commencement d'inflammation des organes intérieurs, résultat de la pression et de la commotion violente que Son Excellence avait reçue au moment de la chute.

« La saignée et les embrocations toniques résolutives auraient été insuffisantes, et l'expérience m'avait appris que ces moyens ne préviennent pas les accidents qui accompagnent ordinairement les fortes contusions avec commotion aux organes. Je me rappelai la cure merveilleuse faite par les Esquimaux sur les matelots naufragés de la *Vigilante,* que les flots de la mer avaient jetés, avec leur chaloupe brisée en éclats, sur la côte de Terre-Neuve. A leur exemple, et d'après plusieurs succès que j'avais moi-même obtenus depuis dans des cas à peu près semblables, je me déterminai à envelopper le corps du maréchal dans la peau d'un énorme mouton écorché tout vivant. Pendant qu'on dépouillait l'animal, je fis une embrocation très chaude d'huile de camomille fortement camphrée ; immédiatement après, j'appliquai sur tout le corps de Son Excellence cette peau toute fumante et qui laissait transsuder de sa surface écorchée une rosée sanguinolente assez copieuse. Je la croisai exactement, et j'en fixai les bords. Des flanelles chaudes furent appliquées sur les membres, et je fis prendre au malade quelques tasses de thé léger avec un peu de jus de citron et du sucre.

« Au même instant, M. le maréchal éprouva un mieux sensible, etc., etc. »

jours de pain. Il se rendit ensuite à Lodosa le 20 novembre, et y trouva le 3ᵉ corps rassemblé sur la rive gauche de l'Èbre : tout se trouvant ainsi préparé, il décida que le 3ᵉ corps passerait le 21 sur la rive droite pour rejoindre la division Lagrange et que toutes ces troupes marcheraient sur Calahorra le 22 novembre pour y attaquer les Espagnols.

LE MARÉCHAL LANNES A L'EMPEREUR.

Lodosa, 20 novembre 1808 (6 heures du soir).

Sire,

J'arrive à l'instant à Lodosa, où j'ai trouvé M. le maréchal Moncey avec tout son corps réuni.

La division Lagrange part demain de Logroño et arrivera le même jour 21 par la rive droite de l'Èbre devant Lodosa.

Tout le corps d'armée de M. le maréchal Moncey et cette division se mettront en marche le 22 pour aller attaquer l'ennemi à Calahorra, où l'on assure qu'il est fort d'environ 30,000 à 40,000 hommes non compris le corps de Palafox qui est, dit-on, de 25,000 hommes, occupant Caparroso et le pays en remontant l'Aragon.

Je ne pourrai présenter devant l'ennemi qu'environ 22,000 à 24,000 hommes. M. le maréchal Moncey a beaucoup de malades dans son corps.

Je pense qu'il aurait été nécessaire que M. le maréchal Ney fût arrivé à Tudela en même temps que j'arriverai à Calahorra. Mais cela est impossible, puisque j'ai ordre d'attaquer le 22.

Si je parviens à débusquer l'ennemi de Calahorra, je ferai en sorte d'établir une communication le plus tôt possible avec les troupes qui sont à Soria. Par ce moyen, Votre Majesté pourra avoir des nouvelles toutes les vingt-quatre heures.

Le 21 novembre au soir, le corps du maréchal Moncey traversa l'Èbre et s'installa sur la rive droite du fleuve dans le voisinage de la route de Calahorra; la division Lagrange, avec la cavalerie du général Colbert et celle du général Digeon, vint s'établir à hauteur du 3ᵉ corps entre Lodosa et Ausejo.

L'intention du maréchal Lannes était d'attaquer le lendemain l'ennemi qui était signalé à Calahorra, et ses ordres avaient été donnés dans ce but; mais dans la nuit du 21 au 22, les rapports de la cavalerie annoncèrent que l'ennemi se retirait sur Tudela; il résolut d'aller l'y chercher et se mit en marche le 22 dans cette direction; les renseignements qu'il avait à ce moment disaient que les forces des Espagnols étaient considérables; le maréchal Moncey lui-même leur attribuait 60,000 hommes.

LE MARÉCHAL LANNES A L'EMPEREUR (¹).

Lodosa, le 22 novembre 1808, à 6 heures du matin.

Sire,

L'ennemi est fort dans ce pays d'environ 30,000 à 50,000 hommes et même de 60,000, à ce qu'assure M. le maréchal Moncey; j'ai dû faire balayer hier différentes vallées aboutissant à la route de Calahorra où l'ennemi est réuni au nombre de 12,000 à 15,000 hommes et paraît décidé à se défendre dans la ville. A Nalda, il était fort de 1,000 à 1,200 hommes qui se sont dispersés dans les montagnes après une fusillade d'un moment.

Le général Lagrange a eu beaucoup de peine d'arriver hier soir à 9 heures devant Lodosa. Les chemins sont très difficiles; la brigade de dragons commandée par le général Digeon l'a suivi.

Les troupes sont en mesure pour que je puisse marcher

---

(1) Cette lettre fut envoyée à Belorado, d'où le général Durosnel l'expédia à l'Empereur le 23 à 4 heures du matin.

DE BATA

Partie Est, éta

ATTAQUE DE LA DIVISION MAURICE

Ancien chemin d'Alfaro

C^t BALAGNY. — *Campagne d'Espagne* rise par l'auteur à 800 m

aujourd'hui sur Calahorra, dont la cavalerie légère est peu éloignée.

L'ennemi occupe Alfaro et Tudela. Il occupe aussi Caparroso et les environs avec 15,000 à 20,000 hommes.

Bataille de Tudela.

(23 novembre 1808.)

Le 22 novembre au soir, le 3ᵉ corps était concentré autour d'Alfaro, sauf la division Morlot qui était à Corella; la division Lagrange était en arrière du 3ᵉ corps à Aldeanueva. Le maréchal Lannes savait à ce moment que l'ennemi s'était retiré sur la ligne du Queilès vers Cascante et Tudela; il décida d'aller l'y attaquer le lendemain et donna ses ordres pour que les troupes marchassent à l'ennemi dans l'ordre où elles se trouvaient, le 3ᵉ corps et la division Lagrange suivant la route d'Alfaro à Tudela, la division Morlot prenant celle de Corella précédée par toute la cavalerie sous les ordres du général Lefebvre-Desnoëttes; le maréchal Moncey aurait voulu que la division Lagrange suivît celle du général Morlot et se dirigeât d'abord d'Alfaro sur Corella, pour de là gagner les environs de Tudela, où elle serait arrivée beaucoup plus rapidement, puisqu'elle n'aurait eu devant elle qu'une division au lieu de trois; mais le maréchal Lannes s'opposa à cette disposition et maintint ses ordres; on ignore quelles furent les raisons qui le guidèrent; toujours est-il que la division Lagrange ne put arriver sur le champ de bataille que tard dans l'après-midi du 23 novembre, tandis qu'en passant par Corella elle aurait pu y parvenir avant le milieu de la journée.

Le lendemain 23 novembre, vers 9 heures du matin,

les divisions Maurice Mathieu et Morlot arrivèrent en
vue de Tudela par deux chemins différents; la cavalerie du général Lefebvre-Desnoëttes avait reconnu le
terrain et constaté la présence de l'ennemi à Cascante
et à Tudela; le maréchal Lannes lui-même venait de
se porter avec les lanciers polonais sur les hauteurs au
nord-ouest de Tudela et, après s'être rendu compte du
terrain et de l'ennemi, il avait établi son plan d'engagement.

La ville de Tudela est bâtie sur la rive droite de
l'Èbre et sur la rive gauche du Rio Queilès, au con-
fluent de ce cours d'eau, qui descend de la Sierra del
Moncayo et passe par Tarazona, Cascante et Tudela.
La vallée à partir de Tarazona devient large et bien
cultivée; elle était coupée par de nombreux canaux
d'irrigation qui fertilisaient la plaine couverte en général d'oliviers; entre Murchante et Tudela se trouvait
le bois d'oliviers appelé Olivar de Cardete; au sud-est
de Tudela, des deux côtés de la route de Saraqosse et
presque jusqu'à l'Èbre, se trouvaient d'autres plantations
d'oliviers connues sous le nom de Huerta-Mayor. Dans
les environs de Tudela, la vallée du Queilès se rétrécis-
sait entre deux mouvements de terrain : l'un assez peu
important au sud-ouest, constitué par les deux mamelons de Santa-Quiteria et Cabezo-Malla, d'une quarantaine de mètres de hauteur, et s'étendant le long de la
rive droite du Queilès jusqu'à 3 kilomètres de Tudela;
l'autre mouvement de terrain, beaucoup plus considérable comme altitude et comme étendue, venait du nord-
ouest et faisait partie de la chaîne, issue de la Sierra del
Madero, qui sépare les eaux du Queilès de celles de
l'Alhama, qui passe à Corella et Alfaro; les derniers

contreforts de cette chaîne venaient se terminer sur l'Èbre juste au-dessus de Tudela, par de vastes plateaux pierreux dont la hauteur était voisine de 100 mètres. Les pentes de ces plateaux étaient profondément déchiquetées et formaient des ravins à pic difficiles à franchir ; le pied des hauteurs était marqué par le chemin de Tudela à Corella, qui s'éloignait vers l'ouest, tandis que l'ancien et le nouveau chemin d'Alfaro parcouraient les plateaux au nord-ouest. Les Espagnols avaient choisi comme ligne de défense le cours du Queilès par Tarazona, Cascante et Tudela : cette dernière ville devenait ainsi le point d'appui principal de leur aile droite ; sa possession était subordonnée à celle des hauteurs qui la dominent immédiatement au nord-ouest, et par lesquelles arrivait l'armée française ; mais loin d'avoir pris pied sur ces hauteurs, la droite de l'armée espagnole, venant de la rive gauche, était encore en train de passer l'Èbre, et ses tirailleurs, après avoir repoussé un parti de cavalerie française, avaient occupé le Cerro de Santa-Barbara, puis s'étaient élevés progressivement au nord-ouest vers le sommet du plateau dont les troupes françaises prirent possession avant eux, entre 9 et 10 heures du matin.

Le maréchal Lannes comprit tout le parti qu'il pourrait tirer de la position dominante occupée sans coup férir par la tête de ses troupes : de là son artillerie pouvait battre les abords ouest de Tudela et soutenir efficacement une attaque dans ces parages.

Lorsqu'il arriva devant Tudela, il vit les Espagnols sortir de la ville et renforcer les troupes qui occupaient le Cerro de Santa-Barbara et les pentes au nord-ouest ; d'autres troupes garnissaient peu à peu les mamelons de

Santa-Quiteria et de Cabezo-Malla au sud-ouest; c'était la division du général Saint-March qui venait de passer l'Èbre; les bois d'oliviers cachaient les mouvements d'autres troupes vers la route de Tarazona; au delà de Cabezo-Malla, vers Murchante et Urzante, on ne voyait pas trace de troupes; les plus proches lui étaient signalées à Cascante, commandées par le général La Peña.

Dans ces conditions, le plan qu'il établit était logique et naturel: sans attendre le reste de ses troupes, il voulut d'abord battre la droite espagnole sous Tudela avant que le centre placé à Cascante pût venir à son secours, puis se retourner contre ce centre vers Cascante quand besoin serait.

L'attaque commencerait par Tudela même, dont la prise ébranlerait la droite espagnole en menaçant sa ligne de retraite sur Tarazona et assurerait fermement la gauche française en servant de pivot au reste de l'armée pour se rabattre sur le Queilès; pendant ce temps, l'ennemi placé à Cascante serait observé et contenu par la cavalerie jusqu'à l'arrivée de nouvelles troupes qui permettraient de l'attaquer à son tour.

Le maréchal ne voulut pas, comme il le dit lui-même dans son rapport sur la bataille, engager une fusillade sur toute la ligne; il préféra avec raison faire effort sur un seul point pour essayer de rompre la ligne ennemie. Il ordonna donc au général Maurice Mathieu dont la division arrivait par le vieux chemin d'Alfaro, d'attaquer l'ennemi qui garnissait les abords de Tudela et la ville elle-même; la division Morlot, qui était arrivée par le chemin de Corella, au nord de l'Olivar de Cardete, reçut l'ordre, ainsi que la cavalerie du général Colbert, de surveiller les positions de Cabezo-Malla en face d'elle et de ne pas bouger; la brigade de dragons du général Digeon reçut la mission de surveiller les troupes établies à Cascante en les empêchant de se porter du côté de Tudela; au delà de Cascante, la cavalerie du général Wathier dut observer les forces qui pouvaient venir de Tarazona sur Cascante.

L'attaque de gauche commença entre 9 et 10 heures; elle fut menée par le 14ᵉ régiment de ligne et le 2ᵉ régiment de la Vistule, tous deux composés de troupes aguerries, qui furent conduites par les généraux Maurice Mathieu et Habert; ils eurent affaire aux troupes aragonaises et valenciennes du général Roca, commandant la 3ᵉ division de l'armée du centre; l'attaque eut lieu comme toujours en colonne serrée par divisions, précédée de compagnies de voltigeurs en ordre dispersé; les Aragonais se défendirent avec énergie, et les progrès de l'attaque dans ce terrain difficile et coupé de ravins furent lents; mais au bout d'une heure, les troupes du général Roca descendirent la pente du plateau et allèrent garnir la hauteur de Santa-Barbara, qui domine immédiatement Tudela et se trouvait alors surmontée d'un vieux fort qui devint l'objectif des Français.

Cette position fut assaillie comme la précédente et la défense en fut encore plus vigoureuse.

Pendant que s'exécutait cette attaque à la gauche, la division Morlot avait reçu l'ordre de s'installer sur le mamelon de Cabezo-Malla, sur le flanc des Espagnols qui garnissaient celui de Santa-Quiteria; le général Morlot pénétra dans le bois d'oliviers de Cardete et poussa le 117ᵉ précédé de ses tirailleurs sur Cabezo-Malla; à peine étaient-ils arrivés au sommet qu'ils aperçurent de l'autre côté du mamelon une masse de troupes espagnoles qui s'avançaient pour en prendre possession ; c'était la division du général O'Neille qui arrivait seulement ; le combat s'engagea immédiatement de ce côté, mais le 117ᵉ, attaqué de front par la division O'Neille et de flanc par d'autres troupes détachées de Santa-Quiteria par le général Saint-March, redescendit le mamelon et alla se réfugier dans le bois de Cardete, où il se reforma après avoir essuyé des pertes assez sérieuses.

Pendant ce temps, le maréchal Lannes avait fait disposer le reste de la division Maurice Mathieu à droite du 14ᵉ et du 2ᵉ de la Vistule, et en face du mamelon de Santa-Quiteria, qui était garni de troupes nombreuses ; le général Maurice Mathieu, poussant à fond l'attaque du Cerro de Santa-Barbara, avait réussi à l'enlever et à repousser sur Tudela les troupes du général Roca ; il pouvait être alors une heure de l'après-midi ; une partie de la division Maurice Mathieu allait pénétrer dans Tudela, l'autre partie à droite de la première contenait les troupes du général Saint-March vers Santa-Quiteria, et la division Morlot, reformée dans le bois de Cardete, était prête à reprendre l'attaque de Cabezo-Malla, défendu par les troupes du général O'Neille.

La division Musnier venait d'arriver sur le champ de bataille et avait été dirigée sur les derrières de la division Morlot pour soutenir au besoin cette dernière ; la division Grandjean approchait de Tudela ; quant à la division Lagrange elle était encore éloignée.

Le maréchal Lannes, dès qu'il apprit l'enlèvement du Cerro de Santa-Barbara et la prise prochaine de Tudela, donna l'ordre à la division Morlot, soutenue par la division Musnier et la cavalerie de Colbert, de

déboucher de l'Olivar de Cardete pour emporter Cabezo-Malla.

La deuxième attaque de la division Morlot fut aussi
énergique que la première et se heurta encore à une
résistance vigoureuse; mais bientôt les Espagnols de
la division O'Neille se voyant menacés sur leur flanc
gauche par quelques fractions de cavalerie et d'infanterie française, commencèrent à reculer vers le sud-est
et abandonnèrent Cabezo-Malla avec l'artillerie qui le
garnissait : la division Morlot les poursuivit au delà de
Cabezo-Malla, et pendant ce mouvement elle prêta
le flanc aux troupes du général Saint-March qui, de
Santa-Quiteria, tentèrent de l'arrêter en l'attaquant
sur sa gauche; mais il n'était plus temps pour les
Espagnols de ressaisir la victoire; la division Maurice
Mathieu, débouchant de Tudela et de ses abords en
repoussant la division Roca, menaçait le flanc droit et
les derrières de la division Saint-March, pendant que
cette dernière essayait de faire face à gauche pour arrêter la division Morlot; de plus, la cavalerie du général
Colbert avait profité de la conquête de Cabezo-Malla
pour se porter des deux côtés du mamelon sur le
flanc de la division O'Neille et les derrières de la division Saint-March; après une résistance honorable, cette
division fut rompue, et toute la ligne ennemie reflua en
désordre vers la route de Saragosse. Vers 3 heures de
l'après-midi toute la droite espagnole était irrémédiablement battue : son mouvement rétrograde se changea
rapidement en déroute grâce à la cavalerie de Lefebvre-
Desnoëttes qui sabra sans pitié les fuyards et fit beaucoup de prisonniers. La retraite des Espagnols fut cependant beaucoup moins désastreuse qu'elle aurait pu

l'être dans un terrain ordinaire, car dans ces plaines plantées d'oliviers et coupées à chaque pas par des canaux ou des talus, la cavalerie ne pouvait pas agir avec ensemble et perdait beaucoup de ses avantages.

Victorieux à sa gauche, le maréchal Lannes se préoccupa alors de sa droite, représentée par la brigade Digeon, en observation depuis le matin du côté de Cascante en face de la division La Peña. Il donna l'ordre au maréchal Moncey de poursuivre l'ennemi avec le 3ᵉ corps et la cavalerie de Colbert dirigée par le général Lefebvre-Desnoëttes, mais de lui laisser la division Musnier, avec laquelle il avait l'intention de soutenir les dragons de Digeon si le général Peña se mettait en mouvement ; quand la division Lagrange serait arrivée, il passerait à l'offensive.

A ce moment, le maréchal Lannes dut regretter de n'avoir pas fait suivre à la division Lagrange le chemin de Corella, qui lui aurait permis d'arriver sur le champ de bataille vers midi ; s'il l'avait eue à ses ordres à ce moment, il aurait pu profiter de l'intervalle qui existait entre la droite et le centre espagnols pour y glisser une forte colonne qui aurait pu prendre à revers soit les troupes de Tudela, soit celles de Cascante.

Quoi qu'il en soit, le maréchal Lannes s'étant aperçu, entre 3 et 4 heures, que le général La Peña avait dirigé des troupes sur Urzante, jugea que ce mouvement indiquait une offensive prochaine, à laquelle il fallait s'opposer : il n'avait à ce moment avec lui que la brigade Digeon et la division Musnier ; en attendant que l'arrivée de la division Lagrange lui permît de prendre l'offensive, il fit soutenir les dragons de Digeon par un régiment de la division Musnier et attendit les événements. Mais les troupes de La Peña ne dépassèrent pas Urzante, et le maréchal Lannes, désirant profiter de cette timidité inattendue, fit marcher sur Urzante le régiment de la division Musnier et la brigade Digeon.

Devant cette menace, La Peña se hâta, un peu avant 5 heures du soir, de rétrograder sur Cascante avec le gros de ses forces, ne laissant dans Urzante que quelques bataillons.

La brigade Digeon profita de ce que ces troupes lui présentaient le flanc droit pendant leur marche rétrograde pour les charger vigoureusement à plusieurs reprises.

Sur ces entrefaites, la division Lagrange était parvenue entre 4 et 5 heures du soir sur les hauteurs au nord-ouest de Tudela; le maréchal Lannes la laissa serrer sur sa tête de colonne, et lui donna à 5 heures et demie l'ordre d'attaquer Urzante en le tournant par la droite, tandis que 3 bataillons de la division Musnier recevaient pour mission de le tourner par la gauche. Le général Lagrange forma sa division en échelons, et conduisit lui-même l'attaque du premier échelon formé par le 25° léger qui aborda résolument les Espagnols; la nuit était venue; il était entre 6 et 7 heures du soir. Les Andalous du général La Peña opposèrent quelque temps à Urzante la résistance la plus vigoureuse, et le général Lagrange fut blessé à la tête de ses troupes : mais une charge à la baïonnette du 25° léger les enfonça et ils abandonnèrent le village; on les poursuivit jusque sous Cascante, d'où ils se retirèrent avec le gros des forces du général La Peña dans la direction de Borja; on jugea inutile de les poursuivre à cause de l'obscurité de la nuit. Le gros de la division Lagrange cantonna dans Murchante et environs, ainsi que la division Musnier.

A l'extrême droite, la cavalerie du général Wathier avait surveillé une colonne espagnole qui, sortie de Tarazona, s'était d'abord dirigée sur Cascante, puis avait rétrogradé sur Borja; cette colonne faisait partie des troupes du général Grimarest qui, installé à Tarazona avec la 2ᵉ division et la division mixte du comte de Villariezo, se conduisit à l'égard de La Peña à Cascante comme La Peña s'était conduit à l'égard de Castaños à Tudela; il n'osa pas marcher au secours de ses compatriotes en danger, perdit son temps et finalement battit en retraite sans avoir combattu.

On vient de voir que l'arrivée de la division Lagrange avait terminé la deuxième phase de la bataille, mais on a pu se rendre compte aussi que cette division était arrivée beaucoup trop tard, et l'on est fondé à penser que le maréchal Lannes aurait mieux fait de la diriger, dans la matinée, d'Aldeanueva sur Corella et Murchante à la suite de la division Morlot : cette dernière étant arrivée vers 9 heures du matin aux environs de Tudela, on voit que la division Lagrange aurait pu facilement se trouver aux environs de Tudela avant midi. Sa présence sur le champ de bataille aurait permis au maréchal Lannes de disposer de tous ses moyens à la fois, et surtout lui aurait évité de demeurer pendant quelque temps avec la seule division Musnier et les dragons du général Digeon en face de La Peña et Grimarest, qui, s'ils s'étaient réunis comme ils pouvaient le faire, auraient été dans le cas de l'accabler avec les 20,000 hommes dont ils disposaient.

. Si rien de fâcheux n'arriva et si le maréchal Lannes

put attendre sans accident la venue du général Lagrange, il faut convenir qu'il dut cet heureux résultat
surtout à la passivité des généraux espagnols à Cascante et à Tarazona.

Malgré tout, le combat dans son ensemble avait été
vigoureusement mené. Le maréchal Lannes avait parfaitement compris qu'en présence d'une position aussi
étendue que celle occupée par les Espagnols, il ne fallait pas essayer d'engager une action sur tout le front,
mais se borner à faire effort vigoureusement sur un
point pour percer leur ligne et entraîner la chute du
reste. Il avait choisi Tudela comme point d'attaque
parce que le terrain permettait à son artillerie de battre
les abords de la ville et du plateau et que, la ville une
fois enlevée, il pensait bien que la droite espagnole
n'ayant plus de point d'appui et voyant menacer sa
ligne de communication avec Saragosse, ne résisterait
plus guère devant cette menace.

Le maréchal avait calculé juste, et il obtint la victoire sans l'acheter chèrement : en effet, si l'offensive
des Français rencontra une résistance sérieuse autour
de Tudela et à Cabezo-Malla, les pertes qu'ils subirent
furent néanmoins assez peu considérables, si on les
compare à celles de leurs adversaires.

Le 3ᵉ corps perdit exactement 44 tués et 513 blessés,
soit en tout 557 hommes ('). Les pertes de la division

---

(1) Les pertes se répartirent ainsi :

14ᵉ de ligne	8 morts,	80 blessés.
70ᵉ —	»	9 —
2ᵉ de la Vistule.	»	31 —
116ᵉ de ligne	10 morts,	95 —
117ᵉ —	21 —	282 —
Cavalerie.	5 —	14 —
Artillerie.	»	2 —
Total.	44 morts,	513 blessés.

Lagrange et de la division Digeon n'ont pas été enre-
gistrées; mais le combat fut si court de leur côté, que
le seul régiment qui ait donné, le 25ᵉ d'infanterie légère,
ne peut pas avoir beaucoup souffert, pas plus que les
dragons dans les quelques charges qu'ils fournirent;
en évaluant les pertes de ces deux corps à une centaine d'hommes on sera certainement au-dessus de la
vérité; ainsi la perte totale des Français atteignit à
peine 700 hommes. Celle des Espagnols fut quatre fois
plus considérable et monta à près de 3,000 hommes;
ils laissèrent en outre entre nos mains environ 3,000 prisonniers, 2 drapeaux et 26 pièces de canon, c'est-à-dire
presque toute l'artillerie qui se trouvait sur le champ
de bataille.

Les effectifs des deux armées ne différaient pas sensiblement: les Français amenèrent sur le champ de bataille environ 29,000 hommes, et les Espagnols 32,000,
sur 44,000 qu'ils auraient pu mettre en ligne ce jour-là.

La bataille de Tudela avait donc procuré des résultats aussi importants que celle d'Espinosa et elle coûtait moins cher; mais avait-elle rempli le but poursuivi
par l'Empereur? on peut hardiment répondre que non.

Elle constituait en elle-même un brillant succès,
mais elle ne pouvait pas suffire à donner les résultats
grandioses qu'aurait désirés Napoléon et qui auraient
peut-être été obtenus si le maréchal Ney avait pu se
montrer à Tarazona dans la soirée du 23 novembre.

Dans ce cas il est probable que l'armée de Castaños,
prise à revers, aurait été obligée de mettre bas les
armes en grande partie, et c'était un événement de ce
genre, procurant en peu de temps des résultats matériels et moraux considérables, que l'Empereur aurait

voulu pouvoir annoncer à l'Europe dans un de ces bulletins au style pompeux dont il avait le secret. Mais le maréchal Ney ne put pas arriver à temps, et l'attente de l'Empereur fut trompée, sans qu'il soit nécessaire de rendre qui que ce soit responsable de ce contretemps; Napoléon avait énoncé lui-même une grande vérité en disant que rien ne réussit à la guerre qu'en conséquence d'un plan bien combiné; mais il aurait pu ajouter sans cesser d'être dans le vrai que la proposition inverse n'est pas toujours exacte et que les plans les mieux combinés peuvent ne pas réussir, par suite des mille circonstances imprévues qui viennent souvent en entraver l'exécution; tel est, croyons-nous, l'enseignement que l'on peut tirer de la manœuvre tentée par l'Empereur contre les armées espagnoles dans la vallée de l'Èbre.

Documents concernant la bataille de Tudela.

RAPPORT DE LA BATAILLE DE TUDELA A SA MAJESTÉ L'EMPEREUR ET ROI, PAR LE MARÉCHAL LANNES, LE 23 NOVEMBRE 1808.

J'ai reçu l'ordre le 18, de Votre Majesté Impériale, de partir de Burgos pour aller prendre le commandement du corps de M. le maréchal Moncey et de la division du général Lagrange.

J'arrivai le 19 au soir à Logroño ; je donnai des ordres sur-le-champ pour qu'on se tînt prêt à partir et qu'on fît confectionner du pain afin que chaque soldat en ait au moins pour quatre jours. J'envoyai l'ordre le même soir, à M. le maréchal Moncey, de réunir tout son corps d'armée à Lodosa, en le prévenant que je serais moi-même près de lui le 20 au matin.

Je partis le 20 de Logroño, et me rendis près de ce maré-

chal à Lodosa. Je donnai l'ordre à M. le général Lagrange
de partir le 21 au matin de Logroño pour le réunir le même
jour au corps de M. le maréchal Moncey à Lodosa, et de
balayer sur la route toutes les vallées à partir de Nalda.

Castaños occupait ces vallées jusqu'à Calahorra avec
20,000 à 25,000 hommes qui se replièrent tous, d'après le
mouvement du général Lagrange, sur Calahorra où il paraissait vouloir se défendre.

Le 21, la division Morlot passa le pont pour venir à la
rencontre du général Lagrange, avec ordre, aussitôt qu'il
l'aurait aperçu, de se placer avec cette division devant
Lodosa. Je me portai moi-même, en même temps, avec les
lanciers polonais pour reconnaître Calahorra.

Je trouvai l'ennemi en bataille devant cette ville, et je
jugeai qu'il pouvait avoir environ 10,000 hommes. Les lanciers reçurent ordre de venir bivouaquer à une demi-lieue
de là, et d'observer l'ennemi dans la nuit par des patrouilles.

Le 21 au soir le corps de M. le maréchal Moncey et la
division Lagrange étaient donc réunis devant Lodosa sur
la rive droite, et en ordre pour attaquer l'ennemi à Calahorra, s'il voulait y tenir.

Dans la nuit, M. le général Lefebvre, qui avait pris le
commandement de toute la cavalerie, me fit prévenir que
l'ennemi avait évacué Calahorra.

Je partis le 22 au matin avec toutes les troupes à mes
ordres pour me mettre à sa poursuite. Je fus coucher le
même jour à Alfaro, croyant joindre la queue de l'ennemi.
J'arrivai à ce dernier endroit à 9 ou 10 heures du soir. J'envoyai des reconnaissances de cavalerie sur Corella et en
avant pour savoir au juste si l'ennemi s'était retiré sur
Tudela. Tous les rapports que je reçus dans la nuit me
firent connaître que c'était sur ce point qu'il s'était rallié et
qu'il voulait se battre. J'avais aperçu le corps de Palafox,
venant de Caparroso, allant à toutes jambes sur Tudela.

Je donnai l'ordre au corps de M. le maréchal Moncey de
partir d'Alfaro le 23 avant le jour pour se rendre à Tudela,
ainsi que la division Morlot qui occupait Corella. Je me portai

moi-même en avant avec la cavalerie pour reconnaître le terrain et ne pas perdre de temps à faire mes dispositions.

Je trouvai l'ennemi en bataille de la manière suivante : la droite du corps de Palafox (¹) occupait la tour et les hauteurs en avant de Tudela, appuyée à l'Èbre, et s'étendait jusqu'à un quart de lieue de Cascante appuyée à la droite de Castanos (²) qui occupait ce dernier village et s'étendait dans la plaine dans la direction de Corella, ayant l'air de vouloir manœuvrer sur ce dernier endroit.

A l'arrivée du corps de M. le maréchal Moncey et de la division Lagrange (³), j'étais déjà décidé sur les points que je voulais enlever. Je fis attaquer les hauteurs et la tour à droite et en avant de Tudela par une partie de la division Maurice Mathieu, en colonne serrée, avec un bataillon de tirailleurs en avant de lui. Tout fut enlevé après une résistance d'environ une heure. A la tête de cette colonne était un régiment de la Vistule suivi du 14ᵉ de ligne. Le général de brigade Habert marchait à la tête de la colonne, ainsi que le général de division Maurice Mathieu.

Pendant ce temps, les divisions Morlot, Musnier et Grandjean se déployaient dans la plaine devant le centre de l'ennemi, soutenues par une grande partie de notre cavalerie. La brigade Wathier observait la gauche de l'ennemi avec deux pièces de canon. La division Lagrange arrivait (⁴).

Je regardai la prise de la ville de Tudela et de ses hauteurs comme un point très important. Elle avait deux avantages, celui de me permettre de manœuvrer librement et

---

(1) C'est-à-dire les troupes amenées par le général O'Neille et comprenant la division Roca, de l'armée du Centre, et les divisions Saint-March et O'Neille de l'armée de Réserve. Ces troupes n'étaient pas commandées par Palafox, qui était retourné le matin même à Saragosse, mais par Castaños, qui avait quitté ses propres troupes pour venir diriger les mouvements de la droite.

(2) C'est-à-dire des troupes de l'armée du Centre qui occupaient Cascante et Tarazona (divisions La Peña, Grimarest et Villarizo).

(3) La tête de colonne du corps du maréchal Moncey arriva vers 9 heures ; la tête de la division Lagrange, qui se trouvait en queue du 3ᵉ corps, n'arriva que vers 4 heures ; on ne s'explique donc pas pourquoi le maréchal Lannes en parle au début de l'action.

(4) Elle était encore fort éloignée, puisque sa tête ne parut que vers 4 heures au nord-ouest de Tudela.

sans crainte sur le centre de l'ennemi, et celui de menacer ses communications sur Saragosse.

: Je me portai au centre, j'ordonnai à la division Morlot soutenue de celle (de) Musnier d'attaquer la gauche du corps de Palafox, et j'ordonnai en même temps au général Maurice Mathieu de déboucher de Tudela et de se porter sur les derrières de l'ennemi en prenant la route de Saragosse.

L'attaque de la division Morlot fut vigoureuse et mes ordres furent parfaitement exécutés. Le général de brigade Augereau qui commandait la tête de la colonne s'y est distingué.

Votre Majesté s'apercevra aisément que le corps de Palafox, se trouvant débordé par ces deux mouvements, ne pouvait plus tenir dans ces positions. Aussi, s'est-il mis dans une déroute comme on n'en a jamais vu, en abandonnant tous ses canons, ses bagages, ses fusils, et se jetant pêle-mêle à travers la plaine sur la direction de Saragosse.

Il était 3 heures après midi ; j'ordonnai à M. le maréchal Moncey de poursuivre l'ennemi avec tout son corps d'armée, excepté la division Musnier, et de prendre avec lui la brigade du général Colbert commandée par le général Lefebvre.

Castaños, s'étant aperçu de cette déroute, resserra sa gauche sur Cascante et me fit attaquer avec une division de 10,000 hommes commandée par La Peña ([1]). M. le maréchal Moncey était alors à la poursuite de l'ennemi sur Saragosse ; je n'avais gardé avec moi que la division Musnier et la brigade de dragons du général Digeon. L'ennemi fut arrêté et chargé jusque sous Cascante par cette brigade qui s'est distinguée. Pendant ce temps la tête de colonne du général Lagrange arrivait. Elle était impatiente de voir l'ennemi. J'ordonnai à trois bataillons de la division Musnier de se porter sur une route de traverse qui conduit de Cascante à Borja, pour empêcher l'ennemi de se retirer par cet endroit

---

([1]) Le maréchal Lannes attribue ce mouvement à Castaños, mais ce dernier n'avait pas pu rejoindre La Peña à Cascante. En se portant de la droite à la gauche il avait failli être pris par nos cavaliers et fut obligé de se cacher dans un bois d'oliviers : il ne put rejoindre ses troupes que dans la soirée.

et le menacer en même temps de lui couper la communication sur Saragosse. Le mouvement produisit l'effet que j'en attendais. Je donnai l'ordre en même temps au général Lagrange de tourner Cascante (¹) par la droite. Castaños n'était pas encore tout à fait rallié.

Le général Lagrange attaqua le village à la tête du 25ᵉ régiment d'infanterie légère. L'ennemi fit une résistance vigoureuse. Mais nos soldats, fâchés de n'avoir pas pris part à l'affaire, avaient la tête tellement montée, que le 25ᵉ tombant dessus à la baïonnette en fit une boucherie et culbuta tout le corps de Castaños. Il était 6 heures du soir. Deux heures de plus de jour, il n'eût pas échappé un seul homme. Le général Lagrange eut le bras traversé par une balle; sans cet accident l'ennemi aurait beaucoup plus souffert. Il a cependant été poursuivi jusqu'à deux lieues sur la route de Tarazona. On entendait les Espagnols crier dans le village : « Grâce, Français. »

Enfin, Sire, depuis que je fais la guerre, je n'ai pas encore vu de déroute aussi complète. Je suis encore à savoir pourquoi nous n'avons eu que 4,000 prisonniers dans cette journée. L'ennemi a abandonné toute son artillerie au nombre de 45 pièces (²) avec leurs caissons. On a pris deux drapeaux et beaucoup de bagages. Je juge qu'il y a de 2,000 à 3,000 tués. Notre perte a été de 150 à 200 tués, et de 600 à 700 blessés (³). Si nous eussions voulu engager une fusillade sur toute la ligne, nous aurions perdu beaucoup de monde, l'ennemi étant dans de belles positions gardées par 50,000 à 60,000 hommes.

Me trouvant dans l'impossibilité de monter à cheval le 24, je donnai le commandement de toutes les troupes à M. le maréchal Moncey avec ordre de faire poursuivre le corps de Castaños par les divisions Lagrange et Musnier commandées par le général Maurice Mathieu, et la moitié de notre cava-

---

(1) Ce n'est pas Cascante, mais Urzante qui fut attaqué par la division Lagrange. Voir plus loin le journal de cette division.

(2) Ce chiffre de 45 doit concerner le total des pièces et des caissons, car, tout compte fait, nous restâmes maîtres de 26 canons.

(3) Notre perte fut un peu moindre et atteignit à peine 700 hommes.

lerie. Le reste des troupes commandé par M. le maréchal Moncey lui-même a ordre de se porter sur Saragosse.

M. le maréchal Moncey aura sans doute demandé à MM. les généraux l'état des officiers qui se sont distingués et les fera connaître à Votre Majesté.

J'ai eu l'honneur d'annoncer à Votre Majesté par une lettre particulière la conduite du général Pouzet. Il s'est trouvé à la tête de toutes les colonnes qui ont donné et a rendu beaucoup de services. Il a eu un cheval tué sous lui.

Je dois des éloges aux généraux Couïn, Maurice Mathieu, à la division Morlot, particulièrement au général Augereau qui commande la 1re brigade.

Le général Harispe, chef d'état-major de M. le maréchal Moncey, est un officier distingué. J'ai beaucoup à me louer du colonel Pépin et du major polonais Klicki. Le colonel Kasinouski, qui a attaqué la tour, a été blessé; c'est un brave homme. En général tous les Polonais se sont très bien conduits.

Le général Lefebvre, commandant la cavalerie, s'est aussi bien montré. C'est un officier très intelligent à qui il ne manque qu'un peu plus d'expérience pour commander de grands corps.

Mes aides de camp se sont conduits d'une manière à mériter la bienveillance de Votre Majesté. M. Guéhénenc a eu un cheval tué sous lui et a été blessé. MM. de Viry et de la Bédoyère ont pris une pièce de canon au milieu de la colonne ennemie, le second a été légèrement blessé au bras [1].

Le maréchal d'Empire,

LANNES.

A Tudela, le 24 novembre 1808.

NOTE SUR LA BATAILLE DE TUDELA [2].

Le 21 novembre le corps de M. le maréchal Moncey,

---

(1) Voir, à ce sujet, les *Mémoires de Marbot*, t. II, p. 64.
(2) Provient probablement de l'état-major du maréchal Lannes.

réuni la veille à Lodosa, déboucha entièrement et, après avoir passé l'Èbre, il prit position sur les hauteurs voisines de la route de Calahorra, tandis que la division du général Lagrange, venant de Logroño avec les brigades de cavalerie Colbert et Digeon, s'établissait à Ausejo.

Le 22, on se mit en marche sur Calahorra, que l'on trouva évacué par l'ennemi, et l'on vint coucher le même jour à Alfaro, aussi évacué, et distant de 12 lieues de France de Lodosa.

La brigade du général Wathier, aux ordres du général Lefebvre([1]), qui avait suivi les mouvements de l'ennemi dans sa retraite, vint se placer à Corella, soutenue par la division du général Morlot.

Le 23, une heure avant le jour, le général Lefebvre, d'après les ordres du maréchal Lannes, se mit à la tête des lanciers polonais, et vint faire en personne une reconnaissance sur Tudela, où il rencontra l'ennemi. Il engagea avec lui une fusillade pour l'amuser et donner le temps aux troupes d'arriver sur le terrain. La division Morlot ne tarda pas à arriver.

A 10 heures, la division du général Maurice Mathieu, formée devant l'ennemi à notre gauche, eut l'ordre de s'emparer des hauteurs en avant de Tudela, qu'il défendit avec opiniâtreté. Il fallut prendre tour à tour chaque mamelon, garni de la meilleure infanterie et d'artillerie bien dirigée. En trois heures de temps, tout fut enlevé à la gauche, aux cris de : « Vive l'Empereur ! »

Pendant cette action, notre droite, avancée dans la plaine et protégée par un bois d'oliviers, était aux prises avec l'ennemi([2]). Le maréchal Lannes, qui venait de terminer avec succès l'attaque de gauche, se porta rapidement à la droite, éloignée de la gauche de trois quarts de lieue, et jugeant l'ennemi disposé à la retraite, il fit avancer la cavalerie, qui, faisant un changement de front à gauche avec la division

---

([1]) Le général Lefebvre-Desnoëttes, colonel des chasseurs de la Garde.
([2]) C'était la division Morlot qui sortait de l'Olivar de Cardete pour attaquer le mamelon de Cabezo-Malla où se trouvait la division O'Neille.

Morlot et une brigade du général Mathieu, poursuivit avec chaleur une colonne de l'ennemi se retirant sur Saragosse (¹). C'est par suite de cette manœuvre, qu'appuyait la division du général Musnier, que l'ennemi abandonna dans un bois d'oliviers 3o pièces de canon (²), la plupart attelées, ses havre-sacs et ses fusils. Une deuxième colonne se retirant en assez bon ordre sur Tarazona (³) fut suivie et observée par la brigade du général Wathier, et une troisième colonne se dirigeant sur Cascante (⁴) fut poursuivie par la brigade de dragons et un régiment d'infanterie. Ce mouvement, dirigé par M. le maréchal Lannes en personne, nous aurait donné beaucoup de prisonniers si la division Lagrange avait pu arriver à temps. Cette division arriva enfin sur Cascante (⁵), et parvint à l'occuper après une fusillade assez vive et plusieurs charges de cavalerie. Elle s'établit à 11 heures du soir sur des hauteurs à une lieue en avant de Cascante sur la route de Saragosse.

La division du général Grandjean était restée en réserve. L'ennemi, dans de très belles positions, nous a montré environ 40,000 hommes d'infanterie et peu de cavalerie.

· Les généraux Castaños, Palafox (⁶) et La Peña se trouvaient à l'affaire.

· La colonne de Castaños (⁷), se retirant dans le plus grand désordre sur Saragosse, fut poursuivie par la brigade du général Colbert, à la tête de laquelle était le général Le-

---

(1) Il s'agit ici probablement de la retraite de la division O'Neille.

(2) Le nombre total des canons pris fut de 26.

(3) Cette colonne faisait probablement partie des troupes de la 2ᵉ division d'Andalousie, général Grimarest, qui occupaient Tarazona, et qui devaient venir à Cascante, mais durent en être empêchées par la cavalerie de Wathier.

(4) C'était la division La Peña qui s'était d'abord portée sur Urzante et rétrogradait sur Cascante, poursuivie par les dragons de Digeon et un régiment de la division Musnier.

(5) D'après le journal de la division Lagrange, ce n'est pas Cascante, mais Urzante que cette division attaqua ; elle se dirigea ensuite pendant la nuit sur Cascante, que la division La Peña avait évacué.

(6) Palafox était parti pour Saragosse dès le commencement de la bataille.

(7) C'est-à-dire la droite espagnole qui avait combattu à Tudela et environs, et comprenait deux divisions de l'armée de Palafox et une seulement de celle de Castaños, dont les troupes étaient à Cascante et Tarazona.

febvre. Elle fit un grand carnage et beaucoup de prisonniers. Elle s'avança jusqu'à 4 lieues de Tudela.

On peut évaluer la perte de l'ennemi à 2,000 tués et 4,000 à 5,000 prisonniers. Parmi eux on compte 10 colonels et beaucoup d'officiers.

Nous avons eu de notre côté 700 à 800 blessés([1]), la plupart légèrement, et peu d'hommes tués.

Cette brillante journée sera suivie sans doute de résultats encore plus importants. Le maréchal Lannes attendait la pointe du jour du 24 pour sortir de son bivouac près de Cascante et poursuivre l'ennemi sur Tarazona avec ses deux divisions, tandis que le reste de l'armée prendrait la direction de Saragosse.

LE MARÉCHAL LANNES A L'EMPEREUR.

Tudela, le 24 novembre 1808.

Sire,

J'ai envoyé hier un de mes aides de camp à Votre Majesté([2]) pour lui annoncer que nous avions battu hier à Tudela l'armée de Palafox réunie à celle de Castaños, faisant une force de 40,000 hommes. Nous lui avons fait 4,000 prisonniers et tué 2,000. On a également pris 30 pièces de canon avec leurs caissons, et 2 drapeaux.

Comme j'ai fait attaquer l'ennemi par son centre, l'armée de Palafox s'est jetée sur Saragosse et celle de Castaños sur Tarazona et Calatayud. Comme je me trouve un peu incommodé et qu'il n'y a plus de grands coups à frapper, M. le maréchal Moncey va diriger les mouvements ultérieurs. Il a

---

(1) La perte totale fut d'environ 700 hommes.

(2) Cet aide de camp ne portait pas à l'Empereur le rapport de la bataille de Tudela cité plus haut, mais une simple lettre particulière du maréchal Lannes annonçant les premiers résultats de la victoire. L'aide de camp partit de Tudela dans la soirée du 23 novembre et arriva à Aranda le 26 novembre à 8 heures du matin.

Le rapport de la bataille fut terminé le 24 et confié le même jour au capitaine de Marbot, qui partit de Tudela le 24 au soir, ne put dépasser Agreda et revint à Tudela le 26. Le maréchal Lannes paraît n'avoir renvoyé le rapport à l'Empereur que le 2 décembre, comme le montre sa lettre du même jour. (Voir page 353.)

réuni à la division Grandjean, forte de 3,ooo hommes, celle du général Lagrange et 1,5oo chevaux : cette colonne sera d'une force de 12,ooo hommes : elle se mettra en marche pour poursuivre Castaños.

Il est malheureux, Sire, que le corps du maréchal Ney ne se soit pas trouvé à portée de donner : il est probable qu'il n'eût pas échappé un homme de ces deux armées. Si nous eussions eu deux heures de jour de plus, nous aurions fait 15,ooo prisonniers. L'armée s'est retirée dans le plus grand désordre.

Je pense, Sire, qu'il faut encore au corps du maréchal Moncey une division d'infanterie de plus pour le siège de Saragosse : ce serait le moyen de perdre peu de monde et d'accélérer la reddition de cette place.

Le général Lagrange a eu le bras traversé par une balle.

M. le général Maurice Mathieu a pris le commandement de cette division.

Comme je ne pourrai pas monter à cheval d'un mois, je prie Votre Majesté de me faire connaître par le retour de mon aide de camp, qui me trouvera à Tudela, où elle désire que je me rende de ma personne.

Je ferai un rapport particulier de la bataille du 23, et je ferai connaître à Votre Majesté les régiments, officiers généraux qui se sont distingués. Nous avons eu de 15o à 2oo hommes tués et environ 8oo blessés.

RAPPORT DU GÉNÉRAL HARISPE, CHEF D'ÉTAT-MAJOR DU 3ᵉ CORPS D'ARMÉE, AU GÉNÉRAL BELLIARD, AIDE-MAJOR GÉNÉRAL DE L'EMPEREUR.

Tudela, 24 novembre 18o8.

Mon Général,

Le corps d'armée marcha le 22 de Lodosa sur Calahorra que l'on trouva évacué. MM. les maréchaux Lannes et Moncey portèrent leur quartier général le même jour à Alfaro : les troupes y bivouaquèrent.

Le 23 à 1o heures du matin, la tête de colonne atteignait l'ennemi sur les hauteurs qui dominent Tudela. Les insurgés parurent faire bonne contenance. Castaños et Palafox diri-geaient leurs opérations. Leur ligne s'étendait de Tudela à Cascante : leur nombre était d'environ 40,000, dont un grand nombre de troupes réglées.

La division Maurice Mathieu, formant l'avant-garde, força la droite de l'ennemi, le culbuta dans la ville et lui enleva son canon.

La division Morlot, venue de Corella où elle avait bivoua-qué, soutint le choc du centre des ennemis où se trouvaient leurs principales forces, et l'enfonça après quelque résis-tance.

De la droite au centre, toute l'artillerie des insurgés, caissons, munitions et bagages, tout était tombé en notre pouvoir. Nous comptons déjà 24 pièces de canon. Ils y ont laissé plus de 2,000 tués et blessés; nous avons déjà plus de 2,000 prisonniers parmi lesquels un grand nombre d'offi-ciers.

La cavalerie a poursuivi les fuyards et en a fait un grand carnage.

La division Lagrange a attaqué la gauche vers le soir et l'a culbutée dans Cascante.

Castaños et Palafox se retirent en toute hâte avec les débris de leur armée, le premier sur Borja, le second sur Saragosse.

Notre perte est d'environ 150 tués et de 700 à 800 blessés.

Le corps d'armée va se mettre en marche ce matin à la pointe du jour pour suivre ses succès.

Lorsque l'armée aura pris position, j'aurai l'honneur de vous donner sur cette affaire de plus amples détails.

LE MARÉCHAL MONCEY AU MAJOR GÉNÉRAL.

Tudela, 24 novembre 1808, à 4 heures du matin.

Monseigneur,

M. le maréchal Lannes ayant rendu compte, sans doute, de la journée d'hier et de notre marche, je me bornerai à annoncer à Votre Altesse la prise déjà de 20 à 25 pièces d'artillerie au moins, de 2 drapeaux pris au régiment des volontaires de Castille (troupe de ligne). J'envoie ces deux drapeaux et les deux braves qui les ont pris à M. le maréchal Lannes qui sans doute demandera pour eux la bienveillance de Sa Majesté. Je leur ai promis de la solliciter aussi de mon côté.

Nous avons environ 3,000 prisonniers, parmi lesquels se trouvent beaucoup d'officiers, entre autres une dizaine d'officiers supérieurs ; la masse de ces prisonniers est d'hommes couverts de blessures, notre cavalerie ayant été obligée de les tailler pour les faire arrêter : elle a aussi beaucoup tué.

M. le maréchal Lannes se trouvant malade et hors d'état de soutenir les fatigues du cheval, m'a remis le commandement général. Notre cavalerie, avec M. le général Lefebvre, est à la poursuite de l'ennemi : il doit être en ce moment près de Gallur. La division de M. le général Maurice Mathieu, que commande actuellement M. le général Grandjean, appuie le général Lefebvre. La division Morlot suit ce mouvement. Ces divisions prendront position ce soir à Mallen et Gallur. M. le général Lagrange se trouvant blessé d'un coup de feu et hors d'état de service en ce moment, j'ai envoyé, de concert avec M. le maréchal Lannes, le général Maurice Mathieu prendre le commandement de cette division que je dirige aujourd'hui sur Tarazona,(et) Borja où il paraît que le général Castaños s'est retiré avec la plus grande partie de ses forces. J'appuie cette division par la division Musnier qui sera sous les ordres de M. le général Maurice Mathieu. M. le général Wathier, avec je crois 1,200 à 1,500 chevaux, marche en avant de ces divisions, et marche aussi sous les ordres de M. le général Maurice Mathieu.

De Borja ce général devra se porter demain sur Plasencia, et nous sur Alagon, notre cavalerie en avant, pour les reconnaissances de l'ennemi. Le 26, nous nous porterons en ligne sur Saragosse, le général Maurice Mathieu par la Consolation, et nous par Las Casetas et Utebo. Toute la partie d'ici à Pampelune ayant besoin d'être balayée et protégée, pour la sûreté de notre matériel de siège et trouver tous les moyens possibles de transport, j'augmente la division Grand-jean de 2 bataillons polonais, ce qui lui fera 7 bataillons dont 4 de la Vistule : j'en forme une brigade, dont je donne le commandement à M. le colonel Pepin, qui va escorter les prisonniers à Pampelune, et de là ira chasser l'ennemi qui pourrait être resté à Sanguessa et à Sos, sur la rive gauche de l'Aragon. M. le général Rostolland sera chargé, avec les 1,200 hommes qui lui restent devant Pampelune, d'assurer la grande communication de cette place à Tudela. M. le général Grandjean, qui reste pour le moment dans cette ville, et qui commande la division, restera chargé d'assurer la rive gauche de l'Èbre jusqu'à Tauste, d'assurer de même sur la rive droite, en plaçant quelque chose à Mallen, nos communications de Saragosse, et enfin de protéger tous les établissements, le mouvement et l'ordre nécessaires, et une fois que, devant Saragosse, nous aurons établi nos communications sur les deux rives, cette division, se réunissant, pourrait marcher sur la rive gauche pour venir, par un mouvement concerté avec nous, achever le blocus de Saragosse où M. le général Lacoste trouve nécessaire à la sûreté et à la célérité de nos opérations qu'une bonne division vienne encore nous renforcer ([1]). De mon côté, une telle intelligence

---

(1) Voici ce qu'écrivait le même jour le général Lacoste au Major général :
« Arrivés à Tudela, nous voilà à même de faire les préparatifs pour notre siège (de Saragosse). La communication va se rétablir avec Pampelune. L'artillerie, qui n'a en ce moment aucun moyen de transport, va s'en procurer dans tout l'arrondissement. Il ne faudra pas s'étonner si cette opération sera longue : il ne faudra l'attribuer qu'à la pénurie du pays, dont une partie est encore au pouvoir des insurgés. Je vais m'occuper du transport des outils et de tout ce qui concerne mon service.

« MM. les maréchaux Moncey et Lannes ne jugent pas à propos de faire passer une division sur la rive gauche pour bloquer le faubourg de Saragosse en même temps que la ville, parce qu'il faudrait de 6,000 à 7,000 hommes pour cette diversion et qu'on ne peut en détacher autant en ce moment, vu qu'on aura besoin de presque toutes ses forces pour achever de battre Castaños et tout ce qui s'opposera à l'approche de Saragosse. Cette opération devrait nécessairement néanmoins produire un grand effet.

« On espère que le canal ne sera pas dégradé ou au moins peu, ce qui va nous être très avantageux. J'ai demandé à Votre Altesse une somme de 60,000 francs qui devra suffire, à moins que le siège traîne trop en longueur. Je désirerais bien qu'elle fût de suite à ma disposition, attendu que je dois en employer une partie au transport des outils, etc., etc. Je pense que le corps d'armée assiégeant aurait besoin d'être renforcé d'une division. Sans cela, on sera peut-être dans le

sera établie avec M. le général Lacoste, aide de camp de
l'Empereur, que j'ose espérer que tout ce qu'il sera possible
de faire sera fait.

J'ai du plaisir à rendre compte à l'Empereur que ses
jeunes soldats ont fait hier merveille.

LE MARÉCHAL MONCEY A L'EMPEREUR.

Alagon, 2 décembre 1808.

Sire,

Tout ce qui s'est passé dans cette partie depuis la journée
du 20 a été tel, que je dois à ma responsabilité d'en rendre
un compte fidèle à Votre Majesté. Me conformant à ses ordres, qui me mettaient sous ceux de M. le maréchal Lannes,
j'arrivai le 20 à Lodosa, mon corps tout prêt à déboucher
par le pont dès la matinée du 21. M. le maréchal Lannes
arriva dans cette ville un moment avant moi; je m'empressai de me rendre auprès de lui et de lui témoigner le plaisir
de le voir. M. le maréchal Lannes, désirant attendre l'arrivée
de la brigade de dragons, me fit donner contre-ordre pour
le mouvement du 21; pensant que cela n'était point conforme littéralement aux ordres de Votre Majesté, je repré-
sentai à M. le maréchal Lannes que ceux que j'avais portaient expressément de déboucher le 21; que je ne voyais
aucun motif de retard; que la division Lagrange pouvait
sans inconvénient suivre, de Logroño, le chemin de la rive
droite; qu'une de mes divisions allant au-devant d'elle
assurerait sa marche, et qu'enfin se plaçant de Lodosa en
échelons sur Ausejo, d'où je chasserais l'ennemi, nous nous
trouverions en mesure dès le matin sur Calahorra où l'ennemi serait reconnu par la cavalerie dans la journée du 21,
et ainsi de suivre notre mouvement sur lui. M. le maréchal
Lannes voulut bien se rendre à mes représentations. Tous

---

cas de ne prendre que des demi-mesures, qui ne feraient que prolonger les opérations. Ce corps a bien 30,000 hommes, y compris la garnison de Pampelune,
mais ce qu'il faut laisser dans cette place, à Sanguessa, à Tafalla, à Caparroso,
à Tudela surtout, point central, à Mallen, à Alagon, va prendre une partie des
troupes. »

les ordres furent donnés en conséquence, et devant moi il
rendit compte à Votre Majesté. Apprenant, dès la pointe du
jour du 22, que l'ennemi avait évacué Calahorra, j'ordonnai
à la cavalerie de le serrer de très près, et je suivis rapidement avec mon corps d'armée, la division Lagrange marchant en réserve ; arrivé à Calahorra, toutes les dispositions
furent prises par M. le maréchal Lannes et moi pour empêcher le pillage et conserver, pour le temps où nous serions
devant Saragosse, les ressources de cette ville entièrement
évacuée par les habitants. M. le maréchal Lannes voulait
prendre position à Aldeanueva ; sur mes représentations,
mon corps, malgré la longueur de la marche, vint prendre
position à Alfaro, et je portai la division Morlot à Corella.
Tous mes ordres furent donnés pour se mettre en mouvement dès la pointe du jour. M. le maréchal Lannes attendant les rapports de la cavalerie, les troupes d'ailleurs étant
fatiguées, ordonna qu'elles ne se mettraient en mouvement
que lorsqu'il serait ultérieurement ordonné. La division
Lagrange était restée en position à Aldeanueva ; de ce bourg,
il y a une route qui conduit directement à Corella ; j'engageai M. le maréchal Lannes à donner ses ordres pour que
cette division, partant de très grand matin d'Aldeanueva, se
dirigeât directement sur Corella, d'où elle suivrait le mouvement de la division Morlot à qui j'avais donné ordre de
se mettre en marche, dès la pointe du jour, pour se porter
sur les positions qui correspondent, vis-à-vis Murchante, à
celles de Tudela. La division Lagrange, n'ayant eu devant
elle aucun embarras qui retardât sa marche, aurait pu se
trouver en ligne au plus tard vers midi. M. le maréchal
Lannes voulut que d'Aldeanueva, elle suivît le chemin d'Alfaro ; s'y trouvant à la suite de trois autres divisions, sa
marche a été retardée, de sorte qu'elle n'est arrivée devant
l'ennemi, et encore sa tête vers Murchante, qu'à 8 heures
du soir. Enfin, le 23 entre 7 et 8 heures du matin les rapports annonçant que l'ennemi occupait Tudela et paraissait
en ligne ayant sa gauche à Cascante, la tête de notre colonne se mit en marche d'Alfaro ; déjà la division Morlot,

partie dès la pointe du jour de Corella, était dans les positions que je lui avais ordonné de prendre ; la cavalerie occupait spécialement la gauche de l'ennemi comme pays de
plaine, elle ne couvrait point notre marche sur Tudela.
M. le maréchal Lannes, que j'accompagnais, ayant regagné
la tête de la colonne, je fus surpris de ne pas voir l'ennemi
en avant de Tudela ; approchant de cette ville, n'étant
devancé par personne, je chargeai mon frère (¹) de prendre
mon escorte, composée d'une trentaine d'hommes au plus,
et de se porter en avant pour nous éclairer ; il tomba sur
l'ennemi qui occupait en effet Tudela et les premières positions en avant de cette ville, ayant sa gauche à Cascante,
couvrant les routes de Saragosse, Tarazona et Borja. Des
hauteurs où nous nous trouvions, l'ennemi put être observé
dans toutes ses positions. La division Maurice Mathieu qui
tenait la tête de la colonne étant arrivée, M. le maréchal
Lannes fit lui-même, devant moi, les dispositions d'attaque
de Tudela : je lui observai que, devenant inutile auprès de
lui, il me semblait qu'il était à propos que je me portasse à
la droite ; il m'engagea à rester. Enfin, les dispositions faites,
l'attaque eut lieu, et la suivant avec M. le maréchal Lannes
il me pria d'aller prendre la 2ᵉ brigade de cette division (²),
de la porter sur la droite dans une bonne position, d'ordonner au général Morlot de ne rien engager et d'attendre
des ordres. Je me conformai à ces dispositions, et après
avoir indiqué la position que cette brigade devait prendre,
je m'occupai d'avoir sous ma main la division Musnier,
encore en arrière, pour la disposer à l'attaque sur le centre
de l'ennemi. Des engagements de cavalerie ayant eu lieu
sur la droite, et la division Morlot ayant été dans le cas de
la soutenir, quelques fusillades assez vives même s'étant
engagées, j'envoyai un officier à Tudela pour avoir les ordres
de M. le maréchal Lannes, et je fis pendant ce temps-là
les dispositions nécessaires pour soutenir cet engagement

---

(1) Le chef d'escadron Claude Moncey, employé à l'état-major du maréchal
comme aide de camp.
(2) La division Maurice Mathieu.

et pousser vivement l'ennemi, ce qui eut lieu et détermina
tout à fait sa fuite du centre et de la droite, où il a été poursuivi par l'infanterie et la cavalerie qui lui étaient opposées,
avec toute la célérité possible, mon chef d'état-major et moi
nous y trouvant. Si alors la division Lagrange avait été
rendue sur le champ de bataille à la place qui lui était
naturellement désignée, et qu'elle eût été en mesure de
charger vivement l'ennemi, de le culbuter à Murchante et à
Cascante, et de le poursuivre de suite, l'armée ennemie
était en partie détruite. Loin de là, cette division n'a paru
qu'à 8 heures du soir, et ne s'est mise en mouvement pour
poursuivre l'ennemi de Murchante qu'au plus tôt vers le
midi du 24. Je croyais que cette division était à Cascante
la nuit du 23, et lui adressant les ordres de poursuivre l'ennemi, je fus très surpris de voir à Tudela même, vers les
10 heures du matin, le général La Bassée la commandant,
me dire qu'elle n'était qu'à Murchante. Je dirigeai la division Musnier pour marcher avec la division Lagrange
parce que je savais sur cette ligne le matériel et la plus
grande force de cette division : mais des ordres différents
s'étaient croisés et, à mon insu, la division Musnier n'était
plus où je l'avais laissée en partie, de sorte que son mouvement a été aussi forcément retardé. M. le maréchal Lannes
avait lui-même couché à la droite et au bivouac. Quant à la
gauche, la poursuite de l'ennemi s'y est continuée d'après
mes ordres dès la pointe du jour, et enfin, M. le maréchal
Lannes m'ayant remis le commandement dès la matinée
du 24, j'ai donné tous les ordres nécessaires à la poursuite
de l'ennemi sur la droite et en même temps tous ceux de
marche relatifs à l'investissement de Saragosse, sous les
murs de laquelle nous devions être le 26 au soir.

. . . .

Armée d'Espagne. — 6e corps. — 2e division.

RAPPORT HISTORIQUE DEPUIS LE 21 NOVEMBRE 1808 ([1]).

COMPOSITION DE LA DIVISION A L'ÉPOQUE DU 21 NOVEMBRE 1808,
SOUS LES ORDRES DE M. LE MARÉCHAL LANNES

3e hussards. . . . . 15e chasseurs. . . . . . . Artillerie légère	aux ordres du général Colbert.
25e d'infanterie de ligne . . 27e de ligne.	aux ordres du général Bardet.
Parc d'artillerie.	commandé par M. le capitaine Aubé.
5oe de ligne. . . . . 59e —	aux ordres du général La Bassée.
20e dragons. . . . . 26e — . . . . 13e de cuirassiers	aux ordres du général Digeon.

La division commandée par M. Lagrange partit le 21 de Logroño dans l'ordre ci-dessus et fut coucher le même jour à Ausejo d'où l'ennemi avait été chassé par les troupes du corps du maréchal Moncey.

Le 22, la division se porta à Aldeanueva et Venta ([2]). [La division fut obligée de s'arrêter pendant quatre heures en avant d'Alfaro pour laisser défiler les troupes du corps d'armée du maréchal Moncey, ce qui fit qu'elle n'arriva que fort tard dans ses bivouacs.]

Le 23, toute la cavalerie fut détachée et l'infanterie marcha sur Tudela, arriva à 4 heures du soir sur les hauteurs en arrière à droite de la grande route, prit position à une demi-lieue de la ville de Tudela et une lieue d'Urzante ; à 5 heures et demie le maréchal Lannes la fit mettre en mouvement pour la porter sur Urzante où elle arriva à 7 heures, ayant laissé son artillerie, vu que les chemins qu'elle avait parcourus étaient pour elle impraticables.

La brigade aux ordres de M. le général Bardet attaqua à la baïonnette l'ennemi qui occupait ce village avec environ

—————

([1]) Archives du prince de la Moskowa.
([2]) Entre Aldeanueva et Alfaro.

4,000 ou 5,000 hommes, le mit en déroute et le suivit jusqu'aux portes de Cascante sur la rive gauche de la Queilès (à la) distance d'une lieue d'Urzante.

M. le général de division Lagrange fut blessé à cette affaire.

L'ennemi perdit beaucoup de monde de tué et put se retirer sans être poursuivi, à la faveur d'une nuit très obscure.

Le 24, la division passa sous les ordres de M. le maréchal Moncey, (et) ne put, par les divers contre-ordres qu'elle reçut, se mettre à la poursuite de l'ennemi qu'à 11 heures du matin ; elle prit la route de Borja en passant par Cascante et Tarazona. (Ce fut à Cascante que M. le général Maurice Mathieu en prit le commandement, ayant avec lui les lanciers polonais et un régiment provisoire de dragons ; à 11 heures du soir la tête de la 1ʳᵉ brigade arriva à Borja où s'étaient cachés dans les maisons environ 1,500 traînards de l'armée ennemie et qui furent faits prisonniers ; il y eut quelques coups de fusil de tirés en entrant dans la ville.)

Le 25, la division fut coucher à Plasencia, sur la rive droite du Xalon.

Le 26, à La Almunia.

Le 27, à Sejono ; ce fut le 26 que les lanciers polonais, qui éclairaient la route de Calatayud, rencontrèrent et chassèrent l'ennemi qui occupait El Frasno ; le 27, le général de division y envoya un bataillon du 27ᵉ régiment.

Le 28, la division partit à midi pour Calatayud.

Le 29, elle partit pour se rendre à Cetina, rencontra et battit l'arrière-garde ennemie forte d'environ 6,000 à 7,000 hommes qui occupait les hauteurs, en avant de Bubierca. Le rapport a été envoyé à M. le chef de l'état-major général.

Itinéraire de Calatayud à Cetina : Ateca, Bubierca, Alhama, Cetina.

Ce fut à Ateca que M. le général Wathier commandant la cavalerie a appris que l'ennemi occupait Bubierca.

Le 30, séjour à Cetina.

Le 1ᵉʳ décembre, la division revint à Calatayud en vertu des ordres exprès de M. le maréchal Moncey.

Le 2, elle en partit à 1 heure pour aller coucher à Sisamon.

Le 3, à Juerca([^1]).
Le 4, séjour.
Le 5, séjour.

> Deux bataillons du 25ᵉ occupent Maranchon.
> Deux bataillons du 27ᵉ occupent Codès.
> Le 59ᵉ régiment occupe Judès.
> Deux bataillons du 50ᵉ occupent Mochales.

Nota. — Le 59ᵉ régiment, qui avait été détaché le 30 pour aller occuper Villa-Feliche et Daroca, rejoignit la division le 4 et occupa Judès.

Le 6, la 1ʳᵉ brigade coucha à Torremocha, l'artillerie et la 2ᵉ brigade restèrent à Sauca, le 2ᵉ de hussards faisant partie de la division occupa deux villages de la dépendance de Torremocha, à une demi-lieue sur la gauche avant d'y arriver.

Le 7, la 1ʳᵉ brigade et l'artillerie occupent Grajanejos, la 2ᵉ brigade Utante et le 2ᵉ de hussards Valfermoso.

Nota. — Depuis Alhama jusqu'à Grajanejos, l'on ne trouve aucun ruisseau.

Le 8, la 1ʳᵉ brigade cantonna à Marchamalo et Cavanillas, le 2ᵉ hussards à Valbueno, la 2ᵉ brigade dans les couvents de la ville de Guadalaxara, le parc d'artillerie en arrière de la ville.

Le 9, le 2ᵉ de hussards quitta la division, la 2ᵉ brigade partit de Guadalaxara pour aller occuper Quer et Torrenejo ; le quartier général et l'artillerie à Alobera, et la 1ʳᵉ brigade resta dans ses cantonnements.

Le Chef de l'état-major de la 2ᵉ division
du 6ᵉ corps d'armée,

RIPPERT.

[^1]: (1) C'est probablement d' « Iruecha » qu'il s'agit.

OPÉRATIONS DES 3ᵉ ET 6ᵉ CORPS APRÈS LA BATAILLE DE TUDELA

Marche sur Saragosse et sur Calatayud.

(24 novembre-1ᵉʳ décembre.)

Le maréchal Lannes, après la bataille de Tudela, ne pouvant plus supporter la fatigue du cheval, transmit le commandement au maréchal Moncey, en lui recommandant de poursuivre vivement l'ennemi qui se retirait partie sur Saragosse, partie sur Tarazona et Borja.

Le 24 novembre, le maréchal Moncey donna au général Maurice Mathieu, son plus ancien divisionnaire, le commandement de la division du général Lagrange, blessé la veille et qui ne pouvait rester à son poste ; il lança le général Maurice Mathieu dans la direction de Borja où se portait déjà la division de cavalerie du général Wathier ; il le fit suivre par la division Musnier, et toute cette colonne, forte de 12,000 hommes et 1,500 chevaux, fut mise sous les ordres du général Mathieu.

Une autre colonne fut formée pour poursuivre l'ennemi dans la direction de Saragosse ; le général Lefebvre-Desnoëttes, ayant sous ses ordres la cavalerie du général Colbert, se porta sur Mallen et Alagon, soutenu par l'ancienne division du général Maurice Mathieu, dont le maréchal Moncey avait donné le commandement nominal au général Grandjean ; cette division fut suivie par celle du général Morlot et ce fut le maréchal lui-même, impatient de parvenir à Saragosse, qui dirigea cette colonne composée d'environ 8,000 hommes et 3,400 chevaux.

Le général Grandjean resta provisoirement à Tudela avec son ancienne division d'environ 3,000 hommes qui fut légèrement renforcée afin de protéger les derrières et de nettoyer le pays entre Pampelune et Tudela.

Le 25 novembre, la colonne de gauche (ancienne division Maurice Mathieu et division Morlot) arriva à Alagon, tandis que la colonne de droite (ancienne division Lagrange et division Musnier) arrivait à Plasencia prête à tourner vers La Almunia où se dirigeait Castaños.

Mais, au lieu de laisser le général Maurice Mathieu poursuivre l'ennemi partout où il pourrait aller, le maréchal Moncey, qui n'avait en vue que le siège de Saragosse, prescrivit à ce général de se porter le 25 sur Plasencia, et le 26 de Plasencia sur Saragosse. C'était évidemment une faute d'interrompre sans motif sérieux une poursuite qui avait chance de donner de bons résultats. Le général Maurice Mathieu allait obéir, lorsque, au moment d'arriver à Plasencia, il reçut du maréchal Lannes l'ordre ci-après lui prescrivant de continuer à poursuivre l'ennemi soit sur Calatayud, soit sur Soria.

LE MARÉCHAL LANNES AU GÉNÉRAL MAURICE MATHIEU.

Tudela, 25 novembre, à 1 heure du matin.

L'Empereur m'annonce que M. le maréchal Ney a attaqué l'ennemi le 23 à Soria : cela ne peut être que le corps de Castaños qui aura voulu se faire jour pour se jeter sur Madrid. La colonne que vous suivez sur Tarazona est la division Peña forte d'environ 8,000 hommes d'infanterie et deux régiments de cavalerie. Prenez, Monsieur le Général, tous les renseignements possibles à Tarazona pour bien vous assurer que dans le cas où cette colonne de Peña prendrait la route de Calatayud, et le corps de Castaños celle de Soria, vous poursuiviez de préférence ce dernier. Mais il y a beau-

coup à parier que tout suivra la même route ; vous ne pouvez pas manquer, Monsieur le Général, en prenant près des
habitants des renseignements positifs, de savoir enfin quelle
est la véritable route qu'a prise l'ennemi. Ayez soin de bien
vous faire éclairer à une ou deux lieues devant vous par des
détachements de cavalerie. Vous devez sentir combien il est
important de ne pas manquer Castaños, dans le cas où il
saurait que M. le maréchal Ney est en force sur Soria, et
qu'il voulût prendre la route d'Almazan. Ne manquez pas
d'envoyer sur-le-champ un officier en poste pour en prévenir Sa Majesté qui sera à Burgos ou à Aranda. La communication est par Logroño, et dans ce cas-là vous chercherez,
Monsieur le Général, à communiquer avec le maréchal Ney
pour le prévenir de ce mouvement.

Le général Maurice Mathieu reçut cette lettre sur la
route de Plasencia, et répondit immédiatement au maréchal Lannes qu'il se porterait le lendemain sur la
route de Calatayud, soit pour poursuivre tout ce qui
se dirigerait sur cette ville, soit pour arrêter les fractions
ennemies qui, d'après les bruits du pays, voulaient
refluer sur Saragosse depuis que la route d'Almazan
était occupée par les Français.

LE GÉNÉRAL MAURICE MATHIEU AU MARÉCHAL LANNES.

Plasencia, le 25 novembre 1808.

Monsieur le Maréchal,

M. votre aide de camp m'a remis entre Borja et Plasencia
la lettre que vous m'avez fait l'honneur de m'écrire ce matin.
J'ai cru devoir continuer la route qui m'avait été prescrite par
Son Excellence le maréchal Moncey, afin de me trouver en
mesure de remplir vos vues. D'après les renseignements que
m'ont donnés les habitants du pays et les prisonniers de
guerre, 30,000 ennemis commandés par Castaños, Peña,
Carvajal, etc., sont passés par Borja dans la nuit d'avant-

hier et dans la journée d'hier. Moitié se sont retirés sur Saragosse et moitié sur Calatayud.

Cette dernière moitié devait, d'après le rapport de deux prisonniers, se retirer sur Madrid par Almazan. Mais les Français occupant cette ville depuis quatre jours, MM. les Espagnols ont été obligés de renoncer à ce projet, et ils veulent tous se jeter dans Saragosse. Il me semble donc qu'il faut se porter le plus promptement possible sur la route de Calatayud à Saragosse. Je vais m'y rendre dès le point du jour, et prendre position à Calatrao ou La Almunia, afin d'arrêter ou de poursuivre tout ce qui viendrait de Calatayud. Je crois que c'est le seul moyen d'exécuter les ordres que Votre Excellence m'a adressés aujourd'hui. Je préviens de cette disposition M. le maréchal Moncey, et à moins d'ordres contraires de votre part et de la sienne, j'exécuterai mon mouvement le plus rapidement que je pourrai.

Le général Maurice Mathieu exécuta l'ordre du maréchal Lannes et se porta le 26 sur La Almunia, prévenant de son mouvement le maréchal Moncey à Alagon ; le maréchal, craignant de laisser la division Mathieu s'engager trop loin de lui à la poursuite de Castaños, et de n'en point disposer pour l'investissement de Saragosse, se rendit auprès du général Maurice Mathieu et poussa la division Morlot sur Plasencia pour le soutenir au besoin ; la division Grandjean et la cavalerie du général Lefebvre-Desnöettes restaient à Alagon.

Le maréchal Moncey arriva à Calatayud le 28 avec les divisions Maurice Mathieu et Musnier; ayant appris que le maréchal Ney se trouvait le 26 vers Tarazona marchant sur Saragosse, il s'empressa de retourner à Alagon pour se concerter avec lui au sujet de l'investissement de la ville et ordonna au général Maurice Mathieu de continuer la poursuite à une marche seulement au delà de Calatayud, puis de revenir sur cette ville où il resterait en observation, et de lui renvoyer la division Musnier.

Le lendemain 29 novembre, l'avant-garde des troupes du général Maurice Mathieu rencontra l'arrière-garde espagnole composée de 5,000 à 6,000 hommes d'infanterie et 400 à 500 cavaliers, et qui s'était établie en avant du bourg de Bubierca dans une forte position.

Le 50ᵉ régiment d'infanterie commença l'attaque et mena seul le combat jusqu'à ce qu'il pût être soutenu à sa droite par le 25ᵉ et une partie du 27ᵉ, tandis que le reste du 27ᵉ l'appuyait à gauche et que le 59ᵉ restant sur la route le soutenait en arrière ; l'action fut vivement poussée à partir de ce moment, et les Espagnols laissèrent entre nos mains plus de trois cents prisonniers, un drapeau et quinze cents fusils ; ils avaient eu plus de deux cents tués et un grand nombre de blessés. Nos pertes s'élevaient à 90 hommes tués ou blessés [1].

Après ce succès, le général Maurice Mathieu aurait désiré continuer la poursuite et ne plus perdre le contact de l'ennemi, auquel il avait chance d'infliger encore des pertes sérieuses ; mais il avait l'ordre formel du maréchal Moncey de ne pas s'éloigner à plus d'une marche au delà de Calatayud : c'est pourquoi il ne dépassa pas Cetina, où il laissa ses troupes se reposer le 30 novembre, puis revint le 1ᵉʳ décembre à Calatayud. La poursuite de l'armée espagnole se trouvait ainsi abandonnée ; elle aurait pu cependant donner de beaux résultats sans l'intervention malencontreuse du maréchal Moncey.

---

[1] Voir le détail des pertes, page 343.

Jusqu'à Plasencia, le général Maurice Mathieu avait marché assez rapidement, pour rattraper la demi-marche perdue pendant la journée du 24(¹), mais dès que le maréchal Moncey l'eut rejoint entre Plasencia et Calatayud, l'allure redevint lente, comme si le maréchal s'éloignait à regret de Saragosse, et l'on mit trois jours pour arriver à Calatayud, alors qu'on aurait pu y parvenir quarante-huit heures après(²), c'est-à-dire le 27 novembre dans la soirée, gagner ainsi une journée sur l'armée espagnole et ne plus la quitter désormais(³). Le maréchal Moncey ne fit rien de tout cela parce qu'il n'avait en vue que le siège de Saragosse; son influence eut donc pour effet, d'abord de ralentir la poursuite, puis de l'arrêter complètement; il est juste de remarquer qu'après Bubierca la division Maurice Mathieu n'avait plus de munitions, mais ce n'était pas un motif pour l'arrêter, car il était facile de la faire ravitailler par la division Musnier qui la suivait.

Le résultat de cette fausse manœuvre fut le salut de l'armée espagnole, qui put continuer son chemin sans encombre, et que le maréchal Ney ne put pas rattraper lorsqu'il se remit à sa poursuite, en partant d'Alagon le 1ᵉʳ décembre, sur l'ordre de l'Empereur.

---

(1) La division Maurice Mathieu n'était partie de Cascante que le 24 vers midi, par suite d'une série de contre-ordres.

(2) La distance de Plasencia à Calatayud est de 65 kilomètres.

(3) Les Espagnols avaient quitté Calatayud dans la matinée du 27 novembre.

LE MARÉCHAL MONCEY AU MAJOR GÉNÉRAL.

Alagon, le 25 novembre 1808.

Monseigneur,

J'ai l'honneur de rendre compte à Votre Altesse que je suis arrivé ici aujourd'hui avec deux divisions, notre cavalerie occupant Pinseque et Torres, et le général Maurice Mathieu Plasencia avec les deux autres divisions, sa cavalerie de même en avant de lui. Je me proposais de me porter demain 26 devant Saragosse, mais d'une part les troupes sont sans pain, et ici il n'a pas resté un seul habitant, de sorte qu'il a fallu prendre des moyens extraordinaires pour faire réunir de la farine et faire manipuler du pain par les corps eux-mêmes, de manière à en avoir pour trois ou quatre jours ; d'autre part, M. le général Maurice Mathieu me rend compte que d'après les ordres qu'il a reçus directement de M. le maréchal Lannes, et dont je joins ici la copie, il se rend avec sa division et celle du général Musnier à Calatrao ou La Almunia, sur l'embranchement de la route de Calatayud à Saragosse, dans le cas où le général Castaños, coupé par M. le maréchal Ney, voudrait se jeter dans cette ville. Je pense que ce général se retire par Calatayud, d'où il prendra la route de Valence, ou de la Catalogne, s'il craint celle de Madrid. Les dissensions qui existent entre lui et Palafox me font croire qu'il évitera avec soin Saragosse ; j'appuie mon opinion d'une lettre de Palafox lui-même que nous avons trouvée aujourd'hui avec d'autres papiers sur le grand chemin et que je joins ici (¹).

Tous ces renseignements qu'a recueillis dans sa route M. le général Maurice Mathieu annoncent positivement que Castaños se retire sur Calatayud, incertain si nous occupons cette ville. Je laisse marcher demain le général Maurice Mathieu sur La Almunia, ainsi qu'il me rend compte qu'il le fait par suite des ordres du maréchal Lannes ; mais, craignant

---

(1) Nous donnons plus loin la traduction de cette lettre. (Voir page 527.)

qu'il ne s'engage au loin, ce qui arrêterait et compromet-trait peut-être notre mouvement sur Saragosse, je me ren-drai moi-même demain près de lui, d'où j'agirai selon les circonstances. Les positions d'Alagon étant très bonnes, j'y laisse l'ancienne division du général Lefebvre à qui je confie le commandement supérieur et je fais porter, dans le cas de besoin, la division Morlot à Plasencia, d'où, sur la marche rétrograde de M. le général Maurice Mathieu, nous nous porterons, par un mouvement concerté, sur Saragosse : pen-dant ce temps l'on cuira du pain, et notre centaine de cha-riots chargés de biscuits, et en marche de Pampelune, je crois, dès demain nous approcheront. De tout cela j'éprouve un grand regret, car il me semble qu'il eût été très à propos de serrer dans la journée de demain la ville de Saragosse, et de s'emparer, s'il eût été possible, des positions de Monte-Torrero et de la Maison-Blanche. Ce qui nous inquiète spécialement et beaucoup, les généraux Lefebvre, Lacoste et moi, sont les moyens de vivres et de fourrages devant Saragosse, surtout d'après le système général de la fuite totale des habi-tants. Nous avons fait sur notre route une centaine de pri-sonniers de plus, et les troupes du général Maurice Mathieu en ont fait à peu près de 1,500 à 2,000 ; tous sont dirigés sur Tudela. Nous avons parqué à Tudela 26 pièces d'artil-lerie dont 5 obusiers, pris en tout sur l'ennemi.

LE GÉNÉRAL LACOSTE A L'EMPEREUR.

Alagon, 26 novembre 1808.

Sire,

Deux divisions de ce corps d'armée (Grandjean et Mor-lot) sont arrivées hier dans cette position. Le même jour, les deux autres (Maurice Mathieu et Musnier) ont joint Pla-sencia par Tarazona et Borja ; de là toute l'armée devait marcher sur Saragosse et l'investir. Ces dispositions ont changé par plusieurs motifs : 1° par le manque de vivres, 2° par le mouvement ordonné par M. le maréchal Lannes des deux divisions de droite sur La Almunia, route de Calatayud. Ce mouvement engage M. le maréchal Moncey à faire passer aujourd'hui la division Morlot à Plasencia, afin de soutenir les deux autres. La division **Grandjean** avec deux brigades de cavalerie tiennent la position d'Alagon ; nos avant-postes sont à deux lieues d'ici, moitié chemin de Saragosse d'où encore rien n'a paru ; il est bien à regretter de n'avoir pu dès aujourd'hui faire l'approche de la place afin de profiter de la première épouvante. Il est bien plus à regretter de n'avoir pu faire passer une bonne division par la rive gauche afin d'investir en même temps le faubourg, il est incalculable le bien qui en aurait résulté.

Le canal jusqu'ici n'est point endommagé ; le général Dedon a ordre d'envoyer sur-le-champ les pontonniers à Tudela pour préparer des barques, dont le manque est absolu sur le canal. Il est difficile de déterminer le temps nécessaire pour réunir les moyens d'artillerie, je prévois que cela sera long.

Je crois de mon devoir de représenter à Votre Majesté qu'une division de plus serait bien nécessaire à ce corps d'armée ; il est bien de 3o,ooo hommes, y compris la garnison de Pampelune, mais ce qu'il faut laisser sur tant de points différents est considérable ; d'ailleurs il y a beaucoup de cavalerie qui en fait partie.

Je crois aussi de mon devoir de faire part à Votre Majesté de mes craintes sur la conduite de nos opérations. Il faudrait une bonne organisation et une ferme volonté d'où dépend l'ensemble et la vigueur des opérations. La prise de Saragosse ne peut être mise en doute, mais il faut des moyens pour écraser une ville qui annonce une vigoureuse résistance.

Le pays aux environs est tout ravagé, c'est un désert ; tous les habitants ont déserté leurs foyers.

Assurer les subsistances sera la chose la plus difficile. C'est l'objet de la plus grande sollicitude de M. le maréchal Moncey.

LE MARÉCHAL MONCEY AU MARÉCHAL LANNES.

Alagon, 26 novembre 1808.

Monsieur le Maréchal,

Je vous remets ci-joint une lettre qui vous était adressée et que j'ai ouverte croyant qu'elle était pour moi-même.

M. le général Maurice Mathieu vous rend compte du mouvement qu'il fait à la suite de vos ordres; je pars moi-même pour me rendre près de lui et je fais s'en rapprocher un peu la division Morlot en la faisant marcher sur Plasencia. Il eût été bien avantageux de pouvoir continuer la marche sur Saragosse afin de s'emparer aujourd'hui des positions de Monte-Torrero et de la Maison-Blanche, auxquelles l'ennemi, pendant trois ou quatre jours, travaillera à se fortifier davantage. Ici il n'a pas resté un seul habitant, nous n'avons plus de pain, nos boulangers y travaillent, et, sous le rapport des vivres et fourrages, tout se présente avec une inquiétude extrême, pour le présent et l'avenir. Je vous prie, Monsieur le Maréchal, de me faire donner des nouvelles de votre santé et de l'état de la blessure du général Lagrange. Nous avons fait encore, tant sur notre route que sur celle du général Maurice Mathieu, environ 1,500 à 2,000 prisonniers.

LE GÉNÉRAL LACOSTE AU MAJOR GÉNÉRAL.

Alagon, le 29 novembre 1808.

Monseigneur,

Depuis le 26 nous sommes en position à Alagon. L'expédition vers Calatayud a empêché jusqu'à présent l'investissement de la place. Il eût été bien important de le faire dès le 26 même, afin d'enlever un temps précieux aux dispositions défensives. Hier nous avons poussé une forte reconnaissance sur la place. J'ai reconnu les nouveaux travaux qui consistent : 1° en deux redoutes formant tête de pont aux grandes écluses ; 2° en un grand ouvrage en terre sur la position élevée de Monte-Torrero en avant du village, sur la droite du canal. Ces trois ouvrages se protègent, mais sont trop éloignés de la place pour en tirer une défense ; 3° en quelques retranchements sur les hauteurs devant le Château, mais qui m'ont paru peu conséquents. L'ennemi avait aussi retranché quelques points plus éloignés sur le canal, il les a abandonnés à notre approche. Il nous a montré quelques escadrons, et les retranchements nous ont paru bien garnis de défenseurs.

La première opération est sans doute d'investir la place et de s'emparer de ces ouvrages éloignés pour en resserrer les approches et commencer avec fruit et certitude nos opérations de siège, mais cette entreprise demande de la promptitude et d'être bien concertée. D'un autre côté, n'ayant pu songer à faire en même temps l'investissement sur la rive gauche, on n'allait faire que les choses à demi, ce qui pouvait nous mener loin. M. le maréchal Ney arrive, tout change de face, nous fortifiant non seulement de deux de ses divisions mais d'un ensemble d'opérations et d'une vigueur nécessaires à de pareilles entreprises.

Il est donc arrêté dès hier au soir que la division Dessolles, augmentée d'une brigade des deux premiers régiments polonais, se réunira aujourd'hui à Tauste (employant les moyens de passage que nous avons heureusement trouvés sur l'Èbre entre Mallen et Alagon) et doit opérer l'investissement sur la rive gauche, en même temps que la division Marchand et deux divisions du maréchal Moncey feront la même opération sur la rive droite. Ce mouvement d'ensemble se terminera, je pense, après-demain ; les deux autres divisions de M. le maréchal Moncey qui se sont portées sur Calatayud pourront par la suite se réunir à l'armée assiégeante ; ce renfort y deviendra nécessaire ; on doit aussi se porter de suite sur Villafeliche, grande fabrique de poudre, où on laissera sans doute une brigade afin d'utiliser pour nous un pareil établissement.

Les insurgés ont rompu à une lieue environ de Saragosse la digue du canal, ce qui inonde la campagne et va nous présenter de nouvelles difficultés. Je prends tous les moyens pour les diminuer en retenant plus haut une partie de la masse d'eau. Nous ne serons maîtres définitivement de cette navigation si précieuse que lorsque les grandes écluses seront en notre pouvoir, et supposé qu'elles n'auront point été endommagées.

Le général Dedon écrit de nouveau de Pampelune sur sa pénurie en moyens de transport; il comptait beaucoup sur les chevaux d'artillerie de l'armée assiégeante, que *M. le maréchal Moncey n'enverra point sans les ordres exprès de Votre Altesse*, et sur ceux du train (11ᵉ bataillon) des transports militaires qui ont transporté du biscuit à Pampelune, mais encore ce dernier moyen est-il nécessaire pour assurer les subsistances de l'armée.

P.-S. — Oserai-je rappeler à Votre Altesse que je dois de suite avoir à ma disposition une première somme de 60,000 francs, pour subvenir aux frais du transport d'outils et des travaux du siège.

<hr>

LE MARÉCHAL MONCEY AU MAJOR GÉNÉRAL.

Alagon, 29 novembre 1808.

Monseigneur,

J'ai l'honneur de rendre compte à Votre Altesse que nous sommes entrés hier à Calatayud, et que nous serons ce soir à Cetina, poursuivant le corps de Castaños, qui de Calatayud a pris la route de Madrid par Sigüenza. Comme je le serrais de très près, du moment que j'ai appris que M. le maréchal Ney n'était pas sur ses derrières, mais bien à Tarazona et Borja, je me suis empressé d'en faire continuer la poursuite, qui, au reste, n'avait point été interrompue, et de venir promptement de ma personne joindre M. le maréchal Ney, afin de concerter avec lui les moyens les plus prompts d'opérer sans le moindre retard l'investissement général de la ville de Saragosse sur les deux rives. Il en résulte que la division Dessolles traverse l'Èbre, l'infanterie dans un bac, la cavalerie et l'artillerie au gué, se réunit à Tauste, d'où elle marchera par Castejon-de-Valdejasa sur Zuera, et

ensuite sur Saragosse. Je renforce cette division des 5 bataillons que j'avais envoyés sur la rive gauche de l'Aragon
pour balayer les vallées. Les divisions Grandjean, Morlot et
Marchand marcheront, par un mouvement combiné, pour
faire l'investissement sur la rive droite, et s'emparer des
ouvrages que l'ennemi a èn dehors de cette place. La division Morlot ayant eu 408 hommes tués ou hors de combat
dans la journée du 23, ne se trouve plus que de 2,700 hommes tout compris. Dans cette journée, les troupes de mon
corps et la cavalerie sont les seules, à part quelques hommes du 25ᵉ d'infanterie légère, qui ont combattu, et je dois
à la justice d'instruire Votre Altesse qu'elles se sont conduites à merveille, ce que j'ose espérer qu'elles continueront
de faire dans l'attaque des positions et des ouvrages de
Monte-Torrero, où il ne me reste guère plus, par la dispersion de mon corps, qu'environ 7,000 à 8,000 hommes au
plus, à pouvoir employer dans cette attaque, où, au surplus,
j'espère que, dans le besoin, quelques troupes de la division Marchand pourraient me protéger après m'en être aussi
concerté avec M. le maréchal Ney, cette division étant de
son corps d'armée. J'ordonne à M. le général Maurice Mathieu de ne pas poursuivre l'ennemi au delà d'une grande
marche de Calatayud et de venir avec sa division seule (celle
Lagrange) se placer en corps d'observation dans les positions de Calatayud et Daroca, s'emparant des moulins à
poudre de Villafeliche et les protégeant, gardant avec lui
sa cavalerie, et me renvoyant la division Musnier devant la
place de Saragosse par la grande route de Calatayud à cette
ville. M. le général Maurice Mathieu me disant qu'on l'assure qu'il se trouve à deux lieues de lui un corps ennemi de
15,000 hommes sans désignation sur quel point, je lui ordonne, si cela n'est déjà fait, de marcher dessus et de le
culbuter, et pour plus d'avantage, de s'aider de la division
Musnier, si cela est nécessaire.

Combat de Bubierca.

Les voltigeurs de l'avant-garde, commandés par M. le
chef de bataillon Chagné du 50ᵉ régiment, rencontrèrent à
11 heures du matin l'ennemi qui couronnait les hauteurs à
droite et en avant de Bubierca ; ils l'attaquèrent et s'emparèrent de la première montagne. M. le chef de bataillon
Chagné, ayant jeté une partie de ses voltigeurs dans les
gorges, força l'ennemi à se retirer sur la montagne qui domine Bubierca.

Cette avant-garde tint l'ennemi en échec depuis 11 heures
du matin jusqu'à 4 heures du soir, où M. le général Bardet,
qui avait marché sur la droite avec le 25ᵉ régiment et deux
bataillons du 27ᵉ, ayant achevé un mouvement qui tournait
l'ennemi, le fit charger vigoureusement et le mit en déroute ;
les voltigeurs chargèrent en même temps, culbutèrent environ 2,000 hommes qui étaient devant eux, firent beaucoup
de prisonniers et s'emparèrent du village de Bubierca, soutenus par le 50ᵉ régiment qui le traversa et se jeta dans la
montagne à droite pour seconder les opérations de la 1ʳᵉ brigade, commandée par M. le général Bardet.

Le 1ᵉʳ bataillon du 27ᵉ, commandé par M. le colonel Menne,
gagna la crête des montagnes à gauche, et fit évacuer à
l'ennemi par ses manœuvres la position qu'il occupait de ce
côté-là, vint ensuite intercepter la grande route par où se
retirait l'ennemi, à moitié chemin de Bubierca à Alhama.

Le 59ᵉ marcha sur la grande route en suivant les mouvements du reste de la division.

La force de l'ennemi peut être évaluée de 6,000 à 7,000
hommes.

Le résultat de cette journée est la prise d'un brigadier,
d'un colonel, un lieutenant-colonel, 16 officiers et 300 sous-
officiers ou soldats.

L'ennemi a laissé plus de 200 hommes tués sur le champ

de bataille, beaucoup de blessés et environ 1,500 fusils et autant de gibernes.

Les voltigeurs de l'avant-garde firent prisonniers à eux seuls 1 lieutenant-colonel, 6 officiers et environ 200 soldats.

Le nommé Dumont, grenadier au 27ᵉ régiment de ligne, prit un drapeau à l'ennemi(¹).

Le Chef d'état-major de la 2ᵉ division,
Rippert.

———

LE MARÉCHAL LANNES A TUDELA

(24 novembre-2 décembre.)

———

Le maréchal Lannes, quoique resté malade à Tudela, ne s'était pas pour cela désintéressé des événements, et avait fait tout son possible pour donner aux opérations une direction d'ensemble. Malheureusement il omit, ainsi que le maréchal Moncey, de prévenir le maréchal Ney des résultats de la bataille de Tudela; si

———

(1) Voici le relevé des pertes des Français :

État des officiers, sous-officiers et soldats tués et blessés à l'affaire du 29 novembre 1808, à Bubierca.

DÉSIGNATION DES CORPS.	OFFICIERS tués.	SOUS-OFFICIERS ET SOLDATS tués.	OFFICIERS blessés.	SOUS-OFFICIERS ET SOLDATS blessés.	OBSERVATIONS.
25ᵉ léger	»	1	1	18	Il y a eu à l'avant-garde 6 morts, 36 sous-officiers et soldats blessés, et 2 officiers.
27ᵉ de ligne. . .	»	»	»	2	
50ᵉ de ligne. . .	»	2	»	11	
59ᵉ de ligne. . .	»	2	1	8	
Totaux. . .	»	5	2	39	

Certifié conforme aux états fournis par les corps.

Le Chef d'état-major de la 2ᵉ division,
Rippert.

le duc d'Elchingen avait été informé avant le 25 novembre, comme la chose était possible, des événements
survenus dans la vallée de l'Èbre, il aurait, ainsi qu'il le
déclara par la suite, marché par Almazan sur Medinaceli et Calatayud, et serait probablement arrivé à temps
pour interdire à l'armée de Castaños la route de Madrid.

Mais le maréchal Lannes croyait que Ney débouche-
rait incessamment sur Tarazona et jugea sans doute
inutile de l'avertir; peut-être d'ailleurs comptait-il que
son aide de camp Marbot, qu'il envoyait à l'Empereur
avec le bulletin de la bataille de Tudela, rencontrerait
vers Agreda le maréchal Ney et le mettrait au courant
de ce qui s'était passé [1].

Quoi qu'il en soit, après avoir lancé le maréchal Mon-

---

[1] Voir à ce sujet le récit de Marbot, pages 67 à 82 du tome II de ses *Mémoires* : D'après lui, le maréchal Lannes essaya de communiquer avec le maréchal Ney au moyen d'un détachement poussé dans la soirée du 24 novembre
entre Tarazona et Agreda. Au sujet de sa mission proprement dite, Marbot déclare qu'il partit de Tarazona à la nuit, le 24 novembre, pour arriver à Agreda
à l'aube du 25 ; la ville était déserte, il n'y trouva que cinq carabiniers espagnols
contre lesquels il dut combattre et auxquels il échappa difficilement ; il battit
donc en retraite sans avoir aperçu un homme du corps du maréchal Ney. Or,
ce dernier, dans sa lettre au Major général du 25 novembre, à 9 heures du soir,
écrite d'Agreda, annonce que la division Marchand vient d'atteindre cette ville,
occupée depuis la veille par le 4ᵉ régiment de hussards. Dès lors, comment
Marbot n'a-t-il pas rencontré ce régiment à Agreda dans la nuit du 24 au 25 novembre ? Faut-il considérer son récit comme fantaisiste ? Les recherches que
nous avons faites aux archives administratives au sujet de ses états de services
et de ses blessures nous ont démontré au contraire que son récit relatif à sa
mission sur Agreda et à la blessure qu'il reçut est exact, mais il nous a été impossible de vérifier la date de son arrivée à Agreda. Partant de là, on pourrait
admettre qu'il a pu se tromper de date, et quitter Tudela le 23, pour arriver
dans la nuit du 23 au 24 à Agreda, alors inoccupé ; mais cette hypothèse est
inadmissible, car le rapport du maréchal Lannes, que portait Marbot, est bien
daté du 24 novembre. C'est donc le 24 au soir que Marbot a quitté Tudela, et
l'on est ainsi amené à conclure que ce n'est pas à Agreda, occupé par les Français dans la nuit du 24 au 25, que son aventure a pu lui arriver : il a dû se
tromper de ville, et prendre pour Agreda une des localités intermédiaires entre
cette ville et Tarazona, Vozmediano, par exemple ; cette explication est d'autant
plus vraisemblable que Marbot marchait à pied, sans guide, dans un chemin
affreux et par une nuit noire, dans un pays désert où personne ne pouvait le renseigner.

cey sur la route de Saragosse et le général Maurice Mathieu sur celle de Plasencia, le maréchal Lannes avait
appris par une lettre de l'Empereur que le maréchal Ney
avait attaqué l'ennemi à Soria le 23 novembre; il crut
alors qu'une partie des troupes de Castaños s'était jetée
sur Soria, où le maréchal Ney lui avait coupé la retraite,
et que le reste essaierait peut-être de forcer le passage
sur Almazan ou Soria; il écrivit alors, le 25 au matin,
au général Maurice Mathieu([1]) de poursuivre à outrance
l'ennemi qui fuyait devant lui et de suivre de préférence
celui qui se dirigerait sur Soria ou Almazan. L'ordre
du maréchal arriva à temps pour empêcher le général
Maurice Mathieu de se porter le 26 de Plasencia sur
Saragosse, comme le lui prescrivait le maréchal Moncey,
et ce général prit la route de Calatayud.

Le même jour, le maréchal Lannes avait appris l'arrivée du corps du maréchal Ney sur Tarazona, et la
retraite de tout le corps de Castaños sur Calatayud;
il écrivit aussitôt au maréchal Ney pour l'engager vivement à se porter de Tarazona sur Borja et Plasencia à
la suite de la division Maurice Mathieu pour soutenir
cette division occupée à poursuivre Castaños, ou, si
besoin était, marcher sur Saragosse avec le maréchal
Moncey; il écrivait aussi à ce dernier pour lui annoncer
l'arrivée du maréchal Ney sur Plasencia.

Il reçut dans la journée du 27 des nouvelles du maréchal Ney lui annonçant que le maréchal Moncey
se portait avec trois divisions à la poursuite de Castaños, et estimant que dans ces conditions le 6° corps
devait se diriger sur Saragosse. Le maréchal Lannes

([1]) Voir cette lettre, page 33o.

approuva cette détermination et encouragea le maréchal
Ney à se porter à marches forcées sur Saragosse, dans
l'espoir qu'il pourrait profiter du désarroi causé par la
défaite de Tudela pour enlever facilement les ouvrages
extérieurs de la ville et peut-être la ville elle-même. Il
espérait que pendant ce temps le maréchal Moncey
continuerait à poursuivre vivement Castaños, mais il
fut vite détrompé lorsqu'il le vit revenir sur Saragosse,
et il se plaignit dans une lettre à l'Empereur du manque
d'activité de son collègue.

Lorsqu'il eut connaissance des ordres de l'Empereur
du 28 novembre, prescrivant au maréchal Ney de poursuivre Castaños l'épée dans les reins, il écrivit le 30 novembre aux maréchaux Ney et Moncey, qui allaient
investir de concert la ville de Saragosse, pour leur
conseiller la meilleure solution à prendre pour l'exécution des prescriptions impériales ; c'est ainsi qu'il engageait le maréchal Ney à se porter à la tête des troupes
du général Maurice Mathieu (divisions Lagrange et
Musnier) en avant de Calatayud, et à se renforcer au
besoin par deux régiments de la division Marchand,
laissant le reste de cette division et la division Dessolles
au maréchal Moncey pour qu'il pût opérer l'investissement de Saragosse. Si le maréchal Ney avait écouté ces
sages conseils, la poursuite de Castaños et l'investis-
·sement de Saragosse auraient pu être exécutés en même
temps et réussir peut-être, tandis qu'aucune de ces
opérations n'aboutit.

Le maréchal Lannes avait donc bien raison quand il
écrivait à l'Empereur « qu'il croyait nécessaire de donner à un seul homme le commandement des corps des
maréchaux Ney et Moncey, car sans cela il était im-

possible de combiner aucun mouvement avec avantage ».

Il est fâcheux que la maladie ait empêché le maréchal
Lannes d'être cet homme qu'il déclarait indispensable ;
lorsqu'il quitta Tudela le 2 décembre pour rejoindre
l'Empereur, il était encore très souffrant, mais il croyait
qu'on se battrait peut-être sous Madrid où les Anglais
étaient signalés, et il donna une preuve de son mâle.
caractère lorsqu'il écrivit à l'Empereur en lui annonçant son départ : « Je pars aujourd'hui de Tudela pour
me rendre près de Votre Majesté. En faisant un effort,
il est possible que, si on se bat, je puisse monter à cheval ce jour-là. »

LE MARÉCHAL LANNES A L'EMPEREUR.

Tudela, le 26 novembre 1808, à 4 heures du matin.

Sire,

L'armée de Castaños a décidément pris la route de Calatayud : elle se retire dans le plus grand désordre. Le général
Maurice Mathieu, qui est à sa poursuite, a ramassé hier dans
sa marche quinze cents traînards. Je pense qu'elle cherche
à se jeter sur Madrid.

Votre Majesté aura sans doute donné des ordres à M. le
maréchal Ney pour couper toute retraite à cette armée.

La tête du 25e régiment d'infanterie légère est la seule de
la division Lagrange qui ait donné, dans une charge qui a
eu lieu au village de Cascante, à la tête de laquelle était ce
général : elle s'est faite avec vigueur. Plus de 200 hommes
ont été tués à la baïonnette ; le général Lagrange a eu le
bras percé d'une balle, on ne sait pas encore s'il n'est pas
cassé : je lui ai donné ordre de se rendre à Pampelune.

En me rendant à Logroño, je rencontrai M. le général
Pouzet qui rejoignait l'armée, je le priai de me suivre ; cet
officier général a rendu des services importants le jour de

la bataille, par son intelligence ; il a eu un cheval tué sous lui.

Votre Majesté m'obligerait infiniment si elle voulait annoncer aux troupes qui ont combattu à Tudela que Votre Majesté leur enverra des récompenses à sa première revue.

Je prie, Sire, de même Votre Majesté de vouloir bien me faire connaître où je pourrai me rendre de ma personne, aussitôt que ma santé pourra me le permettre.

LE MARÉCHAL LANNES A L'EMPEREUR.

Tudela, le 26 novembre 1808, à 8 heures du soir.

Sire,

J'ai l'honneur de faire passer ci-joint à Votre Majesté copie des lettres que je viens d'écrire à MM. les maréchaux Ney et Moncey, ainsi que celle qui vient de m'être adressée par M. le général Maurice Mathieu (¹). Votre Majesté verra qu'il est impossible que l'armée de Castaños puisse nous échapper.

J'ai fait passer à M. le maréchal Ney copie des lettres de MM. le maréchal Moncey et le général Maurice Mathieu.

COPIE DE LA LETTRE ÉCRITE AU MARÉCHAL NEY.

Mon cher Maréchal,

Je vous fais passer copie d'une lettre que je reçois à l'instant de M. le général Maurice Mathieu ; vous y verrez que Castaños, avec le reste de son armée, ne peut manquer d'être pris. M. le maréchal Moncey, qui marchait sur Saragosse, vient de se réunir à M. le général Mathieu. Je pense, sauf meilleur avis, que vous feriez bien de partir demain au point du jour avec votre corps d'armée pour vous rendre à Plasencia en passant par Borja : vous vous trouverez à même

---

(1) C'est celle qui fut envoyée d'Alagon le 26 novembre par le maréchal Moncey ; voir la lettre du maréchal Moncey, page 338 ; celle du général Maurice Mathieu, page 331.

par ce mouvement de soutenir M. le maréchal Moncey en cas de besoin, ou de marcher sur Saragosse. Il serait possible que vous puissiez entrer dans cette ville, ou du moins prendre toutes les positions et hauteurs qui se trouvent devant la ville. Vous savez sans doute, mon cher Maréchal, que le corps de Palafox, qui a été battu devant Tudela par mon corps d'armée, s'est retiré dans le plus grand désordre ; il me fallait, mon cher Maréchal, deux heures de jour de plus, il n'eût pas échappé un seul homme de ce corps d'armée. Castaños, qui a été aussi culbuté, s'est retiré dans le plus grand désordre sur la route de Calatayud. Ayant appris là que les Français étaient à Almazan, il rétrograde pour se jeter dans Saragosse. . . . .

Je vous prie, mon cher Maréchal, d'envoyer un de vos aides de camp à M. le général Mathieu, qui marche sur Calatrao pour le prévenir de votre mouvement. J'envoie un officier de mon côté pour en prévenir M. le maréchal Moncey. Vous devez sentir, mon cher Maréchal, que si vous vous décidez à faire ce mouvement, il n'y a pas un moment à perdre, et à grandes journées. Je me trouve malheureux, mon cher Maréchal, que ma santé ne puisse pas me permettre de monter à cheval, j'aurais eu beaucoup de plaisir à me réunir à vous pour prendre ce fier Castaños.

COPIE DE LA LETTRE ÉCRITE AU MARÉCHAL MONCEY.

Monsieur le Maréchal,

J'ai l'honneur de vous prévenir que M. le maréchal Ney est ce jour à Tarazona avec son corps d'armée. Je l'engage beaucoup à en partir demain matin pour se rendre à Plasencia en passant par Borja.

Je ne doute nullement qu'il ne fasse ce mouvement ; dans le cas où vous auriez besoin d'un coup de main, vous connaissez les bonnes volontés et la valeur de ce maréchal.

Dans le cas où vous seriez assez fort pour poursuivre vigoureusement et à grandes journées Castaños, M. le maréchal Ney pourrait se rendre devant Saragosse, et s'emparer des ouvrages que l'ennemi a en dehors de cette place, et même de la ville.

Je ne crois pas que l'ennemi y fasse une grande résistance après une déroute aussi complète.

Il est parti aujourd'hui un fort convoi de bœufs et de pain pour se rendre à votre quartier général. On a trouvé ici environ 100,000 rations de biscuit ; ainsi vous pouvez être tranquille : les subsistances ne manqueront pas à votre corps d'armée.

Nous avons trouvé beaucoup de blé à Cascante. Logroño était en état de fournir pour trois mois de subsistances : il y a aussi pas mal de blé à Alfaro. On fait de la farine de tous côtés à grand'force.

Vous feriez bien de laisser un fort détachement à Alagon pour y recevoir les vivres qui sont adressés à votre corps d'armée.

LE MARÉCHAL LANNES AU MARÉCHAL NEY.

Tudela, le 27 novembre 1808, 10 heures du soir.

J'ai reçu, mon cher Maréchal, votre dernière (¹). Je pense comme vous que les forces de M. le maréchal Moncey sont plus que suffisantes pour suivre l'ennemi. En vous engageant à passer par Plasencia, je savais que la route était la même que celle que vous avez le projet de tenir; mais j'avais l'intention de vous rapprocher du maréchal Moncey qui, en pareil cas, n'aurait pas été fâché, ainsi que ses troupes, de savoir près d'eux un voisin tel que vous, d'autant mieux que je lui avais déjà donné avis de la direction que vous devriez prendre.

Il est possible qu'en vous rendant sur Saragosse à marches forcées, comme vous le faites, vous puissiez parvenir à vous emparer des ouvrages extérieurs et peut-être même de la place; car je ne crois pas que l'ennemi soit encore bien remis de la frayeur qu'il a éprouvée le 23; elle a été telle,

---

(1) Dans cette lettre le maréchal Ney annonçait qu'au lieu de continuer sur Plasencia, il se dirigeait sur Saragosse.

qu'elle pourrait bien avoir influé sur le moral de la garnison de Saragosse.

Vous trouverez, mon cher Maréchal, des vivres à Alagon,
que vous pourrez prendre pour votre corps d'armée. Je vous
serai obligé de me donner de vos nouvelles, aussitôt que
vous serez devant Saragosse, en y joignant votre opinion
sur la résistance que cette ville peut faire.

LE MARÉCHAL LANNES A L'EMPEREUR.

28 novembre 1808 ([1]).

Sire,

Castaños s'est décidément retiré sur Calatayud : il paraît
que M. le maréchal Moncey ne le poursuit guère vigoureusement, d'après ce que vient de me dire un de mes aides de
camp qui arrive d'auprès de lui.

M. le maréchal Moncey est loin, Sire, de connaître le
genre de guerre de Votre Majesté. Jamais je n'ai vu un
homme plus froid et plus fait pour intimider le soldat français. Je pense, Sire, que Votre Majesté ferait bien de donner
des ordres au corps de M. le maréchal Victor de manœuvrer
de manière à ne pas laisser échapper Castaños. Il est malheureux, Sire, que ma santé ne m'ait pas permis de me
mettre moi-même à sa poursuite : il n'y a aucun doute que
ces troupes ne fussent en ce moment en notre pouvoir.

Une lettre que Votre Majesté a fait écrire à M. le maréchal
Moncey, sous la date du 21, par laquelle Votre Majesté lui
faisait dire de se concerter seulement avec moi, a fait beaucoup de tort à l'armée. Toute mon ambition, Sire, c'est la
prospérité de vos armes.

M. le maréchal Ney sera ce soir avec une partie de son
corps devant Saragosse. Il est possible, Sire, que d'après la
grande déroute de Palafox, il parvienne à s'emparer de la
ville ; je ne crois pas l'ennemi encore bien revenu de sa ter-

---

(1) La lettre n'est pas datée, mais on peut affirmer qu'elle est du 28 novembre, puisque le maréchal Lannes l'a écrite le jour où le maréchal Ney arrivait sous Saragosse.

reur du 23. Je crois, Sire, qu'il est indispensable que Votre Majesté donne à un seul homme la direction du corps de MM. les maréchaux Ney et Moncey. Sans cela, il est impossible de combiner aucun mouvement avec avantage.

LE MARÉCHAL LANNES AU MARÉCHAL NEY [1].

Tudela, le 30 novembre 1808.

Mon aide de camp arrive du quartier impérial. Sa Majesté était très inquiète de vous, mon cher Maréchal.

Son intention est que vous poursuiviez Castaños partout où il ira, avec votre corps d'armée. Je crois, pour ne pas perdre un instant, que vous feriez bien de partir à la tête de la colonne Maurice Mathieu qui a avec lui les divisions Lagrange et Musnier, lesquelles doivent être, en ce moment, à une journée en avant de Calatayud. Dans le cas où vous croiriez que cette colonne ne fût pas suffisante, vous pourriez prendre deux régiments de la division Marchand avec la moitié ou les deux tiers de la cavalerie qui se trouve devant Saragosse.

Voilà, mon cher Maréchal, ce que je crois qu'il faut faire, pour que les troupes ne fassent pas de mouvements inutiles.

M. le maréchal Moncey aura assez du restant de son corps d'armée, de la division Dessolles et des troupes que Sa Majesté lui annonce pour l'investissement de la place. J'écris à M. le maréchal Moncey qui vous communiquera ma lettre. Concertez-vous bien de manière que Castaños n'échappe pas et que la place soit bien investie.

LE MARÉCHAL LANNES AU MARÉCHAL MONCEY.

Tudela, le 30 novembre 1808.

L'Empereur, Monsieur le Maréchal, m'a envoyé copie de la lettre que le prince de Neuchâtel vous écrit[2] ; comme il ne sait pas ce qui s'est passé depuis le 24, je pense qu'il

---

(1) Archives du prince de la Moskowa.
(2) Lettre du 28 novembre.

faut que M. le maréchal Ney se porte le plus vite possible à la tête de la colonne commandée par le général Maurice Mathieu et poursuive Castaños l'épée dans les reins partout où il se trouvera.

Je pense aussi que, dans le cas où M. le maréchal Ney trouverait que ce corps n'est pas suffisant, il peut prendre avec lui deux régiments de la division Marchand ; alors M. le maréchal Ney aurait un corps de 16,000 à 18,000 hommes, y compris la division Musnier qui marche avec la division Lagrange. M. le maréchal Ney pourrait prendre également avec lui les deux tiers de votre cavalerie ; je crois que le reste est suffisant pour le siège de Saragosse.

Le général Savary est mis en mouvement avec les fusiliers de la Garde, et de la cavalerie, pour poursuivre l'ennemi partout où il sera.

Sa Majesté attache le plus grand prix à la prise du corps de Castaños ; il ne faut que marcher pour l'avoir.

Au reste, Monsieur le Maréchal, concertez-vous bien avec M. le maréchal Ney, de manière que l'investissement de Saragosse ne soit pas retardé, de même que la poursuite de Castaños.

LE MARÉCHAL LANNES A L'EMPEREUR.

Tudela, le 2 décembre 1808.

Sire,

J'ai l'honneur de faire passer à Votre Majesté le rapport de la bataille de Tudela ([1]).

D'après tous les renseignements qui m'ont été donnés par les officiers prisonniers, Palafox avait, le jour de la bataille, 30,000 à 35,000 hommes sous ses ordres. Castaños en avait au moins le même nombre, et toutes troupes de ligne. On assure ici que ce dernier avait 40,000 à 45,000 hommes, mais je ne crois pas qu'il y en ait plus de 30,000 à 35,000.

Castaños avait reçu, deux jours avant la bataille, des renforts de 10,000 à 12,000 hommes.

([1]) Celui qui a été cité précédemment, page 309.

Les divisions Musnier et Lagrange commandées par le général Maurice Mathieu pouvaient faire beaucoup de mal à Castaños, qui se retirait dans le plus grand désordre. Il a abandonné toutes ses voitures à une lieue de Tarazona. Il a fait sauter son parc tout attelé dans ce dernier endroit ; plus de 200 mulets et leurs conducteurs ont péri par cette explosion. On a trouvé à Cintruenigo beaucoup de bombes, des obus et un magasin de couvertures.

Tous les villages à 4 lieues aux environs de Tudela sont pleins de blessés espagnols.

M. le maréchal Ney, conformément aux ordres de Votre Majesté, est parti pour se mettre à la poursuite de Castaños, avec les troupes que Votre Majesté lui a ordonné de prendre.

Un bataillon est parti de Tudela pour donner la chasse à tous les soldats espagnols épars dans les montagnes. On n'était pas en sûreté à Agreda avec 100 hommes.

M. le maréchal Ney m'a communiqué l'ordre de Votre Majesté. Comme je prévois, d'après ce qu'il contient, qu'il y a des Anglais, et qu'ils voudraient peut-être, réunis à Castaños, voir les troupes de Votre Majesté, quoique très souffrant, je pars aujourd'hui de Tudela pour me rendre près de Votre Majesté. En faisant un effort, il est possible que, si on se bat, je puisse monter à cheval ce jour-là.

La communication par Soria n'étant pas libre, je prends la route de Logroño et de Burgos.

MARCHE DU MARÉCHAL NEY DE SORIA SUR ALAGON
(25-28 novembre.)

LES MARÉCHAUX NEY ET MONCEY A ALAGON
(29 novembre-1er décembre.)

Le maréchal Ney reçut le 23 novembre, à 3 heures de l'après-midi, les ordres de l'Empereur du 21 novembre lui donnant l'ordre de marcher sur Agreda : il jugea impossible de se mettre en marche de suite, parce que la journée était trop avancée et qu'il fallait du temps pour la rentrée des détachements.

Au moment de quitter Soria il croyait, d'après les rapports de ses reconnaissances et les bruits du pays, que le maréchal Lannes pouvait avoir été battu à Tudela ; il n'entreprit pas moins avec résolution le mouvement que l'Empereur avait ordonné sur Agreda : il quitta donc Soria le 25 novembre au matin, et parvint à Agreda tard dans la soirée, après une étape des plus fatigantes, avec la cavalerie et la division Marchand ; la division Dessolles n'avait pu aller que jusqu'à Conejarès ; c'est à Agreda qu'il apprit d'une façon certaine que Castaños avait été battu et s'était retiré vers Saragosse ; mais ce n'est qu'à Tarazona qu'il put avoir des renseignements circonstanciés sur la bataille qui avait eu lieu à Tudela et sur l'emplacement des troupes des maréchaux Lannes et Moncey ; aussi écrivit-il au maréchal Lannes dès son arrivée à Tarazona, pour lui annoncer son arrivée et lui demander des nouvelles.

Pendant ce temps, le maréchal Lannes qui avait, lui aussi, appris indirectement l'arrivée du maréchal Ney, lui avait écrit pour l'engager à se porter sur Borja et Plasencia afin de renforcer la division Maurice Mathieu qui se trouvait alors sur le chemin de La Almunia à la poursuite de Castaños. Le maréchal Ney reçut cette lettre le 27 novembre vers 5 heures du matin, et donna aussitôt ses ordres pour que ses troupes se dirigeassent de Tarazona sur Borja et Plasencia ; mais à peine ses ordres étaient-ils expédiés, qu'il reçut des nouvelles lui annonçant que le maréchal Moncey, parvenu à Ala-

gon le 25, avait quitté cette ville le 26 avec la division
Morlot, marchant sur Calatrao et La Almunia pour appuyer la division Maurice Mathieu, qui arrivait le même
jour dans cette dernière localité ; le maréchal Moncey
n'avait laissé à Alagon que la division Grandjean et une
partie de la cavalerie du général Lefebvre-Desnoëttes ; le
maréchal Ney, en voyant le maréchal Moncey engagé
avec la plus forte partie de ses troupes dans la direction de Calatayud, crut que son collègue était décidé
à poursuivre à outrance le général Castaños, et estima
que dans ce cas il était assez fort pour opérer seul; il
jugea donc plus opportun de laisser le maréchal Moncey marcher sur Calatayud et de se diriger lui-même
rapidement sur Saragosse, où il essaierait de profiter
du désarroi amené par la défaite de Tudela pour enlever de vive force ou par surprise les ouvrages extérieurs
de la place, opération qui pouvait singulièrement avancer la durée du siège. Le maréchal changea donc ses
ordres du matin et dirigea son corps d'armée sur
Gallur et Mallen; le lendemain 28 novembre, il parve-
nait à Alagon, où il trouvait l'infanterie du général
Grandjean et la cavalerie du général Colbert.

Le maréchal Moncey ne s'était porté sur La Almunia
que pour être sûr que la division Maurice Mathieu ne
s'éloignerait pas trop ; son but principal n'était pas la
poursuite de Castaños, mais bien le siège de Saragosse ;
quand il apprit le 28 novembre que le maréchal Ney
était parvenu à Alagon, il s'empressa de revenir le lendemain sur cette ville avec la division Morlot; il vit le
maréchal Ney dans la soirée et tomba d'accord avec lui
sur la nécessité d'investir immédiatement Saragosse
avec les 3ᵉ et 6ᵉ corps ; les ordres furent donnés le

3o novembre pour que l'investissement fût opéré le 1ᵉʳ décembre.

En quittant le général Maurice Mathieu le 28 novembre, le maréchal Moncey lui avait recommandé de ne pas continuer la poursuite de l'armée espagnole à plus d'une marche au delà de Calatayud, de s'installer comme corps d'observation vers Villafeliche et Daroca, et de renvoyer sous Saragosse la division Musnier.

De la sorte, tout était sacrifié au siège de Saragosse au moment même où la poursuite pouvait commencer à donner des résultats ; la meilleure preuve qu'on puisse en fournir, c'est que les troupes du général Maurice Mathieu réussirent dans la journée du 29 novembre à atteindre les Espagnols à Bubierca, au delà de Calatayud ; si la poursuite avait continué les jours suivants, on aurait obtenu probablement des résultats plus considérables encore, mais en vertu des ordres du maréchal Moncey, le général Maurice Mathieu s'arrêta à Cetina le 3o novembre et revint à Calatayud le 1ᵉʳ décembre.

LE MARÉCHAL NEY AU MAJOR GÉNÉRAL.

Soria, le 25 novembre 1808, 5 heures du matin.

Monseigneur,

J'ai reçu cette nuit, et presque en même temps, la lettre que Votre Altesse m'a fait l'honneur de m'écrire le 23 pour m'annoncer l'arrivée de l'Empereur à Aranda, et celles du 24 par lesquelles vous me donnez l'ordre de marcher sur Agreda.

D'après la canonnade que mes postes avancés ont entendue le 23, et même pendant une partie de la journée d'hier, toujours dans la direction de Calahorra, il paraît que le maréchal Lannes a attaqué l'ennemi ou qu'il a été attaqué lui-même, car, comme j'ai eu l'honneur de vous en informer, l'ennemi faisait établir un pont sur l'Èbre à Calahorra dans l'intention de marcher sur la Navarre.

Un officier détaché à Castel-Frio, route d'Arnedo, rapporte qu'à Fuentès et San-Pedro, où il avait ses avant-postes, les paysans disent que pendant toute la nuit du 23 les cloches ont sonné à Calahorra, Cintruenigo et Tudela, ce qui pourrait faire présumer que l'attaque de M. le maréchal Lannes n'aurait pas eu tout le succès désirable.

Quoi qu'il en soit de ces suppositions, Votre Altesse jugera sans doute que mon opération est très délicate.

Je vous prie, Monseigneur, de faire occuper Soria et Almazan par un régiment de dragons de la brigade qui est établie à Osma. Cette disposition est absolument nécessaire pour la sûreté de mes communications avec le quartier général de l'Empereur.

LE MARÉCHAL NEY AU MAJOR GÉNÉRAL.

Agreda, le 25 novembre 1808, 9 heures du soir.

Monseigneur,

J'ai l'honneur de rendre compte à Votre Altesse que le corps d'armée s'est mis en marche hier à 9 heures du soir d'Almazan, et de Soria ce matin à 5 heures, pour se diriger sur Agreda. Le 4ᵉ régiment de hussards occupait déjà cette ville depuis hier au soir (¹).

La division du général Marchand vient d'arriver à l'instant et prend position à droite de la ville, route de Tarazona.

La division du général Dessolles est placée en deuxième ligne et n'a pu arriver ce soir qu'à la hauteur de Conejarès.

La cavalerie légère du général Beaumont est réunie à la première division.

Demain à la pointe du jour, je me dirigerai sur Tarazona avec la cavalerie légère, que je pousserai sur Borja et Tu-

---

(1) Voir à ce sujet la note de la page 344.

dela pour avoir des nouvelles positives des corps d'armée des maréchaux Moncey et Lannes. La division du général Marchand prendra position à Tarazona; celle du général Dessolles à Agreda.

L'ennemi avait encore le 24 à Agreda 3,000 à 4,000 hommes d'infanterie et 200 de cavalerie, de nouvelles levées venant de Madrid : ces troupes ont pris la fuite à l'approche du 4e de hussards.

Quelques habitants restés à Agreda assurent que Castaños a été battu le 23 et que le 24 il a été mis en pleine déroute dans les environs de Tudela; on dit même qu'il a été forcé de brûler ses munitions et de se retirer en désordre vers Saragosse, sans artillerie, dont il a perdu 36 pièces.

Nous avons trouvé ici plusieurs magasins d'habillement et de subsistances appartenant à l'armée espagnole. Demain je ferai faire une perquisition pour savoir s'il existe des armes ou des munitions.

P.-S. — Je reçois à l'instant par M. Le Brun la lettre que vous m'avez fait l'honneur de m'écrire le 24. Je me conformerai aux dispositions qu'elle contient.

LE MARÉCHAL NEY AU MAJOR GÉNÉRAL.

Tarazona, le 26 novembre 1808, 5 heures après midi.

Monseigneur,

J'ai l'honneur de rendre compte à Votre Altesse que la division du général Marchand et partie de la cavalerie du général Beaumont sont venues prendre position à Tarazona. La division du général Dessolles est restée à Agreda.

L'extrême fatigue des troupes et le nombre des hommes restés en arrière m'ont déterminé à ne pas faire une marche plus longue afin de pouvoir arriver en bon ordre à Borja, où je me rendrai demain. D'après les renseignements que j'ai recueillis ici, il paraît que la bataille que les maréchaux Lannes et Moncey ont livrée a eu lieu le 23 entre Cascante et Tudela, qu'elle a duré depuis 8 heures du matin jusqu'au soir, et que l'ennemi a fait sa retraite sur Saragosse pendant la nuit, après avoir perdu beaucoup de monde et une partie de son artillerie. Il a fait sauter un parc de caissons qu'il avait auprès de Tarazona.

Le maréchal Lannes est, dit-on, malade à Tudela, et le général Lagrange, qui a été blessé, s'y trouve aussi et va se rendre à Pampelune.

J'écris à ce maréchal pour lui annoncer mon arrivée, je l'engage à me faire connaître sa position et celle de l'ennemi, et à adresser ses rapports à Aranda par Soria.

On m'assure que le maréchal Moncey, qui a pris le commandement des troupes, est en position à Alagon, et que ses avant-postes sont près de Saragosse.

J'aurai cette nuit des renseignements positifs par le retour de l'officier que j'ai envoyé au maréchal Lannes. La situation des choses réglera ma conduite.

On prétend ici que l'ennemi est déterminé à défendre Saragosse.

Je prie Votre Altesse de supplier l'Empereur de permettre que je reprenne le commandement de ma deuxième division, aussitôt que j'aurai rejoint le maréchal Moncey.

LE MARÉCHAL NEY AU MARÉCHAL LANNES [1].

Taragona, 27 novembre 1808, 4 heures du matin.

L'officier que je vous ai expédié hier [2], mon cher Maréchal, vient de me remettre votre lettre et copie de celle du général Maurice Mathieu [3]. J'avais la presque certitude que M. le maréchal Moncey était sous Saragosse, et j'avais en conséquence déjà donné ordre à mes troupes de se diri-

---

(1) Archives du prince de la Moskowa.

(2) Nous ne possédons pas la lettre du maréchal Ney portée par cet officier, mais le registre de correspondance du maréchal en contient le résumé ; à son arrivée à Tarazona, le 26 novembre, le maréchal Ney écrivit au maréchal Lannes à Tudela pour lui faire connaître la position du 6e corps d'armée, lui donner des nouvelles de la cavalerie du maréchal Bessières qui le suivait, ainsi que du quartier général impérial, de la Garde et du 1er corps dans la vallée du Duero, et lui demander des détails sur la situation du 3e corps et de la division Lagrange, et sur l'ennemi.

(3) Voir ces deux lettres page 331 et page 348.

ger ce matin sur Borja. Je pousserai ma première division et la cavalerie légère du général Beaumont sur Plasencia ; la deuxième, partant d'Agreda, viendra prendre position à Borja.

La première brigade de dragons de la division Latour-Maubourg m'est annoncée ; mais elle est encore à Soria et ne pourra pas me rejoindre avant deux jours.

Vous devez comprendre, mon cher Maréchal, tous les regrets que je dois éprouver de ce que j'aie été destiné pour cette fois à faire diversion ; il me semble qu'il était beaucoup plus simple de me laisser marcher par Burgos et Belorado sur Calahorra ; ce mouvement aurait empêché Castaños de sauver un seul homme de son armée, et évité à mes troupes une marche de cent lieues par des chemins affreux, desquels mon artillerie ne s'est tirée qu'avec une très grande perte de chevaux.

Les détachements que j'avais envoyés jusqu'à Sigüenza, à deux journées de Madrid, n'ont pas rencontré un seul bataillon ennemi depuis Almazan jusqu'à Madrid ; ils ont seulement ramassé quelques traîneurs.

LE MARÉCHAL NEY AU GÉNÉRAL DESSOLLES (¹).

Tarazona, 27 novembre 1808, 4 heures du matin.

Partez au reçu de ma lettre, mon cher Général, pour venir vous établir à Borja, en passant par Tarazona ; vous laisserez à Agreda un brigadier et huit hussards pour la correspondance.

Je me dirige sur Plasencia pour seconder l'opération du maréchal Moncey qui est à la poursuite du corps de Castaños en pleine déroute.

L'ennemi a fait des pertes immenses le 23 à la bataille de Tudela.

---

(1) Archives du prince de la Moskowa.

LE MARÉCHAL NEY AU GÉNÉRAL BEAUMONT (¹).

Tarazona, 27 novembre 1808, 4 heures du matin.

Partez sur-le-champ, mon cher Général, pour vous réunir à moi en passant par Tarazona et Borja ; je marche sur Plasencia. Donnez ordre au chef d'escadron de renvoyer à leurs corps respectifs les détachements réunis sous son commandement, et de faire partir pour Borja, où se rend le général Dessolles, les compagnies de voltigeurs du chef de bataillon Girard.

La brigade de dragons du général Latour-Maubourg, qui a ordre de me joindre, relèvera tous les postes de correspondance qu'elle rencontrera.

LE MARÉCHAL NEY AU GÉNÉRAL MARCHAND (¹).

Tarazona, 27 novembre 1808, 5 heures du matin.

Vous voudrez bien, mon cher Général, vous mettre en marche à la pointe du jour pour diriger votre division sur Plasencia, en passant par Borja.

La division Dessolles viendra prendre position à Borja.

La cavalerie du général Beaumont, excepté le 4ᵉ de hussards, se joindra à vous pendant la journée.

Les troupes du maréchal Moncey sont à Calahorra, et à la poursuite de l'ennemi sur la route de Calatayud.

LE MARÉCHAL NEY AU GÉNÉRAL MAURICE MATHIEU (¹).

Tarazona, 27 novembre 1808.

M. le maréchal Lannes, mon cher Général, vient de m'envoyer copie de votre lettre du 25. Vous pouvez continuer votre poursuite sur l'ennemi. Donnez avis à M. le maréchal Moncey de mon mouvement sur Plasencia, où j'arriverai de

---

(1) Archives du prince de la Moskowa.

bonne heure avec la division Marchand, et celle de cavalerie légère du général Beaumont.

La division Dessolles restera à Borja avec une brigade de dragons.

Donnez-moi de vos nouvelles et priez de ma part M. le maréchal Moncey de me faire connaître quelles sont les forces qu'il a laissées en observation sous Saragosse([1]).

ORDRE DE MOUVEMENT ([2]).

Borja, 27 novembre 1808.

La division du général Marchand prendra ce soir position avec sa 1re brigade à Gallur, et avec la 2e à la gauche de Mallen, route de Saragosse. Le 2e de hussards poussera jusqu'à Alcala-de-Ebro.

La division du général Dessolles s'établira à Borja avec sa 2e brigade. La 2e sera dans les villages en avant de ce point sur la direction de Mallen.

Le général Beaumont viendra avec le reste de sa cavalerie cantonner à Mallen, où s'établit le quartier général en chef.

Demain à la pointe du jour toutes les troupes se mettront en marche sur Saragosse. M. le maréchal déterminera pendant le jour les positions qu'elles devront occuper.

Le général Beaumont fera établir un poste de correspondance à Tarazona, un deuxième à Borja, un troisième à Mallen et un quatrième à Alagon ([3]).

---

(1) Voici la réponse du général Maurice Mathieu :

La Almunia, le 28 novembre 1808.
        Monsieur le Maréchal,

M. le maréchal Moncey qui est ici m'a donné l'ordre de marcher sur Calatayud avec la division du général Musnier, qui est à Calatrao.

A une heure après midi, nous serons en mouvement. Cet ordre se trouve d'accord avec celui que Votre Excellence vient de m'adresser.

M. votre aide de camp a vu M. le maréchal Moncey auquel j'ai communiqué votre lettre.

(*Archives du prince de la Moskowa.*)

(2) Archives du prince de la Moskowa.

(3) Le maréchal Ney fit envoyer cet ordre de mouvement aux maréchaux Lannes et Moncey, en même temps que deux lettres qui n'ont pas été retrouvées, et dans lesquelles, d'après le résumé du registre de correspondance, le maréchal Ney annonçait simplement le changement de direction de son corps d'armée, qui

LE MARÉCHAL NEY AU MARÉCHAL MONCEY ([1]).

Mallen, 27 novembre 1808, 6 heures du soir.

J'arrive ici à l'instant, mon cher Maréchal, avec ma 1re division d'infanterie. La 2e arrivera cette nuit à Borja, et la cavalerie légère s'établira entre ce point et Mallen ; je continuerai demain mon mouvement sur Alagon et Saragosse.

Je désire bien vivement connaître la situation de vos troupes et les dispositions que l'ennemi a pu faire, soit dans Saragosse même, soit sur l'une ou l'autre rive de l'Èbre, afin de me trouver en mesure de seconder vos opérations si les circonstances l'exigeaient, ou de relever vos troupes, pour vous faciliter le moyen de poursuivre l'ennemi.

Mes troupes sont extrêmement fatiguées ; elles ne cessent de marcher depuis mon départ de Burgos ; j'ai fait plus de cent lieues inutilement, tandis que si, comme je l'avais proposé, on m'avait laissé venir de Burgos par Belorado sur Logroño et Calahorra, j'aurais pu concourir à l'affaire glorieuse que vous avez eue le 23 à Tudela.

LE MARÉCHAL NEY AU MAJOR GÉNÉRAL.

Mallen, le 27 novembre 1808, à 9 heures du soir.

Monseigneur,

J'ai l'honneur de vous rendre compte que la division Marchand est partie ce matin de Tarazona pour venir occuper Gallur et Mallen : elle était précédée de la cavalerie légère du général Beaumont, qui a pris position à Alcala-de-Ebro.

---

au lieu de se porter sur Plasencia, marchait directement sur Saragosse ; c'est à cette lettre que répondit le maréchal Lannes le même jour, à 10 heures du soir : « Je pense comme vous que les forces de M. le maréchal Moncey sont plus que suffisantes pour suivre l'ennemi. » Il faut en conclure que le maréchal Ney se détermina à changer de direction parce qu'il apprit en cours de route que la majeure partie du 3e corps était à la poursuite de Castaños, et qu'il n'y avait plus grand monde devant Saragosse. Il se dirigea donc sur cette dernière ville où il pensait que sa présence serait plus utile.

(1) Archives du prince de la Moskowa.

La division Dessolles, partie ce matin d'Agreda, s'établit ce soir à Borja.

Demain à la pointe du jour, je continuerai mon mouvement sur Saragosse par Alagon. Quelques troupes de M. le maréchal Moncey occupent cette dernière ville ; le reste paraît avoir pris la direction de Calatayud et de Daroca pour empêcher que l'ennemi ne se jette dans Saragosse.

D'après les renseignements que j'ai recueillis, l'ennemi n'avait que 40,000 hommes à la bataille du 23 près de Tudela.

La division du général Reding, forte de 12,000 hommes des meilleures troupes, dont 3,000 de cavalerie, a été détachée en Catalogne.

Il serait bien essentiel, dans les circonstances actuelles, de connaître les intentions de l'Empereur, afin de prendre d'avance des mesures pour assurer la subsistance des troupes, le pays sur la rive droite de l'Èbre étant absolument dévasté.

On assure que Saragosse se rendra si elle est défendue par des troupes de ligne ; mais on craint une résistance vigoureuse si les milices de l'Aragon et de la Catalogne ont le temps de s'y rassembler. Cette opinion, qui est générale parmi les principaux habitants, et la nécessité de relever les troupes que le maréchal Moncey a laissées pour observer cette place, m'ont déterminé à accélérer ma marche.

P.-S. — Je reçois à l'instant la lettre que Votre Altesse m'a fait l'honneur de m'écrire le 25 à 2 heures du matin : elle s'étonne avec raison de la lenteur que les officiers mettent à porter leurs dépêches : j'ai cependant toujours eu le soin d'établir partout des postes de correspondance, mais les colonels, quelques ordres qu'on puisse leur donner, y p'acent leurs chevaux hors de service.

J'ajouterai à cela que ma cavalerie est accablée de service, et que j'ai écrit vingt fois, et inutilement, pour que mes postes les plus éloignés fussent relevés par les dragons du général Latour-Maubourg.

Vous jugerez sans doute, Monseigneur, qu'il est nécesṣaire de prendre les mesures les plus sévères pour que le service des correspondances se fasse avec toute la régularité possible, cela est plus essentiel dans ce pays que dans tout autre.

LE MARÉCHAL NEY AU MAJOR GÉNÉRAL.

Alagon, le 28 novembre 1808, 6 heures du soir.

Monseigneur,

La division Marchand, précédée par la brigade de cavalerie légère, vient d'arriver à Alagon. Les troupes du maréchal Moncey occupant tous les cantonnements de la rive droite du Xalon, les miens s'établissent dans ceux de la gauche.

La division Dessolles restera à Mallen, ayant la tête de sa colonne à Alcala-de-Ebro.

Les troupes sous mes ordres sont harassées des longues marches qu'elles ont faites sans obtenir aucun résultat. Je suis extrêmement peiné de mon inaction. Si le maréchal Moncey avait songé à me donner de ses nouvelles le 24, j'aurais pris la direction de Calatayud et de Daroca pour couper la retraite à l'ennemi sur ce point. Mais ce n'est que le 26, après mon arrivée à Tarazona, que j'ai connu positivement le résultat de la bataille de Tudela.

Il était trop tard alors pour changer de direction à droite ; je savais d'ailleurs que deux divisions du maréchal Moncey poursuivaient l'ennemi sur Riela et La Almunia. Dans cet état de choses, j'ai cru devoir diriger ma marche sur Saragosse, soit pour soutenir au besoin les troupes du maréchal Moncey, soit pour les relever, puisqu'elles sont moins fatiguées que les miennes.

Ce maréchal est absent de son quartier général depuis trois jours : j'espère le voir demain, et conférer avec lui sur les mesures à prendre, soit pour investir Saragosse, soit pour faire une tentative de vive force sur cette ville, en attendant les ordres de l'Empereur.

P.-S. — Je rouvre ma lettre pour vous accuser réception

de celles que vous m'avez fait l'honneur de m'écrire le 26 à 8 et 10 heures du matin(¹).

Votre Altesse me dit que si j'avais pu être à Agreda le 24, j'aurais pris le reste de l'armée ennemie. Je vous prie de considérer que l'ennemi a fait sa retraite dans la nuit du *23 au 24,* par *Borja,* et qu'en conséquence, il avait, le *24 au matin,* deux grandes marches sur moi.

J'avais d'ailleurs le 24 à Agreda un régiment de cavalerie légère, *quoique l'ordre de m'y porter ne me soit parvenu que le 24 à 3 heures de l'après-midi* (²).

J'espère que Sa Majesté rend justice à mon zèle et à mon dévouement pour son service, et qu'Elle ne doute pas de mon empressement à exécuter ses ordres, ou à entreprendre de mon propre mouvement tout ce qu'il est humainement possible de faire pour le bien de son service.

LE MARÉCHAL NEY AU MAJOR GÉNÉRAL (³).

Alagon, 29 novembre 1808.

J'ai l'honneur de rendre compte à Votre Altesse que la division Dessolles et deux régiments de cavalerie légère commandés par le général Beaumont passent aujourd'hui sur la rive gauche de l'Èbre près Novillas, et se rassemblent à Tauste ; la tête de cette division poussera jusqu'à Castejon-de-Valdejasa, et le 1ᵉʳ décembre ce général formera l'investissement du faubourg de Saragosse, en plaçant un corps de troupes vers Villamayor, rive gauche du Gallego. Le maréchal Moncey joindra quatre bataillons polonais au commandement du général Dessolles.

La division Marchand, partant d'Alagon demain matin, s'approchera de la Venta-de-Palamor de manière à passer le 1ᵉʳ décembre sur la rive droite de la Huerva, pour prendre position sur le Monte-Torrero, après en avoir chassé l'en-

---

(1) Cette lettre donnait l'ordre au maréchal Ney de poursuivre Castaños l'épée dans les reins.

(2) Le maréchal Ney envoya en effet sur Agreda, le 23 novembre, un régiment de hussards qui occupa la ville le 24 au soir.

(3) Archives du prince de la Moskowa.

nemi. Le corps du maréchal Moncey formera avec le surplus de ses troupes le blocus de Saragosse, ayant sa droite à Santa-Barbara et sa gauche sur la direction d'Utebo.

Les divisions Maurice Mathieu et Musnier sont arrivées aujourd'hui à Calatayud ; l'ennemi a évacué cette ville et semble diriger sa retraite sur Medinaceli.

Je prie Votre Altesse de vouloir bien supplier Sa Majesté de faire rentrer sous mes ordres la division Lagrange, maintenant commandée par le général Maurice Mathieu.

LE MARÉCHAL NEY AU MAJOR GÉNÉRAL.

Alagon, le 30 novembre 1808.

Monseigneur,

J'ai l'honneur de mettre sous les yeux de Votre Altesse copie du mouvement général concerté hier entre le maréchal Moncey et moi pour former demain 1ᵉʳ décembre l'investissement de Saragosse par les deux rives de l'Èbre.

Comme je présume que, pour que les opérations du siège ne souffrent pas, il ne doit rester qu'un seul maréchal commandant en chef devant Saragosse, je vous prie, Monseigneur, de demander à Sa Majesté que je rejoigne la gauche de l'armée vers Sigüenza, avec les troupes ci-après : les divisions des généraux Marchand et Maurice Mathieu, la cavalerie légère des généraux Colbert et Beaumont, et la brigade de dragons du général Digeon ; en tout sept régiments.

Je laisserais à M. le maréchal Moncey la division Dessolles ; la cavalerie qui resterait au corps du siège serait composée du 1ᵉʳ provisoire de hussards, des 3ᵉ et 4ᵉ provisoires de dragons, du 13ᵉ de cuirassiers et des lanciers polonais, ce qui forme un total plus que suffisant pour cette opération.

DISPOSITIONS DE MM. LES MARÉCHAUX NEY ET MONCEY POUR L'INVESTISSEMENT DE SARAGOSSE LE 1ᵉʳ DÉCEMBRE 1808.

La division du général Grandjean débouchera demain 1ᵉʳ décembre au matin de Cuarte, et dirigera sa marche à droite, de manière à tourner le Monte-Torrero ; cette colonne détachera sur son flanc gauche quelques compagnies de voltigeurs pour contenir l'ennemi pendant la marche des troupes. La tête de la colonne sera précédée d'un détachement de cavalerie fourni par M. le général Lefebvre. La division Grandjean passera sur la gauche du canal, le remontera, et prendra à revers tous les ouvrages détachés de Saragosse.

La division du général Morlot se dirigera de Cuarte en soutien des troupes qui la précèdent, se mettra en bataille sur la rive droite de la Huerva, afin d'être en mesure d'attaquer de front le Monte-Torrero aussitôt que les troupes du général Grandjean auront séparé la défense de cette position d'avec celle de la ville.

Chacune de ces divisions fera agir un tiers de ses troupes seulement, ayant le surplus en réserve, de manière à faire succéder ses attaques, si elles n'étaient pas emportées d'emblée.

Les voltigeurs du général Grandjean seront remplacés par ceux du général Morlot, et agiront comme fausse attaque sur les redoutes qui protègent les écluses, en descendant la rive gauche de la Huerva à la faveur des oliviers.

Le général Lefebvre s'attachera à cette colonne et fera précéder la cavalerie sous ses ordres, pour battre la campagne au-dessous de Saragosse et seconder les opérations de l'infanterie.

La division du général Marchand partira de sa position de Las Casetas pour se diriger sur Saragosse. Le but de son opération est de venir prendre position à la hauteur du couvent de la Trinité. Cette division sera précédée du 2ᵉ régiment de hussards : elle détachera 6 compagnies de voltigeurs commandés par le chef de bataillon Girard et 50 chevaux du 2ᵉ hussards qui partiront de Las Casetas, et suivront la rive gauche du canal jusqu'au pont dit : de l'Embarquement. Aussitôt que cette colonne entendra la fusillade sur le front des redoutes qui protègent les écluses et sur celui du Monte-Torrero, elle suivra la route de Saragosse jusque tout à fait derrière les redoutes, joindra la route de Madrid sur la rive gauche de la Huerva pour prendre à revers l'ennemi qui pourrait se retirer des ouvrages extérieurs sur la ville.

Le général Marchand détachera le 6ᵉ régiment léger à la hauteur du couvent de la Trinité, de manière à soutenir les voltigeurs commandés par M. Girard ; les trois autres régiments resteront en position pour être placés suivant les circonstances.

Le général Dessolles formera l'investissement de Saragosse par la rive gauche, appuyant sa gauche à la rive droite du Gallego, à la hauteur d'Aula-Dei, étendant sa droite en avant du village de Justibol, et détachera quatre bataillons et deux escadrons sur la rive gauche du Gallego, appuyant sa gauche à l'Èbre et sa droite au Gallego, afin de compléter l'investissement. Le général Dessolles s'occupera de suite à faire retrancher une position à la hauteur de Zuera, de manière à pouvoir se défendre dans cette position, dans le cas où l'ennemi ferait une attaque générale sur ce point, et de pouvoir recevoir au besoin les renforts que les circonstances pourront exiger. Il s'occupera essentiellement d'établir le plus promptement possible ses communications au-dessus et au-dessous de Saragosse avec les troupes qui forment l'investissement par la rive droite.

Le général Dessolles établira des perches d'alarme et une pièce de canon sur ce point le plus dominant, près du village de Justibol, afin de prévenir le restant du corps de siège s'il était attaqué par des forces supérieures. Le général Lefebvre laissera la brigade de dragons du général Digeon en bataille, à la droite du pont dit de l'Embarquement, de manière à remplir l'intervalle entre la droite du canal et la rive gauche de la Huerva, ainsi que pour protéger l'attaque de l'infanterie sur les redoutes des écluses.

Le général Lacoste fera toutes les dispositions nécessaires pour attacher à chaque colonne d'infanterie le nombre de sapeurs et officiers du génie avec les matériaux nécessaires pour l'établissement de quelques ponts soit sur le canal, soit sur la Huerva.

La division Grandjean fournira quatre voitures à M. le général Lacoste, qui renverra au chef de bataillon Girard les deux compagnies de voltigeurs dont il a été disposé ce matin, lesquelles ne lui seront plus nécessaires.

La division Maurice Mathieu formera le corps d'observation, et viendra prendre position à Calatayud et Daroca. Celle du général Musnier rétrogradera sur Saragosse et viendra s'établir en deuxième ligne sur le Monte-Torrero.

JOURNAL DE LA MARCHE DU 6ᵉ CORPS DE SORIA SUR AGREDA, LE 25 NOVEMBRE 1808 (¹).

La 1ʳᵉ division aux ordres du général Marchand a suivi la route directe par Fuensauco et Aldea-del-Pozo : il y a 8 lieues d'Espagne.

La route est assez difficile pour les voitures, néanmoins on y passe dans le beau temps.

Cette division est arrivée à 9 heures du soir : elle a bivouaqué sur la route de Cervera. Le 76ᵉ régiment qui était resté à Almazan, en est parti dans la nuit du 24 au 25 et il est arrivé à 10 heures à Agreda, où il s'est cantonné.

La 4ᵉ division aux ordres du général Dessolles est partie de Soria, et a marché par la route d'Almenar qui est très belle jusqu'à Hinojosa, à 6 lieues de Soria.

Le pays que cette route traverse est extrêmement beau et fertile. De belles plaines couvertes de beaux villages attestent la bonté du sol. . . . .

Almenar est situé au centre de cette belle vallée. Ce bourg est riche de toute production excepté du vin.

Quand on sort de ce bourg, la route fait un angle : la vallée suit à droite, le chemin entre à gauche dans un pays un peu plus montueux.

. . . .

On traverse un assez grand bois, jusqu'au village de Hinojosa, situé à deux grandes lieues d'Almenar. On entre ici

_____

(1) Envoyé au Major général par l'adjudant-commandant Jomini, chef d'état-major du 6ᵉ corps.

dans des montagnes rocailleuses et arides. Le chemin y est affreux. On fait une grande lieue sur des monceaux de rocs. L'artillerie et les équipages y ont considérablement souffert. On laisse à droite le village de Conejarès. (On le laisse à gauche par le petit chemin.) La route, un peu moins mauvaise, parcourt encore deux lieues environ sur des rochers.

Le quartier général était à Agreda. La 4ᵉ division a pris position à une et deux lieues en arrière.

On a appris que l'ennemi avait été battu à Calahorra, qu'il devait avoir perdu des munitions et 36 pièces de canon, qu'il se retirait en désordre sur Saragosse.

Quatre à cinq mille paysans se trouvaient la veille (24) à Agreda ; ils en étaient partis précipitamment à l'approche du 4ᵉ régiment de hussards. Ils se sont retirés sur Borja.

EXTRAITS DU JOURNAL DE MARCHE DU 6ᵉ CORPS.

Le 26 novembre. — La 1ʳᵉ division, aux ordres du général Marchand, ainsi que M. le maréchal commandant en chef, ont marché d'Agreda à Tarazona. La distance est de 4 lieues et demie de pays (6 de France). Le pays que ces troupes ont parcouru est très aride et montueux. La 4ᵉ division (général Dessolles), partant de Conejarès, a marché sur Agreda, où elle est restée pour se reposer des fatigues de la veille ; elle a pris position en avant et en arrière de cette ville, observant les routes directes de Zaragoza à Calatayud.

La brigade de cavalerie du général Beaumont a poussé des avant-postes à Inestrillas, et des reconnaissances sur Cervera, qui ont rapporté que l'ennemi n'avait pas paru sur ce point ; la brigade prend position à Debaños(¹).

Jusqu'à ce jour, aucun détachement du 3ᵉ corps n'avait communiqué avec nous : les habitants du pays fuyaient, on ne savait rien que de très vague sur ces événements : on apprit enfin que Castaños était battu, mais sans aucun détail.

Le 27 novembre. — La 1ʳᵉ division et le quartier général

---

(1) Bsños, route d'Agreda à Cintruenigo.

ont marché par Borja sur Mallen. La route est montueuse et rocailleuse : total 9 lieues de France.

La 1re division a été logée dans Mallen.

La 4e à Borja, où elle est arrivée très tard et fatiguée.

On apprit à Borja que l'ennemi s'était retiré en partie sur Calatayud et en partie sur Saragosse.

Le 28 novembre. — La 1re division se rend à Pedrola, à une lieue en arrière d'Alagon ; la 4e division à Mallen ; le quartier général à Alagon, où se trouve aussi celui de M. le maréchal Moncey.

Le 29 novembre. — Les divisions se rapprochent d'Alagon.

La cavalerie légère à Pedrola et Cabañas.

La division du général Marchand : la 1re brigade à Vardallur, Peraman et Onda, la 2e brigade à Pleitas, Grisen et Figueruelas ; le quartier général à Peraman à une lieue en arrière d'Alagon.

La division Dessolles à Mallen.

Le quartier général du maréchal à Alagon.

La division Maurice Mathieu, qui avait eu un engagement avec l'arrière-garde de Castaños, fait 300 prisonniers, s'arrête par ordre de M. le maréchal Moncey et ne suit pas l'ennemi. Elle n'avait pas de munitions parce que son parc avait dû rester en arrière depuis Langon sur la Garonne.

Le 30 novembre. — Par suite des dispositions arrêtées entre MM. les maréchaux Moncey et Ney, les deux corps d'armée doivent marcher le lendemain pour faire l'investissement de Saragosse.

En conséquence, le corps du maréchal Moncey a ordre d'attaquer le Monte-Torrero, et doit être soutenu par la division du général Marchand, qui va prendre position à Las Casetas à deux lieues en avant d'Alagon sur la route de Zaragoza : son avant-garde doit tourner le lendemain les redoutes qui protègent les écluses et appuyer le long du ruisseau de Huerva.

La division du général Dessolles passe l'Èbre sur le bac qu'on a fait descendre de Novillas jusqu'à Gallur, et qui ne peut passer que 80 hommes. Deux heures suffirent à peine pour passer un régiment, ce qui retarde beaucoup ce mouvement.

La cavalerie passe au gué au-dessous de Gallur ; l'Èbre peut avoir dans cet endroit trente ou quarante toises de largeur.

La division du général Dessolles, en passant sur la rive gauche, doit tomber par le défilé de Castejon sur Zuera et faire l'investissement de Zaragoza sur la rive gauche.

La brigade de cavalerie du général Beaumont suit le mouvement de la division du général Dessolles, à laquelle sont réunis trois bataillons polonais du corps du maréchal Moncey.

DÉPART DU MARÉCHAL NEY (1er DÉCEMBRE)
LE MARÉCHAL MONCEY A ALAGON

L'investissement de la ville de Saragosse, qui avait été convenu le 29 novembre entre les maréchaux Ney et Moncey, et devait s'effectuer dès le 1er décembre au matin, fut retardé par un premier contre-temps : la division Dessolles ne pouvait gagner les positions qui lui étaient assignées qu'assez tard dans l'après-midi du 1er décembre ; le maréchal Ney en informa le maréchal Moncey.

LE MARÉCHAL NEY AU GÉNÉRAL DESSOLLES ([1]).

Alagon, 30 novembre 1808.

Je vous préviens, mon cher Général, que l'attaque générale des ouvrages extérieurs de la ville de Saragosse aura

---

([1]) Archives du prince de la Moskowa.

lieu demain entre midi et une heure; en conséquence, je vous invite de tâcher d'arriver le 1ᵉʳ décembre vers midi au moins avec une bonne tête de colonne et la brigade de cavalerie du général Beaumont, vis-à-vis le faubourg de la rive gauche, et à faire passer de suite le Gallego par un détachement qui ira s'établir à votre état-major, afin que l'ennemi ne puisse rien sauver de la place, et que dès ce moment le blocus soit complet.

Je vous envoie l'instruction sur le mouvement général.

LE MARÉCHAL NEY AU GÉNÉRAL DESSOLLES (¹).

Alagon, 30 novembre 1808, 7 heures du soir.

L'officier que vous m'avez dépêché vient d'arriver; il m'a fait part, mon cher Général, des difficultés que la crue des eaux vous faisait éprouver dans le passage de votre matériel, et de l'intention où vous étiez de le diriger sur Tudela; cependant il existe au-dessous de Boquiñen et près de San-Pedro trois excellents gués dont le fond est d'un gravier ferme, et qui ont été reconnus et jalonnés par le général Lacoste : c'est là où il faudrait faire passer le reste de votre artillerie.

D'après cet obstacle je vois que vous ne pourrez effectuer demain votre blocus du faubourg de Saragosse par la rive gauche de l'Èbre que vers 2 heures de l'après-midi; faites en sorte au moins, mon cher Général, qu'une partie de vos troupes soient arrivées à cette heure, à laquelle l'attaque générale sur la rive droite aura lieu.

LE MARÉCHAL NEY AU MARÉCHAL MONCEY.

Alagon, le 30 novembre 1808, 7 heures du soir.

Le général Dessolles me rend compte, mon cher Maréchal, qu'il ne pourra être en mesure de bloquer le faubourg sur la rive gauche de l'Èbre que demain vers 2 heures de l'après-midi. Je vous prie en conséquence de disposer vos troupes de manière à n'attaquer qu'à cette même heure.

Je serai de très bonne heure à Monzalbarba où se réunira la division Marchand ; elle sera disposée de manière à agir aussitôt que votre attaque commencera. On se conformera d'ailleurs scrupuleusement aux instructions que nous avons arrêtées de concert.

Le maréchal Ney était néanmoins résolu à exécuter strictement les termes de la convention arrêtée avec le maréchal Moncey, lorsqu'il reçut, dans la nuit du 30 novembre, les ordres de l'Empereur du 28 qui lui prescrivaient de poursuivre Castaños jusque sous Madrid l'épée dans les reins ; cette opération convenait trop au tempérament du maréchal Ney, impatient d'ailleurs de racheter son inaction antérieure, pour qu'il n'exécutât pas à la lettre les instructions de l'Empereur. Mais il était trop tard pour que son mouvement fût utile, car au moment où il reçut l'ordre de poursuivre l'armée de Castaños, cette armée se trouvait à deux jours de Calatayud, et le général Maurice Mathieu s'était arrêté le jour même à Cetina, perdant une marche sur Castaños, mais exécutant l'ordre du maréchal Moncey de ne pas s'éloigner à plus d'une journée de Calatayud.

Néanmoins le maréchal Ney aurait pu regagner une partie du temps perdu en suivant les conseils du maréchal Lannes, qui l'engageait à prendre le commandement des divisions Maurice Mathieu et Musnier en avant de Calatayud, à emmener aussi la moitié de la cavalerie du maréchal Moncey, et à continuer la poursuite en prenant encore, s'il le jugeait nécessaire, deux régiments de la division Marchand, mais laissant le reste de cette division et la division Dessolles au maréchal Moncey. En envoyant le soir même au général Mau-

rice Mathieu l'ordre de continuer la poursuite et au
général Musnier celui de le ravitailler en munitions, le
maréchal n'aurait peut-être pas perdu plus d'une journée sur Castaños. Mais les nouvelles arrivées de Madrid
faisaient prévoir que sous peu l'on aurait peut-être
maille à partir avec les Anglais : le maréchal Ney était
dès lors désireux de prendre part aux opérations avec
tout son corps d'armée et il exécuta les ordres qu'il
avait reçus sans s'inspirer des circonstances, qui auraient
motivé des ordres différents si l'Empereur les avait connues ; loin de faire ce que lui conseillait le maréchal
Lannes, il reprit le commandement de la division Lagrange commandée par le général Maurice Mathieu,
mais sans aller immédiatement se mettre à sa tête à
Calatayud ; il emmena la division Marchand et laissa au
maréchal Moncey la division Musnier ; puis, au lieu de
laisser devant Saragosse la division qui s'y trouvait
déjà, c'est-à-dire celle du général Dessolles, comme cela
paraissait prescrit par l'esprit des instructions de l'Empereur (¹), il ne voulut pas se résoudre à se séparer de
cette magnifique division et la rappela à lui. D'après
les ordres de l'Empereur il emmena également la brigade de cavalerie du général Beaumont (²), qui était

_____

(1) L'Empereur, dans ses ordres du 28, n'avait parlé de laisser au maréchal
Moncey la division Lagrange que parce qu'il croyait que c tte division ne l'avait
pas quitté ; puisqu'elle se trouvait à Calatayud sur les traces de l'ennemi, il
fallait évidemment lui faire continuer la poursuite de Castaños le plus vite possible, et la remplacer par la troupe rapprochée de Saragosse qui serait la plus
utile au maréchal Moncey, c'est-à-dire la division Dessolles.

(2) Le maréchal Ney laissa au maréchal Moncey le 4ᵉ régiment de hussards,
de la division Beaumont, à la place des lanciers polonais qu'il emmena avec lui
le 3 décembre, sous prétexte que ces lanciers, se trouvant en avant de Calatayud,
il ne voulait pas les faire rétrograder. Le maréchal Moncey se plaignit vivement
de cet échange opéré sans son consentement ; l'Empereur lui donna raison plus
tard en ordonnant, le 8 décembre, au maréchal Ney de renvoyer les troupes du
3ᵉ corps.

venue avec lui par Soria, et les brigades des généraux
Colbert et Digeon qui se trouvaient avec le maréchal
Moncey.

Il avertit de ses résolutions le Major général et le
maréchal Moncey.

LE MARÉCHAL NEY AU MAJOR GÉNÉRAL.

Alagon, le 30 novembre 1808, 10 heures du soir.

Monseigneur, j'ai reçu la lettre que vous m'avez fait l'honneur de m'écrire le 28 à 8 heures du soir. Conformément
aux dispositions de Sa Majesté, je pars demain matin
pour Calatayud et Ariza pour me mettre à la tête de la
division du général Maurice Mathieu ; la division de cavalerie du général Lefebvre, composée des brigades Colbert
et Digeon, suivra cette division et ouvrira la marche après
l'avoir rejointe. La division du général Marchand, avec le
2ᵉ hussards formant la seconde colonne, forcera de marche
pour atteindre la précédente à une demi-journée. Enfin, la
troisième colonne, forte de la division Dessolles et de la brigade de cavalerie du général Beaumont, prendra également
la direction de Calatayud et de Sigüenza : là je saurai
positivement si Castaños a continué sa retraite sur Madrid,
ou s'il a marché à gauche pour se jeter dans Valence.

M. le maréchal Moncey se bornera à observer Saragosse
car il n'a pas le tiers des troupes qu'il faudrait pour investir cette ville et donner suite aux opérations du siège.

LE MARÉCHAL NEY AU MARÉCHAL MONCEY.

Alagon, le 30 novembre 1808, 10 heures du soir (¹).

Je viens de recevoir, mon cher Maréchal, des ordres de
l'Empereur qui contrarient l'opération que nous avions con-

---

(1) A la même heure, le maréchal Ney écrivait au maréchal Lannes. Voici le
résumé de sa lettre d'après son registre de correspondance :
« On lui accuse réception de sa lettre de ce jour, et on lui fait connaître les
« nouvelles dispositions ordonnées par le prince de Neuchâtel dans sa lettre
« du 28. »

certée pour l'investissement de Saragosse. Les événements exigent un prompt renfort sur le point où se trouve Sa Majesté pour que la campagne ne traîne pas en longueur. Les Anglais sont à Madrid. Castaños cherche à se joindre à eux ; j'ai ordre en conséquence de marcher avec la division d'infanterie des généraux Marchand, Maurice Mathieu et Dessolles, et les brigades de cavalerie Beaumont, Colbert et Digeon.

Je donne des ordres pour que le mouvement s'exécute dès demain matin. Je prendrai pour direction la route de Calatayud.

Vous aurez sans doute reçu de votre côté, mon cher Maréchal, des ordres pour vos dispositions ultérieures.

Le départ du maréchal Ney, en laissant le maréchal Moncey devant Saragosse avec les seules divisions Morlot et Grandjean, mettait ce dernier dans l'impossibilité d'investir la ville. Le maréchal Moncey éprouva une grande irritation quand il se vit enlever une partie de ses troupes et qu'il considéra l'impossibilité de mettre à exécution des projets qui lui étaient chers. Il écrivit aussitôt au maréchal Ney une lettre dans laquelle il se plaignit amèrement des procédés employés à son égard.

LE MARÉCHAL MONCEY AU MARÉCHAL NEY.

Au bivouac, devant Saragosse, le 1er décembre 1808.

Monsieur le maréchal Ney, il est 9 heures du matin lorsque je reçois votre lettre du 30. Lorsque Sa Majesté ne peut voir par elle-même, elle doit s'attendre à ce que ses maréchaux sachent prendre sur eux les mesures de circonstance. Les opérations d'aujourd'hui ayant été déterminées par eux, ils devaient à l'honneur et à l'intérêt des armes de Sa Majesté de les achever, quoi qu'il arrive, au moins celles sur la rive droite de l'Èbre ; cela fait, se voir et prendre ensuite la dé-

termination conforme aux ordres de l'Empereur. Loin de là
vous rétrogradez, et ainsi mettez mes faibles forces (dire :
7,000 hommes d'infanterie) à avoir à combattre toutes les
forces ennemies, que vous ne contenez sur aucun point. Sa
Majesté sans doute ne pourra approuver, de votre part, une
conduite aussi extraordinaire ; dans l'honneur de ses armes,
je ne peux rétrograder ; je vous préviens donc que je continue mon mouvement et que s'il arrive malheur, la responsabilité en pèsera tout à fait sur vous.

Le 26, comptant d'après les lettres que j'avais reçues du
vice-connétable, que vous marcheriez sur les derrières de
l'ennemi, tous mes mouvements étaient dirigés et ordonnés
ce jour-là pour l'investissement de Saragosse sur la rive
droite, les ordres de M. le maréchal Lannes les ont détour-
nés, en prescrivant une poursuite de l'ennemi qui, selon
moi, ne me regardait pas et détournait mes opérations.
Après, vous vous trouvez au centre de mon corps d'armée,
vous en déterminez de nouvelles, sages et décisives à la
journée. Que, dans cette opération déterminée, vous ayez
pu arrêter la division Dessolles, à la bonne heure ; mais que
pour assurer le mouvement vous n'ayez pas laissé continuer d'agir la division Marchand, et qu'au contraire vous
la fassiez rétrograder au moment même de l'attaque arrêtée,
c'est, selon moi, la plus fausse, comme la plus dangereuse
de toutes les mesures, et d'autant plus que cette division prenant ici de suite la route de Madrid, aucun retard n'était apporté à l'exécution des ordres de Sa Majesté. Je vous le
répète, Monsieur le Maréchal, la responsabilité des événements pèse, en ce moment, tout à fait sur vous, quant à
cette journée, et ne pouvant être exposé lorsque je me trouve
ainsi froissé par mes propres camarades, si je peux supporter l'événement présent tout seul, j'ose espérer que Sa
Majesté me rendant justice, voudra bien ne plus m'exposer
au milieu de mes propres camarades.

J'ai l'honneur de vous saluer, Monsieur le Maréchal, avec
la plus haute considération.

Le maréchal MONCEY.

Devant trouver la division Musnier sur votre route, je
vous prie de la diriger sur Alagon où elle attendra mes
ordres.

P.-S. — Apprenant que vous avez tout évacué, Monsieur
le Maréchal, et que vous marchez sur Epila, et tous MM. les
généraux, M. le général Lefebvre lui-même, m'observant le
danger d'attaquer seul, sans que mon corps soit réuni, les
positions et les ouvrages de Monte-Torrero, j'ordonne un
mouvement de retraite et vais prendre position entre le canal
et l'Èbre, ma gauche au couvent des Minitains et ma droite
au pont d'Embarquement, d'où j'agirai sur Monte-Torrero
une fois mes forces réunies ; de Calatayud la division Musnier ayant l'ordre de suivre la route de Madrid qui conduit
directement à Saragosse, je vous prie de l'en détourner et
de lui ordonner de se diriger sur Alagon, comme au général
Wathier de suivre avec les lanciers la même route. M. le général Maurice Mathieu ayant conservé auprès de lui dans
son état-major tous les officiers qui étaient avec M. le général Lefebvre devant Saragosse, il est nécessaire que ces officiers rejoignent mon état-major, je vous prie de vouloir bien
l'ordonner à M. le général Maurice Mathieu et le prier de
ma part d'être sévère dans l'exécution de cet ordre.

Au moment où il fut quitté par le maréchal Ney, le
maréchal Moncey se trouvait aigri par une série de dé-
boires qui l'avaient vivement affecté.

Lors de la constitution de la nouvelle armée d'Espagne, le 3ᵉ corps était le seul qui fût resté composé
avec de jeunes troupes réunies en corps provisoires,
dont la valeur était loin d'égaler celle des soldats de
la Grande Armée : il s'en plaignit amèrement.

Quand l'Empereur fut arrivé à l'armée, le maréchal
Moncey, qui avait meilleure opinion de ses troupes·
depuis les affaires de Lérin et de Logroño, où elles
s'étaient bien conduites, conçut l'espoir de diriger les

opérations dans la vallée de l'Èbre qu'il occupait depuis longtemps avec son corps d'armée, et où il se trouvait le seul maréchal de France. On se figure aisément sa déconvenue quand l'Empereur envoya le maréchal Lannes plus jeune que lui, pour prendre le commandement du 3ᵉ corps et de la division Lagrange, et diriger les opérations contre Castaños.

Après la bataille de Tudela, la maladie du maréchal Lannes ayant rendu le commandement au maréchal Moncey, ce dernier conçut l'espoir de diriger et de mener à bonne fin le siège de Saragosse ; on a vu comment un autre coup de la mauvaise fortune vint détruire ses espérances.

C'est sous l'influence déprimante de toutes ces déconvenues que le maréchal Moncey, profondément écœuré, écrivit à l'Empereur les lettres qui vont suivre, dans lesquelles il prend vivement à partie le maréchal Lannes et le maréchal Ney ; ses critiques sont quelquefois fondées, mais souvent injustes, et nous pensons que pour attribuer à ces documents la valeur qu'ils méritent, il ne faut pas perdre de vue l'état d'âme dans lequel se trouvait le maréchal Moncey au moment où il les rédigea (¹).

LE MARÉCHAL MONCEY A L'EMPEREUR.

Alagon, 2 décembre 1808.

Sire,

Tout ce qui s'est passé dans cette partie depuis la journée du 20 a été tel, que je dois à ma responsabilité d'en rendre

---

(1) Il faut également se souvenir de ce que disait le maréchal Lannes dans sa lettre du 28 novembre à l'Empereur : « Le maréchal Moncey est loin de comprendre le genre de guerre de Votre Majesté. »

un compte fidèle à Votre Majesté (¹). . . . .

. . . .

Sire, par ma dépêche du 24, j'ai rendu compte de ces dispositions (²) à Votre Majesté, par l'organe de son Major général. Par sa dépêche du 21, le vice-connétable m'avait annoncé que M. le maréchal Ney marchait sur les derrières de l'ennemi.

Mon objet se bornait alors, ce me semble, à serrer les Espagnols de très près, mais allant toujours au but qui m'était ordonné, sur Saragosse. Si l'investissement de cette ville n'a pas eu lieu le jour indiqué, ce qui est véritablement un grand malheur, la faute ne peut m'en être attribuée. Le 25 au soir je reçois une lettre de M. le général Maurice Mathieu, qui m'envoie copie de l'ordre qu'il reçoit de M. le maréchal Lannes, de continuer sa poursuite sur l'ennemi, quand il a l'ordre de moi de marcher sur Saragosse. Ayant été mis sous les ordres de M. le maréchal Lannes, je ne pouvais qu'exécuter. Il ne me restait plus alors que deux divisions dont une très faible, puisque d'après les ordres du vice-connétable du 14, j'avais dû envoyer balayer Caparroso, les vallées de l'Aragon et la route de Pampelune ; je n'avais qu'environ 7,000 baïonnettes qui m'étaient bien insuffisantes pour enlever les ouvrages extérieurs de Saragosse et faire l'investissement de cette ville. Quoique très affligé de cet état de choses, M. le maréchal Lannes ayant sans doute pensé qu'un retard de quelques jours était nécessaire pour pouvoir jeter Castaños sur M. le maréchal Ney, j'y donne tous mes soins. J'apprends que M. le maréchal Ney, loin d'être sur les derrières de l'ennemi, est sur les miens et au centre de mon corps d'armée. J'ordonne qu'on continue de poursuivre l'ennemi (³) et je m'empresse de venir trouver M. le maréchal Ney pour opérer de concert l'investissement de Saragosse sur les deux rives. Tout se dispose en conséquence et

---

(1) Suit le rapport sur la bataille de Tudela, cité plus haut, page 322.
(2) Celles concernant la poursuite après Tudela.
(3) Cet ordre fut donné, en effet, mais avec défense de s'éloigner de Calatayud de plus d'une marche, ce qui impliquait l'abandon de la poursuite.

j'en rends compte au vice-connétable. Toujours sur l'ennemi et les dispositions étant faites pour l'attaquer sur les points où je dois agir, hier à 9 heures moins un quart du matin je reçois de M. le maréchal Ney une lettre, dont copie est ci-jointe, par laquelle il m'engage à n'attaquer qu'à 2 heures de l'après-midi, afin d'attendre l'arrivée sur la rive gauche de l'Èbre de M. le général Dessolles, chargé de faire l'investissement du faubourg. Un quart d'heure après je reçois de M. le maréchal Ney, que je crois en mesure sur tous les points de la rive droite dont il est chargé de l'attaque, une deuxième lettre, dont ci-joint copie, par laquelle il m'apprend que loin d'y coopérer il a fait retirer toutes ses troupes et les a mises en marche pour regagner la route de Madrid, ordonnant de plus à M. le général Lefebvre, et à toute la cavalerie sous ses ordres de partir sur-le-champ pour le suivre. Par ma réponse ci-jointe à M. le maréchal Ney, Votre Majesté verra la douleur que j'ai éprouvée dans une circonstance aussi critique, et jugera de la conduite de l'un et de l'autre.

Sire, les ordres de Votre Majesté, sous la date du 27, me prescrivent de m'emparer de Monte-Torrero, de faire la stricte investiture (*sic*) de Saragosse sur les deux rives, de jeter un pont sur l'Èbre sous la ville, et de pousser des avant-gardes qui occupent Calatayud et Daroca. Il m'est aussi ordonné d'en avoir à 10 à 12 lieues en avant, sur les routes de Barcelone et de Valence.

Le départ de M. le maréchal Ney me laisse avec 7,000 baïonnettes au plus. Je ne pense pas que la division Musnier puisse me rejoindre que le 3 ou le 4, et par suite d'ordres que je n'ai pas donnés, le général Wathier avec sa cavalerie est à la poursuite de l'ennemi. J'ignore s'il me rejoindra, mais toutes ces troupes réunies ne feront qu'un total de 12,000 à 13,000 hommes.

Dans cette situation si pénible, j'ai dû prendre le parti de revenir sur la position d'Alagon avec les 7,000 hommes qui me restent et 300 carabiniers ou cuirassiers, bons pour une charge, mais dont le service ne présente pas l'avantage de la cavalerie légère. Dans cette ville, j'attendrai la réunion de mes troupes et je me bornerai, en attendant les ordres de Votre Majesté, à observer l'ennemi et à l'empêcher d'agir sur ce point.

En me donnant l'ordre du 27, le vice-connétable m'a supposé sans doute toutes les forces de mon corps d'armée. Il ne pouvait s'attendre à leur dispersion ni à la privation que j'éprouve d'une forte division, par le départ de M. le maréchal Ney avec la division Lagrange, que commande en ce moment le général Maurice Mathieu, et peut-être de presque toute ma cavalerie. M. le maréchal Lannes m'écrit de Tudela, sous la date du 30, et suppose que M. le maréchal Ney n'emmènera à la poursuite de Castaños que 16,000 à 18,000 hommes au plus, compris les deux divisions et la cavalerie déjà à sa poursuite, et en tout les deux tiers de la cavalerie des deux corps d'armée. M. le maréchal Ney, en prévenant M. le général Lacoste de son départ, qui le prive de coopérer aux opérations concertées sur Saragosse, ajoute que vraisemblablement M. le maréchal Moncey se décidera à ajourner toute attaque, ne pouvant qu'observer cette place. Je n'ai reçu aucune instruction sur la nouvelle situation où me laissent ces diverses circonstances.

Sire, je désire que Votre Majesté veuille se pénétrer de tout ce que mon cœur a dû souffrir de l'abandon de M. le maréchal Ney; combien j'ai dû regretter que l'ordre de M. le maréchal Lannes, en disposant de ma cavalerie et des divisions Maurice Mathieu et Musnier, m'ait forcé d'arrêter ma marche sur Saragosse où j'aurais été le 26, et combien est cruelle l'incertitude où me met ma position actuelle ; malgré le départ de M. le maréchal Ney, je voulais hier attaquer Monte-Torrero, mais l'impossibilité de me maintenir dans ce poste et la certitude d'une perte d'hommes considérable, m'en a détourné. J'ai préféré à ma satisfaction particulière l'honneur des armes de Votre Majesté. J'aurais d'ailleurs pu, pendant la dispersion de mes troupes, compromettre la sûreté de l'armée, faire connaître à l'ennemi mon insuffisance, lui donner le secret du départ de M. le maréchal Ney, l'ôter de l'incertitude où il est de sa sûreté dans la place et de l'inquiétude que doivent nécessairement lui causer nos mouvements; un insuccès nous aurait donc perdus. Je me suis retiré de manière à laisser croire à l'ennemi que tous ces mouvements n'avaient qu'un but de reconnaissance et j'ai pris position à Alagon, où j'attendrai la réunion de mes troupes et d'où j'observerai Saragosse le plus près qu'il me sera possible.

Sire, Saragosse attaquée à la suite de la déroute de l'armée espagnole aurait vraisemblablement perdu tous ses ouvrages extérieurs; nos soldats, pleins de leurs succès, auraient sans doute fait des efforts de courage et de dévouement; la place, cernée de toutes parts par suite de notre mouvement avec M. le maréchal Ney, aurait peut-être même capitulé et ce succès aurait été si honorable aux soldats de Votre Majesté, et si utile au bien de ses opérations en Espagne. Ce premier mouvement perdu ainsi que le deuxième qui s'exécutait de concert, une attaque vigoureuse et un matériel d'artillerie seront positivement nécessaires, étant persuadé que pour enlever Monte-Torrero et les ouvrages qui le lient à la ville, il faudra gagner une bataille sur l'ennemi à couvert dans ses travaux et fortement retranché.

Les forces que j'ai sous mes ordres ne me permettent pas en même temps l'attaque de Monte-Torrero, l'investiture de Saragosse, le placement des avant-gardes, sur les quatre routes de Calatayud, Barcelone et Valence. Ces dernières dispositions ne pourraient d'ailleurs avoir de l'avantage que moyennant de bonne cavalerie, et il ne me reste que 3oo hommes peu propres peut-être à ce genre de service. Sire, je supplie Votre Majesté de m'envoyer ses instructions et de ne pas douter un instant de tout le zèle que je mettrai à leur exécution ponctuelle. Que Votre Majesté me permette de lui dire que la succession rapide de tant d'événements, dont les résultats sont si contraires à ce que Votre Majesté pouvait attendre, que l'ajournement forcé de l'attaque de Saragosse et mon isolement au milieu d'un vaste pays me laissent une empreinte de tristesse que de nouvelles opérations

peuvent seules effacer, surtout si elles me mettent à même
de prouver à Votre Majesté mon dévouement sans bornes et
l'intérêt que je mets à la servir utilement. Je pense, Sire,
que deux fortes divisions et une cavalerie proportionnée deviennent d'une urgence indispensable à l'exécution des ordres de Votre Majesté. Celle du général Dessolles, par son
retour et son passage de l'Èbre à deux ou trois marches
en arrière du maréchal Ney, se dirige par Calatayud sur
Sigüenza. Elle pourrait rétrograder de suite, et avec cette
seule division, qui est de près de 10,000 hommes d'infanterie, on pourrait déjà opérer de suite ce que Votre Majesté
ordonnerait.

Après le départ du maréchal Ney, les troupes restées
à la disposition du maréchal Moncey comprenaient les
divisions Grandjean, Morlot et Musnier, formant un total de 20,500 hommes d'infanterie, et de la cavalerie du
général Wathier auquel le maréchal Ney avait donné
le 4ᵉ régiment de hussards en remplacement des lanciers polonais; formant 1,700 hommes.

Mais les malades étaient nombreux au 3ᵉ corps, qui
avait été obligé en outre de laisser en arrière de nombreux
détachements, et le maréchal Moncey ne disposait en
réalité que de 14,000 à 15,000 hommes. Il jugea cette force
insuffisante pour investir (¹) Saragosse avec ses seuls
moyens, et se retira à Alagon, où il attendit les ordres de
l'Empereur. Lorsqu'il avait reçu, le 1ᵉʳ décembre, la
nouvelle que le maréchal Ney le quittait, il était 9 heures
du matin et tout était prêt pour l'attaque; déjà la fusillade s'était engagée du côté de Monte-Torrero, lorsqu'il

---

(1) L'Empereur, dans les ordres qu'il fit adresser le 8 décembre au maréchal
Moncey, le blâma de ne point avoir entrepris seul le siège de Saragosse, mais en
même temps il prescrivit au maréchal Mortier de se diriger sur Saragosse pour
renforcer le maréchal Moncey, ce qui prouve bien qu'en réalité l'Empereur jugeait le 3ᵉ corps insuffisant pour assiéger seul cette place.

envoya à ses troupes l'ordre de se retirer; ce ne fut qu'avec peine qu'on fit cesser à Monte-Torrero un combat qui commençait à devenir sérieux, et qui venait de coûter inutilement la vie au général Aubrée et à plusieurs hommes de la division Morlot.

A partir du 2 décembre, le maréchal Moncey se borna à observer la place de Saragosse, mais il ne resta pas inactif, et fit tous ses préparatifs en vue du siège prochain. Il fit établir à Alagon des magasins d'approvisionnement en vivres et en munitions, des hôpitaux, des dépôts d'outils de gabions et de fascines, et fit diriger de Tudela sur Alagon l'équipage de siège destiné à Saragosse; de sorte que lorsqu'il fut rejoint le 27 décembre par le maréchal Mortier qui amenait le 5ᵉ corps, tous les préparatifs pour l'investissement de Saragosse étaient à peu près terminés ([1]).

LE MARÉCHAL MONCEY AU MAJOR GÉNÉRAL.

Alagon, 3 décembre 1808.

Monseigneur,

J'ai reçu les deux lettres de Votre Altesse du 27 et du 28. La première me confirme l'approbation de la marche rapide que j'avais ordonnée sur Saragosse, et mon malheur d'en avoir été détourné par les ordres de M. le maréchal Lannes sous ceux duquel Sa Majesté m'avait placé. Quelle différence de situation s'il m'avait été permis de suivre mon objet, comme je l'avais prescrit par écrit à M. le général Maurice Mathieu jusqu'aux portes de Saragosse, et ainsi que j'en avais rendu compte à Votre Altesse par ma lettre du 24. Par la vôtre du 28, vous me faites des reproches qui me laisseraient croire que vous n'aviez pas lu toute ma lettre du 25, par suite de ma maladresse de vous avoir parlé de l'acces-

_____

(1) Voir Belmas : journaux des sièges de la Péninsule.

soire avant le principal. La copie cependant des ordres de
M. le maréchal Lannes donnés au général Maurice Mathieu
étant jointe à cette lettre, annonçait assez que c'était ces
ordres, auxquels je n'avais pas le pouvoir de m'opposer,
qui arrêtaient ma marche sur Saragosse, et nullement ma
crainte d'y manquer de pain. Par le même officier porteur
de cette dépêche, j'ai l'honneur d'adresser à Sa Majesté un
rapport fidèle et détaillé sur tout ce qui s'est passé dès la
journée du 20 jusqu'à ce jour. Ce qui est fait pour surprendre
surtout, c'est que M. le maréchal Ney partit même de sa
personne d'Alagon pour Epila à 9 heures du matin, tandis
qu'à 7 il devait être lui-même en présence de l'ennemi,
déjà quelque fusillade engagée, et qui nous a causé la perte
de l'un de nos meilleurs généraux, le général Aubrée, moi-
même de ma personne à portée de canon de Monte-Torrero
et tout prêt à commencer l'attaque générale convenue, sans
être même assuré que sa lettre qui m'annonçait le départ de
toutes ses troupes m'était seulement parvenue ; je ne l'ai
reçue qu'à 9 heures du matin, et l'aide de camp qui en était
porteur avait l'ordre d'aller rejoindre son maréchal à Epila.

Une lettre d'amitié et de regrets de M. le général Maurice Mathieu sous la date du 2, relative aux ordres qu'il
reçoit de M. le maréchal Ney, ne m'annonçant pas le retour
du général Wathier avec la cavalerie de mon corps, doit me
laisser croire que je perds encore les régiments des lanciers,
des hussards et des dragons provisoires, et qu'ainsi je me
trouve réduit au régiment provisoire de cuirassiers, pour
toute cavalerie. D'après la lettre que j'ai reçue de M. le maréchal Lannes, et dont je joins ici copie, je dois penser que
dans toute cette conduite de M. le maréchal Ney on n'aura
pas rempli ce qu'aurait pu désirer l'Empereur en pareil cas.
C'est une cruelle fatalité pour mon corps qui, ayant seul
combattu le 23, gagné la bataille, et se portant avec rapidité tant à la poursuite de l'ennemi que pour enlever par
un coup de main tous les ouvrages extérieurs de Saragosse,
ait été détourné de cette opération par suite des ordres de
M. le maréchal Lannes, et que lorsqu'une nouvelle circons-

tance de la présence du corps de M. le maréchal Ney me
mettait dans le cas, avec l'aide de ses forces, d'investir complètement Saragosse sur les deux rives et de frapper cette
ville d'un coup de terreur, au moment de l'action même
tout se trouve encore détourné, et moi, sur l'ennemi, tout à
fait sur sa droite, réduit d'un coup à 7,000 baïonnettes au
plus et 3oo hommes de grosse cavalerie, sans qu'un seul
homme soit resté sur le chemin royal d'Alagon à Saragosse,
et de la rive gauche du canal à l'Èbre, point d'attaque de la
division Marchand, pour couvrir mon parc de réserve resté
à Alagon, et confié à 3oo hommes de la division du général
Maurice Mathieu que l'on a même amené avec soi sans s'em-
barrasser de ce parc abandonné et ainsi exposé.

J'assure Votre Altesse qu'à travers toutes ces secousses
d'une nature bien pénible pour moi, je conserve le sang-
froid nécessaire à y résister.

LE MARÉCHAL MONCEY AU MAJOR GÉNÉRAL.

Alagon, 3 décembre 1808.

Monseigneur,
J'ai l'honneur de faire connaître à Votre Altesse que M. le
général Wathier avec sa cavalerie et les divisions Maurice
Mathieu et Musnier, que j'avais envoyées à la poursuite de
l'ennemi, ont rencontré le 29 l'arrière-garde de Castaños,
qui avait pris position sur les hauteurs qui dominent les vallées très étroites de Xaldès, entre Ateca et Bubierca. Toutes
les dispositions faites pour attaquer ce corps ennemi composé de ses plus braves troupes, et au nombre d'environ
6,000 hommes, il a été débusqué et chassé de positions en
positions ; le général Bardet, le poursuivant avec beaucoup
d'audace, lui a fait des prisonniers dont le général Maurice
Mathieu ignorait encore le nombre, parmi lesquels il y a un
brigadier, un colonel et des officiers. Monseigneur, si j'avais
pu présumer, M. le maréchal Lannes ayant détourné mon
mouvement du 26 sur Saragosse, que M. le maréchal Ney,
loin d'être sur les derrières de l'ennemi, marchait sur Sara-

gosse par mes derrières, j'aurais avec la division Morlot en
plus, poursuivi rapidement Castaños et j'ose assurer que
j'en aurais rendu bon compte; mais c'est un concours de
fatalités et de contrariétés dont je me trouve la victime,
contre mes intentions les plus prononcées à courir sur Saragosse, ou sur le corps de Castaños.

LE MARÉCHAL MONCEY AU MAJOR GÉNÉRAL.

Alagon, 4 décembre 1808.

J'ai l'honneur de faire connaître à Votre Altesse que M. le
général Musnier vient de rentrer avec sa division. J'attends
la brigade (¹) que j'avais envoyée des vallées de l'Aragon
pour renforcer de concert avec M. le marèchal Ney la division Dessolles chargée de l'investissement de Saragosse sur
la rive gauche de l'Èbre. Ces forces réunies, n'ayant pu reconnaître de la partie droite où j'étais que les écluses et Monte-
Torrero, je ferai la reconnaissance du front de Saragosse
de la rive droite du canal à l'Èbre, de manière à juger si,
avec ces forces, il serait possible de faire l'investissement
de la rive droite, enlevant en même temps à la baïonnette
les ouvrages de Monte-Torrero, ce que M. le général Lacoste,
aide de camp de l'Empereur, croit possible, sans les avoir
néanmoins reconnus de manière à pouvoir s'en faire une
opinion positive. Cette entreprise serait aussi bien conforme
à mon impatience: cependant les moyens matériels de siège
n'étant pas prêts et un investissement général sur les deux
rives ne pouvant se faire avec avantage sans une force double, non compris les avant-gardes sur les quatre points
d'observation indiqués, la prudence exigerait peut-être de
ne rien entreprendre jusque-là.

---

(1) Celle du général Rostolland.

LE MARÉCHAL MONCEY A L'EMPEREUR.

Alagon, le 4 décembre 1808.

Sire,

J'ai l'honneur de mettre sous les yeux de Votre Majesté la lettre que je viens de recevoir du général Wathier, commandant la cavalerie de mon corps (¹). Votre Majesté apprendra sans doute avec surprise que, sans ses ordres, je me trouve privé d'une partie des troupes qu'elle a bien voulu mettre sous les miens. Lors du départ de M. le maréchal Ney devant Saragosse, je le priai de me renvoyer mes lanciers; mon chef d'état-major en transmit les ordres au général Wathier. M. le général Lefebvre, que j'aime et que j'estime tant, m'avait même promis de m'assurer leur retour; et je ne sais pourquoi, cette troupe qui aurait pu être plus

_____

(1) Voici cette lettre :

La Almunia, le 3 décembre 1808.

Monsieur le Maréchal,

Le général Lefebvre m'a remis hier, à 7 heures du soir, l'ordre de Votre Excellence de rétrograder avec ma brigade sur Alagon. Il ne convenait pas sans doute au colonel des lanciers de rétrograder sur Saragosse, car il alla solliciter le général Lefebvre de le garder, et le général Lefebvre qui, il y a deux jours, prétendait qu'on ne pouvait se passer des lanciers pour le siège de Saragosse, ou il croyait assister, s'en allant à Madrid a été bien aise d'emmener ses chers lanciers. Il s'en est ensuivi qu'à une heure du matin j'ai reçu du chef de l'état-major de M. le maréchal Ney l'ordre de laisser à Calatayud le régiment des lanciers, pour suivre le mouvement du 6ᵉ corps.

J'eus l'honneur d'écrire ensuite à M. le maréchal Ney que je venais de recevoir l'ordre de Votre Excellence de partir avec toute ma brigade, pour me rendre à Alagon, et que je le priais de vouloir bien me permettre d'emmener ces lanciers qui vous appartenaient et desquels je ne pouvais disposer sans votre ordre, d'autant qu'il m'avait dit quelques heures auparavant que S. M. l'Empereur avait désigné le corps qu'il devait emmener.

Je ne reçus pas de réponse et, à 7 heures, ayant donné l'ordre au colonel des lanciers de faire monter son régiment à cheval et de partir d'après votre ordre, il refusa d'après, disait-il, celui du général Lefebvre, qui jusque-là n'avait pas encore été mis en avant.

Je retournai chez M. le maréchal Ney qui me dit qu'il commandait et qu'il ordonnait que les lanciers restassent à Calatayud, et que vous pouviez vous en fâcher, si Votre Excellence voulait ; qu'il vous laissait le 4ᵉ de hussards. Comme je ne puis souscrire à cet échange que Votre Excellence n'y ait consenti, je pars donc avec mes seuls escadrons de hussards provisoires et de marche. Il est bien étonnant qu'étant le plus ancien des généraux de cavalerie, on ne me laisse le commandement que de ce dont aucun d'eux n'a voulu.

Demain, 4, je serai à Plasencia, et le 5 j'aurai l'honneur d'aller prendre vos ordres.

utile à la gauche, s'est trouvée dès le principe placée à la droite. A son arrivée, M. le maréchal Lannes a ordonné que toute la cavalerie de mon corps soit réunie sous les ordres du général Lefebvre, de sorte que tous ses mouvements me sont devenus étrangers. Enfin hier, malgré l'ordre que j'avais envoyé au général Wathier, M. le maréchal Ney a ordonné aux lanciers polonais de suivre son corps et il a fait rétrograder à leur place le 4ᵉ d'hussards qu'il met à ma disposition.

Sire, je n'ai pas besoin de dire à Votre Majesté combien je dois souffrir de la situation où je me trouve : parti de la Navarre avec un corps d'armée servant bien et se conduisant avec assez d'ordre pour marcher à l'ennemi, j'espérais et de le conduire à la victoire, et de profiter de ses avantages, et enfin de donner à mes opérations le résultat que Votre Majesté devait en attendre. Mais pour ainsi dire, au milieu de quelques succès, je m'en trouve détourné, et ayant placé le général Maurice Mathieu à la tête de la division Lagrange, je perds le meilleur de mes généraux sous mes ordres emmenant avec lui tous les officiers d'état-major qui étaient avec le général Lefebvre au siège de Saragosse, et en ce moment je me trouve encore privé des lanciers polonais dont la bravoure et le dévouement font la terreur des Aragonais et qui ont une connaissance si parfaite des localités.

J'ai eu l'honneur de rendre compte à Votre Majesté, par ma dépêche du 2, de la situation de mon corps et de l'état de nullité où je suis presque forcé de rester lorsque les autres corps de l'armée de Votre Majesté volent au combat et à la victoire. Elle connaît mon zèle pour le bien de son service, je dois donc espérer qu'elle daignera me remettre dans un état qui me permette de lui rendre tous les services qu'elle a droit d'attendre de moi. Je viens de faire la demande à M. le général Dedon, à Pampelune, de six pièces de 12, de six obusiers de 8 et de quelques autres objets du matériel de l'artillerie, d'après l'état que m'en a présenté M. le général Coüin. Cette force en artillerie m'a paru nécessaire pour commencer les opérations sur Saragosse et pour l'attaque de Monte-Torrero, dans le cas où l'enlèvement de ce poste à la baïonnette présenterait de trop grandes difficultés dans le dénuement de forces où je me trouve.

Sire, l'attaque de Saragosse exige une bonne armée et une artillerie suffisante ; une attaque partielle présente des inconvénients sans nombre dans les circonstances. Les Espagnols fortement retranchés, forts par leur nombre et leur résolution, ayant l'expérience du dernier siège, ne rendront leur ville qu'à une armée capable de les foudroyer. Les demi-mesures irriteraient au contraire leur vanité. Je supplie Votre Majesté de prendre tout cela en considération ainsi que la situation où se trouve actuellement, dans un cercle immense, le pays qui nous environne, après le passage des troupes qui, dans la marche qu'elles ont faite, ont laissé des traces de destruction qu'elles continuent encore dans leur marche et ont ainsi comblé le mécontentement des habitants.

Je recevrai à mon corps le 4ᵉ régiment d'hussards que Votre Majesté n'a pas mis sous mes ordres.

J'attends à ce sujet les ordres de Votre Majesté. J'ai l'honneur de la prévenir que les deux tiers des chevaux de ce régiment sont incapables de service, sur le rapport que vient de me faire le colonel. Sire, je supplie Votre Majesté de ne voir dans la vive peine dont je suis si cruellement affecté que le bien du service de Votre Majesté ; mon entier dévouement lui est connu et je demanderai toujours d'être mis à même de lui en donner les preuves.

Je joins ici des renseignements recueillis d'un brigadier colonel, fait prisonnier dans l'affaire du 29, en avant de Calatayud, contre l'arrière-garde ennemie ; cet officier nous a paru être un homme d'esprit, de caractère et s'être expliqué avec beaucoup de franchise.

MARCHE DU 6ᵉ CORPS D'ALAGON SUR GUADALAXARA

(1ᵉʳ-7 décembre.)

Lorsque le maréchal Ney quitta Alagon le 1ᵉʳ décembre, l'armée de Castaños avait sur lui une telle avance, qu'il lui était impossible de la rattraper si elle continuait à battre en retraite sans perdre de temps (¹); cette impossibilité s'accentua encore par suite de la nécessité où se trouva le maréchal Ney d'accorder un peu de repos à ses troupes fatiguées et de rejoindre la division Maurice Mathieu pour la ravitailler en munitions. Cette division était revenue le 1ᵉʳ décembre à Calatayud, suivant les ordres du maréchal Moncey; elle en repartit le 2 décembre pour se rendre à Sisamon, à une marche de Calatayud, et attendit jusqu'au 4 décembre que la division Marchand, qui avait séjourné le 3 à Calatayud, vînt lui donner des cartouches. Elle se remit en marche le même jour pour Sigüenza. La tête de la division Dessolles arrivait seulement à Calatayud, par suite du grand détour qu'elle avait dû faire pour repasser l'Èbre au nord-ouest de Saragosse.

Le 6ᵉ corps continua sa marche sans incident et sans nouvelles de l'ennemi, et sa tête parvint à Guadalaxara le 7 décembre : le maréchal Ney reçut dans cette ville le 8 décembre des nouvelles de Madrid et une lettre du Major général lui transmettant les ordres donnés le même jour par l'Empereur; conformément à ces ordres,

(1) L'armée espagnole dépassa Sigüenza le 1ᵉʳ décembre et parvint à Guadalaxara le 2 décembre au soir.

il dirigea sur Madrid les lanciers polonais, la brigade
de dragons du général Digeon et la cavalerie légère
du général Beaumont ; le reste du 6ᵉ corps resta à
Guadalaxara pour s'y reposer. La lettre du Major général du 8 décembre contenait une critique générale
des opérations du maréchal Ney ; ce dernier, en lui ré-
pondant le même jour, se justifia dans une lettre qu'on
verra plus loin, et dont la modération n'excluait pas
la fermeté.

EXTRAIT DU JOURNAL DE MARCHE DU 6ᵉ CORPS.

1ᵉʳ décembre. — Par ordre de l'Empereur, le 6ᵉ corps
quitte ses positions sous Saragosse et se met en marche sur
Madrid par Calatayud. En conséquence, le mouvement combiné sur Saragosse ne peut avoir lieu.

La division du général Marchand, qui s'était portée sur
le couvent de la Trinité, et qui avait des postes très avancés,
les rappelle, et n'arrive que dans la nuit à Epila, village situé sur la rive droite du Xalon, à quatre lieues du pays
d'Alagon, mais à six au moins des positions que la division
occupait le matin.

La division de cavalerie du général Lefebvre-Desnoëttes
composée de la brigade de Colbert, de cavalerie légère, et
de celle des dragons, commandée par le général Digeon,
suit le mouvement du 6ᵉ corps. Cette cavalerie, qui était le
matin sous le feu du canon de la place de Zaragoza et qui
doit faire son mouvement rétrograde avec prudence, ne
peut arriver le soir à Epila : elle bivouaque à La Muela, village assez considérable situé dans une plaine entourée de
montagnes.

La division du général Dessolles a sa 1ʳᵉ brigade à Zuera,
et son avant-garde à deux lieues de Zaragoza : le quartier
général et la 2ᵉ brigade à Tauste, où on trouva de très
grandes ressources en grains et en vin.

La 2ᵉ division, commandée par le général Maurice Mathieu, qui se trouvait détaché depuis quelque temps, doit suivre le mouvement du 6ᵉ corps ; elle était revenue à Calatayud par ordre du maréchal Moncey.

Le quartier général en chef se porte par Epila à Riela (sept lieues de pays, dix de France).

Le 2 décembre. — La 1ʳᵉ division, général Marchand, à Calatayud.

La 2ᵉ division part de Calatayud pour aller prendre position à Sisamon, en avant sur la route de Madrid : elle ne peut aller plus loin pour attendre les munitions dont elle manque et pour laisser passer la 1ʳᵉ division qui lui en amène.

La division du général Dessolles réunie à Tauste ; elle commence à repasser le fleuve.

La division de cavalerie du général Lefebvre à Calatayud.

Le 3 décembre. — La division de cavalerie et la division du général Marchand séjournent à Calatayud.

La division du général Maurice Mathieu à Iruecha, à deux lieues en avant de Sisamon.

La division du général Dessolles : la 1ʳᵉ brigade à Lumpiaque, la 2ᵉ brigade à Epila.

Le 4 décembre. — La division du général Marchand se porte à Sisamon et bivouaque en arrière de ce village, ainsi que la division de cavalerie.

La division du général Maurice Mathieu à Iruecha, deux lieues en avant de Sisamon, pour y attendre les munitions qui lui sont nécessaires, et que la 1ʳᵉ division lui remet.

La division du général Dessolles : la 1ʳᵉ brigade à El Frasno, la 2ᵉ brigade à Calatayud.

Le 5 décembre. — Le maréchal a son quartier général à Alcolea.

La division de cavalerie du général Lefebvre se porte à Sauca et Estriama, à deux lieues en avant d'Alcolea.

La division du général Marchand à une lieue en arrière d'Alcolea.

La division du général Maurice Mathieu à Iruecha et villages voisins.

La division du général Dessolles réunie à Calatayud.

A Alcolea, les habitants se présentent au-devant de l'armée et lui offrent les secours qu'ils possèdent : beaucoup de pain, d'avoine et de foin, peu de vin.....

Le 6 décembre. — Le quartier général à Grajanejos.

La division de cavalerie bivouaque à Trijueque, bon village à une lieue en avant de Grajanejos.

La division du général Marchand a sa 1re brigade à Almadrones et Mirabuella, la 2e brigade à Algora.

La division Maurice Mathieu se met en marche et vient à Torremocha et Sauca.

La division du général Dessolles à Sisamon.

Le 7 décembre. — Le quartier général en chef à Guadalaxara.

La division de cavalerie à Marchamalo et Cavanillas; un régiment de dragons à Guadalaxara.

La division du général Marchand : la 1re brigade à Torija, la 2e à Trijueque.

La division du général Maurice Mathieu à Grajanejos et environs.

La division du général Dessolles à Alcolea.

LE MARÉCHAL NEY AU MAJOR GÉNÉRAL.

Guadalaxara, le 7 décembre 1808, à 2 heures et demie du soir.

Monseigneur,

J'ai l'honneur de rendre compte à Votre Altesse que je viens d'arriver ici avec la brigade du général Colbert composée du 3e régiment de hussards et du 15e de chasseurs et la cavalerie aux ordres du général Lefebvre-Desnoëttes, composée des lanciers polonais et de la brigade de dragons du général Digeon.

La division Marchand occupe ce soir Torija.

La division du général Maurice Mathieu, qui a remplacé le général Lagrange, prend position à Trijueque et Grajanejos avec la brigade du général Beaumont composée des 2e de hussards et 26e de chasseurs.

La division Dessolles arrivera ce soir à Almadrones et Algora.

Demain la cavalerie du général Lefebvre cantonnera entre Guadalaxara et Alcala.

L'infanterie des divisions Marchand et Maurice Mathieu s'établira à Guadalaxara et dans les villages sur la route d'Ocaña.

La division Dessolles occupera Grajanejos et Trijueque.

Le maréchal Bessières est arrivé ici avant-hier et en est parti hier pour se porter sur Ocaña, point sur lequel l'ennemi dirige sa retraite pour se rendre en Andalousie.

Les troupes sous mes ordres sont extrêmement fatiguées; les chevaux de l'artillerie se traînent à peine.

Je prie Votre Altesse de vouloir bien me faire connaître les intentions de L'Empereur, sur la direction des troupes sous mes ordres.

LE MARÉCHAL NEY AU MAJOR GÉNÉRAL.

Guadalaxara, le 8 décembre 1808, à 8 heures du soir.

Monseigneur,

Je reçois à l'instant la lettre que Votre Altesse m'a fait l'honneur de m'écrire aujourd'hui.

Le général Lefebvre étant parti ce matin pour Madrid, le général Digeon se mettra en marche demain avec les lanciers polonais, les 20ᵉ et 26ᵉ de dragons, pour se rendre à Alcala, et le jour suivant à deux lieues de Madrid. Le 2ᵉ de hussards suivra ce mouvement.

Le général Beaumont, qui arrivera ici demain avec le 26ᵉ de chasseurs à cheval qui ferme la marche de la division Dessolles, se rendra à la même destination que le général Digeon, conformément aux intentions de l'Empereur.

Le 4ᵉ de hussards est resté avec le maréchal Moncey, en remplacement des lanciers polonais qui, lors de mon départ d'Alagon, étaient déjà en avant de Calatayud avec la division Maurice Mathieu, et qu'il aurait ainsi fallu faire rétrograder. Le 26ᵉ de chasseurs remplace le 4ᵉ de hussards dans la brigade du général Beaumont.

Je ferai, comme l'Empereur l'ordonne, cantonner les divisions Marchand, Maurice Mathieu et Dessolles à Guadalaxara et dans les villages situés à quelques lieues sur la route d'Alcala. La cavalerie légère du général Colbert occupera Santorcaz et Corpa, route d'Ocaña.

Votre Altesse me reproche d'être resté deux jours de trop à Soria, du 22 au 24 novembre; cependant, comme j'ai déjà eu l'honneur de vous en rendre compte, je n'ai reçu que le 24, à 3 heures de l'après-midi, l'ordre de me porter sur Agreda, que j'ai exécuté le 25. C'est précisément cette direction qui m'a mis dans l'impossibilité de rien entreprendre contre Castaños; car une fois à Agreda, je me suis vu forcé d'aller par Tarazona sur Mallen, attendu qu'il n'existe aucune route praticable pour l'artillerie d'Agreda à Calatayud, et qu'il était plus difficile encore de rétrograder sur Soria puisqu'il aurait fallu abandonner l'artillerie.

Je vous prie de considérer que, le 24, j'avais à Agreda le 4ᵉ régiment de hussards, et que dès le 23 pendant la nuit l'ennemi était passé à Borja, précipitant sa retraite par Epila sur La Almunia, où il était libre de marcher par Daroca sur Valence ou Madrid, ou enfin sur Calatayud, sachant que mes troupes n'étaient plus à Almazan et Soria.

Si j'avais été libre dans mes dispositions, je me serais porté en deux jours de Soria et d'Almazan sur Calatayud, et j'aurais ainsi forcé Castaños, qui était le 25 à La Almunia, de se replier par Daroca sur Valence; mais les ordres de l'Empereur bornaient mon premier mouvement à Soria, je n'avais d'ailleurs aucune nouvelle du maréchal Lannes, et ce n'est que le 26 à mon arrivée à Tarazona que j'ai connu le résultat de l'affaire qui avait eu lieu le 23 à Tudela. Sa Majesté daignera sans doute se rappeler que j'avais insisté pour attaquer Castaños par la rive droite de l'Èbre; je crois fermement que si ce plan avait pu être agréé, l'armée ennemie aurait été détruite; mais dans la marche que j'ai faite par le Duero pour venir appuyer le maréchal Lannes, la longueur des distances et l'extrême difficulté des passages de montagnes rendaient fort douteuse la possibilité de ma coopération à l'attaque projetée.

Le maréchal Moncey a tort de se plaindre que je l'ai exposé à faire un mouvement rétrograde ; car nous étions convenus de former l'investissement de Saragosse le 2 de ce mois à 2 heures de l'après-midi, et c'est le 1ᵉʳ à 10 heures du soir(¹) que j'ai reçu l'ordre de Votre Altesse du 28 novembre pour me mettre à la poursuite de Castaños. J'ai prévenu sur-le-champ ce maréchal que je partais le lendemain et que je ne pouvais consentir à former l'investissement qui aurait retardé ma marche de quatre jours au moins. Je l'engageais en même temps à se borner à observer la place en attendant l'arrivée des renforts. Les journées du 2 et du 3 ont été employées au passage de la division Dessolles sur la rive droite de l'Èbre, l'ennemi ne pouvait donc rien entreprendre sur le maréchal Moncey, cette division se trouvant en seconde ligne derrière lui et n'ayant commencé son mouvement sur Épila que le 3. Le maréchal Moncey était déjà le 2 de retour à Alagon quatre heures après mon départ.

P.-S. — Je vous renvoie, Monseigneur, l'officier qui était chargé de vos dépêches pour le maréchal Moncey ; il serait certainement tué par les paysans, qui assassinent tous les hommes isolés sur la route de Saragosse par Calatayud.

---

(1) Le maréchal Ney commet une erreur de date : c'est le 30 novembre dans la nuit qu'il a reçu les ordres du Major général, et c'est le 1ᵉʳ décembre que devait s'opérer l'investissement de Saragosse.

CHAPITRE VIII

SOMOSIERRA

Le *13ª bulletin de l'armée d'Espagne* constitue la seule pièce officielle relative au combat de Somosierra (¹). L'action s'étant passée tout entière sous les yeux de l'Empereur qui donna de nombreux ordres verbaux, les

(¹)   TREIZIÈME BULLETIN DE L'ARMÉE D'ESPAGNE.

Chamartin, près Madrid, le 2 décembre 1808.

Le 29, le quartier général de l'Empereur a été porté au village de Boceguillas. Le 30, à la pointe du jour, le duc de Bellune s'est présenté au pied du Somosierra. Une division de 13,000 hommes de l'armée de réserve espagnole défendait le passage de cette montagne. L'ennemi se croyait inexpugnable dans cette position. Il avait retranché le col, que les Espagnols appellent Puerto, et y avait placé 16 pièces de canon. Le 9ª d'infanterie légère couronna la droite. Le 96ª marcha sur la chaussée et le 24ª suivit à mi-côte les hauteurs de gauche. Le général Sénarmont, avec 6 pièces d'artillerie, avança par la chaussée.

La fusillade et la canonnade s'engagèrent. Une charge que fit le général Montbrun, à la tête des chevau-légers polonais, décida l'affaire ; charge brillante s'il en fut, où ce régiment s'est couvert de gloire et a montré qu'il était digne de faire partie de la Garde impériale. Canons, drapeaux, fusils, soldats, tout fut enlevé, coupé ou pris. Huit chevau-légers polonais ont été tués sur les pièces, et seize ont été blessés. Parmi ces derniers, le capitaine Dziewanowski a été si grièvement blessé qu'il est presque sans espérance.

Le major Ségur, maréchal des logis de la maison de l'Empereur, chargeant parmi les Polonais, a reçu plusieurs blessures, dont une assez grave. Les seize pièces de canon, dix drapeaux, une trentaine de caissons, deux cents chariots de toute espèce de bagage, les caisses des régiments, sont les fruits de cette brillante affaire.

Parmi les prisonniers, qui sont très nombreux, se trouvent tous les colonels et les lieutenants-colonels des corps de la division espagnole. Tous les soldats auraient été pris, s'ils n'avaient pas jeté leurs armes et ne s'étaient pas éparpillés dans les montagnes.

Le 1ª décembre, le quartier général de l'Empereur était à Saint-Augustin, et le 2 le duc d'Istrie, avec la cavalerie, est venu couronner les hauteurs de Madrid. L'infanterie ne pourra arriver que le 3. Les renseignements que l'on a pris

corps qui prirent part à l'affaire ne fournirent pas de rapport, et c'est pour cette raison qu'aucune pièce originale n'est parvenue jusqu'à nous. Mais si les documents officiels font à peu près défaut, de nombreux témoins ont laissé des relations qui permettent de reconstituer assez sûrement la physionomie de l'engagement ; nous allons passer en revue les principaux d'entre eux, et nous verrons quel degré de confiance on peut leur accorder.

Un des témoins agissants de la charge de Somosierra, dont il laissa une relation, est le général Philippe de Ségur qui, se trouvant en 1808 major et maréchal des logis de la Maison de l'Empereur, fut envoyé par ce dernier pour donner aux Polonais l'ordre de charger dans le défilé ; il prit part « en amateur » à la charge, au cours de laquelle il reçut des blessures tellement graves qu'il déclare avoir mis six mois à en guérir. Le récit qu'il a laissé de l'affaire est plein de mouvement et de vie, mais il apparaît aussi comme rempli d'inexactitudes, car l'auteur s'est laissé entraîner si loin par une imagination extraordinairement féconde, qu'il est impossible, lorsqu'on parcourt le défilé de Somosierra, de comprendre si peu que ce soit la description qu'il en donne, et qui paraît cependant fort claire lorsqu'on la lit dans son cabinet ; il y est notamment question à

---

jusqu'à cette heure portent à penser que la ville est livrée à toute espèce de désordre, et que les portes sont barricadées.

Le temps est très beau.

Ce bulletin contient beaucoup d'inexactitudes dont nous signalerons les deux principales :

1° Le général Montbrun n'a pas conduit la charge des Polonais : c'est Kozietulski qui a commandé l'escadron ; le seul Français présent était Philippe de Ségur, qui rivalisa d'héroïsme avec les chevau-légers.

2° Le nombre des tués et blessés a été singulièrement diminué : le chiffre exact est de 57, sans compter les contusionnés, démontés, etc.

plusieurs reprises d'un rocher énorme qui joua, d'après Ségur, un rôle capital dans l'action, et dont il est impossible de découvrir la trace ou de déterminer la position lorsqu'on se trouve sur le terrain [1].

La relation de Ségur, entre autres erreurs, en contient une fort importante au sujet de la position de l'artillerie espagnole, que l'auteur place tout entière au sommet du col dans une redoute, alors qu'elle était répartie en quatre batteries dans le défilé et qu'au sommet du col il n'y avait qu'une batterie complètement ouverte à la gorge.

Il est cependant bien certain que Ségur prit part à la charge et s'y conduisit vaillamment: les blessures très sérieuses qu'il y reçut sont là pour attester son courage, mais elles nous donnent peut-être aussi la raison de son manque d'exactitude, car elles lui causèrent une dépression physique et morale bien naturelle, qui dut nuire à la clarté de ses idées et à la fidélité de sa mémoire; le souvenir qu'il garda de la fin de la charge fut celui d'une défaite et d'un anéantissement complets de l'escadron polonais; mais c'est là l'impression d'un homme gravement atteint et prêt à défaillir; la réalité des faits est autre [2].

---

[1] Voici la phrase de Ségur : « Il y avait au fond de cette gorge, et sur le « bord à droite de la route, un rocher énorme; ce rocher marquait et masquait « le pied d'un dernier ressaut, roide et court, dernière et rapide pente à gravir « pour parvenir au sommet de ce plateau, plus célèbre qu'il ne le mérite. »
Malgré de longues recherches, nous n'avons rien pu découvrir de semblable au fond du défilé de Somosierra et sur le bord à droite de la route.

[2] Le récit de Ségur est trop connu et d'ailleurs trop long pour que nous puissions le citer ici, mais nous ne jugeons pas inutile d'en donner une brève analyse, que nous ferons suivre de quelques observations.
Après une courte description du terrain, Ségur nous dit que le sommet du plateau de Somosierra était défendu par 16 pièces de canon dans une redoute et par 12,000 Espagnols rangés de chaque côté du col. L'Empereur s'engagea dans le défilé et s'arrêta à 400 mètres environ de la ligne de bataille ennemie; impatienté de la lenteur du mouvement de son infanterie envoyée sur les hauteurs de droite et de gauche, il donna à son escadron d'escorte l'ordre de charger et d'enlever la position; mais bientôt on vint lui annoncer que la charge était

Dans ces conditions, nous pensons qu'il ne faut recourir au brillant récit de Ségur qu'avec circonspection, et seulement pour ce qui concerne les événements antérieurs au moment où il fut blessé.

---

impossible devant des obstacles trop considérables ; l'Empereur s'enflammant alors, déclara qu'il ne connaissait pas le mot impossible et envoya Ségur donner une fois de plus l'ordre de charger. Ségur partit au galop et trouva les Polonais abrités derrière un rocher énorme situé au fond de la gorge et à droite de la route. Cet escadron était, d'après lui, composé de 80 chevau-légers commandés par Kozietulski. Malgré les exclamations de Montbrun et Piré, qui lui montrèrent la route aboutissant à la redoute hérissée de canons, et déclaraient la charge impossible, Ségur transmit l'ordre à l'escadron polonais, qui s'élança sans hésiter ; lui-même chargea, à dix pas en avant, à toute vitesse et sans se retourner ; il reçut plusieurs blessures dont une lui mit le cœur à découvert et l'autre lui traversa le flanc droit ; il s'arrêta alors et se vit seul, dit-il, à trente pas de la redoute, les Espagnols s'élançant pour le saisir ; l'escadron entier était abattu par la mitraille et il ne revit debout qu'un seul trompette qui l'aida à se retirer en lui donnant un cheval frais. Il redescendit alors la pente qu'il avait montée en chargeant, et retourna jusqu'au rocher d'où l'escadron s'était élancé et où le 96e régiment d'infanterie l'avait remplacé. L'infanterie, à son tour, attaqua les Espagnols en partant du rocher, mit les Espagnols en fuite de très loin, et le régiment entier de chevau-légers, renouvelant la charge infructueuse du 3e escadron, fondit sur les retranchements et enleva la position.

Tout ce récit attire de nombreuses observations et plus d'une critique, dont nous allons résumer les principales. Nous avons déjà dit que le rocher qui joue un si grand rôle dans le récit de Ségur est impossible à retrouver au fond du défilé de Somosierra ; puisque Ségur nous dit d'autre part que l'Empereur s'arrêta à 400 mètres de la ligne de bataille de l'ennemi et que ce rocher était entre lui et les Espagnols, ce rocher aurait dû être situé à 200 ou 300 mètres du sommet du col ; or, rien de semblable n'existe sur le terrain, et d'ailleurs l'Empereur ne s'arrêta pas près du sommet, mais vers le milieu du défilé.

Les détails concernant les préliminaires de la charge paraissent assez exacts. Ségur était présent, il était de sang-froid et il a dû bien voir, mais il se trompe lorsqu'il nous dit que Montbrun et Piré, dépassant le rocher, lui montrèrent la route de la redoute était impossible à apercevoir dans toute l'étendue du défilé ; ce n'était qu'arrivé à 500 mètres du sommet au dernier tournant de la route qu'elle devenait visible. Mais on n'était pas parvenu à 500 mètres du sommet, sans quoi la charge aurait été inutile, car l'infanterie avait de la place pour se déployer sans rien craindre du feu de l'artillerie, et il lui était bien facile d'enlever la position ; en effet, l'artillerie enfilait la route, mais n'avait pas d'action sur les pentes, principalement celles de l'ouest. Ce n'est donc pas la redoute du sommet qu'a pu voir Ségur ; ce qu'il a vu, c'est probablement la première batterie espagnole au delà du pont, vers le milieu du défilé ; sans cette hypothèse son récit serait incompréhensible En effet, Ségur peut avoir reçu ses blessures avant d'arriver sur la première batterie ; défaillant comme il l'était, évanoui peut-être pendant quelques instants, il est possible qu'il ne se soit pas aperçu que tout l'escadron le dépassait et disparaissait au tournant de la route, de sorte que quand il reprit ses sens, il se vit seul, en face de quelques Espagnols qui tiraient encore de la montagne ; la distance qui le séparait de son point de départ n'étant que de quelques centaines de mètres, il eut le temps de revenir sans être bousculé par le reste du régiment polonais, qui suivit son

Les mémoires de Ségur ne parurent qu'après sa mort
en 1873, mais il a été visiblement l'inspirateur du récit
de la charge de Somosierra qui parut dans *Victoires et
Conquêtes* en 1821, et ce fut cette version qui continua
à faire foi dans tous les récits qui suivirent, et notamment dans l'*Histoire du Consulat et de l'Empire* en 1849.
Aucune contradiction ne s'était élevée avant le moment
où parut l'ouvrage de Thiers ; mais le nom de ce dernier jouissait d'une telle notoriété en Europe, et ses
œuvres étaient tellement lues, que le récit de Somosierra

3ᵉ escadron, ce qui aurait été impossible s'il avait été blessé devant la redoute
du sommet, car il aurait eu dans ce cas plus de 2,000 mètres à parcourir, et il
aurait sûrement rencontré le régiment, car l'intervalle entre les deux charges
fut très court.

Sa prétention d'être arrivé seul devant la redoute est insoutenable dans tous
les cas, car il est bien certain que Niégolewski enleva la dernière batterie avec
une poignée de cavaliers et fut blessé sur les canons mêmes ; il est de même
fort étonnant que Ségur n'ait revu debout qu'un seul trompette, car il est établi
actuellement que sur un effectif de 140 hommes à peu près, l'escadron perdit
57 hommes tués ou blessés ; si l'on tient compte des contusionnés, des démontés,
des hommes dont les chevaux étaient tués ou blessés, on voit qu'il devait en
rester plus que ne dit Ségur.

Ségur a réellement reçu toutes les blessures dont il parle, et l'on ne peut
qu'admirer sa bravoure, mais on conçoit difficilement qu'un homme aussi blessé
qu'il l'était (il avait, dit-il, le cœur à découvert) puisse avoir conservé assez de
lucidité pour bien voir tout ce qu'il raconte ; d'ailleurs la fin de son récit se
ressent des commotions qu'il a éprouvées ; d'après lui, en effet, l'escadron
aurait été complètement abattu, et la charge se serait terminée par une défaite
qui fut réparée par l'infanterie et par le reste du régiment polonais. Les choses
ne se sont pas passées ainsi, le régiment polonais suivit de trop près la charge
de son troisième escadron pour que l'infanterie ait eu, dans l'intervalle, le
temps de faire tout ce que raconte Ségur. En réalité, les événements qu'il décrit
comme s'étant passés successivement, ont dû être simultanés, et le 96ᵉ fut déployé à droite de la route au moment où partait la première charge. Or, ce
régiment vit les Espagnols se disperser au loin devant lui ; il est donc certain
que si les Espagnols venaient de remporter un grand succès, ils ne se seraient
pas enfuis à la simple vue de l'infanterie. Leur fuite fut donc moins due à l'apparition de cette dernière qu'à l'effet moral produit par la charge des Polonais.

En somme, le récit de Ségur contient beaucoup d'inexactitudes et d'exagérations : la description qu'il donne du terrain est mauvaise, et sa narration n'est
compréhensible que si l'on trouve le rocher qui joue un rôle si important dans
son récit ; ce rocher n'existe pas là où le place Ségur, et ce n'est que dans la
partie du défilé au nord du pont et à l'ouest de la route que l'on trouve des
contreforts rocailleux (mais non des rochers) pouvant avoir rempli le rôle dont
parle Ségur. Nous pensons donc qu'il en est de son récit en général comme du
rocher mythique : l'imagination de l'auteur a tout déplacé, tout déformé, et ni
le terrain ni les faits ne sont reconnaissables.

tomba sous les yeux d'anciens officiers polonais témoins
du combat, et que l'un d'eux, le colonel Niegolewski,
qui avait fourni la charge de bout en bout, écrivit à
Thiers en 1850 du fond de la Pologne, pour protester
contre l'inexactitude de son récit. L'historien ne répondit au colonel qu'à la fin de l'année suivante, mais il
convint de son erreur involontaire, et promit de recti-
fier son récit dans la prochaine édition de ses œuvres;
pourtant, malgré sa promesse, et pour des raisons que
l'on ignore, rien ne fut changé à ce qui avait été écrit.

Le colonel Niegolewski fit paraître alors en 1855 une
petite brochure (¹) dans laquelle il publia sa correspondance avec Thiers, en même temps qu'une lettre à son
ancien camarade le général Zaluski, dans laquelle il
racontait la charge de Somosierra, avec des détails
complètement inédits, surtout relativement à la position
de l'artillerie ennemie, qu'il déclarait partagée en quatre
batteries aux quatre tournants de la route, et non en
une seule masse au sommet du col; à la fin de la brochure figuraient de nombreuses lettres d'officiers polonais certifiant avec de nouveaux détails l'exactitude de
son récit. Il ne réussit pas néanmoins à obtenir la rectification qu'il désirait, on oublia ses révélations et le
récit de Thiers continua à faire autorité.

Niegolewski méritait cependant d'être cru, car non
seulement il avait été témoin agissant dans l'affaire,
mais encore il avait assisté à toute la charge, et n'avait
été blessé que quand elle était terminée: il avait donc
possédé jusqu'à la fin toute sa lucidité d'esprit, et les
détails qu'il donnait sur le terrain, sur le placement de

---

(1) *Les Polonais à Somosierra.* Rectifications relatives à l'atta que de Somosierra, écrite par les historiens français. Paris-Berlin, 1855.

l'artillerie ennemie étaient si nets, si catégoriques, qu'ils avaient un accent de vérité ; enfin, ses déclarations se trouvaient confirmées par tous ceux qui s'étaient trouvés à Somosierra et il n'était pas admissible que tout un corps d'officiers fût de mauvaise foi. Malgré tout, ses protestations firent peu d'effet ; elles parurent d'ailleurs infirmées plus tard par les *Mémoires* de Ségur, qui parurent en 1873, mais trois ans après, elles trouvèrent une éclatante confirmation dans les souvenirs militaires du colonel de Gonneville, qui donnaient sur la position de l'artillerie par étages successifs des indications analogues aux siennes.

Le colonel de Gonneville était alors capitaine et officier d'ordonnance du général d'Avenay, commandant une brigade de dragons de la division La Houssaye ; il traversa le défilé de Somosierra à la suite des chevau-légers polonais, et vit les batteries dont il parle ; son témoignage est donc des plus précieux. Mais il ne devait pas être le seul à confirmer les assertions de Niegolewski, qui se trouvèrent une fois de plus vérifiées lors de la publication des notices historiques du général Dautancourt en 1899 ([1]). Dautancourt était en 1808 major du régiment des chevau-légers dont le comte Vincent Krasinski était le colonel : il avait relaté jour par jour, pendant ses campagnes, tous les faits intéressant le régiment, et c'est ainsi qu'il a raconté ce qu'il savait sur la charge de Somosierra. Son manuscrit était resté entre

---

([1]) *Sources documentaires concernant l'histoire du régiment des chevau-légers de la Garde de Napoléon Ier*, par A. Rembowski. Varsovie, 1899. Ce livre comprend le manuscrit de Dautancourt, qui était resté jusque-là dans la Bibliothèque du majorat des comtes Krasinski. Dautancourt a été visiblement l'inspirateur du récit du combat de Somosierra, qui parut en 1820 dans *Victoires et Conquêtes;* l'édition de l'année suivante, au contraire, porte la marque de Ségur.

les mains du comte Vincent Krasinski, qui l'avait annoté
en marge, tantôt donnant des explications complémen-
taires, tantôt rectifiant certains détails ; voilà comment
fut corrigé ce que disait Dautancourt au sujet de l'artillerie espagnole qu'il plaçait en une seule masse ;
Krasinski, dans une note marginale, déclare que l'artillerie espagnole était bien partagée en quatre batteries
aux tournants de la route ; il donna donc une fois de
plus raison à Niegolewski.

M. Rembowski, qui a publié le manuscrit du général
Dautancourt, a donné dans la préface de son livre des
renseignements très précieux concernant les documents
polonais relatifs à l'histoire du régiment des chevau-
légers ; il a fait une analyse courte mais fort claire
des mémoires en langue polonaise des anciens officiers
des chevau-légers, et il nous fixe en peu de mots sur
la valeur à attribuer à leurs récits. C'est ainsi qu'il nous
parle successivement des souvenirs de Jean Chlopicki
(1840), des mémoires du général Zaluski (1861), de
ceux de Vincent Placzowski (1861), des souvenirs du
général Lubienski (1898) et des mémoires du général
Chlapowski (1899). Il nous donne aussi un aperçu des
mémoires du major Zwierkowski, qui sont encore en
manuscrit.

Tous ces mémoires sont intéressants à consulter,
mais au sujet de Somosierra, on n'y trouve que des
renseignements moins étendus que ceux de Niegolewski ; ce dernier corrigea le récit de Zaluski, qui
s'écartait d'ailleurs assez peu du sien. Lubienski et
Zwierkowski nous donnent une idée de ce qui se passa
après la charge du 3ᵉ escadron ; rien dans ce qu'ils disent ne contredit Niegolewski ; aucun de ces officiers,

d'ailleurs, n'était de son escadron, et ne pouvait par conséquent donner autant de détails que lui.

D'après tout ce qui précède, on voit que le récit de Niegolewski mérite créance ; mais il y a plus : lorsqu'on se trouve au nord de Somosierra, à l'endroit même où eut lieu la charge, et qu'on parcourt le défilé, on constate que la relation de Niegolewski s'accorde parfaitement avec le terrain (¹), de même que celle de Gonneville, tandis que celle de Ségur ne peut en aucune façon s'identifier avec lui. Après cette dernière considération, on ne peut plus hésiter à donner raison à Niegolewski, et à admettre son récit d'une façon générale.

Il faut observer cependant que Niegolewski, qui revenait de reconnaissance, ne rejoignit son escadron que quand ce dernier avait déjà commencé la charge ; il n'en vit donc pas les préliminaires et le dit très franchement ; Ségur, au contraire, qui se trouvait auprès de l'Empereur et porta l'ordre de charger, nous renseigne amplement sur les événements qui précédèrent la charge elle-même ; il paraît dès lors raisonnable de compléter le récit de Niegolewski par le commencement de celui de Ségur.

En dehors des récits dont nous venons de parler on trouve d'utiles renseignements dans les mémoires du général Lejeune, alors chef de bataillon aide de camp de Berthier et qui, sur l'ordre de l'Empereur, alla reconnaître dans le brouillard le défilé de Somosierra (²) : le

---

(1) Cette considération nous paraît d'une importance capitale lorsqu'il s'agit d'un récit de bataille ; c'est ce qui fait qu'il est impossible d'avoir confiance dans le récit de Ségur lorsqu'on a parcouru le terrain. En effet, le narrateur d'un combat a vu deux choses : l'action elle-même et le terrain sur lequel elle s'est passée ; si la mauvaise description du terrain prouve qu'il l'a mal vu, comment croire qu'il a mieux vu l'action elle-même ?

(2) Le général Lejeune fut envoyé en reconnaissance par l'Empereur dans le

général Lejeune composa aussi en 1810 un tableau représentant l'action de Somosierra ; on y trouve des indications aussi intéressantes que précises, et qui permettent d'affirmer que la charge partit des environs du pont, à 2,500 mètres du sommet du col.

Le célèbre Larrey, chirurgien de la Garde, et qui pansa sur le terrain les blessés de Somosierra, nous a laissé dans ses mémoires un court récit du combat ; il y mentionne plusieurs batteries masquées, mais ne donne pas de détails très particuliers sur le combat même.

De Pradt, qui était alors aumônier de l'Empereur et qui suivait son quartier général, traversa le défilé de Somosierra peu après le combat, et le raconte à sa façon ; il donne quelques détails sur les pertes des Français qu'il porte à 150 hommes et le nombre des prisonniers espagnols qu'il affirme n'avoir pas dépassé deux cents (1).

---

défilé de Somosierra le matin de la bataille : il parcourut dans le défilé deux ou trois kilomètres sans rien voir, à cause du brouillard, puis entendit des bruits de voix que le cavalier qui l'accompagnait attribua aux Espagnols. Lejeune mit alors pied à terre, traversa le pont situé au milieu du défilé et aperçut sous ce pont plusieurs prisonniers Français que les Espagnols y avaient jetés après les avoir égorgés ; continuant au delà, il fut bientôt arrêté par des mouvements de terre derrière lesquels beaucoup de monde parlait espagnol. Il reconnut le retranchement aussi bien qu'il put dans cet épais brouillard, puis revint rendre compte à l'Empereur de sa mission, non sans manquer d'être pris en route par un détachement espagnol qui remontait vers Somosierra.

Le récit du général Lejeune est important parce qu'il montre que la première batterie espagnole était située non loin du pont placé au milieu du défilé. En effet, c'est avant de franchir ce pont que Lejeune entendit les voix des Espagnols dans la batterie ; celle-ci ne pouvait donc pas être éloignée de plus de quelques centaines de mètres, et elle devait battre les abords du pont.

Au point de vue du combat proprement dit, le général Lejeune ne nous apprend rien de nouveau ; comme il n'a pas vu la charge elle-même, il ne fait que rééditer la version qui avait cours au moment où il écrivit.

(1) L'abbé de Pradt, plus tard archevêque de Malines, ancien député à la Constituante en 1789, émigré ensuite, ne rentra en France que grâce à l'appui de son parent, le général Duroc, qui le fit nommer aumônier de l'Empereur. C'est en cette qualité qu'il se trouvait à Somosierra ; il ne put donc pas voir

Enfin, il n'est pas jusqu'au modeste artilleur Manière qui, dans les *Souvenirs d'un canonnier de l'armée d'Espagne,* ne nous donne quelques renseignements précieux sur l'engagement de l'artillerie, au sujet de laquelle la plupart des relations sont restées muettes.

Il est fort regrettable que les Espagnols n'aient laissé aucune relation pouvant servir à contrôler les récits français et à faire la lumière complète sur ce combat jusqu'à présent assez mal connu; mais on a pu voir d'après ce qui précède que les matériaux que nous possédons sont suffisants pour permettre de reconstituer l'engagement avec quelque certitude.

Nous essaierons donc de raconter le combat de Somosierra tel que nous l'a fait concevoir sur les lieux mêmes l'étude des documents émanant des officiers présents à l'action. Nous publierons ensuite les plus

---

le combat et ne fit que traverser le champ de bataille avec le quartier général de l'Empereur. Sa relation n'a de valeur que par quelques aperçus originaux. Voici comment il s'exprime au sujet de Somosierra dans ses *Mémoires sur la Révolution d'Espagne :*

« Voici ce que fut le fameux Somosierra et le combat qui s'y donna : un grand chemin, en suivant de longues sinuosités, s'élève entre deux montagnes, qu'il sépare ; à leur sommet le passage est dominé par les montagnes qui forment deux plateaux ; d'autres montagnes, recourbées en arc, règnent sur tout l'espace parcouru par le grand chemin. Il faudrait une très grande armée pour les défendre et garnir ces plateaux. On peut y arriver de loin, et quand on en partage la position avec l'ennemi, la difficulté se trouve annulée, ce n'est plus qu'un combat en plaine, ce qui arriva dans cette occasion. L'armée française débordant les plateaux, en chassa les faibles gardiens. On ne peut attribuer qu'à l'habitude de tout enlever de vive force, à cette espèce de bravade qui fait dédaigner tout ce qui n'est pas attaque de front, le parti que prit Napoléon de faire attaquer par les lanciers polonais de la Garde une batterie de canons et quelques bataillons placés avantageusement dans cette gorge. Le mouvement général de retraite de la part des leurs les forçait à reculer. Les Polonais furent ramenés deux fois et ne l'emportèrent qu'à la troisième charge. Napoléon était au milieu du feu ; les balles et les boulets le dépassaient de beaucoup. Quoi qu'en aient dit les relations, le nombre des morts, du côté des Français, ne dépassa pas cinquante hommes ; celui des blessés, cent. Pour les prisonniers ennemis, on n'en comptait pas deux cents, tant la fuite avait été rapide. J'ai eu tout le temps de voir et de compter. Après le combat, on traversa les montagnes de la Castille et l'on arriva devant Madrid le 2 décembre. »

Vue prise

Cie BALAGNY. — *Campagne d'Espagne*, to

importants et les moins connus de ces documents pour permettre au lecteur de contrôler nos assertions.

SOMOSIERRA. — DESCRIPTION DU TERRAIN

C'est au col ou Puerto de Somosierra et près du village du même nom, à l'altitude de 1.443 mètres, que la route d'Aranda à Madrid atteint son point culminant en traversant la chaîne carpétanienne (¹) qui s'élève de part et d'autre à 2,000 mètres environ et forme une muraille continué du nord-est au sud-ouest, séparant les eaux du Tage de celles du Duero ; la pente du versant nord est relativement douce et uniforme, celle du versant sud a un profil plus tourmenté et irrégulier.

Le tracé général de la grande route dans ces parages n'a pas sensiblement varié depuis 1808 : il n'a subi que quelques modifications de détail, dont il sera question plus loin.

Sur le versant nord de la chaîne on accède au col par un défilé long de plus de cinq kilomètres, formé par la vallée du ruisseau de Duraton, qui prend sa source près du col même de Somosierra, et qui, après avoir coulé du sud au nord, tourne brusquement au nord-ouest à la sortie du défilé, et se dirige sur Siguero, Duraton et Sepulveda.

La véritable montée du col commence au sud de la Venta-de-Juanilla, à une altitude un peu supérieure à

_____

(1) « Cordillera Carpetana » ou « Cordillera Carpeto-Vetonica ».

1,150 mètres ; puis, à environ un kilomètre et demi de cette localité et cinq kilomètres du sommet du col, la route s'engage dans le défilé, et longe la rive droite du ruisseau, dont la vallée se trouve resserrée entre les contreforts de la Cebollera à l'est et du Barrancal à l'ouest ; deux kilomètres et demi plus loin, la vallée se resserrant de plus en plus par suite de l'escarpement de la rive droite, la route franchit le ruisseau sur un pont et passe sur la rive gauche. A partir de là, la vallée devient moins étroite, les contreforts de l'est finissant en pentes plus douces.

La route de 1808, après avoir franchi le pont, restait sur la rive gauche en décrivant plusieurs sinuosités avant d'arriver jusqu'au col, dont le sommet était marqué par une chapelle qui existe encore aujourd'hui : elle descendait ensuite sur le village de Somosierra, qu'elle traversait à 500 mètres plus loin, laissant à 300 mètres à gauche un groupe de quatre bâtiments isolés formés par une ancienne église, avec la cure et ses dépendances.

La route actuelle ne suit plus le même tracé : après avoir traversé le ruisseau sensiblement au même endroit que l'ancienne route, vers le milieu du défilé, elle repasse sur la rive droite à environ un kilomètre de là, reste sur cette rive jusqu'au sommet du col, puis redescend sur l'autre versant en passant par l'emplacement de l'ancienne cure, et laissant à droite le village de Somosierra : elle rejoint un peu plus loin le tracé de l'ancienne route.

Entre Somosierra et la Venta-de-Juanilla le pays était, et est encore stérile et désert, surtout dans le défilé, où l'on ne rencontre qu'un moulin auprès du

pont situé à peu près au milieu de la montée ; les
montagnes de droite et de gauche sont arides, escarpées et rocailleuses : elles sont en général d'un par-
cours difficile, mais malgré tout praticables aux troupes
à pied ; la route elle-même était à l'époque fort belle et
bien entretenue : c'était une des. meilleures de l'Espagne ; sa pente n'était pas très forte ; depuis l'entrée
du défilé jusqu'au sommet du col, sur une longueur de
plus de 5,000 mètres, elle s'élevait de 300 mètres environ ; sa largeur était suffisante pour laisser passer deux
voitures ou quatre chevaux de front.

Tel était l'obstacle retranché et défendu par 8,000 à
9,000 hommes, que les. Français avaient à surmonter
pour s'ouvrir le chemin de Madrid. Leurs adversaires
avaient parfaitement compris que pour défendre le passage, il fallait tenir les hauteurs des deux ˜côtés des
défilés, et interdire l'accès du col en barrant la route
et en la tenant sous le feu de l'artillerie ; mais les sinuosités de cette route faisaient qu'on ne pouvait la
battre que sur des longueurs restreintes, et c'est probablement pour remédier à cet inconvénient que les
Espagnols placèrent de l'artillerie aux coudes principaux de la route : ils pouvaient de la sorte la battre
par portions successives sur une grande étendue et
soutenir par le feu du canon les tirailleurs échelonnés
sur les contreforts de droite et de gauche. Les sinuosités de la route(¹) donnant lieu à quatre coudes principaux
entre le col et le pont, les Espagnols, qui disposaient
de 16 pièces d'artillerie de campagne, placèrent près
de chaque coude une batterie de quatre pièces.

---

(1) L'ancienne route n'existe plus, mais on peut encore se rendre compte sur
le terrain des courbes qu'elle décrivait en suivant le pied des contreforts de la
montagne, et des coudes qui en résultaient.

La première de ces batteries du côté du nord établie
près du coude, à 2,000 mètres du col, battait les abords
du pont à la distance de 5oo à 6oo mètres; elle était
protégée par une assez large coupure avec une simple
levée de terre; en avant du pont lui-même, la route
était également coupée en plusieurs endroits.

La batterie la plus éloignée de l'ennemi occupait le
sommet du col, tout à proximité de la chapelle qui
avait été crénelée; cette batterie était régulièrement
construite avec parapet et embrasures, mais elle n'était
pas fermée à la gorge : elle enfilait la route et la vallée
sur une longueur de 5oo à 6oo mètres.

Les autres batteries étaient placées aux coudes intermédiaires; l'une à 6oo mètres du sommet du col,
au tournant de la route, l'autre à 1,3oo mètres environ,
au coude suivant : il ne paraît pas qu'elles aient été
retranchées.

Contrairement à ce que nous venons de dire au sujet du placement de l'artillerie, tous les historiens ([1]) ont
jusqu'ici affirmé unanimement que les Espagnols avaient
disposé leur artillerie en une masse unique dans un
grand retranchement construit au sommet du col à l'est
de la route et contenant 16 pièces. Il suffit d'avoir vu
le terrain pour comprendre qu'un si grand nombre de
pièces eût été inutile en cet endroit, d'où la route ne
pouvait être battue que sur une longueur de 5oo mètres
et deux pièces ou quatre au maximum suffisaient pour
cela; la route tournait ensuite à gauche, et ne redevenait
visible (à 1,000 ou 1,100 mètres de la chapelle) et hors

_____

([1]) Il faut en excepter M. le général Pouzerewski, qui, dans une brochure
publiée il y a quelques années, a reproduit le manuscrit de Dautancourt, annoté
par Krasinski, et a attiré l'attention sur la position de l'artillerie espagnole.

portée de l'artillerie, que si l'on s'élevait de 300 mètres environ sur le mamelon à l'est du col, sur l'emplacement où fut plus tard construite une redoute française.

Il est donc inadmissible que les Espagnols aient placé seize pièces au sommet du col; ils n'auraient pas trouvé l'emploi de cette artillerie, et auraient été d'ailleurs embarrassés pour la mettre en batterie; la disposition que nous avons indiquée plus haut répond mieux à la nature du terrain et à la logique des faits; elle se trouve d'ailleurs confirmée par les indications des croquis de l'époque qui indiquent l'emplacement de l'artillerie du col, et attribuent aux retranchements une longueur totale de 40 mètres environ; il n'y a pas là vraiment l'espace nécessaire pour 16 pièces de canon.

L'artillerie ne pouvait d'ailleurs que remplir l'office de barrage de fond en couvrant la route de mitraille sur une grande étendue; la véritable défense du défilé devait avoir lieu sur les hauteurs de la Cebollera et du Barrancal, et sur les contreforts qui en dérivent; les Espagnols paraissaient d'ailleurs l'avoir compris, et avaient placé leurs bataillons en échelons sur les hauteurs au nord-est et au nord-ouest de Somosierra, avec des tirailleurs qui garnissaient les crêtes des contreforts s'abaissant vers la route, et qui pouvaient couvrir de feux tout ce qui s'avancerait sur la route ou parallèlement à elle; le gros des forces espagnoles se trouvait dans les environs du col et principalement sur le versant ouest de la vallée qui avait été mieux garni de troupes parce qu'il était plus praticable que le versant est.

COMBAT DE SOMOSIERRA

(30 novembre 1808.)

L'Empereur quitta de bonne heure son quartier général de Boceguillas et se porta au delà de Cerezo-
de-Abajo avec la cavalerie de la Garde impériale. Il
s'arrêta pour déjeuner dans une maison abandonnée à
gauche de la route et à proximité de l'entrée du défilé,
pendant que le maréchal Victor se portait sur Somosierra avec la division Ruffin renforcée de six pièces
d'artillerie ; ces troupes commencèrent à entrer dans
le défilé vers 9 heures du matin ; les autres divisions
du 1ᵉʳ corps, parties de plus loin, ne pouvaient guère
y parvenir avant le milieu de la journée.

Un brouillard très épais bornait la vue à courte distance et nuisait à la rapidité de la marche en dehors
de la route. Aussi, dès que les voltigeurs français
eurent pris le contact des tirailleurs espagnols et engagé la fusillade, la division Ruffin ne progressa plus
qu'avec lenteur : le mouvement général fut encore retardé par la nécessité où l'on se trouva, afin de donner
passage à l'artillerie, de réparer la route coupée en plusieurs endroits ; c'est le général Bertrand qui fut chargé
de ce travail par l'Empereur.

Pendant ce temps le maréchal Victor avait pris ses
mesures pour l'attaque de la position : d'après ses
ordres, le 96ᵉ régiment de ligne s'avança au centre en
suivant la route de Madrid dans le fond du défilé : le
9ᵉ régiment d'infanterie légère s'engagea sur les hau-

teurs du Cerro Barrancal à l'ouest de la route, et le
24ᵉ de ligne suivit les pentes des hauteurs de la Cebollera à l'est : ces deux régiments devaient marcher parallèlement à la route, balayer tout ce qui se trouvait
sur les hauteurs, déborder par conséquent les défenseurs du défilé, et ouvrir ainsi le passage à la colonne du centre.

Mais ce fut le mouvement inverse qui se produisit ;
le 96ᵉ de ligne, marchant sur une bonne route, arriva
assez rapidement à la faveur du brouillard vers le milieu du défilé, aux environs du pont sur lequel la route
traversait le ruisseau ; il y fut arrêté par le tir à mitraille d'une batterie espagnole qui enfilait la route, et
le feu plongeant des tirailleurs déployés à droite et à
gauche sur les deux flancs du défilé.

Les deux autres régiments, au contraire, ayant à
parcourir au milieu du brouillard des montagnes escarpées et difficiles, se trouvèrent bien en arrière du
96ᵉ au moment où ce dernier fut arrêté : dans ces
conditions, le 96ᵉ fut obligé d'attendre que les deux
autres régiments eussent dessiné leur mouvement.

Afin de soutenir le 96ᵉ et de riposter au feu de la
batterie qui enfilait la route, le maréchal Victor fit
avancer l'artillerie du général Sénarmont; mais à cause
du peu de largeur du défilé en cet endroit, on ne put
mettre en batterie que deux pièces, qui entamèrent
aussitôt la lutte avec les quatre pièces espagnoles, mais
ne parurent pas produire grand effet.

En même temps, les voltigeurs du 96ᵉ s'élevaient
sur les pentes à droite de la route et gagnaient peu à
peu du terrain sur les tirailleurs espagnols ; mais le
combat s'annonçait comme devant être encore long et

pénible, tout au moins jusqu'au moment où les 9ᵉ léger
et 24ᵉ de ligne auraient fait sentir leur action.

Il pouvait être alors entre 11 heures et midi ; le soleil avait fini par dissiper le brouillard, et peu à peu
le temps était devenu beau. L'Empereur informé de
ce qui se passait, et impatienté en voyant la lenteur
du mouvement de son infanterie, se porta en avant
avec la cavalerie de la Garde, qui fut arrêtée vers l'entrée du défilé ; il y pénétra suivi seulement des escadrons de service, et poussa jusque dans le voisinage de
la batterie française pour examiner de ses propres
yeux la situation ([1]) ; lorsqu'il s'arrêta il n'avait auprès
de lui que le 3ᵉ escadron des chevau-légers et deux
pelotons des chasseurs de la Garde. L'endroit où il
s'était arrêté se trouvait battu par le feu de l'ennemi,
mais sans prendre garde aux balles qui sifflaient à ses
oreilles, il explora longuement le ravin avec sa lunette,
et il paraissait absorbé dans sa contemplation, lorsque
tout à coup il donna l'ordre de faire avancer l'escadron
des chevau-légers polonais, qui était de service ([2]) au-

([1]) L'Empereur possédait à ce moment quelques renseignements assez précis
sur les dispositions prises par les Espagnols dans le défilé. En effet, il avait reçu
le matin les rapports de quatre anciens soldats français enrôlés de force dans
l'armée espagnole, et qui venaient de déserter ; ils disaient que la position était
hérissée d'artillerie, et ils durent donner à l'Empereur quelques renseignements
sur l'emplacement de cette artillerie.

De plus, l'Empereur venait de recevoir le rapport du chef de bataillon Lejeune,
envoyé en reconnaissance dans la gorge de Somosierra et qui, dans le brouillard, avait reconnu presque en la touchant la première batterie espagnole ; il
dut la dépeindre à l'Empereur comme étant peu protégée par des levées de terre
faites à la hâte. L'ordre de charger les batteries que donna ensuite l'Empereur
provenait donc peut-être moins d'une inspiration soudaine que d'un raisonnement
réfléchi.

([2]) Le service auprès de la personne de l'Empereur était fourni chaque jour
par un escadron de chacun des régiments de cavalerie de la Garde, et comprenait ainsi : un escadron de grenadiers à cheval, un de dragons de la Garde, un
de chasseurs de la Garde, et un de chevau-légers polonais.

Le 30 novembre 1808 l'escadron de service des chevau-légers était le 3ᵉ escadron, commandé par le chef d'escadron Kozietulski en l'absence du titulaire,

près de lui, et de le faire charger sur la route pour
enlever les batteries espagnoles([1]). Le général Montbrun,
qui commandait ce jour-là la cavalerie d'avant-garde,
prit avec lui le colonel de Piré, aide de camp de Berthier, et partit avec l'escadron pour le faire charger ;
mais au moment de le lancer, à la vue de l'artillerie qui
balayait la route par laquelle il fallait forcément passer,
il jugea la tentative par trop téméraire et exempte de
chance de succès; il abrita donc l'escadron dans un pli
de terrain et envoya dire à l'Empereur que la charge
était impossible devant de pareils obstacles([2]). A cette
nouvelle, l'Empereur qui voulait en finir rapidement,
s'irrita, et déclarant qu'il ne connaissait pas le mot impossible, réitéra son ordre précédent; il envoya le major
Philippe de Ségur, qui se trouvait près de lui, le transmettre à l'escadron polonais. Ce fut le chef d'escadron
Kozietulski qui le reçut. Devant la volonté nettement
affirmée de l'Empereur, l'hésitation n'était plus permise

le chef d'escadron Stokowski, et composé de deux compagnies : la 7e, commandée par le capitaine Pierre Krasinski, et la 3e, commandée par le capitaine
Dziewanowski. Cet escadron de service était à ce moment séparé du reste du
régiment, qui était arrêté vers l'entrée du défilé.

(1) Le colonel de Gonneville, d'un côté, et le major Zwierkowski de l'autre,
déclarent dans leurs *Souvenirs* que l'Empereur envoya d'abord dans le défilé
les chasseurs de la Garde, et que ceux-ci revinrent après avoir échoué dans leur
attaque contre l'artillerie. Il est possible que les chasseurs se soient portés en
avant pour reconnaître de plus près l'artillerie, mais il est fort improbable qu'ils
aient chargé, sans quoi ils auraient subi des pertes aussi considérables que les
Polonais, et ce ne fut pas le cas, car ils revinrent sains et saufs.

Voici ce que dit à ce sujet Zwierkowski dans ses *Mémoires :*

« L'Empereur s'arrêta au-dessous du défilé, longtemps il regarda avec sa lu-
« nette, enfin il envoya, avec son adjudant, un demi-escadron de chasseurs à
« cheval un peu en avant dans le défilé, mais les batteries espagnoles se firent
« entendre, et nous n'aperçûmes plus que le reste des chasseurs qui revenait. »

(2) D'après le colonel de Gonneville, ce serait le colonel de Piré qui serait
venu dire à l'Empereur, de la part de Montbrun, que la charge était impossible; mais quelques instants après l'Empereur envoya auprès de Montbrun, qui
se trouvait près des Polonais, son aide de camp Ségur, qui raconte qu'il trouva
Piré auprès de Montbrun ; il est donc probable que Piré était resté là où il
était, c'est-à-dire auprès du général Montbrun.

et Kozietulski n'en eut pas ; il s'élança aussitôt en tête
de son escadron qui prit le galop en restant en colonne par quatre, le peu de largeur de la route et du
défilé ne permettant pas d'autre formation.

Ségur se joignit aux Polonais, et se trouva ainsi le
seul Français qui prît part à leur magnifique chevauchée.

Aussitôt lancé, l'escadron fut assailli sur son front
par la mitraille de l'artillerie et sur ses flancs par le feu
des troupes postées sur les hauteurs ; il subit en peu
de temps des pertes considérables qui causèrent forcément quelque désordre et peut-être un moment d'hésitation ; mais la charge retrouva vite son élan, et les
Polonais continuèrent à galoper à toute vitesse vers les
canons ennemis ; quelques cavaliers seulement, épou-
vantés par le feu terrible qui s'abattait sur la colonne,
restèrent en arrière s'abritant dans un pli du terrain.

Ils furent vite ralliés et entraînés en avant par le
lieutenant Niegolewski qui revenait de reconnaissance
avec son peloton et galopait à la suite de l'escadron
pour se joindre à la charge. Malgré l'épouvantable grêle
de projectiles qui venaient semer la mort dans leurs
rangs, les Polonais poursuivirent leur chemin à toute
allure et enlevèrent successivement les trois batteries espagnoles placées aux angles de la route ; lorsqu'ils parvinrent au sommet du col sur la quatrième
batterie qui était solidement retranchée, ils se trouvaient réduits à une poignée de cavaliers sous le commandement du lieutenant Niegolewski, le seul officier
resté indemne ; tout le reste de l'escadron était tombé
en chemin. Malgré leur petit nombre, les braves qui
restaient enlevèrent encore la dernière batterie, mais
la plupart de ceux qui accomplirent ce dernier exploit

tombèrent à leur tour ou se dispersèrent, et le vaillant
Niegolewski, renversé sous son cheval abattu, reçut
onze blessures près des canons qu'il venait d'enlever (¹).
L'escadron était presque détruit, mais le but cherché
par l'Empereur était atteint; cette charge extraordinaire avait produit sur les Espagnols un tel effet de démoralisation, qu'ils abandonnèrent leur position et s'enfuirent sans attendre le choc des escadrons envoyés à la
suite du 3ᵉ. Lorsque le 2ᵉ escadron des chevau-légers et
les chasseurs de la Garde, lancés par l'Empereur pour
soutenir la première charge, parvinrent au sommet
du col de Somosierra, ils n'avaient, à leur grande surprise, éprouvé aucune résistance, et n'avaient perdu ni
un homme ni un cheval; c'est le contraste frappant entre
les pertes subies par le 3ᵉ escadron et le néant de celles
supportées par le 2ᵉ qui prouve d'une façon péremp-
toire que tout l'effet fut produit par le 3ᵉ et que lors de
la charge du 2ᵉ les Espagnols ne se défendaient déjà
plus. La charge eut donc des résultats foudroyants,
et le magnifique dévouement d'une poignée d'hommes
résolus suffit à briser la résistance de huit à neuf
mille (²) Espagnols bien postés et soutenus par seize
pièces d'artillerie.

---

(1) D'après le colonel de Gonneville, la première batterie seule aurait tiré, et
les trois autres auraient été abandonnées à la vue des Polonais ; le fait est possible et expliquerait en partie le succès de la charge, mais il n'est pas absolument certain, et dans tous les cas ne doit pas s'appliquer à toutes les batteries
espagnoles, car d'après Niegolewski, le capitaine Dziewanowski eut la jambe fracassée par un boulet devant la 3ᵉ batterie; cette batterie au moins a donc tiré.

(2) On peut admettre ce chiffre comme à peu près certain : l'armée qui défendait le passage comprenait en tout 13,000 hommes, dont 9,000 à Somosierra et
4,000 à Sepulveda ; la pièce ci-dessous, qui date du 30 novembre 1808, donne à
ce sujet d'intéressants renseignements :

RAPPORT FAIT A S. A. LE PRINCE DE NEUCHATEL PAR LE CHEF D'ESCADRON
CURNIEU, SON AIDE DE CAMP.

« Le lieutenant-colonel Atanazio de San Lazar, commandant le régiment d'infanterie de la Couronne, rapporte que les troupes espagnoles attaquées ce matin

L'escadron polonais avait acheté son succès au prix
de lourdes pertes ; tous les officiers étaient restés sur
le terrain (¹) ; seul le chef d'escadron Kozietulski, ayant
eu son cheval tué au début de la charge, put se retirer
sans blessures, mais couvert de contusions, avec ses
habits criblés de balles. Le major Philippe de Ségur,
le seul Français qui prît part à la charge, avait reçu
trois dangereuses blessures ; cinquante-sept chevau-légers étaient tués ou blessés, vingt-quatre étaient contusionnés et étaient demeurés en arrière avec beaucoup
d'autres dont les chevaux s'étaient abattus. L'effectif
de l'escadron étant de 150 hommes environ (²), on

---

par S. M. l'Empereur et Roi se montaient à environ 9,000 hommes d'infanterie
et 150 chevaux commandés par le maréchal de camp Don José de San Juan.

« Ces troupes se composaient ainsi qu'il suit :

Le régiment de la Couronne	2 bataillons.
Le régiment de Cordoue.	3 —
Les milices de Cordoue	2 —
Le régiment de la Reine.	3 —
La milice de Jaen.	2 —
Les milices de Xérès, de Ecija, de Ronda et de Tolède .	3,000 hommes.

« Il y avait ici 15 pièces de canon et 10 à Sepulveda.

« Ce corps de troupe avait perdu ses communications avec celui de Sepulveda
qui se montait à 4,000 hommes d'infanterie et 600 chevaux.

« Il n'attendait d'autre renfort que les deux bataillons venant de Madrid.

« Le colonel prisonnier assure qu'il n'existe plus de troupes sur la route de
Madrid, ni d'intelligence entre les chefs espagnols. »

(1) Voici les noms de ces braves : tués, les lieutenants Rowicki, Rudowski et
Krzyzanowski ; blessés, les capitaines Pierre Krasinski et Dziewanowski (celui-ci
mourut le 8 décembre), le lieutenant Niegolewski ; ce dernier fut atteint de deux
balles et de neuf coups de baïonnette.

Tous ces officiers appartenaient aux 3ᵉ et 7ᵉ compagnies, qui formaient le
3ᵉ escadron du régiment des chevau-légers.

(2) Le régiment des chevau-légers comprenait 4 escadrons forts chacun de
deux compagnies de 100 hommes en moyenne. D'après une situation du 15 novembre, le régiment comptait 678 hommes présents (officiers non compris), soit
85 hommes par compagnie et 170 hommes par escadron ; si l'on tient compte
des hommes et des chevaux détachés ou éclopés, on voit que l'effectif du 3ᵉ escadron, comprenant les 3ᵉ et 7ᵉ compagnies, devait atteindre environ 150 sabres,
y compris les officiers.

Ségur, en fixant l'effectif de l'escadron à 80 hommes, a commis une erreur et
a sans doute voulu parler d'une seule compagnie. Or, il est bien certain que la
charge fut exécutée par les 3ᵉ et 7ᵉ compagnies, formant le 3ᵉ escadron.

Le général Zaluski, en l'évaluant à 125 hommes, officiers non compris, se rap-
proche davantage de la vérité, mais n'est pas d'accord avec les chiffres de la situation, qui donnent 85 hommes par compagnie.

voit que les pertes relatives qu'il subit furent énormes, et qu'elles témoignent hautement en faveur de l'héroïsme qu'il déploya. Cet héroïsme n'a pas lieu de beaucoup surprendre, si l'on réfléchit que le régiment des chevau-légers avait été recruté parmi les towarzysz, ou cavaliers nobles servant presque depuis l'enfance, familiarisés dès leur plus jeune âge avec le maniement des armes et la conduite du cheval, et élevés dans des sentiments d'honneur et d'amour du métier militaire ; la bravoure naturelle de ces vrais chevaliers était doublée par la conviction qu'ils avaient de servir leur patrie en se sacrifiant pour l'homme qui était à leurs yeux le futur restaurateur de la Pologne.

La charge commença vers le milieu du défilé (¹) et fut menée sans interruption jusqu'au sommet du col, couvrant un espace de 2,5oo mètres environ ; elle ne dura donc pas plus de sept à huit minutes ; les résultats qu'elle procura paraissent au premier abord tellement extraordinaires, que les historiens en général ont refusé d'en attribuer l'obtention au seul escadron polonais ; les Espagnols, notamment, déclarent que si leurs troupes abandonnèrent la position, ce résultat fut bien dû en partie à la charge elle-même, mais surtout aux mouvements de flanc dont les menaçait l'infanterie française qu'ils apercevaient s'avançant sur les hauteurs de la Cebollera et du Barrancal. Il est probable en effet que, le brouillard s'étant levé, les Espagnols purent voir les 9ᵉ régiment d'infanterie légère et 24ᵉ de ligne

---

(1) Il ne saurait plus y avoir aucun doute à ce sujet ; la charge partit des environs du pont, comme le montre très clairement le tableau du général Lejeune, qui vient ajouter une preuve matérielle à toutes les preuves morales données par les relations des témoins oculaires.

marcher sur eux par les crêtes à droite et à gauche de
la route, mais il faut observer d'abord que ces régiments arrivaient de front et non pas de flanc contre les
bataillons espagnols qui garnissaient les mêmes crêtes,
ensuite qu'ils se trouvaient encore fort éloignés de la
position espagnole, puisque c'est précisément la lenteur
de leur marche dans un terrain difficile qui incita l'Empereur, impatient d'en finir, à lancer sa cavalerie pour
faire brèche au centre de la position ennemie.

De plus, si l'on considère que le 3ᵉ escadron, qui
chargea le premier, laissa sur la route près des deux
tiers de son effectif, on doit convenir que les Espagnols
qui garnissaient les abords de la route opposèrent aux
cavaliers polonais la défense la plus énergique; mais on
constate aussi que cette résistance cessa avec la charge
même du 3ᵉ escadron, et que le 2ᵉ, qui le suivit quelques
minutes après, devançant de bien loin l'infanterie, parvint au col sans avoir perdu un homme ni un cheval.

Les Espagnols abandonnèrent donc leur position
pendant les quelques minutes qui séparèrent les deux
charges; dans ces conditions est-il logique d'admettre
qu'un résultat aussi rapide fut dû à la vue d'une infanterie hors de portée? Il paraît plus naturel de l'attribuer
à l'effet moral immédiat produit par la première charge
qui avait passé malgré un feu terrible, et foncé jusqu'au
sommet du col en enlevant toute l'artillerie; un pareil
spectacle dut faire plus d'impression sur les troupes
inexpérimentées qui défendaient le passage que la
menace lointaine de l'infanterie.

Il est juste d'ajouter cependant que, pour éloignée
qu'elle fût, cette menace n'était pas vaine, et qu'en
sus des 9ᵉ légère et 24ᵉ de ligne qui s'avançaient par

les crêtes et à mi-pente, le 96ᵉ régiment d'infanterie qui suivait la route avait, sur l'ordre du général Barrois, déployé ses tirailleurs sur les pentes à droite de la route et s'avançait vers le col à la suite de la cavalerie, refoulant devant lui les tirailleurs espagnols (¹).

Les chevau-légers polonais se trouvaient donc directement soutenus par une forte troupe d'infanterie, dont la vue contribua probablement à la déroute de l'ennemi fort ébranlé par l'impétuosité de la charge ; mais rien de tout cela ne diminue le mérite des Polonais, car si les troupes à pied eurent leur part obligée dans le succès final, impossible sans elles, il n'en est pas moins vrai que le résultat principal fut obtenu en quelques instants par le coup d'audace des chevau-légers, alors que l'infanterie n'y serait peut-être parvenue qu'après plusieurs heures. Les Polonais méritèrent donc pleinement la flatteuse marque d'estime que leur donna l'Empereur le lendemain de la bataille, lorsque ayant fait rassembler le régiment et fait sonner les trompettes, il se porta devant le front des escadrons, et se découvrant devant eux avec le geste plein d'ampleur qui lui était familier, il leur dit d'une voix forte : « Vous êtes dignes de ma vieille Garde, je vous reconnais pour la plus brave cavalerie (²). »

Sans la charge héroïque des chevau-légers, l'affaire de Somosierra se serait réduite aux modestes propor-

---

(1) L'infanterie n'éprouva pas une très forte résistance et elle perdit peu de monde dans toutes ces actions de détail : ses pertes exactes n'ont pas été relevées, mais on peut les estimer sûrement à moins de 100 hommes ; ce qui est certain, c'est que dans la division du général Ruffin, il y eut en tout 5 officiers blessés : au 96ᵉ le colonel Calès et les capitaines Duclos et Vandermaezen ; au 24ᵉ, les lieutenants Castillard et Joseph. (Voir MARTINIEN, *Tableaux des officiers tués et blessés pendant les guerres de l'Empire.*)

(2) L'Empereur récompensa magnifiquement le régiment en lui accordant

tions d'un petit engagement de montagne ; de fait, le combat lui-même coûta peu de monde aux deux partis : les pertes des Français ne s'élevèrent pas à 150 hommes tués ou blessés ; celles des Espagnols furent également très faibles et ils ne laissèrent entre nos mains que quelques centaines de prisonniers ; il en fut tout autrement lors de la poursuite, pendant laquelle notre cavalerie en fit plusieurs milliers (¹).

Mais si le combat présenta en lui-même peu d'importance, il n'en acquit pas moins une célébrité égale à celle des grandes batailles grâce à l'épisode brillant fourni par la charge des Polonais. De plus, si les résultats immédiats du combat étaient minimes, les suites qu'il entraînait étaient considérables, car la charge de

---

16 croix de la Légion d'honneur, dont 8 pour les officiers et 8 pour la troupe. Voici un état des officiers et sous-officiers dont les mérites furent le plus appréciés :

ÉTAT NOMINATIF ET GRADUEL DES OFFICIERS, SOUS-OFFICIERS ET CHEVAU-LÉGERS QUI SE SONT PARTICULIÈREMENT DISTINGUÉS AU COMBAT DE SOMOSIERRA.

M. Kozietulski, chef d'escadron commandant la première charge, a eu son cheval tué sous lui, une contusion à la jambe, ses habits criblés de balles. Cet officier a d'ailleurs toujours mérité d'être autant distingué par son zèle, son assiduité à ses devoirs et son excellente conduite, que par sa bravoure et son intelligence ;

M. Krasinski, capitaine commandant la 7ᵉ compagnie, blessé d'un biscaïen, a rallié la troupe lorsque le capitaine Dziewanowski fut mis hors de combat ;

M. Niegolewski, lieutenant de la 3ᵉ compagnie, a reçu 7 blessures sur les pièces, où il est arrivé des premiers ;

M. Cichocski, maréchal des logis chef de la 7ᵉ compagnie, a pris un drapeau et s'est fait remarquer par sa bravoure.

Fait par moi, colonel major,
Delaitre.
Madrid, le 10 décembre 1808.

(1) Voici ce que dit à ce sujet le général Krasinski, qui commandait alors les chevau-légers :

« Dans une position des mieux retranchées, j'ai pris avec mon régiment, pendant la bataille de Somosierra, 14 canons, 5 drapeaux et près de 3,000 prisonniers. Le général Savary, après la bataille, daigna me dire devant le régiment que le monarque était content de nous, et que mon passage à travers le défilé de Somosierra peut se comparer aux plus valeureuses actions des régiments français. »

(*Krasinski à Vogel*, publié par M. Rembowski.)

ne

l'escadron polonais, en brusquant le dénouement, avait ouvert à l'Empereur le chemin de la capitale.

Le reste du régiment des chevau-légers (') fut lancé à la suite du 2ᵉ escadron et des chasseurs de la Garde, et poursuivit les fuyards jusqu'à la nuit sur la route de Madrid ; il ne s'arrêta qu'au delà de Buitrago, où l'Empereur se porta le soir même avec la cavalerie de la Garde et les divisions de dragons La Houssaye et Latour-Maubourg ; la cavalerie du général Lasalle avait été lancée sur les traces du corps qui avait évacué Sepulveda, dans la direction de Ségovie.

Documents relatifs au combat de Somosierra

EXTRAITS DE LA LETTRE DU COLONEL NIEGOLEWSKI
AU GÉNÉRAL ZALUSKI
AU SUJET DE L'AFFAIRE DE SOMOSIERRA (²).

La veille du combat, le 29 novembre 1808, le 3ᵉ escadron des chevau-légers polonais, de service auprès de l'Empereur, l'escorta jusqu'à Boceguillas, où les chasseurs et les grenadiers nous remplacèrent auprès de Sa Majesté, tandis que nous allions nous établir entre ce village et la Somosierra, qui était occupée par un corps d'armée espagnol fort de 13,000 hommes, sous les ordres du général San Juan Benito, et non d'Arazoga, comme vous le dites dans

---

(1) Il faut observer que les chevau-légers, en 1808, n'étaient pas armés de la lance, quoique beaucoup d'historiens s'obstinent à la leur donner à ce moment, les confondant ainsi avec les lanciers polonais des régiments de la Vistule, qui servaient sous le maréchal Moncey, dans la vallée de l'Èbre. Les chevau-légers reçurent la lance en 1809 après la bataille de Wagram, et devinrent chevau-légers-lanciers.

(2) Le général Zaluski avait fait remettre au colonel Niegolewski une relation extraite de ses *Mémoires,* en le priant de reviser et de compléter ce qui avait trait au combat de Somosierra ; le colonel Niegolewski répondit, le 1ᵉʳ octobre 1852, par la lettre ci-contre dans laquelle il raconte en détail l'affaire de Somosierra et fait remarquer au général Zaluski quelques inexactitudes de détail. Cette lettre figure dans la brochure publiée par Niegolewski en 1855 : *Les Polonais à Somosierra.*

vos *Mémoires*. Un poste d'infanterie faisait, au pied de la montagne, la pointe de notre avant-garde. Le 1er, le 2e et le 4e escadron de notre régiment étaient demeurés pour passer la nuit avec le reste de la Garde à cheval au delà de Boceguillas.

Le soir de ce même jour, je fus envoyé avec mon peloton en reconnaissance sur les derrières du quartier général. En revenant, je rencontrai le lieutenant Kruszewski, de la 8e compagnie, le même qui, sous les murs de Dresde, en 1813, ayant eu la jambe emportée par un boulet, mourut entre mes bras. Je troquai avec lui un cheval alezan de belle apparence contre un kosak bai clair, bien membré ; j'ajoutai même l'appoint de quelques napoléons, comme si j'eusse pressenti qu'une monture vigoureuse m'allait être plus nécessaire qu'un cheval de parade.

Le 30 novembre 1808, de grand matin, tous les officiers n'étaient pas encore levés quand nous aperçûmes l'Empereur qui arrivait à cheval. Le lieutenant Étienne Krzyzanowski dormait profondément, et c'est à peine si je pus le réveiller : il semblait prévoir que c'était son dernier sommeil avant le sommeil éternel, où devait bientôt le plonger une mort héroïque.

L'Empereur se porta en avant, vers les montagnes, pour reconnaître le terrain. En revenant, il mit pied à terre, et s'assit sur un escabeau près d'un feu qui flambait sous un arbre. Notre escadron qui était de service auprès de l'Empereur reçut l'ordre de monter à cheval, et vint se ranger en colonne par pelotons au pied des montagnes, sur la route, devant la tranchée que les Espagnols y avaient pratiquée, pour rendre encore plus difficiles les abords d'une position déjà jugée imprenable, et derrière laquelle le général Benito San Juan campait avec ses 13,000 Espagnols. L'épaisseur du brouillard, qui ne permettait pas de voir à deux pas de soi, fut cause que nous prîmes position presque sous les batteries ennemies, qui ne manquèrent pas de nous accueillir par une volée de mitraille, mais sans blesser personne. Je ne pus m'empêcher, jeune officier que j'étais, de faire remarquer à mes camarades que si les Espagnols avaient pointé un peu plus bas ils nous auraient écharpés ; le lieutenant Rudowski m'ayant entendu, me dit avec vivacité : « Tais-toi donc ; ils peuvent t'entendre et diriger leurs coups d'après ta voix. » Sans doute il ne pressentait pas que, dans quelques heures, après avoir entendu les biscaïens dans la brume, il irait les chercher, pour tomber de la mort des braves en s'emparant de ces canons qui maintenant ne faisaient que nous saluer. Après avoir reçu le salut des batteries espagnoles, notre escadron se forma en bataille sur la droite de la chaussée.

Bientôt nous fûmes rejoints par le capitaine Jean-Népomucène Dziewanowski, qui avait été appelé auprès du général Montbrun, commandant l'avant-garde.

La première chose qu'il fit fut de demander quel était l'officier de service, car le général lui avait donné l'ordre d'envoyer un officier avec un peloton dans la montagne vers la droite, pour y prendre langue. On s'écria de tous côtés : « C'est le tour de Niegolewski. » J'étais le plus jeune officier de l'escadron, et, suivant l'usage militaire, bon ou mauvais, de toujours dauber le plus jeune, on voulait que je fisse la corvée. Mais ce ne pouvait être mon tour puisqu'il n'y avait que quelques heures que j'étais revenu de la reconnaissance ; toutefois je dis au capitaine que je marcherais volontiers s'il me permettait de choisir mes hommes.

Il y consentit sans peine, et je fis un choix des plus braves chevau-légers de l'escadron. On peut se faire facilement une idée du peloton que je me composai, puisque c'était l'élite de la compagnie formée des braves, comme la charge le fit bientôt voir. Je regrette qu'un demi-siècle presque entièrement écoulé ait effacé de ma mémoire les noms de la plupart de ces valeureux soldats. Je me rappelle seulement les noms des sous-officiers Sokolowski et Woyciechowski, du maréchal des logis chef de la 3e, Trawinski, des soldats Stefanowicz, Ryndeyko, Norwillo, Kasarek, Oyrzanowski et Poninski.

Je m'engageai donc dans la montagne et m'enfonçai dans des lieux sans route, au milieu de gorges où serpentaient d'étroits sentiers qu'il fallait suivre en marchant par deux et quelquefois par un ([1]). . . . .

A mon retour, l'infanterie française commençait déjà à gravir les escarpements de droite et de gauche. Ees détachements, envoyés pour déloger les Espagnols embusqués des deux côtés de la route, furent obligés d'escalader des montagnes et des rochers. L'infanterie espagnole, sans opposer une grande résistance, se rallia au camp de Don Benito San Juan que les Français ne pouvaient atteindre qu'en emportant le fameux défilé. Dans cette position, les Espagnols se croyaient invincibles; la Junte elle-même, ne quittant point Aranjuez, envoyait sur ce point toutes les forces concentrées autour de Madrid, convaincue qu'elle était que, le défilé bien gardé, aucune puissance au monde ne parviendrait à forcer cette porte de la capitale de l'Espagne.

La Junte et Don Benito considéraient donc comme vains tous les efforts de l'armée française, dans la conviction que l'Empereur ne jetterait pas le gros de son armée dans ces gorges. Toute l'attention, tous les efforts de l'ennemi étaient donc dirigés sur ce boulevard de l'Espagne, qu'il tenait pour inexpugnable. En effet, le défilé, tel que les Espagnols l'avaient fortifié, paraissait *infranchissable ;* car, outre l'étranglement du chemin entre des rochers dont toutes les anfractuosités et les sommets étaient garnis d'infanterie, le défilé formait quatre coudes, et non trois comme vous l'écrivez dans votre récit, et à chacun de ces angles se dressaient quatre canons. Ainsi, non seulement l'infanterie des versants et des sommets, mais encore seize bouches à feu, rangées sur quatre étages, défendaient le passage et balayaient tout ce qui se présentait sur la route.

Je ne puis être certain de ce qui s'est passé à l'entrée du

([1]) Suit le récit, sans grand intérêt, d'une reconnaissance au cours de laquelle un chevau-léger, nommé Poninski, fit prisonnier un Espagnol : Niegolewski rejoint ensuite son escadron.

défilé avant mon arrivée ; je ne dirai donc rien de ce que je n'ai appris que par les ouï-dire.

L'infanterie désignée pour enlever la position devait y renoncer; la pluie de fer et de plomb qui tombait des hauteurs sur la route balayait tout ce qui s'y présentait.

L'épouvantable feu dirigé par les Espagnols ne permit même pas de combler de fascines le fossé que l'ennemi avait creusé en travers de la route, ce dont je me convainquis moi-même quand, en chargeant, nous dûmes le franchir. Heureusement il n'était pas trop large ; qui sait si notre charge eût réussi si les Espagnols avaient donné plus de largeur à ce fossé !

J'ignore ce qui se passa aux abords du ravin pendant que j'étais en reconnaissance, j'ignore également ce que fit l'escadron depuis mon retour jusqu'à ce qu'on eût sonné la charge, car, après avoir remis entre les mains de Dziewanowski l'Espagnol pris par Poninski, je me retirai un peu à l'écart, pour desseller et ressangler mon cheval, et pour réparer son harnachement ; quelques cavaliers qui avaient fait la patrouille avec moi me suivirent pour m'aider et faire la même opération à leurs montures. Sur ces entrefaites, le soleil fit disparaître le brouillard et le temps devint magnifique. Le lieutenant Krzyzanowski me félicita de la réussite de ma reconnaissance et me dit : « Regarde, l'Empereur arrive, nous allons voir tout de suite si nous avancerons ou si nous dirigerons l'attaque sur un autre point. » Et il retourna à l'escadron. Puis j'aperçus l'escadron qui se portait rapidement vers la montagne, formé en colonne par quatre et ayant son chef d'escadron Kozietulski en tête. Voyant ainsi mon escadron lancé, je sautai à cheval et avec les hommes qui m'avaient accompagné je m'empressai de rejoindre la colonne pour me mettre à la tête de mon peloton dont je n'avais pas encore eu le temps de reprendre le commandement. Quand j'atteignis l'escadron, il était déjà dans le défilé et maître du premier étage des batteries espagnoles. Il poursuivit sa course par quatre sans s'arrêter, sans ordre de bataille, et s'élançait au

cri : *En avant, vive l'Empereur !* malgré la mitraille meur-
trière qui pleuvait sur son front et sur ses flancs, malgré le
feu terrible que l'infanterie espagnole lançait des hauteurs
environnantes.

Dans cette course rapide comme l'éclair, les premiers qui
tombaient étaient remplacés par ceux qui suivaient, et ceux-
ci, renversés à leur tour, étaient remplacés par les autres
qui, sans faire attention à leurs camarades abattus, que le
feu terrible de mousqueterie et de mitraille renversait par
groupe, arrivèrent jusqu'à la crête de la montagne, après
s'être emparés des quatre batteries étagées, dont ils sabrè-
rent les canonniers, sans leur donner le temps de recharger
leurs pièces. L'infanterie espagnole, qui occupait les hauteurs, fut si épouvantée de l'impétuosité de notre charge et
de l'élan irrésistible qui nous enflammait, qu'elle s'enfuit
sans nous attendre ; de sorte qu'en moins de temps qu'il
n'en faut pour le raconter, un obstacle presque insurmon-
table était franchi, la route de Madrid ouverte et aplanie
pour l'Empereur et toute son armée. Cette porte de la capitale de l'Espagne une fois enfoncée, l'armée de Don Benito,
établie derrière le défilé, fut si épouvantée qu'elle s'enfuit
dans le plus grand désordre sans tenter aucune résistance.
C'est alors que les trois autres escadrons polonais et les
chasseurs de la Garde à cheval arrivèrent et poursuivirent
l'ennemi. Drapeaux, canons, le trésor, deux cents fourgons
remplis de munitions, en un mot, le camp et tout son matériel tombèrent entre les mains des Français. Le coup que
nous avions frappé, non seulement ouvrit à l'armée le chemin de la capitale, mais encore changea en un découragement profond l'exaltation orgueilleuse qui s'était emparée
des Espagnols après la capitulation du général Dupont à
Bailen. La Junte centrale qui se croyait en sûreté à l'abri
des retranchements de Somosierra s'enfuit éperdue, et
Napoléon entra à Madrid. M. Thiers a eu raison d'intituler
son XXXIII⁰ livre du titre de *Somosierra,* car c'est Somosierra, c'est la victoire remportée par l'escadron polonais
qui décida du sort de la campagne ; l'honneur en appartient

aux chevau-légers polonais, à leur indomptable audace, à leur foudroyante rapidité, à leur dévouement à l'Empereur chez qui ils espéraient trouver le restaurateur de la Pologne.

Ainsi, Général, vous êtes dans l'erreur quand vous dites que l'escadron s'est arrêté : ce n'était pas possible. La moindre hésitation, un seul instant d'arrêt aurait permis aux canonniers de recharger les pièces ; l'escadron, déjà terriblement déchiré par la première décharge, aurait été anéanti par la seconde et jamais nous ne serions parvenus à nous rendre maîtres de la position. Il est vrai que lorsque j'étais lancé à la poursuite de mon escadron après la prise de la première batterie, j'aperçus plusieurs chevau-légers hésitant et entre autres Konopka de la 7ᵉ compagnie, sur un cheval alezan à crinière blanche, rassemblés dans l'angle où la première batterie venait d'être prise. Quand ils me virent passer à fond de train, peu disposé à écouter leurs cris de : « Arrêtez-vous, lieutenant, arrêtez! le feu est horrible ! » auxquels je ne répondis que par quelques reproches énergiques, ils se rallièrent à moi et en un clin d'œil nous rejoignîmes l'escadron aux cris de : *En avant, vive l'Empereur !* Peut-être est-ce cet incident qui vous a induit en erreur et vous a donné lieu de rapporter dans vos *Mémoires* que l'escadron avait hésité. A présent que vous êtes mieux informé, vous conviendrez que l'hésitation était impossible.

Admettant l'hésitation de l'escadron, vous avez jugé convenable de le placer au moment où Kozietulski eut son cheval tué sous lui, et que Dziewanowski en prit le commandement et renouvela l'attaque. Il est vrai que, dès le commencement de la charge, Kozietulski eut son cheval tué, son manteau criblé de balles et, ne pouvant suivre la charge à pied, il dut se retirer.

Il est vrai qu'après lui, le commandement revenait à Dziewanowski par droit d'ancienneté. Mais il est faux de dire que l'escadron se soit arrêté après la chute de Kozietulski, il est inutile de parler d'une transmission de commandement. La mention même d'une pareille formalité pendant la charge peut faire paraître celle-ci sous un faux jour, car

on en pourrait inférer qu'il y eut, pour remplir cette formalité, un temps d'arrêt pendant l'attaque, lorsqu'au contraire
celle-ci fut accomplie avec la rapidité de l'éclair. L'escadron
une fois lancé aux cris de *Vive l'Empereur,* n'entendait aucun
commandement ; il n'en avait pas besoin, car tous, capitaines, lieutenants, soldats, animés de la même ardeur et
poussant le même cri, ne faisaient attention ni à l'absence de
leur chef Kozietulski, ni à la mort de leurs camarades, ils
s'élancèrent sur les batteries et s'emparèrent du défilé.

Dieu me préserve de vouloir diminuer la gloire de Dziewanowski : s'il s'agissait de faire à chacun sa part de gloire
conquise par l'escadron, c'est à lui, sans contredit, que
reviendrait la plus grande, non à cause de l'attaque que
vous prétendez avoir été renouvelée par lui, mais parce qu'il
électrisa l'escadron qui l'aimait comme un père, parce que,
malgré ses blessures, il ne cessa de combattre et ne quitta
le champ de bataille que lorsqu'il fut abattu par une blessure mortelle. Vous ne présentez pas non plus la charge
sous son véritable jour, quand vous cherchez à décrire mi-
nutieusement l'ordre dans lequel elle a été exécutée, nom-
mant même les serre-files des pelotons. Une fois la charge
commencée, chacun se confia à la vigueur de son cheval ;
ainsi moi, qui arrivais déjà après l'attaque commencée, je
fus bientôt un des premiers. Je me rappelle le lieutenant
Rowicki qui, courant à mes côtés, me cria : « Niegolewski,
arrête mon cheval, je n'en suis plus le maître ; » à quoi je
répondis : « Lâche la bride. »

Ce furent les dernières paroles que prononça ce jeune
officier : un instant après il tomba mortellement frappé.
C'était le second de mes camarades que je voyais périr ;
un moment avant, j'avais aperçu Krzyzanowski étendu
entre la première et la deuxième batterie. J'aperçus un instant le capitaine Dziewanowski qui, la jambe fracassée par
un boulet, était étendu à la hauteur du troisième étage, sur
la gauche du ravin. Le capitaine Pierre Krasinski reçut une
forte contusion à la poitrine. Je ne sais à quel moment de la
charge il quitta les rangs. De tous les officiers qui fourni-

rent la charge d'un bout à l'autre, je suis le seul qui parvint à la quatrième batterie sain et sauf, mais mon cheval fut blessé, mon uniforme, ma giberne et mon schako furent troués par les balles, et mon sabre brisé par la mitraille. L'escadron ne s'arrêta pas plus après la chute de Dziewanowski qu'après celle de Kozietulski, et s'empara du même coup de la quatrième batterie : au delà de celle-ci l'ouverture entre les montagnes s'élargissait. Apercevant sur la gauche de la route quelques fantassins espagnols groupés autour d'un bâtiment (¹), j'arrêtai mon cheval pour la première fois : je regardai autour de moi, et je ne me vis accompagné que de quelques chevau-légers : je demandai au maréchal des logis Sokolowski, arrivé à moi sur un cheval boiteux : « Où sont les nôtres ? » — « Ils sont morts, » me répondit-il. Beaucoup de nos camarades avaient, en effet, péri ; d'autres avaient perdu leurs chevaux et étaient restés en arrière ; d'autres enfin s'étaient dispersés à gauche et à droite en arrivant à l'endroit où le défilé s'élargissait(²).

L'infanterie espagnole continuait encore son feu contre nous, et près de la 4ᵉ batterie se trouvaient encore quelques canonniers : « Sokolowski, chargeons-les, » m'écriai-je, et je tombai sur eux avec la poignée des miens. Les Espagnols s'enfuirent, mais Sokolowski paya de sa vie ce dernier triomphe(³). En cet instant, je ne vis autour de moi aucun de mes soldats, et mon cheval, frappé d'une balle, s'abattit sous moi. En un clin d'œil les Espagnols firent volte-face et deux d'entre eux, appuyant leurs fusils sur ma tête, firent feu. Par une grâce spéciale de la divine Providence, les balles ne firent que me blesser. Peu d'hommes ont vu la

---

(1) Cette description est parfaitement exacte : lorsqu'on arrive au col on aperçoit, sur la gauche, l'emplacement de l'ancienne église qui, en 1808, n'était plus consacrée au culte, et dont il ne restait que les quatre murs.

Au sommet même du col, tout près de la dernière batterie, se trouvait une chapelle que les Espagnols avaient crénelée, et qu'ils ne défendirent pas.

(2) Même remarque que précédemment au point de vue de l'exactitude : dès qu'on a passé le col, le passage s'élargit, et c'est sur un versant très peu incliné qu'est bâti le village de Somosierra. Niegolewski a bien vu le terrain et ses souvenirs sont exacts.

(3) Ici, Niegolewski fait erreur. Sokolowski fut blessé gravement, mais il survécut. Il figure encore, en 1810, sur le registre matricule des chevau-légers.

mort de si près ; j'avais vu les fusils appuyés sur mon crâne,
j'avais entendu les deux coups partir, je m'étais senti défaillir, mais je n'avais cessé d'entendre le bruit que les Espagnols faisaient autour de moi en criant : *à la derecha, à la
derecha, arriba, arriba* (à droite, à droite dans la montagne).
En cet instant je fus encore frappé de neuf coups de baïonnette, ma ceinture avec mon argent me fut enlevée, et je fus
laissé sous mon cheval (¹).

La douleur des derniers coups que j'avais reçus me rendit
toute la présence d'esprit. Entouré d'Espagnols et craignant
la mort dans les tortures, sort général de leurs prisonniers,
je n'osais pas même respirer ; peu de temps après, j'entendis
grandir le bruit des tambours et les cris de *Vive l'Empereur ;*
et je vis déboucher les autres escadrons polonais et les chasseurs à cheval de la Garde.

Ici je dois faire une rectification à votre récit, et vous dire
que le reste de notre régiment n'avait pas immédiatement
suivi ce 3ᵉ escadron qui venait de s'ensevelir dans sa victoire.
S'il en eût été autrement, je n'aurais pas eu le temps de
combattre avec Sokolowski et ensuite seul ; les Espagnols
n'auraient pas eu le temps de revenir à moi, de me percer
de leurs balles et de leurs baïonnettes, de me dépouiller. Il
est donc évident que les autres escadrons de notre régiment
ne furent lancés qu'après la prise du défilé ; cette observation me paraît nécessaire ; il importe ici de ne pas attribuer
à plusieurs escadrons l'œuvre d'un seul ; car alors le coup
d'éclat exécuté par une poignée de braves descendrait aux
proportions d'un devoir militaire convenablement exécuté
par un nombre suffisant d'hommes.

Hors vos *Mémoires,* les diverses histoires de ce combat
s'accordent à dire que le défilé fut emporté par plusieurs
escadrons, et M. Thiers a même accusé notre escadron qu'il

---

(1) Nous avons retrouvé aux Archives administratives une lettre que Niegolewski écrivit en 1813 à Berthier pour réclamer de l'avancement ; il rappelait ses
services passés et l'épisode final de Somosierra en ces termes : « J'ai fait les
campagnes de Pologne en 1806, celles d'Espagne en 1807-1808, celle d'Autriche
en 1809, celles d'Espagne (1810-1811), celle de Moscou (1812). A la bataille de
Somosierra, en Espagne, je fus onze fois blessé après avoir eu le bonheur d'enlever moi-même une pièce à l'ennemi. »

appelle le 1er, de s'être retiré sans en avoir reçu l'ordre, c'est-à-dire d'avoir été mis en déroute, ce qui est synonyme de fuir.

Vous dites, à la vérité, que le 3e escadron a pris le ravin, mais vous ajoutez que les autres escadrons suivaient immédiatement le 3e, de sorte que votre récit peut affermir une erreur trop généralement répandue. L'arrivée des autres escadrons était certainement nécessaire pour compléter la victoire de celui qui avait été horriblement décimé.

Loin de moi la pensée de douter de la valeur des autres escadrons ; je suis au contraire convaincu que tout autre escadron eût montré la même valeur que le nôtre. Mais une preuve évidente de ce que j'avance, c'est que les détachements qui traversèrent le défilé après nous n'y laissèrent aucun mort, n'y eurent aucun blessé que ceux de l'escadron de service (1). J'ai défié M. Thiers de me prouver le contraire.

Puisque les escadrons qui nous ont suivis ainsi que les autres troupes n'avaient plus qu'à poursuivre l'ennemi en déroute, il n'y avait plus de combat dans le défilé.

J'appelle ici votre attention sur l'instant où je fus percé de coups. Admettant je ne sais quel temps d'arrêt dans notre charge, et affirmant que les autres escadrons suivaient immédiatement le nôtre, vous ne pouvez vous expliquer quand je pus être blessé à coups de baïonnette ; et vous faites arriver cet accident au moment où notre escadron

---

(1) Tous les Polonais sont d'accord pour déclarer que seul le 3e escadron subit des pertes pendant la charge. Après des recherches dans le registre matricule du régiment des chevau-légers, nous avons pu retrouver les noms des hommes tués à Somosierra et nous avons constaté que deux d'entre eux, appartenant au 1er escadron et un au 2e, étaient mentionnés sous la rubrique « tués à Somosierra le 30 novembre 1808 » ; mais cela ne veut pas dire qu'ils aient été tués pendant la charge ; l'un d'eux, notamment, fut tué en reconnaissance, il s'appelait Horodecki, et Dautancourt en parle comme tué le 29 ; les deux autres ont peut-être subi un sort analogue ou ont été massacrés à l'écart ; d'ailleurs, pendant la période d'attente qui précéda la charge, le régiment reçut des balles des tirailleurs espagnols et eut quelques hommes atteints ; de plus, il faut remarquer que les 2e et 1er escadrons ont poursuivi l'ennemi jusqu'à Buitrago, et qu'ils ont probablement subi quelques pertes. Dans tous les cas, tous les officiers polonais étant unanimes à déclarer que les escadrons qui passèrent après le 3e ne perdirent personne dans le défilé, il nous semble qu'il faut admettre leurs affirmations.

hésita et s'arrêta dans son attaque ; or, je ne reçus ces coups qu'à la fin de la charge, au moment de la prise de la dernière batterie. Tout cela, il est vrai, fut l'affaire de quelques instants ; mais jamais on ne peut supposer que les autres escadrons, et moins encore les troupes suivantes, aient eu la moindre part à la prise du défilé.

. . . .

Retournons au champ de bataille.

Voyant venir les nôtres et les chasseurs, je voulus lever la tête, mais je n'y pus parvenir. Comme j'avais la respiration libre, je me pris à espérer que mon heure n'avait pas encore sonné. Je me mis donc à appeler, et sachant qu'on accorde plus d'attention à un capitaine qu'à un lieutenant, je criai que j'étais capitaine, priant qu'on me retirât de dessous mon cheval. Ni les chevau-légers ni les chasseurs n'entendirent ma voix trop affaiblie. Immédiatement arrivèrent les voltigeurs français aux cris de : « *Allons, cela ira bien, camarade.* » Ceux-ci seulement me délivrèrent de mon cheval et, sur ma prière, me portèrent sous les pièces de la 4ᵉ batterie et me couvrirent de manteaux. Deux médecins pansèrent mes blessures, mais après leur départ, le sang se remit à couler. Quelques soldats qui avaient perdu leurs chevaux s'assemblèrent autour de moi. Tout à coup arriva le maréchal Bessières, qui me connaissait personnellement depuis le camp de Santa-Maria : « Qui est couché là ? » demanda-t-il aux soldats. Ceux-ci répondirent : « C'est le lieutenant Niegolewski. » Le maréchal mit pied à terre, s'approcha de moi et me dit : « Jeune homme, l'Empereur a vu la belle « charge des chevau-légers ; il saura apprécier votre bra- « voure. » Je lui répondis en montrant les canons près desquels j'étais étendu : « Monseigneur, je me meurs ; voilà les canons que j'ai enlevés, dites cela à l'Empereur ('). »

_____

(1) Niegolewski rappela cet épisode au Major général, en 1812, dans une lettre qu'il lui écrivit pour lui demander le grade de capitaine :

« Je me suis trouvé dans toutes les affaires où le régiment a donné. A Somo-« sierra, en Espagne, je suis le seul officier resté en vie de ceux qui ont fait la « première charge ; j'y ai reçu onze blessures, après avoir eu le bonheur d'en-« lever une pièce à l'ennemi. Son Excellence Monseigneur le duc d'Istrie m'a vu « étendu sur le champ de bataille et a eu la clémence de me parler. »

Quelques moments plus tard arriva l'Empereur, qui m'accorda sur-le-champ la croix de la Légion d'honneur. Entre les officiers j'étais le premier, quoique le plus jeune, qui obtenais cette distinction et, en outre, c'était le jour de ma fête. Ce jour-là fut le premier où je ne reçus point de présent de mon père : mais au lieu de ce témoignage de la tendresse paternelle, je reçus des mains du grand Empereur la récompense du sang versé pour la patrie. Puissent beaucoup de jeunes gens avoir un pareil jour de fête !

Le second pansement ne put arrêter le sang coulant des blessures de ma tête, et je retombai en défaillance : alors arriva Villeneuve, lieutenant des grenadiers de la Garde, avec qui je m'étais lié d'amitié à Marrac, près de Bayonne ; il me versa dans la bouche quelques gouttes de rhum en me disant : « Pauvre diable, te voilà f.... ; tu ne feras plus tes farces. » J'entendis ces paroles mais je n'eus pas la force d'y répondre.

Singulier jeu de la destinée : Villeneuve me croyait déjà mort : je vis encore, tandis que lui est mort le même jour, frappé d'une balle partie des rangs des Espagnols.

Comment mon crâne ne fut pas fracassé, comment les baïonnettes plongées dans mon corps n'en chassèrent pas la vie, c'est ce que je ne conçois pas ; je n'ai cependant pas été baigné dans le Styx.

Quelques instants après le départ de Villeneuve arriva la voiture de mon colonel Vincent Krasinski, et je fus mené à Buitrago où je trouvai déjà Dziewanowski qui y avait été transporté par l'ambulance de la Garde.

Il n'y eut pas d'autres officiers présents à la charge que ceux que j'ai mentionnés plus haut. Je persiste dans ce que j'ai écrit à M. Thiers à ce sujet, et, ici, il faut que je rectifie la mention que vous faites de Szeptycki et de Zielonka : ce dernier assistait à la charge, mais il n'était pas encore officier. Quant à Szeptycki, il était bien lieutenant dans notre escadron, mais il se trouvait, pendant la charge, de service auprès du maréchal Bessières (¹).

_____

(1) A propos de ces deux officiers, le général Lubienski déclare que lorsqu'il

Plusieurs officiers français ont prétendu avoir pris part à la charge : je ne saurais les nommer ; M. Philippe de Ségur, l'historien de la *Campagne de 1812,* s'y serait trouvé. Il est vrai que les *Victoires et Conquêtes* parlent de lui à deux reprises dans le XVIIIᵉ et le XXVᵉ volume (édition de 1820 et 1821), mais les deux narrations sont en contradiction([1]).

Quant aux noms des braves qui ont alors combattu, le demi-siècle écoulé depuis n'a laissé dans ma mémoire que les noms du chef d'escadron Kozietulski, des capitaines Jean Dziewanowski et Pierre Krasinski, des lieutenants Étienne Krzyzanowski, Rudowski et Rowicki ; des sous-officiers Zielonka, Wojciechowki, Oyrzanowki, Roman, Tedwen, Wasilewski et Sokolowski ; des soldats Ryndeyko, Stefanowicz, Norwillo, Kasarek, Poninski, ainsi que du maréchal des logis Trawinski.

Notre charge, outre qu'elle frappa l'Empereur d'admiration, fit une immense impression sur tous les soldats français, que l'on voyait à l'envi féliciter les Polonais. Les grenadiers de la vieille Garde, oubliant les glorieux exploits qu'ils avaient accomplis eux-mêmes, étaient les plus ardents à nous complimenter, et ont vidé plus d'une rasade en l'honneur de nos chevau-légers.

L'Empereur dit dans le 13ᵉ bulletin de la Grande Armée, sur la bataille de la Somosierra : « *Une charge de chevau-légers polonais décida l'affaire ; charge brillante s'il en fut, où ce régiment s'est couvert de gloire et a montré qu'il*

partit avec le 1ᵉʳ escadron pour soutenir le 3ᵉ, il vit le lieutenant Szeptycki et le brigadier Zielonka qui rassemblaient une poignée de soldats restés en arriere ; dans ce cas, il est probable que l'un et l'autre étaient arrivés trop tard pour charger.

([1]) Niegolewski reste sceptique à l'égard de la part (d'ailleurs très réelle) prise par Ségur à la charge, ce qui s'explique assez facilement par le fait que Ségur partit en tête des Polonais au début de la charge que Niegolewski ne vit pas, puisqu'il galopait en ce moment à la suite de son escadron pour le rattraper. Ségur étant probablement resté blessé devant la 1ʳᵉ batterie, ainsi que Rudowski, Niegolewski, qui à ce moment rejoignait l'escadron et s'occupait de rallier quelques hésitants, ne fit peut-être pas attention à ces deux officiers qui, d'ailleurs, n'étaient pas tombés de cheval ; ensuite, les rangs s'étant éclaircis, Niegolewski remarqua parfaitement les officiers blessés et tombés à terre : Krzyzanowski entre la 1ʳᵉ et la 2ᵉ batterie, Rowicki entre la 2ᵉ et la 3ᵉ, Dziewanowski à hauteur de la 3ᵉ.

« *était digne de faire partie de la Garde impériale. Canons,*
« *drapeaux, fusils, soldats, tout fut enlevé, coupé ou pris.* »

L'Empereur ne se borna pas à ce bulletin, et, voulant
rendre à ce fait d'armes un hommage extraordinaire, il
donna, le 1ᵉʳ décembre 1808, l'ordre à notre régiment de se
mettre en bataille, le sabre en main, puis il fit sonner un
demi-ban, et soulevant son chapeau, il s'écria : « *Honneur
aux braves des braves !* »

Notre régiment, passant devant le corps du maréchal Victor, en reçut une ovation non moins flatteuse. Ce corps lui
rendit les honneurs militaires, et s'écria : « Honneur aux
braves ! »

Tels étaient les hommages que l'Empereur et ses soldats
rendaient à l'héroïsme de nos guerriers combattant sous
leurs drapeaux . . . .

Retenu par mes blessures loin du régiment, je n'ai pas
assisté aux honneurs qu'on lui rendait ; mais le colonel et
les autres officiers me l'ont raconté plus tard. D'ailleurs
ces témoignages authentiques de l'admiration générale pour
les Polonais se trouvent dans les bulletins de l'époque et
dans plusieurs ouvrages écrits postérieurement. M. Thiers
les a lus et pouvait les citer. Mais son parti était pris. Dans
le peu qu'il dit de la Pologne et des Polonais, il les sacrifie
toujours. Il est vrai qu'en parlant mal des Polonais la cen-
sure de la *Sainte-Alliance* fait librement circuler son livre.

. . . .

*Lettres écrites au colonel Niegolewski par les officiers
polonais pour certifier l'exactitude de son récit* [1].

LE MAJOR ZWIERKOWSKI AU COLONEL NIEGOLEWSKI.

Paris, le 10 février 1855.

Je m'empresse de répondre à votre appel en retraçant ici
les incidents relatifs à la mémorable attaque de Somo-

---

[1] Nous ne citons ici que les plus importantes des lettres qui figurent dans
la brochure de Niegolewski : *Les Polonais à Somosierra.*

sierra, et la part qu'y ont prise les 1ᵉʳ, 2ᵉ et 4ᵉ escadrons de notre régiment de chevau-légers polonais de la Garde impériale. . . . .

C'est Kozietulski qui a commandé et pris Somosierra avec le 3ᵉ escadron, et c'est Thomas Lubienski qui le suivait à la tête du 1ᵉʳ, dans lequel je me suis trouvé moi-même, lorsque la besogne la plus difficile venait d'être accomplie par le 3ᵉ escadron, et dans lequel vous-mêmes vous reçûtes onze blessures..... C'est lorsque tout fut accompli si merveilleusement et si rapidement par le 3ᵉ que Lubienski, avec le 1ᵉʳ escadron, se mit en mouvement ; alors s'y joignirent plusieurs chasseurs à cheval (1). Les Polonais et les chevaux morts ou blessés encombraient tellement le défilé, que nous ne pouvions le franchir aussi vite que nous l'aurions voulu. Enfin nous atteignîmes les débris du 3ᵉ escadron.

Depuis lors, la panique et l'épouvante s'emparèrent si fort des Espagnols, qu'ils abandonnèrent tout, et nous pûmes porter le coup de grâce sans subir d'autre perte, car l'infanterie française avait déjà couronné les hauteurs de Somosierra. A peine nous trouvâmes-nous hors du défilé, que Thomas Lubienski forma en bataille son 1ᵉʳ escadron avec les débris du 3ᵉ (2), et nous poursuivîmes l'ennemi ; les 2ᵉ et 4ᵉ escadrons franchirent à leur tour le défilé, et tous, nous courûmes au galop pendant trois lieues. Le régiment des chasseurs à cheval nous suivait immédiatement.

---

(1) Voici ce qu'écrivait le chef d'escadron Lubienski à sa femme, à propos du combat de Somosierra :

« Le lieutenant Szeptycki et le brigadier Zielonka rassemblaient une poignée « de soldats restés en arrière, lorsque j'arrivai pour prendre le commandement, « comme j'en avais reçu l'ordre du colonel Krasinski. Renforcé d'un peloton « frais aux ordres du lieutenant Rostowrowski et d'un peloton de chasseurs à « cheval de la Garde, je formai le plus vite que je pus mon nouvel escadron « en colonne par quatre et m'él nçai sur l'ennemi. Suivant la route si rudement « ouverte par les deux premières attaques, nous traversâmes le reste du défilé « et prîmes les derniers canons. »

Le général T. Pomian, comte Lubienski, tome Iᵉʳ, p. 133, cité par M. Rembowski dans son ouvrage : Sources documentaires concernant l'histoire du régiment des chevau-légers.

(2) Ce passage confirme ce que dit Niegolewski au sujet de l'arrivée de son escadron au sommet du col : une partie franchit le col et se dispersa à droite et à gauche, tandis que lui revenait sur la 4ᵉ batterie.

L'Empereur lui-même, et sans aucune escorte, survint aussi, suivi à distance par les grenadiers à cheval et par les dragons de la Garde.

Après cette victoire si complète, lorsque l'armée s'arrêta, l'Empereur lui-même nous adressa des paroles flatteuses: les maréchaux, les généraux et les officiers français nous complimentaient cordialement; les soldats nous embrassaient avec effusion, et, dès cet instant, notre régiment fut compté parmi les régiments les plus méritants de la vieille Garde.

Valentin Zwierkowski (¹).

LE COMMANDANT LUBANSKI AU COLONEL NIEGOLEWSKI.

Besançon, 15 février 1855.

Par votre lettre du 6 dernier, vous me demandez si je me rappelle le fait d'armes à Somosierra. Comme ancien camarade, et comme témoin oculaire, je dois vous dire toute la vérité sur cet événement inouï dans les annales d'histoire militaire.

---

(1) Zwierkowski a laissé aussi des *Mémoires* dans lesquels il raconte ce qui suit au sujet de Somosierra :

« L'Empereur s'arrêta au-dessous du défilé; longtemps il regarda avec sa lu-
« nette ; enfin il envoya, avec son adjudant, un demi-escadron de chasseurs à
« cheval un peu en avant dans le défilé ; mais les batteries espagnoles se firent
« entendre, et bientôt nous n'aperçûmes que le reste des chasseurs qui revenait.
« Voyant cela, Napoléon interpella Kozietulski : « Allez avec votre escadron, il
« faut prendre ces batteries. » Ces quelques mots de l'Empereur étaient un ordre
« sacré, il fut exécuté avec entrain. Kozietulski commanda : « Au trot, marche, »
« disant que l'Empereur avait ordonné de prendre les batteries, et que pour la pre-
« mière fois nous combattions sous ses yeux. La réponse fut : « Nous prendrons
« les batteries. » Dès que notre 3e escadron fut entré dans le défilé et que le chef
« eut commandé « Au galop ! » tout notre régiment le suivit, à commencer par
« le 1er escadron, dans lequel je me trouvais ; ensuite vinrent le second, puis le
« quatrième, qui fermait la marche. Le colonel Krasinski adressa aussi des pa-
« roles énergiques aux escadrons qui passaient. Le bruit continu du canon se
« faisait entendre, et bientôt nous partîmes au galop... Le chef Kozietulski, ayant
« eu son cheval tué et son uniforme percé d'une douzaine de balles, demandait
« un cheval, mais personne ne consentait à donner le sien, chacun voulant tra-
« verser le défilé au plus vite; tous les officiers du 3e escadron étaient déjà tués
« ou couverts de blessures. »

Cité par M. Rembowski dans son ouvrage *Sources documentaires concernant l'histoire du régiment des chevau-légers.*

Voici comme je pose ce fait, et comment cette affaire s'est passée le 30 novembre 1808.

J'étais témoin présent quand le 3ᵉ escadron de chevau-légers, sous le commandement de son chef Kozietulski, lequel était de service auprès de Sa Majesté l'Empereur Napoléon, reçut l'ordre de charger la tranchée de Somosierra, laquelle était hérissée de plusieurs batteries d'artillerie et d'un corps d'Espagnols.

Je dis que le chef du 3ᵉ escadron, Kozietulski, a reçu cet ordre, et non pas le chef du 1ᵉʳ escadron, Thomas Lubienski, lequel n'a pas quitté son poste ; par conséquent il n'a pas pu charger dans la tranchée de Somosierra, et tout l'honneur appartient au 3ᵉ escadron, sous le commandement de son chef Kozietulski, et c'est seulement quand la tranchée était déjà prise par le 3ᵉ escadron que le 1ᵉʳ escadron, dont le chef était Thomas Lubienski, et les 2ᵉ et 4ᵉ ont reçu l'ordre de poursuivre l'ennemi. Alors nous avons commencé de passer la tranchée de Somosierra, où j'ai vu plusieurs soldats des chevau-légers, sous-officiers et officiers étendus morts et blessés.

C'est Thomas Lubienski qui a conduit le 1ᵉʳ escadron, où je me trouvais dans le premier rang comme maréchal des logis, et, à côté de mon chef Thomas Lubienski, j'ai vu, dans notre passage, le lieutenant Rudowski, lequel j'ai reconnu, car il était quelque temps avant, dans notre escadron, maréchal des logis chef. J'ai vu également les officiers Rowicki et Krzyzanowski ; tous les trois ont trouvé la mort glorieuse en défendant l'honneur de la France, et en même temps servant la cause polonaise, au moins en espérance.

Au-dessus de la dernière batterie, je vous ai vu très gravement blessé, et je me demande encore aujourd'hui còmment vous avez survécu à tant de blessures et même très graves. J'ai vu également le capitaine Pierre Krasinski, fortement contusionné, et le capitaine Dziewanowski auquel on m'a dit qu'un boulet a emporté une jambe, et lequel a succombé plus tard. Je dois vous déclarer, mon cher Camarade, avec tout mon désintéressement, que dans les 1ᵉʳ, 2ᵉ et 4ᵉ escadron, pas un soldat ni officier n'a reçu aucune blessure ; je répète donc que toute la gloire de cette mémorable charge appartient sans aucun partage au 3ᵉ escadron où j'étais maréchal des logis au moment de l'action sous Somosierra.

Si ce témoignage peut vous être utile, je le déclare sincère et véritable, et je vous prie, mon cher Colonel et ancien Camarade, d'agréer mes sincères salutations et l'amitié d'un ancien frère d'armes, depuis commandant dans l'armée polonaise, et anciennement maréchal des logis aux chevau-légers du 1ᵉʳ escadron, et chevalier de la Légion d'honneur, etc., etc.

Victor Lubanski.

Extrait de l'avertissement des officiers polonais de la Garde, rédigé par le général Chlapowski, en tête des Notices historiques du général Dautancourt (¹).

La première affaire qui a établi la réputation du régiment,

---

(1) Ce document et les suivants sont tirés des *Sources documentaires concernant l'histoire du régiment des chevau-légers de la Garde de Napoléon Iᵉʳ*, ouvrage publié en 1899 à Varsovie par M. Rembowski, directeur de la Bibliothèque du majorat des comtes Krasinski.

M. Rembowski s'exprime ainsi dans sa préface :

« L'importance des Notices historiques du général Dautancourt, destinées depuis longtemps à la publication par la Bibliothèque du majorat des comtes « Krasinski, me décida à éditer les documents, en partie manuscrits, concernant « l'histoire du régiment des chevau-légers de la Garde de Napoléon. D'après le « général comte Zaluski (1861) *il devait paraître à Paris, en langue française,* « *une étude sur ce régiment écrite par le général Dautancourt et éditée par* « *le regretté comte Sigismond Krasinski.*

« Dans un autre passage de ses précieux *Mémoires,* le général comte Zaluski « dit que son ancien chef, le général Chlapowski, s'occupait de l'édition d'une « histoire de ce régiment, due au général Dautancourt, l'ancien organisateur de « la garde polonaise, et il ajoute que notre nation serait redevable de cette pu- « blication au regretté Sigismond Krasinski qui se disait toujours l'enfant de ce « régiment . . . .

« Ni les prévisions ni le vœu du général Zaluski n'ont été réalisés jusqu'à ce « jour, mais la Bibliothèque du majorat des comtes Krasinski possède les preuves « que le projet d'éditer les Notices historiques du général Dautancourt a existé, « le fait est démontré par l'existence même de la copie complète du manuscrit, « préparée pour l'impression, et par la préface que rédigea alors le général Chla- « powski, sous le titre :

« *Avertissement des officiers polonais de la Garde Impériale pour la publi-* « *cation de la Notice historique du régiment de la Garde, par le général* « *Dautancourt.* »

quoique un seul escadron y ait été employé, est celle de
Somosierra. Elle n'est pas racontée dans la notice tout à
fait exactement, et en voici la raison. Pendant cette charge,
le général Dautancourt se trouvait avec les autres escadrons
du régiment derrière les chasseurs de la Garde qui suivaient
l'Empereur, se tenant au bas de la montagne d'où il n'a
pas pu voir la charge : il a noté ce qu'il en a entendu dire
dans le moment par des officiers qui ne l'avaient pas vue
non plus, et telle que plusieurs de leurs relations l'ont ré-
pétée, savoir : que l'escadron polonais, qui était ce jour-là
de service, a reçu l'ordre de charger, qu'il est parti au galop et a enlevé la première batterie espagnole, mais qu'après
cela il s'est arrêté pour se reformer. Or, ceci, ce temps d'arrêt et cette formation n'ont pas eu lieu, et même étaient tout
à fait impossibles. L'escadron, une fois lancé, ne s'est pas
arrêté un instant, et ne pouvait pas se former, car il marchait par quatre, le chemin dans la montagne ne permettant pas un front plus étendu ; et d'ailleurs, s'il s'était arrêté
pour se former, au lieu de perdre le tiers de son monde (¹),
comme cela est arrivé, tous auraient été couchés par terre,
car, outre la mitraille qui leur arrivait par devant, ils étaient
foudroyés par l'infanterie espagnole, postée dans la montagne à droite et à gauche de la route.

Le lieutenant Niegolewski, seul officier de cet escadron
resté en vie après cette charge, s'est trouvé à la tête de son
peloton dès le commencement jusqu'à la fin de l'affaire, et
la raconte de la manière suivante : « L'escadron a chargé
sur la chaussée par quatre, a sauté par-dessus la coupure
faite à travers la route devant les quatre premières pièces,
a sabré les canonniers qui les servaient, et a continué à
monter au détour du chemin vers la seconde batterie. Le
lieutenant-colonel Kozietulski qui a mené l'escadron jusqu'alors, a eu son cheval tué en entrant dans cette première
batterie : le capitaine Pierre Krasinski a été contusionné et
culbuté. Le capitaine Dziewanowski a continué de mener

(¹) Il n'est probablement question ici que des tués et des blessés, au nombre
de 57, sans tenir compte des démontés et contusionnés.

l'escadron au galop, aussi allongé que la montée le permettait, et l'a mené contre les seconde, troisième et quatrième batteries, chacune de quatre pièces : devant la dernière, il est tombé blessé à mort ; le lieutenant en premier Krzyzanowski était tombé raide mort devant la seconde ; les lieutenants en second Rudowski et Rowicki également tombés morts sur place. Lorsque l'escadron est arrivé au sommet de la montagne après avoir enlevé les quatre batteries, chacune d'elles placée à un détour de la chaussée, il avait perdu à peu près le tiers de son monde, et des officiers il ne restait que le lieutenant Niegolewski qui, arrivé heureusement au sommet de la montagne, reçut un coup de feu qui lui a traversé le cou et l'a jeté à terre, où il a été lardé de coups de baïonnette par les canonniers de la dernière batterie, qui lui firent dix blessures en s'enfuyant vers leur infanterie dans la montagne. »

Cette relation de Niegolewski est parfaitement exacte, et coïncide avec ce qu'ont dit les soldats et sous-officiers de l'escadron restés en vie.

D'après cela on comprend parfaitement pourquoi le lieutenant-colonel Kozietulski et le capitaine Pierre Krasinski, après avoir eu leurs chevaux tués, n'ont pas eu la possibilité, faute de temps, après en avoir été chercher d'autres, de rejoindre l'escadron avant la fin de la charge. . . . . . .

Extrait des Notices historiques du général Dautancourt, annotées par le général Krasinski [1].

Le 29 novembre, le régiment ne partit que fort tard d'Ayllon : ses éclaireurs de gauche eurent un chevau-léger,

---

[1] Voici comment M. Rembowski, dans sa préface, s'exprime au sujet de Dautancourt :

« Au milieu des Études historiques et des Mémoires... les Notices historiques « de Dautancourt occupent une place tout à fait à part. Ce ne sont ni des études « ni des mémoires, mais, comme leur titre l'indique clairement, des notices his- « toriques dans le vrai sens du mot. Dautancourt, le plus souvent, recueillait « ses renseignements sur le champ de bataille, et les *Mémoires du régiment des* « *chevau-légers* disent qu'après une bataille, un combat ou une rencontre, Dau- « tancourt apparaissait au milieu des combattants, questionnant sur les moindres

nommé Horodecki, tué d'un coup de fusil, sans qu'on pût joindre ni trouver aucun Espagnol armé. Il était nuit lorsqu'il arriva sur la route d'Aranda à Madrid. Il s'établit au petit village de Cerejas-de-Abajo ([1]), situé en face de l'entrée du défilé (ou gorge ou puerto) de Somosierra. A l'arrivée du régiment, ce village était, dirent des paysans, occupé par quelques Espagnols qui disparurent et se retirèrent sur leur armée, qui occupait l'entrée de ce défilé. En plaçant ses postes, le colonel Dautancourt reconnut des feux qui venaient d'être abandonnés, près desquels on trouva une lame de sabre de chasseur français; cette lame était ensanglantée. Cependant, on voyait à une distance qui paraissait peu éloignée plusieurs feux, et en fort peu de temps il en fut allumé un nombre fort considérable. Au centre, ces feux

« incidents, et notant chaque détail. En outre, sa situation d'organisateur du « régiment et d'officier supérieur chargé de la haute administration lui permet- « tait de rassembler beaucoup d'observations nécessaires pour apprécier la valeur « militaire du corps. Enfin Dautancourt, au moment où il entra au régiment des « chevau-légers de la Garde, était déjà un officier expérimenté entraîné et ins- « truit, et les précieuses qualités professionnelles qui lui valurent de la part des « chevau-légers l'honorable surnom de « papa du régiment », donnent à ses « notices une valeur particulière et disposent singulièrement le lecteur à la con- « fiance.

. . . .
« Cependant, l'attachement que Dautancourt avait voué aux chevau-légers ne « laissa pas à son imagination la liberté de vagabonder trop. Les Notices his- « toriques démontrent que leur auteur ne s'est pas écarté, même pour un instant, « . du côté professionnel de son caractère d'officier, et qu'il a donné à son récit' « une couleur bien militaire. . . . .
« La description des charges et celle des simples rencontres sont, en général, « très courtes chez Dautancourt, et ne pêchent pas par le souci de la gloriole, « mais elles n'ont pas l'exactitude et la précision qu'on serait en droit d'attendre « d'un officier tel que lui. Le « Papa du régiment » croyait surtout aux choses « qu'il avait vues de ses yeux, et seules les batailles auxquelles il a assisté sont « décrites assez exactement. . . . .
« Même des charges aussi importantes que celles de Somosierra et de Wagram « ont été décrites trop superficiellement, et ces notices ne peuvent satisfaire un « militaire éclairé.
« Le général Pouzerewski, dans sa belle étude sur la charge de Somosierra, « reproche justement à Dautancourt l'inexactitude et la brièveté de sa descrip- « tion. Le général Chlapowski s'est même montré plus sévère, en disant que la « charge de Somosierra a été décrite inexactement par Dautancourt, et cette « inexactitude est due à ce que Dautancourt ne prit pas part à la charge, et ne « vint sur le champ de bataille, avec le colonel Krasinski, qu'après la prise du « défilé. . . . .
« Dautancourt nous a laissé ses Notices, nous possédons sa dépouille mortelle, « qui repose à Opinogora, dans les terres du majorat des comtes Krasinski. »
(1) Cerezo-de-Abajo.

paraissaient se prolonger et se perdre comme dans un enfon-
cement, en même temps qu'à droite et à gauche ils s'éten-
daient sur un front d'un grand développement. Il était facile
de reconnaître qu'ils étaient allumés sur un sol beaucoup
plus élevé que le village de Cerejas-de-Abajo. Nous sûmes
des mêmes paysans que nous nous trouvions en face du
défilé de Somosierra, gardé par l'armée espagnole, qui considérait cette position comme inexpugnable. Le colonel-
major se porta en avant, à pied, avec quelques hommes,
à la faveur de l'obscurité et des haies, pour essayer de
reconnaître l'ennemi et apprécier sa force.

Au grand nombre de ses feux, à la multitude d'hommes
qui semblaient se mouvoir alentour il aurait pu conjecturer
que cette force était considérable : toutefois il fit réflexion
que le peu de méthode des troupes espagnoles rassemblées
à la hâte, et leur inexpérience dans la manière de camper ou
de bivouaquer, devaient leur faire embrasser un grand développement et présenter beaucoup de feux, et que cette
vue devait nécessairement induire en erreur sur l'évaluation
approximative de leurs forces, que les paysans portaient à
3o,ooo hommes.

Pendant la nuit, un chasseur de la Garde impériale qui
avait fait partie d'une reconnaissance exécutée dans l'après-
midi, et qui, ayant été démonté, était resté en arrière, se
rendit à un poste du régiment, qu'il reconnut, et apprit que
l'Empereur était à deux lieues en arrière à Boceguillas. Le
général Lebrun y envoya de suite son rapport.

Le 3o, le régiment monta à cheval à 7 heures du matin et
se forma dans la plaine en avant de Cerejas. Au même moment arrivaient des troupes du corps d'armée commandé par
le maréchal Victor, qui se portait en avant. Bientôt parut
l'Empereur. Le régiment fut aussitôt mis en marche en tête
de la colonne de la cavalerie de la Garde impériale (¹).

---

(1) Vers 10 ou 11 heures l'Empereur s'arrêta pour déjeuner à gauche de l'entrée du col ou puerto, près d'une maison située au milieu des broussailles au
pied des rochers, dont, en cet endroit, la pente est encore douce. (*Note du manuscrit.*)

. Cependant, l'infanterie du maréchal Victor avait replié en un instant tous les postes avancés des Espagnols, et en les poursuivant s'était engagée dans le défilé; mais en se retirant l'ennemi avait garni de tirailleurs les roches et les hauteurs qui dominent de droite et de gauche la route qui passe dans ce fond du défilé, et aboutit au pied de la montagne qui semble le fermer. Toutes ses forces en couronnaient les sommets : ses meilleures troupes rangées en amphithéâtre formaient un demi-cercle comprenant les deux côtés de la route qu'elles plongeaient par un feu croisé, en même temps qu'elle était balayée par celui de l'artillerie, qui, placée à la partie supérieure du demi-cercle, enfilait cette route du haut en bas. Une semblable réunion de feux rendait la chaussée comme inabordable, et l'ennemi put croire un moment sa position inexpugnable.

Tandis que notre infanterie faisait de pénibles efforts pour gravir à droite et à gauche, et soutenait avec son intrépidité ordinaire le feu de l'ennemi, qui, de ses hauteurs, faisait pleuvoir sur elle une grêle de balles, l'Empereur arriva dans le défilé, à peu de distance de l'endroit d'où la route s'élance en gravitant vers le sommet de la montagne. Il s'arrêta près d'un petit ruisseau qui traverse cette route; de ce point, deux pièces de notre artillerie ripostaient sans effet à celle de l'ennemi, dont elles attiraient les boulets.

La cavalerie de la Garde était en colonne sur la route : le régiment, qui en tenait la tête, avait été formé en masse par le colonel-major dans une pente adoucie de la montagne, à droite de cette même route; dans cette position, il se trouvait à l'abri du feu du canon, mais non de celui de quelques tirailleurs. Les progrès de l'attaque étaient lents, et pouvaient devenir très meurtriers. L'Empereur, sans s'occuper des représentations qu'on lui faisait pour le déterminer à éviter le tir du canon, dont la direction donnait absolument sur le point où il se trouvait, continuait de tenir sa lorgnette braquée sur le haut de la montagne, qu'il paraissait examiner avec une grande attention, ainsi que les efforts de nos troupes pour gravir les rochers. Tandis qu'il semblait entièrement occupé de cet examen, il fait donner à l'escadron du régiment (¹) de service d'escorte près de sa personne, l'ordre de charger sur la batterie ennemie qui enfilait la route. Cet escadron, commandé par son chef M. Kozietulski, s'élance aussitôt, en colonne par quatre, la largeur de cette chaussée ne permettant pas d'autre déploiement ; l'épouvantable feu de l'ennemi, qui renverse à l'instant plusieurs hommes et plusieurs chevaux, le fait hésiter ; il est en quelque sorte ramené. La présence du colonel Krasinski, du colonel-major Dautancourt, à la tête de la totalité du régiment, suffit pour l'arrêter (²), et cet escadron s'élance de nouveau, gravit la montagne au galop malgré une pluie de mitraille et un feu croisé de mousqueterie des plus épouvantables. Renverser tout ce qui voulut s'opposer au choc, et emporter l'inaccessible position de l'ennemi, fut l'affaire d'un instant : tout, artillerie et infanterie, fut enlevé, sabré, dispersé, coupé ou pris.

Cette charge, brillante s'il en fut, est à juste titre regardée comme un des faits d'armes les plus étonnants et les plus audacieux dont la cavalerie ait fourni l'exemple. Aussi elle couvrit le régiment de gloire, et ce coup d'essai l'associa dès lors et pour toujours à l'élite des vieux soldats français.

Sur quatre coudes de la chaussée, les Espagnols avaient placé leurs canons. Ayant pris les premiers, il fallut descendre de cheval pour renverser les canons, pour faire place à la nouvelle attaque. Les troupes sur les rochers, outre le tir de l'artillerie et des fusils, jetaient des grenades de verre.

(Note ajoutée en marge du manuscrit par le général Krasinski.)

---

(1) Il faut observer que l'escadron des chevau-légers qui était de service auprès de l'Empereur se trouvait séparé du reste du régiment, qui était massé près de l'entrée du défilé à droite de la route avec les escadrons de la cavalerie de la Garde impériale qui n'étaient pas de service auprès de Napoléon.

(2) Cet arrêt fut dû à un effet moral plutôt que matériel, car le colonel Krasinski et le major Dautancourt se trouvaient loin en arrière de l'endroit où chargeait l'escadron de service : ce dernier s'arrêta (en admettant qu'il ait rebroussé chemin) parce qu'il savait que l'Empereur, avec le reste du régiment, était derrière lui, et non pas parce qu'il se heurta à son colonel en revenant en arrière.

Les avantages de cette action étaient décisifs; l'armée ennemie fut dispersée et comme anéantie.

Sans s'arrêter, le colonel-major se porta de suite sur la route de Madrid : elle était, ainsi que les campagnes à droite et à gauche, couverte de fuyards, de voitures et de bagages. La déroute était complète, et ce fut à travers cet incroyable désordre que le régiment, suivi et soutenu par les chasseurs à cheval de la Garde, se porta au galop sur l'important défilé de Buitrago, dont il s'empara, et où fut établi le quartier impérial.

Un horrible spectacle attendait le régiment à l'entrée de Buitrago : il touchait presque à ce bourg, ainsi qu'à un peloton de Français prisonniers que les Espagnols entraînaient rapidement, et le régiment se précipitait pour les délivrer, quand, tout à coup, il vit ce groupe s'arrêter court, et nos malheureux compagnons d'armes tomber tous, massacrés et fusillés par leurs barbares conducteurs. Ceux qui respiraient encore criaient vengeance. Nous n'arrivâmes qu'à point; cette vengeance fut terrible! les chevau-légers étaient transportés de fureur. Les soins que le chirurgien-major Girardot s'empressa de donner à ces malheureuses victimes d'une atrocité qui s'est renouvelée dans cette guerre en rendit deux ou trois à la vie.

(Note du général Krasinski.)

De Buitrago, le régiment alla occuper le petit village de Cabrera où il bivouaqua. Ce village, situé sur la route, est environné en partie de rochers boisés.

La perte du régiment dans la glorieuse action de Somo-sierra fut considérable, mais plusieurs écrivains, sans doute par divers motifs qu'il est inutile de rappeler ou de combattre, l'ont exagérée outre toute mesure; nous eûmes 57 hommes tant officiers que sous-officiers et chevau-légers tués ou blessés, soit dans la charge en montant la montagne, soit en arrivant sur l'artillerie. Au nombre des premiers, le régiment eut à regretter les lieutenants Krzyzanowski, Rowicki et Rudowski, tous trois jeunes officiers qui donnaient les plus belles espérances (ce dernier fut tué sur les canons ennemis) ; 24 sous-officiers et chevau-légers demeurèrent aussi sur le terrain, ainsi que 35 chevaux ; parmi les blessés se trouvait le brave et estimable capitaine Dziewanowski qui mourut quelques jours après, le capitaine Krasinski et le lieutenant Niegolewski ; le chef d'escadron Kozietulski, ayant eu son cheval tué en s'élançant à la tête de son escadron, fut renversé, foulé aux pieds des chevaux dans la montagne et couvert de contusions.

Enfin, à l'appel fait vers 10 heures du soir au bivouac de Cabrera, outre les hommes tués, on comptait 26 sous-officiers et chevau-légers blessés, la plus forte partie légèrement, et manquant à cet appel (¹) ; parmi ceux blessés gravement, cinq moururent quelques jours après ; les autres rejoignirent successivement le régiment.

Entre beaucoup de faits particuliers qui donnent une idée de l'enthousiasme du régiment à cette affaire, où il faisait ses premières armes sous les yeux de l'Empereur, on cite celui-ci : le lieutenant Rudowski venait d'être tué en arrivant près des canons espagnols : le maréchal des logis Roman le remplace ; il est lui-même aussitôt blessé, les chevau-légers alors paraissent ébranlés. Ce brave sous-officier se tourne

---

(1) Ce passage manque de clarté. Après nous avoir déclaré qu'il y avait 57 hommes tués ou blessés, Dautancourt nous dit qu'à l'appel du soir il y avait 26 blessés ; on pourrait donc croire que la différence de 26 à 57 donne le nombre des tués, qui se serait ainsi élevé à 31 ; mais, après de laborieuses recherches dans les registres matricules du régiment des chevau-légers, nous avons trouvé que le 3° escadron avait eu 14 tués, officiers compris : nous sommes donc loin du chiffre de 31, qui d'ailleurs n'était pas vraisemblable, le nombre des tués étant en général le quart de celui des blessés ; la différence de 14 à 31, soit 17, représenterait alors le nombre des hommes blessés légèrement pendant la charge et qui auraient pu rejoindre le régiment dans la soirée. Pour qui sait combien les soldats du premier Empire quittaient malaisément les rangs, le fait ne présente rien d'étonnant. Cette explication serait donc admissible. Mais il y en a une autre également plausible. Dautancourt a d'abord parlé de *la charge en montant la montagne,* qui donna 57 tués ou blessés et 24 contusionnés ; telles sont les pertes du 3° escadron. Quand il nous parle ensuite des pertes constatées à l'appel de Cabrera, il veut peut-être parler de celles qu'a subies le régiment après la charge, pendant la poursuite ; il paraît en effet difficile que les chevau-légers, qui firent plusieurs milliers de prisonniers et prirent des drapeaux, aient accompli tous ces exploits sans rencontrer la moindre résistance. Il est donc probable que cette dernière explication est la vraie, et il faut en conclure que les pertes dont parle Dautancourt doivent être additionnées. La journée du 30 novembre 1808 coûta donc au régiment des chevau-légers une centaine d'hommes, dont une vingtaine moururent.

vers eux et leur crie : « L'Empereur nous regarde, en avant ! »
et ce peloton se précipite sur l'artillerie, où Roman est
blessé une deuxième fois.

Le quinzième bulletin de l'armée, en annonçant toujours
la satisfaction de l'Empereur, fit connaître que les maréchaux des logis Babecki et Waligurski et le chevau-léger
Juszynski, qui entre autres s'étaient emparés des drapeaux
ennemis, venaient d'être nommés membres de la Légion
d'honneur. Sa Majesté accorda de plus au régiment huit
décorations du même ordre pour les officiers, et un pareil
nombre pour les sous-officiers et chevau-légers.

*Le lendemain de la bataille, le régiment passait devant le
bivouac du corps du maréchal Victor. Celui-ci prit sponta-
nément les armes et cria « Vivent les braves ! » L'Empereur
arriva et ordonna au colonel Krasinski de former le régiment, de sonner un demi-ban ; il ôta son chapeau devant le
front et dit : « Je vous reconnais pour la plus brave cavalerie. » Il fit sonner le demi-ban et ordonna au régiment de
défiler devant lui.*

(Note du général Krasinski.)

Extrait des Souvenirs militaires du colonel de Gonneville ([1]).

Nous arrivâmes le 3o novembre au pied de Somosierra.
Cet obstacle paraissait difficile à franchir : la chaîne de montagnes présente des rochers à pic et une grande élévation ;
la route, montant en zigzags dans une gorge étroite, est
coupée à chaque instant par un torrent, alors à sec, mais
dont tous les ponts avaient été détruits ; cette route était le
seul point par lequel il semblait possible d'aborder cette
position, considérée par les Espagnols comme inexpugnable.
Ils l'avaient hérissée de batteries qui, en s'élevant successivement, battaient tous les côtés de la route qui pouvaient
être enfilés ; des nuées de tirailleurs étaient embusqués à
droite et à gauche du ravin, et des masses d'infanterie cou-

---

(1) Publiés par la comtesse de Mirabeau, sa fille, Paris 1876.

vraient les points accessibles des hauteurs. Dès qu'on voulait avancer sur la route, le canon et la fusillade commençaient, puis le plus grand silence succédait lorsqu'un mouvement de retraite mettait les assaillants à l'abri.

L'Empereur se trouvait au pied de la montagne à l'entrée de la gorge ; cent pas plus loin il eût été sous le feu de la première batterie qui était couverte par un épaulement flanqué de tirailleurs, et avait en avant d'elle deux des coupures dont j'ai parlé. L'Empereur ordonna qu'on établît promptement sur ces deux coupures des ponts en madriers et en planches. Les sapeurs exécutèrent cet ordre, mais avec de notables pertes. Il ordonna ensuite au colonel de Piré, aide de camp du prince de Neuchâtel, d'aller reconnaître s'il y avait moyen de risquer une charge de cavalerie sur la première batterie. Piré partit au galop, fut accueilli par la fusillade et revint d'un air un peu trop effaré lui dire tout haut que la chose était impossible. Ce mot et la manière dont il avait été dit mirent l'Empereur dans une telle colère, qu'il lança à M. de Piré un coup de cravache que celui-ci n'évita que par un brusque mouvement de retraite (¹).

Il n'y avait en troupes au lieu où nous nous trouvions que les chasseurs de la Garde, les lanciers polonais de la Garde, deux régiments d'infanterie, une ou deux batteries de la Garde, et notre division.

L'Empereur ordonna aux chasseurs de la Garde de charger la première batterie. Ils partirent au galop en colonne par quatre et se lancèrent avec la détermination qu'ils avaient toujours ; mais, au moment où ils furent démasqués après avoir tourné la portion de montagne qui nous couvrait, la canonnade et la fusillade recommencèrent si vivement qu'ils revinrent en grand désordre, justifiant ainsi le dire du colonel de Piré. Le colonel des lanciers polonais s'approcha alors de l'Empereur et lui demanda l'autorisation de tenter une charge, permission qui lui fut accordée (²), et quelques

(¹) Il est fort probable que le coup de cravache n'était pas destiné à Piré, et qu'il n'était que la conséquence d'un mouvement de colère. A propos du même incident, Ségur dit que l'Empereur frappa violemment le pommeau de sa selle.

(²) Si cet épisode était exact, il est probable que le colonel Kra;nski n'aurait

minutes après, la batterie était emportée, mais avec des pertes sensibles. M. de Ségur, qui avait accompagné la charge en amateur, tomba percé de cinq balles ; les abords de la batterie étaient jonchés de chevaux et de lanciers. Il y avait un cheval dont le train antérieur était engagé dans la batterie tandis que ses jambes de derrière pendaient en dehors ; son cavalier était étendu mort au milieu de la batterie.

Nous reçûmes l'ordre d'appuyer le mouvement des Polonais et de prendre la tête de la colonne une fois qu'elle aurait débusqué sur la hauteur. Par une de ces circonstances qui arrivent parfois à la guerre à la suite de coups audacieux, trois autres batteries, mieux situées que la première pour disputer le passage, avaient été abandonnées par leurs défenseurs lorsqu'ils avaient vu le succès des Polonais. Les canons chargés étaient restés là sans avoir fait feu et pas un seul coup de fusil ne fut tiré sur nous dans le trajet de la montée, trajet qui dura au moins une heure.

Après être sortis de la gorge, nous trouvâmes, à une lieue plus loin, Buitrago, vilaine et sale petite ville ; nous y arrivâmes à la nuit ; notre première brigade y resta avec la Garde et le grand quartier général.

Extrait des Souvenirs du canonnier Manière ([1]).

Le 29 novembre, je faisais partie de deux pièces de 8 du 2ᵉ régiment d'artillerie à cheval ([2]) : nous étions d'avant-garde avec les chevau-légers polonais ; arrivés devant la Somosierra (ce sont deux montagnes assez rapprochées où il y a un passage étroit par lequel il ne peut passer que deux voitures de front, et pour pénétrer dans cette gorge, il faut descendre comme dans une cave), à gauche de la route, les Espagnols avaient abandonné un canon dont les

---

pas manqué de le mentionner ; or, aucune des relations polonaises n'en parle, et toutes disent que l'Empereur donna de lui-même l'ordre de charger à son escadron polonais de service.

([1]) *Souvenirs d'un canonnier de l'armée d'Espagne,* publiés par G. Bapst. Paris, 1892.

([2]) Du 1ᵉʳ corps, maréchal Victor.

crosses étaient enclavées dans un petit rocher. Les Espagnols avaient établi une batterie qui enfilait la grande route, et en avant de cette batterie, ils avaient fait un grand fossé très profond. Nous commençâmes le feu avec nos deux pièces, l'Empereur était tout près, il nous regardait manœuvrer, son cheval grattait du pied, il ne pouvait pas avancer. Des deux montagnes, il y avait des batteries qui nous couvraient de mitraille ; les biscaïens frappaient sur nos caissons couverts en tôle, ce qui nous faisait un drôle de carillon, l'Empereur regardait avec sa lorgnette le sommet de droite pour voir si les grenadiers de la Garde paraissaient ; ils avaient reçu l'ordre de gravir la montagne pour prendre les batteries espagnoles à revers. Deux de nos camarades ont eu les jambes coupées devant les yeux de l'Empereur. Napoléon commanda aux chevau-légers polonais d'enlever les batteries ; le 1er escadron se précipite dans le fossé, le 2e escadron suit le premier, il surmonte l'obstacle et les batteries sont enlevées. Le colonel a eu son cheval tué et les deux cuisses coupées ([1]), la route et les deux côtés étaient couverts de Polonais hachés par la mitraille.

Extrait des Mémoires de chirurgie militaire et campagnes de J. Larrey ([2]).

Cependant notre armée s'avança et s'engagea dans le défilé des montagnes. Elle ne rencontra point d'obstacle jusqu'aux retranchements de l'ennemi, établis en avant du village de Somosierra ; mais alors les difficultés parurent insurmontables. Le chemin escarpé et très étroit, pratiqué sur le revers de la montagne, était défendu par des batteries masquées. Les flancs des deux montagnes qui bordent le défilé étaient également garnis de troupes, de canons, et l'on ne voyait pas le moyen de tourner ces formidables

---

(1) C'est le commandant Kozietulski qui eut son cheval tué, et c'est le capitaine Dziewanowski qui eut la jambe broyée.

(2) Paris, 1812. Tome III, pages 248, 249. Larrey était, en 1808, premier chirurgien de la Garde impériale.

positions, sans employer beaucoup de temps et essuyer de grandes fatigues.

Quoi qu'il en soit, au signal donné par l'Empereur, et à la faveur d'un brouillard épais qui s'était élevé à propos, les chevau-légers de la Garde s'élancèrent sur les retranchements qui coupaient le chemin, et, au milieu des boulets, des balles et de la mitraille, ces intrépides Sarmates franchirent les fossés, pénétrèrent dans les redoutes, taillèrent en pièces ceux qui les défendaient, mirent en fuite ceux qui échappèrent à leurs coups et se rendirent maîtres du passage. La victoire fut, il est vrai, achetée par le sang de plusieurs des braves marchant au premier rang. Cette entreprise doit être regardée comme un des plus beaux faits de la guerre. Tous les blessés de cette brillante journée furent pansés et opérés sur les bords du chemin escarpé de la montagne. Les voitures de notre ambulance les transportèrent ensuite à Buitrago, et de là à Santo-Martino, près Madrid.

CHAPITRE IX

MADRID

SOIRÉE DU 3o NOVEMBRE

Dans la soirée du 3o novembre, les chevau-légers polonais et les chasseurs de la Garde, qui avaient poursuivi l'ennemi sur la route de Madrid, arrivèrent à Saint-Augustin et la Cabrera ; les divisions de dragons de La Houssaye et Latour-Maubourg s'arrêtèrent à Buitrago, où l'Empereur établit son quartier général. L'infanterie s'établit entre Robregordo et Buitrago. Le général Lasalle, qui avait suivi le mouvement de retraite du corps placé à Sepulveda, s'était avancé à sa suite sur la route de Ségovie jusqu'à Castil-Nuevo.

La Somosierra franchie, l'Empereur comptait ne plus trouver d'obstacles jusqu'à Madrid, à moins qu'il ne fût devancé vers la capitale soit par l'armée de Castaños, soit par l'armée anglaise ; il n'avait aucune nouvelle précise de l'une ou de l'autre de ces armées, surtout de l'armée anglaise qui était signalée vers Salamanque et Astorga : il comptait toutefois se trouver à même d'atteindre Castaños vers Guadalaxara. Il est curieux de constater qu'au moment même où l'Empereur marchait sur Madrid, le 30 novembre, en descendant le versant sud de la chaîne Carpétanienne, une partie de l'armée anglaise commandée par le général Hope, qui avait franchi le Guadarrama l'avant-veille, se dirigeait par le versant sud sur Peñaranda et Avila, côtoyant ainsi les troupes françaises, dont la cavalerie ne fut pas assez heureuse pour découvrir le moindre indice de leur présence. L'Empereur resta ignorant de tous ces mouvements des Anglais, et ce ne fut que dans la nuit du 30 novembre au 1er décembre qu'il reçut du général Milhaud des renseignements assez positifs sur le corps du général Hope; les nouvelles envoyées par le général Lasalle confirmaient la retraite du corps espagnol de Sepulveda sur Ségovie.

Dans ces conditions, l'Empereur, avant de pousser sur Madrid, avait le plus grand intérêt à savoir positivement s'il y avait des Anglais à l'Escorial et des Espagnols à Guadalaxara : il dirige le 1er décembre sa cavalerie sur Saint-Augustin, à distance égale de l'Escorial et de Guadalaxara, prête à se porter sur l'un ou l'autre de ces points, si les reconnaissances qu'on y envoie annoncent la présence de l'ennemi. L'infanterie du 1er corps et la Garde marchent également le 1er décembre sur Saint-Augustin, où le quartier général de l'Empereur est porté dans la journée.

Toujours fidèle à sa méthode d'assurer le plus vite possible la sécurité de ses communications, l'Empereur avait, le soir même du combat du 30 novembre, donné l'ordre de construire à Somosierra un poste fortifié.

Au moment de paraître devant la capitale de l'Espagne, l'Empereur jugea le moment venu de faire reparaître en scène le roi Joseph qu'il avait laissé jusque-là sur les derrières de l'armée, et il lui renouvela l'ordre de le rejoindre aussi vite que possible.

L'EMPEREUR AU GÉNÉRAL LÉRY ([1]).

Buitrago, 30 novembre 1808, au soir.

Il faut faire le projet de retrancher le plateau de Somo-sierra. Un fossé, une bonne double palissade, deux ou trois batteries, mettront 200 ou 300 hommes à l'abri d'un coup de main, surtout de la part des paysans. Comme on va y mettre un bataillon en garnison, ce bataillon servira à travailler aux retranchements. Le général d'artillerie laissera 6 pièces de celles qui ont été prises à l'ennemi. On établira dans l'église (la chapelle) un magasin de biscuits, de riz, et tou-tes les choses nécessaires.

L'EMPEREUR AU ROI JOSEPH.

Buitrago, 30 novembre 1808, 6 heures du soir.

Mon Frère, nous avons eu une affaire. Un corps de 9,000 hommes occupait la Somosierra ; 4,000 étaient en position à Sepulveda. Celui de Somosierra a été battu, son canon pris, une cinquantaine de voitures de bagages, un grand nombre de prisonniers, et le reste s'est disséminé dans les montagnes à un tel point qu'à Buitrago on a appris cette affaire par une cinquantaine d'officiers qui se sauvaient au grand galop, suivis par nos hussards, qui sont arrivés quelques moments après. Ma cavalerie est ce soir à Saint-Augustin. L'autre corps s'est jeté dans les montagnes. La cavalerie le poursuit. Il se retirera probablement sur Ségovie.

Notre perte est presque rien. Nous n'avons eu qu'une dizaine d'hommes d'infanterie tués ou blessés et une quin-zaine de Polonais de la Garde, qui ont fait une charge bril-

---

([1]) Commandant le génie de l'armée d'Espagne.

lante. Venez aussi vite que vous pourrez (¹), mais venez avec
votre garde, de peur de quelques brigands qui errent dans
les montagnes. Vous trouverez ci-jointe la gazette de Madrid
du 29.

Rapports reçus au 1ᵉʳ décembre.

LE GÉNÉRAL MILHAUD AU MARÉCHAL BESSIÈRES.

Valdesillas, le 29 novembre 1808.

J'ai l'honneur de vous adresser plusieurs lettres et gazettes
et proclamations de Madrid, surtout une lettre de San-Lorenzo ou l'Escorial, et une gazette de Salamanca, d'après
lesquelles il paraît certain qu'il se trouvait le 26 novembre
à San-Lorenzo ou l'Escorial une division anglaise composée
des 92ᵉ, 36ᵉ et 2ᵉ régiments d'infanterie et du 18ᵉ dragons(²),
et trois autres dont les noms ne sont pas connus. D'après
deux lettres que l'on vient d'ouvrir à l'instant, datées de
Salamanca, il paraîtrait que 20,000 Anglais sont déjà à
Salamanca et qu'on y attendait 18,000 Portugais. Peut-on
ajouter foi à toutes ces lettres, c'est ce qu'il est impossible
de savoir. J'ai envoyé aujourd'hui le 11ᵉ dragons à Medina
pour éclairer ma droite et pousser des détachements sur la
route de Salamanca. Sans garantir l'authenticité de ces let-

---

(1) Cette phrase dément l'assertion du maréchal Jourdan lorsqu'il dit dans
ses *Mémoires*, page 96 :

« Joseph, que l'Empereur avait laissé en arrière, croyant pouvoir se présenter
« devant la capitale de son royaume en même temps que son frère, hâta sa
« marche et le rejoignit vers les 4 heures (le 2 décembre). Cet empresse-
« ment déplut à Napoléon. Il semble cependant qu'au lieu de reléguer à la queue
« de l'armée le prince destiné à régner sur une nation aussi fière, il aurait dû
« le traiter honorablement et se montrer plus son allié que son chef impérieux. »

L'Empereur avait déjà écrit au Roi Joseph le 27 novembre pour lui dire de
se rendre de Burgos à Aranda le 29. Le Roi quitta Burgos le 28 novembre, ne
s'arrêta que peu de temps à Aranda où il ne trouva plus l'Empereur, et se remit
en marche pour le rejoindre, avant d'ailleurs d'avoir reçu la lettre du 30 novembre ; il le rejoignit le 2 décembre dans l'après-midi à son quartier général
de Chamartin.

(2) Le renseignement était remarquablement exact, quoique incomplet ; il n'y
manque que le 71ᵉ d'infanterie et le 3ᵉ dragons (King's German Legion).

tres, dont j'ai l'honneur de vous envoyer l'original, j'en ai toujours donné avis à M. le maréchal duc de Danzig. J'ai, d'après vos ordres, laissé une brigade de cavalerie légère pour couvrir les routes d'Astorga, Leon et la ville de Palencia : j'ai chargé le général Franceschi de cette mission. Dois-je, Monsieur le Maréchal, laisser longtemps cette brigade détachée de ma division ? Il paraît sûr que la consternation est à Madrid, et que la Junte joue son reste et se tient à Aranjuez pour être prête au besoin à fuir, et qu'elle ne compte guère sur les montagnes fortifiées ni sur les préparatifs de la capitale.

P.-S.— J'attends le rapport des partis que j'ai envoyés par Cuellar et Carbonaro pour tâcher de communiquer par ma gauche avec l'armée qui marche d'Aranda sur Madrid. J'ai eu l'honneur de rendre compte à Votre Excellence que les chemins de Tudela à Ségovie étaient impraticables, et qu'il était indispensable de passer par la route de Puente-de-Duero.

Permettez-moi d'observer que sans argent on ne peut envoyer des espions.......

Je prie Votre Excellence d'observer que toutes les lettres de Ségovie, au nombre de trois, deux de Salamanca et une de San-Lorenzo ou l'Escorial, et une de San-Ildefonso, la lettre consignée dans la gazette de Salamanca, ou courrier politique, sont d'accord pour confirmer l'existence de troupes anglaises à l'Escorial en route pour Ségovie et les 20,000 déjà arrivés à Salamanca. Si les 5,000 Anglais qu'on disait être arrivés à Astorga y existent, les mouvements de ces trois colonnes paraîtraient combinés pour déboucher en même temps dans les plaines de Salamanque et Valladolid. J'espère avoir, demain ou cette nuit, des renseignements plus positifs, soit par mes reconnaissances, soit par mes espions. Nous serons tous enchantés d'avoir affaire avec ces éternels ennemis du continent, mais s'ils savent la défaite générale des armées espagnoles, je crains leur retraite.

LE GÉNÉRAL LASALLE AU MARÉCHAL BESSIÈRES.

Castil-Nuevo, le 3o novembre 1808, à 4 heures et demie.

Monseigneur,

Un Français établi à Metilla([1]) m'a été envoyé par un officier commandant la reconnaissance sur la route de Ségovie, ainsi qu'un Français, soldat au service d'Espagne depuis quatorze ans et ayant déserté ce matin.

Ils rapportent l'un et l'autre que l'ennemi a commencé à passer à Metilla vers 5 heures du matin et a continué jusqu'à 10.

Il a emmené avec lui 3 pièces de 4, 1 obusier et 12 caissons.

Ils rapportent aussi qu'un général nommé Benito San Juan est arrivé hier soir.

L'ennemi s'est retiré en ordre et marchant par peloton, au nombre de 5,000 hommes dont 2 petits régiments de cavalerie.

Les.reconnaissances continuent ; j'aurai l'honneur de vous rendre compte au fur et à mesure.

La Metilla n'est pas marquée sur la carte. Ce village se trouve après Valderas.

P.-S. — L'ennemi peut être arrivé à Ségovie ; on pense cependant qu'il a dû coucher à une lieue en deçà.

LE GÉNÉRAL LASALLE AU MARÉCHAL BESSIÈRES.

Castil-Nuevo, le 3o novembre 1808, à 7 heures moins un quart.

Monseigneur,

Au moment où je fermais ma dernière lettre, l'officier que j'ai envoyé à Pedraza me rend compte qu'il n'a pas paru d'ennemi dans cette ville, mais qu'il a passé à Vetilla avec 8,000 hommes et 3 pièces de canon, se dirigeant vers Ségovie.

---

(1) Il s'agit probablement ici de *La Metilla,* village situé au sud-ouest de La Vetilla, sur la route de Ségovie : le village de La Vetilla est lui-même au nord-ouest de Pedraza.

J'attends l'arrivée de ces deux officiers pour pouvoir faire un rapport plus clair à Votre Excellence.

Ordres du 1ᵉʳ décembre.

LE MAJOR GÉNÉRAL AU MARÉCHAL BESSIÈRES.

Buitrago, le 1ᵉʳ décembre 1808, 3 heures du matin.

L'intention de l'Empereur, Monsieur le Maréchal, est que vous partiez à 4 heures du matin, et que vous portiez le plus tôt possible votre quartier général à Saint-Augustin, où vous aurez avec vous les Polonais, les chasseurs de la Garde, les dragons La Houssaye et Latour-Maubourg.

J'envoie ordre au général Savary de ne pas dépasser Saint-Augustin. Arrivé dans cet endroit, vous enverrez des patrouilles sur Guadalaxara et sur Ségovie ; ces forts détachements seront commandés par des officiers très intelligents ; il n'y a que 7 lieues de Guadalaxara à Saint-Augustin. Sa Majesté a intérêt à avoir de bonne heure des nouvelles de Guadalaxara, afin de savoir si Castaños a passé par là ; vous savez que Guadalaxara est la réunion des différentes routes de Saragosse et de Pampelune sur Madrid ; il est bien important d'avoir les lettres de Guadalaxara. Le but de la reconnaissance est de savoir ce qu'est devenu et le corps qui y était, et celui qui peut s'y être réfugié ; enfin, sur les 3,000 à 4,000 Anglais qu'on assurait être à l'Escurial. On saura aussi par là s'il y a des nouvelles du général Milhaud, qui doit avoir marché sur Ségovie.

Une reconnaissance que vous enverrez sur Madrid est la moins intéressante de toutes. Les reconnaissances sur Guadalaxara et sur Ségovie sont les plus importantes. J'écris au général Savary ; je vous envoie copie de la lettre.

LE MAJOR GÉNÉRAL AU GÉNÉRAL SAVARY.

Buitrago, le 1ᵉʳ décembre 1808, 3 heures du matin.

L'intention de l'Empereur, Monsieur le général Savary, est que vous ne dépassiez pas Saint-Augustin, où vous arriverez le plus tôt que vous pourrez. Le maréchal Bessières s'y rend et a les instructions et les ordres de Sa Majesté sur tout le mouvement de la cavalerie.

L'Empereur ne porte aucun intérêt aux reconnaissances sur Madrid ; mais Sa Majesté en porte beaucoup sur Guadalaxara et sur Ségovie. Ne fatiguez pas inutilement votre cavalerie. Pas un seul chasseur de la Garde ne doit dépasser Saint-Augustin. Enlevez toutes les lettres qui peuvent être à la poste. Arrêtez tout ce qui arriverait de Madrid ; quelques patrouilles de Polonais sont suffisantes pour cela.

MARCHE SUR MADRID

(2 décembre.)

Le 2 décembre au matin, l'Empereur ayant reçu les rapports des maréchaux Ney et Moncey datés du 27 novembre [1] leur envoya ses instructions pour la suite des opérations, tout en leur manifestant à mots couverts le peu de satisfaction que lui causaient les faux mouvements exécutés lors de la poursuite de Castaños et de Palafox ; le maréchal Moncey eut l'ordre de rester devant Saragosse et d'en entreprendre le siège : il fut ordonné au maréchal Ney de se diriger au plus tôt sur Madrid, où l'Empereur croyait possible qu'on rencontrât des troupes anglaises, contre lesquelles il jugeait nécessaire de réunir toutes ses forces disponibles ; c'est dans ce but qu'il envoya aussi au général Valence, dont la division polonaise arrivait à Burgos, l'ordre de diriger ses troupes de Burgos sur

---

(1) Voir le rapport du maréchal Ney page 364 ; celui du maréchal Moncey n'a pas été retrouvé.

MARCHE SUR MADRID (2 DÉCEMBRE).

Aranda, de façon à les rapprocher de Somosierra et Madrid.

Pendant ce temps, le maréchal Lefebvre et le général Milhaud se trouvaient entre Valladolid et Ségovie, marchant sur cette dernière ville; en cas d'événement devant Madrid, l'Empereur était donc sûr de pouvoir être rejoint en quelques jours par le maréchal Lefebvre qui franchirait le Puerto de Guadarrama et par le général Valence venant par le Puerto de Somosierra : le corps du maréchal Ney, arrivant ensuite par Guadalaxara et Alcala, pourrait le cas échéant produire une diversion puissante du côté de l'est.

Mais l'ensemble des nouvelles reçues au sujet de l'armée anglaise indiquait depuis quelque temps avec persistance deux groupes principaux de troupes britanniques comme se rassemblant à Astorga et à Salamanque: un autre groupe paraissant moins important était signalé vers Madrid ou l'Escorial. L'Empereur devait donc penser qu'il n'aurait affaire dans la vallée du Tage qu'à ce dernier groupe renforcé par des troupes espagnoles dont il faisait si peu de cas : dans ces conditions, il n'hésita pas à marcher rapidement sur Madrid pour profiter de la démoralisation qu'il supposait devoir régner dans la population de la capitale après la déroute de Somosierra. Il porta donc toute sa cavalerie vers le sud, et donna l'ordre à la division Lapisse de pousser sur Alcovendas (¹), formant avant-garde; par mesure de prudence, le reste du 1ᵉʳ corps et de la Garde fut d'abord maintenu vers Saint-Augustin, puis l'Empereur, proba-

_____

(1) A 15 kilomètres de Madrid; la cavalerie avait bivouaqué le 1ᵉʳ décembre tout autour de ce point, où le maréchal Bessières avait établi son quartier général.

blement rassuré par les nouvelles envoyées par la cavalerie, donna l'ordre dans la journée de diriger sur
Madrid les divisions Ruffin et Villatte avec la Garde impériale.

Rapports reçus au 2 décembre.

LE GÉNÉRAL MILHAUD AU MAJOR GÉNÉRAL.

Valdestillas, 3o novembre 1808, à 4 heures après midi.

Je m'empresse d'envoyer à Votre Altesse des lettres intéressantes, entre autres une officielle de Madrid du 16 novembre adressée aux alcades de M... par le marquis de Castelar... Ces lettres ont été interceptées la nuit dernière à
la poste d'Arevalo par une reconnaissance du 5e régiment
de chasseurs (¹). La lettre du marquis de Castelar annonce
le passage prochain d'une division ang'aise commandée par
le général Hope et donne des détails.

Une autre lettre d'un officier d'artillerie, écrite de Leon
le 24 novembre, annonce que 18,000 Espagnols de l'armée
défaite de Blake se sont déjà ralliés avec de l'artillerie, et
qu'on y espère bientôt la réunion d'une division anglaise
venant d'Astorga, forte de 14,000 hommes. Ce même officier annonce que les débris du corps de Burgos doivent se
réunir à Ségovie, ce que me confirment tous les rapports
et un espion que j'ai envoyé dans cette ville.

J'attends avec impatience les rapports de mes reconnaissances sur Salamanca, où l'on m'assurait qu'il existait un
corps d'armée anglais.

Je crois être assez bien placé pour avoir des nouvelles de
Ségovie, de l'Escorial, de Salamanca et même d'Astorga
et de Leon ; ces deux derniers endroits sont surveillés par
les partis des deux régiments que j'ai laissés au général

---

(1) D'après le rapport du général Milhaud, cette reconnaissance ne paraît
avoir vu aucune patrouille de la cavalerie anglaise ; cette dernière la rencontra
cependant et lui tira même des coups de carabine, au dire de Lord Londonderry ; voir page 672.

Franceschi pour couvrir Palencia et éclairer les routes de Leon. Le corps de M. le maréchal duc de Danzig arrive aujourd'hui à Valladolid.

Voici la manière dont j'ai placé les régiments en prononçant mon mouvement sur Ségovie : le 5ᵉ chasseurs à Cuellar pour se lier par ma gauche avec les troupes de M. le maréchal Bessières, et pour envoyer des partis jusqu'aux portes de Ségovie, et un escadron est à Olmedo. Le 12ᵉ dragons est à Medina pour éclairer la route de Salamanca et la grande route de Valladolid et Salamanca à Madrid, et y intercepter tous les courriers... Je suis à Valdestillas avec mon artillerie et 2 régiments de dragons, pour être à portée de marcher en avant et pour correspondre avec M. le maréchal duc de Danzig. ·

P.-S. — J'ai l'honneur d'observer à Son Excellence M. le maréchal Bessières : j'aurais avancé le 22ᵉ si le 5ᵉ n'avait pas déjà été en avant du Duero. Le 22ᵉ est resté avec le général Franceschi et la légion hanovrienne ; le 22ᵉ connaît toutes les routes et communications entre le Duero et Leon et Palencia.

J'avancerai demain le plus près possible de Ségovie, à moins de renseignements positifs sur ce qui pourrait se trouver à Salamanca, ou d'autres dispositions qui me seraient prescrites par Votre Excellence ou par M. le maréchal duc de Danzig.

LE GÉNÉRAL LASALLE AU MARÉCHAL BESSIÈRES.

Castil-Nuevo, le 1ᵉʳ décembre 1808, à 2 heures du matin.

Les trois reconnaissances viennent de rentrer. Celle sur Pedraza a fait son chemin sans être inquiétée et a ramené 6 prisonniers. Celle sur Ségovie par la Vetilla a été arrêtée dans sa marche par l'opposition d'un parti de cavalerie espagnole entre la Vetilla et la Metilla, village près duquel elle s'est retirée. La troisième allant à Ségovie par la Puebla-de-Pedraza, j'ai eu l'honneur de rendre compte à Votre Excellence des événements qui la concernent. Il paraît certain que la cavalerie qu'elle a vue réunie au nombre de deux escadrons, était un corps qui cherchait à se retirer sur Somosierra, et qui, voyant la gorge occupée, a repris la route de Ségovie, que tient décidément le corps qui se retire de Sepulveda.

LE GÉNÉRAL LASALLE AU MARÉCHAL BESSIÈRES.

Pedraza, 1er décembre 1808.

N'ayant pas reçu d'ordre de Votre Excellence depuis mon établissement à Castil-Nuevo, et ayant appris que l'armée française avait eu un succès dans la gorge de Somosierra, je me suis décidé à m'établir à Pedraza et à la Vetilla, d'où j'observe l'ennemi, qui se retire avec toutes ses troupes et en ordre sur Segovie.

J'ai des reconnaissances sur toutes les routes et ma position est bonne. J'envoie à Votre Excellence un de mes aides de camp avec 25 chevaux. Je la supplie de me donner des ordres promptement.

L'on me rend compte à l'instant qu'à la Cuesta, à moitié chemin de Ségovie, l'on a tiré quelques coups de fusil. Mais le capitaine qui m'en a instruit continue cependant sa route sur Ségovie.

L'ennemi qui a été battu hier se retire, dit-on, sur Ségovie. Je suis très impatient d'avoir des ordres de Votre Excellence.

Ordres du 2 décembre.

LE MAJOR GÉNÉRAL AU MARÉCHAL NEY.

Saint-Augustin, le 2 décembre 1808, à 3 heures du matin.

Je reçois votre lettre du 27 à 8 heures, Monsieur le Maréchal; Sa Majesté, d'après les renseignements qu'elle a, pense que les rapports qu'on vous a faits que la division Reding supposée de 15,000 hommes d'infanterie et de 3,000 de cavalerie est une chimère. Cette division n'a jamais été sur

Saragosse; elle n'est pas davantage en Catalogne(¹). Les troupes espagnoles qui étaient en Andalousie ont été éparpillées; partie est restée avec Castaños, partie sur la Somosierra, partie à Ségovie. Nous les avons battues dans des positions presque inexpugnables le 30 novembre à Somosierra. Nous leur avons pris 16 pièces de canon, huit drapeaux, presque tous leurs officiers; il y avait des gardes wallonnes, des troupes de la Couronne, de Cordoue, d'Andalousie, etc., etc.

L'Empereur a vu avec peine que vous vous fussiez dirigé sur Saragosse; c'est au maréchal Moncey à investir cette place et à en poursuivre le siège; vous, Monsieur le Duc, vous devez poursuivre Castaños l'épée dans les reins et par là vous rapprocher de Madrid où nous pouvons avoir affaire aux Anglais.

LE MAJOR GÉNÉRAL AU MARÉCHAL MONCEY.

Saint-Augustin, le 2 décembre 1808, 3 heures du matin.

J'ai mis sous les yeux de l'Empereur, Monsieur le Maréchal, votre lettre du 27. Sa Majesté voit avec peine que vous n'ayez pas attaqué Castaños à Calatayud, ce qui vous aurait mis dans le cas de profiter de tous les avantages de votre position du 23.

Agissez, Monsieur le Duc, avec vigueur et audace. L'intention de l'Empereur est que vous pressiez avec la plus grande activité le siège de Saragosse. Nous avons culbuté dans les gorges de la Somosierra 15,000 hommes des meilleures troupes : gardes wallonnes, régiments de la Couronne, des Princes, troupes d'Andalousie ; nous avons pris toute leur artillerie, consistant en 16 pièces, fait un grand nombre de prisonniers, dont presque tous les officiers. L'Empereur se porte aujourd'hui sur Madrid, dont nous ne sommes qu'à

---

(1) Cette division n'était nullement une chimère, et Reding marchait réellement sur la Catalogne avec 15,000 hommes, mais comme il n'arriva sous Barcelone que le 26 novembre, l'Empereur ne pouvait pas avoir de nouvelles à son sujet.

cinq lieues ; nous espérons que le maréchal Ney poursuit
Castaños avec vigueur.

LE MAJOR GÉNÉRAL AU MARÉCHAL LANNES.

Saint-Augustin, le 2 décembre 1808, à 3 heures du matin.

L'officier qui a apporté votre lettre du 28, Monsieur le
duc de Montebello, arrive.

Sa Majesté vous avait donné le commandement du corps
du maréchal Moncey et de celui du général Lagrange : elle
ne peut voir qu'avec peine que votre maladie vous ait empêché de diriger les affaires ultérieures. Le 30, l'Empereur,
à la tête du corps du maréchal Victor, a forcé l'ennemi dans
la position des défilés de la Somosierra : nous lui avons
pris toute son artillerie consistant en 16 pièces, huit drapeaux, fait grand nombre de prisonniers, parmi lesquels
sont presque tous les officiers. Ce corps était d'environ
15,000 hommes. Sa Majesté se met ce matin en marche sur
Madrid, dont nous ne sommes plus qu'à cinq lieues.

LE MAJOR GÉNÉRAL AU GÉNÉRAL VALENCE
à son arrivée à Burgos.

Saint-Augustin, le 2 décembre 1808, 3 heures du matin.

L'Empereur, Monsieur le général Valence, ordonne que
vous partiez de Burgos avec les Polonais pour vous rendre
à Aranda, où vous réunirez les troupes de votre division
qui arrivent de Bayonne ; ayez soin de m'instruire de votre
marche et de votre arrivée à Aranda, afin que je vous fasse
passer des ordres.

LE MAJOR GÉNÉRAL AU MARÉCHAL VICTOR.

Saint-Augustin, le 2 décembre, 5 heures du matin.

Donnez ordre au général Lapisse de partir à 6 heures du
matin pour se rendre à Alcovendas, où il prendra position ;
le reste du 1er corps attendra des ordres.

ATTAQUES DE MADRID

(2 et 3 décembre.)

Dans la matinée du 2 décembre, le maréchal Bessières, avec toute la cavalerie, se porta d'Alcovendas sur Madrid, et parvint aux abords de la capitale par un brouillard intense, qui fit que l'avant-garde, formée par les chevau-légers polonais, tomba sans s'en douter sur les avant-postes espagnols. Les Polonais, probablement en veine d'héroïsme depuis la charge de l'avant-veille à Somosierra, se précipitèrent sur l'ennemi sans le compter, renversèrent tout devant eux et, sous le feu de douze pièces tirant à mitraille, arrivèrent jusqu'aux portes de la ville et s'emparèrent d'un canon ; néanmoins, comme ils ne pouvaient pas reconnaître dans la brume la position de l'ennemi, ils se replièrent hors de portée de l'artillerie.

Le brouillard ne se dissipa que vers 10 heures.

Reçu à coups de canon devant la ville, le maréchal Bessières envoya son aide de camp, l'adjudant-commandant de Soulages, pour la sommer de se rendre : mais la populace surexcitée faillit massacrer le parlementaire, qui ne dut son salut qu'à l'énergique attitude d'un détachement de troupes régulières espagnoles : ainsi protégé, il put revenir, quoique à grand'peine, vers les siens.

Les premières reconnaissances autour de la ville montraient qu'elle avait été sérieusement mise en état de défense : toutes les portes étaient barricadées et armées de canons ; le tocsin sonnait, on entendait partout battre la générale, et des rumeurs confuses montaient de la population, qui était sous les armes et paraissait résolue à résister vigoureusement.

Sur ces entrefaites, l'Empereur arriva sur les hauteurs de Chamartin où étaient rangés ses dragons et d'où l'on découvre la capitale de l'Espagne ; il était midi : les cavaliers, voulant fêter le double anniversaire du couronnement et de la bataille d'Austerlitz, accueillirent Napoléon par des acclamations enthousiastes qui retentirent jusque dans Madrid ; cette capitale était la troisième, depuis trois ans, devant laquelle ils arrivaient victorieux ; c'était la première qui osât se défendre, mais leurs cris de joie, en exprimant à leur chef la confiance qu'ils avaient dans son génie, disaient aussi leur certitude de surmonter toutes les résistances.

Après avoir rapidement passé en revue ses cavaliers, l'Empereur fit lui-même une reconnaissance générale de la place, et dressa le plan de l'attaque de vive force qu'il était résolu à exécuter dès l'arrivée de son infanterie, si la place ne se rendait pas.

Dans l'après-midi, un officier espagnol se présenta aux avant-postes français pour rapporter à la sommation faite le matin par le maréchal Bessières la réponse de la junte militaire de Madrid, qui refusait de rendre la ville : il était accompagné d'un état-major d'hommes du peuple de mauvaise mine qui paraissaient être là plutôt pour le surveiller que pour l'escorter ; cet étrange entourage semblait montrer que les autorités de Madrid, reconnaissant l'impossibilité d'une longue résistance, auraient consenti à rendre la ville, mais que le peuple, à la fois ignorant et résolu, ne voulait entendre parler que d'une résistance à outrance ; dans son exaltation,

il s'était même porté à de graves désordres, et la veille
la foule avait massacré le marquis de Peralès, regidor
de Madrid, sous prétexte qu'il avait fait mettre dans
les cartouches du sable au lieu de poudre.

Les nouvelles précédentes, rapportées à l'Empereur,
ne pouvaient que le confirmer dans sa résolution de
frapper vite et fort : aussi dès que parut, vers 3 heures
de l'après-midi, la tête de la division Lapisse, l'Empereur
donna l'ordre à cette division de reconnaître et d'attaquer, au nord-ouest de Madrid, les portes de Los Pozzos, de Fuencarral et del Conde Duque, qui étaient
fortifiées et garnies d'artillerie ; un combat assez vif
s'engagea de ce côté, et à la nuit les Français étaient
maîtres des maisons qui formaient la lisière extérieure
de la ville à proximité de la porte de Fuencarral.

Le reste des troupes du 1ᵉʳ corps n'arriva devant Madrid qu'à la nuit ; elles furent dirigées immédiatement sur
les emplacements désignés à l'avance par l'Empereur ;
la division Villatte fut placée face au Retiro, grand parc
entouré de murs à l'est de Madrid, et la division Ruffin fut établie devant les portes au nord-est de la capitale. L'artillerie fut aussi répartie pendant la nuit
sur les emplacements d'où elle devait ouvrir le feu le
lendemain : trente pièces du 1ᵉʳ corps, dirigées par le
général Sénarmont, furent mises en batterie devant le
Retiro, et vingt pièces de l'artillerie de la Garde furent
placées devant les portes du nord-ouest pour soutenir
la division Lapisse.

L'infanterie de la Garde impériale fut placée en réserve derrière la division Lapisse. Tous ces mouvements de troupes et de matériel furent favorisés par un
magnifique clair de lune. Peu après minuit, la plupart

des dispositions d'attaque se trouvant prises, le Major
général envoya au commandant de la place la sommation suivante, qui lui fut portée par un lieutenant-colonel d'artillerie espagnol fait prisonnier à Somosierra :

A M. LE COMMANDANT DE LA VILLE DE MADRID.

Devant Madrid, le 3 décembre 1808.

. Les circonstances de la guerre ayant conduit l'armée française aux portes de Madrid et toutes les dispositions étant
faites pour s'emparer de la ville de vive force, je crois convenable et conforme à l'usage de toutes les nations de vous
sommer, Monsieur le Général, de ne pas exposer une ville
aussi importante à toutes les horreurs d'un assaut, et rendre
tant d'habitants paisibles victimes des maux de la guerre.
Voulant ne rien épargner pour vous éclairer sur votre véritable situation, je vous envoie la présente sommation par
un de vos officiers fait prisonnier, qui a été à même de voir
les moyens qu'a l'armée pour réduire la ville.

Le vice-connétable major général,
ALEXANDRE.

Dans la matinée du 3 décembre, un peu avant
9 heures, l'Empereur n'ayant pas reçu de réponse à
la sommation précédente fit commencer le feu contre le
Retiro et la partie nord-ouest de la ville. Son intention
était de terrifier le peuple par l'occupation rapide du
Retiro et de hâter ainsi la capitulation; la véritable
attaque fut dirigée sur le Retiro, celle du nord-ouest
n'était qu'une feinte destinée à diviser les forces et à
détourner l'attention de l'ennemi; le Retiro avait été
choisi comme point d'attaque principal parce que ses
murs pouvaient être facilement entamés par le canon,
tandis que vers le nord-ouest, les portes solidement

blindées et les murs très épais de la caserne des gardes du corps défiaient le tir de l'artillerie.

L'attaque était déjà commencée, lorsque l'Empereur reçut la réponse suivante à la sommation qu'il avait fait envoyer par le Major général:

> Monseigneur,
>
> Avant de répondre catégoriquement à Votre Altesse, je ne puis me dispenser de consulter les autorités constituées de cette ville et de connaître les dispositions du peuple, en lui donnant avis des circonstances présentes.
>
> A cette fin, je supplie Votre Altesse de m'accorder cette journée de suspension pour m'acquitter de ces obligations, vous promettant que demain de bonne heure ou même cette nuit, j'enverrai une réponse à Votre Altesse par un officier général.
>
> Le marquis DE CASTELAR.
>
> Madrid, 3 décembre 1808.

Les termes de cette lettre, quoique un peu ambigus, laissaient néanmoins prévoir que la résolution des défenseurs de Madrid était prête à fléchir devant un événement impressionnant ; aussi l'Empereur laissa-t-il les attaques se développer pour obtenir rapidement un résultat et amener la capitulation qu'il souhaitait.

Lorsque l'artillerie, dirigée par le général Sénarmont, eut ouvert une brèche dans les murs du Retiro (¹), les

---

(1) On lit dans les *Mémoires* du duc de Rovigo, tome IV, page 16 :

« ..... Chaque fois que l'on approchait ou de la muraille ou d'une porte, on y était reçu à coups de fusil. L'Empereur se détermina à faire ouvrir la muraille sur trois ou quatre points où il y avait assez de distance entre elle et les premières maisons de la ville pour y former des troupes.

« Il choisit, entre autres, le côté extérieur du Jardin du Retiro, dont la muraille en briques et crénelée fut démolie à coups de canon sur une largeur d'à peu près vingt toises.

« On y fit de suite entrer les troupes en bon ordre.

« Ce seul mouvement dégagea la porte d'Alcala et porta les troupes jusqu'aux bords de la promenade du Prado.

« Les trois grandes rues qui aboutissent de la ville à cette promenade étaient

voltigeurs de la division Villatte s'y précipitèrent et en moins d'une heure, la garnison du Retiro fut repoussée jusqu'au delà du Prado, que nos troupes franchirent et dont les débouchés furent emportés ; l'entrée de Madrid se trouvait ouverte de ce côté ; du côté du nord-est et du nord-ouest, l'artillerie bombardait les portes de Recoletos et de Fuencarral et soutenait l'attaque de la division Lapisse sur la caserne des gardes du corps et les rues avoisinantes.

Dès qu'il apprit la prise du Retiro, l'Empereur, désireux d'éviter l'effusion du sang dans une guerre de rues, et comptant sur l'effet moral produit par l'enlèvement des débouchés à l'est de Madrid, fit cesser le feu sur toute la ligne à 11 heures du matin, et fit envoyer par le Major général une sommation ainsi conçue :

Au camp impérial devant Madrid, le 4 décembre 1808,
à 11 heures du matin.

Monsieur le général Castelar, défendre Madrid est contraire aux principes de la guerre et inhumain pour les habitants. Sa Majesté m'autorise à vous envoyer une seconde sommation. Une artillerie immense est en batterie, les mineurs sont prêts à faire sauter vos principaux édifices ; des colonnes sont à l'entrée des débouchés de la ville, dont quelques compagnies de voltigeurs se sont rendues maî-

---

défendues par des coupures, derrière lesquelles il y avait un bon parapet. Dans les premiers moments, il partit un feu de mousqueterie assez vif des croisées des maisons qui se trouvent à l'entrée de ces rues, particulièrement de l'hôtel Medinaceli, mais on lui riposta si vivement qu'on le fit taire, et comme on avait eu la maladresse de laisser la porte cochère ouverte, nos soldats y entrèrent et tuèrent tout ce qu'ils trouvèrent ayant les armes à la main ; en même temps la maison fut mise au pillage, de telle façon qu'on ôta aux autres l'envie de s'exposer au même sort.

« Le général Labruyère, qui était à la tête du 9ᵉ régiment d'infanterie légère, fut tué d'un coup de fusil tiré d'une des fenêtres de cet hôtel de Medinaceli.

« Cette position fit ouvrir les yeux aux membres de la Junte, qui ne voulurent pas exposer Madrid à un saccage qui allait devenir inévitable si une fois les troupes se répandaient dans les maisons. »

tresses; mais l'Empereur, toujours généreux dans le cours de ses victoires, suspend l'attaque jusqu'à 2 heures. La ville de Madrid doit espérer protection et sûreté pour ses habitants paisibles, pour le culte, pour ses ministres, enfin, l'oubli du passé. Arborez un pavillon blanc avant 2 heures, et envoyez des commissaires pour traiter de la capitulation de la ville.

Le Major général,

ALEXANDRE.

Cependant le peuple de Madrid continuait le feu sur les troupes françaises et la fusillade ne cessa que vers 2 heures; l'Empereur eut encore la patience d'attendre jusqu'à 5 heures du soir une réponse à sa dernière sommation. Elle fut apportée à ce moment par le général Morla et plusieurs délégués représentant les autorités civiles de Madrid, qui demandaient au Major général une journée de répit pour calmer le peuple et lui faire entendre raison. Berthier transmit la demande à l'Empereur, qui fit amener les délégués en sa présence et leur déclara, après une apostrophe célèbre au général Morla, qu'il leur accordait jusqu'au lendemain à 6 heures du matin pour lui apprendre la soumission de Madrid, sinon, qu'eux et leurs troupes seraient passés par les armes (¹).

---

(1) On trouve, au sujet de la capitulation de Madrid, d'intéressants détails dans les *Mémoires du général Bigarré*, page 231 :

« Le 3 décembre, Sa Majesté le roi d'Espagne fit prévenir les officiers de sa maison qu'elle désirait qu'ils s'abstinssent de paraître à l'attaque que les troupes françaises allaient faire contre la ville de Madrid. Mais quand j'entendis le canon ronfler de toutes parts, que je vis l'infanterie se diriger sur Madrid, j'oubliai la défense, et je ne fus pas le seul; je montai à cheval avec le colonel Clermont-Tonnerre, aujourd'hui ministre de la guerre, et tous deux nous nous dirigeâmes vers la grille de fer qui est à l'entrée du Prado, dans la partie la plus élevée, et saisissant le moment où des canonniers conduisaient une pièce de quatre en dehors des murs, pour la traîner à la porte d'Alcala, je la fis arrêter de mon

CAPITULATION DE MADRID

(4 décembre.)

———

Les troupes françaises furent maintenues dans leurs positions pendant la soirée du 3 décembre, prêtes à recommencer l'attaque dès le lendemain matin si besoin

autorité, et fis tirer dans cette grille deux coups de canon à boulet, qui démontèrent la serrure de la grille et nous ouvrirent une des portes de la ville.

« Clermont et moi nous nous portâmes de suite à la fontaine de la rue d'Alcala, et comme il y avait là une batterie de la division du général Villatte qui venait d'y arriver, je me permis de la faire tirer sur la place del Sol, où les Espagnols avaient aussi du canon et de l'infanterie.

« En longeant les maisons de la rue d'Alcala, je parvins, avec le chef d'escadron Daumesnil, qu'accompagnait un trompette de chasseurs à cheval de son régiment, à atteindre le retranchement de la place del Sol et à me faire passer pour un parlementaire. Le général espagnol Morla sortit alors de cette redoute, vint à moi d'un air décontenancé, et me dit, avant que j'eusse proféré la moindre parole, que le peuple était en fureur, qu'il ne voulait point entendre parler de capitulation, et que peut-être en rentrant dans la redoute d'où il était sorti pour me parler, il serait mis en morceaux comme l'avait été jadis le général Péralès. Il me conjura de dire à l'Empereur que le peuple était entièrement maître de la ville et que les autorités civiles et militaires n'étaient plus reconnues.

« Le chef d'escadron Daumesnil et moi rétrogradâmes par le même chemin que nous étions venus à cette redoute. Une fois à la fontaine d'où j'étais parti, j'allai de suite à la tente de l'Empereur lui rendre compte de ce que je venais d'apprendre. Sa Majesté était en ce moment dans une colère épouvantable contre son aide de camp, le général Lauriston, qui avait passé un temps infini à canonner la caserne des gardes du corps avec une demi-batterie de pièces de campagne, sans avoir pu faire une brèche à ce bâtiment ; il le traita devant moi sans égard et sans ménagement.

« Se tournant ensuite de mon côté, il écouta attentivement ce que je lui racontai ; il s'emporta contre le général Morla en disant : « Voyez-vous ce général Morla, « il a contribué à faire mettre au peuple les armes à la main, et maintenant il n'a « pas le courage de les lui ôter ; allez lui dire de ma part que si, dans deux heures, « il ne m'apporte pas les clefs de la ville, je vais y faire mettre le feu aux quatre « coins et faire passer au fil de l'épée tout ce qui s'y trouvera renfermé au moment « où on y entrera de vive force. »

« Je retournai au galop pour mettre à exécution les ordres de l'Empereur, mais j'appris, arrivé de nouveau à la redoute de la porte del Sol, que MM. Morla et Don Bernardo Yriarte étaient partis pour se rendre au quartier général de Napoléon faire leur soumission.

« Le 4, à 10 heures du matin, le général Belliard entra dans Madrid à la tête d'une colonne de l'armée française. Il traversa cette ville dans sa longueur au son des tambours et de la musique, et prit possession de tous les postes et de toutes les portes de cette capitale des Espagnols. »

était ; mais l'Empereur n'eut pas à recourir à cette extrémité. Le 4 décembre à 6 heures du matin le général Morla et Don Fernando de la Vera vinrent annoncer que Madrid capitulait ; à midi, le général Belliard entra dans la capitale avec les troupes françaises, qui en prirent immédiatement possession.

L'Empereur ne voulut pas entrer de sa personne dans Madrid; il établit son quartier général à Chamartin, dans un des palais des ducs del Infantado, à 5 kilomètres au nord de Madrid, et il envoya le roi Joseph au Pardo, rendez-vous de chasse des rois d'Espagne, à 12 kilomètres au nord-ouest de Madrid.

Il est à remarquer que la capitulation de Madrid avait été obtenue sans que la place fût complètement investie : l'Empereur ne disposait d'ailleurs pas de forces assez considérables pour opérer cet investissement ; il s'était donc contenté de disposer ses troupes face aux côtés nord et est de la ville, sur la rive gauche du Manzanarès; la rive droite de ce cours d'eau n'était gardée que par les 1re et 4e divisions de dragons qui surveillaient les principales routes aboutissant à Madrid.

Le 2 décembre, une brigade de dragons de la division Latour-Maubourg, commandée par le général d'Oullembourg, avait été envoyée dans la direction de Pinto pour surveiller la route d'Aranjuez et la région au sud de Madrid, où étaient signalés quelques rassemblements espagnols.

Le général La Houssaye avec une brigade de sa division s'était dirigé sur Las Rosas pour surveiller la route de Guadarrama et la région à l'ouest de Madrid ; une forte reconnaissance de cent chevau-légers, sous les

ordres du commandant Lubienski, avait été envoyée
le 2 décembre vers midi sur Guadalaxara pour reconnaître si l'armée de Castaños se trouvait de ce côté.

Pendant la matinée du 3 décembre, les nouvelles que
reçut l'Empereur au sujet de l'Escorial et Guadalaxara (¹)
lui annonçaient que l'armée espagnole approchait de
cette dernière ville, et que des rassemblements se formaient à l'Escorial. Il envoya aussitôt dans ces deux
directions toute la cavalerie dont il pouvait disposer, ne
gardant devant Madrid que celle de la Garde impériale.

Le général La Houssaye avec une brigade de sa division fut dirigé sur l'Escorial ; le maréchal Bessières
avec une brigade de la division Latour-Maubourg (général Perreimond), une brigade de la division La Houssaye
(général Van Marizy) et les chevau-légers polonais, fut
envoyé sur Alcala et Guadalaxara.

Le 3 décembre au soir, la cavalerie française restée
vers Madrid sur les deux rives du Manzanarès était donc
fort peu nombreuse, réduite qu'elle était aux seuls escadrons de la Garde impériale. C'est ce qui explique comment le marquis de Castelar, ne voulant pas signer la
capitulation de Madrid, put sortir de la ville dans la
soirée du 3 décembre sans être inquiété et prendre la
route d'Extremadure avec les 4,000 ou 5,000 hommes
de troupes régulières qui formaient la garnison de Madrid, les habitants armés qui voulurent le suivre, et
16 pièces d'artillerie.

Plusieurs auteurs ont affirmé à ce sujet, avec vraisem-
blance d'ailleurs, que c'était à dessein que l'Empereur
avait laissé une issue à la garnison, afin de ne pas la

---

(1) Les nouvelles de Guadalaxara furent envoyées par le chef d'escadron
Lubienski.

mettre dans l'obligation de faire une résistance désespérée, et de venir ainsi plus vite à bout de la capitale privée de forces régulières.

DOCUMENTS CONCERNANT LA PRISE DE MADRID

Extrait des Notices historiques du général Dautancourt ([1]).

Le 1er décembre. — Le régiment marcha sur Madrid et bivouaqua en avant de Alcovendas; où le maréchal Bessières avait son quartier général.

Le 2, il continua sa marche à la pointe du jour. Par un brouillard épais qui laissait à peine distinguer le chemin, il donna dans les avant-postes de la ville. Une charge que le colonel-major fit exécuter les refoula jusque sur quelques batteries qui jouèrent sur nous : le chef d'escadrons Kaminski y eut son czapka enlevé et reçut des contusions ; trois chevau-légers furent blessés, mais le brave Wilczek, jeune chevau-léger, s'étant jeté sur une pièce de canon de campagne, s'en empara avec une audacieuse vaillance. Cependant l'ennemi faisant un feu soutenu de son artillerie, et le brouillard continuant et empêchant de reconnaître sa position et la ville, le régiment se reploya hors de la portée du canon et attendit des ordres ([2]).

Vers 10 heures, le brouillard se dissipa, et les éclaireurs s'approchèrent de la ville. Le maréchal Bessières arrivant,

---

([1]) *Notice historique sur le régiment des chevau-légers,* page 34 ; publiée par M. Rembowski.

([2]) Au sujet de cet épisode, voici ce qu'écrivait le général Krasinski de Madrid le 20 décembre 1808 :

« Mes chevau-légers arrivèrent jusqu'aux portes de la ville, ayant couché à « terre près de vingt hommes de la garde espagnole : ils tombèrent sur les ca- « nons et en prirent un. Le plus étonnant, c'est qu'une batterie de 12 canons, « pendant un feu de quelques minutes, ne m'en blessa que quelques-uns légère- « ment... »

envoya un de ses aides de camp pour sommer la ville d'ouvrir ses portes. Le trompette-major du régiment (Français nommé Daisey) accompagnait cet officier. Il sonna comme parlementaire devant les tirailleurs espagnols pendant près d'une demi-heure. Ayant été enfin admis dans Madrid, ils furent saisis par la populace, et n'échappèrent à son exaspération et à sa férocité que par la protection d'un détachement de troupes de ligne qui les ramena à nos avant-postes.

L'Empereur arriva vers midi (¹); l'artillerie se porta en avant; le régiment au contraire se replia d'environ 200 toises, mit pied à terre, et on fit manger les chevaux; un détachement de cent chevaux fut commandé en ce moment par ordre du maréchal Bessières, et marcha sous les ordres du chef d'escadron Lubienski, sur Alcala-de-Henarès. Cet officier supérieur devait adresser directement au maréchal le rapport de sa reconnaissance.

Vers le soir, le quartier impérial ayant été établi à Chamartin, le régiment s'y rendit et bivouaqua dans la plaine, au sud-est de ce village. La nuit fut froide, mais belle.

Le 3, le régiment, toujours commandé par le colonel-major (le colonel Krasinski étant malade), fut réuni à une colonne de cavalerie composée de 4 régiments de dragons, de 8 pièces d'artillerie et d'un escadron des chasseurs à cheval de la Garde. Cette colonne, commandée par le maréchal Bessières, devait se mettre à la poursuite d'un corps de l'armée de Castaños commandé par le général Peña, qui, avec les débris de la bataille de Tudela, semblait vouloir revenir sur Guadalaxara. Le régiment, formant l'avant-garde, se mit en marche vers midi, sur Alcala-de-Henarès, où le colonel-major, suivant l'ordre qu'il y reçut, envoya vers le soir faire préparer les logements.

_____

(1) A la vue de l'Empereur, le régiment qui sut que ce jour était le double anniversaire du couronnement et de la glorieuse bataille d'Austerlitz, salua ce souverain par les plus vives acclamations, et les cris mille fois répétés de : Hurrah! vivat Césarz ! témoignèrent de son ardeur et de son enthousiasme. A Madrid, comme à Moscou, jamais le régiment ne vit l'Empereur sans témoigner son zèle et son dévouement par les mêmes acclamations et le même enthousiasme. (Note du manuscrit.)

Rapport du général Lapisse.

Affaires des 2 et 3 décembre 1808 devant Madrid.

A SON ALTESSE LE PRINCE ALEXANDRE, VICE-CONNÉTABLE, MAJOR GÉNÉRAL DE L'EMPEREUR ET ROI.

Mon Prince, le 2 décembre à 3 heures de l'après-midi, Sa Majesté l'Empereur et Roi me donna l'ordre de faire reconnaître par 3 compagnies de voltigeurs les portes de Los Pozzos, Fuencarral et celle qui avoisine la caserne des gardes du corps. A l'approche de ces compagnies, l'ennemi fit sur elles un feu très vif; néanmoins, elles continuèrent à marcher avec intrépidité et la certitude de vaincre. Celle dirigée sur la porte de Fuencarral se saisit à la baïonnette de deux pièces de canon et de leurs caissons placés hors des murs de la ville.

A la nuit, toutes les maisons extérieures étaient occupées. Mes troupes serraient les portes de la ville ; elles reçurent l'ordre de se maintenir dans cet état jusqu'à la dernière extrémité. Le même soir, je fus chargé par Sa Majesté Impériale et Royale de surveiller toute l'attaque de la droite ; l'ennemi fit alternativement une fusillade mêlée de quelques coups de canon. Malgré cela, les postes furent maintenus.

Le lendemain 3, environ sur les 9 heures du matin, je reçus un nouvel ordre de Sa Majesté l'Empereur d'attaquer la caserne des gardes du corps, de faire mon possible pour l'enlever et de m'y établir.

Les 3 compagnies de voltigeurs du 16ᵉ régiment d'infanterie légère gardent la position enlevée la veille. Le général de brigade Maison attaque ladite caserne avec les voltigeurs des 8ᵉ et 45ᵉ régiments de ligne réunis sous le commandement du chef de bataillon Pinchina, successeur de M. Ghéneser, blessé une heure avant.

A l'approche de cette caserne, cernée par une enceinte de muraille, le canon ne pouvant faire brèche (¹), l'ennemi

---

(¹) On lit dans les *Mémoires* du général Boulart, page 205 :

« Le 3 décembre seulement nous arrivâmes devant Madrid. Cette ville était

I

opposait une vigoureuse résistance à la force. Je me décidai à soutenir le général Maison avec le 1er bataillon du 16e régiment d'infanterie légère mis en réserve, et à faire attaquer en même temps la porte del Conde Duque et celle de San-Bernardino ; cette dernière opération fit un excellent effet ; le passage de cette porte me favorisa pour approcher de la caserne et du couvent.

‎‎- L'artillerie ayant fait des efforts inutilement contre le mur d'enceinte de la caserne, je fis avancer des sapeurs sur la porte du couvent pour tâcher de l'enfoncer : cette porte fut reconnue tellement barricadée, que mon projet n'eut aucun succès. Sans perdre courage, je fis doubler l'attaque des fenêtres sur tout le front du bâtiment. Huit à dix braves du 16e d'infanterie légère ayant à leur tête le sieur Quielle, sergent de carabiniers du même corps, pénétrèrent dans la rue voisine et enlevèrent à l'ennemi un drapeau.

Le colonel Dellard remplaça dans cette importante opération le général Maison blessé au pied. Les efforts réitérés des sapeurs pour enfoncer la porte du couvent furent également nuls. La blessure du colonel Dellard au bras gauche ne ralentit point l'ardeur sans exemple des braves de

---

défendue par une armée considérable et une population nombreuse, qu'exaltaient les prédications des moines ; il fallut l'attaquer sérieusement sur plusieurs points.

« Mon collègue Greiner fut chargé de l'attaque de la caserne des gardes du corps, qui touche au mur d'enceinte, du côté et à droite de la route qui vient de Burgos. Il y consomma toutes ses munitions, sans autre résultat que celui d'être légèrement blessé au cou ; et, à sa rentrée au parc, à nuit close, je fus désigné pour aller le remplacer avec mes batteries, sur le même terrain, le lendemain à la pointe du jour. Je m'y portai effectivement, conduit par le colonel Doguereau, qui devait seulement m'indiquer la position.

« Le plus grand silence régnait alors dans cette partie de la ville ; on n'apercevait aucune lumière par les nombreuses fenêtres de cette caserne, d'où était sortie la veille, quelques heures auparavant, une fusillade si nourrie et si longue ; et, à mesure que le jour s'élevait, on n'entrevoyait personne. Il n'y avait vraiment pas lieu à se battre contre des murs ; je restai donc simplement en batterie, attendant le premier coup de fusil pour commencer, et pensant que cet étrange silence signifiait une évacuation.

« Quelque temps après, on annonça que des négociations étaient ouvertes pour la reddition de la ville, et dans l'après-midi l'armée y pénétra. L'Empereur ne voulut point y entrer ; il resta, avec la Garde, au village de Chamartin, près de Madrid.

« L'artillerie de la Garde alla s'établir au couvent du Retiro, où j'étais déjà avant la retraite, et où elle commença à s'organiser. »

son régiment; la persévérance et le courage des troupes me donnaient l'espoir de réussir, lorsque je reçus l'ordre de la part de Sa Majesté Impériale et Royale de faire cesser le feu. J'étais alors en position de me rendre maître des portes del Conde Duque, San-Bernardino et Los Pozzos, enfin prêt à pénétrer dans la ville.

La conduite du général de brigade Maison est digne des éloges les mieux mérités. Avant sa blessure il est demeuré vingt et une heures sous le feu le plus terrible d'un ennemi effréné, et ce avec un sang-froid étonnant. Je le recommande aux bontés de Sa Majesté l'Empereur et Roi.

Le colonel Dellard est officier de la Légion d'honneur, son dévouement et ses brillants services au feu le rendent très recommandable. . . . .

Suit une liste de demandes de récompenses (¹).

> Le Général de division,
> LAPISSE.

Historique succinct sur la prise de Madrid.

(4 décembre 1808 [²].)

. . . .

Sa Majesté Impériale ayant resté quelques jours à Aranda, vint s'établir avec sa Garde et une grande partie du 1er corps d'armée, le 29 novembre, à Boceguillas; assurée que le défilé de Somosierra était fortifié et gardé soigneusement par

---

(1) État des militaires de la 2ᵉ division tués et blessés devant Madrid aux affaires des 2 et 3 décembre 1808 (joint au rapport du général Lapisse) :

	TUÉS.		BLESSÉS.	
	Officers.	Hommes.	Officiers.	Hommes.
Etat-major de la division	»	»	2	»
16ᵉ régiment d'infanterie légère	1	9	4	65
8ᵉ régiment de ligne	»	21	2	30
45ᵉ régiment de ligne	1	5	2	39
Totaux.	2	35	10	134

(2) Ce rapport, qui provient des Archives de la Guerre, est signé simplement « Augᵗᵉ », suivi d'un paraphe ; le mot « Augᵗᵉ » reproduit trait pour trait la première partie de la signature ordinaire du général Belliard, mais le paraphe est différent ; nous croyons néanmoins que la similitude d'écriture est telle que l'on peut attribuer au général Belliard la paternité de ce document.

les Espagnols, le 30 novembre, elle fit attaquer cette formidable position par une partie de sa Garde et les troupes légères du 1er corps. L'ennemi se défendait avec opiniâtreté; mais la présence de l'Empereur, sous la mitraille même des batteries espagnoles, électrisa tellement les troupes françaises et les braves Polonais, qu'en moins d'une heure le col de Somosierra, qui était hérissé de canons et de troupes, fut au pouvoir de nos soldats. Le quartier général passa la nuit dans la ville de Buitrago.

Le lendemain, 1er décembre, Sa Majesté Impériale prit la direction de Madrid; elle déjeuna sous les arbres qui ornent le village de La Cabrera, situé au pied d'une montagne escarpée et formée par des blocs granitiques entassés les uns sur les autres, et dont l'aspect présente à la fois un tableau sauvage et majestueux. Ensuite l'Empereur vint passer la nuit à Saint-Augustin, où sa Garde et les troupes du 1er corps d'armée campèrent autour de ce petit village. Les feux des bivouacs arrangés en bataille produisaient un des plus magnifiques effets nocturnes.

Le 2 décembre, toute l'armée se présenta en bataille devant Madrid; mais cette ville voulut se défendre. L'Empereur crut obtenir la capitale ou pour mieux dire sauver Madrid en mandant des parlementaires pour persuader les habitants de l'abîme où ils allaient tomber en cas de résistance : malheureusement rien ne put les convaincre.

Le 3 décembre, à 8 heures du matin, Sa Majesté Impériale se résolut de prendre cette grande ville de vive force. Madrid, quoique mal située sous les rapports militaires, était défendue par une population de 180,000 habitants; ensuite un mur, dont le périmètre est de 3 lieues, était crénelé et flanqué de plusieurs batteries; des redoutes garnies de canons défendaient le Retiro et les portes d'Alcala, des Récollets, de Los Pozzos et de Fuencarral, etc.; les rues principales, telles que celle de l'Atocha, de San-Geronimo et d'Alcala, étaient coupées vers les hauteurs par un fossé de 20 pieds de largeur et bien palissadé; et presque toutes les autres étaient dépavées et les pierres devaient servir aux habitants pour les jeter par les fenêtres sur les troupes françaises.

Mais l'Empereur, employant mieux que personne les moyens de la guerre, sut mettre à profit les hauteurs qui dominent la ville vers le Retiro et vers la route de Burgos par Aranda : des batteries furent établies sur ces hauteurs et jouèrent un grand rôle dans l'action du combat. Les troupes françaises s'avançant en colonne, enlevèrent presque en un instant tous les avant-postes espagnols. Des régiments du 1ᵉʳ corps d'armée forcèrent la porte d'Alcala, ainsi que celle des Récollets; pendant ce temps, un corps de troupes qui avait fait brèche avec ses batteries, pénétra par le jardin du Retiro. Les habitants de Madrid se défendaient avec le même acharnement et la même opiniâtreté que nos soldats. Les cris des citoyens, des femmes et des enfants, les exhortations fanatiques des moines, le bruit des cloches, celui du canon, des explosions de plusieurs caissons qui éclatèrent au centre de cette grande ville, enfin le tout ensemble offrait un spectacle des plus effrayants. Un silence profond et à la fois imposant du côté des Français rendait l'action du combat encore plus belliqueuse. Les soldats brûlaient du désir d'être les premiers dans la capitale ; la honte de céder aux Espagnols les précipitait au milieu des plus grands périls; leur valeur ordinaire les avait déjà portés presque au centre de la ville, et ce ne fut qu'avec une peine incroyable que l'on put parvenir à faire cesser le feu. Dans ces entrefaites, des parlementaires espagnols vinrent supplier, au nom de tous les habitants, la clémence de Napoléon. Sa Majesté Impériale, qui prévoyait les malheurs irréparables d'une capitale prise d'assaut, les reçut avec bonté et leur dit, avec cette grandeur d'âme qui caractérise les grands capitaines : « Quels sont les agents qui mènent ce « peuple furibond ? Sont-ce les moines, les riches ou les offi- « ciers commandant les troupes réglées? Si ces derniers « veulent combattre, pourquoi ne se mettent-ils pas en ba- « taille au milieu d'une plaine, sans aller se barricader dans « une capitale, pour y faire égorger les innocents, les fem-

« mes, les enfants et les vieillards? Il n'y a que des lâches
« ou des barbares qui prennent de semblables moyens. Par-
« tez sur-le-champ, leur dit-il, et allez dire à votre général
« en chef que si vers les 3 heures après-midi, je ne vois
« point des étendards tout au haut des clochers comme si-
« gnal de votre soumission, je donnerai l'ordre de passer tous
« au fil de l'épée. » Ce discours fut prononcé avec tant
d'énergie et d'éloquence que les députés, pleins de respect
et de consternation, se rendirent de suite dans Madrid ; et
bientôt le feu cessa de part et d'autre.

La capitulation fut signée sous la tente de l'Empereur,
où se trouvait Sa Majesté Catholique, et les troupes fran-
·çaises entrèrent en triomphe dans Madrid le lendemain 4 décembre.

Notes sur le siège de Madrid ([1]).

Ce ne fut que deux ou trois jours avant l'attaque de Somosierra que l'on commença à croire dans Madrid que l'armée
française eût l'intention de marcher sur cette ville. Quoique
l'on comptât beaucoup sur la force de la position de Somosierra, on ne laissa pas de songer aux moyens de mettre
la ville en état de défense, au cas que les Français parvins-
sent à pénétrer jusque sous ses murs. Les habitants espéraient que les troupes qui défendaient Somosierra se reti-
reraient à tout événement sur la capitale afin de pourvoir à
sa défense; mais ces troupes ayant été battues et dispersées
à la journée du 30 novembre, elles se jetèrent à droite et à
gauche de la route, et abandonnèrent Madrid à ses propres
moyens. La masse des propriétaires et des gens sensés étaient
d'avis d'ouvrir les portes aux armes victorieuses des Français, mais l'esprit de vertige qui dirigeait les chefs d'insurrection et ameutait la populace eut le dessus, et l'on résolut
de faire résistance et de soutenir un siège. On fit espérer au
peuple que Castaños viendrait incessamment au secours de

---

(1) Ce document, qui provient des Archives de la guerre, est intitulé :
56ᵉ pièce sur les Sièges.

la ville avec son armée, et que les Français seraient obligés
de rétrograder pour marcher à sa rencontre. Il n'y avait alors
dans Madrid que deux bataillons de gardes wallonnes, le régiment d'infanterie de Avila (nouvelle levée) et un régiment
de cavalerie aussi de nouvelle formation, que l'on n'avait pas
encore achevé de monter ; ces troupes formaient environ
4,000 hommes. Elles furent secondées par le peuple, qui prit
les armes sans ordres et sans chefs. Les portes les moins
importantes furent fermées et murées : on construisit en avant
des autres des retranchements qui furent garnis d'artillerie ;
tous les murs extérieurs du Retiro furent crénelés, ainsi que
la presque totalité de ceux qui forment l'enceinte de la ville.
On fit des coupures dans beaucoup de rues pour arrêter la
cavalerie et favoriser la fusillade : les rues d'Alcala, de Atocha et de San-Bernardo furent armées de retranchements
palissadés que l'on se proposait de garnir d'artillerie, ce
qu'on ne put exécuter en premier lieu à cause du petit nombre de pièces existant dans la ville. Cette pénurie d'artillerie
venait de ce que les Français, lors de la retraite, avaient
brûlé les affûts des pièces qu'ils n'avaient pu emmener, et
que les premières remontées par les Espagnols avaient été
envoyées à leurs armées actives. Il n'y avait en ville, au moment de l'attaque, que trente et quelques pièces de divers
calibres, dont quelques-unes furent employées à la défense
du Retiro, et les autres réparties aux différents postes de la
manière suivante :

Porte de Tolède	4 pièces.
— de Atocha	3 —
— de Alcala	4 —
— de los Pozzos	4 —
— de Foncarral	5 —
— San-Bernardino	2 —
— de Ségovie	2 —
— San-Vicente	2 —
— Recoletos	5 —

Les cinq pièces de la porte de Recoletos étaient en batterie dans le jardin de M. Felipe Neri qui est à côté de cette
porte et qui offre une très belle position.

Lorsque le Retiro fut pris, les Espagnols abandonnèrent les portes de Alcala et de Atocha qui se trouvaient tournées, et conduisirent les pièces qui y étaient placées aux retranchements intérieurs des rues de Alcala et de Atocha.

Le service de l'artillerie fut généralement fait par le peuple, qui transportait aussi les munitions sans aucune espèce de précaution. Deux caissons éclatèrent dans la rue de San-Bernardo, et un autre dans celle dite Ancha-de-los-Peligros. Ils tuèrent et blessèrent beaucoup de monde et causèrent de très grands dommages dans les environs. L'acharnement du peuple était tel, que les femmes elles-mêmes concoururent à la défense commune en portant des vivres et des secours aux combattants, et en dépavant les rues pour monter dans les maisons les pavés qu'elles se proposaient de jeter sur les Français, s'ils parvenaient à entrer dans la ville de vive force. Dans les premiers moments où il fut question de capituler, les chefs espagnols furent obligés de le faire à l'insu du peuple, qui menaçait de tuer tous ceux qui parleraient de se rendre, et ce ne fut qu'avec beaucoup de peine qu'ils parvinrent à lui faire entendre la voix de la raison. . . . .[1]

----

[1] Au sujet de la prise de Madrid, nous n'avons pas cité le 14e bulletin de l'armée d'Espagne (14530 de la correspondance de l'Empereur) parce que ce document relève plutôt du genre anecdotique, et qu'il contient d'ailleurs des inexactitudes et des exagérations. On y trouve néanmoins quelques détails intéressants, et notamment le discours adressé par l'Empereur aux délégués de la ville de Madrid, le 3 décembre ; c'est là que figure son apostrophe au général Morla.

CHAPITRE X

OPÉRATIONS DES 2ᵉ ET 4ᵉ CORPS A LA FIN DE NOVEMBRE ET AU COMMENCEMENT DE DÉCEMBRE

2ᵉ CORPS (MARÉCHAL SOULT)

(24 novembre-4 décembre.)

Le maréchal Soult reçut le 25 novembre les ordres qu'il avait sollicités de l'Empereur; ils étaient datés du 23 et lui prescrivaient en substance de protéger simplement la région de Santander; dans ces conditions, le maréchal Soult maintint le 2ᵉ corps dans les positions qu'il occupait sur la Nansa. Le 28 novembre il reçut de nouveaux ordres de l'Empereur envoyés le 25 pour lui prescrire de faire descendre le 2ᵉ corps dans les plaines de la Vieille-Castille afin de couvrir Burgos, en même temps que le maréchal Lefebvre porterait le 4ᵉ corps de Carrion sur le Duero. Le maréchal Soult donna aussitôt ses ordres pour mettre en marche le lendemain les divisions Merle et Mouton et les porter sur Potès, Cervera et Saldaña; la division Bonnet devait rester dans les Asturies, occupant Santander et San-Vicente; des ordres avaient déjà été envoyés au général Mermet pour lui prescrire de rester à Potès avec le 31ᵉ régiment d'infanterie légère.

Le mouvement, commencé le 29 novembre, fut terminé le 4 décembre : le maréchal Soult établit son quartier général à Saldaña, et installa ses troupes sur le Carrion entre Saldaña et Celadilla, couvrant la route de Reinosa et la direction de Burgos.

La 1ʳᵉ division occupa Celadilla, Valcavadillo, Villolquite, Villafroel et Membrillar ; la 2ᵉ division s'installa à Saldaña et environs ; l'artillerie fut placée à Villolquite.

La cavalerie du général Debelle fut envoyée : le 1ᵉʳ chasseurs provisoire à Villarobexo, le 8ᵉ dragons à Quintana-de-la-Vega ; le général Debelle avait l'ordre de pousser des reconnaissances le 5 décembre sur Leon et Sahagun.

Pendant la marche sur Saldaña, la composition du 2ᵉ corps d'armée avait été remaniée en vertu des ordres de l'Empereur : le général Mouton, rappelé au quartier général, avait été remplacé dans le commandement de sa division par le général Merle, et le général Mermet avait pris le commandement de la division du général Merle, renforcée du 31ᵉ régiment d'infanterie légère.

Un détachement de 500 hommes du bataillon de Paris et du 3ᵉ régiment suisse, sous le colonel Castella, avait été laissé à Potès pour maintenir libre la communication entre San-Vicente et Saldaña par Potès et Cervera.

LE MARÉCHAL SOULT AU MAJOR GÉNÉRAL.

San-Vicente, le 28 novembre 1808, à 4 heures du matin.

Les deux lettres que Votre Altesse Sérénissime m'a fait l'honneur de m'écrire, le 23 à 10 heures du matin et le 25 à 2 heures, m'ont été remises hier au soir au même instant, et d'après le contenu de cette dernière je n'ai point hésité à ordonner les dispositions suivantes :

J'ai écrit au général Bonnet d'envoyer un troisième bataillon du 119ᵉ régiment à Santander, sous les ordres du général Sabathier, et d'établir le 4ᵉ bataillon du même corps à Torrelavega, Santillana et Cumillas, par postes de deux compagnies, pour garder la côte, et éclairer par des patrouilles le pays. Le général Sabathier a aussi ordre de faire occuper Santoña et de diriger des colonnes mobiles dans les montagnes pour désarmer les habitants.

J'ai prescrit au général Bonnet de se mettre aujourd'hui en marche avec le 120ᵉ régiment et de se diriger sur San-Vicente, où il arrivera demain matin pour y prendre poste et relever sur la ligne la division du général Mouton.

J'ai ordonné à l'artillerie du corps d'armée qui était à Reinosa, et au 8ᵉ de dragons de se rendre à Aguilar-del-Campo ; je disposerai ensuite de cette troupe pour lui faire joindre la division d'infanterie que je vais porter à Cervera et peut-être à Saldaña, suivant les circonstances.

Demain matin les divisions des généraux Merle et Mouton se mettront en marche pour se diriger par Potès sur Cervera, d'où probablement je les porterai ensuite à Saldaña. Le régiment de chasseurs à cheval provisoire suivra ce mouvement.

Ainsi, je ne laisserai dans les montagnes du côté de la mer que le général Bonnet avec le 120ᵉ et quatre pièces d'artillerie (non compris la garnison de Santander et les postes intermédiaires). Si le 118ᵉ régiment arrive, il joindra immédiatement le général Bonnet et le renforcera.

Pour le moment, il me paraît que ces forces seront suffisantes pour garder le côté occidental des montagnes, d'autant plus que l'ennemi s'est retiré jusqu'à Oviedo, et que par la route qui y conduit du côté de la mer, ses moyens ont été détruits à une grande distance.

Avec le restant des troupes du corps d'armée, je vais me porter sur Cervera et Saldaña ainsi que je l'ai dit ; lorsque le mouvement sera fini, mon projet serait, si Sa Majesté daigne l'approuver, d'attaquer et de détruire immédiatement le corps de troupes ennemi qui s'est de nouveau rassemblé à Leon, et où doit être le marquis de La Romana, peut-être même le général Blake ; ensuite je me porterais soit sur Astorga, soit sur Benavente, suivant les circonstances.

Mais pour cette entreprise, qui peut avoir des résultats bien avantageux, il serait nécessaire que M. le maréchal Lefebvre eût ordre de se réunir à moi avec toutes ses troupes et de concourir à la même opération ; je demanderais aussi que la cavalerie aux ordres du général Milhaud, qui doit être dans cette partie, me fût rendue, et qu'on y ajoutât même, s'il y a possibilité, quelques régiments.

Par le mouvement que je vais faire, et par la marche sur Leon, dont j'annonce le projet (si toutefois l'Empereur l'approuve), je remplirai un triple objet : d'abord je me serai rapproché de Sa Majesté et aussi je pourrai concourir, s'il devenait nécessaire, aux opérations de la gauche ; je détruirai les rassemblements ennemis qui se sont formés, soit à Leon, soit à Astorga, soit à Benavente, et j'en imposerai au corps anglais qui se trouve à Toro. Enfin je maintiendrai les Asturies et la Galice, et si d'Oviedo l'ennemi faisait la faute de marcher sur le général Bonnet pour reprendre Santander, j'entrerais immédiatement dans les Asturies pour l'empêcher d'y revenir, mais l'ennemi se garderait bien de se compromettre à ce point, car étant maître de Leon, toute sa droite serait débordée, et sa principale communication avec les autres corps espagnols qui se trouvent dans le plat pays serait interceptée.

Je le répète, ce mouvement et l'opération projetée paraissent commandés par les circonstances et parfaitement dans l'esprit des événements de la gauche, mais pour que le succès fût infaillible et qu'on pût même compter sur d'assez grands avantages il convient que M. le maréchal Lefebvre se réunisse à moi, et que j'aie à disposer d'un assez bon parti de cavalerie ; ainsi, je répondrai de couvrir Burgos, de défendre les montagnes en les menaçant, de faire du mal à l'ennemi et d'être en mesure d'appuyer la gauche.

Sur tout cela j'ai l'honneur de prier Votre Altesse Sérénissime de vouloir bien prendre les ordres de Sa Majesté l'Empereur, et d'avoir la bonté de me les faire parvenir par Cervera sur Potès.

Voici à présent ce que je sais de l'ennemi : toutes les levées des Asturies, auxquelles se sont joints quelques corps de Galice et une partie des troupes de La Romana, formant 14,000 ou 16,000 hommes (les uns disent 20,000), se sont réunies à Oviedo, où elles se retranchent et veulent, dit-on, se défendre ; on prétend qu'ils ont amené beaucoup de canons à Oviedo. On parle de la levée en masse des habitants des Asturies qui doivent se réunir à ce corps, mais je n'en crois rien. Ces troupes sont commandées par le général del Ponte ; c'est un enragé qui seul en impose plus aux habitants de ces montagnes que tous les prêtres ; Votre Altesse en jugera par la pièce ci-jointe (¹).

Les habitants des montagnes de la Biscaye et de Santander rentrent chez eux ; j'ai vu même quelques prêtres revenir. Il y a encore 500 ou 600 hommes des levées faites dans les montagnes de Santander avec les insurgés des Asturies, la généralité de Santander devait fournir 4,000 hommes.

Il y a un rassemblement dirigé par le marquis de La Romana à Leon ; on le porte à 12,000 ou 14,000 hommes, et il doit y avoir la moitié des troupes qui sont venues du nord, particulièrement celles de cavalerie, et la plupart des levées de Galice et de Leon ; un autre rassemblement qu'on dit également fort doit avoir lieu à Benavente. Enfin le corps anglais qui est à Toro doit être de 14,000 à 15,000 hommes d'infanterie avec 4,000 ou 5,000 chevaux et beaucoup d'artillerie ; ces dernières troupes sont venues de la Corogne.

La route qui conduit sur Oviedo par les bords de la mer est praticable pour les voitures du pays ; avec beaucoup de travail on peut y faire passer des pièces d'artillerie légères, mais c'est très difficile. La route de Leon à Oviedo, quoique mauvaise, est beaucoup meilleure ; au commencement de l'insurrection, les Espagnols y firent passer du canon. Il y a un sentier qui conduit de Potès à Oviedo, mais

_____

(1) C'est celle qui a été citée page 203.

il ne peut être suivi que par des hommes à pied ; dans quinze jours les neiges l'auront rendu impraticable.

M. le maréchal Lefebvre n'a pu perdre de temps pour se rendre à Carrion, puisque l'ordre de Votre Altesse l'a joint à Cervera lorsqu'il allait à Potès ; ainsi, par le fait, il s'est trouvé avoir gagné deux marches.

Trois péniches françaises de l'Empereur sont arrivées à Santander.

Je mets ci-jointe une lettre que le général de brigade Grandjean a écrite de Laredo à M. le maréchal Lefebvre, et que j'ai ouverte ; elle contient des détails assez intéressants.

LE MARÉCHAL SOULT AU MAJOR GÉNÉRAL.

San-Vicente, le 29 novembre 1808, 6 heures du matin.

Je m'empresse de répondre à la lettre que Votre Altesse Sérénissime m'a fait l'honneur de m'écrire le 25 de ce mois à 5 heures du soir et que j'ai reçue cette nuit.

Votre Altesse aura vu par mes derniers rapports que l'ennemi n'avait pas tenu à la position de Colombrès et qu'il s'était entièrement retiré sur Oviedo ; mes reconnaissances ont été plusieurs fois à Llanès, et ont même poussé au delà sans rien rencontrer, elles ont acquis l'assurance que ce qu'il y avait à Ribadesella s'était retiré ; cependant, malgré cet éloignement de l'ennemi, je n'ai pas jugé à propos d'étendre aussi loin mes postes et je les ai établis sur la Nansa et la Deba.

Ces deux rivières forment une assez bonne ligne qui s'étend à travers des montagnes très escarpées, jusqu'à Potès ; pour les passer il y a plusieurs débouchés que les gens du pays fréquentent en tout temps, mais les principaux sont les bacs de Unquera, de Audinas et de Puente-Deliès sur la Deba, ainsi que les bacs de l'anès et les ponts de Camianès ; partout où il y a des bacs on trouve aussi des gués à marée basse, le chemin est du reste très difficile pour y parvenir.

J'ai fait faire la reconnaissance de cette ligne et même des autres points remarquables que j'ai observés, mais il n'y a point d'officiers du génie au corps d'armée, le seul qui s'y trouvait a été retiré par le général Léry, je m'en occuperai cependant aussitôt que je pourrai y employer quelques-uns de mes aides de camp.

Dans la situation actuelle, je pense que la ligne de la Nansa et de la Deba peut être défendue par deux régiments, car bientôt cette ligne n'offrira que deux débouchés principaux, ceux de Audinas et de Unquera, les autres passages jusqu'à Potès étant déjà en partie interceptés par les neiges, la communication de Potès à San-Vicente est souvent même interrompue ainsi que celle de Reinosa à Santander.

Indépendamment des deux régiments dont je parle, il est convenable qu'il y ait de forts postes à Cumillas, à Santillana, à Torrelavega, à Los Corales et à Reinosa pour garder les bords de la mer et les montagnes ; ainsi on serait parfaitement tranquille sur Santander, particulièrement pendant la mauvaise saison. L'occupation de Potès me paraît aussi nécessaire, pour lier la communication avec les troupes que je suppose être vers Leon.

Le peu de troupes que je viens d'énumérer aurait beaucoup de peine à vivre, il n'y a point de blé dans le pays et les communications sont extrêmement difficiles pour en faire arriver ; aussi c'est une des considérations qui me faisaient désirer de me porter plus en avant.

J'avais aussi pensé qu'en marchant de suite sur les Asturies on profiterait de la terreur que les dernières affaires ont répandue parmi les troupes de cette province, et qu'on aurait le temps d'en faire la conquête avant que les neiges ne viennent intercepter les communications.

Il y a trois débouchés pour entrer dans les Asturies, l'un le long de la mer, l'autre par Leon et le troisième par la Galice. D'après les renseignements que j'ai pris, le premier paraît encore le meilleur ; avec des peines infinies on peut y faire passer des voitures, mais on rencontre plusieurs bras de mer à passer, notamment à Ribadesella où la traversée est de trois quarts de lieue ; en y arrivant, si on n'a pas des moyens d'embarcation, on est arrêté court. On prétend que les deux autres débouchés n'offrent point de passages pour les voitures.

D'après toutes ces considérations et surtout d'après ce que Votre Altesse m'a fait l'honneur de m'écrire, que pour le moment la tendance générale devait être sur la gauche et que je devais me mettre en mesure de soutenir M. le maréchal Lefebvre à Carrion, j'ai pensé que le 120ᵉ, sous les ordres du général Bonnet que je supposais devoir être joint incessamment par le 118ᵉ régiment, était suffisant pour garder les bords de la mer jusqu'à la Deba et le revers occidental des montagnes. Ainsi j'ai dirigé tout le restant du corps d'armée par Potès sur Cervera, d'où probablement je me mettrai en communication avec M. le maréchal Lefebvre et j'agirai ensuite sur Leon, ainsi que je l'ai dit dans ma dernière, si Sa Majesté approuve ces dispositions, et si les moyens que j'ai demandés me sont accordés.

Ce soir je serai à Potès et demain à Cervera, où j'espère recevoir les ordres de Votre Altesse.

Si on reste six jours en position dans ces montagnes, on y éprouve les plus grandes privations ; il n'y a que de la viande et un peu de maïs, mais absolument point de pain, le vin et l'eau-de-vie sont très rares ; sans les prises que nous avons faites sur l'ennemi nous n'aurions pu vivre jusqu'à présent.

L'administration du corps d'armée est nulle ; je ne connais pas assez l'ordonnateur pour le juger, mais jusqu'à présent il a fait peu de chose. Il n'y a pas un commissaire qui soit seulement passable ; les menaces, la douceur, rien ne produit sur eux, la plupart des employés sont de la canaille, j'ai été obligé de faire de grands exemples, mais le mal est enraciné et difficile à détruire.

J'ai donné tous les ordres que Votre Altesse m'a prescrits pour faire établir le séquestre sur les laines et marchandises anglaises et coloniales, le quina et autres objets qu'on a trouvés à Santander. Le commissaire des guerres que j'ai laissé dans cette ville n'a point encore envoyé ses procès-verbaux de vérification : je l'aurais déjà fait remplacer, mais je n'ai personne pour y envoyer.

Une compagnie de sapeurs me serait très nécessaire ; à chaque instant il y a des ponts à rétablir ou des communications à ouvrir ; j'aurais aussi besoin de quelques officiers d'état-major, il n'y en a qu'un seul au corps d'armée.

Je supplie Votre Altesse de vouloir bien donner l'ordre au 118ᵉ régiment qui est resté à Burgos de joindre à San-Vicente le général Bonnet. Je ferai laisser par ce régiment un bataillon à Reinosa, et alors le bataillon que M. le maréchal Lefebvre a laissé dans ce dernier endroit pourra être par lui rappelé ; je couvrirai Burgos de la position que je vais prendre, au revers oriental des montagnes.

J'ai fait requérir 15,000 capotes et 15,ooo paires de souliers à Santander, mais je doute qu'on puisse les obtenir ; lorsque je passai dans cette ville il me fut rendu compte qu'il n'y avait ni drap ni cuir, il est vrai que tous les magasins particuliers n'avaient pas été reconnus.

ORDRE DU MARÉCHAL SOULT.

Potès, 3o novembre 18o8.

M. le général Mermet prend le commandement de la 1ʳᵉ division du corps d'armée précédemment commandée par le général Merle.

M. le général de division Merle prend le commandement de la 3ᵉ division précédemment commandée par le général Mouton.

La division du général Mermet est composée ainsi qu'il suit :

1ʳᵉ brigade commandée par le général Gaulois.	31ᵉ régiment d'infanterie légère ; Compagnies d'élite et 1 bataillon du 9ᶜ·ᵉ régiment ; 2ᵉ régiment suisse ; 3ᵉ régiment suisse.
2ᵉ brigade commandée par le général Lefebvre.	Bataillon de Paris ; 47ᵉ régiment de ligne ; 1ᵉʳ régiment supplémentaire de réserve.

Artillerie de la division.

Le présent ordre sera de suite adressé à M. le général Mermet et aux généraux Merle et Mouton pour ce qui les concerne.

ORDRE DU MARÉCHAL SOULT.

Potès, 3o novembre 1808.

La division du général Mermet a reçu l'ordre de se rendre à Cervera où sa tête de colonne devra arriver demain soir, et le reste de la division formera son mouvement après-demain matin.

Il sera ordonné au 1er régiment de chasseurs provisoire de partir demain de Potès, pour aller le même jour à San-Salvador, et le 2 décembre à Cervera.

Il sera ordonné à la division Merle de partir aussi demain de Potès pour se rendre en deux marches à Cervera.

Pareil ordre sera donné à l'administration du corps d'armée.

Demain au soir le quartier général du corps d'armée sera à Cervera.

L'itinéraire de Potès à Cervera est par Franca, Cabezon, Bendejo, San-Salvador et Cervera. Cet itinéraire sera communiqué à tous les corps qui ont ordre de se rendre à Cervera.

M. le colonel Castella a reçu ordre de prendre le commandement de Potès et de rester dans ce poste jusqu'à nouvelle disposition.

Le bataillon de la Garde de Paris et le bataillon du 3e régiment suisse doivent également rester à Potès sous les ordres du colonel Castella ; il leur sera écrit en conséquence.

L'ordonnateur fera établir un hôpital à Potès.

LE MARÉCHAL SOULT AU MAJOR GÉNÉRAL.

Cervera, 2 décembre 1808.

Ainsi que j'ai eu l'honneur de l'annoncer à Votre Altesse Sérénissime par mes lettres des 28 et 29 dernier, j'ai porté les divisions commandées par les généraux Mouton et Merle sur Cervera, où les derniers régiments arriveront aujourd'hui. Demain je continuerai le mouvement, et je réunirai ces deux divisions à Saldaña où l'artillerie du corps d'armée qui était restée à Reinosa, ainsi que le 8ᵉ régiment de dragons et le 1ᵉʳ régiment provisoire de chasseurs à cheval, arriveront en même temps.

J'ai laissé à San-Vicente le général Bonnet avec cinq bataillons de sa division et quatre pièces de canon. Il a ordre de garder la ligne de la Nansa et de la Deba, et d'envoyer de fréquentes reconnaissances sur Llanès ; il doit aussi entretenir la communication avec Potès, et au besoin donner des ordres au général Sabathier qui est resté avec trois bataillons à Santander.

J'ai laissé à Potès, sous les ordres du colonel suisse Castella, le bataillon de la garde de Paris et le bataillon du 3ᵉ régiment suisse. Ces deux corps forment ensemble 5oo hommes. Le colonel Castella a ordre d'éclairer très au loin par de fréquentes reconnaissances toutes les communications qui aboutissent à Potès, et d'entretenir celle de Cervera à San-Vicente par Potès, entièrement libre ; j'ai dû en outre laisser à Potès 15o malades, la plupart fiévreux ou blessés aux pieds par manque de souliers. Si j'avais pu me procurer des moyens de transport, j'aurais emmené ici ces malades ; le dénuement de chaussures se fait sentir de plus en plus, et si je ne reçois promptement un secours en souliers, il est à craindre que je ne laisse beaucoup d'hommes en arrière : j'aurais aussi besoin de 5,ooo à 6,ooo capotes.

Les nouveaux renseignements que j'ai reçus sur les mouvements de l'ennemi confirment les rapports que j'ai eu l'honneur de faire à Votre Altesse ; les généraux de La Romana, Blake et Martinengo, ainsi que deux généraux anglais, se sont rendus à Leon et y ont amené 12,ooo à 13,ooo hommes qui se composent pour la plupart des troupes de ligne venues du nord, et du reste des levées de Galice ; il doit en outre s'être réuni à ces troupes les levées du royaume de Leon, soit anciennes, soit nouvelles, ce qui,

d'après les rapports, porterait le corps à une vingtaine de mille
hommes, indépendamment des rassemblements qu'il peut y
avoir du côté d'Astorga et de Benavente, et du corps anglais
qui était à Toro et qu'on dit s'être porté sur Astorga.

· Je suis encore trop éloigné pour avoir quelque certitude
sur l'exactitude de ces détails ; mais en m'approchant de
Leon, ainsi que je vais le faire, je les vérifierai et j'en rendrai
compte à Votre Altesse.

Ce qui s'est retiré sur Oviedo se compose des levées des
Asturies et de deux régiments de ligne, le tout formant ensemble de 8,000 à 9,000 hommes, dont encore 5oo à 6oo des
montagnes de Santander. Ce corps est commandé par les
généraux del Ponte et Toada. On prétend qu'au moyen des
nouvelles levées qu'on fait dans les Asturies, le rassemblement d'Oviedo pourrait bien être porté à 16,000 ou 18,000
hommes.

Ainsi que j'ai eu l'honneur de l'observer dans mes dernières dépêches à Votre Altesse, je pense que les troupes
aux ordres du général Bonnet (surtout si le 118ᵉ le rejoint)
et les deux bataillons que j'ai laissés à Potès, suffisent pour
garder la ligne de la Deba et couvrir Santander, d'autant
plus qu'au premier jour la plupart des routes qui traversent
ces montagnes, excepté celle qui suit le bord de la mer,
seront rendues impraticables par les neiges et le mauvais
temps, et qu'ordinairement cette interruption de communications dure au moins deux mois. Ainsi il m'a paru que
pour être à portée de soutenir soit sur le Carrion, soit sur le
Duero, M. le maréchal Lefebvre, conformément aux dispositions que Votre Altesse m'a fait connaître, il était indispensable que je repassasse les montagnes, et que je m'ap-
prochasse de Leon avec toutes les autres troupes du corps
d'armée, que d'ailleurs je n'aurais pu nourrir dans les montagnes.

Ce mouvement était encore devenu nécessaire depuis que
M. le maréchal Lefebvre a appuyé à gauche ; il s'est approché
du Duero. Il y avait un espace de . dix-huit grandes lieues
d'Espagne, depuis Potès jusqu'à Carrion, qui n'était absolu-

ment couvert par aucunes troupes, malgré qu'il y eût quatre routes principales venant soit des Asturies, soit de Leon, se dirigeant soit sur Reinosa, soit sur Burgos, qui traversent cet espace, situation qui laissait ma gauche à découvert et donnait la facilité à l'ennemi d'entretenir ses communications avec l'intérieur du pays conquis.

J'ai eu l'honneur de prier Votre Altesse Sérénissime de demander l'agrément de Sa Majesté pour que les troupes aux ordres de M. le maréchal Lefebvre fussent rapprochées de celles que je dirige sur Leon, afin que de concert nous nous emparions de cette ville, détruisions le corps ennemi qui s'y trouve, et fissions en sorte d'intercepter la communication de Galice aux troupes soit anglaises, soit espagnoles, qui sont sur le Duero. Par ce mouvement les Asturies seront contenues, la Galice menacée, et on sera à même, lorsque Sa Majesté aura pris de nouvelles dispositions, de porter un corps sur la Corogne, avant que les Anglais qui sont à Toro puissent y arriver.

Il n'est pas vraisemblable que les ennemis entreprennent quelque chose sur les montagnes de Santander ni sur cette ville ; mais s'ils osaient en faire la tentative, je serais aussitôt qu'eux à Reinosa, et ils auraient la peine de sortir des vallées où ils se seraient imprudemment engagés.

Sur tout cela, j'ai l'honneur de supplier Votre Altesse de vouloir bien m'honorer des ordres de Sa Majesté, et d'avoir la bonté de me les faire parvenir soit à Saldaña, soit en avant de cette ville sur la route de Leon, où je serai. Je la supplie aussi de demander l'agrément de l'Empereur pour que je puisse disposer de la cavalerie aux ordres des généraux Milhaud et Franceschi qui, par une précédente disposition, a été attachée au corps d'armée.

P.-S. — Je n'ai reçu aucune lettre de Votre Altesse depuis le 25 dernier.

M. le général Mermet a rejoint le corps d'armée avec le 31ᵉ régiment ; ainsi le général Mouton a été remplacé dans la division par le général Merle, et il est parti pour rejoindre Sa Majesté.

Saldaña, le 4 décembre 1808.

J'étais encore à Cervera, mais la tête de la colonne était près de Saldaña, lorsque hier au soir j'ai reçu au même instant les deux lettres que Votre Altesse Sérénissime m'a fait l'honneur de m'écrire d'Aranda les 26 et 28 novembre. D'après les dispositions contenues dans la première, j'aurais dû m'arrêter et prendre position où je me trouvais. Le mouvement étant prononcé, j'ai cru devoir le laisser finir, et m'établir jusqu'à nouvel ordre à Saldaña. Ainsi je rends compte à Votre Altesse qu'aujourd'hui j'ai réuni en cet endroit les divisions commandées par les généraux Merle et Mermet, 18 pièces de canon, le 8e régiment de dragons et le 1er régiment provisoire de chasseurs à cheval; j'ai porté ce peu de cavalerie en avant sur la route de Leon, avec ordre d'éclairer Sahagun et la route de Leon à Guardo où, d'après les renseignements que j'ai reçus, les avant-postes ennemis doivent se trouver.

La position de Saldaña n'est pas mauvaise; elle peut être défendue et la rivière le Carrion qui coule en avant la rend encore plus avantageuse. Je crois que je pourrai y vivre quelques jours, et reposer les troupes jusqu'à ce que Sa Majesté juge à propos de me faire marcher sur Leon.

Dans mes derniers rapports j'ai rendu compte à Votre Altesse que j'avais laissé le général Bonnet au bord de la mer pour garder la position de la Nansa et de la Deba, ainsi que pour couvrir Santander; je l'ai aussi instruite que j'avais laissé deux bataillons à Potès, pour couvrir les débouchés des Asturies et de Leon qui aboutissent à ce point, et pour conserver la communication entre San-Vicente et Cervera.

Je vais me trouver dans le cas de retirer ces deux derniers bataillons, afin que dans la mauvaise saison ils ne se trouvent pas compromis; j'envoie ordre au colonel Castella, qui les commande, de partir de Potès pour me joindre à Saldaña, ou en avant, aussitôt qu'on aura à craindre que les communications ne soient entièrement interceptées par la chute des neiges; je ferai aussi rentrer un bataillon que j'ai laissé à Cervera pour le même objet, et qui serait en pareil cas.

Ainsi, il ne restera dans les montagnes, lorsque ce mouvement aura lieu, que les troupes aux ordres du général Bonnet, qui même seront au bord de la mer jusqu'à la Deba. Je crois toujours qu'elles seront suffisantes, car à cette époque, cette communication sera la seule qu'on pourra pratiquer, par le revers occidental des montagnes, et encore sera-t-elle extrêmement mauvaise.

Il paraît bien constant que tous les ans les communications par les montagnes de Santander et des Asturies sont interceptées pendant plusieurs mois; tous les habitants s'accordent là-dessus, et j'ai moi-même vu que déjà la neige et la glace commençaient à rendre la route que j'ai tenue très difficile; la route qui conduit de Reinosa à Santander est aussi en pareil cas presque tous les ans.

D'après cela, il me paraît que la saison d'agir dans les Asturies, en attaquant de front cette province, sera bientôt passée, et qu'on ne pourra la soumettre qu'en la débordant et en essayant d'y pénétrer par la route principale de Leon, et par celles qui viennent de Galice, en même temps qu'une colonne suivrait les bords de la mer.

J'ai déjà cherché à me mettre en relations avec quelques-uns des principaux habitants des Asturies, mais je n'ai pu encore réussir; j'ai seulement obtenu d'un prêtre, que les promesses et l'argent ont gagné, qu'il ferait en sorte de porter les levées des Asturies à la désertion, et qu'il éclairerait le peuple. Je mets ci-jointe la traduction d'un engagement qu'il a signé en ma présence, il m'a paru qu'il y mettait de la bonne foi; mais, ainsi que je l'ai déjà dit, on ne parlera de soumission dans les Asturies que lorsque Leon sera occupée par les troupes de l'Empereur, et que même elles menaceront la Galice.

J'ai donné tous les ordres que Votre Altesse m'a prescrits

au sujet des quina et marchandises qu'on a trouvés à Santander, j'ai aussi ordonné l'armement du lougre *le Santander*.

J'ai ordonné qu'on fît à Santander du biscuit, des capotes et des souliers; mais je compte très peu sur ces demandes, quoique j'aie recommandé au général Soult, qui se
rend à Santander, de ne rien négliger et d'employer même
la force pour qu'elles soient remplies. On manque d'approvisionnements dans cette ville et une partie des habitants
qui étaient déjà rentrés est repartie, ne pouvant avoir du
pain; je mets ci-joint divers rapports que le général Sabathier m'a fait parvenir, et qui sont la plupart relatifs à la situation de cette ville; elle est telle que je ne puis compter
sur ses ressources, et d'ailleurs, j'en suis à présent si éloigné
qu'il me paraîtrait beaucoup plus prompt que les effets que
Sa Majesté destine au corps d'armée me fussent envoyés
de Burgos; si j'étais à Leon, je pourrais peut-être me procurer du drap et des souliers.

Je crains d'être indiscret en priant de nouveau Votre Altesse de demander l'agrément de Sa Majesté, pour que la
cavalerie aux ordres des généraux Milhaud et Franceschi,
qui faisait partie du 2ᵉ corps d'armée, me soit rendue; je
crois être en situation de l'employer. Je supplie encore Votre
Altesse d'exposer à l'Empereur que si on agissait de suite
sur Leon et sur la Galice, il serait peut-être possible de terminer la guerre dans ces montagnes avant que l'époque de
la plus mauvaise saison ne soit venue; mais les deux divisions que j'ai amenées doivent être renforcées. Il me paraîtrait aussi nécessaire que, dans le cas d'un mouvement
offensif, le général Bonnet fût renforcé de deux régiments.

Il se confirme que les généraux La Romana, Blake et Martinengo, ainsi qu'un ou deux généraux anglais, sont à Leon;
mais il est très difficile de démêler le nombre de troupes
qu'ils ont avec eux. Les moins exagérés les portent à
20,000 hommes, y compris 7,000 à 8,000 Anglais, beaucoup
de canons et 2,000 ou 3,000 hommes de cavalerie; le restant
du corps anglais qui était à Toro devrait, d'après ce rapport,

s'être porté à Astorga, où on prétend qu'il y a aussi 7,000 à 8,000 Espagnols ; on dit aussi qu'il y a quelques troupes à Benavente.

Le corps qui est à Leon a son avant-garde à Mansilla et pousse des reconnaissances jusque vers Sahagun, sur la route de Saldaña et de Carrion, et jusque vers Almanza, sur la route de Guardo ; les reconnaissances que j'ai moi-même envoyées en donneront sans doute des renseignements plus positifs, et j'aurai l'honneur d'en rendre compte à Votre Altesse.

4ᵉ CORPS (MARÉCHAL LEFEBVRE)

(24 novembre-8 décembre.)

Le corps du maréchal Lefebvre, arrivé à Carrion depuis le 24 novembre, y resta quatre jours sans que son séjour fût troublé par aucune nouvelle de la présence de l'ennemi ; les Anglais se trouvaient pendant le même temps établis à Salamanque et à Astorga, mais notre cavalerie ne put avoir à leur sujet que des nouvelles assez vagues, car ils étaient trop éloignés pour qu'elle pût connaître leur présence autrement que par renseignements.

C'est le 28 novembre au matin que le maréchal Lefebvre reçut les ordres de l'Empereur datés du 26, d'après lesquels il devait se porter sur Tudela-de-Duero, et ensuite, dans le cas où aucun corps ennemi ne menacerait Burgos, marcher sur Ségovie précédé par la cavalerie du général Milhaud.

Le rôle ainsi dévolu au 4ᵉ corps était important, il devait protéger la marche de l'Empereur sur Somosierra, et servir à forcer le passage de Guadarrama si celui de Somosierra ne pouvait être franchi.

Le maréchal Lefebvre aurait pu quitter Carrion le jour même, c'est-à-dire le 28 novembre, et gagner ainsi une marche, mais il attendait le gros de la division Leval, qu'il comptait voir arriver incessamment à Carrion venant de Potès, et le renfort de près de 3,500 baïonnettes qu'elle lui apportait ne lui semblait nullement négligeable; il attendit donc jusqu'au lendemain. La division Leval ne l'ayant pas encore rejoint ce jour-là, il ne voulut pas retarder l'exécution du mouvement prescrit par l'Empereur et se mit en route le 29 novembre pour Palencia.

Les troupes de la division Leval auraient dû, sur l'ordre du maréchal Lefebvre, quitter Potès le 25 novembre, mais, on ne sait pour quelle cause, le général Leval fut dans l'impossibilité d'exécuter cet ordre; ce qui est certain, c'est que ses troupes étaient très fatiguées à la fin du mois de novembre par suite du service pénible qu'elles venaient de faire dans la Montaña, et qu'elles ne purent arriver à Carrion que le 30 novembre ou le 1ᵉʳ décembre; le maréchal Lefebvre entreprit donc son mouvement vers le sud sans savoir ce qu'elles étaient devenues; il resta dans la même ignorance jusqu'à son arrivée à Madrid, où le général Leval le rejoignit deux jours plus tard après avoir suivi la même route à deux ou trois marches de distance.

Le maréchal Lefebvre emmenait avec lui 7,000 hommes d'infanterie environ, de la division Sébastiani et du bataillon de Darmstadt, et 2,000 cavaliers de la division du général Milhaud, soit en tout près de 9,000 hommes.

Sa marche s'effectua sans encombre ; au lieu de suivre la route de Tudela-de-Duero, il prit celle de Valdestillas parce qu'elle était meilleure pour l'artillerie, et passa par Palencia, Valladolid, Olmedo et Santa-Maria-de-Nieva.

Lorsqu'il arriva à Valladolid le 30 novembre, la cavalerie sous les ordres du général Milhaud était répartie de la façon suivante : le général Milhaud à Valdestillas avec deux régiments de dragons (16ᵉ et 21ᵉ) et son artillerie ; le 5ᵉ chasseurs à Cuellar envoyant des reconnaissances sur Ségovie et sur Aranda ; le 12ᵉ dragons à Medina-del-Campo éclairant les routes de Salamanque et de Madrid ; le général Franceschi à Palencia avec le 22ᵉ chasseurs et la légion hanovrienne, éclairant les directions de Zamora, Benavente, Leon et Saldaña. Les renseignements obtenus par la cavalerie du général Milhaud, quoique non vérifiés, montraient avec persistance des troupes anglaises à Astorga, Salamanque et l'Escorial.

Le maréchal Lefebvre quitta Valladolid le 1ᵉʳ décembre, précédé à une petite journée de marche par la cavalerie du général Milhaud. Le général Franceschi resta seul vers Palencia avec 900 cavaliers du 22ᵉ chasseurs et des chasseurs hanovriens ; il avait l'ordre de tenir Valladolid et Medina-de-Rio-Seco.

La division Milhaud arriva sous Ségovie le 3 décembre, et y trouva la cavalerie du général Lasalle, qui y était arrivée depuis la veille.

Le maréchal Lefebvre l'y rejoignit le lendemain.

Cette marche avait été exécutée sans incident et sans qu'on eût découvert la moindre trace de l'ennemi ; cependant le général Milhaud avait été informé le 1ᵉʳ décembre, d'une façon certaine, que Salamanque était occupé par les Anglais; en revanche, il n'eut aucune nouvelle du corps signalé vers l'Escorial et le Guadarrama; ce dernier corps, qui n'était autre que celui du général Hope, avait débouché le 29 novembre du Puerto de Guadarrama; sa cavalerie, éclairant la direction de Ségovie et d'Arevalo, avait découvert, sans être aperçue elle-même, des partis de cavalerie française vers Olmedo et au nord de Ségovie; le général Hope s'était hâté de se jeter à gauche vers Avila, et le 4, au moment où le maréchal Lefebvre arrivait à Ségovie, il se trouvait hors de danger entre Alba-de-Tormès et Avila.

Le résultat eût été tout autre si le maréchal Lefebvre avait pu arriver à Ségovie trois ou quatre jours plus tôt : dans ce cas, en effet, il eût été impossible que la cavalerie du général Milhaud ne tombât pas sur les colonnes anglaises débouchant du Guadarrama, et le général Hope aurait été obligé de rebrousser chemin sur l'Escorial et Talavera, laissant le général Moore à Salamanque sans artillerie ni cavalerie. Mais l'étude approfondie des événements montre que, dans les circonstances les plus favorables, le maréchal Lefebvre ne pouvait être rendu à Ségovie que le 2 ou le 3 décembre au plus tôt. En effet, en admettant qu'il fût arrivé à Carrion dès le 22, ce qui était possible s'il ne se fût pas porté sur Potès, l'Empereur l'aurait certainement laissé dans sa position jusqu'à ce qu'il eût décidé de se porter d'Aranda sur Somosierra, c'est-à-dire jusqu'au 26 novembre.

L'Empereur, dans ses ordres du 25 novembre au maréchal Soult, parle bien d'un mouvement qu'il va ordon-

ner au maréchal Lefebvre sur le Duero, mais ce n'est
que dans la journée du 26, quand il eut appris la victoire de Lannes à Tudela, qu'il suspendit le mouvement
du 1ᵉʳ corps sur Almazan et le porta sur Somosierra :
alors seulement, quand il fut décidé à se porter d'Aranda
sur Somosierra avec toutes ses forces, il ordonna au
maréchal Lefebvre de marcher sur Ségovie et il ne
pouvait guère donner cet ordre plus tôt, puisque le
matin même il avait l'intention de marcher sur Almazan. Il est vrai que l'Empereur aurait dû être prévenu
beaucoup plus tôt du résultat de la bataille de Tudela,
et dans ce cas il aurait entrepris plus tôt son mouvement sur Somosierra et envoyé plus tôt ses ordres au
maréchal Lefebvre ; mais, tout compte fait, ce dernier
pouvait partir de Carrion au plus tôt le 27 novembre au
lieu du 29 ; il ne serait donc arrivé à Ségovie que le
2 décembre au lieu du 4, et le résultat pour le corps du
général Hope aurait été sensiblement le même, puisqu'il
avait déjà franchi le Guadarrama et qu'il aurait toujours
pu rejoindre le général Moore à Salamanque ; il est possible, toutefois, que la cavalerie du général Milhaud
arrivant à Ségovie le 1ᵉʳ décembre, eût eu la chance de
découvrir des traces certaines du corps anglais et eût
pu donner à l'Empereur des renseignements exacts
qui auraient peut-être modifié sensiblement la marche
des opérations.

Mais il n'y a là que des hypothèses, et en s'en tenant
aux faits tels qu'ils se sont passés, on doit convenir que,
dans la réalité, le général Hope ne risqua pas grand'-
chose de la part du corps du maréchal Lefebvre, puisque
ce dernier quittait seulement Carrion au moment même
où le général anglais franchissait le Guadarrama.

La·véritable chance du général Hope fut simplement de parvenir au pied du Guadarrama assez à temps pour trouver le passage libre; il aurait pu ne plus l'être à la fin de novembre, car si l'on se souvient que dès le 23 de ce mois les troupes du 1ᵉʳ corps et de la Garde parvenaient à Aranda, à deux marches de Somosierra et trois de Ségovie, on peut concevoir que si l'Empereur avait connu à temps la présence des Anglais sur la route de Talavera, il pouvait arriver avant eux au débouché nord du Puerto de Guadarrama; mais cette manœuvre dépendait de l'obtention de renseignements précis, et l'on sait que les populations espagnoles restaient farouchement muettes, sinon pour induire en erreur un ennemi détesté.

Le maréchal Lefebvre s'installa à Ségovie avec toutes les troupes du 4ᵉ corps et de la division du général Milhaud; il se couvrit simplement du côté de San-Ildefonso et de la route d'Avila; au moment où le 4ᵉ corps arrivait à Ségovie, les troupes du général Lasalle quittaient cette ville pour Guadarrama, néanmoins le maréchal Lefebvre put voir le général Lasalle qui le mit au courant des événements de la fin du mois de novembre.

Le 4ᵉ corps n'eut pas le temps de faire à Ségovie un long séjour; dès le 5 décembre, le maréchal Lefebvre recevait l'ordre de se diriger sur Madrid en passant par l'Escorial pour désarmer cette ville; il partit de Ségovie le 6 décembre, précédé par la cavalerie du général Milhaud; il coucha à Guadarrama, partit le 7 pour l'Escorial où il accomplit rapidement la mission qui lui était prescrite, et arriva le 8 décembre au Pardo à l'ouest de Madrid; il reçut l'ordre d'y cantonner.

A peine arrivé au Pardo, il eut la satisfaction d'apprendre que l'Empereur allait réorganiser son corps d'armée en lui donnant toutes les troupes qui lui étaient régulièrement affectées et qui, depuis le commencement de la campagne, n'avaient pas encore pu être réunies sous son commandement; il allait enfin avoir sous ses ordres la belle division polonaise commandée par le général Valence, qui devait arriver à Madrid le 11 décembre; quant à la division Leval, dont il n'avait plus de nouvelles depuis son départ de Carrion, elle parvint sous Madrid en même temps que la division polonaise.

LE MARÉCHAL LEFEBVRE AU MAJOR GÉNÉRAL.

Carrion, le 28 novembre 1808.

Monseigneur.

Il est bien agréable pour moi d'avoir à rendre compte à Votre Altesse Sérénissime du bon esprit et de la discipline que je suis parvenu à rétablir dans mon corps d'armée. Partout les églises sont respectées. Dans cette ville, aucun habitant ne l'a quittée, et il n'y a eu aucune plainte de portée contre la troupe, quoique la division Sébastiani ait été logée entièrement dans cette petite ville. Enfin, Monseigneur, l'ordre est rétabli. Le trait suivant prouvera à Votre Altesse qu'il ne me reste presque plus rien à désirer. A San-Salvador, des soldats ont trouvé beaucoup d'ornements et argenteries d'église qui avaient été cachés dans les bois; le tout, évalué à 60,000 francs, a été scrupuleusement rapporté et remis aux autorités. J'espère que sous le rapport de la discipline, ainsi que sous les autres, le corps d'armée que j'ai l'honneur de commander se distinguera et méritera la bienveillance de Votre Altesse ainsi que les bontés de notre auguste Souverain.

LE MARÉCHAL LEFEBVRE AU GÉNÉRAL MATHIEU DUMAS.

Carrion, le 28 novembre 1808.

Je reçois, mon cher Général, les dépêches que vous m'adressez venant de Son Altesse Sérénissime le vice-connétable ; je ne puis faire le mouvement qu'il m'ordonne sur Tudela-de-Duero que demain, parce que la division de M. le général Leval ne m'a point encore rejoint et qu'elle n'arrivera à Carrion qu'aujourd'hui. Demain de grand matin je me mettrai en route et forcerai ma marche, si toutefois la division Leval n'est pas trop fatiguée ; enfin, j'arriverai à Tudela-de-Duero le plus tôt qu'il me sera possible.

J'envoie l'ordre à M. le major de Reineck, commandant les chasseurs de Nassau, de partir demain de Burgos pour me rejoindre. J'en ai l'ordre positif de Sa Majesté.

J'espère, mon cher Général, que rien ne s'opposera au départ de cette troupe, dont j'ai le plus grand besoin, et, si vous vous trouviez sans quelque cavalerie, je préférerais que vous preniez une compagnie ou deux de hussards hollandais qui passeront au premier jour à Burgos et qui appartiennent à mon corps d'armée...

J'irai demain à Palencia, après-demain à Valladolid, et le troisième jour à Tudela.

P.-S. — J'apprends dans le moment que l'escadron des chasseurs de Nassau a déjà perdu 14 chevaux : il est bien désagréable pour moi de voir ainsi se réduire à rien des corps dont j'attends de grands services. Comme j'ai l'ordre positif de Sa Majesté de le faire rejoindre, j'espère, mon cher Général, que rien ne s'opposera à son départ.

Le major de Reineck peut arriver aussitôt que moi à Tudela.

LE MARÉCHAL LEFEBVRE AU MAJOR GÉNÉRAL.

Sans date ni lieu d'origine (1).

Monseigneur,

J'ai reçu hier la lettre de Votre Altesse Sérénissime datée

_____

(1) Il est facile d'établir par le contenu de la lettre qu'elle est du 28 novembre et envoyée de Carrion.

du 26 novembre 3 heures du matin, et je reçois dans ce moment celle du même jour à midi par duplicata, portant ordre de me mettre en marche pour Tudela-de-Duero.

D'après le rapport de mes reconnaissances, que j'ai poussées jusqu'à 6 ou 8 lieues de pays sur les routes de Leon et Benavente, ainsi que vers Toro, il n'y a aucun corps ennemi qui menace Burgos, et mes émissaires eux-mêmes m'assurent que les troupes qui sont dans ces villes n'ont nullement l'air offensif. Je pourrais donc me mettre sur-le-champ en marche pour exécuter les ordres de Votre Altesse, mais, ainsi que je l'avais prévu et que j'ai eu l'honneur de le lui annoncer, M. le général Leval ne m'a point encore rejoint, et ne doit arriver à Carrion qu'aujourd'hui. Je ne pourrai donc partir que demain à la petite pointe du jour pour me diriger sur Tudela-de-Duero et forcerai la marche autant que l'état de la division Leval me le permettra.

. . . .

Ainsi que Votre Altesse me l'a prescrit, j'ai annoncé mon départ de Carrion demain matin pour Tudela-de-Duero, aux maréchaux Soult et Bessières et aux généraux Milhaud et Mathieu Dumas ([1]).

Je ferai mon possible pour coucher demain à Palencia, après-demain à Valladolid, et le troisième jour à Tudela.

LE MARÉCHAL LEFEBVRE AU MAJOR GÉNÉRAL.

Ségovie, le 4 décembre 1808, à 1 heure.

Monseigneur,

Je suis arrivé aujourd'hui 4 du courant à 2 heures de l'après-midi à Ségovie, mon avant-garde hier à 11 heures. J'y ai trouvé le général Lasalle, et je n'ai pas reçu de nouvelles du général Leval. Je suis comme j'étais en sortant de Carrion ; je vous ai écrit six fois depuis le 1ᵉʳ de ce mois, et j'attends une réponse à mes lettres.

_____

(1) La lettre adressée au général Mathieu Dumas est celle qui précède : comme elle est datée du 28 elle donne d'une façon à peu près sûre la même date pour la lettre adressée au Major général.

J'attends par le même courrier une réponse, ou par une autre personne.

J'ai eu l'honneur d'annoncer à Votre Altesse Sérénissime mon arrivée à Valladolid, et de la prévenir que je marchais sur Ségovie par Valdestillas au lieu de Tudela-de-Duero qu'elle m'avait ordonné, parce que la route par cette ville était difficile pour l'artillerie. D'ailleurs, en passant par Valdestillas et Olmedo, des considérations militaires me faisaient rapprocher de la gauche de l'ennemi afin de reprendre une attitude plus menaçante, et faire tout ce qui dépendait de moi pour le rencontrer. Je sentais que je m'éloignais d'Aranda, mais la route était plus courte pour me rendre à Ségovie, et je me rapprochais davantage de l'ennemi. Je n'ai pas dû balancer. Tout annonce que peu de troupes se trouvaient à Salamanca lors de ma marche, mais il est possible que le corps de 8,000 hommes qui s'est réuni à Ségovie pendant peu de jours, et qui se composait de troupes stationnées dans cette ville et d'autres arrivant de Sepulveda, qui s'est retiré sur Guadarrama, ait pris la direction d'El Escorial ou d'Avila pour se porter ensuite sur Salamanca et se joindre aux Anglais, qui, après les défaites nombreuses des Espagnols, paraissent vouloir se rapprocher des frontières du Portugal.

Déjà les habitants se plaignent de la mauvaise foi et de l'abandon des Anglais, qui leur avaient promis la défense de Madrid et des secours sans nombre. Je cherche à développer cette disposition de mécontentement envers les Anglais de la part des Espagnols. Si je ne reçois pas des ordres de Votre Altesse demain, je me porterai probablement vers El Escorial, afin de me rapprocher de Sa Majesté et de ses ennemis, et pour pouvoir être plus à même d'exécuter promptement les ordres qu'Elle daignera me transmettre.

Je suis toujours dans la même ignorance sur la marche

du général Leval ; c'est par cette raison, et pour conserver un corps intermédiaire entre le maréchal Soult et nous, qui observe en même temps Leon et Zamora, que j'ai engagé le général Franceschi à suivre les ordres qu'il a reçus de tenir Valladolid et Medina-de-Rio-Seco.

Aujourd'hui, j'ai l'honneur de rendre compte à Votre Altesse que mon avant-garde est entrée hier à 1 heure dans Ségovie, où elle a rencontré des troupes de M. le général Lasalle, et que j'y ai pris position ce matin avec la division Sébastiani, toute mon artillerie et quatre régiments de la division de cavalerie du général Milhaud avec sa compagnie d'artillerie légère. Je fais occuper San-Ildefonso par le général Milhaud, qui couvre également la route d'Avila. J'attendrai demain les ordres de Votre Altesse dans cette position.

La marche aussi rapide que hardie que je viens d'exécuter par les ordres de Votre Altesse n'a que peu fatigué mes troupes. J'espère qu'après un jour de repos, elles seront en état d'exécuter tels ordres qu'il vous plaira de me donner.

P.-S. — J'ai eu l'honneur d'écrire à Votre Altesse plusieurs lettres que je lui ai envoyées par des paysans ; elles étaient d'un style que je crois qu'elle aura compris.

LE MARÉCHAL LEFEBVRE AU MAJOR GÉNÉRAL.

Sans date ni lieu d'origine (¹).

Monseigneur,

Conformément aux ordres de Votre Altesse Sérénissime, je me suis mis hier matin en route pour Madrid. J'ai couché à Guadarrama. Le bataillon de Darmstadt que j'avais avec moi, et que j'ai laissé à Ségovie, m'a mis à même d'amener la division Sébastiani intacte. Ce bataillon formera la garnison du fort, j'en ai donné le commandement à M. l'adjudant-commandant Allemand. Je n'avais qu'un seul officier

---

(1) Cette lettre est sûrement du 7 décembre ; le lieu d'origine probable est Guadarrama.

du génie ; je l'ai laissé pour, conjointement avec M. le colonel Allemand, mettre promptement le fort en état de défense, même de soutenir un siège. J'ai laissé un officier
d'artillerie, 33 canonniers et trois bouches à feu que le
commandant de mon artillerie a ramassées en route, appartenant au 6ᵉ corps ; on prendra pour compléter l'armement
du fort les bouches à feu les plus en état parmi celles que
l'ennemi nous a laissées à l'arsenal de Ségovie. Le fort peut
être défendu avec 200 hommes.

Le bataillon de Darmstadt, que j'ai laissé à Ségovie, m'a
rejoint avec mon artillerie que j'avais laissée à Reinosa lorsque je me suis porté sur Potès.

J'ai reçu cette nuit à Guadarrama l'ordre que Votre Altesse m'a envoyé de désarmer la ville de l'Escorial et d'y
rétablir la tranquillité. Sans cette opération, je serais arrivé
ce soir à Madrid, maintenant je n'y serai rendu que demain.

Conformément à l'ordre de Votre Altesse, je charge M. le
capitaine Hatry, mon aide de camp, de se rendre auprès
d'elle pour qu'elle ait la bonté de faire indiquer à cet officier la position que nos troupes doivent occuper à leur arrivée à Madrid.

J'aurai l'honneur d'envoyer à Votre Altesse une note de
ce qui existe à l'arsenal où il a été trouvé 21 bouches à feu.

CHAPITRE XI

OPÉRATIONS DES ARMÉES ESPAGNOLES

(NOVEMBRE-MI-DÉCEMBRE)

D'après les documents espagnols.

ARMÉES DU CENTRE ET DE RÉSERVE. — BATAILLE DE
TUDELA. — RETRAITE SUR SARAGOSSE ET SUR CALA-
TAYUD.

Pendant la première partie du mois de novembre
1808, les forces espagnoles dans la vallée de l'Ebre restèrent à peu près sur les mèmes emplacements. Les généraux Castaños et José Palafox, commandant les armées du centre et de réserve, étaient venus à Tudela le
5 novembre et, après s'être réunis en conseil de guerre
avec les envoyés de la Junte centrale, ils avaient discuté
la marche à suivre dans la conduite des opérations militaires; les dissentiments avaient aussitôt éclaté : José
Palafox ne voulait pas entendre parler d'autre chose
que de la défense de l'Aragon et de l'exécution du plan
qu'il avait proposé, consistant à se porter en masse sur
les derrières des Français par Pampelune. Castaños,
plus prudent, ne voulait pas risquer un mouvement
aussi dangereux sans savoir si le général Blake pourrait
y prendre part et sans être sûr que son armée pourrait

subsister dans la région pauvre où elle allait s'engager :
il demandait donc qu'on attendît des nouvelles de Blake
et que l'on constituât des approvisionnements. Le conseil avait admis ces idées, et avait décidé que l'armée
du centre, laissant un corps détaché à Calahorra, franchirait l'Èbre pour aller se réunir le 8 novembre à l'armée de réserve et enlever Caparroso afin de s'installer
fortement sur la ligne de l'Aragon; dès que Blake aurait répondu, les deux armées prendraient l'offensive
par Sanguessa sur les derrières des Français au nord
de Pampelune; lorsque l'armée d'Extremadure appro-
cherait de Burgos, on la ferait obliquer vers Frias pour
rejoindre Blake.

Mais le 8 novembre, Castaños, informé de l'échec de
Zornoza par une lettre laconique de Blake et ne disposant pas des approvisionnements qu'il désirait, jugea
que dans ces conditions il était prudent de renoncer
pour un temps à l'offensive et de prendre ses précautions contre une attaque probable des Français; il donna
donc ses ordres pour que son armée se concentrât le
8 novembre sur la ligne de l'Alhama, entre Calahorra
et Arnedo, et il demanda à Palafox que l'armée de réserve vînt l'appuyer à droite sur le cours inférieur de
l'Aragon.

Le 10 novembre, il porta son quartier général à
Cintruenigo où il reçut une lettre détaillée du général
Blake; les nouvelles de ce dernier étaient mauvaises :
battu par les Français à Zornoza le 31 octobre, il avait
été forcé de changer de position; en un mot, il reculait
et se trouvait bien empêché de marcher sur le Guipuzcoa pour concourir au mouvement général auquel
on lui proposait de prendre part.

Le même jour (10 novembre), Castaños apprit que les Français marchaient sur Burgos avec des forces considérables et que le comte de Belveder occupait cette ville avec l'avant-garde de la faible armée d'Extremadure ; il écrivit aussitôt au comte pour lui prescrire d'obliquer à gauche sur Oña et Frias où il trouverait l'appui de l'armée de Blake (la dépêche arriva d'ailleurs quand ces deux généraux étaient déjà battus).

Toutes ces nouvelles donnèrent à réfléchir à Castaños ; la retraite de l'armée de Galice et la situation aventurée de l'armée d'Extremadure lui firent voir que la droite espagnole restait bien isolée, et lui montrèrent à quel péril il s'exposerait s'il essayait de se porter, de concert avec Palafox, sur les derrières de l'armée française qui se renforçait tous les jours vers Logroño et Lodosa ; à partir de ce moment il abandonna complètement l'idée d'une pareille manœuvre. Il chercha une autre combinaison pour arrêter la marche des Français sur la route de Madrid, et il eut l'idée de se porter soit sur le flanc de l'armée française par Soria, soit sur ses derrières par Haro ; mais il pensa avec raison qu'il ne pouvait songer à tenter une semblable opération sans s'être débarrassé du corps du maréchal Moncey qui lui était opposé dans la vallée de l'Èbre. S'estimant trop faible pour accomplir seul ce dessein, il en conclut qu'il fallait au plus vite combiner une attaque simultanée des armées du centre et de réserve contre le 3ᵉ corps français.

Dans ce but, il écrivit au général O'Neille qui commandait les troupes d'Aragon à Sanguessa pour lui dire de descendre la rivière d'Aragon jusqu'à Caparroso, et de là tomber sur la gauche du maréchal Moncey,

vers Peralta et Falcès; afin de lui faciliter l'occupation
de Caparroso, il lui envoyait la moitié de la 5ᵉ division
(général Roca); en même temps que l'armée de réserve
attaquerait vers Peralta et Falcès, l'armée du centre
passerait l'Èbre à Calahorra, et la division du comte
de Cartaojal attaquerait Logroño.

Le général Castaños était d'accord avec le représentant de la Junte centrale, Don Francisco Palafox,
pour l'exécution de ce plan d'attaque; mais il n'avait
pas l'approbation du capitaine général de l'Aragon;
José Palafox, en effet, ne songeait qu'à l'exécution de
son mouvement par Sanguessa sur Pampelune, sans se
préoccuper des circonstances, et lorsqu'il vit que Castaños voulait agir plus au sud et peut-être quitter la
vallée de l'Èbre, il écrivit à la Junte centrale pour se
plaindre de lui et déclarer qu'il se laissait prendre à un
piège des Français, dont la concentration à Logroño et
Lodosa n'était qu'une menace sur la gauche de l'armée
espagnole pour l'empêcher de faire son mouvement par
la droite; rapportant tout à son idée préconçue, il aurait
voulu exécuter quand même sa manœuvre par la Navarre; la lettre suivante, écrite par lui à ce moment à
l'un des généraux de l'armée de réserve ('), rend bien
compte de son état d'esprit et de ses dissentiments
avec Castaños.

Saragosse, le 10 novembre 1808.

Mon cher Marquis, il paraît que les ennemis s'avancent
en force sur Logroño et sur Lodosa. Le quartier général
n'a point pénétré ce mouvement, mais quant à moi, il ne

---

(1) Cette lettre fut trouvée le 25 novembre sur la route de Saragosse, par le
maréchal Moncey, avec d'autres papiers épars; elle était ouverte et ne portait
pas d'adresse; son contenu fait présumer qu'elle était adressée au général de Saint-
March, qui commandait une des divisions de l'armée d'Aragon.

m'a pas échappé. Ce mouvement était motivé par la connaissance que l'ennemi avait de notre direction par la droite. Son intention était d'empêcher notre marche par cette fausse attaque, et de nous attirer dans les plaines d'Alfaro. J'ai toujours pensé que leur projet était d'empêcher notre jonction pour nous battre en détail ; ces beaux messieurs de notre armée ont donc décidé de garder leurs positions, et, pour s'y maintenir, ils ont besoin du secours de nos divisions, car il ne faut pas exposer inutilement cette armée du centre.

Ce mouvement vous regarde, vous, parce que vous êtes près de Caparroso, et Don O'Neille, parce qu'il peut aisément se porter à Tafalla et à Olite.

Je suis de votre avis, de même que O'Neille, sur tout ce que vous me demandez dans votre lettre.

J'espère qu'en vous concertant avec O'Neille, vous ne perdrez pas de vue que l'objet le plus essentiel est de protéger cette ville (¹), et que vous obéirez exactement aux ordres que vous recevrez du représentant de la Junte centrale, qui partage mon opinion sur l'importance de cette ville, dont l'invasion serait à craindre si on l'abandonnait par de fausses combinaisons.

Vous pensez bien que je suis indigné du peu de patriotisme que montrent ceux auxquels la nation a confié ses intérêts les plus sacrés. O'Neille et vous pouvez appuyer l'armée du centre, sans toutefois vous exposer à une catastrophe, qui serait irréparable, si le sort nous devient contraire.

Entourons-nous de braves soldats et de vaillants défenseurs de notre patrie. Leur but, ainsi que le nôtre, doit être la défense de la cause royale.

J'ai fait tout ce que j'ai pu, et je suis près d'en devenir fou, quand je pense que mes réflexions ont été infructueuses ; mon plan sauvait la patrie, et il est inconcevable qu'on ait pu penser que les ennemis nous laisseraient pénétrer tranquillement dans la Navarre, pour nous emparer

(1) Saragosse.

de Pampelune, y enlever leurs magasins et leur couper la
retraite sur les vallées de Roncevaux. Le plan que je proposais demandait bien moins de temps qu'il n'en fallait aux
Français pour s'emparer de Saragosse, puisque l'armée se
serait portée sur leurs derrières, et que d'ailleurs la place
était suffisamment gardée, et pouvait résister plus d'un
jour, et par là donner le temps de réunir les forces du
centre et celles des deux braves divisions(¹), ce qui aurait
placé les ennemis entre deux feux.

Cette lettre sera officielle pour vous, car je n'ai pas le
temps de vous en écrire une autre. Vous pouvez la garder
pour votre justification et la mienne, si un jour on voulait
nous reprocher d'être les mauvais amis de la patrie. C'est
mon attachement à cette même patrie qui me fait parler
ainsi.

Adieu, mon cher Marquis, j'ai toute confiance dans votre
courage, dans vos talents et dans l'espoir qui anime vos
troupes.

O'Neille, qui se trouve sur le côté, doit aussi surveiller ses
mouvements.

Je vous répète encore de ne pas oublier la ville, et de
m'avertir de tout ce qui se passera. 40,000 cartouches
sont en marche, et j'en fais partir 40,000 autres en poste.
Si vous avez d'autres besoins, faites-les-moi connaître, et je
m'empresserai d'y satisfaire.

PALAFOX.

On a pu voir par la lettre précédente que José Palafox, tout en maugréant contre les projets de Castaños,
autorisait les généraux de l'armée de réserve à obéir
aux ordres envoyés par le commandant de l'armée du
centre. Le général O'Neille se mit donc en mouvement
sur Caparroso, après avoir fait sauter le pont de Sanguessa et coupé ceux de Galipienzo et de Caseda; il

---

(1) Celles d'O'Neille et de Saint-March.

laissa entre Caseda et Sanguessa 2,500 hommes de la division Saint-March, et se dirigea sur Carcastillo où il arriva le 13.

Pendant ce temps Castaños était tombé malade et s'était vu forcé de prendre le lit par suite de violentes douleurs rhumatismales. Le représentant de la Junte centrale était parti pour Calahorra le 11 novembre et avait profité de cette circonstance pour faire acte d'autorité en organisant le mouvement offensif projeté par Castaños; il s'arrogea le droit de donner des ordres aux généraux de division sans prévenir le général en chef. Impatient d'attaquer l'ennemi, Don Francisco Palafox, qui ignorait d'ailleurs les notions les plus simples de la guerre, envoya étourdiment ses instructions aux généraux de l'armée du centre pour exécuter une attaque générale le 13 novembre.

Le général Grimarest, avec la 2ᵉ division d'Andalousie, devait traverser l'Ebre aux gués en face de Calahorra; le général La Peña, avec la 4ᵉ division, devait menacer Milagro; le comte de Cartaojal, avec l'avant-garde, devait attaquer dans la direction de Logroño; pendant ce temps O'Neille, attaquant avec toutes ses forces par Caparroso, prendrait en flanc toute la ligne française. Mais Don Francisco Palafox n'avait oublié qu'une chose, c'était de s'assurer que le général O'Neille pourrait être à Caparroso le 13 novembre, et nous avons vu que ce jour-là il arrivait seulement à Carcastillo; l'attaque était donc manquée d'avance, d'autant plus que les ordres du représentant avaient fort étonné les généraux qui n'avaient pas vu la signature du général en chef et que l'un d'entre eux, La Peña, avait refusé d'obéir; aussi lorsque, le 13 novembre, on passa à l'exécution de l'at-

taque ordonnée, tout se réduisit à un mouvement du
général Grimarest au delà de Calahorra et à une attaque
de Cartaojal sur Logroño. Grimarest échoua totalement
dans sa tentative de passage de l'Èbre, et tout se borna
de ce côté à une insignifiante escarmouche; quant à
Cartaojal, il rencontra à Agoncillo un détachement
français qu'il attaqua vigoureusement et auquel il fit
subir quelques pertes; il se retira ensuite sans essayer
de pousser plus loin.

A la suite de ces échauffourées, Castaños reprit le
commandement et voulut recommencer l'opération en
lui imprimant une direction d'ensemble. Le général
O'Neille étant arrivé à Caparroso le 14 novembre, il lui
envoya le 15 le reste de la 5ᵉ division de l'armée du
centre, en lui donnant l'ordre d'attaquer le 17 dans la
direction de Peralta et de Falcès pour arriver le 18 à
hauteur de Lodosa, et faciliter ainsi le passage de l'Ebre
à l'armée du centre qui attaquerait de front le 18 novembre Lodosa et Logroño, et passerait la rivière aux
gués voisins de ces deux villes et à ceux de Calahorra;
les deux armées une fois réunies, on livrerait bataille
vers Lodosa si l'ennemi l'acceptait; sinon, on pourrait
marcher sur Burgos.

Mais O'Neille, resté seul à Caparroso et n'ayant pas
d'ordres de son chef direct, José Palafox, qui était retourné à Saragosse, déclara qu'il ne pouvait pas agir
sans ordres du capitaine-général, et que d'ailleurs il
lui faudrait 50,000 rations de vivres sans lesquelles il
ne pouvait entreprendre aucun mouvement.

Castaños ne se découragea pas et lui envoya les
vivres qu'il demandait et qui furent prêts dès le 17 novembre; il lui écrivit en même temps pour lui prescrire

d'attaquer le 18 novembre sur Peralta et Falcès, et d'arriver le 19 vers Lodosa ; l'attaque ne serait ainsi retardée que d'un jour.

Mais pendant ce temps le capitaine-général de l'Aragon, craignant toujours qu'on éloignât trop ses troupes de Saragosse, s'était rendu auprès d'O'Neille à Caparroso, où il avait été rejoint par son frère, le Représentant qui, après l'opération intempestive qu'il avait entreprise, n'était pas fâché de fuir Castaños dont il appréhendait peut-être les reproches ; dans ces conditions, il était à prévoir que les deux frères accueilleraient sans enthousiasme les instructions envoyées par Castaños à O'Neille ; ce dernier, sous l'influence des idées étroites des Palafox, répondit à Castaños que les 18,000 hommes qu'il avait sous ses ordres ne constituaient pas une force assez considérable pour lui permettre une offensive hardie, et qu'il lui faudrait encore un renfort de 6,000 hommes et 600 chevaux : c'était une fin de nonrecevoir, étant donné que Castaños lui avait déjà envoyé toute sa 5ᵉ division (plus de 6,000 hommes).

Castaños, désolé par ce nouveau refus, et sentant que plus le temps passait, moins il avait chance de réussir, écrivit encore le 18 novembre à O'Neille pour le presser de commencer son mouvement le 19 novembre ; mais, prévoyant le cas où ce général refuserait une fois de plus, il le priait au moins, s'il ne voulait pas attaquer à l'ouest de Caparroso, de venir se réunir à lui pour opérer avec l'armée du centre et former ainsi une masse imposante capable de livrer bataille avec succès. Mais cette fois ce ne fut pas O'Neille qui répondit ; Don Francisco Palafox se chargea lui-même de ce soin, sous l'influence de son frère dont il avait épousé la querelle ;

après avoir donné le 13 novembre l'ordre d'attaquer tête baissée sur toute la ligne, sans même prévenir Castaños, il déclara le 18 novembre au même Castaños, qui voulait attaquer, qu'il serait de la dernière imprudence de prendre l'offensive sans avoir reçu des renforts sérieux.

Castaños fut profondément indigné de cette façon d'agir : il était d'ailleurs passablement écœuré à ce moment, car il avait appris le 17 novembre, par une lettre de Lord William Bentinck, agent militaire britannique à Madrid, que la Junte centrale, prévenue contre lui par Palafox, avait l'intention de le remplacer par le marquis de La Romana ; ce qu'il ignorait, c'est qu'à ce moment même, Don Francisco Palafox demandait lui aussi à la Junte centrale de le faire relever de son commandement.

Nous citons ci-après la lettre écrite par le général Castaños au général O'Neille, la réponse faite à cette lettre par Don Francisco Palafox et le rapport envoyé à ce sujet par Castaños au ministre de la guerre ; on se rend compte, en les lisant, du désarroi qui régnait dans le haut commandement des armées espagnoles et de l'état d'impuissance auquel était réduit Castaños (¹).

LE GÉNÉRAL CASTAÑOS AU GÉNÉRAL O'NEILLE.

Cintruenigo, le 18 novembre 1808.

..... Je conclus qu'il faut que Votre Excellence parte de Caparroso demain matin 19 et que le 20 il faut qu'elle soit en mesure d'attaquer Lodosa, à moins qu'elle se heurte dans son mouvement à une trop forte résistance. Il m'est impossible d'envoyer à Votre Excellence les renforts de

---

(1) Ces lettres sont extraites de la justification de Castaños, pages 118 et 119.

cavalerie et d'infanterie qu'elle me demande, parce qu'il leur faut au moins deux jours de marche pénible, et qu'il aurait fallu les faire partir ce matin avant le jour des points où ils se trouvent. On a déployé la plus réelle activité pour arriver à jeter un pont provisoire sur lequel les troupes pourraient passer de l'autre côté, et l'on n'a pas encore trouvé les choses les plus indispensables pour le construire. Malgré tout, on fera passer par les gués les renforts qui pourront vous être envoyés, et si Votre Excellence ne considère pas comme prudent d'entreprendre l'opération projetée au jour fixé, il faut absolument qu'elle vienne à Tudela se réunir à mon armée pour suivre nos opérations à la gauche de la ligne, car le temps presse.....

J'espère en conséquence que Votre Excellence me dira si elle partira (de Caparroso) demain 19 pour être le 20 sous Lodosa, ou si elle se décidera à venir de ce côté pour suivre mes opérations ; dans ce cas, elle laisserait à Caparroso 2,000 hommes d'infanterie aux ordres du général Roca..... en prévenant ce dernier qu'il formerait un corps volant dont le but serait de changer fréquemment de position, en poussant des pointes sur les localités voisines, mais tenant toujours fortement Caparroso.

DON FRANCISCO PALAFOX AU GÉNÉRAL CASTAÑOS.

Caparroso, 18 novembre 1808.

Après avoir sérieusement réfléchi au sujet du dernier projet de Votre Excellence concernant le mouvement décisif de demain, et après avoir consulté le capitaine-général de l'Aragon, qui se trouve ici, et les généraux O'Neille et Saint-March sur la décision qu'il convenait de prendre, j'ai considéré que puisque ces opérations doivent décider du sort de l'Espagne, nous ne devons pas nous risquer sans avoir assuré tous nos pas ; comme l'ennemi possède dans cette partie des forces très supérieures aux nôtres, il nous faudrait arriver à lui en opposer un nombre au moins égal : c'est pourquoi je demandais 6,600 hommes, et je les redemandé encore maintenant, malgré ce que me dit Votre Excellence, et je prétends qu'ils mettront moins de temps à venir ici que l'armée d'O'Neille à se rendre de l'autre côté de Tudela comme le dit Votre Excellence, d'autant plus que nous possédons sur le canal quatre barques qui, assure-t-on, peuvent contenir mille hommes, et sont à El Bocal(¹), tandis que quatre autres sont auprès des gués et pourront servir à faire passer les troupes, qui arriveront beaucoup plus promptement. Si ces renforts ne viennent pas, il est inutile de songer à attaquer, car nous nous exposons à être battus ; c'est pourquoi j'ai prescrit à O'Neille de suspendre l'exécution du mouvement qu'il allait accomplir malgré les difficultés qu'il prévoyait devoir rencontrer dans cette entreprise.

M. Francisco Palafox y Melci.

LE GÉNÉRAL CASTAÑOS AU MINISTRE DE LA GUERRE.

Cintruenigo, le 19 novembre 1808.

..... Le représentant de la Junte suprême est parti depuis trois jours à Caparroso, et à tous les ordres que j'ai envoyés en cet endroit, toujours dans le même but, et d'accord avec le marquis de Coupigny, le comte de Montijo et le général Samper, on a répondu en soulevant des objections et des difficultés.

Le moment et l'occasion étant décisifs, j'ai en dernier lieu envoyé hier l'ordre n° 1 ci-inclus pour faire exécuter l'attaque sans perdre de temps, ou bien pour engager ces divisions (de Caparroso) à se réunir aux miennes pour entreprendre d'autres opérations vraiment pressantes. J'ai reçu du représentant de la Junte suprême la réponse dont je vous envoie copie sous le n° 2 : elle est datée de Caparroso, où

---

(1) El Bocal-del-Rey, à une lieue au sud-est de Tudela, au delà de Fontellas : c'est en cet endroit que se trouve la prise d'eau du canal d'Aragon, qui constituait une sorte de port de rivière.

s'est rendu aussi le capitaine-général du Royaume d'Aragon ([1]).

Ainsi, pendant que les généraux de mon armée réglaient de concert les dispositions à prendre, et que les généraux de Caparroso, d'accord avec le Représentant, envoyaient leurs réponses, n'ayant qu'un but, celui de ne pas s'éloigner de l'Aragon, le temps a marché et le mouvement n'a pas pu s'exécuter.

Les circonstances, la position de l'ennemi qui, par Burgos et Almazan, nous menace d'intercepter la communication de l'armée avec la capitale, tout exige que nous changions complètement de position pour être en mesure de protéger les Castilles, et il faut par conséquent envoyer une division pour contenir l'ennemi qui tenterait de nous surprendre ; je prépare donc un ordre pour que toutes les troupes de O'Neille viennent se réunir à moi, et changent entièrement de position ; elles ne laisseront à Caparroso que 6,000 hommes qui y seront suffisants, car le royaume d'Aragon est plus faible et plus menacé du côté par lequel arrive l'ennemi que sur l'autre rive de l'Èbre. Mais si l'on n'admet pas cette vérité, j'essaierai de placer cette armée du centre dans la meilleure position possible pour déjouer les desseins que l'ennemi a sur la Castille, et je ne compterai plus sur l'armée d'Aragon qui agira selon les vues de son général.

Il s'agit de la défense générale de l'Espagne, et il faut considérer le pays dans toute son étendue sans se borner à une seule province..... J'attends les ordres de la Junte suprême pour agir en vue d'un plan général et non isolément, comme cela a eu lieu jusqu'ici ; je n'ai aujourd'hui aucune nouvelle des autres armées.

En attendant, je crois qu'il serait désirable que les troupes anglaises (que je suppose à Salamanque et à Zamora), au lieu de se diriger sur Burgos, marchassent sur Benavente et le royaume de Leon, protégées par l'Esla,

---

([1]) Les pièces n° 1 et n° 2 dont parle Castaños sont les deux lettres précédentes.

pour soutenir l'armée de Blake et couvrir cette région qui,
si elle ne contient aucune force, laissera à l'ennemi un
libre passage vers l'Extremadure et l'Andalousie; dans ce
cas la colonne de cavalerie et d'artillerie anglaise, si elle ne
pouvait pas se réunir à son infanterie par le chemin royal
de Galice, n'aurait d'autre ressource que de se retirer sur
l'Extremadure.

Sur ces entrefaites, on était arrivé au 19 novembre,
et ce jour-là Castaños reçut des nouvelles qui lui montrèrent que la situation devenait grave : d'après les renseignements qu'on lui envoyait, le maréchal Ney était
à Logroño avec 16,000 hommes, le maréchal Moncey à
Lodosa avec 12,000 et le général Dessolles arrivait à
Burgo-de-Osma, remontant la vallée du Duero, avec
12,000 hommes; on lui annonçait aussi que les forces
du maréchal Moncey se concentraient de plus en plus
sous Lodosa. Le mouvement d'une troupe française par
la vallée du Duero inquiéta vivement Castaños qui
commença à craindre d'être enveloppé et comprit de
suite quel péril il courrait s'il ne se retirait pas avant
que les Français eussent eu le temps de déboucher par
Soria sur Tarazona; aussi lorsqu'il reçut avis, le 21 novembre, de l'arrivée de la division Dessolles à Almazan,
il n'hésita plus et donna ses ordres pour quitter Calahorra et aller prendre position avec les armées du
centre et d'Aragon sur la ligne du Queilès, appuyant
sa gauche à la Sierra del Moncayo, sa droite à Tudela;
l'armée du centre tiendrait les points de Tarazona,
Monteagudo et Cascante, tandis que l'armée de réserve,
quittant Caparroso, viendrait occuper Tudela et ses
abords.

Malgré l'imminence du péril signalé par les rensei-

gnèments reçus le 19 novembre, le capitaine-général
de l'Aragon en tenait toujours pour l'exécution de son
mouvement offensif par la droite, et le 20 novembre,
au moment où Castaños considérait comme indispensable de battre en retraite, Don José Palafox lui envoyait
à Cintruenigo son aide de camp Butron porteur d'un
projet d'opérations destiné à être discuté en conseil de
guerre, et d'après lequel il aurait fallu attaquer immédiatement l'armée française, à la fois sur Peralta, Falcès,
Milagro, Lodosa, Logroño, pendant que l'armée d'Aragon se porterait en masse sur ses derrières et battrait
successivement toutes ses fractions; c'était, en somme,
le plan que Castaños avait essayé d'exécuter depuis le
9 novembre, et que la mauvaise volonté de Palafox et
des siens avait constamment fait échouer; maintenant
que Castaños voulait battre en retraite, on jugeait nécessaire d'attaquer; heureusement pour l'armée espagnole, le conseil de guerre que réunit Castaños pour
discuter la proposition la rejeta et décida qu'on battrait en retraite sur le Queilès. A ce sujet, voici la
déclaration que fit, en 1814, le brigadier Butron, aide
de camp de Palafox en 1808 :

*Plan d'attaque dressé par le général Palafox à son quar-
tier général de Caparroso, et apporté par moi au quartier général de l'armée du centre placé à Cintruenigo,
destiné à battre en détail l'armée française établie sur la
rive gauche de l'Èbre après que l'Empereur Napoléon
é'ait entré dans la Péninsule avec de nouveaux renforts
et s'était approché de la capitale du royaume.*

L'armée française avait pris position sur la rive gauche
de l'Èbre, sa droite était appuyée à Logroño, et elle s'étendait sur sa gauche jusque vers Calahorra, Peralta et Falcès.

Les armées d'Aragon et du centre, dont la ligne couvrait la rive droite de l'Èbre, appuyaient leur gauche face à Logroño et se prolongeaient sur la droite jusqu'à Caparroso. La force de l'armée française atteignait 35,000 hommes et la nôtre était d'environ 50,000. L'armée d'Aragon, composée de 24,000 hommes, placée comme elle l'était sur la rive gauche de l'Èbre, et occupant Caparroso (à deux lieues de Peralta et trois de Falcès, occupés par l'ennemi, la première de ces localités avec 3,000 hommes, la deuxième avec 2,000), devait attaquer l'ennemi, se mettant en marche secrètement pendant la nuit, surprendre et détruire les forces qui se trouvaient à Peralta et à Falcès, et pendant ce temps la division de l'armée du centre, commandée par le général Don José Caro, qui se trouvait en position en face de Peralta dont elle gardait le gué, devait passer ce gué et se réunir à l'armée d'Aragon. Celle-ci devait détacher sur Milagro une forte colonne destinée à battre les 2,000 ennemis qui occupaient ce bourg. Les divisions du centre, commandées par les généraux La Peña, Villariezo et Grimarest, qui se trouvaient la première devant Lodosa, la seconde devant Calahorra et la troisième devant Logroño, devaient opérer une diversion sur tous ces points dans le but d'occuper l'ennemi pendant que l'armée d'Aragon se porterait sur ses derrières pour l'entourer dans ses cantonnements et l'empêcher de se rassembler ; on aurait ainsi trouvé faible sur tous les points, tandis que toutes nos forces auraient été réunies ; il en résultait qu'il aurait été battu et mis en déroute. Ce plan, étudié avec attention dans le conseil de généraux que convoqua à cet effet le général Castaños, fut désapprouvé par le général Coupigny, qui en proposa un autre qui consistait à faire replier notre ligne, à abandonner la position que nous occupions sur la rive droite de l'Èbre et à en prendre une oblique, notre droite appuyée à Tudela et la gauche au Moncayo.

L'objection opposée par le général Palafox était bien claire, car il disait que si nous n'avions pas des forces suffisantes pour battre en détail les divisions ennemies sur la rive droite de l'Èbre en tenant nos forces réunies, nous aurions encore moins de chance de succès avec une nouvelle ligne aussi étendue et par conséquent faible partout lorsque l'ennemi réuni nous attaquerait malgré tout. Le général Coupigny persista dans son avis, et ses propositions furent adoptées par le conseil; le plan projeté par Palafox ne fut pas exécuté et le résultat fut que, trois jours après, nous fûmes battus (¹).

La retraite ayant été décidée, et l'armée du centre devant se mettre en marche dans la direction du sud-est, le général Castaños écrivit le 21 novembre au général O'Neille pour lui expliquer la situation et lui dire que les trois divisions d'Andalousie allant occuper la ligne du Queilès à Cascante et Tarazona, il importait que l'armée d'Aragon se dirigeât sur Tudela où elle formerait la droite de la ligne; il le priait donc d'exécuter ce mouvement le plus tôt possible, et comme tout cela était conforme à la décision du conseil de guerre, le représentant de la Junte centrale contresigna la lettre de Castaños.

Au moment où le général O'Neille reçut cette lettre à Caparroso, il n'avait plus auprès de lui le capitaine général de l'Aragon qui s'était rendu à Tudela; il n'osa donc pas prendre sur lui d'accepter d'emblée les ordres de Castaños : il connaissait d'ailleurs trop bien les idées de son chef direct et ses mauvaises dispositions à l'égard du commandant de l'armée du centre pour ne pas soulever quelques objections devant la demande de ce dernier; il répondit donc à 5 heures du soir qu'il ne pouvait pas se mettre en marche pendant la nuit,

(1) Il est probable que si l'on avait adopté le plan de Palafox, la défaite aurait été encore plus certaine et plus terrible, quoi qu'en ait pu penser le général Butron.

et que d'ailleurs il ne pouvait pas quitter sa position sans ordres de son chef, auquel il écrivait de suite pour en demander.

Palafox ne pouvait pas refuser son autorisation, et O'Neille se mit en marche le lendemain sur Tudela, où il arriva dans l'après-midi du 22 novembre, mais sans franchir la rivière ni occuper la ville ; ses troupes restèrent sur la rive gauche de l'Èbre et s'installèrent dans un bois d'oliviers.

Pendant ce temps, l'armée du centre était restée rangée en bataille devant Calahorra pendant toute la journée du 21 novembre, parce qu'on savait que les Français s'avançaient en force venant de Lodosa, et qu'on craignait une attaque immédiate ; elle battit en retraite dans la soirée seulement, afin de dissimuler son mouvement à l'avant-garde française qui était arrivée en vue de Calahorra dans la matinée et qui la surveillait des hauteurs à l'ouest de la ville ; après avoir marché toute la nuit et une partie de la journée du 22, elle était allée s'installer sur la ligne du Queilès ; la division du général La Peña (4ᵉ) à Cascante, celles des généraux Grimarest (2ᵉ) et Villariezo (1ʳᵉ) à Tarazona ; le comte de Cartaojal avait ordre d'aller s'installer à Agreda avec l'avant-garde : de là il surveillerait la route venant de Soria et empêcherait l'armée d'être prise en flanc dans cette direction. Castaños désigna comme quartier général Ablitas, au sud-est de Cascante.

On a vu que les troupes d'Aragon devaient occuper Tudela ; mais lorsque le général en chef se rendit dans cette ville dans la soirée du 22 novembre, il n'y trouva aucun soldat de l'armée de O'Neille. Il manifesta à ce dernier la surprise qu'il en éprouvait, lui montra combien la situation serait dangereuse si les Français attaquaient Tudela le lendemain matin, avant que le passage fût effectué, et le pria de faire occuper la ville le soir même; mais O'Neille refusa obstinément, disant que la nuit venait et que le passage causerait du désordre; Castaños ne put venir à bout de son entêtement, et les troupes de O'Neille, parmi lesquelles d'ailleurs se trouvait la division Roca appartenant à l'armée du centre, passèrent la nuit sur la rive gauche.

Les Français étaient signalés comme marchant à la suite de l'armée du centre avec des forces considérables, et tout faisait prévoir un engagement dès le lendemain; il était donc indispensable de prendre un parti et d'arrêter un plan d'opérations pour savoir si l'on accepterait la bataille; Castaños ne pouvant pas régler à lui seul cette importante question, car il ne commandait en réalité que l'armée du centre, il fut nécessaire de réunir une fois de plus un conseil de guerre, auquel prirent part les deux Palafox, Castaños, le marquis de Coupigny, le comte de Montijo et le colonel anglais Graham; la réunion eut lieu dans la nuit du 22 au 23 novembre, et chacun exposa ses idées; personne d'ailleurs n'avait changé les siennes et la séance fut encore tumultueuse : Palafox proposa une fois de plus l'exécution de son grand mouvement, et déclara comme toujours que le sort de l'Espagne dépendait de celui de l'Aragon et que tout reposait sur la défense de Saragosse qu'il ne fallait abandonner à aucun prix. Castaños au contraire prétendait que la question était plus haute et que les armées espagnoles n'étaient pas spécialement affectées à la défense d'une province; qu'au lieu de se cantonner en Aragon, province de peu de ressources, située à l'intérieur des terres, il valait mieux transporter la guerre dans des provinces plus riches, par exemple en Andalousie où, puisque les Français n'étaient pas maîtres de la mer, on pourrait recevoir par la voie maritime des secours de toute sorte de l'Angleterre et des colonies d'Amérique.

La majorité fut de l'avis de Castaños, mais l'opposition des deux Palafox fut si énergique, que le conseil se sépara sans qu'on eût rien décidé. L'armée demeura donc sur place, et l'on attendit une bataille qui était devenue inévitable vu la proximité des Français.

Examinons un instant de quelles forces allaient disposer les Espagnols pour disputer la victoire à leurs adversaires.

L'armée du centre était forte à la fin d'octobre de 29,307 hommes, dont 3,292 cavaliers; Castaños, dans son manifeste, en évalue la force à 26,000 hommes; elle comprenait en effet 26,015 hommes d'infanterie, mais sans les cavaliers (¹). Les 1ʳᵉ et 3ᵉ divisions d'Andalousie, qui devaient faire partie de l'armée du centre, étaient restées en grande partie à Madrid pour y être habillées et équipées, mais l'opération traîna en longueur, elles furent retenues dans la capitale d'où la Junte d'ailleurs les voyait partir à regret, et depuis la fin d'octobre jusque vers le milieu de novembre, il n'arriva sur les bords de l'Èbre que 2 bataillons de la 1ʳᵉ division et 7

---

(1) Castaños, au contraire, dit qu'elle comprenait 26,000 hommes, y compris les cavaliers ; mais on a pu voir dans le tome 1ᵉʳ une situation datée du 29 octobre et signée de lui, accusant un total de 29,307 hommes ; il a donc commis une erreur, à moins qu'il n'ait voulu dire que ce chiffre de 26,000 hommes représentait la somme des combattants effectifs seulement.

de la 3°; en tout 4,500 hommes environ; l'effectif total de l'armée du centre vers le 20 novembre devait donc approcher de 35,000 hommes, dont plus de 3,000 cavaliers, et le nombre des présents sous les armes devait être voisin de 30,000.

La répartition par divisions était la suivante: la première division, encore incomplète, était commandée par le comte de Villariezo et comprenait 6 bataillons d'Andalousie dont 5 de troupes régulières; sa force totale était de 2,800 hommes environ.

La 2° division, commandée par le général Grimarest, comprenait 13 bataillons andalous, dont 5 de troupes régulières, d'un effectif à peu près égal à ceux de la 1re division, et formant 6,000 hommes.

La 3° division ne fut pas constituée en réalité; il est probable que les 7 bataillons de cette division qui parvinrent à l'armée du centre servirent à renforcer la première division qui se trouva ainsi portée à l'effectif de 6,000 hommes environ.

La 4° division commandée par le général La Peña comprenait 13 bataillons d'Andalousie, dont 7 de troupes régulières, et atteignait le chiffre de 8,000 hommes; elle s'était trouvée à Bailen, où elle avait fait acte de présence plutôt que combattu.

La 5° division, commandée par le général Roca, comprenait 17 bataillons de Valence et de Murcie, dont 8 de troupes régulières, et se trouvait forte de près de 7,000 hommes.

Restaient les troupes de l'ancienne armée de Castille, formant en tout 8,000 à 9,000 hommes; on se souvient que cette armée avait été en partie dissoute; 4,000 hommes formaient une avant-garde d'élite sous le comte de Cartaojal ; le reste avait été réparti entre toutes les autres divisions.

L'armée de réserve ou d'Aragon, commandée par Don José Palafox, capitaine-général de l'Aragon, comprenait une force totale d'environ 39,000 hommes au commencement de novembre; mais le nombre des soldats réellement capables de tenir la campagne atteignait à peine la moitié de ce chiffre, le noyau solide de l'armée était formé par les troupes amenées de Valence et de Murcie par les généraux O'Neille et Saint-March en août et septembre 1808; d'autres renforts dont le total pouvait former entre 6,000 et 7,000 hommes arrivèrent de Valence pendant le mois de novembre, de sorte que vers le milieu de ce mois, l'armée de réserve comprenait 2 divisions complètes formant 18,000 hommes sur l'Aragon, et un rassemblement de 26,000 à 27,000 hommes à peine organisés qui constituaient la garnison de Saragosse que Palafox ne voulait à aucun prix dégarnir.

La 1re division, commandée par le général O'Neille, comprenait 3 bataillons de troupes régulières, 5 bataillons d'Aragon et 3 de Valence et Murcie, formant un total de plus de 9,000 hommes.

La 2e division, commandée par le général de Saint-March, comprenait 14 bataillons dont 3 de troupes régulières, un de la milice de Soria et 10 de troupes de Valence et Murcie, formant un total de 9,000 hommes (¹).

Les armées de réserve et du centre réunies auraient

---

(1) Pour tous les détails qui précèdent, concernant la composition des armées du centre et de réserve, nous avons largement mis à contribution l'ouvrage de M. Charles Oman : *A History of the Peninsular War,* dans lequel la question est traitée magistralement, grâce à des renseignements inédits et très complets; M. Charles Oman a en outre eu l'obligeance de nous donner de plus amples détails par lettres particulières.

donc pu offrir la bataille aux Français avec une cinquantaine de mille hommes. Mais cet effectif, quoique
considérable, ne doit pas faire illusion sur la puissance
des armées espagnoles dans la vallée de l'Ebre : elles
comprenaient une trop forte proportion de troupes de
nouvelles levées, qui manquaient d'expérience et d'ho-
mogénéité, qui étaient médiocrement commandées, mal
entretenues et encore plus mal habillées : les soldats
de l'armée régulière et des troupes de Valence étaient
à peu près bien vêtus, mais les Aragonais, les Castillans, les Murciens avaient à peine de quoi se couvrir
et souffraient des intempéries ; dans ces conditions,
dès que les froids avaient paru, la dysenterie avait fait
des ravages parmi ces hommes peu protégés et d'ailleurs mal nourris ; le nombre des indisponibles était
devenu considérable, et l'état sanitaire général se trouvait fort peu satisfaisant ; comme il arrive en pareil cas,
l'état moral de l'armée s'en était ressenti : si l'on ajoute
à cela les bruits de trahison qui commençaient déjà à
circuler, par suite de l'énervement causé chez des troupes
trop jeunes par plusieurs semaines d'inaction ou de
faux mouvements qu'elles ne comprenaient pas, il faut
convenir que les Espagnols, malgré leur nombre, se
trouvaient dans des conditions peu favorables pour disputer la victoire aux troupes du 3ᵉ corps électrisées
par les succès de la fin du mois d'octobre et rendues
confiantes par l'arrivée de l'Empereur.

BATAILLE DE TUDELA

(23 novembre 1808.)

D'après les documents espagnols.

———

Ce n'est que le 23 novembre au matin, sur l'ordre du capitaine-général Palafox, que le général O'Neille se décida à faire traverser l'Èbre aux troupes de ses 3 divisions (¹) qui avaient passé la nuit sur la rive gauche du fleuve. Le rôle de ces divisions était d'occuper Tudela et ses abords en s'étendant le long du Queilès dans la direction de Cascante, où se trouvait la division La Peña; les divisions Grimarest et Villariezo occupaient Tarazona, et le détachement de Cartaojal tenait Agreda; le but des généraux espagnols était de tenir fortement la ligne du Queilès en s'appuyant à droite à l'Èbre et à gauche au Moncayo, de façon à ne risquer en aucun cas d'être tournés; mais cette ligne était trop étendue pour être forte partout; de Tudela à Cascante, il y a 10 kilomètres, de Cascante à Tarazona, il y en a 12; les points d'appui étaient trop éloignés les uns des autres et cette étendue totale de 22 kilomètres était trop considérable pour les 45,000 hommes dont on avait pu la garnir.

La division Roca traversa Tudela pour aller occuper le mamelon de Santa-Barbara et les hauteurs au nord-ouest de la ville; la division Saint-March et la division O'Neille devaient garnir les hauteurs de Santa-Quiteria

———

(1) Division Roca, de l'armée du centre; divisions O'Neille et Saint-March, de l'armée de réserve.

et Cabezo-Malla au sud de Tudela; mais, pendant que le mouvement de la division Roca était en train de s'exécuter, des partis de cavalerie française arrivèrent à proximité de Tudela, firent le coup de carabine, et causèrent une grande confusion parmi les troupes qui traversaient la ville : c'est ce qui a fait croire à plusieurs historiens espagnols que l'armée d'Aragon fut surprise dans Tudela par l'avant-garde française et qu'il fallut repousser cette dernière pour arriver à se déployer hors de Tudela, et sur le Cerro de Santa-Barbara.

Il n'en fut pas ainsi; après une bagarre dans laquelle faillit être pris le représentant du gouvernement, Don Francisco Palafox, les cavaliers français prirent du champ, engagèrent la fusillade avec les tirailleurs espagnols débouchant de Tudela, et cédèrent le terrain peu à peu, en attendant l'arrivée de l'infanterie.

En résumé, l'armée espagnole avait été complètement surprise dans Tudela par la cavalerie française, et le fait est d'autant plus inexplicable que les Espagnols disposaient de plus de 3,000 cavaliers; on n'en vit trace ni avant, ni pendant, ni après la bataille, et personne ne peut dire où ils se trouvaient; dans tous les cas, ils n'étaient pas employés le 23 novembre à exécuter le service de sûreté de l'armée, sans quoi cette dernière n'aurait pas été surprise; en fait de sûreté, le général Castaños parle uniquement d'un poste qui se trouvait sur la route d'Alfaro et qui le prévint de l'approche des Français. Mais il faut croire qu'il ne fut pas prévenu longtemps d'avance, car lorsqu'il sortit de Tudela, la cavalerie française arrivait aux portes de la ville.

Castaños, en traversant Tudela, vit combien la ville était encombrée par les troupes, combien ces dernières cheminaient lentement, et se rendit compte du petit nombre de celles qui avaient passé l'Èbre; il comprit dès lors combien était périlleuse la position de l'armée d'Aragon, qui se trouvait surprise en flagrant délit de manœuvre par l'ennemi, et qui n'aurait peut-être pas le temps de garnir les mamelons de Santa-Quiteria et Cabezo-Malla : la troupe de l'armée du centre la plus proche à ce moment était la division La Peña à Cascante (10 kilomètres de Tudela), et Castaños se rendit compte alors de la faute qu'on avait commise en étalant l'armée sur un trop grand front.

Il essaya de remédier au mal en envoyant au général La Peña l'ordre de se resserrer sur l'armée d'Aragon en marchant sur Tudela, et au général Grimarest celui de venir remplacer La Peña à Cascante. Mais au lieu de se rendre lui-même à son armée pour assurer l'exécution de ce mouvement d'où dépendait le gain de la bataille, Castaños resta à la droite au milieu des troupes de l'armée d'Aragon. On doit à la vérité de dire qu'il y fut un peu contraint par les circonstances, car, chose extraordinaire, le chef de l'armée d'Aragon, le capitaine-général Don José Palafox y Melci, venait d'abandonner ses troupes et de rentrer à Saragosse. Voici ce que raconte Castaños au sujet de cet épisode étonnant mais exact ([1]):

Vers 8 heures du matin, le 23 novembre, je me trouvais dans mon logement à Tudela, avec le représentant du gouvernement, le capitaine-général de l'Aragon, le marquis de

---

([1]) Page 194, dans son mémoire justificatif.

Coupigny et d'autres officiers de mon état-major, ou des aides de camp de divers généraux; les chevaux étaient préparés pour nous rendre à la position occupée par les divisions de mon armée du centre. Je reçus avis de l'approche de l'ennemi : nous sautâmes alors à cheval, je montai sur les hauteurs pour découvrir le dispositif d'approche de l'ennemi, et au moment où je pensais que le capitaine-général de l'Aragon avait dû me suivre, ou qu'il s'était dans le même but que moi rendu sur un autre point, un aide de camp se présenta à moi de sa part pour me demander la permission de prendre deux cavaliers d'escorte pour l'accompagner jusqu'à El Bocal où il allait s'embarquer. Cette commission ne laissa pas de me surprendre, surtout en pareille circonstance; là-dessus je lui demandai : « Est-ce que M. Palafox s'en retourne à Saragosse ? » Il me répondit : « Oui, Monsieur, parce que sa présence y est nécessaire pour ordonner certaines dispositions. » Je répondis alors : « Mais dites-lui que cette armée est la sienne, qu'il peut prendre autant de cavaliers qu'il voudra, et que s'il s'en va, moi je reste, et que je lui souhaite bon voyage. »

On ne saurait évidemment taxer de pusillanimité l'homme qui, quelques semaines après, défendait si énergiquement Saragosse; mais il n'en est pas moins vrai que le 23 novembre 1808, le général Palafox abandonna ses troupes sur le champ de bataille en présence de l'ennemi, estimant, disait-il, sa présence plus nécessaire à Saragosse qu'à Tudela, comme si la présence d'un chef n'était pas nécessaire d'abord à l'endroit où ses troupes se battent; par suite de cet étrange événement, Castaños resta à la droite pour surveiller les premières dispositions à prendre, de sorte que pendant toute l'action les troupes de l'armée de réserve, privées de leur chef, furent commandées par le chef de l'armée du centre qui ne les avait jamais vues, et que les troupes de l'ar-

mée du centre, trop éloignées et privées de direction,
flottèrent au hasard sans exécuter les ordres qu'on leur
envoyait.

Sur ces entrefaites, les colonnes françaises arrivant
par les routes d'Alfaro et de Corella, avaient couronné
les hauteurs voisines de Tudela, et les voltigeurs de la
division Maurice Mathieu, qui tenait la tête, avaient
attaqué un peu après 9 heures du matin les troupes de
la division Roca sur les pentes en avant du Cerro de
Santa-Barbara.

Les troupes de Roca (Aragonais et Valenciens), qui
étaient à peine formées, détachèrent à la hâte une nuée
de tirailleurs qui ouvrirent un feu très vif contre les Français, et permirent au gros de la division de prendre
position avec ordre; le combat devint de plus en plus
vif de ce côté, et s'étendit progressivement vers la
gauche; pendant ces préliminaires, la division Saint-
March avait traversé l'Èbre et s'installait à Santa-Quiteria; la division O'Neille marchait sur Cabezo-Malla,
et quelques corps avancés de cette division avaient
garni la hauteur, lorsqu'ils furent attaqués par les tirailleurs de la division Morlot qui, débouchant du bois d'oliviers de Cardete qui s'étend jusqu'au pied du mamelon,
tombèrent sur les Espagnols à l'improviste et les en
chassèrent. Le combat continuait à la droite; la 5ᵉ division disputait le terrain pied à pied au 14ᵉ régiment
de ligne et au 2ᵉ de la Vistule qui attaquaient vivement;
enfin, après une lutte de plus d'une heure, les Espagnols
de la 5ᵉ division durent se replier vers Santa-Barbara
sur le gros de leurs forces et la défense continua. A la
gauche, le gros de la division O'Neille arrivait en vue
de Cabezo-Malla, au moment où une partie de la divi-

sion Morlot en descendait pour aller prendre à revers les troupes de la division Saint-March placées à Santa-Quiteria; le général Castaños, qui était présent, vit le péril, fit mettre en position toute l'artillerie disponible et fit canonner violemment les troupes de Morlot; celles-ci continuant néanmoins à avancer, il donna l'ordre au général O'Neille' de les attaquer vigoureusement ([1]); l'ordre fut exécuté non sans peine; le général O'Neille disposa ses troupes en échelons, l'échelon de droite formé par un bataillon de gardes espagnoles, l'artillerie protégeant le mouvement; devant ce déploiement de forces, les troupes de la division Morlot attaquées vivement de front et prises en flanc par les gardes espagnoles, cédèrent le terrain et, après avoir essuyé des pertes assez sérieuses, elles coururent se réfugier dans le bois où se trouvait le gros de leurs forces; le général Saint-March avait contribué au succès de l'attaque en envoyant de Santa-Quiteria sur le flanc des Français deux bataillons de Ségovie et de Ségorbe.

Il pouvait être alors entre midi et une heure et le combat battait son plein sur toute la ligne depuis Tudela jusqu'à Cabezo-Malla; si la droite espagnole faiblissait, la gauche venait de gagner du terrain, mais elle n'allait pas pouvoir le conserver bien longtemps; en effet, elle n'avait eu affaire jusque-là qu'aux premières troupes de la division Morlot, et cette dernière

_____

[1] Voici ce que raconte le général Castaños au sujet de ce mouvement :

« Lorsque je lui ordonnai (au général O'Neille) d'attaquer une hauteur sur notre gauche, dont s'étaient emparés les ennemis et d'où ils nous prenaient en flanc, il hésita à y aller de sa personne à la tête de ses troupes, et il fallut lui renouveler l'ordre trois fois, comme le nota le général marquis de Coupigny. Il n'en fut pas de même du général Saint-March, modèle d'activité, de discipline et de courage, car à peine avait-il entendu mon ordre d'attaquer le bois d'oliviers, que je le vis s'élancer sur l'ennemi à la tête de ses troupes légères. »

(Mémoire justificatif, p. 191.)

qui s'était reformée dans le bois d'oliviers, et se trouvait soutenue en arrière par la division Musnier qui arrivait, allait recommencer son attaque avec toutes ses forces. Effectivement les troupes du général O'Neille furent bientôt assaillies vigoureusement de front et de flanc, et les Français occupèrent sur la gauche le mamelon de San-Juan-de-Colchetas; la résistance de la division O'Neille fut brillante; soutenue par onze pièces d'artillerie bien placées, elle réussit à infliger des pertes assez sérieuses à la division Morlot, mais vers 2 heures de l'après-midi elle commença à faiblir, abandonna le mamelon et recula vers le bois d'oliviers à l'est; son mouvement de retraite fut soutenu par la division Saint-March qui envoya de Santa-Quiteria des troupes destinées à prendre en flanc les Français et à entraver leur marche; mais de ce côté le mouvement en avant des Espagnols fut bientôt arrêté et se transforma vite en mouvement de retraite, car à la droite de la division Saint-March, les troupes du général Roca venaient d'être chassées de Tudela et les Français débouchaient de la ville, prenant à dos les troupes de Santa-Quiteria. La résistance des Aragonais et des Valenciens de Roca, sur le Cerro de Santa-Barbara et aux abords de Tudela, avait été des plus honorables, mais les Français ayant, paraît-il, glissé le long du bord escarpé de la rivière une troupe qui les prit en queue, ils ne résistèrent pas à la crainte d'être coupés, leur moral s'affaissa tout à coup et ils prirent la fuite en désordre: il était alors un peu plus de 3 heures du soir. La division Saint-March, prise à revers, recula à son tour assez précipitamment; seuls un bataillon de Valence et le régiment de Numance, dirigés par le général Saint-March lui-même, firent bonne contenance et reculèrent avec ordre, soutenant la retraite de la droite et de la gauche en fuite ; mais bientôt la division Saint-March fut assaillie sur son flanc gauche et ses derrières par la cavalerie du général Colbert qui venait de passer entre Cabezo-Malla et Santa-Quiteria et avait rejeté les troupes de O'Neille dans les oliviers. Devant la menace des cavaliers français sur leur gauche et de l'infanterie du général Maurice Mathieu sur leur droite, la résistance des restes de la division Saint-March cessa tout à coup, et s'abandonnant au découragement général, les derniers bataillons de cette division s'enfuirent à leur tour dans la direction de la route de Saragosse ; la bataille de ce côté était complètement gagnée par les Français, qui suivirent les fuyards avec la cavalerie Colbert et les divisions Maurice Mathieu et Morlot.

Qu'étaient devenues pendant ce temps les trois divisions de l'armée du centre placées à Cascante et Tarazona ?

Nous avons vu que le général Castaños avait au début du combat envoyé au général La Peña l'ordre d'appuyer sur Tudela afin de combler l'intervalle considérable qui existait entre Cabezo-Malla et Urzante où se trouvaient les premières troupes de la 4ᵉ division ; le général Grimarest avait aussi reçu l'ordre d'appuyer de Tarazona sur Cascante, où il remplacerait La Peña. Ces deux généraux remplirent bien mal les instructions qu'ils avaient reçues, car aucun d'eux ne put parvenir à mettre ses troupes en ligne contre les Français.

Le général Castaños était resté à la droite, et d'après ce qu'il avait vu faire à la division O'Neille, il trouvait l'allure de la bataille satisfaisante de ce côté ; mais entre 2 heures et 3 heures du soir, inquiet de ne pas voir

s'approcher les troupes de La Peña d'après les ordres
qu'il avait donnés, il résolut d'aller de sa personne à
Cascante pour faire exécuter le mouvement ; il partit
au moment où la division O'Neille, attaquée par les
troupes de Morlot, commençait à faiblir, et arrivé devant une petite hauteur qui est probablement celle de
San-Juan-de-Colchetas, il vit un gros détachement français dont la cavalerie se précipita sur lui et son escorte
et le força à rétrograder ; il revint sur ses pas et se réfu-
gia dans un bois d'oliviers où il apprit que sa droite était
forcée et la bataille perdue ; il essaya alors d'arrêter les
fuyards, reforma en ordre quelques centaines d'hommes
et tenta de résister encore ou tout au moins d'organiser
la retraite en bon ordre ; il n'y put réussir et fut obligé
de suivre le torrent des fuyards, de sorte que pendant
toute la bataille du 23 il ne put pas commander une
seule fraction de ses troupes.

Pendant l'engagement de la droite, le général La Peña
était resté dans les environs de Cascante avec la 4ᵉ division d'Andalousie (8,000 hommes) ; craignant une attaque de la cavalerie du général Digeon qui se trouvait
en face de lui, il s'était contenté de faire occuper dès le
matin le village d'Urzante par quelques bataillons, et il
avait établi sa division sur les hauteurs à l'ouest de
Cascante, vers la Virgen-del-Romero et le couvent de
la Victoria, sans oser tenter un mouvement sur Tudela en
présence des dragons de Digeon qui ne comptaient pourtant que 1,200 sabres. Cependant, comme il avait reçu
l'ordre formel de Castaños de se porter sur Tudela, il se
décida dans l'après-midi à marcher sur Urzante, et c'est
peut-être ce mouvement qui fit croire au maréchal Lannes
que le général espagnol se décidait à l'attaquer ; le ma-

réchal qui n'avait avec lui à ce moment que la division
Musnier et la brigade Digeon, fit reployer sa cavalerie
et se prépara à recevoir le choc du corps de La Peña.
Ce dernier, probablement informé de l'arrivée de la
division du général Lagrange, non seulement n'osa pas
dépasser Urzante, mais retourna entre 4 et 5 heures
du soir à Cascante. Le maréchal Lannes le fit suivre
par la brigade Digeon et un régiment d'infanterie de
la division Musnier; la cavalerie du général Digeon eut
l'occasion d'exécuter quelques charges heureuses sur
les troupes de La Peña pendant qu'elles retournaient
sur Cascante; néanmoins cette division y reprit position
sans avoir été entamée et se prépara à recevoir l'attaque
de la division Lagrange qui, entre 5 heures et 6 heures
du soir, se dirigeait sur Urzante; ce n'est qu'à la tom-
bée de la nuit que l'attaque se produisit contre les
troupes laissées dans cette localité : elles furent assaillies
de front par le 25ᵉ régiment d'infanterie légère formé
en échelons tandis qu'un régiment de la division Musnier essayait de les tourner par la droite : les défenseurs
d'Urzante furent abordés à la baïonnette par le premier
échelon du 25ᵉ, et, après un combat court et violent
dans lequel le général Lagrange fut blessé, les Espagnols battirent en retraite, vivement poursuivis jusque
sous Cascante, où les Français s'arrêtèrent à cause de
l'obscurité de la nuit.

Le gros de la division La Peña se retira alors sur
Tarazona entraînant dans son mouvement rétrograde
la 2ᵉ division de l'armée du centre qui avait marché sur
Cascante; le général Grimarest déclara n'avoir reçu
qu'après midi l'ordre de Castaños, ce qui n'explique
d'ailleurs pas comment, n'ayant devant lui qu'une partie

de la cavalerie du général Wathier qui le surveillait, il
mit plus d'une demi-journée à franchir les deux lieues
d'Espagne qui séparent Tarazona de Cascante.

Grâce à l'obscurité de la nuit, les 2ᵉ et 4ᵉ divisions
purent se diriger sans encombre sur Tarazona où elles
retrouvèrent la 1ʳᵉ, et toute l'armée se mit en marche
sur Borja vers 1 heure du matin. Mais un accident
déplorable vint jeter le désordre dans les colonnes espagnoles : un dépôt de munitions enfermé dans une
chapelle sauta tout d'un coup pour une cause inconnue,
et les obus et les bombes qui furent projetés de toutes
parts sur les troupes leur firent croire à une décharge
soudaine de l'artillerie française ; on cria à la trahison, et
la retraite s'accéléra au point de ressembler à une fuite ;
l'armée du centre arriva, sur les 9 heures du matin, le
24 novembre, à Borja, poursuivie par un régiment de
dragons français, qui le matin même chargea plusieurs
fois son arrière-garde ; elle retrouva à Borja son général
en chef Castaños, avec la division du général O'Neille,
qui y avait couché, ainsi que celle du général Roca ;
la division Saint-March avait aussi passé par Borja, mais
s'y était arrêtée juste le temps de se reposer un peu et
en était repartie dès le matin du 24, se dirigeant sur
La Almunia et Saragosse et entraînant avec elle la plus
grande partie de la division Roca. Le général O'Neille
le suivit sur Saragosse dans la journée du 24 (¹). Quant
au général Castaños, il fut bien sollicité par le représentant de la Junte de se diriger sur Saragosse, mais
il refusa, jugeant que l'armée du centre serait plus utile
dans le sud, et il dirigea toutes ses troupes sur Illueca

---

(1) O'Neille marcha d'abord sur Illueca avec Castaños ; il obliqua sur La
Almunia dès qu'il apprit que Saint-March s'y trouvait.

et Calatayud, où il arriva dans la nuit du 25 novembre, les deux armées du centre et de réserve étaient définitivement séparées.

Les pertes subies par les Espagnols à Tudela furent certainement très considérables, mais on n'a jamais pu en donner une évaluation rigoureuse ; d'après le maréchal Lannes, l'armée ennemie aurait perdu entre 2,000 et 3,000 tués et environ 4,000 prisonniers ; elle abandonna sur le champ de bataille 26 pièces de canon et perdit deux drapeaux.

Les pertes des Français furent relativement faibles ; elles s'élevèrent à peine à 700 hommes dont fort peu de tués.

Les effectifs engagés avaient été sensiblement égaux : aux 29,000 hommes du maréchal Lannes, les Espagnols avaient opposé environ 30,000 hommes sur les 45,000 dont ils auraient pu disposer si deux divisions d'Andalousie n'étaient pas restées inutilisées à Tarazona : ce ne furent d'ailleurs pas les seules troupes qui ne parurent pas sur le champ de bataille : la cavalerie, qui dépassait 3,000 hommes, ne fit rien, et la division volante du comte de Cartaojal restée à Agreda pour flanquer la gauche de l'armée, était trop éloignée pour prendre part à l'action.

On voit que si les Espagnols avaient su réunir leurs forces, ils auraient pu opposer 50,000 hommes aux 29,000 du maréchal Lannes, et dans ces conditions le sort aurait peut-être pu leur devenir favorable malgré la médiocre qualité de leurs troupes ; mais il aurait fallu pour cela un commandant en chef jouissant d'une autorité indiscutée, et nous avons vu à quel mauvais vouloir et à quelle désobéissance s'était heurté le général Castaños.

. Lorsque l'armée du centre arriva à Calatayud dans la nuit du 25 novembre, elle se trouvait dans un tel état de désordre et de fatigue que le général Castaños jugea nécessaire de s'arrêter quelque temps dans cette ville pour y faire reposer ses troupes et les réorganiser : le mécontentement était grand parmi ces soldats épuisés et découragés qui accusaient hautement leur chef de trahison ; on prétendait même que Castaños avait déserté et il dut passer en personne une revue pour prouver qu'il était présent. Pendant son séjour à Calatayud, l'armée du centre fut rejointe par la majeure partie du détachement du comte de Cartaojal, qui s'était trouvé coupé de Borja le 24 par suite de l'occupation de Tarazona par les Français ; il rejoignit Calatayud par la montagne, ne laissant en arrière qu'un faible détachement de son corps qui, sous les ordres du comte d'Alacha, était resté entre Nalda et Agreda ; ce détachement réussit d'ailleurs à se sauver par les montagnes et, après mille peines, il rejoignit l'armée à Cuenca.

Castaños reçut à Calatayud, le 26 novembre, des ordres de la Junte centrale du 21 novembre, d'après lesquels il devait réunir à l'armée du centre, sous son commandement, les troupes de l'armée de réserve commandées par les généraux O'Neille et Saint-March. Si ces ordres étaient parvenus quelques jours plus tôt, ils auraient pu assurer le salut des forces espagnoles réunies dans la vallée de l'Èbre, et changer peut-être la tournure des événements ; mais il était trop tard, quand Castaños les reçut, pour qu'ils pussent servir à quelque chose, puisque les armées du centre et de réserve se trouvaient dorénavant séparées.

La Junte centrale informait en même temps Castaños de la présence des Français à deux lieues de Somosierra et lui enjoignait de se diriger sur Sigüenza pour marcher de là soit sur Somosierra, soit sur Madrid, suivant les circonstances.

Il fallait donc continuer sans retard à battre en retraite, et Castaños quitta Calatayud le 27 novembre, sans avoir été aucunement inquiété par les Français ; il avait mis à profit son court séjour dans la ville pour reconstituer les divisions et composer une arrière-garde formée des corps les plus solides qu'il mit aux ordres du général Venegas : ce dernier prit position le 29 novembre au matin au défilé de Bubierca pour donner le temps à l'armée de prendre du champ devant les troupes françaises que l'on signalait venant de Calatayud. Effectivement, c'était la division Lagrange, maintenant commandée par le général Maurice Mathieu, qui arrivait de La Almunia et Calatayud à la poursuite de l'armée du centre. Venegas tint ferme depuis 11 heures du matin jusque vers 4 heures du soir, et arrêta longtemps l'attaque du 50ᵉ régiment d'infanterie qui l'abordait de front ; mais il s'obstina trop à rester sur sa position, et sa troupe, qui comprenait 5,000 hommes d'infanterie et 500 chevaux, fut tournée à droite et à gauche par le 25ᵉ régiment d'infanterie légère et le 27ᵉ de ligne ; elle perdit 200 tués, un grand nombre de blessés, 300 prisonniers, et laissa un drapeau aux mains de l'ennemi.

Après ce combat, l'armée du centre ne fut plus inquiétée par les Français ; le général Maurice Mathieu s'était en effet arrêté à une marche de Calatayud par ordre du maréchal Moncey.

Le jour où se livrait le combat de Bubierca, Castaños recevait à Arcos un ordre de la Junte centrale du 27 novembre d'après lequel il devait se rendre à Aranjuez auprès de la Junte militaire pour coopérer à la direction générale des opérations ; il devait remettre le commandement au comte de Cartaojal.

C'était une destitution déguisée qui semblait provenir de l'accusation de trahison dirigée contre lui ; néanmoins il s'inclina et, lorsque l'armée arriva à Sigüenza le 30 novembre, il remit le commandement au comte de Cartaojal.

A la nouvelle de la destitution de Castaños, les désordres recommencèrent parmi les troupes qui criaient à la trahison. Le 1er décembre, de nouveaux ordres de la Junte donnèrent le commandement au général La Peña qui conduisit l'armée à Guadalaxara ; elle y arriva le 2 décembre dans un état de désordre et de dénuement indescriptible ; elle se reposa dans cette ville le 3 décembre et y fut rejointe ce jour-là par le duc del Infantado, qui avait pu sortir de Madrid dans la matinée du 2 et qui était envoyé par la Junte de défense de la capitale auprès du général La Peña pour l'engager à se porter le plus tôt possible au secours de Madrid attaqué par les Français.

Un conseil de guerre fut tenu par le duc et les généraux La Peña, Cartaojal et Coupigny, et il fut convenu que l'armée serait dirigée sur Madrid par San-Torcaz et Arganda.

Le mouvement commença dans la soirée du 4 décembre : ce même jour, l'arrière-garde commandée par le général Venegas arrivait à Guadalaxara où elle resta jusqu'au lendemain ; elle quittait Guadalaxara dans l'après-midi, lorsque la cavalerie du maréchal Bessières se présenta devant la ville; elle prit alors position et contint la cavalerie française par sa présence jusqu'au lendemain. Pendant ce temps le gros de l'armée du centre, arrivé à San-Torcaz dans la journée du 5, avait appris la capitulation de Madrid et la marche de troupes françaises sur Guadalaxara. Le général La Peña, voyant l'impossibilité de percer sur Madrid dans cette direction, résolut de diriger l'armée sur Aranjuez et la porta le 6 sur Villarejo-de-Salvanès. Mais là il se rencontra dans la nuit avec le général Llamas qui était resté depuis longtemps à Aranjuez avec la Junte; il devait défendre Aranjuez avec quelques troupes, mais avait abandonné la ville devant les dragons d'Oullembourg et la division Ruffin, dans la soirée du 6, après une légère fusillade; le chemin d'Aranjuez étant aussi intercepté, il ne restait d'autre issue au général La Peña que vers le sud-ouest. Aussi dirigea-t-il l'armée le 7 au matin dans la direction de Cuenca vers les bacs de Estremera, Fuentidueña, Villamanrique et Santa-Cruz.

La majeure partie de l'armée put passer dans la journée du 7 décembre aux bacs de Estremera, Fuentidueña et Villamanrique, malgré une révolte qui éclata parmi une partie des troupes qui se croyaient trahies parce qu'on ne marchait plus sur Madrid.

Le 8, l'armée s'écoula sur Cuenca par les routes de Tarançon et Huete : quelques détachements qui n'avaient pas pu encore passer le Tage furent pris ou sabrés vers Villamanrique et Santa-Cruz par la cavalerie du maréchal Bessières : celui-ci avait d'ailleurs ramassé de nombreux traînards et fait un millier de prisonniers ; il était arrivé le 8 au bac de Santa-Cruz et y avait trouvé un assez fort

détachement faisant partie des troupes du général Grimarest; n'ayant ni artillerie ni infanterie, le maréchal
Bessières ne pouvait lui faire aucun mal; il s'éloigna
donc vers Villamanrique et se contenta de faire tirer
quelques coups de fusil sur Santa-Cruz pendant la nuit;
cette fusillade suffit à porter la terreur parmi les Espagnols, qui s'enfuirent en désordre sur Tarançon.

La poursuite de la cavalerie française s'arrêta au
Tage.

Pendant la journée du 8, le général La Peña, accusé
de trahison par les soldats, ne voulut plus conserver le
commandement et proposa aux généraux réunis en
conseil de nommer à sa place le duc del Infantado.
La motion fut acceptée, et le duc conduisit l'armée à
Cuenca, où elle arriva à partir du 10 décembre; comme
elle n'était plus poursuivie, on décida de l'y laisser reposer et de la réorganiser. Elle ne comprenait plus
qu'une douzaine de mille hommes dans l'état le plus
déplorable, épuisés de fatigue, démoralisés et complètement indisciplinés[1]; elle fut rejointe à Cuenca par
une partie de ses traînards et notamment par le déta-

---

[1] Lorsque l'armée du centre arriva à Guadalaxara, elle était, au dire du
duc del Infantado, « composée seulement de 6,000 à 7,000 fantassins qui parais-
« saient plutôt des cadavres ambulants que des hommes disposés à défendre le
« sol national, et de 1,500 à 1,600 chevaux complètement ruinés, qui pouvaient
« à peine supporter le poids de leurs cavaliers. »

Dans ce total de 7,000 à 8,000 hommes le duc ne compte probablement pas
l'arrière-garde commandée par le général Venegas, qui arriva plus tard à Guadalaxara et qui devait comprendre encore environ 4,000 hommes sur les 5,500
qu'elle comptait au 30 novembre au combat de Bubierca. D'ailleurs le duc del
Infantado, dans une lettre qu'il écrivit de Cuenca à M. Frere, ministre plénipotentiaire anglais en Espagne, déclare que l'armée comprenait 11,000 hommes
dont 2,000 de cavalerie; depuis Tudela, cette armée avait donc perdu plus de
la moitié de son effectif.

Il faut observer toutefois qu'elle avait ramené de Tarazona à Cuenca toute
l'artillerie des divisions qui n'avaient pas combattu à Tudela, et c'était là un
appoint sérieux pour la reconstitution de cette armée qu'allait tenter le duc del
Infantado pendant les mois de décembre 1808 et de janvier 1809.

chement du comte d'Alacha dont nous avons parlé plus haut. Le général Llamas, qui s'était d'abord réuni aux troupes de l'armée du centre, les quitta bientôt pour aller couvrir le col de Despeña-Perros avec les quelques troupes andalouses dont il disposait et s'y réunir aux levées d'Andalousie qui s'y trouvaient au nombre d'environ 6,000 hommes.

Après la bataille de Tudela, Palafox avait fait rentrer dans Saragosse toutes les forces dont il disposait en Aragon, y compris celles qui avaient combattu à Tudela, et lorsque, à la fin du mois de novembre, les maréchaux Moncey et Ney se présentèrent devant la ville, Palafox était prêt à les recevoir avec 32,000 hommes de troupes, 15,000 paysans aragonais armés et autant d'habitants de Saragosse (¹). La ville avait été convertie par d'immenses travaux en une formidable forteresse, et depuis la levée du premier siège rien n'égalait la confiance de ses défenseurs. Ceux-ci, en voyant le cercle de l'investissement se resserrer autour d'eux dans la journée du 1ᵉʳ décembre, avaient occupé tous leurs postes avancés et s'apprêtaient à recevoir le choc des Français; ils ne furent pas peu surpris en voyant les troupes françaises se retirer aussi vite qu'elles s'étaient montrées, et n'échanger avec eux que quelques coups de fusil du côté de Monte-Torrero (²). Leur surprise se changea en allégresse quand ils virent le 2 décembre les Français se retirer vers Alagon et y demeurer. Palafox leur fit croire que le maréchal Moncey n'avait pas osé atta-

---

(1) La ville comptait alors 100,000 âmes.
(2) Le corps du maréchal Moncey avait déjà occupé en partie ses positions pour l'investissement de la ville, lorsque le maréchal Moncey apprit que le maréchal Ney se retirait : il ne put empêcher à temps un engagement qui se produisit vers le Monte-Torrero, et dans lequel le général Aubrée fut tué.

quer les redoutables fortifications élevées devant la ville, et cette apparence de fuite de l'armée française releva encore le moral des habitants et surtout des troupes aragonaises que la défaite de Tudela avait fortement impressionnées.

Palafox profita ainsi du répit que lui donnait l'armée française et des bonnes dispositions des défenseurs de Saragosse pour perfectionner encore la défense de la ville et organiser fortement les troupes dont il disposait; il fit affluer vers la place des provisions de toute nature, des armes et des munitions; et lorsque les corps des maréchaux Mortier et Moncey parurent à la fin de décembre devant la ville, pour ne plus s'en aller cette fois, tout était prêt pour les recevoir et pour leur opposer la résistance acharnée qui a rendu si célèbre le nom de Saragosse et celui de Palafox.

Extrait du « Manifeste du général Castaños adressé à la Junte suprême gouvernant le royaume » ([1]).

Ce n'est pas le ressentiment des atteintes portées à ma réputation, ni la vaine gloriole de faire l'apologie de mes actes, mais le désir de contribuer par tous les moyens possibles au salut de la patrie qui me décide à proclamer des vérités qui intéressent à la fois le gouvernement et le peuple espagnol.

Je supplie Votre Majesté ([2]) de vouloir bien écouter les vérités proclamées par celui qui a été nommé autrefois le libérateur de la Patrie, celui qui a contribué plus qu'aucun autre à l'établissement et au maintien du gouvernement,

(1) Ce document fut publié en 1809 : il est devenu aujourd'hui à peu près introuvable. Nous devons à l'obligeance de M. le général de Arteche d'avoir pu prendre copie d'un exemplaire qu'il possède ; nous donnons la partie la plus importante du document, de la page 31 à la page 67.

(2) La Junte centrale.

celui qui a donné les plus grandes preuves de patriotisme, sacrifiant tant de fois son existence et sa réputation pour la cause que nous défendons, celui enfin qui ne reculera jamais d'un pas sur le terrain de ces principes, bien qu'il voie l'incertitude de son sort et de sa renommée, et bien que l'envie répande des calomnies et des mensonges abominables.

Je vois que la nation est trompée de mille manières, et est imbue d'idées si néfastes qu'elles la conduisent à sa ruine sans qu'elle s'en doute, et qu'elles ne peuvent servir qu'à la réalisation des projets sacrilèges de Napoléon.

Les Français sont fort éloignés de pouvoir soumettre l'Espagne, mais les bruits répandus par les déserteurs des armées ont causé une terreur panique dans la population qui s'était abandonnée à une entière confiance, d'après la croyance que l'on avait du nombre considérable des troupes qui composaient nos armées, ce qui faisait supposer que les Français devaient avoir été arrêtés puis chassés de l'autre côté des Pyrénées : on croyait que la seule armée du Centre se composait de plus de 80,000 hommes, alors qu'elle n'a jamais dépassé 26,000, comme le prouvent les états de situation envoyés de l'armée, et l'on n'arriva jamais à réunir les troupes qui devaient la composer. Le calcul de ces forces est bien simple à établir comme suit :

L'armée du centre devait comprendre :

Les quatre divisions venant de l'Andalousie. . .	20,000 hommes.
Les troupes de Castille	8,000 —
Celles de Valence	4,500 —
Celles d'Extremadure.	13,000 —
Et l'armée anglaise.	30,000 —
Ce qui fait un total de.	75,500 hommes.

Mais on sait fort bien que les Anglais se trouvaient très éloignés, que les troupes d'Extremadure, à peine arrivées à Madrid, furent dirigées sur Burgos où elles furent mises en déroute par l'ennemi, et que la majeure partie des 1re et 3e divisions d'Andalousie, restées à Madrid pour y être habillées, furent expédiées et employées à Somosierra, de telle sorte qu'au milieu de novembre, l'armée du centre comprenait seulement :

Les 2ᵉ et 4ᵉ divisions d'Andalousie.	10,000	hommes.
Celles tirées de Castille et de Valence	12,500	—
et une petite partie des 1ʳᵉ et 3ᵉ divisions d'Andalousie qui arrivèrent à l'armée au milieu de novembre.	3,500	—
Total (¹)	26,000	hommes

dont 3,000 de cavalerie.

J'entre dans tous ces détails au sujet de la force de l'armée du centre, parce que j'écris des faits positifs dont personne ne peut douter et que je n'essaie pas de défigurer ou de déformer: je ne veux pas arguer de la mauvaise qualité d'une grande partie de ces troupes formées de corps mal organisés, et je n'ai pas l'intention de me plaindre de ce que la force de cette armée a été si peu considérable ; je raconterai seulement quelles opérations j'ai accomplies avec elle.

Dès mon départ de Madrid, le 8 octobre, je me proposai de passer en revue les troupes de mon commandement, surtout celles de Castille et de Valence, que je ne connaissais pas, et de me rendre compte des points qu'elles occupaient sur l'Èbre depuis Tudela jusqu'à Logroño sur une distance de 16 lieues.

C'est dans cette intention que j'arrivai le 17 octobre à Tudela, qui formait alors la droite de la ligne, où se trouvaient les troupes de la division de Valence.

(*Suit le récit des événements de la fin d'octobre, et des affaires de Logroño et de Lerin.*)

. . . .

Les renforts reçus par les Français jusqu'au 17 novembre s'élevaient à 54,250 hommes d'infanterie et 17,900 de cavalerie, avec 136 pièces d'artillerie ; en admettant que les troupes françaises qui abandonnèrent Madrid et les pro-

---

(1) Une situation du 29 octobre, signée Castaños, donne un total de 29,307 hommes ; le total de la 1ʳᵉ division était à cette époque de 2,520 hommes; comme les 1ʳᵉ et 3ᵉ divisions reçurent depuis la fin d'octobre 9 bataillons, elles devaient compter à elles deux plus de 6,000 hommes.

vinces à la fin d'août fussent fortes de 40,000 hommes d'infanterie et de 5,000 de cavalerie, on peut établir que le total de l'armée française en Espagne s'élevait à 113,000 hommes dont 18,000 à 19,000 cavaliers et 150 à 180 pièces de canon ; de plus, je savais par d'autres renseignements envoyés par des émissaires sûrs, que l'empereur Napoléon arrivait le 3 novembre à Bayonne, le 6 avant le jour à Irun et que le 10 il partait de Vitoria pour Burgos.

Le 29 octobre à la nuit, un aide de camp se présenta à moi à Calahorra avec une lettre de Don Francisco Palafox, qui m'annonçait son arrivée à Alfaro, comme envoyé par Votre Majesté à titre de représentant et délégué, afin de prendre toutes les mesures nécessaires pour aider à la prompte satisfaction des besoins de l'armée et pour activer les opérations.

Ce représentant du gouvernement était accompagné du général marquis de Coupigny et du brigadier comte de Montijo. Je résolus de m'entendre de suite avec eux au sujet de toutes les opérations de l'armée, non seulement par suite du désir que j'ai toujours eu d'arriver à un résultat, mais aussi pour faire voir que je n'étais nullement froissé de ce qu'ils fussent témoins de mes actions, et surtout parce que je savais que le gouvernement avait pris le parti de les envoyer à l'armée pour donner satisfaction aux plaintes du public, qui, trompé au sujet de la force de l'armée du centre, critiquait mon inaction et attendait impatiemment que j'attaquasse l'ennemi.

Je me rendis donc le 30 octobre à Alfaro, et je fis voir au représentant quelle était la force de l'armée, dans quel état de désorganisation se trouvait une grande partie des troupes qui la composaient, le manque absolu d'argent et de vivres, parce qu'on n'avait pas réussi à constituer des approvisionnements en établissant des magasins et des hôpitaux, et que l'intendant qui aurait dû s'occuper de tout cela se trouvait retenu à Madrid pour y attendre de toucher de l'argent ; finalement il se convainquit de l'état déplorable dans lequel se trouvait l'armée : je lui exposai aussi

le plan que nous avions résolu de suivre et nous allâmes le
2 novembre(¹) à Tudela où se rendit aussi le capitaine-général de l'Aragon avec l'intendant de la province ; nous abor-
dâmes la question de l'opération combinée des trois armées
du nord, du centre et d'Aragon (²), et il fut décidé que dès
que Blake se serait rapproché, nous entreprendrions notre
mouvement ; mais nous ne devions pas le commencer avant
Blake, pour ne pas découvrir notre plan à l'ennemi ; l'intendant général de l'Aragon fut averti d'avoir à diriger des
approvisionnements sur Exea, où nous établirions le quartier
général des deux armées quand commencerait le mouvement.

Après avoir décidé complètement cette affaire, lorsque
nous vîmes que c'était en vain que nous attendions l'intendant de l'armée du centre, nous envoyâmes, le représentant
du gouvernement et moi, des ordres à l'intendant de Soria,
pour qu'il exerçât ses fonctions à l'armée, et j'établis mon
quartier général à Cintruenigo le 10 novembre.

Ce même jour je reçus une réponse du général Blake ;
l'opération combinée des armées lui paraissait très oppor-
tune, mais il ne pouvait pas alors commencer son mouvement parce que l'ennemi l'avait attaqué à Bilbao et l'avait
forcé à changer de position.

Je reçus aussi avis de la marche des Français sur Burgos
et de l'arrivée du comte de Belveder dans cette ville avec
l'avant-garde des troupes de l'Extremadure : je m'aperçus
de suite de l'infériorité de ses forces si on l'attaquait sur ce
point et je lui envoyai un ordre par exprès pour qu'il cherchât sur sa gauche l'appui de l'armée de Blake, auquel je
donnai aussi avis de cette disposition ; malheureusement
ces deux généraux reçurent mes lettres quand ils étaient
déjà battus, comme je l'appris le 15 au moment où j'étais
retenu dans mon lit par des douleurs rhumatismales.

Dès que je vis que les Français marchaient sur Burgos, je

---

(1) Graham et Vaughan disent le 5, et ils ont certainement raison.
(2) C'est-à-dire des armées du général Blake, du général Castaños et du général Palafox.

perdis totalement l'espérance de voir se réunir à moi l'armée anglaise, de même que les deux divisions d'Andalousie restées à Madrid, et surtout l'armée d'Extremadure ; je me proposai donc de faire un effort en portant la faible armée du centre vers Soria ou Haro pour tomber sur les derrières de l'ennemi. Mais pour cela, il était d'abord nécessaire de battre celui qui était sur mon front, et comme mes troupes étaient d'autant plus insuffisantes que j'avais devant moi l'Èbre qu'il fallait passer de vive force, j'essayai de combiner mon attaque avec une autre que l'armée d'Aragon exécuterait sur le flanc gauche de l'ennemi ; j'écrivis dans ce sens au général O'Neille, qui commandait cette armée à Sanguessa, et lui demandai de descendre par la rive gauche de la rivière Aragon sur Caparroso, à quatre lieues de Tudela ; la moitié de la 5ᵉ division de l'armée du centre devait aussi concourir à cette opération.

Depuis le 11, le Représentant était parti à Calahorra : il s'entretint avec le général Grimarest de l'attaque projetée, et décida de l'exécuter le 13, supposant que O'Neille serait arrivé la veille à Caparroso ; il ne réfléchit pas que même si O'Neille était arrivé à destination, il ne connaissait ni les ordres, ni les détails concernant l'attaque, ni la date de son exécution ; j'appris tout cela au moment où je ne pouvais rien voir par moi-même, car je me trouvais dans mon lit et le comte de Montijo se rendit auprès du Représentant pour lui démontrer l'inopportunité de l'opération par suite du manque d'entente. Mais il paraît que le Représentant avait déjà donné des ordres aux généraux de division sans que je le susse, et le 13 au matin il essaya de passer la rivière avec la 2ᵉ division en face de Calahorra ; les ennemis accoururent pour s'opposer au passage avant que les troupes eussent commencé à franchir la rivière et de ce côté tout se borna à quelques coups de canon et à une fusillade d'un bord à l'autre de l'Èbre ; les Français perdirent une trentaine d'hommes. L'avant-garde de Cartaojal, qui marchait sur Logroño, attaqua en chemin à Agoncillo un détachement de cavalerie et d'infanterie ennemie qui s'enfuit en laissant

quelques morts et cinq prisonniers ; à ce moment Cartaojal
reçut l'ordre de se retirer et je rendis compte à Votre
Majesté de tous ces événements.

Je pourrais citer ici les lettres que m'écrivirent le jour
suivant presque tous les généraux de division, surpris d'avoir
reçu des ordres d'attaque d'un autre que du général en chef
et il y en eut un (¹) qui, au reçu des ordres du Représentant,
lui répondit officiellement qu'il ne pouvait pas le considérer
comme au-dessus du général en chef, et qu'il manquerait à
son devoir s'il obéissait à des ordres qui ne provenaient pas
de ce dernier.

L'estafette qui portait cette réponse au Représentant m'apportait une lettre dans laquelle le général me rendait compte
du fait, avec copie de l'ordre reçu et de la réponse faite ; je
demandai alors à l'estafette la lettre destinée au Représentant, et je crus plus prudent de la déchirer, parce que beaucoup de faits antérieurs m'avaient montré le déplaisir avec
lequel le Représentant avait été reçu à l'armée ; or, je tâchais
d'appuyer son autorité en m'appliquant à lui témoigner le
plus grand respect et les égards auxquels il avait droit, afin
de ne diminuer en rien la haute considération et le respect
qui alors plus que jamais étaient dus au gouvernement.

O'Neille n'arriva à Caparroso que le 14, et le 15 je lui
envoyai l'autre moitié de la 5ᵉ division, plus un bataillon
d'élite de troupes légères et 300 chevaux ; avec les 17,000
hommes d'infanterie et 1,100 chevaux qu'il avait à Caparroso, je lui proposai d'attaquer le 17 à Peralta et Falcès les
6,000 hommes que l'ennemi avait sur ces points ; il y passerait la nuit, et continuerait sa marche le 18 par la rive
gauche de l'Èbre jusqu'à la hauteur de Lodosa, tandis que
mes divisions attaqueraient de front cette ville, celle de Logroño et les gués de l'Èbre ; après avoir réuni nos armées à
Lodosa, nous pourrions livrer une bataille décisive si l'occasion se présentait, ou bien son armée passerait l'Èbre à
Lodosa, et dans ce cas je me proposais de diriger sans retard l'armée du centre sur Burgos, comme je l'ai dit.

---

(1) Le général La Peña.

Dans la première réponse que me fit le général O'Neille au sujet de cette attaque, il me dit qu'il dépendait du capitaine-général de l'Aragon, dont il demandait l'autorisation et qu'il avait besoin pour ses troupes de 50,000 rations, sans lesquelles il ne pourrait pas entreprendre l'opération en question.

Je pouvais déjà prévoir le retard qu'amènerait cet incident et la grande difficulté que j'aurais à fournir les 50,000 rations ; mais cette difficulté fut surmontée et les rations furent complètement prêtes dans la journée du 17, une partie en biscuit, l'autre en pain frais. J'engageai de nouveau O'Neille à commencer son mouvement sur Peralta et Falcès afin d'arriver le 19 à Lodosa, et je lui envoyai copie des ordres que j'allais envoyer à mes divisions en vue de cette attaque (j'ai envoyé copie du tout à la secrétairerie du bureau de la guerre).

O'Neille répondit alors que 17,000 à 18,000 hommes lui paraissaient une force bien faible surtout en cavalerie, qu'il avait besoin de 6,000 fantassins et de 600 chevaux de plus ; le même jour, le Représentant m'écrivit qu'il s'était rendu dans la journée à Caparroso.

Je lui répétai que nous n'avions pas un instant à perdre, que l'envoi du renfort qu'il demandait retarderait l'attaque de deux jours, car les troupes devaient partir des environs de Calahorra, et qu'elles avaient 7 lieues pour aller à Tudela et quatre autres de là à Caparroso ; je l'engageai à attaquer, en lui promettant que, selon les renseignements qu'il m'enverrait par ses officiers sur les gués de la rivière, je ferais passer successivement par ces gués tout ce que je pourrais de cavalerie et de troupes légères, qui se réuniraient à lui pendant sa marche ; il ne fallait pas en effet qu'il crût que les ennemis pourraient réunir toutes leurs forces contre lui, car l'attaque de mon armée sur les points de Logroño et Lodosa les forcerait à se séparer pour surveiller les deux directions.

On arriva ainsi au 19 novembre, jour où je fus averti par des affidés que le maréchal Ney réunissait une division de

16,000 hommes à Logroño et que le maréchal Moncey réunissait la sienne composée de 12,000 hommes à Lodosa ; l'évêque d'Osma m'informait en même temps que le général Dessolles avec 12,000 hommes dont 4,000 de cavalerie marchait d'Aranda-de-Duero sur Burgo-de-Osma : ces renseignements me dévoilèrent le plan de l'attaque que préparait l'ennemi, et en conséquence je prévins O'Neille qu'il n'était plus temps d'exécuter l'opération projetée, car les Français qui, deux jours auparavant, avaient leurs troupes réparties sur plusieurs points, réunissaient maintenant toutes leurs forces.

Le 21, le juge de Burgo-de-Osma, qui s'était retiré au bourg de Chercoles, m'informa que la division Dessolles arrivait à Almazan, ce qui acheva de me donner la certitude que le plan de l'ennemi était de me faire attaquer sur mon front par Ney et Moncey avec les 28,000 hommes de Logroño et Lodosa, tandis que le général Dessolles, passant par Agreda avec 12,000 hommes, tournerait mon flanc ; dans ce cas le sort qui m'attendait était celui de Dupont à Bailen.

Il ne m'était pas nécessaire de réfléchir longtemps pour savoir quel parti prendre dans ces circonstances, et j'envoyai des ordres formels afin que l'armée quittât la position de Calahorra, pour aller occuper celle qui est marquée par les bourgs de Tarazona, Novallas, Monteagudo, Cascante et Tudela, ce dernier point devant être tenu par les troupes d'Aragon et formant la droite de la nouvelle position appuyée à l'Èbre ; la gauche s'étendait jusqu'au Moncayo, et nous ne risquions plus ainsi d'être enveloppés, même si l'ennemi nous attaquait avec des forces supérieures.

Il était temps, car le 21 à 10 heures du matin l'avant-garde de Moncey sortait de Lodosa et plaçait ses postes avancés sur les hauteurs voisines de Calahorra, où nos troupes se trouvaient sous les armes attendant l'attaque, lorsque arriva l'ordre que j'avais donné de se retirer ; on ne put exécuter cet ordre qu'à la nuit afin de cacher le mouvement à l'ennemi.

J'informai le général O'Neille des dispositions ordonnées

pour la retraite de l'armée, j'employai les termes les plus
pressants, et pour qu'il ne mît pas à venir à Tudela avec
son armée le même retard que lorsqu'il s'était agi d'attaquer, je demandai au représentant du gouvernement de
signer aussi ma lettre. Malgré cela, O'Neille, qui la reçut à
5 heures du soir le 21 et qui n'avait à faire que quatre lieues
de chemin pour venir de Caparroso à Tudela, sans qu'aucun ennemi fût en vue, hésita à se mettre en marche et ne
partit que le lendemain 22. Il me paraît à propos de citer
ici la copie de la lettre signée par le Représentant et par moi
et la réponse du général O'Neille, que voici textuellement : :

« Les instants sont précieux, et le salut de cette armée
« dépend de la manière dont ils seront mis à profit. La di-
« vision du général Dessolles composée de 12,000 hommes,
« dont 4,000 de cavalerie, a passé à Burgo-de-Osma. La
« première division, de 6,000 hommes, se trouve aujour-
« d'hui à Almazan, les troupes de Ney à Logroño et celles
« de Moncey à Lodosa ont déjà montré par leurs mouve-
« ments d'hier qu'elles vont attaquer notre position, qui
« sera tournée par les troupes d'Almazan. Il est donc de
« toute urgence que vos troupes se mettent en marche au
« reçu de cet ordre, et viennent à Tudela, qui formera la
« droite de la ligne que nous allons occuper par Cascante
« et Tarazona jusqu'aux pentes du Moncayo.

« Votre Excellence appréciera certainement la nécessité
« de ce mouvement et n'hésitera pas à se mettre en marche
« sans perdre un instant. Je donne en conséquence des
« ordres pour que mon armée se mette en marche et ce
« mouvement va s'accomplir sans retard, car voici le mo-
« ment venu de recevoir l'ennemi et de le battre pour le
« salut de cette armée : il est d'un intérêt majeur pour
« l'Espagne d'obtenir ce résultat qui peut faire changer to-
« talement les desseins de l'ennemi.

« Quartier général de Cintruenigo, le 21 novembre 1808, à midi.

« M. Francisco PALAFOX Y MELCI,
« Xavier DE CASTAÑOS. »
A Son Excellence Don Juan de O'Neille.

RÉPONSE.

« Messieurs, je reçois maintenant à 5 heures du soir la
« lettre de Vos Excellences dans laquelle elles me mon-
« trent l'état de l'armée et me disent qu'il n'y a pas un mo-
« ment à perdre pour la sauver, vu les positions occupées
« par l'ennemi à Logroño et à Almazan : les nouvelles que
« nous recevons aujourd'hui des provinces assurent que la
« situation est mauvaise ; le capitaine-général de l'Aragon,
« mon chef naturel, me dit de conserver ma position pour
« agir offensivement de ce côté, de ne rien changer et d'ai-
« der aux opérations. Dans des circonstances aussi criti-
« ques, ma résolution semblerait pouvoir être douteuse,
« néanmoins je donne l'ordre à toute l'armée, y compris la
« portion qui se trouve à Villafranca, de se tenir prête à
« partir, et comme il est impossible de mettre en marche
« plus de 20,000 hommes par une nuit obscure, sans au-
« cun préparatif, j'en profite pour envoyer à Son Excellence
« le capitaine-général de l'Aragon un courrier extraordi-
« naire, et je souhaite que vous vous mettiez d'accord pour
« me dire auxquels de vos ordres je dois obéir lorsque ces
« ordres sont contradictoires.

« Caparroso, 21 novembre 1808.

« JUAN DE O'NEILLE. »

A Leurs Excellences Don Francisco Palafox y Melci
et Don Francisco Xavier Castaños.

Cette manière de répondre dans un cas si grave, au
moment où le temps pressait, et après avoir opéré en commun les jours précédents, montrera à Votre Majesté combien
il était laborieux et difficile de concilier les opinions, de se
mettre d'accord pour combiner les mouvements des deux
armées, et combien cette situation était préjudiciable aux
opérations de guerre qui exigent que l'on profite toujours
sans retard de toutes les occasions.

Enfin, O'Neille marcha le 22 avec ses troupes sur Tudela,

où se trouvait à ce moment le capitaine-général de l'Aragon, et je me dirigeai sur le même point pour ne pas perdre une minute et afin de prendre en commun les dispositions convenables à la défense du royaume ; en même temps mes divisions occupèrent les positions qui leur avaient été assignées, et je désignai comme quartier général le bourg d'Ablitas, à une demi-heure en arrière de la ligne.

J'arrivai à Tudela dans la soirée, et je fus surpris de voir que les troupes d'Aragon n'y étaient pas encore parvenues. J'en demandai le motif, et O'Neille me répondit qu'il les avait arrêtées de l'autre côté de la rivière pour éviter de les laisser se disperser dans la ville, et qu'elles étaient mieux réunies dans un bois d'oliviers où elles se trouvaient bien. Je lui exposai qu'il serait important d'occuper les hauteurs de la position de Tudela, et qu'il serait bien tard le lendemain pour faire passer le pont aux troupes si les ennemis attaquaient ; il me répondit que la nuit approchait, et que le passage entraînerait une grande confusion ; j'insistai pour qu'il fît au moins passer quelques bataillons et de la cavalerie pour placer des grand'gardes et quelques postes avancés, mais je n'obtins rien. O'Neille me demanda simplement si sa gauche était bien couverte, je lui répondis qu'il y avait à Cascante 8,000 hommes de la 4ᵉ division que commandait le général La Peña ; il me répondit alors qu'il connaissait déjà le terrain pour s'y être rendu autrefois, et que puisque sa gauche était gardée, il n'en demandait pas davantage.

Ensuite nous nous réunîmes en conseil avec le Représentant, le capitaine-général de l'Aragon, le marquis de Coupigny et le colonel anglais Graham pour nous occuper de la défense du royaume ; les deux premiers insistèrent pour qu'on défendît uniquement l'Aragon, en cherchant à nous persuader que de la défense de cette province dépendait le salut du reste de l'Espagne (ainsi d'ailleurs qu'ils l'avaient toujours soutenu) et que, par conséquent, l'armée du centre et l'armée d'Aragon réunies devaient marcher par l'autre rive de l'Èbre vers les frontières d'Aragon et de Navarre.

Je m'opposai à ce projet, comme à l'ordinaire, en déclarant que c'était une erreur de croire que la défense du royaume devait consister à protéger isolément la province d'Aragon, qui ne pouvait offrir d'autres ressources que celles qu'elle renfermait, tandis qu'une quelconque des provinces maritimes, principalement de celles de l'Andalousie, non seulement pouvait offrir ses propres forces, mais encore tous les secours imaginables des Amériques et ceux de nos alliés qu'elle recevrait par mer, et enfin que l'armée du centre était destinée à défendre les Castilles et les autres provinces successivement et non à borner la défense à une seule d'entre elles.

Le marquis de Coupigny et le comte de Montijo (ce dernier dans d'autres conférences, car il était parti inopinément et n'était pas présent) furent toujours de mon avis et la réunion se termina par cette déclaration du capitaine-général de l'Aragon que, dans une circonstance aussi grave, il convenait de mettre les deux opinions par écrit, et qu'il développerait et signerait la sienne : mais il n'eut pas l'occasion de la donner.

A 8 heures du matin le jour suivant 23 novembre, un détachement de 80 à 100 hommes que j'avais sur le chemin de Cintruenigo m'informa que l'on découvrait de ce côté et sur le chemin d'Alfaro deux colonnes considérables de troupes ennemies. Les troupes d'Aragon, qui avaient commencé à passer dès le matin le pont de Tudela, obstruaient toutes les rues du bourg, et les corps se bouchaient le passage les uns aux autres, de telle sorte que nous eûmes beaucoup de peine à en sortir à cheval, lorsque les partis français atteignaient déjà les entrées de la ville ; et même le représentant du gouvernement, accompagné de son état-major, en voulant sortir par une rue qui lui paraissait plus courte pour découvrir l'ennemi, se rencontra nez à nez avec un poste de dragons français après avoir dépassé le dernier coin et le groupe dut tourner bride en toute hâte. Quelques bataillons parvinrent à se former et à envoyer des groupes de tirailleurs qui firent reculer pas à pas ceux de l'ennemi ; d'autres corps se hâtèrent d'occuper les hauteurs voisines du côté d'Alfaro ; d'autres occupèrent celles de la gauche dans la direction de la position tenue par l'armée du centre.

L'action commença par le centre dans la plaine où est situé Tudela, elle continua bientôt par la droite, et peu de temps ensuite devint générale. Dès le commencement de l'action, j'avais envoyé l'ordre au général La Peña de partir de Cascante avec sa division et de marcher sur Tudela pour attaquer le flanc droit de l'ennemi ; il me répondit qu'il exécuterait mon ordre aussitôt qu'il pourrait se débarrasser d'environ 8,000 Français et 2,000 chevaux qui le menaçaient sur son front (¹).

Je donnai l'ordre aux divisions qui se trouvaient à la gauche de la ligne de venir occuper la position que quitterait La Peña pour le protéger pendant son attaque. Je déclarai aussi aux généraux de l'armée d'Aragon et à d'autres officiers de leur état-major que puisqu'ils connaissaient bien le terrain et surtout le nombre, la nature, la qualité et la force des corps de cette armée, toutes choses que j'ignorais absolument, ils eussent à mettre chacun à la place qui lui convenait le mieux, et j'agis de même chaque fois que, pendant l'action, il fallut envoyer des renforts sur les points nécessaires ; en effet, je n'aurais pas pu régler convenablement ces détails, puisque je n'avais jamais vu cette armée et que je ne possédais aucun renseignement sur son état, sa discipline et son instruction.

A une portée de canon de Tudela, dans la plaine, commence un bois d'oliviers épais et étendu qui se termine à mi-pente des hauteurs de la gauche. L'ennemi introduisit plusieurs bataillons dans ce bois d'oliviers : je déclarai alors qu'il convenait d'exécuter un tir d'artillerie, surtout à obus, sur la lisière du bois, et de faire attaquer ce bois par la division Saint-March ; malgré cela, les ennemis cachés dans ce bois continuèrent à avancer et s'emparèrent de la hauteur de gauche, d'où ils descendirent en menaçant notre flanc de ce côté. J'avertis alors le général O'Neille, en présence du marquis de Coupigny, qu'il était nécessaire de porter sur ce

---

(1) En réalité, il avait devant lui 1,200 dragons de la brigade Digeon.

point un renfort de ses troupes et d'attaquer la hauteur. Il hésita à s'y rendre de sa personne ; mais je lui déclarai qu'il me semblait valoir mieux que ce fût lui-même qui conduisît l'attaque : il l'exécuta d'ailleurs avec succès dès le début : puis un bataillon des gardes royales espagnoles s'étendit jusque derrière la hauteur et attaqua avec tant de valeur le flanc de l'ennemi, qu'il l'obligea à courir précipitamment se cacher dans le même bois d'oliviers d'où il était parti pour enlever la hauteur. Nos troupes suivirent le mouvement, et il pouvait être 3 heures du soir, lorsque, voyant l'attaque en si bonne voie, et considérant que, séparé comme je l'étais de mon armée, je me trouvais pour ainsi dire compromis au milieu de troupes que je ne connaissais pas sans rien savoir des miennes, ni connaître ce qui était advenu de la 4ᵉ division du général La Peña, je me décidai à me rendre auprès d'elle, accompagné du représentant du gouvernement, de mon état-major et de mes aides de camp ; j'envoyai un de ces derniers au général Roca qui commandait la 5ᵉ division de mon armée réunie à celle d'Aragon depuis Caparroso, pour l'avertir que je me dirigeais sur Cascante, et je me préparai à donner le même avis à O'Neille dès que j'arriverais dans son voisinage, comme cela devait se produire en suivant le chemin qui conduisait vers le centre de la ligne. Nous traversâmes un bois d'oliviers et quand nous en sortîmes, nous aperçûmes sur une hauteur au pied de laquelle nous allions passer, un groupe considérable de troupes que nous supposions appartenir au corps de O'Neille; mais c'étaient celles de l'ennemi qui, du même bois d'oliviers de la plaine de Tudela, étaient montées sur cette hauteur. Elles commencèrent à nous canonner et peu après elles détachèrent un parti de cavaliers qui arrivèrent sur nous bride abattue; nous changeâmes alors de direction et retournâmes nous cacher dans le bois d'oliviers, poursuivis par cette cavalerie, qui s'était divisée par petits groupes et en nous suivant nous observait par la droite et par la gauche.

A ce moment arriva l'aide de camp que j'avais envoyé au général Roca ; il me dit que l'ennemi avait enlevé les positions à notre droite et avait pénétré dans Tudela par la berge du fleuve, qu'il avait traversé la ville, débouché dans la plaine, et qu'il prenait de flanc et à revers celles de nos troupes qui avaient bousculé l'ennemi à la gauche ; que les troupes de Tudela commençaient à se disperser, comme d'ailleurs nous pouvions nous en rendre compte par le grand nombre de soldats de toutes armes qui erraient à l'aventure dans les champs et les oliviers : nous nous efforçâmes tous de les arrêter au passage, et ce fut avec beaucoup de peine que nous pûmes rassembler environ 600 hommes d'infanterie et 150 cavaliers ; nous les fîmes former en bataille afin de faire reculer les partis de cavalerie qui nous poursuivaient, et continuer à rassembler les troupes. Cependant les cavaliers ennemis se rapprochaient, et ceux qui étaient avec nous se mirent en mouvement pour aller à leur rencontre.

Mais au bout de quelques pas ils tournèrent bride à toute allure, bousculèrent l'infanterie que nous avions formée, et tout ce monde s'enfuit comme précédemment. Il n'y a pas à s'étonner de ce fait en pareille circonstance, avec des troupes de toute provenance déjà battues et dispersées et sans officiers. Il nous fallut donc comme auparavant subir la destinée, et nous ne perdîmes de vue l'ennemi que quand la nuit fut venue. Nous nous dirigeâmes alors sur Borja, où parvinrent presque en même temps les généraux O'Neille, Roca et Caro.

De là j'envoyai immédiatement des ordres aux divisions de l'armée du centre pour qu'elles se retirassent par Borja sur Calatayud. Le représentant du gouvernement me dit qu'il faudrait aller à Saragosse avec l'armée : je lui répondis que je ne devais pas aller m'enfermer dans cette ville, mais b'en continuer jusqu'à la capitale du royaume. Il se décida alors à aller seul à Saragosse, en m'annonçant que dans peu de jours il rejoindrait l'armée.

A minuit, nous partîmes tous de Borja et nous arrivâmes le 24 novembre à Illueca, où nous fûmes informés que le général Saint-March de l'armée d'Aragon s'était retiré à La Almunia. O'Neille partit alors pour le rejoindre.

Le général Samper, de mon état-major, me rendit compte que l'armée du centre était passée par Borja, et nous nous dirigeâmes tous sur Calatayud, où nous arrivâmes le 25 dans la nuit ; là, le général La Peña me rendit compte que, le 23, il était parti de Cascante pour attaquer les 8,000 Français et 2,000 chevaux qui s'étaient présentés en quatre colonnes sur le front de sa position ; qu'il les avait obligés à se retirer jusqu'aux hauteurs du chemin d'Alfaro, et que lorsque, à 3 heures et demie du soir, il revenait sur Tudela suivant mon ordre, il avait été attaqué par ceux-là mêmes qu'il allait chercher, et absolument obligé, pour se maintenir, de retourner occuper la position de Cascante, d'où il repoussa deux attaques de l'ennemi, la deuxième lorsqu'il faisait déjà nuit.

La 2ᵉ division qui devait soutenir l'attaque de celle de La Peña reçut l'ordre à midi, et n'arriva à Cascante qu'à la nuit ; je n'ai pas pu vérifier le motif d'un pareil retard, car elle n'avait que deux lieues à parcourir.

A Tarazona, qui formait la gauche de la ligne, on fut averti de la fuite précipitée des Français, lors de l'attaque de gauche à Tudela, et on put encore, des hauteurs, observer leur retraite ; mais nos soldats pleins de joie célébraient cet heureux succès, lorsqu'à la nuit ils reçurent l'ordre de battre en retraite consécutif à l'issue malheureuse du combat ; ils furent extrêmement surpris, et le furent plus encore lorsque se produisit par accident l'explosion d'une chapelle qui servait de dépôt de munitions. Le fracas fut terrible, et une partie des grenades qui éclatèrent successivement fit croire à une canonnade de la part d'une batterie ennemie ; quelques soldats commencèrent à crier à la trahison, et les carabiniers royaux attaquèrent la chapelle l'épée à la main, croyant que c'était l'artillerie des ennemis. Ce malheur causa un certain bouleversement, mais n'empêcha pas la retraite de s'accomplir heureusement.

Le premier envoi d'argent qui fut fait à l'armée fut de 2,000,000 de réaux qui arrivèrent à l'armée le 22, la veille de l'attaque, et j'avertis le trésorier que, le jour suivant, sitôt la découverte faite, il eût à conduire les fonds avec une escorte convenable au quartier général d'Ablitas où se trouvait l'intendant ; mais lorsque commença l'action du 23, la Trésorerie se mit en sûreté et transporta l'argent à Saragosse.

J'ai rendu compte à Votre Majesté de Calatayud, le 26 novembre, de ce qui était arrivé à Tudela, et j'ai reçu par courrier extraordinaire deux lettres datées du 22 et du 23 ; dans la première, le ministre de la guerre, par ordre de Votre Majesté, m'avertissait que la division Dessolles marchait par Burgo-de-Osma sur Soria dans l'intention de prendre l'armée du centre entre deux feux ; dans la deuxième cet avis était confirmé par une déclaration d'une personne venue de Burgos à Aranjuez. Par bonheur j'avais déjà reçu ces avis à temps pour pouvoir sauver cette armée, ainsi que je l'ai raconté, et j'ai éprouvé la plus vive satisfaction de réussir à exécuter à temps une des opérations les plus difficiles et les plus délicates de la guerre, et qui a toujours valu une renommée immortelle aux généraux qui l'ont accomplie au moment voulu. .

Après les deux lettres précédentes, j'ai reçu, le même jour 26, deux autres plis portant tous deux la date du 21 : l'un me transmettait l'ordre envoyé ce jour-là au capitaine-général de l'Aragon de faire passer sous mes ordres à l'armée du centre les divisions de son armée commandées par les généraux O'Neille et Saint-March, de façon à faire une armée respectable et capable de contenir l'ennemi et de le battre ; mais les troupes de ces divisions, après la bataille de Tudela, s'étaient déjà dirigées sur Saragosse. L'autre pli du 21 contenait l'avis que l'ennemi attaquait Somosierra et qu'il me fallait venir au secours ; cet avis me laissa assez perplexe, et je considérai qu'après six jours écoulés depuis le départ de la lettre, le sort heureux ou malheureux des troupes de Somosierra était déjà décidé ; mais comme j'étais requis de porter secours, je convoquai les généraux de division pour discuter les moyens les plus efficaces à employer dans ce but, et il fut convenu que l'armée continuerait sa marche jusqu'à la capitale du royaume par la route de

Sigüenza, d'où elle pourrait se porter sur Somosierra si ce point avait été conservé, ou sur Madrid si les circonstances l'exigeaient.

L'armée éprouvait une grande disette de vivres; comme elle n'avait ni magasins ni dépôts, elle était réduite à ce que pouvaient fournir les localités. Beaucoup de ces dernières étaient presque désertes; il n'y avait personne pour réunir le pain ou préparer le nécessaire, et les troupes mangeaient la nourriture qu'elles pouvaient se procurer, mais sans pain; les muletiers du train qui ne touchaient aucun salaire et ne pouvaient recevoir de rations, maudissaient leur sort et abandonnaient leurs bêtes ou les emmenaient après les avoir déchargées; le soldat, qui ne fait pas de distinction entre une retraite et une fuite, est mal impressionné par tout mouvement rétrograde, surtout quand l'ennemi harcèle l'arrière-garde. Toutes ces circonstances engendrèrent quelques désordres, et des émissaires de Napoléon, achetés à prix d'argent, purent donner libre cours à leur perfidie pour répandre dans l'armée des idées de révolte, et les faire partager même à quelques officiers, si bien qu'on alla jusqu'à dire que je devais cette nuit-là déserter l'armée, et que je fus obligé d'ordonner une revue que je passai moi-même afin de donner du moral et de la confiance aux troupes qui bivouaquaient à l'entrée de la ville.

Le 27, l'armée partit de Calatayud et se dirigea sur Sigüenza, se couvrant par une arrière-garde de 5,000 hommes d'infanterie légère, de cavalerie et d'artillerie sous les ordres du général Venegas, qui soutint le 29 un vif combat contre l'avant-garde d'un ennemi bien supérieur en forces; il résista depuis 8 heures et demie du matin jusqu'à 4 heures du soir, et se retira, après une perte considérable de part et d'autre.

Le 29 à la nuit, je reçus à Arcos, par courrier extraordinaire, l'ordre de Votre Majesté dont la teneur suit:

« La Junte suprême gouvernant le royaume, après avoir
« longuement réfléchi aux moyens à prendre pour assurer
« le succès des opérations de nos armées, a conclu qu'il était
« de toute nécessité que la Junte générale militaire s'occu-

« pût incessamment de combiner des plans de campagne, car
« c'est d'eux que dépend le sort des armes, lorsqu'ils sont
« exécutés avec prudence et discernement ; considérant donc
« que dans les circonstances critiques actuelles les lumières
« et les connaissances militaires de Votre Excellence seront
« fort utiles auprès de la même Junte suprême dont elle a
« mérité la confiance, Sa Majesté a décidé que Votre Excel-
« lence viendrait immédiatement se mettre à la tête de la
« Junte générale militaire, où elle a été nommée depuis sa
« création ; le lieutenant-général comte de Cartaojal prendra
« le commandement par intérim de l'armée en attendant
« que le marquis de La Romana, qui a été nommé général
« en chef des armées de la gauche et du centre, les com-
« mande effectivement. Envoyé à Votre Excellence par
« ordre royal et pour exécution ponctuelle.

« Palais royal d'Aranjuez, 27 novembre 1808.

« Antonio CORNEL ([1]). »

Le 20 au soir, j'arrivai avec l'armée à Sigüenza, sans avoir
perdu une seule pièce d'artillerie, malgré le mauvais état des
chemins et quoiqu'on n'eût pas donné de repos pour pouvoir gagner un peu d'avance ; le comte de Cartaojal prit (à
Sigüenza) le commandement par intérim de l'armée, en
exécution de l'ordre précédent, ainsi que j'en rendis compte
à Votre Majesté dans une lettre du même jour : il me resta
la satisfaction d'avoir sauvé l'armée dans des circonstances
si critiques, en exécutant une marche aussi pénible que difficile ([2]).

---

(1) Ministre de la guerre.
(2) Voici ce qu'écrivait Castaños au ministre de la guerre, de Sigüenza, le
1er décembre 1808 :
« Enfin, j'ai réussi à sauver cette armée au milieu des nombreuses colonnes
ennemies dont elle se trouvait pour ainsi dire enveloppée ; je la remets ainsi
sous le commandement et la direction du comte de Cartaojal, général fort distingué par ses services et ses talents militaires, qui commandait l'avant-garde à
Logroño sans artillerie, et qui a accompli plusieurs marches des plus difficiles à
travers les Sierras de Cameros et del Moncayo, en se heurtant plusieurs fois
aux colonnes de l'ennemi interposées entre lui et l'armée, et réussissant en fin
de compte à se réunir heureusement à moi à Calatayud.
« La faim et la poursuite harcelante de l'ennemi ont été cause que beaucoup de

Le 1ᵉʳ décembre, je me mis en route pour Aranjuez, restant avec l'armée qui suivait la même route, et nous arrivâmes à Guadalaxara le 2 ; là nous apprîmes que les Français avaient attaqué Madrid, occupé Alcala, et que Votre Majesté s'était rendue à Tolède ; je continuai ma route par San-Torcaz, Orusco et Villarejo jusqu'à Alcazar-del-Rey ; là je quittai l'armée le 9 décembre pour me diriger sur Truxillo où je savais que se trouvait Votre Majesté ; je fus accompagné jusqu'au bourg de la Solana par le général Llamas, qui se rendait au Puerto del Rey dans la Sierra Morena : je continuai ma marche sur Truxillo, et j'arrivai à Sazeruela où un courrier de cabinet qui allait à l'armée m'apprit que Votre Majesté était en marche sur Séville, où je suis venu pour prendre possession de mes fonctions à la tête de la Junte générale militaire, où j'ai été nommé dès la formation de ce conseil.

. . . .

San-Geronimo-de-Buenavista, 6 janvier 1809.

Xavier CASTAÑOS.

ARMÉE D'EXTREMADURE ET ARMÉE DE RÉSERVE
ENTRE MADRID ET LES COLS

(Fin novembre 1808.)

Retraite de l'armée d'Extremadure sur Ségovie.

Après le combat de Gamonal, l'armée d'Extremadure avait battu en retraite, partie sur Palencia et Valladolid, partie sur Aranda et Ségovie ; ses débris avaient

---

soldats sont restés dans les localités voisines de la route suivie, mais la plupart rallieront bientôt les drapeaux : après quoi je considère que leur nombre ne sera pas inférieur à 20,000 ; mais ils ont besoin de manger, de se reposer . . . . . »
(*Manifeste de Castaños*, pages 13 et 14.)

été poursuivis sur Palencia par la cavalerie du général Franceschi, et sur Aranda par celle du général Lasalle. Il ne restait d'à peu près intact dans cette armée que la division du général de Trias (¹) qui, arrivée en vue de Burgos le jour du combat, n'avait pu y prendre part et avait rétrogradé avec les troupes en déroute sur Lerma, où elle était arrivée dans la nuit du 10 novembre. La retraite continua le lendemain sur Aranda où les restes de l'armée se trouvaient à peu près réunis dans la journée du 12 novembre ; on résolut d'y rester quelque temps pour reposer les troupes et laisser rejoindre les traînards. Le comte de Belveder réunit à Aranda un conseil de guerre qui décida que l'armée se retirerait d'Aranda sur Valladolid, pour réunir les troupes qui s'étaient enfuies de ce côté, tandis que la division du général de Trias couvrirait le chemin de Somosierra : le mouvement était déjà commencé lorsqu'on reçut avis de la marche de la cavalerie française sur Valladolid ; il fut alors décidé que la retraite aurait lieu dans la direction de Ségovie.

Dans la journée du 15 novembre des partis de cavalerie française ayant été signalés non loin d'Aranda, le comte de Belveder sortit de la ville dans la nuit du 15 au 16, en y laissant comme arrière-garde le général de Trias, qui en sortit à son tour dans la journée du 16, quand il apprit que des forces considérables de cavalerie et d'infanterie s'approchaient d'Aranda. Il se retira par la route de Ségovie, suivi de près par des groupes de cavalerie française (10ᵉ chasseurs). Il se trouvait dans la journée du 17 novembre vers Aldeorno

(1) Don Francisco de Trias, et non *Frias*, comme il a été écrit par erreur dans les situations du tome Iᵉʳ.

lorsqu'il reçut du général Belveder l'ordre(¹) de se porter sur la route de Madrid pour couvrir le Puerto de Somosierra; il obliqua à gauche et se dirigea sur Onrubia. Une forte reconnaissance française, qui venait de dépasser cet endroit et s'était engagée dans le défilé qui y conduit, eut sa retraite coupée et faillit être prise; elle se retira avec beaucoup de peine par Montejo-de-la-Vega et Fuentelcesped(²) et perdit quelques hommes(³).

(1) Le comte de Belveder avait lui-même reçu cet ordre de la Junte centrale.

(2) Voir le rapport du général Lasalle, page 94.

(3) Voici à ce sujet un extrait du rapport du général de Trias donné par la *Gazette de Madrid* :

« Le général, sachant par les renseignements qu'il avait reçus que le jour où
« il avait quitté Aranda, les Français y étaient entrés, envoya son aide de camp,
« Don Santiago Alonso, capitaine de la compagnie de chasseurs de montagne,
« avec 40 chasseurs vers le village de Onrubia et ses environs pour voir s'il
« s'y trouvait des Français. En entrant dans le village le capitaine y trouva un
« petit groupe de Français qui étaient en train de piller des maisons; dès qu'ils
« aperçurent notre troupe, ils se sauvèrent et se placèrent sur une hauteur.
« Alonso fit de même pour observer leurs mouvements, et en avertit le général
« Trias qui se dirigea sur ce point. L'ennemi se retira immédiatement et rejoi-
« gnit un corps de 140 chevaux qui se rendait à Somosierra par le chemin
« royal de Madrid. Ce corps rétrograda pour tâcher de prendre l'aide de camp,
« et s'avança sur lui en essayant de l'attaquer et de lui couper la retraite. Mais
« le général, averti, décida d'attaquer l'ennemi malgré le peu de cavalerie qu'il
« avait, confiant dans la valeur du colonel Escudero et des autres officiers, et il
« ordonna à ce chef de joindre l'ennemi, suivi de 100 hommes du bataillon de
« volontaires de Valence et de 100 autres de Mérida. Le général se dirigea ra-
« pidement avec le reste des deux bataillons pour couper la retraite à l'ennemi.
« Notre cavalerie partit à l'attaque avec la plus grande audace, malgré la dif-
« ficulté du terrain. L'ennemi s'aperçut de loin que l'infanterie lui coupait sa
« retraite et abandonna le chemin en prenant précipitamment la fuite. Il se di-
« rigea sur la droite à travers des bois et des chemins difficiles, cherchant une
« route dans la direction d'Aranda. Notre cavalerie le suivit avec le plus grand
« courage; malgré le mauvais état de ses chevaux, elle le rejoignit, lui tua une
« dizaine d'hommes et lui prit 2 hommes et 6 chevaux, ainsi que beaucoup
« d'armes abandonnées dans la fuite. Comme la mission du général Trias était
« de couvrir le chemin de Somosierra, il réunit toute l'infanterie, prescrivit au
« colonel Escudero de faire de même (pour la cavalerie) et tous deux occupèrent
« ledit chemin; ils arrivèrent le lendemain à Somosierra malgré le mauvais
« temps qui survint.

« Les troupes d'infanterie et leurs officiers manifestèrent le plus grand cou-
« rage et le plus vif désir d'en venir aux mains avec l'ennemi. Mais la fuite de
« ce dernier trompa leur espoir; elles l'auraient sûrement anéanti s'il n'avait
« pas été absolument indispensable de couvrir le chemin de Somosierra. »

Nous avons cité ce petit épisode malgré son peu d'importance parce que c'est

Le général de Trias se porta dans la journée du 18 novembre sur Somosierra, et c'est probablement avant d'y arriver qu'il apprit que le général San Juan venait d'occuper le Puerto avec des forces assez considérables ; la défense du Puerto se trouvant assurée, le général de Trias considéra sa mission comme terminée, et prit le chemin de Sepulveda pour rejoindre le reste de l'armée d'Estremadure à Ségovie, où il arriva le 20 ou le 21 novembre (avec 1,200 à 1,500 hommes)[1].

Le général Heredia était arrivé dans cette ville avec 2,000 hommes venant de Madrid, et avait pour mission de rallier les fuyards de l'armée d'Extremadure et de reconstituer un corps capable de défendre les cols de Guadarrama et de Navacerrada; il fut rejoint le 28 novembre à Ségovie par le détachement du marquis de Malespina, de l'armée de Galice, qui avait essayé vainement de se joindre à Blake le jour de la bataille d'Espinosa, et qui, battu par le général Sébastiani, avait dû se sauver par les gorges d'Oña et se glisser à Vasconcillos sur les derrières du maréchal Soult marchant sur Reinosa. Il avait passé ensuite dans les environs de Carrion et de Valladolid, évitant la cavalerie française, et était parvenu le 21 novembre à Medina-del-Campo; de là, il avait réussi à gagner Ségovie avec les 700 ou 800 hommes qui lui restaient.

Une partie de l'armée d'Extremadure s'était dispersée sur les routes de Valladolid et de Ségovie; mais

----

l'apparition d'une troupe d'infanterie assez considérable entre Somosierra et Aranda qui fit croire à l'Empereur que l'armée d'Extremadure avait encore l'intention de tenir ferme.

(1) Le général de Trias n'amenait pas à Ségovie toutes ses troupes : on ne sait pour quelle cause le régiment provincial de Badajoz, qui faisait partie de sa division, rejoignit le général San Juan à Somosierra; il comptait environ 600 hommes.

dans la deuxième moitié du mois de novembre, de
nombreux fuyards de cette armée vinrent se rallier à
Ségovie, lorsqu'ils apprirent qu'une armée espagnole
se rassemblait dans cette ville.

A la fin du mois de novembre, le général Heredia
avait ainsi pu réunir à Ségovie un corps d'environ
7,000 hommes.

Armée de réserve entre Madrid et les cols.

Affaires de Sepulveda (28 novembre) et Somosierra (30 novembre).

A la nouvelle de la défaite du comte de Belveder à
Burgos, la Junte centrale, voyant la route de Madrid
ouverte aux Français, s'occupa un peu tard de constituer une armée capable de défendre l'accès de la capitale et d'interdire à l'ennemi les passages de Guadarrama et de Somosierra. Elle ne disposait pas d'autres
forces que de celles des 1re et 3e divisions de l'armée
d'Andalousie qui avaient été retenues à Madrid au lieu
d'être envoyées à Castaños, et de quelques régiments
de nouvelle formation. Avec ces éléments, auxquels
elle comptait joindre les restes de l'armée d'Extremadure, elle décida l'organisation d'une armée qui fut
nommée « armée de réserve entre Madrid et les cols »,
mais elle ne put guère réunir plus d'une vingtaine de
mille hommes, la plupart mal organisés et mal commandés; 13,000 environ furent dirigés sur Somosierra
sous les ordres du général Benito San Juan; 2,000 à
3,000 furent envoyés à Ségovie avec le général Heredia pour y rallier l'armée d'Extremadure; le reste, à
peine 4,000 ou 5,000 hommes, resta à Madrid pour occuper la capitale.

La direction des opérations fut confiée à une sorte de triumvirat militaire composé des généraux Castelar, Morla et Eguia, qui restèrent à Madrid.

Le général San Juan arriva à Somosierra le 18 novembre, avec une partie de ses troupes; il fit occuper le défilé de Somosierra et envoya immédiatement un détachement à Sepulveda pour intercepter la route de Ségovie et couvrir de flanc le chemin de Boceguillas à Sepulveda. Le reste des troupes qui lui étaient destinées arriva par fractions successives, et, dans les derniers jours du mois, il disposa de 12,000 à 13,000 hommes avec 22 pièces de canon. 8,000 à 9,000 hommes restèrent à Somosierra pour la défense immédiate du défilé; la garnison de Sepulveda fut portée à 4,000 hommes avec 6 pièces (¹) et mise sous le commandement du brigadier Sarden.

Dès le 20 novembre la cavalerie du général Lasalle avait paru à Boceguillas, d'où elle avait dirigé ses reconnaissances sur Sepulveda et Cerezo-de-Abajo, où quelques coups de sabre ou de carabine furent échangés ce jour-là et les suivants entre les avant-postes des deux partis.

Le général San Juan était donc prévenu de l'approche imminente de l'armée française, et comme cette dernière ne se présenta devant lui que le 30 novembre, il aurait pu, pendant les dix jours qu'il passa à Somosierra, fortifier puissamment cette position et augmenter considérablement la force de résistance de sa petite armée. Il ne le fit pas, pour des motifs qu'on ignore, et se borna à faire élever au sommet du col un ouvrage

---

(1) 3,600 hommes d'infanterie, 300 de cavalerie, 6 pièces.

de campagne ouvert, dans lequel 4 pièces furent mises en batterie; le reste de son artillerie fut placé près de trois coudes que formait la route de façon à l'enfiler par zones successives sur une grande longueur; mais il ne paraît pas qu'on ait construit aucun ouvrage pour pro- . téger les pièces; on creusa seulement devant la plus éloignée des batteries une coupure peu profonde et peu large que la cavalerie pouvait aisément franchir, comme l'événement le prouva.

Il aurait cependant été facile de fortifier à peu de frais le défilé de Somosierra; quelques tranchées larges et profondes dans l'intérieur du défilé, un ouvrage fermé à la gorge et palissadé au sommet du col, et quelques levées de terre sur les flancs auraient suffi pour interdire complètement à l'assaillant l'accès de la route, et auraient permis de porter la meilleure partie des forces sur les crêtes de droite et de gauche par lesquelles l'ennemi ne pouvait faire autrement que de diriger des troupes.

Si le général San Juan ne fit rien de tout cela, c'est qu'il crut peut-être, comme ses soldats et comme le reste des Espagnols à cette époque, que la position de Somosierra était assez forte par elle-même et pouvait déjouer les efforts de l'ennemi ; les événements devaient lui démontrer son erreur.

Jusqu'au 27 novembre les avant-postes espagnols de Somosierra et de Sepulveda n'eurent en face d'eux que la cavalerie du général Lasalle avec laquelle ils eurent quelques escarmouches sans importance. Mais dans la journée du 27, les Espagnols reçurent de tous côtés des renseignements indiquant que de fortes colonnes d'infanterie et d'artillerie françaises se dirigeaient sur

Boceguillas. Ainsi prévenus, ils se tinrent sur leurs gardes, et lorsque Sepulveda fut attaqué le 28 au matin par le général Savary, la garnison se trouvait à ses postes de combat et accueillit l'assaillant par une fusillade nourrie. Voyant la position bien gardée et fortement occupée, Savary, ayant manqué la surprise qu'il méditait, n'insista pas et se retira après un engagement qu'il aurait voulu éviter, mais auquel les fusiliers de la Garde furent entraînés par leur ardeur ; il eut en tout une quarantaine de blessés.

Les Espagnols ne furent pas médiocrement fiers d'avoir vu reculer devant eux les troupes de la Garde impériale, et ils donnèrent à cet engagement l'importance d'un combat en règle.

Voici à ce sujet un extrait du rapport du général San Juan concernant l'action de Sepulveda (¹) :

« Le maréchal de camp Don Benito San Juan, placé au « Puerto de Somosierra, dit dans une lettre du 28 de ce « mois que le matin de ce jour il y eut une alerte dans la « division des troupes à ses ordres qui prirent rapidement « les armes, s'attendant à être attaquées en force par l'en- « nemi ; en effet, tous les renseignements reçus dans la nuit « assuraient que depuis la veille au matin beaucoup de trou- « pes ennemies étaient passées par Aranda-de-Duero et se « dirigeaient sur Boceguillas et la Granja (²) avec une nom- « breuse artillerie, et que des convois de munitions de toute « sorte n'avaient cessé de défiler pendant toute la journée.

« Effectivement, à un peu plus de 6 heures du matin, « on entendit sur les hauteurs de Somosierra des coups de « fusil et de canon dont l'intensité augmenta progressive- « ment, toujours dans la direction de Sepulveda, ce qui ne

---

(1) Publié par la *Gazette de Madrid.*
(2) Il s'agit probablement ici de *Grajera* et non de *La Granja.*

« permit pas de douter d'une attaque sur ce point. Le géné-
« ral était certain que la résistance serait sérieuse en raison
« de la bonne et nombreuse garnison qui s'y trouvait ; en
« effet, il y avait envoyé la veille (le 27) 1,000 fusiliers du régi-
« ment de Jaen ; malgré tout il ne laissa pas d'être inquiet
« eu égard au grand nombre d'ennemis qui lui avaient été
« signalés, et dès qu'il fut absolument certain de la réalité de
« l'attaque, il décida d'envoyer (à Sepulveda) des renforts
« d'artillerie et d'infanterie et des munitions : mais on n'en
« eut pas besoin, car on put défendre ce point avec un suc-
« cès complet, quoique l'attaque n'ait pas duré moins de
« quatre heures, et que l'ennemi ait attaqué avec 4,000 hom-
« mes d'infanterie, 1,500 chevaux et quatre pièces d'artille-
« rie, sans compter les renforts qu'ils avaient sous la main
« pour soutenir leurs troupes.

« Le brigadier Don Juan José Sarden, colonel du régiment
« de cavalerie de la Montesa, qui commandait le poste de
« Sepulveda, dit qu'il fut attaqué dès le matin par 3,500 à
« 4,000 hommes d'infanterie, 1,500 chevaux et quatre pièces
« d'artillerie et qu'il les repoussa avec beaucoup de gloire
« pour les armes du Roi et de la patrie : il doit donner des
« détails circonstanciés sur le combat, dans lequel il dit que
« nous avons subi quelques pertes, mais que celles de l'en-
« nemi sont plus que doubles des nôtres, et que le feu dura
« jusque vers 10 heures (du matin).

« San Juan ajoute que les troupes qui prirent part au
« combat ou à la défense étaient : le bataillon des Gardes
« wallonnes, commandé par le colonel Don Antonio Moi ; les
« 1er et 2e bataillons du régiment d'Irlande commandé par
« le colonel comte de Ibeargh ; le 1er et le 2e de Jaen, com-
« mandé par le colonel Don Antonio Firmin Perez, et trois
« escadrons de carabiniers, un de Montesa aux ordres de
« son colonel, le brigadier Don Juan José Sarden, et deux de
« Alcantara, aux ordres du colonel Don Rafael Mariano, et
« six pièces d'artillerie sous les ordres du capitaine Don
« Cayetano Blengua. »

Pendant que le général Savary attaquait Sepulveda

avec les fusiliers de la Garde par le chemin de Boceguillas, le général Lasalle avec le 10ᵉ de chasseurs s'y
était porté par le chemin de Somosierra ; il eut affaire
de ce côté aux escadrons de la Montesa et d'Alcantara,
qui furent assez éprouvés. L'historique du régiment
d'Alcantara dit qu'il y eut plusieurs charges dans lesquelles on fit beaucoup de mal aux Français, qui ne
comptaient pas moins de 7,000 hommes! le régiment y
perdit 66 hommes dont 4 officiers et 2 cadets.

En réalité l'engagement de Sepulveda n'eut pas
grande importance par lui-même, et ne fut que le résultat d'une reconnaissance; si les Espagnols conservè-
rent leur position, les Français atteignirent leur but qui
était de reconnaître les forces de l'ennemi et d'avoir des
renseignements.

Les Espagnols avaient à Sepulveda 3,600 hommes
d'infanterie, 300 chevaux et 6 pièces.

Les Français n'amenèrent que 1,200 hommes d'infanterie, 450 chevaux et 4 pièces.

Après cette alerte, tout fut tranquille pendant le reste
de la journée du 28 et pendant celle du 29 ; mais les
Espagnols, toujours bien informés par les gens du pays,
apprirent que des forces considérables affluaient sur
Boceguillas et sur Riaza, et ces renseignements leur
firent prévoir l'imminence d'une attaque autrement sérieuse que celle de Sepulveda ; il semble que, dans ces
conditions, ils auraient dû songer à concentrer leurs
forces sur Somosierra pour s'opposer au passage de
l'armée française qui manifestement voulait forcer le
défilé ; ils auraient pu rappeler la garnison de Sepulveda
et la remplacer par les troupes (6,000 à 7,000 hommes)
qui se trouvaient à Ségovie sous le général Heredia. On

s'explique comment rien de tout cela ne put se faire quand on se rappelle que les généraux en chef se trouvaient à Madrid; mais ce qui est complètement inexplicable, c'est le mouvement de retraite qu'exécuta dans la nuit du 29 au 30 novembre le détachement de 4,000 hommes qui s'était si bien défendu la veille à Sepulveda; et ce qui paraît plus étrange encore, c'est que la plus grande partie du détachement, au lieu de rejoindre son chef, le général San Juan, menacé d'une attaque imminente, se retira non pas sur Somosierra où il aurait rendu les plus grands services, mais sur Ségovie , où il devait être complètement inutile (¹).

Le résultat fut que 8,000 à 9,000 Espagnols seulement restèrent à Somosierra en face de l'armée française, qui se porta à l'attaque du col dans la matinée du 30 novembre.

Il n'existe aucune relation originale du côté espagnol sur le combat de Somosierra, et il n'y a guère lieu de s'en étonner, si l'on songe à la déroute qui suivit le combat et à la mort malheureuse du brave San Juan tué peu après par ses propres soldats.

Les historiens espagnols se bornent à répéter les versions contenues dans les récits français en les atténuant, et ne donnent aucun détail précis sur la façon dont San Juan disposa ses troupes et son artillerie. Ils sont d'accord pour dire que les hauteurs à droite et à gauche du col furent occupées ainsi que les contreforts qui en descendent vers la route, et qu'une grande batterie de 16 pièces fut élevée au sommet du défilé; ils déclarent qu'une première charge de cavalerie échoua

---

(1) Quelques fractions du détachement de Sepulveda paraissent s'être dirigées sur Somosierra et non sur Ségovie, mais on ignore pourquoi et comment.

et que ce fut la seconde qui réussit à enlever les bat-
'teries; enfin ils disent que ce ne fut pas seulement la
prise de l'artillerie qui amena la déroute, mais aussi et
surtout la vue des colonnes françaises, qui, s'avançant
par les hauteurs, menaçaient le flanc de la position; aucune de ces assertions ne se trouvant basée sur des
documents originaux ou sur des relations de témoins
oculaires, nous pensons qu'on ne peut pas leur attribuer
grande valeur; il nous paraît plus naturel d'ajouter foi
à la relation de Niegolewski attestée par tous les officiers polonais présents à Somosierra; nous ne recom-
mencerons donc pas le récit du combat que nous avons
donné plus haut, et auquel nous n'ajouterons que les
remarques suivantes.

Les Espagnols, ne disposant à Somosierra que de
8,000 à 9,000 hommes pour défendre un défilé de
plus de 5 kilomètres de longueur bordé de montagnes
élevées et difficiles, durent nécessairement disperser
leurs troupes pour garnir de tirailleurs les contreforts
fichant dans le défilé et disposer quelques bataillons
destinés à appuyer leurs flancs sur les hauteurs de
droite et de gauche. Leur petit nombre les conduisit
fatalement à un dispositif presque linéaire, sans possibilité de garnir à la fois les abords du col d'une puissante réserve et l'entrée du défilé d'un nombre suffisant
de troupes. Il aurait été cependant fort important de
tenir les hauteurs de la Cebollera et du Barrancal jusqu'aux pentes abruptes qui commandent immédiatement l'entrée du défilé à plus de cinq kilomètres de
Somosierra; en réalité, ces hauteurs furent à peine défendues par quelques tirailleurs; il n'est même pas certain qu'elles aient été occupées, et c'est pourquoi les

Français purent pénétrer dans l'intérieur du défilé sans difficulté ni perte de temps.

Le gros des forces espagnoles se trouvait dans la partie supérieure du défilé, sur les pentes des deux côtés de la route, entre le sommet du col et le pont; les pertes subies par l'escadron polonais pendant la montée du défilé démontrent clairement que la partie la mieux défendue de la position espagnole était la route elle-même en avant du col; on s'explique ainsi la fuite désordonnée des jeunes troupes de la défense quand elles virent forcer en un instant un passage qu'elles croyaient infranchissable sous leurs feux; mais leur démoralisation subite peut se comprendre aussi par ce fait que, ne se trouvant pas soutenues en arrière par de fortes réserves, elles crurent tout perdu quand elles virent l'ennemi percer leur centre.

On a vu que si les Espagnols l'avaient voulu ils auraient pu rassembler à Somosierra un nombre double de troupes, puisqu'ils étaient prévenus du mouvement de l'armée française et qu'ils avaient le temps de faire rallier leurs troupes de Ségovie et de Sepulveda, dont l'appoint leur aurait permis de constituer de sérieuses réserves.

On a vu également que presque rien n'avait été fait dans le défilé pour opposer des obstacles matériels au mouvement de l'assaillant, et qu'on n'avait élevé aucun ouvrage de campagne sérieux pour abriter l'artillerie ou l'infanterie.

On arrive ainsi à constater que la faiblesse et l'imprévoyance du commandement unies à la pénurie des effectifs, au défaut d'organisation et à l'inexpérience des troupes, firent là, comme ailleurs, la partie belle aux Français, et l'on trouve alors moins extraordinaire de voir un simple escadron de gens résolus, dont l'élan ne pouvait être arrêté par aucun obstacle infranchissable, passer au galop sous un feu nourri au travers de la position espagnole, la couper en deux, faire taire son artillerie, trouer le centre de la ligne, et provoquer ainsi la déroute des ailes.

Retraite de l'armée de réserve sur Madrid et Talavera.

Après le combat de Somosierra, les Espagnols s'enfuirent dans les directions de Buitrago et de Guadarrama ; la plupart prirent des chemins de traverse vers Guadarrama, où le général San Juan arriva le 1ᵉʳ décembre avec environ 3,000 hommes complètement démoralisés ; il y rencontra le général Heredia qui était parti le 30 novembre de Ségovie avec 4,000 ou 5,000 hommes et avait laissé dans cette ville la division du général de Trias, de l'armée d'Extremadure.

Aucun document ne donne la raison pour laquelle le général Heredia abandonna Ségovie, que rien ne menaçait à ce moment ; la cavalerie du général Milhaud était encore à Valdestillas, à trois jours de marche de Ségovie, et aucune mauvaise nouvelle de Somosierra n'avait pu encore lui parvenir. Ce mouvement de retraite est aussi inexplicable que celui du brigadier Sarden qui avait abandonné Sepulveda : il en était parti dans la nuit du 29 au 30 novembre, était arrivé à Ségovie dans la nuit du 30 et en était reparti dans la matinée du 1ᵉʳ décembre, entraînant avec lui le détachement de Trias, de sorte que le 2 décembre, 12,000 à

13,000 fuyards se trouvèrent réunis autour de Guadarrama, d'où ils se mirent en marche le même jour dans
la direction de l'Escorial, conduits par les généraux
San Juan, Heredia, Trias et Sarden. A l'Escorial on
apprit que les Français étaient déjà devant Madrid, et
les généraux tinrent un conseil de guerre à l'issue duquel ils décidèrent qu'on marcherait au secours de la
capitale ; les troupes furent mises en mouvement dans
la nuit du 2 au 3 décembre dans les directions de Boa-
dilla et de Mostolès. Les généraux Heredia et San Juan
étaient arrivés à Brunete dans la matinée du 3 décembre, lorsqu'ils rencontrèrent le général vicomte de Gand
qui était sorti de Madrid pour se mettre à la recherche
des troupes de Heredia, comme le duc del Infantado
avait couru au-devant de celles de Castaños ; les nouvelles qu'il apportait étaient mauvaises et l'on réunit un
nouveau conseil de guerre pour savoir ce qu'il convenait de faire. Il fut décidé que le mouvement sur Madrid continuerait et l'on se remit en marche ; mais les
nouvelles reçues en chemin démoralisèrent les troupes
qui crièrent à la trahison et se débandèrent en partie ;
les unes suivirent le brigadier Sarden qui se dirigea
sur Mentrida, les autres suivirent le général Heredia et
arrivèrent devant Madrid à la porte de Ségovie le 4 décembre à 4 heures du matin ; là elles apprirent la capitulation, rebroussèrent aussitôt chemin en désordre, se
dispersèrent complètement en abandonnant leur artillerie et se répandirent dans les campagnes où elles com-
mirent toute sorte d'excès.

Cependant la plupart des fuyards, dans leur désir de
s'éloigner le plus vite possible des troupes françaises
de Madrid, se dirigèrent à marches forcées sur Talavera

tout en criant à la trahison; ils rejoignirent les troupes
qui, sous le brigadier Sarden, avaient gagné avant eux
la route de Talavera, et achevèrent de les démoraliser
par les nouvelles extraordinaires qu'ils annoncèrent.
Dès lors, la dissolution de toutes ces troupes fut complète : elles ne formèrent plus qu'une masse confuse
d'hommes affolés et accusant hautement leurs chefs de
n'avoir voulu les conduire à Madrid que pour les livrer
aux Français; c'est dans ces conditions qu'elles parvinrent à Talavera dans la journée du 5 décembre au
nombre de 9,000 à 10,000 hommes, après avoir parcouru
en trois jours près de 130 kilomètres et sans avoir seulement vu le casque d'un dragon français.

A Talavera, le général San Juan, indigné de la fuite
désordonnée et de l'indiscipline des troupes, voulut les
faire rentrer dans la voie du devoir, et leur imposer
une réorganisation dont elles avaient grand besoin.
Mais l'esprit de révolte avait été poussé trop loin, et
lorsqu'il voulut forcer à l'obéissance ses soldats muti-
nés, ces derniers le massacrèrent lâchement en l'appe-
lant traître, et le précipitèrent par la fenêtre de son
appartement; ils suspendirent ensuite son corps à un
arbre et déchargèrent à l'envi leurs armes sur lui (7 décembre).

A la nouvelle de ces graves désordres, la Junte eut
recours à Don José Galluzo, ancien capitaine-général de
l'Extremadure et prédécesseur du comte de Belveder à
la tête de l'armée de cette province, pour le prier d'aller
prendre le commandement à Talavera et d'y rétablir
l'ordre.

Le général Galluzo était alors en disgrâce; il avait
été relevé de son commandement deux mois aupara-

vant pour avoir soutenu avec trop d'énergie vis-à-vis
de la Junte centrale les droits de ses soldats; mais il
était populaire parmi les troupes d'Extremadure et il
paraissait être l'homme de la situation, car on comptait
que l'affection que lui portaient ses soldats lui facilite-
rait la tâche de rétablir la discipline.

Le général Galluzo accepta le commandement et se
rendit à Talavera, où il réussit à calmer un peu les esprits et à reformer les troupes, et lorsqu'il apprit que
la cavalerie française approchait de Talavera, le 11 décembre, il quitta cette ville, fit replier ses troupes derrière le Tage, et les établit vers le milieu de décembre
aux ponts d'Almaraz, del Conde et del Arzobispo, afin
de défendre les passages du fleuve et la grande route
de Madrid à Badajoz, par Truxillo; il se tint lui-même
près du pont d'Almaraz avec 5,000 hommes environ, et
le reste de ses troupes fut affecté à la défense des
autres passages.

L'ARMÉE DE LA GAUCHE A LEON

(Fin novembre — début de décembre.)

Le marquis de La Romana, après avoir reçu du général Blake, le 24 novembre, le commandement de ce qui
restait de l'armée de la gauche, se mit à l'œuvre pour
réorganiser les corps qui arrivaient autour de Leon.
Afin de réunir des effectifs respectables, il rappela à lui
toutes les troupes, éparses dans la Galice et les Astu-

ries, qui faisaient partie à un titre quelconque de l'ancienne armée de Galice : cette dernière avait laissé dans
la Galice et la province de Leon des garnisons assez
nombreuses qui avaient continué à occuper Leon, Sahagun, Astorga, Carrion, etc. ; leur total dépassait
4,000 hommes qui vinrent à la fin du mois de novembre
et au commencement de décembre grossir les rangs de
l'armée de la gauche.

D'autres troupes de Galice avaient été coupées du
gros de l'armée et s'étaient repliées pendant la deuxième
moitié de novembre de Santander sur Oviedo; c'étaient
les restes de la 4° division (général Porlier), de la réserve
(général Mahy) et la division cantabre du marquis de
Villanueva de la Barca; toutes ces troupes, dont l'effectif total pouvait monter à 4,500 ou 5,000 hommes,
reçurent l'ordre de rejoindre aussi le gros de l'armée
autour de Leon, où elles parvinrent dans la première
semaine de décembre; les troupes asturiennes ramenées par le général Llano-Ponte avaient été retenues à
Llanès par le général Ballesteros, ou bien s'étaient
dispersées.

Pendant ce temps, de nombreux fuyards isolés avaient
également rallié l'armée et dès le 4 décembre l'effectif
des troupes du marquis de La Romana s'élevait à
15,626 hommes présents; trois jours après, il atteignait
le chiffre de 19,867 hommes ([1]).

Il est vrai que cette agglomération, pour nombreuse
qu'elle fût, ne constituait pas une armée, car les troupes
étaient dénuées de tout, et le marquis ne disposait pas
des éléments et des ressources nécessaires pour les

([1]) Documents du Dépôt de la guerre, Madrid.

instruire et les organiser rapidement. Malgré tout il ne perdait pas courage et voici ce qu'il écrivait le 20 novembre au général Moore :

LE MARQUIS DE LA ROMANA A SIR JOHN MOORE [1].

Leon, ce 3o novembre 1808.

Je viens de recevoir la lettre de Votre Excellence en date du 28, par laquelle je suis informé de la position que Votre Excellence occupe, tandis que je suis ici à réorganiser cette armée du général Blake dont la fuite et la dispersion ne peut être attribuée à autre chose qu'au défaut de subsistance, la perte dans toutes les attaques, depuis le 6 ou 7 de novembre jusqu'au 11, ne devant monter qu'à 1,500 hommes entre morts et blessés et prisonniers [2]. J'espère que dans peu nous serons en état de faire quelques mouvements et je n'attends que des souliers pour les faire marcher, car ils sont dans un état de nudité le plus parfait qu'on puisse imaginer, mais leur esprit n'est pas abattu, et en les nourissant bien ils iront leur train.

Je me flatte que votre correspondance sera suivie et fréquente ; en attendant, j'ai l'honneur de vous faire passer une lettre qu'un paysan a interceptée à un aide de camp d'un général qui est à Carrion [3]. Si la nouvelle est vraie, il faut prendre ses précautions pour faire notre jonction, ou la faire au plus tôt. C'est ce dont je ne laisserai pas de vous avertir.

---

(1) Cette lettre est écrite en français.

(2) Si cela était. le marquis aurait dû avoir à Leon près de 40,000 hommes.

(3) Le maréchal Lefebvre séjourna à Carrion du 24 au 29 novembre ; c'est donc très probablement de lui qu'il s'agit ici. Mais nous ignorons quel document lui fut intercepté : peut-être était-ce une des lettres qu'il écrivait au Major général soit le 26, soit le 28 novembre, pour lui annoncer son départ de Carrion sur Valladolid ; peut-être aussi est-ce la lettre du Major général du 26 novembre dans laquelle il annonçait au maréchal Lefebvre la victoire de Tudela et lui ordonnait de se porter sur Valladolid tandis que la cavalerie du général Milhaud marcherait sur Ségovie.

Dans tous les cas, il ne saurait être question d'un autre que le maréchal Lefebvre ; le maréchal Soult, qui lui succéda sur le Carrion, n'y arriva que le 4 décembre.

Je désire aussi que Votre Excellence m'écrive en français, non que je n'entende pas parfaitement l'écriture anglaise, mais parce que ordinairement on écrit si vite que les mots m'échappent.

L'optimisme du marquis était plus apparent que réel; il ne voulait pas décourager le général commandant les forces alliées qui étaient venues secourir l'Espagne, mais.il se rendait compte qu'un laps de temps considérable était nécessaire avant que ses troupes pussent être conduites à l'ennemi; son armée, en effet, manquait des choses les plus indispensables; une très faible partie était pourvue de vêtements, de chaussures et d'armes; les munitions étaient insuffisantes; c'est à peine si on avait à distribuer, en tout, 4o cartouches par homme; le nombre des malades et des éclopés était considérable; l'artillerie était réduite à douze pièces et la cavalerie n'existait pas; quant aux moyens de transport, ils étaient rares, et les quelques brigades de mulets de bât qui restaient étaient nourries au hasard, et leurs propriétaires n'étaient plus payés; l'armée n'avait pas reçu de solde depuis plus d'un mois, et le trésor de l'armée était vide; enfin les habitants montraient de la mauvaise volonté à fournir à l'armée ce qui lui était nécessaire, et ce peu d'empressement était explicable, car chacun connaissait la pénurie du trésor et avait la presque certitude de n'être point payé.

Pour sortir d'une situation aussi fâcheuse et parvenir à remettre l'armée en état de tenir la campagne, il fallait évidemment du temps et des efforts énergiques, et ce n'était pas avant la fin du mois de décembre au plus tôt qu'on pouvait espérer parvenir à un résultat.

Le marquis de La Romana, qui se rendait compte de

ces réalités, gémit certainement de la nécessité où il se trouvait de rester quelque temps sur place au moment même où les troupes anglaises se trouvaient concentrées à Astorga et à Salamanque ; nommé par la Junte centrale au commandement des armées du centre et de la gauche, il aurait voulu agir et commencer par réunir ses troupes à celles du général Baird à Astorga, et de là marcher de concert avec lui sur Zamora et Salamanque pour rejoindre le général Moore et former ainsi une masse d'environ 50,000 hommes qui pourrait jouer un rôle important en entreprenant des opérations d'ensemble contre les Français ; mais le lamentable état de son armée rendait son désir irréalisable, et comme il voulait quand même agir rapidement, il conçut l'idée de concentrer toutes ses ressources en vue d'équiper et d'organiser de suite un corps d'une douzaine de mille hommes choisis ([1]), afin de le réunir le plus vite possible aux troupes de Baird. Il écrivit à ce sujet au général anglais à Astorga vers la fin de novembre ; mais ce projet n'eut pas de suite, parce que, au moment où Baird reçut la lettre du marquis, il était uniquement préoccupé de battre en retraite sur la Corogne et ne songeait nullement à pousser de l'avant.

Le marquis de La Romana maintint donc son armée autour de Leon, et dut se borner à faire son possible, pendant le mois de décembre, pour la remettre sur pied et attendre le moment où elle serait capable d'entrer de nouveau en ligne ; il dut se convaincre au bout de peu de temps que ce moment était encore éloigné, car

---

([1]) En cela, le marquis se faisait encore illusion, car à la fin du mois de décembre, lorsqu'il s'agit de défendre le pont de Mansilla, il ne put mettre en ligne que 9,000 hommes mal équipés, mal armés et qui ne tinrent pas.

lorsqu'il apprit, vers le 7 décembre, que le maréchal Soult s'était établi face à lui sur le Carrion, il ne songea plus qu'à rester sur la défensive derrière la ligne de l'Esla, où d'ailleurs les Français ne l'inquiétèrent guère dans le courant de décembre.

TROUPES DES ASTURIES

(Fin novembre — début de décembre.)

Le général Ballesteros, qui avait remplacé le général Llano-Ponte dans le commandement des troupes asturiennes, avait employé la fin du mois de novembre à rassembler autour de Ribadesella les fuyards isolés et les fractions qui erraient à l'aventure ; il les réorganisa comme il put et les réunit à des corps, fraîchement formés avec des levées du pays, qui lui furent envoyés d'Oviedo. Lorsqu'il disposa d'environ 5,000 hommes, il se porta de Ribadesella sur Llanès, où il s'établit dans les premiers jours de décembre, et il procéda de la façon suivante à la défense des Asturies : il détacha un corps d'un millier d'hommes sur la Deba, entre Colombrès et Narganas, afin de tenir les points de passage des chemins longeant la côte ; un autre groupe d'égale force fut envoyé à Cangas-de-Onis sur la Sella pour observer de là les passages qui conduisent dans la vallée de l'Esla sur Valdeburon par le Puerto de Ventaniella et le Puerto de Ponton ; un autre détachement moins fort fut envoyé à Arenas pour y observer les

chemins venant de Potès, notamment celui qui passe
par le Puerto de Aliva.

Ces détachements envoyés, il ne restait au général
Ballesteros que 2,500 hommes environ à Llanès.

Du côté du sud et du sud-ouest, la Junte des Asturies
procéda à la défense de son territoire en envoyant d'autres troupes de nouvelles levées occuper les passages
de la chaîne cantabrique; le général Manglano fut
chargé de la défense du Puerto de Pajarès, par où passe
la route de Leon à Oviedo, et le général Forster sur-
veilla les chemins qui débouchent dans les vallées de la
Narcea et de la Pigüeña, vers Cangas-de-Tineo, Somiedo
et Belmonte.

Les troupes asturiennes restèrent dans ces positions
pendant presque tout le mois de décembre; elles étaient
d'ailleurs trop faibles pour prendre l'offensive quelque
part que ce fût.

En face du général Ballesteros se trouvait le général
Bonnet, dont la division tenait Santander, Santillana
et Cumillas, et qui envoyait ses reconnaissances jusque
sur la Deba; Ballesteros n'était pas assez fort pour
essayer de l'attaquer; il se contenta de l'inquiéter par
quelques mouvements sur la Deba, où ses troupes avan-
cées livrèrent plusieurs petits combats sans importance,
notamment les 4 et 5 décembre 1808; constatant l'inu-
tilité de ces démonstrations et l'impossibilité d'aboutir
à un résultat sérieux, il se tint tranquille, et le mois de
décembre s'écoula sans événement notable d'un côté
ni de l'autre.

CHAPITRE XII

Le groupe principal de l'armée anglaise que le général Moore conduisait de Portugal en Espagne franchit
la frontière le 11 novembre entre Almeïda et Ciudad-
Rodrigo, se dirigeant sur cette dernière place d'où elle
devait continuer sur Salamanque. Le général anglais
avait divisé ses troupes en quatre colonnes : la première,
sous le général Beresford, était composée de six bataillons d'infanterie et avait suivi la route de Coïmbre à
Almeïda par Celorico ; la deuxième, sous le général
Fraser, forte de neuf bataillons et d'une batterie d'artillerie, s'était dirigée sur Almeïda par Abrantès, Castello-Branco et Guarda ; la troisième, comprenant cinq
bataillons d'infanterie sous le général Paget, était partie
d'Elvas, marchant sur Alcantara, Coria, le Puerto de
Peralès et Ciudad-Rodrigo, où elle devait rejoindre les
deux précédentes ; enfin, on sait déjà que le général
Moore, croyant qu'aucune des routes conduisant à
Almeïda n'était praticable à l'artillerie, s'était décidé à
former sous les ordres du général Hope une quatrième
colonne comprenant la presque totalité de l'artillerie (six
batteries), deux régiments de cavalerie et quatre batail-

lons d'infanterie, et à la faire partir d'Elvas pour prendre la route de Badajoz à Madrid par Truxillo et Talavera-de-la-Reina ; elle devait rejoindre l'armée à Salamanque en passant par le Puerto de Guadarrama.

C'était à regret que le général Moore s'était décidé à
faire accomplir à cette colonne un aussi grand détour ;
mais il était convaincu qu'il était impossible de faire
autrement par suite du mauvais état des routes conduisant vers Almeïda.

On jugera de la déconvenue qu'il éprouva lorsqu'il
s'aperçut, en parcourant la route d'Abrantès à Almeïda
par Guarda, qu'elle était praticable à l'artillerie et que
les six pièces qu'il avait emmenées à tout hasard
passaient assez facilement ; arrivé à Almeïda il écrivait
le 8 novembre au général Hope ce qui suit :

> S'il nous arrive malheur, je n'aurai pas la nécessité pour
> excuse ; la route que nous suivons en ce moment est prati-
> cable pour l'artillerie : la brigade de Wilmot a déjà atteint
> Guarda, et la route dans la partie que j'ai vue jusqu'à pré-
> sent offre peu d'obstacles, qui d'ailleurs peuvent être facile-
> ment surmontés. Ce n'est que par nos propres officiers que
> nous avons acquis la certitude de cette viabilité ; quand la
> brigade était à Castello-Branco, on ne savait pas si elle pour-
> rait continuer.

Les regrets du général Moore auraient été encore
plus vifs s'il avait su que la route de Coïmbre à Almeïda
par Celorico était également praticable à l'artillerie, et
que, si le chemin par le Puerto de Peralès était certainement difficile et peut-être impraticable pour les voitures (1), en revanche la route d'Alcantara à Plasencia

---

(1) Les cartes de l'époque le marquent tantôt carossable, tantôt muletier,
d'où il faut conclure que sa viabilité n'était pas absolument certaine.

et de Plasencia à Salamanque par le Puerto de Baños était carossable (¹); il aurait donc pu y faire passer son artillerie, qui serait de la sorte arrivée à Salamanque à peu près en même temps que lui; cette solution, quoique médiocre, valait encore mieux que celle qu'il adopta.

Mais Sir John Moore était si mal renseigné qu'il ne sut rien de tout cela; il ignora même que les routes d'Almeïda à Coïmbre et à Abrantès avaient été parcourues pendant l'occupation française par le général Loison qui emmenait avec lui de l'artillerie.

Le mouvement des troupes anglaises continua régulièrement à partir du 11 novembre; elles marchèrent par petits détachements pour trouver à vivre plus facilement, et leur rassemblement s'en trouva fortement retardé; la tête des troupes arriva à Salamanque le 13 novembre, la queue seulement le 23; c'était beaucoup de temps pour réunir sur le même point une force qui n'excédait pas 17,000 hommes.

Au moment où le groupe sous les ordres du général Moore était concentré à Salamanque le 23 novembre, la tête des troupes du détachement du général Baird était arrivée à Astorga et le général Hope atteignait Navalcarnero à l'ouest de Madrid, sur la route de Talavera à l'Escorial. La marche des deux corps précédents s'était effectuée, comme celle des troupes du général Moore, par petits détachements se suivant à environ une journée de marche pour vivre plus commodément sur le pays. Le général Baird aurait préféré amener ses troupes sur Astorga en une seule masse,

---

(1) Le maréchal Soult y passa l'année suivante avec de l'artillerie.

mais le gouvernement espagnol lui avait imposé l'obligation de ne les faire marcher que par détachements
ne dépassant pas 2,000 hommes ; c'est pourquoi au
moment où la tête de ses troupes arrivait à Astorga,
le reste était encore échelonné sur la route de la Corogne, et il n'avait avec lui que de l'infanterie et de
l'artillerie ; sa cavalerie n'était arrivée à la Corogne que
du 7 au 12 novembre et n'avait pas pu quitter ce port
avant le 15 novembre.

Au moment où l'armée britannique pénétrait en
Espagne, de nombreux agents politiques anglais se
trouvaient détachés officiellement non seulement auprès
de la Junte centrale, mais encore auprès des juntes
provinciales et des généraux commandant les armées
espagnoles ; leur rôle était d'encourager la résistance
des Espagnols en leur prodiguant à la fois de l'argent
et des conseils, et de servir d'intermédiaires entre les
autorités espagnoles et le gouvernement anglais qu'ils
étaient chargés de renseigner.

Il y avait des agents civils et des agents militaires,
les uns envoyés par le gouvernement britannique, les
autres par les généraux de l'armée anglaise de Portugal.
Le chef des agents civils était M. Stuart, représentant
provisoirement le gouvernement anglais auprès de la
Junte centrale à Aranjuez ; il avait pour premier secrétaire M. Vaughan qui joua un rôle important auprès
du capitaine-général José Palafox. Les principaux
agents militaires étaient Lord William Bentinck,
envoyé à Madrid par le général Dalrymple, et le colonel Graham, envoyé par le général Moore à l'armée
de Castaños ; le major général Leith avait été envoyé
par le gouvernement auprès du général Blake, et le

colonel Doyle auprès de Palafox (¹). En dernier lieu, le gouvernement anglais, donnant plus de fixité à cette organisation, avait nommé envoyé extraordinaire et ministre plénipotentiaire auprès de la Junte centrale M. John Hookham Frere, qui débarqua à la Corogne dans le courant d'octobre, venant avec la flotte qui ramenait en Espagne les troupes du marquis de La Romana; il apportait avec lui 410,000 livres sterling destinées au gouvernement espagnol (²). M. Frere arriva à Madrid au commencement du mois de novembre, et prit immédiatement la direction des affaires politiques dans la Péninsule.

Il était temps qu'un personnage autorisé vînt coordonner les efforts des agents anglais en Espagne, car jusque-là les résultats obtenus n'étaient pas ceux qu'on aurait pu désirer; tous ces agents, détachés en général auprès des juntes et des armées de chaque province, avaient semé l'or à pleines mains dans les régions où ils se trouvaient, et avaient acquis de ce fait une importance considérable, mais ils n'avaient pas tardé à adopter les idées de particularisme provincial qui empêchaient les Espagnols d'obéir à une direction supérieure dans l'exécution d'un plan général d'opérations contre les Français. Beaucoup d'entre eux avaient même subi l'influence des autorités espagnoles près desquelles ils étaient accrédités, et ils ajoutaient foi aux renseignements exagérés que leur donnaient les Espagnols aveuglés sur leurs propres forces.

---

(1) Le gouvernement avait envoyé aussi auprès de Castaños le capitaine Wittingham et auprès de Blake le capitaine Carol.

(2) M. Frere rencontra à la Corogne le général Baird qui se trouvait sans argent par suite de la difficulté de se procurer des espèces avec des billets ; il lui avança alors 40,000 livres sterling sur les 410,000 qu'il apportait.

C'est pourquoi, lorsque Sir John Moore entra en Espagne, il n'avait que des renseignements confus et contradictoires sur la situation des armées espagnoles, leurs forces et les projets de leurs chefs : c'est à peine s'il savait à qui s'adresser pour établir un plan commun d'opérations, car la Junte centrale n'avait pas nommé de commandant en chef; toutefois, elle lui avait désigné le général Castaños comme celui avec lequel il pourrait se concerter au sujet des opérations militaires, et il lui avait écrit au commencement de novembre avant de franchir la frontière, comptant recevoir bientôt une réponse qui le mît au courant de la situation générale et l'éclairât sur la marche à suivre et les opérations à exécuter.

Le général Moore, à peine arrivé à Salamanque le 13 novembre, avait eu le temps d'éprouver de cruelles déceptions. Nous avons parlé déjà de ce qu'il constata au sujet de l'état des routes; il apprit bientôt des nouvelles plus sérieuses. Avant son entrée à Salamanque, on lui annonça la défaite complète de l'armée d'Extremadure à Burgos et l'entrée des Français dans cette ville ; or, d'après le plan de campagne des Espagnols, que lui avait communiqué Lord William Bentinck, il comptait que l'armée espagnole serait placée conformément aux dispositions arrêtées dans le conseil de guerre du 2 octobre, et qu'il trouverait vers Burgos l'armée de Galice, forte de 60,000 à 70,000 hommes ; que l'armée d'Extremadure rejoindrait ensuite l'armée anglaise, et que cette dernière irait alors se placer entre l'armée de Galice et celle du centre qui opérait dans la vallée de l'Èbre. Le général Moore pensait donc que son futur mouvement de Salamanque sur Burgos serait parfaitement couvert, d'autant plus que les Espagnols, pleins d'illusions sur leur propre puissance, affirmaient, avec sincérité d'ailleurs, que leurs armées comptaient 180,000 hommes.

La présence des Français à Burgos changeait complètement les données de la question, car dès lors non seulement le mouvement des Anglais sur Burgos n'était plus couvert, mais leur concentration à Salamanque n'était pas assurée. Cette situation donna à réfléchir à Sir John Moore dès son arrivée à Salamanque. On trouve dans une lettre qu'il écrivit à Lord William Bentinck le 13 novembre le secret de ses préoccupations, qui étaient multiples, car l'entrée en campagne de l'armée anglaise s'était effectuée dans les conditions les plus déplorables. D'abord on manquait d'argent : le général Moore ne possédait en entrant en Espagne que 25,000 livres pour subvenir aux besoins de son armée ; le détachement de David Baird était au début dans les mêmes conditions et le général Moore avait été obligé de lui envoyer 8,000 livres sur le peu qu'il possédait ; Baird avait été néanmoins contraint d'emprunter de l'argent à la Junte de Galice. La situation s'était ensuite améliorée, car M. Frere, arrivant à la Corogne, avait donné au général Baird une somme de 40,000 livres ; tous ces ennuis ne pouvaient pas durer très longtemps, car l'Angleterre était certainement assez riche pour payer et entretenir ses troupes, mais quoique momentanés, ces embarras d'argent étaient d'autant plus irritants que l'armée anglaise n'avait pas trouvé en Espagne les ressources sur lesquelles elle comptait, et l'on se souvient que Sir John Moore, sur les assurances du colonel Lopez, croyait qu'il trouverait des approvi-

sionnements tout prêts et des magasins établis d'avance;
mais dès son arrivée à Salamanque il fut bien obligé
de se rendre compte que les autorités l'aideraient fort
peu et qu'il éprouverait beaucoup de difficultés pour
se procurer ce qui lui était nécessaire.

Il en était de même pour David Baird à la Corogne.
De ce côté la grosse difficulté était de se procurer des
moyens de transport; l'armée de Galice avait déjà pris
la plus grande partie des animaux et des voitures, qui
depuis étaient devenus introuvables. David Baird se
plaignait de n'avoir pas été aidé par les autorités et
d'avoir été obligé de payer un prix exorbitant pour les
faibles moyens de transport qu'on avait pu réunir pour
son armée.

Comme on a pu le voir par ce qui précède, le général
Moore était en proie aux plus graves soucis depuis son
entrée en Espagne. On trouvera dans les lettres qu'il
écrivit à cette époque l'écho des ennuis qu'il éprouvait
et des pensées que lui suggérait sa situation.

SIR JOHN MOORE A M. FRERE.

Almeïda, 10 novembre 1808.

Comme M. Stuart m'a informé dans la dernière lettre que
j'ai eu l'honneur de recevoir de lui qu'il s'attendait à tout
moment à vous voir arriver à Madrid, j'en conclus que vous
êtes parvenu maintenant dans cette capitale.

Je ne veux pas vous importuner en vous donnant le détail
de mes mouvements; tous les renseignements à ce sujet vous
seront donnés par M. Stuart et Lord William Bentinck, avec
lesquels j'ai toujours été en correspondance depuis que j'ai
reçu le commandement.

La Junte suprême m'a désigné le général Castaños comme
étant la personne avec laquelle je dois correspondre et com-

biner toutes les opérations à entreprendre par les troupes sous mes ordres. Ceci ne peut être considéré que comme un acheminement vers sa nomination de commandant en chef des armées espagnoles, et puisqu'on est allé jusque-là, c'est pitié de voir qu'on ne veut pas aller jusqu'au bout, et lui donner de suite le commandement. Cette décision de la Junte ne m'a été communiquée que depuis peu de jours par Lord William dans une lettre que j'ai reçue pendant mon voyage pour venir ici. J'ai écrit au général Castaños pour lui donner tous les renseignements au sujet de l'armée britannique et du moment probable de sa réunion ; je lui ai demandé de me faire connaître ses plans et ses instructions relativement à la coopération qu'il attend de nous. Il va sans dire que j'aurais pris d'autres mesures si j'avais été informé plus tôt de la force et de l'état des différentes armées espagnoles. Dans la situation actuelle, la plus grande partie de l'infanterie du Portugal est en train de passer la frontière, et vers le milieu du mois elle sera réunie à Salamanque et Ciudad-Rodrigo. Le général Hope, avec l'artillerie, la cavalerie et 3,000 hommes d'infanterie, sera dans le voisinage de Madrid le 22, et la tête du corps de Sir David Baird atteindra Astorga le 14. Si rien ne s'y oppose, nous serons réunis dans les premiers jours de décembre, un peu plus tôt ou un peu plus tard, selon la situation et les mouvements des armées qui sont maintenant sur l'Èbre.

En attendant, je resterai à Salamanque, avec les troupes qui y seront rassemblées, jusqu'à ce que Baird et Hope se soient portés en avant. Il y a encore beaucoup à faire au sujet des équipages et de l'organisation du commissariat. A mesure que je pourrai mieux me rendre compte par moi-même des ressources de la région, je pourrai fixer la manière d'opérer pour nous assurer des subsistances ; pour le moment, nous dépendons forcément du gouvernement espagnol et de son directeur en chef, Don Vincente.

J'ai appris par Sir David Baird que vous aviez été assez bon pour lui céder 40,000 livres sur l'argent que vous apportiez avec vous d'Angleterre ; je dois vous remercier de ce secours, car, lorsqu'il s'est adressé à moi, ce n'est qu'avec beaucoup de difficulté que j'ai pu lui envoyer 8,000 livres. Nous sommes en ce moment dans la plus grande disette d'argent ; et s'il ne nous en arrive pas bientôt d'Angleterre ([1]), nous dépendrons entièrement de la générosité des Espagnols pour nos subsistances. Pour le moment, je doute que nous ayons de quoi assurer la subsistance des troupes après le 24 de ce mois. Je crains que pendant longtemps encore on ignore en Angleterre l'impossibilité de se procurer de l'argent en Espagne ou en Portugal. Je pars ce matin et me dirigerai par Ciudad-Rodrigo vers Salamanque, où j'espère avoir l'honneur de recevoir de vos nouvelles.

SIR JOHN MOORE A LORD WILLIAM BENTINCK.

Salamanca, 13 novembre 1808.

Je suis arrivé ici de bonne heure dans l'après-midi. Je suis fatigué non seulement par mon voyage, mais aussi parce que j'ai été obligé de m'entretenir avec plusieurs personnes, et si je n'étais désireux de vous envoyer un courrier aussitôt que possible, j'aurais retardé de vous écrire jusqu'à demain matin.

Je suis désolé d'être obligé de dire que je ne reçois que des plaintes de Sir David Baird au sujet de la Junte de la Corogne, qui ne lui a pas donné assistance ([2]). Elle avait tout promis, mais n'a rien donné, et après avoir attendu plusieurs jours les chariots qu'elle avait promis de fournir pour le transport des approvisionnements, son commissaire a été en fin de compte obligé de soumissionner à un prix exorbitant, et alors il les a obtenus. C'est là en vérité une manière de faire intolérable envers des troupes que le gouvernement espagnol a sollicitées, et dont il demande chaque jour la marche en avant.

([1]) Le vaisseau *le Tigre*, venant d'Angleterre, était arrivé à la Corogne le 9 novembre, apportant 500,000 piastres.

([2]) La Junte de Galice avait cependant prêté à sir David Baird 92,000 piastres ; les plaintes du général anglais doivent avoir trait à la réunion des moyens de transport.

. Lorsque je suis arrivé ici et que j'ai dit au colonel O'Low-
ler que je désirais constituer immédiatement des approvisionnements sur la route d'ici à Astorga, en vue de la marche
des troupes de la Corogne, il commença par me répondre
que les pouvoirs dont il aurait dû être muni et qu'on lui
avait promis d'envoyer de Madrid à sa suite, ne lui avaient
pas été expédiés ; qu'il ne disposait dès lors d'aucune autorité et qu'il n'avait pu agir jusqu'ici que grâce à son crédit
personnel. C'était là, en partie, un artifice *pour se faire
valoir* (¹) ; cependant cela m'a amené à penser qu'il n'était
pas l'homme qu'on aurait dû choisir pour nous ; mais puisqu'on l'a choisi, on aurait dû lui donner toute l'autorité
nécessaire pour le rendre utile. Je vous expose tout ceci,
quoiqu'il fût peut-être plus convenable d'en parler directement à M. Frere ; mais je suis plus à l'aise pour vous le dire
à vous, et je vous serai reconnaissant de parler à M. Frere
à ce sujet.

J'espère qu'il s'expliquera sérieusement avec les ministres espagnols, et leur dira nettement que s'ils comptent sur
le mouvement en avant de l'armée anglaise, ils doivent apporter un peu plus d'attention à ses besoins. Il faudra
m'envoyer des officiers capables, investis de pleins pouvoirs
pour recueillir les ressources du pays quand nous en aurons
besoin, et cela sans délai ; c'est ainsi que l'on fait, je pense,
pour les armées espagnoles ; nous paierons, mais on ne
devra pas permettre qu'on nous majore les prix ; il faudra
qu'on nous dise quel prix paie le gouvernement espagnol
en pareil cas. Nous n'éprouvons aucune difficulté avec le
peuple ; on nous reçoit bien partout. Mais chez les autorités
c'est l'inverse, et elles n'aiment pas les gens du pays qui
désirent notre assistance.

L'officier que vous me dites avoir été envoyé à sir David
Baird a voyagé à petites journées comme en temps de paix,
et est par conséquent arrivé trop tard quand il n'y avait
presque plus rien à faire. La tête de colonne de Baird est

---

(1) En français dans le texte.

aujourd'hui à Astorga ; mais si on avait attendu ledit officier, elle serait encore à la Corogne.

Les Espagnols semblent penser que chacun doit voler de
ses propres ailes.

Les troupes de Lisbonne ont commencé à entrer ici aujour-
d'hui, et continueront à arriver par détachements jusqu'au
23, où tout se trouvera rassemblé. J'ai prescrit à Baird de
faire continuer ses troupes sur Benavente, aussitôt que ses
approvisionnements le lui permettront ; et au moment où la
tête atteindra Benavente, je lui donnerai probablement l'ordre de s'avancer jusqu'à Zamora et de serrer ses troupes
sur cette place aussi près de moi que les ressources du cantonnement le permettront. Il est probable que le 23 courant
l'arrière-garde de Baird sera vers Zamora, mais cela dépendra des secours et de l'activité des autorités de la région ;
si elles sont lentes, il m'est impossible d'être rapide. Ceci,
toutefois, est dans la supposition que les Français ne nous
troubleront pas, et je pense que vous savez qu'ils sont à
Burgos.

A Ciudad-Rodrigo, j'ai reçu par exprès une lettre du comte
de Belveder, datée de Burgos le 9 novembre, me disant qu'il
s'attendait à être attaqué par des forces supérieures, et me
demandant de me hâter de lui porter secours. Je lui ai écrit
que j'avais marché pendant quelque temps avec toute la
rapidité possible, mais que s'il devait être attaqué si tôt, il
m'était impossible de lui prêter aucune aide, et qu'il fallait
exposer sa situation à Madrid. A mon arrivée ici, j'ai été
informé par le marquis de Cinalbo que les troupes espagnoles avaient été obligées de quitter Burgos, et que les
Français se trouvaient en possession de la ville. J'espère,
par la lettre que j'ai écrite au général Castaños, tirer de lui
quelques explications au sujet de ses projets, moyennant
quoi je pourrai régler mes propres opérations ; mais ses
mouvements et ceux de l'armée du général Blake doivent
être bien expliqués afin d'être bien compris, car quoiqu'ils
sussent que des forces britanniques venant de points différents étaient en marche pour se réunir, ils n'ont pas moins

rétrogradé en arrière du point de rassemblement, et nous ont laissés exposés à être attaqués et séparés avant d'avoir opéré notre jonction. Mais si nous étions réunis (¹), il pourrait compter fermement que je me porterais en avant avec mes forces, et que je courrais même le risque d'être attaqué par des forces supérieures pendant que son armée et celle de Blake sont ramenées à une distance telle qu'elles ne peuvent me prêter secours ; mais tout s'arrangera, je l'espère, quand j'aurai reçu des nouvelles du général Castaños.

En ce qui concerne les magasins, il m'est impossible de dire où ils doivent être formés, tant que je n'aurai pas de notions plus claires sur la probabilité d'exécuter tel ou tel mouvement. Mais on doit attacher auprès de moi des personnes autorisées, au courant des ressources du pays et qui, connaissant le gouvernement intérieur, les coutumes et les usages de l'Espagne, pourront recueillir ces ressources pour moi et l'armée anglaise de la même façon que pour l'armée espagnole. Ceci ne concerne pas seulement les approvisionnements, mais aussi les voitures, les chevaux, les cantonnements, en un mot tout ce dont les troupes ont besoin. Avec l'aide de personnes de cette sorte, nos commissaires pourront agir, mais sans elles, nous ne pouvons rien faire. La base de tout ceci doit être l'ordre envoyé aux autorités dans toutes les provinces de donner aux troupes anglaises le même secours qu'aux troupes espagnoles. Peu importe de savoir qui paiera ces fonctionnaires : il serait plus digne de la part de l'Espagne de les payer ; cependant nous les récompenserons suivant leurs mérites. En ce qui concerne l'établissement de magasins à Madrid, il est vraisemblable que c'est pour l'Espagne un endroit favorable pour y réunir un dépôt considérable de toute espèce de choses, c'est leur capitale, et ils le savent bien ; mais il ne me paraît pas que ce soit un endroit où les Anglais puissent être appelés à constituer des approvisionnements. Nous établirons de petits magasins pour la consommation (de l'armée) dans le voisinage des endroits où nous opérerons. Ces grandes res-

---

(1) C'est-à-dire : si les forces anglaises étaient réunies.

sources réunies dans une région en vue de l'approvisionnement général devraient être créées par l'Espagne ; quand
nous serons dans leur voisinage, nous y puiserons et nous
paierons ce que nous aurons pris. Mais il faudrait que l'Espagne les créât et supportât les frais et les charges de leur
conservation ; comme je crois que nous allons fournir des
subsides à l'Espagne, une partie de l'argent pourrait être
employée par elle dans ce but : mais c'est eux qui doivent le
faire, et non pas nous.

Je n'ai pas d'objection à vous faire, pas plus qu'à M. Frere,
relativement à la nécessité d'employer autant de troupes
anglaises que vous le jugez convenable. Il est certain que
les agents employés jusqu'ici par le gouvernement l'ont
trompé. Car les affaires ne se trouvent en aucune façon dans
l'état florissant que l'on a représenté et que l'on se figure
en Angleterre, et plus tôt la vérité sera connue en Angleterre, et mieux cela vaudra. Mais vous observerez que ce
sont les troupes que nous avons ici qui doivent sauver la
situation dans les circonstances critiques où nous sommes ;
or, je crains que les Français soient prêts et qu'ils n'atten-
dent pas.

Je ne diffère d'avis avec vous que sur un point, c'est
lorsque vous dites que le principal obstacle et la plus grande
résistance que rencontreront les Français seront constitués
par l'armée anglaise.

S'il en est ainsi, l'Espagne est perdue.

L'armée anglaise, je l'espère, fera tout ce qu'on peut
espérer de sa force numérique ; mais le salut de l'Espagne
dépend de l'union de ses habitants, de leur enthousiasme
pour leur cause, et de leur ferme et entière résolution de
mourir plutôt que de se soumettre aux Français ; c'est là
seulement ce qui les rendra capables de résister à l'attaque
formidable qui va se produire contre eux. Si tels sont leurs
sentiments, notre aide pourra leur être de la plus grande
utilité ; sinon nous serons bientôt débordés, fussions-nous
quatre fois plus nombreux (1).

_____

(1) Sir John Moore était mauvais prophète, car les événements ultérieurs

C'est pourquoi je désire beaucoup plus voir l'action et l'énergie dans le gouvernement, et l'enthousiasme dans ses armées, que voir augmenter mes forces. La situation est critique, la mienne particulièrement, je ne l'ai jamais considérée autrement, mais j'ai pénétré en Espagne à tout hasard : c'était l'ordre de mon gouvernement et c'était la volonté du peuple anglais. Je m'efforcerai de faire de mon mieux, espérant que tout le mal qui peut arriver n'arrivera pas, et que s'il nous arrive un peu de mal, nous aurons aussi un peu de bonne fortune.

Voilà une longue lettre pour quelqu'un qui disait qu'il était fatigué, mais j'ai été entraîné petit à petit par l'intérêt que je prenais à mon sujet. Vous ferez part à M. Frere de ce que vous jugerez convenable, et j'espère qu'il agira d'après cela. Ayez la bonté de m'excuser auprès de lui pour ne pas m'être adressé à lui directement.

Lord Paget se trouvait à la Corogne le 7 avec deux régiments de hussards, le 7ᵉ et le 10ᵉ ; les trois autres suivaient de près.

Le 15 novembre, Sir John Moore apprit que les Français étaient entrés à Valladolid dans la journée du 13, et que le général Pignatelli, gouverneur de la province, s'était enfui à leur approche. Il jugea la situation de son armée si compromise, qu'il se prépara à battre en retraite sur le Portugal si les Français continuaient leur marche dans la direction de Salamanque ; mais avant de prendre un parti, il envoya des reconnaissances d'officiers et des espions sur Valladolid pour vérifier l'occupation de la ville et la force des Français : en attendant ces renseignements, il ordonna au général Baird de réunir son corps à Astorga et de ne pas dépasser

---

démontrèrent amplement que l'armée anglaise était le seul obstacle sérieux pour les Français, qui battirent toujours avec la plus grande facilité les troupes et les guérillas espagnoles, et qui ne réussirent jamais à infliger aux Anglais une véritable défaite.

cette ville sans ordres, et au général Hope de venir le rejoindre à Salamanque en agissant à sa guise suivant ce qu'il apprendrait sur l'ennemi. Deux jours après, Sir John Moore apprenait que les forces françaises qui étaient entrées à Valladolid le 13 en étaient sorties le 14 [1], rétrogradant sur Palencia; elles n'étaient composées que d'un millier de cavaliers avec deux pièces de canon. Ses inquiétudes alors se dissipèrent un peu et il ne désespéra pas de se maintenir à Salamanque et d'effectuer sa réunion avec les généraux Hope et Baird; il écrivit à ce dernier de commencer son mouvement sur Salamanque en avançant un détachement jusqu'à Benavente.

D'après ce qui précède, on voit que le général anglais commençait déjà à supporter les conséquences de la faute qu'on avait commise en faisant entrer l'armée anglaise en Espagne en trois détachements suivant trois routes si éloignées les unes des autres. Sir John Moore n'était pas, il est vrai, complètement coupable, puisqu'on ne lui avait pas demandé son avis pour faire débarquer le corps de David Baird à la Corogne; mais il avait à se reprocher de s'être volontairement séparé de son artillerie et de sa cavalerie, et il lui fallait maintenant opérer la concentration de ses forces en présence de l'ennemi, qui la rendrait impossible, s'il avait vent de sa présence à Salamanque. C'est pourquoi le général Moore dut se repentir souvent de sa décision en constatant son impuissance à tenter la moindre opé-

---

(1) Le renseignement était exact; le général Franceschi était arrivé à Valladolid le 13, avec les 5e et 22e chasseurs, la légion hanovrienne et deux pièces; il en partit le 14 dans la direction de Medina-de-Rio-Seco sur l'ordre du général Milhaud auquel l'Empereur avait prescrit d'intercepter les chemins de Reinosa vers Léon pour capturer les convois de l'armée de Blake.

ration avec ses forces de Salamanque, composées uniquement de 17,000 fantassins avec une seule batterie et pas du tout de cavalerie, et qui ne pouvaient entrer en ligne contre une troupe comprenant une juste proportion des trois armes. Le général anglais se trouva donc réduit à attendre passivement jusqu'en décembre que le hasard permît à ses lieutenants de le rejoindre, sans autre ressource, pour lui comme pour eux, que de battre en retraite dès qu'une force ennemie un peu sérieuse serait signalée à proximité.

Depuis son entrée à Salamanque, le général Moore avait éprouvé de nouvelles déceptions. Alors qu'il espérait avoir des nouvelles du général Castaños qui l'auraient instruit de la situation et du plan de campagne des armées espagnoles, il avait reçu le 16 novembre une lettre de M. Frere l'informant que Castaños était destitué et que le marquis de La Romana était nommé commandant en chef ; or, il n'avait aucune nouvelle du marquis et ne savait absolument pas où le prendre. Il lui restait encore l'espoir de pouvoir par la suite réunir son armée à celle de Blake qui pouvait tenir longtemps dans les montagnes des Asturies, mais il apprit vers le 18 novembre que cette armée avait été battue et fuyait dispersée dans la direction de Reinosa. Il se trouvait donc désormais absolument isolé, avec son armée séparée en trois tronçons qu'il ne pouvait espérer réunir avant le commencement de décembre : il n'avait aucun renseignement sur l'armée espagnole du centre, la seule qui subsistât ; il ignorait tout des plans du gouvernement espagnol, et ne savait que peu de chose au sujet de la force de l'armée française et de ses mouvements. Dans cette situation critique, Sir John

Moore ne désespéra pas de la fortune, et résolut de tenter quand même de réunir son armée en se maintenant à Salamanque tant que les Français ne le forceraient pas à se retirer.   .

Le 23 novembre, au moment où les troupes du général Moore étaient concentrées à Salamanque, la colonne du général Baird avait sa tête à Astorga depuis plusieurs jours, alors que sa queue n'avait pas encore atteint Lugo; la cavalerie, notamment, était encore en arrière et le général ne pouvait pas s'éclairer. A la même date, la colonne du général Hope avait sa tête à l'ouest de Madrid, mais sa queue était encore au delà de Talavera-de-la-Reina. Le général Baird, isolé à Astorga comme le général Moore à Salamanque, et comme lui sans cavalerie, éprouvait les mêmes inquiétudes que son général en chef au sujet de sa position, et les lui communiqua dans une lettre qu'il lui écrivit le 23 novembre, en lui déclarant que vu la proximité de l'ennemi, signalé à Mayorga, il jugeait imprudent d'exécuter le mouvement qui lui était prescrit sur Benavente avant d'avoir tout son corps réuni. C'est dans cet état d'esprit qu'il reçut peu après une lettre du général Blake, qui venait d'arriver à Mansilla, et qui lui annonçait que les Français se trouvaient avec des forces considérables à Ampudia et Medina-de-Rio-Seco, et allaient marcher dans la direction de Leon. Cette nouvelle était fausse : il n'y avait vers Rio-Seco et Ampudia que quelques escadrons du général Franceschi; mais le général Baird crut Blake sur parole et, sans vérifier l'exactitude des renseignements reçus, ce qui lui était d'ailleurs difficile puisqu'il n'avait pas de cavalerie, il jugea que la marche des Français le menaçait trop directement pour qu'il pût se maintenir à

Astorga; il décida donc de battre en retraite, suspendit la marche de ses colonnes vers Astorga, et évacua cette ville après avoir détruit les approvisionnements qu'il y avait réunis.

Le mouvement du général Hope s'était effectué sans danger, mais au prix de grandes difficultés; lorsque sa tête de colonne approcha de Madrid, il fut prié par Lord William Bentinck de venir dans la capitale pour y avoir une conférence avec le général Morla; ce dernier était délégué dans ce but par la Junte centrale, qui, se faisant encore illusion sur le nombre et la puissance de ses armées, aurait voulu que l'armée anglaise pénétrât dans le centre de l'Espagne et se joignît à celle de Castaños. Le général Morla était chargé de pressentir le général Hope à ce sujet, et le mouvement de l'armée anglaise vers le centre de l'Espagne aurait commencé par celui de ses troupes sur Madrid. Le général Hope se rendit à Madrid le 19 novembre et eut une entrevue avec le général Morla et Lord William Bentinck; il ne fut pas long à s'apercevoir du désarroi qui régnait dans le gouvernement et du manque absolu d'idées nettes au point de vue des opérations militaires chez les généraux espagnols; il prit donc le sage parti de continuer sa route et de rejoindre le plus tôt possible son général en chef; il poussa ses troupes sur l'Escorial et fit serrer sa colonne sur ce point, où elle se trouva à peu près réunie le 26 novembre; le 27 et le 28, il franchit le col de Guadarrama.

Pendant ce temps, le général Moore attendait patiemment à Salamanque que le temps et les circonstances lui permissent de réunir à lui les corps des généraux Hope et Baird; mais il était toujours sur le qui-vive, et

sa situation lui paraissait tellement aventurée depuis
qu'il connaissait les défaites de Belveder et de Blake,
que même en supposant que son armée pût effectuer
sa concentration, il en était venu à penser que le meilleur parti à prendre était de retourner en Portugal, puisqu'il n'y avait plus dans la région où il se trouvait
aucune armée espagnole à laquelle il pût se joindre, et
que l'armée anglaise, complètement isolée, était incapable de lutter seule contre toutes les forces des Français;
les documents suivants donnent des renseignements précieux sur les événements qui amenèrent de nombreuses
fluctuations dans la pensée du général anglais pendant
la période du 15 au 25 novembre.

SIR JOHN MOORE A M. FRERE.

Salamanca, 16 novembre 1808.

J'ai eu l'honneur de recevoir cette nuit votre lettre du 13,
en même temps que celles du 14 de M. Stuart et de Lord
William Bentinck.

Il ne paraît pas encore certain que les Français aient
poussé en force jusqu'à Valladolid et, d'après les informations qui me sont parvenues la nuit dernière, il n'y a aucune
raison de croire qu'ils aient dépassé cette ville. Tout sera
éclairci dans le courant de la journée par les rapports des
officiers et des autres personnes que j'ai envoyés.

La conduite du général Pignatelli n'a certainement pas
été celle d'un personnage occupant un poste de confiance.
Il paraît s'être sauvé à la première alerte([1]). Il était en droit
de se retirer et de mettre sa personne en sûreté, mais il ne
devait pas aller plus loin: il aurait dû s'en tenir là et ne
pas laisser le peuple sans direction. C'était son devoir, je

([1]) Sa conduite à Logroño à la fin d'octobre avait été aussi peu brillante, et
Castaños l'avait destitué, ce qui n'avait pas empêché la Junte de le nommer
gouverneur de Valladolid.

crois, de recueillir des renseignements pour les communiquer à moi ou à ceux qui comme moi étaient matériellement intéressés (à les avoir).

Avant d'avoir reçu la lettre de M. Stuart, je ne savais pas que la défaite de l'armée d'Extremadure avait été si complète. Mais on ne pouvait pas s'attendre à un autre résultat du moment où un corps si faible se trouvait aventuré si près des forces de l'ennemi.

J'ai été jusqu'à présent incapable de comprendre les mouvements et la position des armées espagnoles, et j'ai été amené à admettre qu'elles avaient été formées en vertu de circonstances locales et d'après une connaissance du pays qui m'était étrangère. Autrement, j'aurais trouvé qu'elles occupaient un front beaucoup trop étendu pour leur force. Je commence à craindre que ce soit le cas actuellement, et que, si on ne change pas de système, nous soyons tous battus en détail à bref délai.

Couvrir et protéger l'armée anglaise pendant qu'elle marche pour se réunir en venant de points si éloignés, voilà ce que paraissent n'avoir jamais envisagé les généraux espagnols ; et maintenant, étant donnée la position que les Français ont prise, cette réunion va devenir extrêmement incertaine.

Ma position ici est mauvaise en tant que mes mouvements doivent y être limités, et elle ne me laisse d'autre faculté que de me retirer sur une région stérile. Je serais certainement mieux à Valladolid ; mais il m'est impossible de m'y rendre pendant que les forces françaises en sont si rapprochées et que les armées espagnoles se trouvent à une aussi grande distance. Jusqu'à ce que mes forces soient réunies, il faut que je sois couvert et protégé. Comme les corps (de mon armée) arrivent vers moi de directions opposées, de la Corogne et de Madrid, je ne peux pas aller au-devant de l'un d'eux sans augmenter ma distance avec l'autre et l'abandonner. Et si, pendant que tous deux marcheront vers moi, je suis forcé de me retirer, chacun d'eux courra le risque d'être détruit.

Jusqu'à présent, ce qui m'a frappé dans la différence de position entre les armées espagnoles et françaises, c'est que lesFrançais, pour se concentrer ou pour renforcer leurs ailes, se meuvent suivant le rayon, et les Espagnols suivent la circonférence : les mouvements des premiers sont courts et peuvent être facilement dissimulés ; ceux des seconds sont étendus et exposés à être enrayés.

Je vais écrire au général Hope de prendre pour but de me rejoindre ici avec toute sa colonne, mais de se conduire d'après les renseignements qu'il recevra sur les mouvements de l'ennemi et d'agir comme il l'entendra. Je vais ordonner au général Baird de réunir tout son corps à Astorga et environs, d'où sa ligne de retraite sur la Corogne sera assurée, mais je lui dirai de ne pas se diriger sur moi avant que je lui en donne l'ordre, et, pour le donner, je me baserai sur ce que j'aurai appris sur l'ennemi sur cette rive de l'Èbre et sur les renseignements que je compte recevoir du marquis de La Romana, au sujet de ses projets et de la direction qu'il pense donner aux armées espagnoles. Je ne sais pas pour le moment où prendre le marquis, c'est pourquoi je vous adresse cette lettre militaire, en vous priant de la lui communiquer.

Le contenu des deux lettres que j'ai adressées dernièrement au général Castaños, et qui lui ont été envoyées sous le couvert de Lord William Bentinck, lui sera certainement remis. Le ton conciliant que j'ai adopté dans ma lettre au général Castaños, et que je conserverai avec le marquis de La Romana, sera, je l'espère, approuvé par vous. Je désire bien convaincre quiconque commande les armées espagnoles que je me considère comme n'ayant pas d'autres intérêts que les siens, et qu'il me trouvera aussi prêt que n'importe lequel de ses généraux à suivre et à exécuter ses plans. Quant à l'autorité et au contrôle de la direction de ma propre armée, que je possède comme chef d'une force auxiliaire, j'en fais une question à part, et j'espère n'être jamais obligé de m'en prévaloir.

Vous savez déjà combien nous manquons d'argent...Quant

aux subsistances, je ne crains pas d'en manquer; s'il y en a dans le pays, et que nous ayons de l'argent, notre commissariat en obtiendra. Ce qu'il nous faut ici, c'est quelques personnes au courant des coutumes et munies de pouvoirs pour nous valoir l'aide du pays, celle des magistrats et des autorités civiles. . . . .

Je n'ai plus à effleurer qu'un sujet: lorsque des officiers ont été employés dans les différentes armées pour correspondre (avec le gouvernement) ils ont pu rendre des services avant que vous ou moi fussions envoyés en Espagne, lorsqu'il était nécessaire pour le gouvernement de savoir en Angleterre ce qui se passait ici; mais pour ma part je désapprouve totalement qu'aucune personne, sauf vous ou moi, soit autorisée à correspondre officiellement avec le gouvernement ..... et je désire changer radicalement tout ce système. . . .

M. CHARLES STUART A SIR JOHN MOORE.

Madrid, 17 novembre 1808.

La défaite subie par Blake le 11 de ce mois, l'occupation de Valladolid par les Français et la distance qui sépare les différentes divisions de votre armée, donnent lieu aux plus amères réflexions. Les ordres qui ont été envoyés par la Junte, en conséquence de cet état de choses, seront, je le crains, inefficaces pour arrêter le mal.

L'arrivée de quelques régiments en Andalousie, la concentration des fuyards de Burgos à Ségovie, et les tentatives qu'on fait pour défendre les passes de Somosierra et de Guadarrama ne sauveront ni Madrid ni l'Espagne. Et à moins que Blake n'effectue sa jonction avec vous et à moins que Castaños ne réunisse tout ce qu'il y a en Aragon, en Catalogne, la division de Reding, etc., de façon à avoir une force supérieure à celles de l'adversaire qui s'accroissent tous les jours, je ne peux conserver aucun espoir sérieux d'arriver à un bon résultat.

Salamanca, 19 novembre 1808.

Un courrier de Madrid m'a apporté ce matin des lettres
de M. Stuart et de Lord William Bentinck datées du 17 ; la
première renfermait un ordre de la Junte suprême de Ciudad-
Rodrigo de mettre à ma disposition 20,000 piastres qui
seraient remboursées ultérieurement. La Junte de Salamanque s'efforce de nous fournir de l'argent ; rien n'égale
les attentions du marquis de Cinalbo, le président ; le clergé
avec Don Curtis à sa tête fait tout ce qu'il peut ; un couvent de religieuses a même promis 1,000 livres ; tout cela
prouve beaucoup de bonne volonté. Malgré tout, les sommes
ainsi produites sont faibles et nullement en rapport avec nos
besoins. J'espère que de Madrid vous pourrez vous fournir de
plus amples secours, jusqu'à ce que nous en recevions d'Angleterre. Un messager royal m'a apporté dans la nuit du 17
une lettre de Lord Castlereagh, du 2, m'informant que 2 mil-
lions de piastres sont en route pour la Corogne ; mais Sa Seigneurie ajouté que la difficulté de se procurer du métal
argent est telle en Angleterre, qu'il ne faut pas compter sur
un nouvel envoi avant plusieurs mois, et elle insiste sur la
nécessité de prendre des mesures pour se procurer de l'argent sur place. L'arrivée de la somme sus-mentionnée ne
doit donc pas vous empêcher de faire tout ce que vous pourrez pour nous à Madrid.

Les Français, qui étaient entrés à Valladolid dans l'après-
midi du 15, en sont partis le matin suivant : ils étaient au
nombre d'un millier de cavaliers avec deux pièces de canon ;
ils sont retournés à Palencia d'où ils ne sont plus sortis.
J'ai écrit à Sir David Baird de faire avancer une partie de
son corps jusqu'à Benavente et de garder le reste à Astorga ; quand cela sera fait, il fera avancer le corps de
Zamora et suivra avec le reste. Mais comme l'opportunité
de ce mouvement dépend de ceux de l'ennemi, son exécution
est entièrement laissée à l'initiative de Sir David, qui se con-

duira d'après les renseignements qu'il recevra. Son arrière-garde n'atteindra pas Astorga avant le 14 décembre.

J'ai appris la défaite du général Blake et sa retraite sur Reinosa, mais je ne connaissais aucun détail avant d'avoir reçu ce matin la lettre de M. Stuart; le général Leith, qui est employé à cette armée pour donner des renseignements, ne m'a jamais écrit une ligne depuis que j'ai pris le commandement. Je manque d'officiers généraux; je lui ai en conséquence écrit de laisser sur place un de ses officiers pour assurer la correspondance, et de rejoindre Sir David Baird à Astorga. Les scènes que le colonel Graham décrit comme se passant au quartier général de l'armée du centre sont déplorables. L'impuissance du gouvernement espagnol dépasse toute conception. Quelle que soit la bonne volonté des habitants, elle est de peu d'utilité lorsqu'on n'est pas capable de la mettre en œuvre.

Je ne suis en communication avec aucune des armées espagnoles, et je ne suis au courant ni des intentions du gouvernement espagnol, ni de celles d'aucun de ses généraux. Castaños, avec lequel j'ai été mis en relations, est relevé de son commandement au moment où j'aurais pu espérer avoir de ses nouvelles, et La Romana, avec lequel je suppose que je dois maintenant correspondre (car on ne m'en a pas officiellement informé) est absent, Dieu sait où. Pendant ce temps, les Français ne sont qu'à quatre marches de moi, au moment où mon armée ne fait que se rassembler; quelle est leur force, c'est ce que je ne puis savoir. On ne m'a ouvert aucune source de renseignements, et je ne suis pas depuis assez longtemps dans le pays pour me les procurer moi-même. Je vous fais part de ces particularités. Je voudrais pouvoir me rendre moi-même à Aranjuez ou à Madrid pour faire des représentations à ce sujet, car vraiment, si les choses doivent rester en cet état, la ruine de la cause de l'Espagne et la défaite de ses armées sont inévitables; et il deviendra de mon devoir de ne plus considérer que le salut de l'armée anglaise, et de prendre des mesures pour la sortir d'une situation où, sans possibilité de faire œuvre utile, elle est exposée à une défaite certaine. . . . .

LE GÉNÉRAL HOPE A SIR JOHN MOORE.

Madrid, 20 novembre 1808.

En raison d'une lettre pressante de Lord'William Bentinck, je suis venu hier à Madrid.

Ce matin, Lord William et moi nous avons eu une longue conversation avec Don Thomas Morla, autorisé par la Junte à conférer avec nous au sujet de l'état des affaires.

Cette conférence consista en beaucoup de raisonnements sans suite, et il est parfaitement évident qu'il n'existe absolument aucun plan, au sujet des futures opérations militaires, tant en cas de succès qu'en cas de revers.

Tout se ressent de l'impuissance et de la désunion du gouvernement tel qu'il est constitué.

Le seul résultat de la conférence qui vaille la peine de vous être communiqué, c'est que Morla est absolument d'avis (et déclare que c'est aussi le désir du gouvernement) que, dans le cas actuel, l'armée anglaise se trouvant maintenant empêchée d'opérer sa réunion, il faudrait, dans le but d'avancer le moment d'entreprendre des opérations offensives, opérer la réunion dans le centre de l'Espagne de telle partie de cette armée que l'on pourrait rassembler en une seule masse. . . . .

SIR DAVID BAIRD A SIR JOHN MOORE.

Astorga, 23 novembre 1808.

Plus je considère notre situation, et plus je suis convaincu du danger qu'il y aurait pour moi à faire pour le moment le moindre mouvement en avant, ou à essayer de vous rejoindre avant que mes forces soient plus concentrées. Nous n'avons aucune espèce de secours à attendre des Espagnols, qui sont complètement dispersés et hors de cause. Et si je devais me porter en avant avec l'infanterie que j'ai en ce moment ici, je m'exposerais forcément à être battu en détail, sans aucune chance de pouvoir opposer aucune résistance sérieuse.

L'ennemi est certainement à Mayorga et ses postes se

sont avancés tout près de Benavente. Comme je manque en ce moment de cavalerie, je n'ai pas pu vérifier jusqu'où son infanterie s'est avancée. Mais comme l'armée qui a battu Blake est disponible depuis le 13, et que celle qui a mis en déroute l'armée d'Extremadure l'est depuis le 10, je ne puis pas croire que ces deux armées soient bien éloignées.

Sur ma gauche, l'ennemi s'est avancé jusqu'à San-Vicente-de-la-Barquera et Colombrès, qui ont été attaqués le 19 courant. Il n'y a pas le moindre doute que ces deux points aient été enlevés, car il ne paraît pas qu'il y ait dans les Asturies aucune force capable de résister. Et si l'ennemi a réussi, ma communication avec mes derrières peut être menacée, s'il s'avance sur la route de Mondoñedo ou Lugo.

Dans ces circonstances, j'ai considéré comme de mon devoir de consulter les officiers généraux qui sont ici sur les mesures qu'il conviendrait d'adopter; et leur sentiment, parfaitement d'accord avec le mien, est qu'à moins que vous le jugiez absolument nécessaire, il ne serait pas prudent d'essayer de me porter en avant sans que je fusse en mesure de réunir toutes mes forces dans cette place avant de commencer mon mouvement. Si l'ennemi s'avance en forces avant cette réunion, qui n'aura pas lieu avant le 4 décembre, j'agirai suivant les instructions générales de vos lettres et spécialement d'après l'intention que vous manifestez dans celle du 15 de retourner à Ciudad-Rodrigo si l'ennemi va plus loin que Valladolid, et je commencerai immédiatement à battre en retraite, en prenant soin, si je peux, de me mettre en marche quand l'ennemi sera à trois jours de marche de moi, pour éviter la confusion et les pertes qu'entraîne toujours une poursuite rapprochée.

J'en étais là de ma lettre quand j'ai eu le plaisir de recevoir vos deux lettres du 19 ; je suis particulièrement satisfait d'avoir votre approbation au sujet des mesures que je me proposais d'adopter. Il est véritablement extraordinaire que je n'aie pu obtenir aucune espèce de renseignement sur la position de l'infanterie ennemie, quoique j'aie fait tous mes efforts pour avoir des nouvelles.

Je vous envoie une copie de quelques informations communiquées par une personne qui a été envoyée de Leon pour prendre des renseignements sur les mouvements des Français, et une copie d'une lettre du colonel Graham, venant du quartier général de l'armée de Castaños.

La dernière montre clairement combien ont été exagérées les évaluations qui avaient généralement cours au sujet de la force des armées espagnoles.

Selon toute probabilité, Castaños et Palafox doivent en ce moment avoir essuyé les mêmes revers que Blake, et dans ce cas, les Espagnols n'ont peut-être plus en campagne aucune force méritant le nom d'armée.

Comme il n'a jamais pu entrer dans les intentions du gouvernement anglais que notre armée entreprît la défense de ce pays sans être aidée et secourue par aucune force espagnole, j'avoue, mon cher Sir John, que je commence à être incapable de découvrir quel but nous pourrions en ce moment poursuivre en Espagne ; car il est bien évident que les Espagnols ne sont pas maintenant en état de réunir une force suffisante pour opposer une résistance sérieuse au progrès des armes françaises.

Il est bien étonnant que je n'aie pas pu me procurer le moindre renseignement, et que je n'aie reçu aucune information ni des autorités officielles de Madrid ni des généraux espagnols. Ni M. Frere ni Lord William Bentinck ne m'ont écrit depuis fort longtemps.

SIR JOHN MOORE A LORD CASTLEREAGH.

Salamanca, le 24 novembre 1808.

J'ai reçu le 17 courant la lettre que Votre Seigneurie m'a fait l'honneur de m'adresser le 2, par un courrier du Roi.

Ma lettre de Lisbonne du 27 octobre aura informé Votre Seigneurie qu'y ayant terminé tous les arrangements nécessaires, j'étais au moment de suivre les troupes qui étaient déjà en marche pour l'Espagne ; voyageant avec mes chevaux et forcément retenu par des affaires sur différents points de la route, je ne parvins à Salamanque que le 13. Le lendemain, les régiments commencèrent à arriver, et vinrent successivement par corps les jours suivants. Les trois divisions d'infanterie, qui sont parties sous les ordres du lieutenant-général Fraser, des majors généraux Paget et Beresford, sont actuellement toutes ici, ainsi qu'une brigade d'artillerie qui a suivi la route d'Abrantès et de Castello-Branco, non sans éprouver de grandes difficultés. Il manque encore une brigade d'infanterie, qui a quitté Lisbonne en dernier lieu. Elle est employée à l'escorte de l'artillerie et de chariots de munitions qui arrivent pour le service de l'armée.

Les troupes ont bien marché malgré le très mauvais temps et les plus détestables chemins que j'aie jamais vus ; elles ont actuellement aussi bonne mine, et sont beaucoup mieux en état de servir que lorsqu'elles ont quitté Lisbonne.

Leur conduite dans la marche et depuis leur arrivée ici a été exemplaire ; leur tenue, leur bon ordre leur font honneur, et prouvent bien le soin et l'attention qu'y ont donnés les généraux et les officiers qui ont dirigé les marches et qui ont le commandement immédiat des troupes.

Le lieutenant-général Hope, qui commande le corps parti de Badajoz pour se diriger sur Madrid, arrivera le 25 avec la tête de cette division à Arevalo, où je lui ai donné ordre de s'arrêter et de prendre position. La tête de la colonne qui est sous les ordres de Sir David Baird est arrivée de la Corogne à Astorga le 13, et la totalité, y compris le 7ᵉ, le 10ᵉ et le 15ᵉ de dragons, y sera rassemblée vers le 15 décembre, époque avant laquelle le général Hope sera aussi réuni à Arevalo.

Si nous n'éprouvons point d'obstacles, la jonction de l'armée sera effectuée au commencement du mois prochain ; mais les Français, après avoir battu l'armée de l'Extremadure, se sont avancés jusqu'à Burgos. L'armée du général Blake en Biscaye a été défaite, dispersée, et ses officiers et soldats sont en fuite de tous côtés. Les armées de Castaños et de Palafox, sur l'Èbre et dans l'Aragon, sont trop éloi-

gnées de moi pour pouvoir me prêter le moindre secours.
Dans de pareilles circonstances, la réunion de cette armée
devient extrêmement précaire, et demande à être opérée
avec beaucoup de circonspection ; si les Français marchent
contre nous avant qu'elle soit effectuée, il faut que Sir David
Baird se retire sur la Corogne, et je serai forcé de me replier
sur le Portugal, ou de joindre le général Hope pour me retirer sur Madrid.

Les renseignements que doit déjà avoir Votre Seigneurie
rendent peut-être moins nécessaire que j'insiste sur l'état
des affaires en Espagne, si totalement différent de celui
qu'on avait lieu d'espérer d'après les relations des officiers
employés aux quartiers généraux des différentes armées de
l'Espagne. Tous paraissent avoir été indignement trompés,
et il semble qu'avant l'arrivée de M. Stuart et de Lord William Bentinck à Madrid et du colonel Graham à l'armée
du centre, il n'a été transmis aucun rapport exact sur l'état
des armées de l'Espagne. Si l'on eût bien connu leur force
réelle et leur composition, la situation du pays qui se trouvait sans défense, ainsi que l'esprit du gouvernement central, je crois que Cadix et non pas la Corogne eût été choisi
pour point de débarquement des troupes de l'Angleterre,
et que Séville ou Cordoue et non pas Salamanque eussent
été jugées les places convenables pour le rassemblement de
cette armée.

Le gouvernement espagnol paraît n'avoir jamais envisagé
la possibilité d'une seconde invasion, et n'est sûrement pas
préparé à s'opposer à l'attaque que l'ennemi opère en ce moment. Ses armées sont inférieures en nombre à celles des
Français. Celle que commandait Blake ne dépassait pas,
avec le corps de La Romana, 37,000 hommes ; encore une
partie était-elle composée de paysans. Les armées de Castaños et de Palafox réunies ne forment pas actuellement
plus de 40,000 hommes et ne sont pas, je le crains, mieux
composées ; en dernier lieu même, elles étaient beaucoup
plus faibles.

Dans les provinces, il n'existe aucune force armée quelconque, soit pour les protéger immédiatement, soit pour renforcer les armées. La cavalerie française part de Burgos en petits détachements, parcourt la province de Leon et lève des contributions, auxquelles les habitants se soumettent sans opposer la moindre résistance. Cet enthousiasme dont on nous parle tant ne se manifeste nulle part ; s'il y a quelque bonne volonté (et je crois qu'il y en a beaucoup dans la classe inférieure), on n'en tire point parti.

En ce moment je n'ai de communication avec aucun des généraux qui commandent les armées d'Espagne. J'ignore leurs plans et ceux du gouvernement. Le général Castaños, avec lequel, après l'avoir plusieurs fois demandé, j'étais au moment de communiquer pour combiner les opérations de l'armée anglaise, a été destitué de son commandement quand je venais de commencer ma correspondance avec lui. Le marquis de La Romana qui est nommé pour lui succéder est encore à Santander. Je ne sais quelle sera l'influence du marquis quand il aura pris le commandement. Le général Castaños n'en a eu que très peu ; les généraux ont intrigué contre lui, et les commissaires civils envoyés par la Junte suprême, n'ayant aucune suite dans les idées, n'ont eu pour but que de semer la division et de contrôler toutes les actions du général.

Dans cet état de choses, il m'est difficile d'arrêter d'autre plan que celui de rassembler l'armée ; je serai alors en état d'entreprendre quelque chose ; et si les Espagnols, réveillés par leurs infortunes, se réunissent à nous et viennent à acquérir plus d'enthousiasme et d'énergie, on pourra avoir l'espoir d'expulser les Français. J'ai voulu montrer à Votre Seigneurie les choses comme elles sont, pour qu'Elle en informe le gouvernement ; il ne servirait à rien de les représenter autrement, car tel est l'état auquel nous devons remédier. Ce n'est pas que je me livre au découragement, ni que je veuille l'inspirer aux autres, mais notre situation ne peut manquer de devenir bientôt difficile.

Il faut s'attendre à des revers, et quoique je sois persuadé que notre armée fera toujours son devoir, encore le succès définitif dépendra-t-il plus des Espagnols eux-mêmes et de leur dévouement enthousiaste à leur cause que des efforts des Anglais, qui, s'ils ne sont pas ainsi secondés, ne sont pas en état de résister aux armées qui leur seront incessamment opposées.

SIR JOHN MOORE A LORD CASTLEREAGH.

. Salamanca, 24 novembre 1808.

J'ai été si occupé par les affaires de l'armée que j'ai compté sur M. Frere, M. Stuart et Lord William Bentinck pour vous rendre un compte exact de la situation civile et militaire de ce pays. Mon armée est certainement beaucoup trop aventurée, et peut être obligée à agir avant d'être réunie et avant qu'on lui ait amené ses approvisionnements et ses munitions pour la mettre à même d'opérer. Je n'ai jamais compris dans quel but les généraux espagnols séparaient leurs armées, sans communications entre elles, sur chaque flanc des Français, mais j'ai admis que leurs plans devaient être basés sur leurs forces et établis d'après des connaissances du pays et d'autres conditions qui m'étaient inconnues. Lorsqu'on proposa Burgos, je fus convaincu que ma sécurité serait complète en rassemblant l'armée à Salamanca. Mais si j'avais connu plus tôt la faiblesse des armées espagnoles, l'état de ce pays sans défense, l'apathie qu'on voit chez le peuple et l'imbécillité égoïste du gouvernement, je ne me serais certainement pas pressé d'entrer en Espagne ou d'approcher du théâtre des opérations avant que mon armée fût réunie et avant d'avoir pris toutes mes dispositions préliminaires. Après mon arrivée ici et le débarquement des troupes à la Corogne, il était trop tard pour se retirer, et cependant je crains que ce n'ait été le meilleur parti à prendre pour moi, car je ne vois rien qui puisse résister aux forces qu'on va faire agir contre ce pays. Il ne paraît y avoir ni armée, ni généraux, ni gouvernement. Je ne peux pas apprécier quelle serait la puissance d'un peuple enthousiaste et résolu si l'on mettait à sa tête des personnes capables de le diriger. Mais jusqu'à présent on ne peut rien apercevoir de ce genre, et je ne vois pas d'autre chance de résistance pour l'Espagne. Ici nous sommes livrés à nous-mêmes, réduits à faire de notre mieux, sans communication avec aucune autre armée, sans connaissance de la force ou de la position de l'ennemi, et dans l'impossibilité de nous en procurer dans un pays où nous sommes étrangers, et complètement ignorants des plans ou des désirs du gouvernement espagnol. En réalité, d'après ce que j'ai appris, la Junte, effrayée par la situation qu'elle avait peut-être prévue ou voulu éviter, est incapable de former aucun plan ou de prendre aucune décision ferme. J'ai naturellement communiqué mes impressions à M. Frere, et dans une lettre précédente je lui ai dit franchement que la ruine de la cause espagnole me semblait inévitable, et qu'il serait bientôt de mon devoir de ne plus songer qu'au salut de l'armée britannique, et de la retirer d'une aventure où elle pourrait se faire détruire sans espoir de faire le moindre bien. Jusqu'à présent je suis en communication constante avec sir David Baird et le général Hope. On nous envoie de la Corogne et de Lisbonne tout ce dont nous pouvons avoir besoin, aussi vite que le permettent les difficultés naturelles des pays traversés et les faibles moyens de transport qu'ils fournissent. Je ferai tous mes efforts, ainsi que tous les officiers, pour réunir l'armée. Mais il faut que Votre Seigneurie se prépare à apprendre que nous avons échoué, car dans la position où nous sommes, le succès ne peut pas être obtenu, quelques efforts que nous puissions faire, si l'ennemi est prêt à nous combattre. Je suis sans un shilling pour payer l'entretien de l'armée, et je crains journellement que, par suite du manque d'argent, on cesse de nous fournir des vivres.

Les 500,000 piastres dont parle Votre Seigneurie sont considérées par Sir David Baird comme envoyées à lui personnellement : il les a prises et les a à peu près dépensées. L'argent qu'il est possible de se procurer à Madrid et dans d'autres villes d'Espagne est en quantité insignifiante et il est impossible de dire dans quel embarras nous met le manque de cet article essentiel ; il n'y a que l'abondance de l'argent et la rapidité des paiements.qui, lorsque nous commencerons à nous mettre en mouvement, pourront compenser le manque d'expérience et de capacité de notre commissariat. . . . . .

Je ne crois pas qu'on puisse trouver nulle part en Espagne une quantité considérable d'argent, et il faudra que Votre Seigneurie nous en envoie bientôt d'Angleterre. Des approvisionnements ne nous seraient pas utiles, sauf si nous opérions près des côtes : il serait impossible à de telles distances de nous les faire parvenir, ou de leur faire suivre le mouvement des troupes. J'ai l'intention de prescrire que les troupes se procurent elles-mêmes la viande, et de n'avoir recours au commissariat que pour le pain, le vin et le fourrage....., mais pour pouvoir prendre cette mesure, il faut que je sois certain d'avoir de l'argent pour payer, ce qui n'est pas mon cas pour le moment.

Quant aux officiers employés dans les armées,... je ne puis m'empêcher de penser qu'ils ont été nuisibles, probablement sans le vouloir, car les renseignements qu'ils ont envoyés ont eu pour résultat de tromper ; rien en effet ne diffère plus de la situation réelle de l'Espagne, de la force, de la composition et de l'état de ses armées, que tout ce que j'ai toujours lu dans les rapports qu'ils ont envoyés. . . . . . .

Ce que j'ai écrit dans mon rapport officiel au sujet de la conduite des troupes n'est pas au-dessus de leur mérite ; rien n'égale leur bonne tenue qui fait l'étonnement et l'admiration des Espagnols.

EXTRAIT D'UNE LETTRE DE SIR JOHN MOORE A SON FRÈRE (¹).

Salamanca, 26 novembre 1808.

Quand je suis entré en Espagne, j'ai trouvé les affaires dans un état bien différent de celui auquel je m'attendais ou de celui que l'on croyait en Angleterre.

_____

(1) James Moore, p. 72-73.

. Je suis dans un guêpier dont Dieu seul sait comment je pourrai me sortir. Mais, au lieu d'être rassemblée à Salamanque, cette armée aurait dû l'être à Séville. Les pauvres Espagnols méritent un meilleur sort, car ils paraissent être une belle nation, mais ils sont tombés dans des mains qui les ont perdus par apathie . . . .

La Junte, jalouse de ses généraux, ne leur a donné aucune autorité et les a mis à la tête d'armées séparées, indépendantes les unes des autres ; elle a ainsi empêché toute unité d'action ; elle ne s'est pas donné de mal pour rassembler des armées ou pour leur fournir des armes et des vêtements. Lorsque j'ai pénétré dans ce pays, en trois fractions venant de la Corogne, de Lisbonne et des environs de Madrid, au lieu de trouver une armée protégeant la réunion des trois corps jusqu'à l'arrivée des approvisionnements et du matériel nécessaires à notre entrée en action, j'ai trouvé les armées espagnoles placées sur les deux flancs des Français, l'une en Biscaye et l'autre sur la rivière d'Aragon, à une distance telle, qu'il leur était impossible de se soutenir mutuellement ou de combiner leurs mouvements, laissant ainsi les Français maîtres d'attaquer chacune d'elles avec toutes leurs forces dès qu'ils seraient prêts.

Les Français ont donc attaqué Blake et complètement dispersé son armée. Les officiers et les hommes fuient dans toutes les directions ; plusieurs ont passé par ici. Ils ont aussi battu un corps appelé l'armée d'Extremadure, à Burgos, où il avait été envoyé sans motif, tout près du gros des forces françaises.

J'étais désireux d'entrer en relations avec Castaños, et de combiner mes mouvements avec les siens, mais à peine avais-je commencé ma correspondance avec lui, qu'il fut destitué, et que le marquis de La Romana fut nommé commandant en chef ; mais d'après les dernières nouvelles que j'ai de lui, il se trouvait à Santander.

Je ne suis en correspondance avec aucun des généraux espagnols ni avec aucune armée. Je ne connais ni leurs plans ni ceux du gouvernement espagnol. Aucun canal -

d'information ne m'a été ouvert, et en ma qualité d'étranger, je n'ai pas pu moi-même en établir un qui fût sûr.

L'ennemi est à Valladolid, je ne puis évaluer en quelle force, et j'ai ma jonction à faire avec Baird dont toutes les forces ne seront pas réunies à Astorga avant le 5 décembre, et avec Hope, qui sera à Arevalo à peu près au même moment.

Castaños et Palafox ont environ 40,000 hommes, la plus grande partie composée de paysans indisciplinés, sur l'Èbre et l'Aragon. Et c'est tout ce que les Espagnols ont à opposer à 100,000 hommes de troupes françaises. Les provinces ne sont pas armées, et quant à l'enthousiasme, je n'en ai pas vu de traces.

Il est inévitable que les Espagnols soient chassés de Madrid : ils n'ont aucune force capable de résister. Je ne puis prévoir quand ils se relèveront, ni si, en fin de compte, ils se relèveront. Dans cette province, et dans la Vieille-Castille, il n'y a ni apparence d'effort ni aucune intention d'en faire. La cavalerie française parcourt les plaines et lève des contributions auxquelles le peuple se soumet sans résistance.

Il y a peut-être plus de caractère dans d'autres endroits ; on peut faire beaucoup avec de l'enthousiasme et une résolution obstinée à ne pas subir le joug des Français. Mais même dans ce cas, le gouvernement a été imprévoyant ; les armes, les munitions et autres moyens, tout manque.

Il est donc probable que les Français réussiront, et si cela arrive, ce sera parce que, après le premier effort, il ne s'est manifesté aucun talent pour mettre à profit l'impulsion première et l'enthousiasme qui existait alors.

Je crois que tout est crainte et confusion à Madrid. . .

Je dors peu ; il n'est que 5 heures du matin, et j'ai déjà terminé cette longue lettre avant de me lever.

SIR JOHN MOORE A LORD CASTLEREAGH.

Salamanca, 26 novembre 1808.

J'ai été très surpris de ne pas recevoir des nouvelles de M. Frere, car il aurait été à même de juger, d'après l'état de

la Junte et de l'opinion publique, quels efforts seront vraisemblablement faits pour résister aux Français, car c'est
d'après cela que je me déciderai à battre en retraite sur le
Portugal ou sur Madrid dans le cas où cela serait nécessaire.
Si je suis obligé de me retirer avant ma jonction avec Sir
David Baird, ce sera, je crois, sur le Portugal. Après notre
réunion, je préférerais Madrid, à moins que je voie clairement que tout est perdu et que la résistance est inutile de la
part des Espagnols. Si nous restons en Espagne, on ne saurait nous envoyer trop de cavalerie, car celle des Français
est nombreuse et les Espagnols en ont peu ou pas.

Hier j'ai reçu une lettre du général Leith, de Leon, où il
est arrivé avec le marquis de La Romana. J'espère voir le
marquis à son passage quand il ira à Madrid... Le général
Blake est non loin de Leon, mais je crois qu'il est seul, sans
aucune fraction de son armée qui est complètement dispersée.

Tout en pensant à battre en retraite, le général Moore
attendit encore quelque temps avant de se décider ; il
n'admettait pas que l'armée anglaise pût rester ainsi
isolée dans le nord-ouest de l'Espagne où il n'y avait
plus d'armées espagnoles, mais il songeait aussi qu'elle
pourrait s'avancer dans le centre de la Péninsule et
rejoindre l'armée de Castaños ; les deux armées réunies
formeraient une force respectable et capable de lutter
contre les Français ; cette solution comblerait évidemment les vœux de la Junte centrale, mais l'armée anglaise perdrait ses communications avec le Portugal,
et c'est ce qui faisait hésiter le général anglais.

Dans cette alternative délicate, qui relevait autant de
la politique que de la stratégie, Sir John Moore resta
indécis, et ne voulut rien entreprendre sans avoir l'avis
du ministre anglais, M. Frere, auquel il écrivit le 27 novembre une longue lettre dans laquelle il lui exposait

le pour et le contre de la question et lui demandait son appréciation. C'est au milieu de toutes ces incertitudes qu'il apprit le mouvement de retraite de Sir David Baird ; il se rendit bientôt compte que les renseignements reçus par son lieutenant étaient faux, et il lui envoya le 28 novembre l'ordre de s'arrêter et de revenir à Astorga ; il était toujours sans nouvelles précises tant au sujet des armées françaises que des armées espagnoles, et il n'avait pas encore pu correspondre avec le marquis de La Romana auquel il écrivit le 28 pour lui indiquer sa position et lui demander ses projets.

SIR JOHN MOORE A M. FRERE.

Salamanca, 27 novembre 1808.

J'ai eu l'honneur de recevoir cette nuit une lettre de M. Stuart datée du 24 courant, en réponse à celle que je vous ai envoyée le 19.

La conversation que M. Stuart dit que vous avez eue avec le secrétaire de la Junte suprême, et les remontrances qui l'ont suivie, sont probablement tout ce que vous pouviez faire de mieux dans votre situation. L'effet produit sur le secrétaire, et les mesures qu'il dit avoir décidées, tout cela serait excellent relativement aux événements d'il y a six mois, mais la situation actuelle exige encore plus d'énergie et d'activité.

· Madrid est menacé : les Français ont détruit une armée, ont passé l'Èbre, et s'avancent en nombre supérieur contre une autre armée dont la composition et la force ne font pas prévoir grande résistance, et qui devra se retirer ou être écrasée. Aucune autre armée constituée n'existe dans ce pays. Je ne vois pas d'enthousiasme ni de résolution dans le peuple.

La cavalerie française, même avec de faibles partis de 11 à 12 hommes, pénètre dans les villages de Leon et dans les provinces voisines et lève des contributions sans résistance.

Cet état de choses est bien différent de celui que se représentait le gouvernement britannique lorsqu'il a décidé d'envoyer des troupes au secours de l'Espagne : on ne s'attendait pas à voir ces troupes obligées de lutter seules contre toutes les forces de la France : on les envoyait comme troupes auxiliaires, pour secourir un peuple que l'on croyait enthousiaste, résolu et préparé à la résistance.

Il s'agit donc maintenant de savoir si l'armée anglaise doit attendre d'être attaquée à son tour, ou si elle doit quitter un pays où, par suite des circonstances, la lutte est devenue inégale.

Je ne veux pas décliner une responsabilité qui m'appartient de droit. Mais la question n'est pas purement militaire et il vous appartient au moins autant qu'à moi de la trancher. Vos rapports avec le gouvernement espagnol et les moyens que vous avez de juger l'état général du pays vous mettent à même d'apprécier avec assez de justesse la somme de résistance qu'il peut fournir.

Vous connaissez peut-être mieux que moi les vues du cabinet britannique, et la question est de savoir ce qu'ordonnerait le cabinet s'il pouvait se décider sur les lieux. Il est d'une haute importance d'examiner à fond cette question, et il est relativement moins important de savoir sur qui retombera la plus grande part de responsabilité. Je veux la prendre tout entière, ou en partie, mais je suis très désireux de connaître votre opinion.

Les mouvements des Français nous laissent peu de temps pour la discussion. Aussitôt que l'armée anglaise aura effectué sa jonction, je dois, dans la supposition que Castaños est battu ou qu'il est en retraite, marcher sur Madrid, et me jeter dans le cœur de l'Espagne et partager ainsi tous les dangers ou la fortune de la nation espagnole, ou bien je dois battre en retraite sur le Portugal.

Dans ce dernier cas je me retirerai du côté de mes ressources, sur Lisbonne ; je protégerai un pays où il y a des intérêts anglais, j'opérerai une diversion en faveur de l'Espagne si les Français détachent des forces contre moi, et je serai prêt à retourner au secours des Espagnols si les circonstances le permettent de nouveau.

En me dirigeant vers l'intérieur de l'Espagne je m'éloigne de mes ressources, et je ne pourrai probablement prendre avec moi qu'une faible partie des approvisionnements de guerre que j'ai amenés. Dans ce cas je ne serai pas, pendant un certain temps, très bien armé pour la lutte; il est vrai que tout ce qui m'est nécessaire pourrait m'être envoyé de Lisbonne à Cadix, et de là venir me rejoindre.

Le mouvement à l'intérieur de l'Espagne est des plus hasardeux, car il sera très incertain que je puisse effectuer ma retraite sur Cadix et Gibraltar. Je serai entièrement au pouvoir des Espagnols, mais peut-être vaut-il la peine de risquer de savoir si le gouvernement et le peuple espagnols ont encore l'énergie et les moyens suffisants pour se relever de leurs défaites, et si, en se concentrant dans le sud, les Espagnols seront capables, avec l'aide de l'armée anglaise, de braver et finalement de repousser la formidable attaque qui se prépare contre eux.

Il est impossible de ne pas désirer, et il est encore plus difficile de ne pas espérer que les Espagnols finissent par réussir dans une lutte qui leur fait tant d'honneur; ils sont une belle nation, et s'ils étaient tombés dans de meilleures mains, ils se seraient montrés à la hauteur des événements; mais je crains beaucoup que l'occasion soit passée, et que les efforts qu'ils pourront faire ne soient pas suffisants ou n'arrivent pas à temps pour arrêter les armées contre lesquelles ils auront à lutter. Toutefois, je ne peux pas avoir à ce sujet une opinion absolue, et je serai très heureux de m'être trompé.

SIR JOHN MOORE A M. CHARLES STUART.

Salamanca, 27 novembre 1808.

Je vous remercie de votre lettre. Vous verrez ce que j'ai écrit à M. Frere, et vous penserez comme moi, je l'espère, qu'il est nécessaire qu'il décide une question qu'il ne m'appartient sûrement pas de trancher moi-même sans le consulter, puisqu'il est sur les lieux.

Je suis tout disposé à bien augurer de la cause espagnole: il est bien certain que je désire son succès, et que je serai très fier de lui porter tout le secours qui sera en mon pouvoir. Mais réellement le gouvernement a montré bien peu de capacité, de même que ceux qui ont été chargés de la direction des armes: le peuple montre une telle apathie, et si peu de moyens ont été préparés pour la résistance, que je ne vois pas comment on pourra tenir devant l'ennemi. Les Français auront quelques sujets d'embarras, mais dans le principe, ils n'auront guère que la peine de marcher pour soumettre le pays.

Je n'ai pas un sou. Je trouve que les Espagnols ont promis beaucoup plus qu'ils n'ont donné: nous n'avons pas pu trouver ici plus de cinq mille livres. La maison dont vous me parlez dans une lettre précédente a de l'argent, mais ne veut pas en donner.

Sir David Baird, sur la foi de quelques faux renseignements annonçant que les Français avaient réuni des forces considérables à Rio-Seco et Ampudia, a pris ses mesures pour battre en retraite, mais je pourrai l'arrêter, et j'espère que le 7 ou le 8 décembre nous pourrons effectuer notre jonction.

Je compte voir La Romana quand il viendra à l'armée; les renseignements (ci-dessus) avaient été envoyés à Baird par le général Blake. Les Français ont beaucoup d'amis dans cette région: c'est par eux que se propagent chaque jour mille nouvelles destinées à discréditer la bonne cause.

Il y avait ici un colonel Charmilly qui venait d'Angleterre. Il est allé à Madrid pour offrir de lever un régiment de cavalerie. Il est marié en Angleterre, mais je n'ai jamais pu m'empêcher d'avoir une certaine répugnance pour les gens de cette espèce.

M. FRERE A SIR JOHN MOORE.

Aranjuez, 25 novembre 1808.

Je vous envoie ci-jointe la copie de la note que j'ai adressée à M. de Garay, secrétaire de la Junte, et qui contient le compte rendu d'une conférence que j'ai eue avec lui en présence de M. Stuart (au sujet des lettres que vous m'avez envoyées, ainsi qu'à Lord William Bentinck). Je vous envoie aussi sa réponse que je viens de recevoir ([1]). Il est difficile d'expliquer complètement le manque de renseignements dont vous avez eu à vous plaindre; il est dû certainement en partie aux fausses idées de secret et de mystère qui s'attachent aux affaires d'un gouvernement exercé accidentellement par des personnes appelées inopinément à la direction des affaires publiques . . . .

Mais par-dessus tout, c'est la confusion de leur système de renseignements ou pour mieux dire le manque de système, qui est cause de l'incertitude dans laquelle nous restons au sujet de faits de la plus haute importance.

Mais les nouvelles qui sont arrivées aujourd'hui ont été trop alarmantes pour être cachées. Il est arrivé un courrier qui a quitté les avant-postes français à Medinaceli; et depuis un exprès est arrivé de Torija avec la nouvelle qu'une fusillade avait été entendue à Sigüenza. Comme les Français sont supérieurs en cavalerie, et qu'il n'y a rien pour les arrêter entre cette ville et celle-ci, la Junte s'attend à les voir arriver d'un moment à l'autre, et a décidé ce soir qu'elle se retirerait sur Cordoue. J'espère qu'elle s'est laissé persuader d'abandonner ce projet et qu'elle se contentera pour le moment de se retirer à Tolède.

Voici l'état de l'effectif des troupes qui se trouvent dans la Nouvelle-Castille :

A Buitrago.	5,000 hommes.
Ségovie	4,700 —
Somosierra.	6,400 —
Madrid	5,300 —

---

(1) Dans cette réponse (23 nov.), M. de Garay déclarait que la Junte avait donné des ordres positifs à tous les généraux pour communiquer avec l'armée anglaise et agir de concert avec elle. La Junte aurait désiré que Sir John Moore vînt à Madrid pour s'entendre avec elle et lui exposer ses vues. Enfin elle exprimait le désir que l'armée anglaise s'unît à la gauche de l'armée espagnole pour former un formidable corps de 70,000 fantassins et 6,000 cavaliers, avec lequel le succès était assuré.

La force de l'ennemi est évaluée à environ 11,000 hommes dont 6,000 cavaliers sous le général Belliard.

M. Stuart pourra vous donner de meilleurs renseignements sur la situation de Madrid au point de vue militaire ; il y a ici de 8,000 à 10,000 fusils, et des munitions ont été distribuées.

La Junte paraît en ce moment plus désireuse de voir s'opérer votre réunion avec Blake que de vous voir couvrir Madrid.

Mais elle repousse surtout l'idée (avec beaucoup de raison, à mon avis) d'une retraite sur le Portugal. Cela abattrait les courages dans tout le pays, et donnerait l'impression qu'après un effort impuissant, nous sommes revenus à l'ancien système, borné à la protection du Portugal.

Dans la soirée du 28 novembre, Sir John Moore reçut de Madrid la nouvelle de la défaite totale de l'armée de Castaños à Tudela ; cette armée, dont on avait d'ailleurs exagéré la force, était la plus puissante et la suprême ressource des Espagnols après les défaites de Burgos et d'Espinosa : c'était sur elle que comptait le général Moore pour opérer en Espagne ; aussi lorsqu'il apprit sa défaite et sa dispersion, jugea-t-il sa propre situation intenable et sa présence en Espagne désormais inutile ; sans attendre la réponse à la lettre qu'il avait écrite la veille à M. Frere, il décida de battre en retraite sur le Portugal et envoya ses ordres au général Baird pour qu'il se retirât sur la Corogne, mais il lui prescrivit en même temps de rester encore quelques jours à Astorga, afin de ne pas attirer l'attention de l'ennemi ; il envoya aussi au général Hope, qu'il savait aux environs de l'Escorial, l'ordre d'essayer de le rejoindre sur Salamanque ou, dans le cas contraire, de marcher directement sur Ciudad-Rodrigo. Cette fois la résolution du général Moore était nette, car il ne voyait plus rien à faire pour l'armée anglaise en Espagne ; néanmoins, il décida d'attendre, avant de se retirer, que le général Hope le rejoignît à Salamanque ; il y maintint donc ses troupes et se contenta de renvoyer sur Almeïda ses gros bagages et ses malades. Dès le 1er décembre, il apprit que le corps du général Hope avait pu franchir le Guadarrama sans encombre et qu'il se trouvait hors de danger sur la route d'Avila et en marche pour le rejoindre. C'était là un heureux événement pour l'armée anglaise, et qui rendait dorénavant presque certaine la réunion du détachement du général Hope au gros de l'armée à Salamanque ; le général Moore dut se féliciter alors d'avoir retardé son mouvement rétrograde, mais il ne changea pas pour cela sa résolution.

On peut estimer cependant que son parti de quitter définitivement l'Espagne avait été pris prématurément, puisque aucune force ennemie ne l'avait menacé même de loin. Quelques bonnes raisons qu'il pût avoir pour être découragé en voyant l'apathie des Castillans et la destruction des armées espagnoles, quelque aventurée que pût lui paraître sa position, il n'en était pas moins vrai qu'il ne risquait rien pour le moment et que s'il réussissait à réunir les 33,000 hommes qui composaient son armée, il disposerait d'une force respectable qui lui permettrait de voir se dessiner les événements, qui trouverait toujours à être employée utilement dans la Péninsule et qui, pour l'honneur de la Vieille Angleterre, ne pouvait pas décemment quitter l'Espagne sans avoir tiré un coup de fusil. Il fallait donc attendre une occasion favorable, faire tout au monde pour réunir l'armée et n'abandonner la partie que dans le cas d'un péril imminent et réel. Le général Moore aurait donc dû, semble-t-il, attendre que ses lieutenants l'eussent rejoint et ne pas prononcer le mot de retraite avant le moment où il y aurait eu impossibilité absolue pour lui de se maintenir où il était, et pour eux de continuer à marcher vers lui; loin de se retirer, il aurait dû plutôt se rapprocher de Hope vers Alba-de-Tormès ou Peña-randa, pour faciliter sa jonction avec lui.

Dès lors, les ordres donnés le 28 novembre paraissent constituer une faute militaire, car ils étaient basés sur des hypothèses et non sur des réalités; de plus, ils devaient avoir pour effet de prolonger la durée du fractionnement de l'armée et de maintenir ainsi les effets fâcheux d'une faute antérieure qu'il eût fallu avant tout réparer. Au point de vue politique, la faute n'était pas moindre, car il paraîtrait étonnant que l'armée anglaise, entrée en Espagne pour y combattre les Français, s'en retournât sans les avoir vus et sans avoir tiré un coup de fusil.

Le commandant en chef avait réuni ses généraux, et leur avait fait part de sa résolution, en leur déclarant qu'il ne sollicitait pas d'eux un conseil sur ce qu'il convenait de faire, parce qu'ayant mûrement réfléchi il prenait l'entière responsabilité de ses décisions, mais qu'il leur demandait de le seconder dans l'exécution de ses ordres et de tout préparer pour que la retraite s'accomplît avec facilité.

Après cette réunion, la décision du général avait transpiré; les officiers, comme les troupes, en avaient eu connaissance, et les uns et les autres ne cachaient pas leur mécontentement qui, dans plusieurs endroits, se manifesta par des murmures.

Salamanca, 28 novembre 1808.

J'ai reçu ce matin des dépêches de M. Stuart de Madrid, annonçant la défaite et la dispersion de l'armée de Casta-ños. Les Français en Espagne sont évalués au nombre de 80,000 hommes, et 30,000 autres sont attendus dans une semaine. J'aurais certainement désiré, au prix de grands périls, venir au secours des Espagnols; mais après cette seconde preuve de leur peu d'aptitude à faire quelque chose par eux-mêmes, leurs deux seules armées ayant fourni une si mince résistance, je ne crois pas raisonnable de penser qu'ils puissent faire de plus grands efforts. De toute façon nous serions écrasés avant qu'ils fussent prêts. Je ne vois aucune chance de pouvoir effectuer notre jonction, car les Français ont certainement à Burgos un corps avec lequel ils vont se porter en avant.

C'est pourquoi je me suis décidé à battre en retraite sur le Portugal avec le corps qui est ici, et si c'est possible avec le corps de Hope s'il peut me rejoindre à marches forcées. Je désire que vous vous retiriez sur la Corogne; renvoyez immédiatement tout votre convoi, avec telle partie de vos forces que vous jugerez convenable. Avec le reste, vous pourrez vous maintenir en position encore quelque temps, si vous pouvez compter être informé des mouvements de l'ennemi. Je vous fais cette proposition parce que, si vous vous retiriez tout de suite, cela encouragerait l'ennemi à pousser immédiatement sur Hope et moi, et empêcherait notre réunion, qui est bien la chose la plus nécessaire, car je dois m'arrêter sur la frontière du Portugal et protéger Lisbonne aussi longtemps que possible.

A votre arrivée à la Corogne, vous vous embarquerez, cela va sans dire, et vous ferez voile vers le Tage, où des ordres vous attendront. Écrivez immédiatement en Angleterre, et rendez compte de ce que nous faisons; demandez qu'on envoie des transports à Lisbonne; on en aura besoin car du moment où les Français possèdent l'Espagne, le Portugal ne peut pas être défendu . . . .

Vous enverrez, à votre gré, votre cavalerie par le Portugal ou par la voie de mer ; je n'en aurai pas besoin ici si je puis avoir les deux régiments qui sont avec Hope.

Vous irez à Lisbonne avec toutes vos forces, y compris les deux régiments de cavalerie qui n'ont pas encore débarqué, à moins que vous receviez d'Angleterre des ordres contraires.

SIR JOHN MOORE AU GÉNÉRAL HOPE.

Salamanca, 28 novembre 1808.

J'ai reçu par M. Vaughan les lettres de Madrid ([1]), que vous avez ouvertes avec raison. Après mûre réflexion, je me suis décidé à abandonner mon entreprise et à me retirer. J'aurais désiré m'exposer à tous les risques pour remplir ce que je considérais comme le but du peuple anglais, et apporter toute mon aide à la cause espagnole, mais les Espagnols ont montré qu'ils étaient capables de faire bien peu de chose pour eux-mêmes ; leurs deux armées principales n'ont réussi qu'à se faire battre et disperser presque sans effort. Ce serait donc sacrifier mon armée sans aucun profit pour l'Espagne que de l'opposer à des forces aussi nombreuses que celles que l'on envoie contre nous. D'ailleurs je considère dès à présent que ma jonction avec Baird est hors de question et que la vôtre avec moi est peut-être douteuse, car il doit y avoir à Burgos des troupes qui vont nous attaquer ou nous couper. Je vais écrire cette nuit à Baird de battre en retraite sur la Corogne.

Je désire que, si cela est possible, vous vous dirigiez à marches forcées et par forts détachements sur Peñaranda ou Alba-de-Tormès, d'où, selon les circonstances, vous pourrez venir me rejoindre ici, ou marcher directement sur Ciudad-Rodrigo. Mais si, d'après les renseignements que vous

---

([1]) Envoyées par M. Charles Stuart et annonçant la défaite de Castaños à Tudela.

pourrez avoir, vous jugiez périlleux de vous diriger sur moi, vous êtes libre d'agir à votre gré, et de vous retirer sur Guadarrama et Madrid. Je désire toutefois que vous puissiez me rejoindre, parce que, comme je dois m'arrêter sur les frontières du Portugal, j'aurai grand besoin de votre aide et de celle de votre corps. Mais je vous laisse toute liberté d'agir comme vous l'entendrez, si vous croyez probable que notre jonction doive être empêchée, ce que je ne crois pas pour le moment.

C'est pour moi une détermination cruelle que celle que j'ai prise de battre en retraite ; mais j'espère que vous prendrez les circonstances telles qu'elles sont. Je prendrai toutes mes mesures pour me retirer, mais je resterai ici aussi longtemps que je pourrai.

Nous manquerons de vivres en Portugal, et si vous pouviez avoir des voitures, et envoyer à Ciudad-Rodrigo les vivres que vous aurez réunis à Peñaranda, ce serait une bonne opération. Il n'est pas nécessaire de faire connaître la détermination que nous sommes obligés de prendre ; il faut donner d'autres raisons de notre changement de marche.....

Napier est arrivé lorsque je finissais ma lettre... Vous paraissez avoir prévu mes désirs ; je n'ai donc rien à ajouter pour le moment. Je vous enverrai une lettre par Napier dans la matinée, et j'essaierai de faire un mouvement de votre côté si cela me paraît nécessaire. Les Français n'ont à Valladolid qu'un corps de cavalerie[1].

---

[1] Il est intéressant de comparer la correspondance de Sir John Moore et celle d'Adam Neale, médecin des armées de Sa Majesté Britannique. Voici ce qu'écrivait ce dernier le même jour 28 novembre :

Salamanca, le 28 novembre 1808.

« Les nouvelles fâcheuses que j'avais recueillies à Ciudad-Rodrigo ne m'ont été que trop malheureusement confirmées, à mon arrivée dans cette ville. Il est certain que les Français ont reçu de Bayonne des renforts considérables et qu'ils renversent tout devant eux. Non seulement ils ont dispersé à Espinosa des troupes du général Blake, mais ils ont aussi entièrement détruit l'armée de l'Extremadure, commandée par le général Cuesta, et forte de 14,000 hommes ; cette affaire a eu lieu le 10 de ce mois à Burgos. On parle déjà ici d'effectuer une prompte retraite vers les frontières du Portugal ; et j'ai entendu dire qu'on avait expédié à sir David Baird l'ordre de se replier sur la Corogne ; tandis

SIR JOHN MOORE A M. CHARLES STUART.

Salamanca, 29 novembre 1808.

J'avais décidé de réunir l'armée, si cela était réalisable, et de tenter tout ce qui était possible en faveur des Espagnols, quoique pour ma part je ne visse que peu de chance

que d'un autre côté les gros bagages ont ordre de ne pas passer Almeïda ou Ciudad-Rodrigo. On dit que l'armée française est particulièrement forte en cavalerie. Il y a quelques jours qu'un détachement de 1,20⟩ chevaux est entré à Valladolid, et y a levé une contribution. Cette circonstance est extrêmement fâcheuse, parce que nous sommes ici dans un pays si plat et si ouvert qu'il nous sera impossible de résister à cette arme; et malheureusement pour nous-mêmes, toute la cavalerie anglaise, qui a quitté Lisbonne, a pris avec le général Hope la route de Badajoz, à l'exception d'une ou deux compagnies. Vous pouvez d'après cela vous faire une juste idée de la situation pénible où Sir John Moore se trouve en ce moment.

« J'ai été jusqu'ici, comme vous le savez, un des plus zélés pour la cause espagnole; mais, depuis mon arrivée ici, j'ai remarqué une telle apathie, une telle insouciance, que je commence à concevoir les plus sérieuses craintes. Je suis souvent tenté de me demander à moi-même si je suis bien réellement en Espagne; tous les êtres que je vois ici, enveloppés dans de larges manteaux et se promenant gravement sur les places publiques, avec une nonchalance que rien ne peut émouvoir, me semblent si différents de ces hommes hardis et violents, dont mon imagination exaltée se plaisait à peupler l'Espagne, que je voudrais pouvoir me persuader que je suis au milieu d'une ville espagnole du Paraguay ou du Pérou, plutôt que dans le centre même de la mère-patrie.

« La plus grande partie de l'armée éprouve ces mêmes impressions; d'un autre côté, je sens à présent combien il serait ridicule de céder à ces premières impressions.

« Je désirerais pouvoir vous apprendre que le triste tableau consigné dans la première partie de cette lettre a fait place à un plus riant avenir; mais, malheureusement, c'est tout le contraire; nous apprenons par les lettres reçues hier de Madrid qu'après une action très vive et très chaude, aux environs de Tudela, les Français sont parvenus à mettre en déroute la seule division qui restait de la ligne espagnole, division composée des armées d'Aragon et de Valence, et sous les ordres de Castaños et de Palafox.

« Nous sommes toujours sans cavalerie, et nous ignorons en conséquence les mouvements et la véritable force de l'ennemi; on a même de justes raisons de craindre que les Français aient coupé la division du lieutenant-général Hope, dont l'avant-garde, à ce qu'on vient de me dire, était encore, le 21 de ce mois, à l'Escorial. Comme toute notre artillerie, à l'exception d'une seule brigade, accompagne cette division, nous nous trouverions dans une position affreuse, s'il lui était arrivé quelque accident.

« Plusieurs officiers pensent que le général Moore n'a pas agi avec beaucoup de prudence en séparant ainsi son artillerie du gros de son armée. A la vérité, il eût été impossible de lui faire suivre la route que nous avons prise nous-mêmes; mais on ajoute que, dans ce cas, la division du général Hope eût dû être beaucoup plus forte. Quoi qu'il en soit, ce changement soudain dans les affaires d'Espagne ne paraît pas avoir été prévu par les Espagnols, ni même par le général anglais; et l'on voit aisément que notre marche a été disposée

d'arriver à un bon résultat. J'avais ordonné à Baird, quoique
son corps ne pût être réuni à Astorga avant le 4 décembre,
de se porter sur Benavente le 1er décembre avec la portion
de ses troupes qui se trouvait déjà à Astorga. J'étais sur le
point de marcher moi-même sur Toro avec une partie du
corps qui est ici, et j'allais envoyer le reste à Zamora. Hope
devait marcher sur Tordesillas, et nous aurions pris position sur la ligne du Duero pour protéger l'arrivée de nos
convois, puis nous aurions agi suivant les circonstances.

Mais la destruction de l'armée de Castaños, annoncée par
votre lettre que m'a apportée hier soir M. Vaughan, change
la situation. Ma jonction avec Baird n'est désormais plus
possible, et même si elle l'était, le peu de résistance opposée par les Espagnols ne laisse aucun espoir de faire quelque chose de bien. Nous nous trouverions tout seuls en face
des forces les plus considérables de l'ennemi, auquel nous

---

d'après l'idée qu'on s'était faite que les différentes armées espagnoles agiraient
de concert, et faciliteraient par ce moyen la jonction des divisions des généraux
Baird et Hope avec le gros de l'armée sous les ordres du général Moore.

« On a bien réellement envoyé l'ordre à Sir David Baird de se replier sur la
Corogne, tandis que nous devons attendre ici le général Hope et nous retirer
ensuite sur le Portugal.

« J'espère cependant encore un peu que cette mesure ne sera pas nécessaire
et que Sir John Moore sera en état de se maintenir ici ; car notre retraite aug-
menterait nécessairement le découragement que les Espagnols paraissent témoigner déjà sur l'issue de cette guerre. Une circonstance qui me fait bien augurer
d'eux c'est qu'ils ne semblent point craindre de publier leurs revers ; et tant
que cet esprit de franchise subsistera parmi eux, je ne crois pas qu'on puisse
avoir rien à redouter de l'esprit public du pays.

« Nous apprenons par les gazettes de Madrid que le respectable comte Florida
Blanca vient d'être nommé président de la Junte centrale, qui est aujourd'hui
rassemblée à Aranjuez, et que Don Thomas Morla, qui s'est si bien montré
dans l'affaire de Cadix, a été nommé ministre de la guerre et chargé de la défense de la capitale.

« Pendant le cours de notre marche, on a publié différents ordres du jour,
pour recommander le plus grand respect pour les préjugés religieux et les ha-
bitudes des habitants de ce pays ; nos troupes les ont strictement exécutés,
ce qui a entretenu jusqu'ici la plus grande harmonie entre nos compatriotes et
les Espagnols. Nous avons tous arboré la cocarde patriotique ; elle est de drap
écarlate, avec les lettres initiales de ces mots : Viva Fernando septimo; je me
propose d'en joindre une à cette lettre.

« Chaque habitant de ce pays, jusqu'au plus pauvre muletier, porte cette cocarde ; mais, autant que nous avons pu le remarquer jusqu'ici, c'est à quoi se
borne le patriotisme des habitants de Salamanque ; cela seul excepté, ce pays
vous semblerait jouir d'une paix profonde ; nulle énergie, nul empressement,
nulle ardeur :

« Ici tout est oisif, indolent, inutile. »

sommes trop inférieurs. C'est pourquoi j'ai pris la résolution de me retirer. J'ai ordonné à Baird de se replier sur la Corogne. Je m'efforcerai de me réunir à Hope, et je me replierai ensuite sur la frontière du Portugal ; je me trouverai à même de revenir, si les affaires prennent une tournure plus favorable, ou bien je pourrai transporter l'armée sur tout autre point où elle pourra encore être utile si ce gouvernement est renversé, et s'il s'en constitue un autre dirigé par des hommes plus capables. M. Vaughan part aujourd'hui pour la Corogne. Envoyez-moi, si vous le pouvez, un peu d'argent à Almeïda. Je vous envoie cette lettre par le colonel Lopez qui ne connaît encore ni le malheur arrivé à Castaños ni ma résolution.

SIR JOHN MOORE A LORD CASTLEREAGH.

Salamanca, le 29 novembre 1808.

J'ai reçu hier au soir d'Aranjuez une lettre de M. Stuart, en renfermant une autre du lieutenant-colonel Doyle qui m'annonce la défaite totale de l'armée de Castaños et de Palafox ; ma jonction avec sir David Baird, que j'étais déterminé à tenter, tout douteux qu'en fût le résultat, est devenue, je crois, à présent absolument impraticable ; mais quand même cette armée serait réunie, après les preuves que nous avons eues de la très faible résistance qu'ont jusqu'ici opposée les Espagnols, quel moyen peut-elle avoir toute seule de résister aux forces formidables qui vont être incessamment réunies contre elle ? Je pense que les troupes anglaises ont été envoyées pour secourir les armées espagnoles, mais non pas pour résister seules à la France, si les Espagnols ne font de leur côté aucun effort. En restant plus longtemps en Espagne, je sacrifierais infailliblement l'armée sans qu'il en résultât d'avantage pour l'Espagne. J'ai donné l'ordre à Sir David Baird d'effectuer sa retraite sur la Corogne, et au général Hope de tâcher, en faisant des marches forcées, de me joindre dans cette place ; j'ai déjà communiqué à Votre Seigneurie l'opinion que j'ai que le Portugal ne peut se défendre contre un ennemi supérieur en forces. Mais les Espagnols peuvent encore donner aux Français quelque occupation, et les obstacles naturels du pays, le débordement des rivières, etc., peuvent empêcher les Français de nous pousser très vivement, et me donner la possibilité de tenir quelque temps. Ce temps ne peut être bien employé qu'à faire retirer l'armée qui ne saurait être utile ici, mais qui, si les Espagnols se réveillent de leur léthargie et mettent à leur tête un homme capable, peut se rassembler et combattre dans le sud. Si nous débarquons à Cadix, nous pouvons encore être utiles. J'ai, en conséquence, ordonné à Sir David Baird, quand il serait embarqué, de se rendre dans le Tage, et j'espère que Votre Seigneurie voudra bien faire partir sans délai de l'Angleterre un nombre de transports suffisants pour recevoir l'armée. Quand j'ai quitté Lisbonne, il y avait des transports pour 12,000 hommes. Ce n'est plus qu'en débarquant dans le sud de l'Espagne que nous pouvons être encore de quelque utilité. Si les Espagnols ont échoué, ce n'est pas tant par leur faute ou la faiblesse du peuple, que par le manque d'énergie et d'habileté de leur gouvernement. Si celui-ci était renversé et que des hommes plus capables fussent mis à sa tête, il y aurait encore espoir de salut ; en jetant en Espagne des armes et des munitions, et avec le secours de l'armée anglaise, on pourrait rétablir les affaires. Cependant, après ce que nous avons vu, il est impossible de concevoir à cet égard de trop hautes espérances.

J'aurai probablement l'occasion de vous écrire encore très prochainement, mais je n'ai pas voulu retenir M. Vaughan, qui porte cette dépêche, et qui m'a apporté de Madrid la lettre de M. Stuart. J'attendrai avec impatience la réponse de Votre Seigneurie et j'espère qu'elle m'annoncera que la résolution prochaine que j'ai prise a été approuvée par le gouvernement de Sa Majesté.

P.-S. — J'écrirai au général qui commande en Portugal de faire embarquer immédiatement les équipages de l'armée, et d'envoyer pour cette armée des vivres à Abrantès et à

Oporto. Il approvisionnera Elvas et fera des dispositions pour nous aider à couvrir Lisbonne.

SIR JOHN MOORE A M. CHARLES STUART.

Salamanca, 1er décembre 1808.

Le général Hope m'a envoyé votre lettre du 29, que j'ai reçue cette nuit. Ma lettre du 29, écrite après avoir vu M. Vaughan, vous aura informé de la résolution que j'ai prise. C'est à contre-cœur, vous pouvez le croire, que j'ai adopté une pareille détermination, mais je n'avais pas d'autre alternative, et les réflexions que j'ai faites depuis m'ont confirmé dans l'opinion que j'avais bien agi.

Il n'y a rien de plus facile que de former des armées sur le papier, comme le fait la Junte, qui a de cette manière réuni une armée de 80,000 hommes à Leon. Mais La Romana, auquel on attribue 20,000 hommes, n'a que 5,000 fugitifs de l'armée de Blake, sans armes, sans vêtements, sans approvisionnements, sans munitions, sans organisation et sans officiers pour en donner une ; les soldats ne sont ni disciplinés, ni susceptibles de le devenir (La Romana s'en plaint). S'ils sont battus, ils se dispersent. La Junte a manqué l'occasion de former des armées et de préparer les provinces avant l'arrivée des renforts français : il est maintenant trop tard pour le faire à la barbe d'un ennemi victorieux, et l'Espagne ne peut plus avoir de chances qu'en réunissant une armée dans le sud et à une grande distance.

. . . .

Je suis toujours décidé à exécuter mon mouvement qui aura lieu au moment où le général Hope sera hors de danger ; mais il a jugé nécessaire de faire un détour par Avila, d'où j'espère qu'il pourra venir me rejoindre.

. . . .

Nous manquons tellement d'argent que, si on peut s'en procurer à cent pour cent il faudra le faire : faites-m'en donc envoyer à tout prix, si c'est possible.

L'ennemi ne paraît pas pour le moment avoir autre chose que de la cavalerie de ce côté de Valladolid ; il a certainement une division à Burgos, et 30,000 hommes venant de France y seront dans peu de temps : il détachera quelque chose de l'armée qui a battu Castaños ; peut-être l'a-t-il déjà fait, à moins qu'il ait préféré entrer d'abord à Madrid.

C'est du côté du centre et du sud qu'un effort pourrait être tenté ; de notre côté il n'y a plus rien à faire, et le peuple sans enthousiasme pense qu'il n'y a rien de mieux pour lui que de se soumettre.

Les armées, vous le voyez, manquent d'enthousiasme, et même simplement de persévérance : elles ne tiennent pas, et les fugitifs isolés que nous voyons passer ne sont pas honteux ; ils ne sont pas mal jugés par le peuple, et ils n'excitent pas l'indignation.

Dans cette province, et probablement aussi dans les autres, il n'y a aucune tête capable de diriger ; le capitaine-général Pignatelli est un faible vieillard. Un homme d'un esprit ferme et actif aurait pu faire beaucoup avec les moyens qui existent. A Zamora, il y a 3,000 ou 4,000 armes, dans d'autres places il y en a peut-être davantage. Si on les laisse réunies dans les villes, elles seront prises par l'ennemi, car les villes ne se défendront pas ; mais si on les mettait dans les mains des paysans, avec des munitions, elles serviraient à protéger les propriétés, à massacrer les petits détachements et les traînards, et à fatiguer l'ennemi. . . . . .(¹)

_____

(1) Voici à peu près, à la même époque, ce qu'écrivait **Adam** Neale :

. . . . . .   Salamanca, le 2 décembre 1808.

« Nous sommes encore dans la même situation où ma dernière lettre nous avait laissés, et dans la même incertitude sur le sort de la division du général Hope, n'attendant que son arrivée pour nous replier sur le Portugal.

« J'ai ouï dire qu'un officier anglais de l'état-major, le colonel Graham, du 79e régiment, était arrivé, il y a deux jours, du quartier du général de Castaños. On dit que cet officier était à la bataille de Tudela, qui, selon tous les rapports, a détruit entièrement l'armée espagnole, et l'a mise dans une complète déroute.

« Nous ignorons entièrement les opérations de l'armée française depuis cette dernière victoire ; mais il est plus que probable que, selon son système ordinaire, Bonaparte ne perdra pas un moment pour profiter de cet avantage. En conséquence, nous nous attendons chaque jour à apprendre son arrivée à Madrid. Il n'y a aucune force capable de lui interdire l'approche de cette capitale,

Les projets de retraite du général Moore n'étaient goûtés ni du ministre anglais ni de la Junte centrale : cette dernière s'émut vivement dès qu'elle eut vent du mouvement rétrograde qui se préparait ; elle sentit qu'il fallait faire un effort pour empêcher que ce mouvement s'exécutât, car l'armée anglaise constituait alors pour l'Espagne, dont toutes les forces actives étaient détruites, la dernière chance de salut, et il importait de ne pas la laisser échapper. A la fin de novembre, la Junte

si ce n'est une petite armée de réserve, formée des débris de celle de Cuesta, et dont le général San Juan a le commandement en chef. Cette armée occupe une forte position dans un défilé nommé El Puerto de Somosierra, au milieu des montagnes de Guadarrama ; et s'il faut en croire quelques journaux de Madrid, le général San Juan peut s'opposer très efficacement aux progrès des troupes françaises.

« D'un autre côté, il paraît, d'après ces mêmes journaux, qu'il s'est répandu une terreur panique et une espèce de fermentation parmi le peuple de Madrid ; Don Thomas Morla et le duc de Castelfranco ont publié une proclamation dans cette ville à l'effet d'engager les habitants à se confier aveuglément aux mesures que le gouvernement a prises pour la défense de la capitale.

« Un de nos officiers a été envoyé dernièrement du côté de Valladolid, pour recueillir quelques renseignements sur les mouvements de l'ennemi. Il était encore dans un village peu éloigné de Tordesillas, lorsque quelques fourrageurs français y entrèrent. Les paysans cachèrent le major sous un lit, et par bonheur les dragons français se retirèrent bientôt sans l'avoir découvert.

« Notre armée à Salamanque, autant que j'ai pu m'en assurer, ne s'élève pas au delà de 14,000 hommes ; elle est cantonnée dans les différents couvents et maisons religieuses, tant de cette ville que des environs.

« Les troupes qu'on voit à la parade, qui a lieu deux fois par jour, sur l'Esplanade hors des murs de la ville, paraissent jouir d'une bonne santé et montrent beaucoup d'ardeur ; elles ont une excellente tenue. Les longues marches qu'elles viennent de faire semblent leur avoir fait beaucoup de bien, et j'ai remarqué avec autant de plaisir que de surprise que depuis notre arrivée ici pas un de nos soldats s'est enivré. Tous les environs de cette ville sont couverts de nos piquets ; et, ce qui est assez singulier, ils n'ont encore rencontré aucun détachement des Français ; ce qui nous porte à croire ou que Bonaparte n'est pas instruit de notre véritable situation, ou, ce qui est plus probable, que nos forces lui paraissent trop insignifiantes, pour détourner son attention du grand but qu'il se propose : la déroute du reste des Espagnols et la prise de la capitale. On parle beaucoup ici d'une brochure publiée dernièrement à Madrid par Don Pedro Cevallos, premier secrétaire d'État de Sa Majesté Catholique Ferdinand VII, dans laquelle l'auteur présente le détail de toutes les intrigues et machinations au moyen desquelles Bonaparte s'est rendu maître de la famille royale d'Espagne ; cette brochure ne contient que peu de faits nouveaux, si ce n'est les traités secrets conclus entre les cabinets de Saint-Cloud et d'Aranjuez, relativement au partage du Portugal et à la formation des Algarves en royaume séparé, comme récompense accordée à la perfidie du Prince de la Paix. »

envoya donc auprès du général Moore deux délégués,
les généraux Augustin Bueno et Ventura Escalante [1],
chargés d'agir auprès de lui pour qu'il n'abandonnât
pas la partie et dirigeât son armée sur Madrid où elle
se réunirait à celle de Castaños; M. Frere approuvait
complètement les vues de la Junte et ne voulait pas, lui
non plus, entendre parler d'une retraite sur le Portugal;
malgré un séjour antérieur dans le pays, il n'en connaissait pas bien les habitants, il croyait aveuglément
aux déclarations exagérées des Espagnols, et il prenait
leurs rodomontades pour des manifestations d'énergie.

Il écrivit le 30 novembre à Sir John Moore une longue
lettre pour le dissuader de battre en retraite, l'engager
à protéger Madrid et lui montrer la situation générale
sous un jour favorable, mais complètement faux. Il lui
démontrait notamment que les Espagnols avaient dans
la région de Madrid 20,000 hommes de troupes sur
lesquels se repliait Castaños, et que toutes ces forces
réunies à l'armée anglaise seraient supérieures à celles
des Français. Malheureusement, tout ce que disait
M. Frere provenait de renseignements espagnols, qui
contenaient peu de chose de vrai; le ministre anglais
avait raison de vouloir empêcher Moore de battre en
retraite, mais il se servait d'arguments déplorables qui
pouvaient faire à sa cause plus de mal que de bien.
L'ancien chef des agents civils, M. Stuart, qui était
aussi pessimiste que M. Frere était optimiste, était cependant de l'avis du ministre au sujet de la retraite de
l'armée anglaise, et écrivait aussi au général Moore
que cette retraite équivaudrait, comme effet produit sur
les Espagnols, à une grande victoire des Français.

---

[1] Capitaine-général de Grenade, un des signataires de la capitulation de Bailen.

M. FRERE A SIR JOHN MOORE ([1]).

Aranjuez, 30 novembre 1808.

Vous trouverez ci-jointe une lettre au sujet de laquelle je dois vous dire que si quelque chose vous paraît irrespectueux dans la forme ou le mode de transmission, je suis persuadé que c'est absolument involontaire ([2]).

Dans ce que je vous ai dit relativement à un mouvement de retraite sur le Portugal, j'ai désiré me borner à une simple opinion politique ; en supposant que des considérations contraires ne s'y opposent pas formellement, on pourrait, je crois, décider un mouvement de retraite sur la Galice, ou sur la région très forte des environs d'Astorga, de préférence à un mouvement sur le Portugal, en admettant, naturellement, qu'une retraite ait été jugée absolument nécessaire.

Mais puisque vous me faites l'honneur de me consulter au sujet de l'état général du pays et des moyens de résistance que l'on peut lui supposer, je vous dirai que les provinces que vous avez vues jusqu'ici sont les moins remarquables de l'Espagne au point de vue de l'esprit militaire, patriotique ou provincial. Aucun homme ne se vante jamais du titre de Léonais. La Junte de cette province, au moment où la Galice et les Asturies envoyaient des députés et semblaient se mettre à peu près sur le pied d'États indépendants, a abandonné tranquillement tous ses pouvoirs aux Asturiens, et a approuvé tout ce qu'ils avaient décidé et obtenu. A l'exception de La Manche et de la ville de Madrid, le même

---

(1) Cette lettre fut écrite en réponse à celle de sir John Moore du 27 novembre.

(2) Cette lettre est celle que M. Martin de Garay, secrétaire de la Junte centrale, adressait à Sir John Moore pour accréditer près de lui les généraux Bueno et Escalante, « afin de traiter avec les généraux de l'armée anglaise, et « convenir avec elle des mesures, combinaisons et conceptions qui seraient ju- « gées opportunes, prendre des décisions au sujet des opérations militaires et « des autres points qu'il convient de régler, afin que les troupes de Sa Majesté « britannique agissent de concert avec les nôtres, accélèrent les mouvements « convenus, et évitent les retards si funestes à la noble entreprise si impor- « tante pour les deux nations..... »

signalement s'applique à presque toute la Vieille et la Nouvelle-Castille. . . . .

Si vous vous déterminiez à marcher vers l'intérieur de l'Espagne, en dehors de l'importance qu'il y a à couvrir la capitale, il y aurait, je crois, de grands avantages à recueillir
de l'exécution rapide de ce mouvement. Nous avons maintenant dans la Nouvelle-Castille une armée de 20,000 hommes
sur laquelle Castaños se replie, comme vous le verrez ; des
renforts arrivent chaque jour des provinces ; en y ajoutant
les Anglais, on obtiendrait, je présume, une force bien supérieure à tout ce que les Français pourraient réunir au
même moment, alors surtout qu'ils ont sur leur flanc gauche
une forte contrée en armes tout le long du chemin jusqu'aux Pyrénées. . . . .

Une bonne politique exige que les Français soient attaqués avant que leurs renforts les aient rejoints, car un succès
obtenu sur eux rendrait extrêmement difficile, sinon impossible, de lever une conscription pour une troisième tentative ;
mais si, au contraire, on permet aux Français de conserver
leurs avantages et d'attendre le complément de leur conscription, ils se précipiteront sur l'Espagne en si grand
nombre, qu'ils pourront s'emparer immédiatement de la capitale et des provinces du centre. . . . .

Si cependant mes vues sur ce sujet ne vous paraissaient
pas suffisamment claires ou concluantes pour vous engager
à faire un mouvement qui, j'en suis convaincu, mériterait
l'approbation du gouvernement de Sa Majesté (puisque vous
me faites l'honneur de me consulter à ce sujet), j'oserai
vous recommander de conserver la position d'Astorga. Une
retraite de ce point sur la Corogne serait moins difficile que
sur Lisbonne par le Portugal (autant qu'il est permis à un
non-militaire de porter un jugement sur un pays qu'il a traversé). Il faudrait de plus, dans cette position, attendre des
renforts de cavalerie d'Angleterre, ce qui mettrait notre armée à même d'opérer dans le pays plat qui commence
juste en cet endroit et s'étend sur tout le Leon et la Vieille-
Castille. . . . .

Couvrir et protéger Madrid, voilà un point d'une grande importance, en raison de l'effet produit en Espagne, et plus encore en France et dans l'Europe occidentale. Il serait du plus haut intérêt pour Bonaparte de pouvoir publier un décret ou dater une lettre de Madrid. La population de la ville est pleine de résolution et déterminée à la défense, en dépit de la situation qui est défavorable ; sa résolution serait certainement augmentée à la première apparence de secours (¹). . . . .

M. CHARLES STUART A SIR JOHN MOORE.

Madrid, 30 novembre 1808.

Je viens de recevoir votre lettre du 29 m'annonçant votre résolution de vous retirer sur la frontière du Portugal, à la suite des nouvelles que vous a portées M. Vaughan relativement à l'armée de Castaños.

. . . .
Je n'ai rien reçu de Graham, de Wittingham ou de Doyle.

Je sais toutefois que l'ennemi a exécuté trois attaques contre San Juan près de Sepulveda et qu'il a été chaque fois repoussé, et étant donné qu'il a engagé de grandes forces, principalement en cavalerie, dans les dernières affaires de Tudela et de Borja, il est impossible qu'il puisse avoir des forces aussi considérables que celles que représente le

---

(1) Cette lettre constituait une réponse à celle que Sir John Moore avait adressée à M. Frere en date du 27 novembre, et dans laquelle il demandait au ministre son avis au sujet de la retraite de l'armée anglaise. C'est peu de temps après avoir expédié sa lettre que M. Frere eut connaissance de celle que Moore avait écrite à M. Stuart pour lui annoncer la résolution qu'il avait prise de battre en retraite sans attendre l'avis de M. Frere. Celui-ci entra alors en fureur et joignit à sa lettre ci-dessus le mot suivant à l'adresse de Moore :

Aranjuez, le 30 novembre 1808.

« Je venais de terminer mon autre lettre de ce jour quand j'ai reçu un message de M. Stuart me communiquant une note que vous lui aviez adressée, mais qui m'était également destinée. Afin de vous exprimer de la façon la moins blessante que je pourrai l'entière divergence de nos opinions à ce sujet, je crois que le meilleur procédé consistera à vous envoyer ce que j'avais déjà écrit quand j'ignorais encore la décision que vous avez prise. »

général Hope dans les environs de Valladolid et Olmedo. Il
a 10,000 hommes de cavalerie en Espagne : 1,500 sont à
Sepulveda : donc, s'il y en avait 4,500 à Valladolid, il en
resterait bien peu sur les autres points où il a attaqué il y
a peu de temps. Tous les rapports arrivés ici disent qu'il y
a beaucoup de petits partis disséminés dans la Vieille-
Castille, pour réunir des vivres, obtenir des renseignements
et inspirer la terreur dans la province. . . . .

En ce qui concerne les conséquences de vos différents
mouvements rétrogrades, je puis vous dire qu'ils produi-
ront vraisemblablement ici un effet aussi sérieux que la victoire la plus décisive de l'ennemi, et pour ma part, je ne
serais pas étonné qu'un changement de gouvernement en
fût la conséquence immédiate quand les raisons de votre
retraite seront connues. . . . .

J'en étais là de ma lettre, lorsque j'ai vu Morla, qui m'a
annoncé que Castaños amène la plus grande partie de ses
forces (il ne m'a pas dit le nombre) de Calatayud à Sigüenza
dans le but de se réunir à San Juan. Les rapports de ce dernier ajoutent que les Français avaient renforcé leur corps
de Sepulveda, et qu'il s'attendait à être attaqué hier ou
aujourd'hui : il a reçu un renfort de quatre nouveaux régiments, et sa réunion avec Castaños dépendra du résultat
de l'affaire qui va avoir lieu. Il me dit aussi qu'il croit que
l'ennemi n'a dans la Castille que de faibles partis qui ne
peuvent empêcher la réunion de vos divisions. Il déclare que
le rapport qu'il a reçu d'Olmedo annonce simplement l'arrivée dans ce village de trente dragons détachés de Valladolid, où il affirme qu'il n'y a pas des forces assez considérables pour empêcher vos mouvements. Il ajoute que,
suivant les déclarations des prisonniers, Bonaparte est à
Burgos. . . . .

S'il est vrai que Bonaparte est à Burgos, il a certainement l'intention de faire un grand effort vers Somosierra
ou vers Valladolid : si sa cavalerie poussait au delà de cette
dernière ville, son objectif paraîtrait alors être Ségovie.

Les objurgations de M. Frere ne firent pas plus d'effet sur le général Moore que les calmes avis de M. Stuart. Le général anglais avait éprouvé depuis son entrée en Espagne trop de déconvenues pour pouvoir ajouter encore foi à des assurances provenant de source espagnole; il considérait la partie comme perdue, et il jugeait inutile de compromettre la plus belle armée de l'Angleterre, on peut même dire le plus clair de ses forces de terre, dans une lutte disproportionnée et qui pouvait causer sa ruine; il était donc plus que jamais décidé à la retraite et n'attendait plus que d'être rejoint par le général Hope pour prononcer son mouvement d'une façon irrévocable. C'est dans cette disposition d'esprit qu'il reçut la visite des généraux Escalante et Bueno envoyés auprès de lui par la Junte suprême pour convenir d'un plan d'opérations commun à l'armée espagnole et à l'armée britannique. Dans ces conditions les envoyés de la Junte avaient peu de chances de succès; ils insistèrent néanmoins pour que Moore revînt sur Madrid où il trouverait, disaient-ils, trois armées espagnoles formant plus de 45,000 hommes, savoir: celle de Castaños, forte de 25,000; celle d'Heredia, de 10,000 et celle de San Juan, de 12,000 hommes; en y ajoutant les nouvelles levées d'Andalousie et de Castille on arriverait à près de 60,000 hommes, et si l'armée anglaise s'ajoutait à ce total, on devenait sûr alors d'écraser complètement les Français. Les envoyés de la Junte, qui s'étaient mis en route pour Salamanque le 30 novembre, ignoraient la déroute de San Juan à Somosierra et la fuite de Heredia. Le général Moore, au contraire, venait de recevoir des nouvelles récentes et sûres par le colonel Graham qui, en revenant de Madrid, avait rencontré San Juan le 1ᵉʳ décembre et avait. dîné avec lui. On juge dès lors combien Moore dut prendre peu au sérieux les allégations des généraux espagnols; pour convaincre ces derniers, il fit alors venir le colonel Graham et le chargea de leur répéter ce qu'il savait au sujet de San Juan et Heredia. Les Espagnols furent atterrés, mais ils ne se découragèrent pas pour cela, et, reconnaissant que l'armée anglaise ne pouvait guère, dans ces conditions, venir sur Madrid, ils insistèrent pour que Moore allât rejoindre l'armée que le marquis de La Romana réunissait autour de Leon(¹). Mais l'opinion de Moore était faite; il était convaincu que les deux généraux n'avaient ni capacité militaire ni connaissance de la situation générale et il leur répondit froidement que La Romana n'ayant pas 5,000 hommes à mettre en ligne, il jugeait inutile d'aller le rejoindre; sur quoi l'entretien prit fin (²). Cette entrevue eut lieu le 3 ou le 4 décembre; le général Moore ne changea rien à ses projets de retraite, et comme il avait été informé que le général Hope s'avançait vers lui, il voyait approcher le moment où, rejoint par sa cavalerie et son artillerie, il pourrait commencer en sécurité son mouvement rétrograde sur les frontières du Portugal.

Ses espérances devaient bientôt se réaliser, car le général Hope avait été assez heureux pour se rappro-

---

(1) Le général Moore avait reçu une lettre du marquis de La Romana, datée de Leon 3o novembre, dans laquelle le marquis annonçait qu'il allait réorganiser l'armée de Blake, qui d'ailleurs avait peu souffert. Mais les renseignements de Baird montraient cette armée dans le plus piteux état.

(2) Les généraux espagnols quittèrent Salamanque le 6 décembre : le général Escalante arrivé à la Calzada-de-Baños, le 7 décembre, adressa encore un dernier appel à Sir John Moore pour le supplier de ne pas battre en retraite et de rejoindre le marquis de La Romana.

cher sans encombre du gros de l'armée; sa colonne, arrivée à l'ouest de Madrid depuis le 22 novembre, avait serré progressivement sur l'Escorial et, malgré les demandes du général Morla qui aurait voulu détourner son corps sur Madrid, le général Hope avait franchi le Guadarrama pendant les journées des 27 et 28 novembre ([1]). Il avait lancé sa cavalerie en avant de lui sur Adanero, route de Valladolid, et sur San-Garcia à l'ouest de Ségovie, afin d'avoir des nouvelles; le 28 novembre, son infanterie était arrivée à Villacastin et son parc à Espinar; le même jour il apprit par un courrier de M. Stuart à Sir John Moore la nouvelle de la défaite de Castaños à Tudela et la marche des Français sur Somosierra; il apprit d'autre part que la cavalerie fran-

---

(1) Voici ce que raconte au sujet du passage du Guadarrama le marquis de Londonderry, qui commandait la brigade de cavalerie du général Hope (*Histoire de la guerre de la Péninsule*, p. 200-203) :

« La Junte centrale avait vivement sollicité qu'un corps de troupes anglaises fût détaché de l'armée dans le but de protéger Madrid, et comme la division du général Hope était voisine de la capitale, on intercéda auprès de lui de la manière la plus pressante pour l'engager à adopter ce plan dont on lui aurait laissé l'entière direction, en lui faisant remarquer toutefois qu'il n'y avait pour l'exécuter qu'à se joindre à l'armée du général San Juan pour garder les passages de Somosierra et de Guadarrama. Sir John Hope, dont le quartier général était à l'Escorial, ne se rendit pas à ces sollicitations, attendu que son général lui avait positivement prescrit, à moins de circonstances extraordinaires, de le joindre à Salamanque et qu'il ne voyait du reste aucun motif plausible de négliger les ordres de son chef. C'est pourquoi, ayant fait une halte de quelques jours pour rassembler sa cavalerie qui marchait à quelque distance de ses derrières, et donner aux traînards le temps d'arriver, il se prépara à marcher sans délai sur Salamanque.

« Le 27, toute sa division traversa les montagnes du Guadarrama, et le 18e de hussards et le 71e d'infanterie arrivèrent de l'autre côté de la Sierra ; le jour suivant le reste de l'infanterie, trois brigades d'artillerie et tout le train d'artillerie atteignirent le même point, tandis que les hussards poussèrent jusqu'à Adanero où ils firent le service des avant-postes. Bien que nos mouvements se fussent opérés avec la plus grande facilité, on reçut dans la journée une nouvelle qui causa la plus vive inquiétude au général Hope et à ceux à qui il la confia. »

(Cette nouvelle était celle de l'arrivée de la cavalerie française à Valladolid et sur le Duero le 24 novembre; elle était apportée par Lord Proby, qui avait failli être pris à Tordesillas par la cavalerie française, et qui, en fuyant cette dernière, avait rencontré les postes de la cavalerie de Hope.)

çaise occupait quelques jours auparavant la région de Valladolid jusqu'au Duero et qu'elle paraissait vouloir se diriger vers le sud-ouest; sa situation était dès lors difficile; il se trouvait, il est vrai, protégé sur sa droite par la place de Ségovie qu'il savait occupée par le général Heredia, mais vers le nord la cavalerie française n'était peut-être que l'avant-courière d'un corps nombreux qui pouvait le couper du général Moore ou l'obliger à repasser le Guadarrama; il fallait donc être sûr qu'en allant plus loin on ne tomberait pas au milieu des colonnes françaises; le général Hope prescrivit alors à sa cavalerie de pousser aussi loin que possible sur les routes d'Olmedo à Arevalo et à Ségovie pendant la journée du 29; il employa cette journée à faire venir son infanterie et son parc sur Villacastin et Espinar. Les renseignements envoyés par la cavalerie signalèrent les cavaliers français sur une grande étendue: d'après les affirmations des habitants, il y en avait à la Nava, à l'ouest de Medina-del-Campo, vers Olmedo et Arevalo, et entre Ségovie et Olmedo (¹).

Dans cette circonstance délicate, le général Hope fit preuve de décision et de sang-froid; résolu à gagner

_____

(1) A cette date, le corps du maréchal Lefebvre se trouvait entre Palencia et Valladolid, le général Milhaud était à Valdestillas avec les 16ᵉ et 21ᵉ dragons; le 5ᵉ chasseurs était à Cuellar, envoyant des reconnaissances sur Ségovie, un escadron de ce régiment occupait Olmedo, et envoyait des partis sur Arevalo. Le 12ᵉ dragons était à Medina-del-Campo et envoyait des reconnaissances sur Salamanque.

La cavalerie du général Milhaud ne se mit en mouvement vers Ségovie que le 1ᵉʳ décembre, suivie par le corps du maréchal Lefebvre qui quitta Valladolid à la même date.

On voit par là que, dans la réalité, le corps du général Hope ne risquait absolument rien à Villacastin le 29 décembre; cela ne diminue en rien le mérite du général, qui ignorait la véritable situation des Français. Il est très remarquable toutefois que la cavalerie anglaise ait su où se trouvaient les avant-postes de la cavalerie française, sans que celle-ci ait eu vent de la présence de l'ennemi; ce furent, comme toujours, les habitants du pays qui informèrent les Anglais de la position exacte des Français.

Salamanque malgré la proximité des Français sur son flanc droit, il prit les mesures suivantes pour la journée du 30; la cavalerie, formant rideau, suivant le demi-cercle passant par Fontiveros, Arevalo et Adanero, devait continuer à observer la direction du nord-est; elle se replierait ensuite insensiblement vers l'ouest dans la direction de Fontiveros; l'infanterie se dirigea de Villacastin sur Fontiveros et le parc prit la route directe d'Espinar à Avila par le Campo-Azalvaro.

Le 30, le général Hope reçut des nouvelles du général Moore qui lui annonçait dans une lettre du 28 novembre sa détermination de battre en retraite et lui prescrivait de le rejoindre le plus rapidement possible; ce fut une raison de plus pour hâter encore sa marche déjà rapide; il se dirigea à marches forcées directement sur Fontiveros et Peñaranda, toujours protégé vers le nord-est par sa cavalerie qui se replia lentement sur Fontiveros où elle arriva le 2 décembre (¹). Pendant ce

---

(1) Voici ce que dit à ce sujet le marquis de Londonderry (*Histoire de la guerre de la Péninsule*, p. 206-209) :

« On apprit bientôt que l'ennemi s'avançait en force vers Ségovie ; et quoique cette ville fût occupée par une division de 6,000 hommes de l'armée de San Juan, sous les ordres du général Heredia, on ne se flattait guère qu'il arrêtât pendant longtemps les progrès des Français. On calculait la résistance qu'offrirait Ségovie par la facilité qu'aurait San Juan de garder les défilés de Somo-sierra : dans le cas où ce dernier s'y maintiendrait, le général Heredia devait conserver son poste jusqu'à la dernière extrémité ; mais si ces défilés étaient emportés, il devait se retirer sur ceux du Guadarrama. Si les troupes de Valladolid empêchaient notre jonction avec Sir John Moore, ces défilés étaient pour nous la seule voie de retraite que nous eussions à suivre ; s'ils étaient forcés, notre position devenait désespérée, il ne nous restait plus qu'à nous jeter dans Avila, ville forte, et chercher à nous y maintenir jusqu'à ce que notre général fût à même de nous secourir.

« Lorsque le général Hope se mit en mouvement de l'Escorial, il avait tracé sa route par Adanero à Arevalo et de là par Madrigal, Peñaranda, Huerta à Salamanque. Aussitôt qu'il eut connaissance des événements, il se détermina prudemment à changer son ordre de marche, et se jeta sur la gauche afin de s'éloigner de la ligne probable des opérations de l'ennemi. En conséquence, la cavalerie reçut l'ordre le 30 de se porter sur Fontiveros, et d'établir des postes pour protéger l'infanterie et l'artillerie qui, le même jour, se rendaient à Avila.

temps le général Hope était arrivé à Peñaranda où il s'arrêta pendant la journée du 3 pour laisser son convoi filer sur Alba-de-Tormès; lui-même y parvint le 4 décembre, avec la tête de ses troupes qui y furent rassemblées le 5, désormais hors de tout danger; dans la réalité, il n'avait pas couru de grands risques; mais sa résolution n'en avait pas été moins méritoire, car les bruits du pays, grossissant le nombre des Français et signalant partout leur présence, lui avait fait croire à un danger imminent; de fait, il n'est pas sûr que ses ca-

---

Le lendemain matin on se remit en marche, et on reprit la route de Peñaranda, où la colonne arriva sans être inquiétée, le 2 décembre : le corps principal de cavalerie stationna à Fontiveros, d'où il jeta des avant-postes à Adanero, Arevalo, Villa-Nueva-de-Aroud, Madrigal, Royama, et même jusqu'à Peñaranda; c'est ainsi que la droite et la gauche de ce corps furent si bien protégées que l'ennemi ne put pas le harceler.

« Je faisais partie de la cavalerie, et pendant ce service je pris des renseignements partout où nous passions sur la nature et la force des troupes françaises qui s'y étaient montrées, et je fus informé qu'elles se composaient de plusieurs détachements d'un corps de partisans qui se trouvait assez éloigné de l'armée, et dont le but n'était que de répandre l'alarme dans le pays, et d'occuper l'attention des habitants. En cela ils réussirent parfaitement, car dans le même moment la gauche de l'armée s'avançait rapidement après la défaite de Castaños pour écraser San Juan et prendre possession de Madrid. Comment se fait-il qu'elle n'essaya pas de pénétrer entre nos colonnes ? je n'en sais rien ; mais ce dont je suis certain, c'est que les Français ne firent aucune tentative qui en démontrât la volonté.

« Nous avions déjà traversé une grande partie de l'Espagne, et depuis quelques semaines nous étions continuellement en présence de l'ennemi sans avoir encore trouvé l'occasion d'échanger un seul coup de fusil, lorsqu'elle se présenta dans la nuit du 29. Vers minuit, les vedettes de la grand'garde d'Arevalo annoncèrent que l'ennemi avançait. Les cavaliers montèrent à cheval, et quelques minutes après ils furent attaqués par un fort détachement de cavalerie, sans toutefois savoir si ce détachement faisait partie de l'avant-garde de l'armée, ou si ce n'était qu'une reconnaissance. Comme il nous importait peu de garder Arevalo, nos gens, après avoir bataillé quelques instants, sonnèrent la retraite ; mais ils ne furent pas poursuivis, et passèrent le reste de la nuit dans une maison située sur la route à un demi-mille de distance du village. Au point du jour ils s'avancèrent de nouveau sur Arevalo, où ils ne trouvèrent personne, les Français l'ayant abandonné quelques heures auparavant, après avoir pillé le bureau de poste. Tel fut le seul incident qui marqua l'espace de temps qui s'était écoulé depuis notre départ de Lisbonne jusqu'au moment où nous joignîmes l'armée à Salamanque.

« La cavalerie resta dans la même position, partie à Fontiveros, partie échelonnée par détachements sur le flanc de la colonne d'infanterie. L'ennemi ne faisant aucune démonstration, nous restâmes tranquilles. »

valiers aient aperçu un seul Français, sauf peut-être à Arèvalo, comme le raconte le marquis de Londonderry.

Dès qu'il sut le général Hope à Alba-de-Tormès, le général Moore se prépara à mettre à exécution ses projets de retraite sur le Portugal. Il écrivit le 5 décembre au matin à Lord Castlereagh afin de lui expliquer les raisons pour lesquelles sa décision était irrévocablement prise.

SIR JOHN MOORE A LORD CASTLEREAGH.

Salamanca, le 5 décembre 1808.

J'ai eu l'honneur d'écrire à Votre Seigneurie en date du 29 novembre, et de l'informer de la détermination que j'ai prise en conséquence de la défaite de l'armée du général Castaños.

Le général Hope, avec la division qu'il commande, a marché sur Avila pour éviter dans les plaines les forces supérieures en cavalerie de l'ennemi, et est arrivé hier à Alba-de-Tormès, à 4 lieues d'ici ; sa jonction est ainsi assurée, et je me prépare actuellement à faire ma retraite sur Ciudad-Rodrigo. L'ennemi a porté toutes ses forces du côté de Madrid, ce qui me donnera probablement le temps d'arriver en Portugal sans être inquiété. Bonaparte est à Aranda-de-Duero ; des renforts lui arrivent journellement. Les Français ont attaqué et emporté le défilé de Somosierra le 29, ce qui leur ouvre celui de Guadarrama, et ils sont maîtres de Ségovie. Les quelques corps espagnols qui leur sont opposés ne sont composés que de fuyards des armées battues que l'on a ramassés, et qui sont hors d'état d'opposer aucune résistance.

Je n'ai point eu de communication avec Madrid depuis le 30 novembre ; les habitants ont pris les armes, ont barricadé les rues et exprimé leur détermination de mourir plutôt que de se soumettre ; jamais encore une telle énergie ne s'était manifestée dans aucune partie de l'Espagne ; il me serait

impossible de dire combien de temps on peut présumer que
la population d'une grande ville persévérera dans une telle
résolution, ni de calculer le temps qu'elle pourra résister
aux attaques formidables que l'ennemi dirige contre elle ;
Votre Seigneurie peut croire que ce n'est pas sans de mûres
réflexions, ni sans une extrême répugnance que j'ai pris la
résolution de retirer l'armée de l'Espagne et d'abandonner
une cause au succès de laquelle le gouvernement est aussi
intéressé, et pour laquelle l'esprit public fait des vœux si
ardents. Les lettres que j'ai adressées à Votre Seigneurie
en date des 25 et 28 novembre, présentant un tableau exact
de l'état des choses dans ce pays-ci, peuvent faire voir à
quel point le gouvernement et le peuple d'Angleterre ont
été trompés, et auront préparé Votre Seigneurie aux revers
qui ont eu lieu depuis cette époque. J'étais déterminé, tant
qu'il resterait une armée en Espagne et quelque espoir de
résistance de la part des Espagnols, à braver tous les dangers pour opérer la jonction de l'armée, et alors, si le général
Castaños eût éprouvé un échec ou bien eût été forcé de se
retirer, mon intention était, dans le cas où je n'eusse pas vu
de meilleur parti à prendre, de marcher sur Madrid, d'où
nous eussions pu gagner l'autre rive du Tage, et, donnant
ainsi aux Espagnols les moyens de se rallier autour de
nous, nous eussions partagé leur fortune. J'ai informé Votre
Seigneurie de cette intention dans ma lettre du 28, et je l'ai
communiquée à M. Frere, pour lui demander son opinion
à cet égard. Mais la défaite subite du général Castaños,
qui a été si complète et a eu lieu après une si faible résistance, m'a montré de combien peu d'ardeur les Espagnols
sont animés dans la défense de la cause de leur pays, et ne
me laisse plus aucun moyen de me soutenir ni d'empêcher
les progrès ultérieurs de l'ennemi.

L'armée anglaise était alors en marche pour se rassembler
ici et à Astorga. Le général Hope, avec la tête de sa colonne,
était à Villacastin, et l'ordre rassemblé qu'il lui fallait nécessairement observer dans sa marche ne lui a pas permis
de me joindre plus tôt qu'il ne l'a fait. Le corps de Sir David

Baird ne pouvait être rassemblé à Astorga avant le 4 de ce mois; il était donc impossible à cette armée d'être réunie avant le 14 ou le 15, et il se serait encore écoulé quelque temps avant qu'elle fût en état d'agir offensivement. Ce temps eût été plus que suffisant pour donner à l'ennemi les moyens d'achever la destruction du peu de troupes espagnoles qui restent encore, et de tourner la plus grande partie de son armée contre les Anglais, dont les forces réunies n'excèdent pas 26,000 hommes, mais qu'il eût probablement été en état d'attaquer pendant qu'elles auraient été détachées et séparées.

L'expérience m'a convaincu du manque d'énergie et d'habileté du gouvernement espagnol, de l'apathie du peuple, du manque de moyens de défense du pays, et m'a prouvé enfin qu'après la défaite des armées espagnoles, il ne restait plus de ressources à l'Espagne. J'ai considéré que l'armée anglaise se trouvait actuellement isolée, qu'il était impossible d'entreprendre sa jonction sans l'exposer à de grands dangers, et que, quand même on l'opérerait, l'armée ne serait pas en état de résister aux forces considérables qu'on rassemblera contre elle. J'ai pensé que dans de pareilles circonstances ce serait en vain qu'on tenterait de rétablir les affaires de l'Espagne, et quoique je ne doute pas que l'armée fût parfaitement disposée à entreprendre tout ce que je lui ordonnerais, j'ai cru que mon devoir me défendait de l'engager dans une lutte où même les plus grands efforts de sa part ne pouvaient donner aucune espérance de succès. On peut réellement dire que l'armée anglaise n'est jamais entrée en Espagne; on ne pouvait en effet lui donner le nom d'armée avant qu'elle fût réunie et en état d'agir. Les armées espagnoles étaient défaites et la cause de l'Espagne perdue avant que les Anglais constitués en armée aient pu venir à son secours. Je sens le poids de la responsabilité dont je suis chargé, je n'ai eu que le choix des inconvénients, ce n'est pas à moi à décider si j'ai choisi les moindres et ceux qui seront le moins désapprouvés par Sa Majesté et par mon pays. Mon vœu a été de prendre le meilleur parti ; j'ai bien réfléchi sur les différents devoirs qui m'étaient imposés et si j'ai adopté un mauvais parti, on ne pourrait attribuer ma résolution qu'au manque de cette sagacité dont on m'a cru doué en me confiant un commandement aussi important.

C'est après avoir expédié la lettre précédente que Sir John Moore reçut dans la journée du 5 décembre une lettre qui lui était adressée par la Junte militaire de Madrid en date du 2 décembre, dans laquelle on lui annonçait que la capitale allait résister aux Français avec 40,000 hommes et qu'on espérait que l'armée anglaise coopérerait directement ou indirectement à la défense de la capitale; peu après cette lettre, il en reçut une autre de M. Frere, qui s'était réfugié à Talavera avec la Junte et qui lui écrivait le 3 décembre pour lui dépeindre l'enthousiasme du peuple de Madrid, et l'adjurer de ne pas abandonner les Espagnols.

Cette dernière lettre lui était apportée par un ancien émigré français, le colonel Charmilly, qui avait quitté Madrid le 2 décembre et avait été témoin des préparatifs de résistance de la capitale (¹) ; il raconta ce qu'il

---

(1) Le colonel Charmilly était marié à une Anglaise et habitait Londres, où il avait été mêlé à des affaires financières douteuses et où il avait eu maille à partir avec la police anglaise. Cet aventurier s'était rendu en Espagne pour offrir ses services à la Junte suprème à laquelle il venait proposer de lever un régiment de cavalerie ; il se trouvait à Madrid au moment où les Français approchaient de la capitale et il en sortit le 2 au moment où l'attaque allait commencer ; il rencontra M. Frere qui s'était réfugié à Talavera et lui dépeignit l'ardeur et l'enthousiasme du peuple de la capitale. M. Frere, résolu à empêcher par tous les moyens possibles que le général Moore battît en retraite, confia à Charmilly pour la porter à ce dernier une lettre qu'il écrivit le 3 décembre, espérant que Moore se laisserait convaincre par le récit d'un témoin venant de Madrid. Mais, craignant que Moore persistât quand même dans ses résolutions, il donna à Charmilly une deuxième lettre qui ne devait être remise que si le général devait décidément battre en retraite : dans ce cas, la lettre de M. Frere demandait à Sir John Moore d'assembler auparavant un conseil de

avait vu et insista sur l'effervescence populaire et sur l'enthousiasme des Madrilènes qui présageaient une vigoureuse défense.

LA JUNTE DE MADRID A SIR JOHN MOORE.

Madrid, 2 décembre 1808.

La Junte militaire et civile, formée de toutes les autorités réunies du royaume, établie au nom du Roi pour la défense de cette capitale qui se trouve menacée par l'ennemi, a l'honneur d'exposer à Votre Excellence une représentation véridique des affaires présentes, qui se résument ainsi : l'armée du centre, que commandait le général Don Xavier Castaños, forte d'environ 25,000 hommes, se retire en toute hâte sur Madrid pour s'y réunir à la garnison ; l'armée de Somosierra, comprenant environ 10,000 hommes, marche dans le même but sur cette ville, où près de 40,000 hommes vont se trouver réunis. Avec ce nombre de troupes et ces forces, l'armée ennemie qui s'est présentée n'est pas à craindre. Mais, dans cette circonstance, la Junte craint quand même que des renforts français viennent encore rejoindre les troupes qui sont devant nous, et elle espère que Votre Excellence, si elle n'a aucun ennemi en face d'Elle, pourra venir se réunir à notre armée, ou marcher de façon à tomber sur le flanc de l'ennemi. La Junte croirait faire injure à votre activité et à votre zèle bien connu pour la bonne cause si elle doutait que la rapidité des mouvements de Votre Excellence ne soit celle qu'exigent les intérêts des deux pays.

Le prince DE CASTELFRANCO.   THOMAS MORLA.

La Junte est persuadée que Votre Excellence se sera déjà réunie à l'armée que commandait le général Blake, et qui se trouvait depuis peu à Leon.

---

guerre pour entendre le colonel Charmilly, qui développerait les raisons pour lesquelles il ne fallait pas que l'armée anglaise se retirât.

Le procédé était des plus maladroits de la part de M. Frere : c'était, en somme, essayer d'opposer l'avis d'un conseil de guerre à l'autorité du général en chef, en prenant pour intermédiaire un étranger de moralité douteuse.

Talavera, 3 décembre.

J'ai peu de chose à ajouter à l'exposé général des moyens de résistance actuellement existants en Espagne que j'ai eu l'honneur de vous faire dans ma lettre du 10 du mois dernier. Cependant le rapport que vient de me faire le colonel Charmilly au sujet de la situation existant à Madrid lors de son départ confirme trop fortement ou, pour mieux dire, dépasse tellement tout ce que j'ai pu avancer au sujet du moral et de la résolution du peuple, que je ne saurais me dispenser de vous représenter de la façon la plus vive l'opportunité, pour ne pas dire la nécessité d'appuyer la résolution du peuple espagnol par tous les moyens qui ont été mis à votre disposition dans ce but.

Je n'hésite nullement à prendre sur moi toute la responsabilité qui s'attache à un tel avis ; car je considère que le sort de l'Espagne dépend absolument pour le moment de la décision que vous prendrez. Je dis : pour le moment, car le moral et le caractère de cette nation sont tels, que même si les Anglais l'abandonnaient, je ne désespérerais pas malgré tout de son succès final.

Vous verrez par l'en-tête de cette lettre que la Junte n'est plus dans une situation où elle était exposée à être faite prisonnière. Elle a décidé de se retirer sur Badajoz, où j'espère que vous m'honorerez d'une réponse.

Ces nouvelles parurent assez sérieuses au général Moore pour ébranler ses projets de retraite, en lui montrant la situation sous un jour tout nouveau. Il était jusqu'alors résolu à s'en aller parce qu'il était profondément découragé par l'apathie et l'indifférence des populations avec lesquelles il se trouvait en contact ; mais puisqu'il lui était prouvé que le sentiment patriotique et l'enthousiasme se réveillaient, puisque Madrid

semblait résolue à se défendre énergiquement et à imi-
ter peut-être l'exemple de Saragosse, le siège de ces
deux grandes villes allait absorber une notable partie
des forces françaises, et il devenait dès lors possible à
l'armée anglaise d'entrer en ligne et d'essayer par
exemple d'agir sur les communications des Français;
le général Moore crut donc l'occasion propice pour
tenter quelque chose en faveur des Espagnols; il en
était d'ailleurs sollicité par M. Frere, par la Junte suprême, par le marquis de La Romana; il ne s'était décidé à battre en retraite qu'avec répugnance et parce
qu'il s'y croyait obligé par les événements. Les nouvelles reçues de Madrid lui firent croire au contraire
que les circonstances exigeaient dorénavant qu'il ne
partît plus, et il se décida à rester; le soir même il
envoya au général Baird l'ordre de revenir à Astorga:
dès le lendemain 6 décembre, il lui ordonna de pousser
deux régiments de cavalerie sur Zamora et de diriger
la tête de ses troupes sur Benavente (¹); les autres
lettres qu'il écrivit le 6 décembre donnent les raisons
de son revirement.

---

(1) Tous ces ordres étaient déjà donnés lorsque le général Moore reçut le
6 décembre la visite du colonel Charmilly, qui, trompé par son accueil glacial
de la veille et croyant qu'il voulait décidément battre en retraite, lui remit la
deuxième lettre de M. Frere ainsi conçue :

3 décembre 1808.

« Dans le cas, que je ne veux pas supposer, où vous persisteriez dans l'intention
« de vous retirer avec l'armée que vous commandez, je vous demande de faire
« auparavant entendre devant un conseil de guerre le colonel Charmilly, por-
« teur de la présente, et aux renseignements duquel on a déjà eu recours. »

Le général Moore fut d'autant plus indigné d'un procédé d'aussi mauvais
goût qu'il venait précisément de prendre les mesures que désirait M. Frere; il
entra dans une violente fureur contre Charmilly et le fit expulser par la force
armée. A la réflexion il se calma, et comme il plaçait l'intérêt général au-dessus
d'une injure personnelle, il ne manifesta son mécontentement au ministre anglais, dans une lettre du même jour, qu'en termes fermes mais modérés.

Salamanca, 5 décembre 1808.

La ville de Madrid a pris les armes, a refusé de capituler avec les Français, barricade ses rues, et se déclare résolue à tout supporter plutôt que de se soumettre. Cela arrête les Français, et le peuple qui est ardent en tire beaucoup d'espérance. Pour ma part, je crains que l'enthousiasme se soit montré trop tard, et que les Français soient trop forts pour qu'on puisse leur résister de cette façon. Ceci, toutefois, n'est pas bon à dire, et je me trouve moi-même obligé de tenter quelque chose, car M. Frere me l'a formellement recommandé par une lettre que j'ai reçue ce soir. C'est pourquoi je dois vous prier de suspendre votre marche jusqu'à nouvel ordre, et de prendre vos dispositions pour retourner à Astorga si c'était nécessaire. Tout ce qui se passe paraît étrange et éphémère, mais si l'esprit d'enthousiasme s'élève en Espagne, et si le peuple *veut être martyr,* on ne peut savoir, dans ce cas, tout ce que pourra faire notre armée. En attendant, j'espère que le régiment de cavalerie que je vous ai demandé est en marche vers moi (¹).

SIR JOHN MOORE A LORD CASTLEREAGH.

Salamanca, le 5 décembre 1808.

Depuis que j'ai eu l'honneur de vous expédier ma dépêche de ce matin, je trouve que l'on est porté à concevoir de hautes espérances de l'enthousiasme avec lequel le peuple de Madrid résiste aux Français. J'avoue que je ne saurais me promettre beaucoup de la résistance d'une ville contre des forces aussi formidables, à moins que ces étincelles qui brillent aujourd'hui n'allument un incendie général, mais ici le peuple est aussi tranquille que s'il était au sein de la plus profonde paix.

----

(1) Sir John Moore avait demandé à Sir David Baird un régiment de cavalerie pour avoir avec lui quelques troupes à cheval lorsqu'il battrait en retraite sur Lisbonne.

Cependant, j'ai, d'après l'opinion générale qui est aussi celle de M. Frere, ordonné à Sir David Baird de suspendre sa marche ; je resterai ici jusqu'à nouvel ordre, et je me conduirai d'après les circonstances. A moins que la révolte ne devienne générale, Madrid ne tardera pas à succomber.

A tout événement, si je marche sur le Portugal, ce ne sera que dans le dessein de saisir le premier moment favorable pour revenir en Espagne. Mais je ne me porterai pas sur Madrid que je ne connaisse avec plus de précision les forces de l'ennemi, et que je n'aie quelque preuve de la confiance que je puis mettre dans la fermeté des Espagnols.

J'ai eu l'honneur de recevoir hier les dépêches de Votre Seigneurie du 15 novembre par M. Windham, du premier régiment des gardes.

SIR JOHN MOORE A SIR DAVID BAIRD.

Salamanca, 6 décembre 1808.

Je vous ai écrit la nuit dernière de suspendre votre mouvement rétrograde. Je vous écris maintenant pour vous prier de vous reporter sur la droite et de retourner avec armes et bagages à Astorga. Le peuple de Madrid, à ce qu'on dit, est plein d'enthousiasme et de fureur, et en ce moment il résiste certainement aux Français. Il est impossible de dire tout le bien qui peut en résulter ; je ne peux ni avoir trop de confiance ni avoir trop de défiance à ce sujet. . . . .

En somme, ce qui se passe à Madrid peut être décisif pour le sort de l'Espagne, et nous devons être prêts à apporter notre concours, et à profiter des événements. Les vœux de notre pays et notre devoir nous le commandent, quels que soient les risques qui puissent en résulter.

Continuez à faire tous vos préparatifs, tels que réunion de vivres, etc., etc., en vue d'une retraite, dans le cas où elle redeviendrait nécessaire. Établissez un magasin à Villafranca et un ou deux autres au delà : laissez-y du sel, de la viande, du biscuit, du rhum ou du vin, du fourrage, etc., que vous tirerez de la Corogne. Envoyez-moi à Zamora deux régiments de cavalerie et une brigade d'artillerie à cheval : vous garderez avec vous un régiment de cavalerie et une brigade d'artillerie à cheval, et vous dirigerez vos troupes par brigades sur Benavente ; l'ennemi n'a rien en ce moment dans cette direction ; il faut en profiter et rattraper le temps perdu en fournissant double tâche.

J'écris par la même occasion au marquis de La Romana ; il serait à désirer que vous détachiez en permanence ou éventuellement un officier auprès de lui, pour juger de l'état de ses troupes, de leur aptitude à entrer en campagne, afin que nous sachions si nous pouvons compter sur leur action. Je désirerais que vous pussiez m'envoyer de l'argent.

SIR JOHN MOORE AU MARQUIS DE LA ROMANA.

Salamanca, 6 décembre 1808.

J'ai eu l'honneur de recevoir la lettre de Votre Excellence du 30 novembre. En général, je vous écrirai en français, comme vous le désirez, mais je vous prie de m'excuser si je vous écris cette lettre en anglais, car je suis en ce moment très pressé.

Depuis mon arrivée en Espagne, je n'ai été mis en communication avec aucune des armées espagnoles, et je suis resté dans une ignorance complète au sujet de leurs mouvements, des plans de leurs généraux et de ceux du gouvernement ; pendant tout ce temps, mon armée était en marche pour se rassembler et se réunir, et je suis resté exposé sans la moindre protection.

Mon désir a toujours été de coopérer avec les armées espagnoles pour le bien de la cause commune : mais enfin, considérant que j'étais resté livré à moi-même, j'ai été obligé de ne prendre conseil que de moi-même, et après les défaites des deux armées de Blake et de Castaños, j'ai dû envisager quel parti il fallait prendre à l'égard de l'armée anglaise qui se rassemblait alors à Astorga et à Salamanque. Il n'y avait rien à espérer à cause de sa séparation, et même si elle pouvait se réunir, elle n'était pas assez forte pour

affronter toutes les forces de l'ennemi, qui, d'après mes prévisions, se serait immédiatement tourné contre nous.

J'ai donc été obligé, bien à contre-cœur, d'ordonner au
corps d'Astorga de se retirer sur la Corogne, et j'ai eu l'intention de me retirer moi-même, avec le corps que j'avais
ici, sur le Portugal, d'où j'aurais été prêt à revenir au secours
de l'Espagne, quand ses affaires seraient mieux dirigées et
quand l'occasion me serait offerte de faire quelque chose de
bien.

Cette occasion est peut-être arrivée. Les Français ont
tourn? une grande partie de leurs forces contre Madrid ; le
peuple a pris les armes et se déclare résolu à résister. . . .

Comme ma retraite était forcée et faite avec répugnance,
je l'ai arrêtée au moment où j'ai vu une chance d'agir pour
le bien de ce pays.

J'ai ordonné à Sir David Baird de retourner avec son corps
à Astorga, et de là à Benavente. Mon désir est de me réunir
à vous, et d'entreprendre avec vous les opérations que vous
jugerez les plus convenables pour secourir Madrid et battre
l'ennemi.

Les Français ont chassé le général San Juan de Somosierra, et sont en possession de cette passe ainsi que de celle
de Guadarrama ; on dit que le général Castaños est à Sigüenza ; la Junte suprême s'est retirée à Badajoz ; le duc
de Castelfranco et M. Morla sont à la tête de la Junte civile
et militaire à Madrid.

Je vous ai écrit avec la franchise propre à un militaire,
j'agirai avec vous de la même manière. J'ai le plus grand
respect pour votre caractère, et vous me trouverez toujours
prêt à entreprendre tout ce qui sera praticable dans l'intérêt
de la nation espagnole.

SIR JOHN MOORE A M. FRERE.

Salamanca, 6 décembre 1808.

J'ai eu l'honneur de recevoir le 2 votre lettre du 30, répon-
dant à celle que je vous avais adressée le 27 novembre. Si

mon armée avait été réunie et prête à entrer en action au moment de la défaite du général Castaños, j'aurais eu l'intention de marcher sur Madrid, quoique ce mouvement m'eût paru risqué, et de partager les chances de la nation espagnole. Si je n'avais pas pu m'y maintenir, je pensais, en me plaçant derrière le Tage, pouvoir donner aux armées dispersées et au peuple espagnol, s'il leur restait encore du patriotisme, la faculté de se rallier autour de moi et de marcher à la délivrance de la capitale . . . .

En ce qui concerne la décision que j'ai prise dans la soirée du 28 novembre lorsque j'ai reçu de M. Stuart la nouvelle de la défaite de Castaños, si vous aviez été auprès de moi, je vous l'aurais communiquée, mais je n'aurais jamais eu la pensée de vous demander votre avis ou votre opinion, car ma décision était basée sur des événements dont vous n'aviez pas connaissance, et c'était là d'ailleurs une question purement militaire, dans laquelle je me trouvais le meilleur juge. A ce moment l'armée était divisée en trois corps différents, et il n'était pas possible de la réunir avant le 13 ou le 14 de ce mois-ci. Avant ce moment, j'avais beaucoup de raisons de croire qu'elle serait attaquée par toutes les forces de l'ennemi, car après la défaite du général Castaños, je ne voyais plus aucune armée espagnole dont elle pût recevoir la plus légère assistance. L'armée que je commandais était faible à cause de sa séparation, et réunie elle n'aurait atteint que le chiffre de 26,000 hommes en état de combattre . . . .

C'est pourquoi j'ordonnai à Sir David Baird, dont le corps n'aurait pas pu être réuni à Astorga avant le 4 de ce mois, de battre en retraite sur la Corogne; j'ordonnai au général Hope de forcer la marche pour me rejoindre ici, où j'avais l'intention d'attendre son arrivée si j'en avais la possibilité, et je pris mes mesures pour me retirer avec lui sur le Portugal . . . .

La résistance opposée par le peuple de Madrid a retenu les Français, et les a empêchés de détacher aucun corps contre moi. L'exemple de patriotique enthousiasme de la capitale, s'il a de la durée, peut être suivi des plus heureux effets si la flamme se communique, et si cet exemple est imité par les provinces. . . . .

J'ai ordonné à Sir David Baird de retourner à Astorga, et j'ai cessé mes préparatifs de retraite sur le Portugal ; je me suis mis en communication avec le marquis de La Romana à Leon, et sans pouvoir dire exactement comment je m'y prendrai, tout ce qui peut être fait pour secourir Madrid et la cause espagnole peut être attendu d'une armée comme celle que je commande.

D'ailleurs, tant que je ne serai pas rejoint par Sir David Baird, je suis beaucoup trop faible. J'ai pensé qu'il était de mon devoir de vous expliquer posément les raisons qui ont réglé et règlent actuellement ma conduite, et je suis désireux de continuer à entretenir avec vous, comme ministre du Roi, des relations d'entière confiance ; j'espère que puisque nous n'avons qu'un but, le bien général, les divergences d'opinion qui peuvent se produire entre nous ne détruiront pas l'harmonie qui doit subsister dans nos rapports.

Bien pénétré comme je le suis de ces sentiments, je m'abstiendrai de toute remarque au sujet de vos deux lettres qui m'ont été remises hier soir et ce matin par le colonel Charmilly, ou au sujet du message qui les accompagnait. J'ai certainement, au début, éprouvé et exprimé une grande indignation en voyant un homme de cette espèce pris pour intermédiaire entre vous et moi pour une communication de cette sorte. Ces sentiments n'existent plus, et j'ose dire qu'ils ne seront jamais plus manifestés à votre égard.

Si M. Charmilly est votre ami, il était peut-être naturel de votre part de l'employer ; mais j'ai des préventions à l'égard des gens de cette espèce, et il m'est impossible de leur accorder ma confiance. Je vous serai donc obligé de ne plus l'employer dans vos rapports avec moi. . . . . . .

SIR JOHN MOORE A M. FRERE.

Salamanca, 6 décembre 1808.

J'ai oublié de vous annoncer dans ma lettre d'aujourd'hui

que les généraux Escalante et Bueno sont venus chez moi : c'est d'eux que parle cette lettre extraordinaire que vous m'avez envoyée avec les vôtres du 3o novembre, et qui est signée Martin de Garay, secrétaire de la Junte. Les deux généraux m'ont semblé deux vieillards ou plutôt deux vieilles femmes, avec lesquels il m'était impossible de combiner aucune opération militaire, même si j'en avais eu envie.

Les personnages avec lesquels des opérations pourraient être combinées en ce moment sont les généraux qui commandent les armées et non des hommes comme les deux précédents, qui n'ont, pour établir de tels plans, d'autres renseignements que ceux des papiers officiels, toujours inexacts, que leur ont fournis les administrations publiques. Leur entretien avec moi a consisté en questions et en assurances relatives à la force des différents corps espagnols, toutes choses dont je connaissais la fausseté ; ils ne savaient pas que Ségovie et Somosierra étaient au pouvoir de l'ennemi.

Je vous serai obligé de m'épargner de pareilles visites, qui sont fort pénibles.

Je vous ai parlé dans ma lettre d'aujourd'hui d'une lettre que j'ai reçue de la Junte de Madrid. Mes instructions me prescrivent de faire passer par vous toute ma correspondance avec le gouvernement espagnol ; je serai très heureux de me conformer à cette règle chaque fois. Mais je ne vois pas comment cela me sera possible, si vous continuez sur Badajoz. Je vous enverrai toutefois des copies si vous le désirez.

David Baird avait reçu le 3o novembre les ordres de retraite envoyés par Moore le 28 ; il battit dès le lendemain en retraite sur Villafranca et laissa à Astorga une brigade de cavalerie pour masquer son mouvement ; il n'avait pas encore dépassé Villafranca lorsqu'il reçut le contre-ordre envoyé par Moore le 5 décembre ; il arrêta aussitôt sa marche et reçut peu après l'ordre positif de revenir sur Astorga, où il s'achemina de nouveau avec son détachement diminué de la brigade du général Leith qui était déjà fort éloignée de Villafranca et ne put rattraper l'armée que quinze jours après.

Une fois assuré d'être rejoint par le corps du général Hope qui porterait sa force à plus de 20,000 hommes, Sir John Moore se prépara à marcher sur Zamora et Toro, où Baird viendrait le rejoindre par Bénavente, avec les 11,000 hommes qui composaient son corps ; il comptait ensuite avec ses 30,000 hommes réunis aux troupes que le marquis de La Romana assemblait à Leon, se porter sur Burgos pour tomber sur les communications des Français et dégager Madrid, car il croyait que la résistance acharnée de la capitale aurait attiré sous ses murs la majeure partie des forces françaises.

Il dut encore revenir de cette illusion : le colonel Graham, qu'il avait envoyé à Madrid pour avoir des nouvelles certaines, revint dans la nuit du 9 au 10 décembre et lui annonça que la capitale était aux mains des Français depuis le 4 décembre ; quant aux armées qui devaient venir la défendre, elles s'étaient dispersées sur Cuenca et Talavera, où la Junte s'était réfugiée. Cette nouvelle parut un instant refroidir Sir John Moore, mais il n'en persista pas moins dans son projet de se porter sur Burgos, parce qu'il pensa qu'une partie des forces françaises devant occuper Madrid et faire face aux levées qui se faisaient dans les provinces du sud, et une autre partie se trouvant immobilisée devant Saragosse, on ne pourrait opposer aux Anglais que de faibles forces en avant de Burgos (¹); il se flattait ainsi de remporter quelques succès et de forcer l'armée française à abandonner le sud de l'Espagne pour accourir à la défense du nord.

Sir John Moore passait ainsi de l'extrême prudence à l'extrême témérité; son plan audacieux pouvait bien en effet être couronné de succès passagers, mais en s'engageant ainsi vers Burgos sur les derrières de l'armée française, il risquait de se faire couper de sa ligne de communications, et pour obtenir des résultats éphémères il compromettait l'existence même de son armée, alors à peu près la seule que l'Angleterre eût sur pied.

Il est juste d'ajouter toutefois que Sir John Moore ne se fit aucune illusion sur les périls qu'il pouvait courir; sa correspondance prouve nettement qu'il regardait à ce moment la situation de l'Espagne comme désespérée, et au point de vue militaire il ne voyait de solution raisonnable que dans la retraite; s'il agit autrement, c'est qu'il fut guidé par des considérations politiques, et qu'il ne voulut pas qu'on pût dire qu'une armée anglaise avait pénétré comme alliée en Espagne et s'était retirée ensuite sans rien faire pour les Espagnols.

Il ne semble pas cependant que le général Moore fût obligé de prendre une offensive aussi marquée; peut-être aurait-il mieux fait de se réunir à Leon à l'armée

---

(1) C'est en cela que consistait l'erreur du général Moore; il croyait que l'armée française comptait 80,000 hommes et qu'elle venait de recevoir de France un renfort de 30,000 hommes. En réalité, l'Empereur disposait au commencement de décembre de 120,000 combattants (sans compter le corps de Catalogne) et 42,000 hommes entraient en Espagne, portant ainsi à plus de 160,000 hommes l'effectif total des combattants disponibles. Ces renforts se décomposaient ainsi : division polonaise, 6,500 hommes ; chevau-légers westphaliens, 488 hommes ; 5ᵉ corps, 19,420 hommes ; 5ᵉ division de dragons, 2,800 hommes ; 8ᵉ corps, 13,073 hommes.

espagnole la plus rapprochée, celle de La Romana, et d'attendre une occasion favorable tandis que les levées du nord-ouest de l'Espagne se seraient organisées sous sa protection.

Mais il était décidé à se porter dans la direction de Burgos, et il résolut de commencer son mouvement le plus tôt possible; le corps de David Baird ayant encore besoin de quelques jours pour se réunir de nouveau à Astorga, il ne jugea pas utile de l'attendre, et il décida de se porter d'abord sur Valladolid avec les troupes qu'il avait à Salamanque.

Il couvrirait ainsi le rassemblement du corps de Baird, qui le rejoindrait ensuite par Benavente et Medina-de-Rio-Seco; une fois à Valladolid, il disposerait de deux lignes de communications, l'une par Salamanque et Ciudad-Rodrigo sur Lisbonne, l'autre par Astorga et Villafranca sur la Corogne; le sort en était jeté, et le mouvement de l'armée anglaise vers le Duero commença le 11 décembre.

SIR JOHN MOORE A LORD CASTLEREAGH.

Salamanca, le 8 décembre 1808 (¹).

Dans la courte lettre qui accompagnait ma dépêche du

---

(1) A peu près à la même époque, voici un écho des bruits qui couraient dans l'armée anglaise, d'après une lettre d'Adam Neale :

Salamanca, le 9 décembre 1808.

« Le 4 de ce mois, le général Hope a réussi à former sa jonction avec un des avant-postes de l'armée de Sir John Moore, à Alba-de-Tormès, à 4 lieues de Salamanque. Le général Hope avait été obligé de suivre la route d'Avila et Villacastin, afin d'éviter la cavalerie ennemie qui, après s'être emparée de Ségovie, a attaqué l'armée de réserve commandée par le général San Juan et a forcé le passage de Somosierra dans la matinée du 29 du mois dernier par un brouillard très épais. Les Français se portèrent aussitôt vers l'Escorial, et ils ont depuis cerné la ville de Madrid.

« Nous ignorons encore le sort de cette capitale. Toutes les communications avec elle ont été interrompues depuis le 30 du mois dernier. L'intention de

5 courant, je vous ai dit que la résistance faite par le peuple
de Madrid a arrêté les opérations des Français, et inspiré
l'espoir que les affaires de ce pays, toutes désespérées qu'elles

notre commandant en chef était d'abord de se replier aussitôt sur le Portugal.
J'ignore entièrement les raisons qui l'ont porté à changer d'avis à cet égard ;
mais il n'en est pas moins certain qu'on a arrêté depuis peu un nouveau plan
d'opérations. J'ai ouï dire que ce dernier plan était le résultat d'un conseil de
guerre tenu il y a deux ou trois jours ; mais je ne saurais vous le certifier.
Tout ce que je sais, c'est qu'on a arrêté dernièrement un courrier français qui
se rendait à l'Escorial ; ses dépêches ont été portées à Sir John Moore. Il est
sans doute possible que le contenu des lettres et dépêches dont il était porteur
ait décidé Sir John Moore à renoncer à son premier projet ; mais, connaissant
l'adresse singulière que cette nation emploie pour tromper ses ennemis, j'espère
que le commandant en chef se conduira avec prudence.

« Ce qui porterait le plus sûrement à croire que ces dépêches ont été jetées à
dessein entre nos mains, c'est que les journaux qu'elles renferment donnent les
détails les plus avantageux sur les succès de l'armée française : selon leurs bulletins, les troupes espagnoles fuient au premier coup de canon, et les aigles
françaises ont été couvertes de lauriers, dans tous les combats soutenus contre
les patriotes, qu'on a soin d'y représenter comme une bande de malheureux et
d'ignorants excités par le fanatisme d'un petit nombre de prêtres perfides.

« J'ai lu seulement quelques-uns des journaux, mais on m'a dit que les lettres
particulières sont écrites en général dans le style le plus ridicule et le plus
extravagant. Un officier français engage son ami à lui ramener un des meilleurs chevaux anglais qu'il pourra se procurer, en regrettant que son séjour
forcé à Bayonne l'empêche de prendre part au pillage de notre bagage. Quelques-unes de ces lettres sont cependant écrites d'une manière très différente.
On y gémit sur l'incertitude de la lutte, et on y exprime les plus grandes craintes
que les montagnes d'Espagne soient dans peu le tombeau de la plus grande
partie de l'armée.

« Rien ne peut égaler l'état de dégradation où la presse est aujourd'hui en
France ; il n'y a pas dans tous ces journaux un seul article relatif à la situation
intérieure de l'Empire. En revanche, on y trouve une grande profusion de nouvelles étrangères ; mais on n'y lit pas un mot relatif à l'état de la France, de
ce pays avili et malheureux, si ce n'est des détails sur l'exposition des tableaux dans la galerie du Louvre et sur les spectacles ; des critiques de quelques romans nouveaux, de comédies, de mémoires remplissent le reste de leurs
feuilles stériles, également abondantes en adulations les plus grossières sur le
conquérant, et en calomnies les plus dégoûtantes sur l'Angleterre, où l'on
trouve à chaque ligne les sophismes et les mensonges les plus révoltants.

« La guerre est le lot de l'humanité ; elle fut, elle est et sera toujours l'occu-
« pation principale des empires et des souverains. Dieu a créé les hommes pour
« qu'ils se massacrent mutuellement ; et l'homme de lettres qui cherche à nous
« convaincre que l'on peut souvent éviter la guerre est un visionnaire qui n'est
« bon qu'à mettre aux Petites-Maisons, un fou, dont nous plaignons la folie,
« mais dont la philanthropie hors de saison est dangereuse. » Telle est la manière dont les journalistes français raisonnent aujourd'hui ; et tel est l'encens
qu'ils offrent au destructeur de l'Europe.

« Le peuple de Salamanque calcule, en ce moment, la résistance que peut faire
la ville de Madrid à l'armée française. On prétend que les habitants ont fait de
grands préparatifs de défense. La ville a été dépavée, afin de diminuer l'effet
des bombes ; on a ouvert des tranchées dans les principales rues, et il y a au-

sont, peuvent encore se rétablir ; si l'exemple de la capitale
est suivi, si l'enthousiasme devient général, la France sera
forcée de diviser ses armées et ne sera plus aussi formidable.
Il est très difficile de se procurer des renseignements ; je ne
sais rien de certain à l'égard de Madrid, mais je crois que
cette ville résiste encore. J'ai ordonné à Sir David Baird,
qui se retirait, de revenir sur ses pas. Je continuerai de
tenir la main à l'exécution des dispositions que j'ai ordonnées en Portugal, en cas que je sois forcé de me retirer ;
mais je me prépare à marcher sur Zamora et sur Toro, afin
de rejoindre Baird, à qui j'ai ordonné de s'avancer jusqu'à
Benavente. Quand nous aurons opéré notre jonction, et si
le marquis de La Romana a réussi à rassembler des troupes

---

tour de la ville au moins 3oo pièces de gros calibre. Telles sont les nouvelles
qui circulent ici.

« Je soupçonne fort que ces détails sont extrêmement exagérés. Nous savons
tous ce que les Espagnols peuvent faire pour défendre une ville. La défense
que Saragosse a faite en dernier lieu prouve que les Aragonais sont les dignes
rejetons de ces hommes qui défendirent si courageusement et Sagonte et Numance. Mais quand je calcule la richesse des présents qui seront sans doute
offerts aux hommes chargés de la défense de cette ville, je ne puis conserver
qu'une très faible espérance. Ce serait une fort mauvaise politique de la part
du prétendant de ruiner sa capitale future ; qu'il paraisse avec quelques mil-
lions de francs, quelques canons et quelques menaces, et les clefs de Madrid seront bientôt envoyées à l'Empereur. Un vieil Irlandais qui a passé trente-cinq ans
de sa vie en Espagne disait dernièrement à un de mes amis : « Ne vous fiez pas
« trop aux Espagnols ; je crois que leurs intentions sont toujours bonnes, mais,
« comme des enfants colères, ils font beaucoup de bruit et après maintes fan-
« faronnades, après s'être beaucoup emportés, ils se calment, et retombent dans
« leur première apathie. Tel est leur caractère dans toutes les circonstances de
« la vie privée. Quant à leur armée, c'est un peu différent ; depuis trente-cinq ans,
« j'observe ses progrès, et je crois la bien connaître. Quand ils ont des fusils,
« ils manquent ordinairement de canons ; s'ils ont de la poudre, ils manquent
« de pierres à fusil ; s'ils sont bien nourris, ils sont entièrement nus ; s'ils ont
« des souliers, ils manquent de pain ; si les soldats veulent se battre, les officiers
« s'y refusent, et quand les généraux veulent attaquer l'ennemi, les soldats
« désertent. Tel est, mon cher compatriote, le caractère de l'armée espagnole ;
« dites-moi donc de grâce ce que l'on peut raisonnablement en attendre ? Cela
« seul : qu'ils vous abandonneront à votre propre sort, vous laisseront regagner
« vos vaisseaux aussi promptement que vous le pourrez, et que vous devrez
« même vous trouver très heureux si, pendant la route, ils ne vous poignar-
« dent pas vos soldats, qu'ils regardent déjà comme un tas de misérables hé-
« rétiques, et ne maudissent pas vos secours, qu'ils n'ont pas sollicités, et
« votre arrivée dans leur superbe pays. »

« Tels sont les sentiments du docteur O'Leary ; je vous les rapporte tels qu'il
les a communiqués à mon ami Mac Léod et vous laisse la liberté de commenter
à votre guise. »

à Leon, je me porterai sur Burgos et les lignes de communications des Français. Votre Seigneurie peut être persuadée que je n'abandonnerai jamais cette cause tant qu'elle m'offrira une chance de succès ; mais je la prie de considérer que d'un moment à l'autre le chemin peut m'être coupé, que Madrid peut succomber, et que je puis me trouver engagé avec des ennemis très supérieurs en nombre. J'espère que les provinces méridionales sont animées d'un meilleur esprit ; personne ne bouge ici, et néanmoins le peuple est bien disposé ; une expression d'une lettre interceptée qu'un officier français commandant à Vitoria écrit au chef de l'État-Major peint parfaitement bien l'esprit du peuple de cette partie de l'Espagne : « L'esprit public est « toujours mauvais, toujours de l'incrédulité sur nos avan « tages ; quant à la tranquillité du pays, elle est parfaite. »

. . . .

Comme j'expédie un courrier à Sir David Baird, je vous ai écrit cette lettre dans l'espoir qu'il se présentera une occasion de vous l'envoyer ; de cette manière, vous serez au courant de ce qui se passe ici. J'ai fait partir le colonel Graham pour Madrid, afin qu'il m'instruise de ce qui s'y passe. Lord Paget arrivera demain avec la cavalerie à Zamora, et je me propose de marcher moi-même avec un corps de troupes sur Toro, le jour suivant . . . .

La Junte est partie pour Badajoz : ce n'est pas d'un bon exemple pour le peuple.

SIR JOHN MOORE A SIR DAVID BAIRD.

Salamanca, 8 decembre 1808.

Madrid tient encore, et j'ai quelques raisons de croire que l'on s'efforce de rassembler des forces à Tolède, et de plus considérables encore de l'autre côté de la Sierra Morena.

Tant qu'il nous restera une chance, nous ne devons pas abandonner ce pays. La contenance de Madrid nous a donné un peu de temps, et nous devons tâcher d'en profiter. Mon premier but est d'opérer notre jonction et de me réunir ensuite au marquis de La Romana. Je ferai partir un corps d'ici le 10 pour Zamora et Toro, où je transporterai mon quartier général.

Je désirerais que vous fassiez avancer votre monde par brigades sur Benavente. . . . .

Pour le moment je suis très désireux de savoir la force réelle et l'état des troupes que rassemblent La Romana et Blake, et je vous serai reconnaissant d'envoyer un officier intelligent à Leon pour voir ces troupes : il faut un officier capable de juger sans se laisser jeter de la poudre aux yeux. Vous ordonnerez, naturellement, que toute troupe arrivant à la Corogne soit immédiatement débarquée et mise en route.

J'ai envoyé le colonel Graham (du 90ᵉ) à Madrid, et j'espère avoir de ses nouvelles ce soir.

SIR JOHN MOORE AU MARQUIS DE LA ROMANA (¹).

Salamanca, ce 8 décembre.

Monsieur le Marquis,

Un officier que j'expédie au général Sir David Baird m'offre l'occasion de vous écrire. Je n'ai pas encore reçu des informations sûres à l'égard de Madrid : j'ai lieu de croire que le peuple tient encore. Une lettre de la Junte de Tolède m'a communiqué l'intention de rassembler un corps d'armée là, et que le peuple est déterminé de mourir les armes à la main.

Le général Castaños a reçu ordre de se retirer à Carolina de l'autre côté de la Sierra Morena.

Dans cette partie de l'Espagne les habitants sont trop tranquilles : ils disent qu'ils n'ont point d'armes, ils ont besoin d'une tête pour les remuer, pour les réunir et pour les commander. Je propose (²), le 10 courant, de faire un mouvement sur Zamora et Toro, pour me rapprocher du corps

_____

(1) Lettre écrite en français.
(2) « Je propose » est pris ici dans le sens de « Je me propose ».

du général Baird et du vôtre. Quand je saurai quel progrès
vous avez fait dans l'organisation de votre armée, nous pourrons combiner quelque chose, et j'attends avec impatience
de recevoir une réponse à la lettre que j'eus l'honneur de
vous écrire le 6. Deux officiers généraux étaient ici il y a
quelques jours, envoyés de la part de la Junte suprême. Ils
ne m'ont pas paru avoir ni les pouvoirs ni les informations
nécessaires pour combiner une opération. J'ai cru pouvoir
m'expliquer plus clairement avec vous, Monsieur le Général,
et j'ai refusé d'entrer avec eux en matière : c'était le général Escalante et le brigadier-général Bueno.

SIR JOHN MOORE A LORD CASTLEREAGH.

Salamanca, le 11 décembre 1808.

Le colonel Graham, que j'avais envoyé à Madrid, est
revenu près de moi hier au soir ; il ne lui a pas été possible d'aller au delà de Talavera-de-la-Reina, où il a trouvé
deux membres de la Junte suprême, qui lui ont appris que
Madrid avait capitulé le 3 (¹). Le duc de Castelfranco et

---

(1) Comparer cette lettre avec la suivante d'Adam Neale :

Salamanca, le 11 décembre 1808.

« On dit que le colonel Graham, que Sir John Moore avait envoyé, il y a quelques jours, vers Madrid, afin de recueillir des renseignements sur la véritable
situation des affaires dans cette partie, est revenu le 8 de ce mois et a apporté
la fâcheuse nouvelle de la capitulation de cette capitale, qui a eu lieu le 3 du
courant. Le duc de Castelfranco et Don Thomas Morla sont accusés d'avoir
vendu à l'ennemi la cause de leur pays. Le capitaine-général Castelar, ainsi
que tous les officiers supérieurs des troupes, ont refusé de ratifier le traité, et
ont quitté la ville, emmenant avec eux 16 pièces de canon. Les régiments de
cavalerie, qui sont venus d'Angleterre avec Sir David Baird, arrivèrent hier, à
Zamora, sous le commandement de Lord Paget. On espère que l'infanterie sera
rendue demain à Benavente. On continue de faire des préparatifs vers la gauche,
afin de protéger la jonction du général Baird, ensuite toute l'armée doit se porter en avant, sur Valladolid.

« Je vois avec plaisir, je l'avoue, que nous sommes probablement sur le point
d'agir ; depuis quelque temps les habitants de cette ville paraissent désirer
beaucoup de nous en voir partir. Pendant toute la semaine passée, ils n'ont fait
que nous accabler de questions pour savoir le moment de notre départ ; et dernièrement même, ils ont fait quelques observations assez étranges sur notre
inactivité.

« J'ignore entièrement ce que notre armée peut faire, mais je vous avoue franchement que je suis persuadé que notre séjour à Salamanque n'a nullement été

M. de Morla, tous deux chefs de la Junte établie à Madrid, sont accusés de trahison par le peuple. Le capitaine-général Castelar et tous les officiers supérieurs ont refusé de ratifier le traité et sont sortis de la ville en emmenant avec eux 16 pièces de canon ; les habitants se sont refusés à mettre bas les armes ; mais les Français sont maîtres des portes, du Retiro et du Prado. Saragosse résiste toujours ; et l'on dit que le 1ᵉʳ de ce mois la garnison a repoussé les Français, qui avaient tenté une attaque générale. On prétend que l'on essaie de rassembler des forces considérables dans le midi ; je ne doute pas qu'on y parvienne ; mais je doute beaucoup du succès de ce rassemblement.

Je ne peux pas croire que l'enthousiasme puisse régner

---

utile à la cause commune. L'ignorance qui caractérise la plupart des habitants (ignorance que j'étais moi-même éloigné de croire aussi grande) leur a fait imaginer que ce délai n'avait pour cause que la répugnance de nos généraux à marcher contre les Français ; et ils ont osé même manifester cette opinion à quelques officiers anglais.

« Le marquis de La Romana a passé quelque temps à Leon, pour rassembler les débris de l'armée de Blake ; les rapports varient beaucoup ici sur le nombre des troupes qui se sont réunies sous ses drapeaux : on les fait monter à 16,000, à 20,000 et jusqu'à 30,000 hommes. Je doute beaucoup qu'il en ait rassemblé plus de 15,000.

« Je remarque que depuis quelques jours la superbe cocarde patriotique ne décore plus le chapeau de plusieurs Espagnols ; si cette circonstance pouvait être envisagée comme la mesure du patriotisme des habitants de Salamanque, je serais porté à croire qu'il diminue sensiblement.

« Les affections violentes sont rarement durables ; et je crains fort que, du moment où la reddition de la capitale sera connue ici (ce qui n'a point encore eu lieu), ils ne s'empressent de se courber devant l'idole. Quelques personnes qui doivent connaître le caractère espagnol pensent que la Catalogne, l'Aragon et l'Andalousie résisteront encore longtemps. Effectivement, dans les cafés où je suis à portée d'observer des Espagnols de différentes provinces, j'ai toujours remarqué que les Aragonais sont ceux qui annonçaient le plus de bravoure et d'amour pour l'indépendance. Ils disent hautement que quelques facilités que les Français trouvent à soumettre toutes les autres provinces de la Péninsule, leur invasion éprouvera sûrement une résistance terrible à Saragosse et dans le reste de l'Aragon. Et dans le fait, les habitants du midi ont toujours été regardés comme très supérieurs à ceux du nord. Les habitants de la Galice, par exemple, passent depuis des siècles pour un peuple avili : c'est du moins de cette manière que le Camoëns en parle :

> Du vil Galicien la lance mercenaire
> Plie et cède bientôt à sa crainte ordinaire.

« Mais en Espagne comme en Angleterre, chaque province se croit sous un rapport quelconque fort au-dessus de ses voisines ; cette faiblesse doit sans doute son origine aux anciennes guerres qui ont si longtemps divisé les petits royaumes dont ce pays se compose. »

sur une partie considérable de l'Espagne. Si les habitants
de Madrid avaient été réellement résolus, je ne vois pas
comment M. de Morla et le duc de Castelfranco auraient
pu rendre la ville ; ils accusent leurs chefs pour masquer
leur manque de courage, ce fut le cas du général San Juan
qui commandait lorsque fut forcé le passage de Somosierra.
On croit que ses troupes ont fait mauvaise contenance ; elles
l'ont, depuis, accusé de trahison et l'ont massacré. Je crois
que la cause est certainement désespérée parce que je ne
vois nulle part de résolution énergique, sauf à Saragosse.

Il reste cependant une chance de succès, et tant qu'elle
existera, je crois devoir courir toute espèce de risques pour
soutenir la cause des Espagnols. Ma situation est différente
de celle où je me trouvais à l'époque de la défaite de Castaños. J'ai été rejoint par le général Hope, par l'artillerie
et toute la cavalerie. Lord Paget est à Toro avec trois régiments, et ma jonction avec Sir David Baird est certaine,
quoique je n'en aie pas entendu parler depuis que je lui ai
donné l'ordre de retourner à Astorga. Quoique Madrid ait
capitulé, cette ville doit nécessairement occuper une portion considérable des forces de l'ennemi. Saragosse est également l'objet d'une diversion considérable ; et il ne peut
négliger les rassemblements qui se forment dans le midi.
L'ennemi ne peut donc diriger toutes ses forces contre moi.
Le corps qui se rassemble à Leon, sous les ordres du marquis de La Romana, est, à ce que m'a dit Sir David Baird,
incapable d'inspirer aucune espèce de confiance ; cependant je me joindrai à lui ; et je me propose de me rendre à
Valladolid, où j'ordonnerai à Baird de venir me rejoindre ;
j'espère aussi que La Romana se portera dans les environs
de cette ville. Je commencerai à exécuter ce mouvement
dès demain, en envoyant deux corps rejoindre Lord Paget à
Toro. Les généraux Hope et Fraser se rendront à Tordes-
sillas, partant d'Alba-de-Tormès et d'ici, et j'espère être le
14 à Valladolid. Une fois dans cette ville, mes communications deviendront très incertaines avec Almeïda et le Portugal, d'où la totalité de mes approvisionnements n'est

cependant pas encore partie ; mais il faut donner quelque chose au hasard ; je me trouverai sur le chemin de la fortune ; si elle me sourit, nos tentatives seront peut-être heureuses ; dans le cas contraire, nous aurons, du moins je l'espère, le mérite d'avoir fait tout ce qui était en notre pouvoir. L'armée est aussi bonne que le chiffre de ses forces peut le permettre ; et je suis certain qu'elle est déterminée à bien faire son devoir. Sir John Cradock([1]) m'a écrit de la Corogne ; il était sur le point de se rendre à Lisbonne ; il a débarqué à la Corogne une partie de l'argent apporté par la *Lavinia* et il doit débarquer le reste à Oporto ou à Lisbonne. Je l'ai prié de faire venir sur le Tage les deux régiments qui sont à Gibraltar.

. . . .

Les chevaux et les harnais du train d'artillerie seront utiles, mais les chariots sont pesants et mauvais ; ceux que nous nous procurons dans le pays sont beaucoup plus convenables. Je propose donc de laisser les chariots en Angleterre et d'envoyer seulement les autres objets.

Jusqu'à ce que les affaires prennent un aspect plus favorable en Espagne, j'espère que Votre Seigneurie consentira à laisser à la Corogne et à Lisbonne une quantité suffisante de bâtiments de transport pour le réembarquement des troupes.

Bon nombre de raisons me donnent à penser qu'il serait désirable que nous fussions en possession de Cadix. J'en parlerai à M. Frere. Si cette proposition était adoptée, les deux régiments de Gibraltar, qui sont le plus à proximité de cette ville, pourraient en prendre possession et y tenir garnison.

---

(1) Ce général se rendait à Lisbonne pour y prendre le commandement des troupes anglaises restées en Portugal, qui comprenaient environ 9,000 hommes à Lisbonne, Elvas et Almeïda.

DOCUMENTS ANNEXES

Nous devons à l'obligeance de M. Charles Oman, professeur à l'Université d'Oxford et auteur de *A History of the Peninsular War*, un résumé analytique et des extraits textuels des Journaux du colonel Graham, détaché auprès de Castaños, et du diplomate Charles Vaughan, envoyé auprès de Palafox avec le lieutenant-colonel Doyle.

Nous avons eu la bonne fortune de recevoir copie de ces documents avant l'achèvement de notre second volume et nous les citons ci-dessous.

Afin de les apprécier à leur juste valeur, il faut au préalable observer que le colonel Graham, militaire sensé et expérimenté, détestait les deux Palafox à cause de l'extravagance de leurs conceptions stratégiques, et considérait notamment José Palafox comme un *fou furieux*. Sir Charles Vaughan, au contraire, esprit froid et méthodique, avait été ébloui par l'ardeur de Palafox et manifestait son approbation pour ses plans à grande envergure. Sans prendre parti ni pour l'un ni pour l'autre, nous pensons que l'on peut admettre que chacune des deux relations contrebalance ce qu'il y a d'excessif dans l'autre, et que la vérité se trouve entre les deux.

Résumé et extraits du Journal de Graham.

(Les extraits textuels sont mis entre guillemets.)

21 octobre. — Départ de Madrid pour Alcala et Calahorra.

28 octobre. — Arrivée à Calahorra et entrevue avec Castaños, qui me retient à dîner.

29 octobre. — J'assiste à une escarmouche entre les dragons de Pavie et un détachement français d'une soixantaine d'hommes au gué de San-Andrea ; les Français se retirent lorsque les Espagnols amènent un canon. On reçoit des nouvelles qui confirment que La Cruz-Mourgeon s'est rendu à Lerin. Les officiers espagnols blâment beaucoup Grimarest à cause de ce désastre.

30 octobre. — « Écrit deux lettres à Lord William Bentinck lui rendant
« compte en détail de la situation de l'armée et des mouvements qu'elle doit
« faire ; écrit aussi à Anstruther.

« L'ensemble des deux divisions d'Andalousie (2e et 4e) avec les deux ba-
« taillons de l'autre (la 1re) qui sont arrivés de Madrid, ne dépasse pas 14,000 hom-
« mes. La division de Valence est d'environ 5,000 hommes, ce qui fait en tout
« 19,000 hommes de bonnes troupes. Les Castillans (ceux qui évacuèrent Lo-
« groño en panique) sont au nombre de 11,000 hommes, dont 3,000, provenant
« d'anciens corps réguliers, sont bons ; tous les autres doivent être répartis
« dans les bataillons andalous ; c'est la seule façon de les utiliser.

« Cette armée a donc un effectif d'environ 30,000 hommes, dont un tiers sur
« lequel on ne peut pas compter ; c'est une trop faible force pour défendre ou
« attaquer la ligne de l'Ebre. Il a été décidé dans une conférence avec José
« Palafox à Saragosse (¹) que la ligne de l'Aragon, de Caparroso à Sanguessa,
« serait occupée (par l'armée) et que lui (José Palafox) fournirait 13,000 hom-
« mes à la droite vers Sanguessa ; toutes ces troupes réunies, dont le total dé-
« passera 40,000 hommes sur une ligne peu étendue, couvriront l'Aragon et
« seront prêtes à agir suivant les circonstances. On parle d'un projet extrava-
« gant qui consisterait à se mettre en relation avec l'armée de Blake par Ron-
« cevaux sur les derrières de l'ennemi, de façon à le couper de ses communi-
« cations avec la France.

(1) C'est la conférence du 20 octobre, dont parle aussi Vaughan.

« J'aurais préféré un mouvement vers la gauche en remontant l'Èbre, de
« façon à protéger la droite de Blake qui est maintenant exposée, parce que
« (si l'on considère que le succès final de la cause dépend en grande partie
« de la façon dont Sir John Moore sera soutenu quand il entrera en action)
« la sûreté de l'armée de Blake, qui va être exposée aux plus grands risques
« si elle pénètre en Biscaye, devient doublement importante. S'il arrivait mal-
« heur à Blake, le mouvement de Sir John Moore pourrait être considéré comme
« chanceux, parce que ses deux flancs seraient *en l'air*. »

31 octobre. — « En somme, la conférence entre Palafox et Castaños n'a pas
« abouti ; il n'est plus question de mettre les troupes en mouvement. » Départ pour
Tudela ; j'attends le 1er novembre le retour de Castaños.

2 novembre. — Des détachements de troupes légères sous le commandement
de bons officiers doivent occuper la crète des montagnes qui ferment la plaine
de l'Èbre dans la direction de Nalda ; l'armée sera ainsi diminuée de 10,000 hommes, et il n'en restera que 30,000 pour défendre la ligne de l'Aragon. Dans une
conversation avec Castaños, ce dernier justifie son plan.

5 novembre. — « Palafox et Doyle sont arrivés de Saragosse et dans la soi-
« rée on a tenu un conseil de guerre auquel j'ai assisté fortuitement pendant
« quelque temps ; le conseil comprenait le délégué Palafox et son frère, le mar-
« quis de Coupigny, Montijo et Castaños. Ce dernier, d'ailleurs, montra beau-
« coup de bonne humeur. Mais il est impossible que les affaires aillent bien
« quand elles sont gérées de pareille façon. Une attaque sur Caparroso a été
« décidée pour mardi prochain (¹), afin d'aller prendre possession de la nou-
« velle ligne sur l'Arago . On doit laisser environ 6,000 hommes en observation
« à Calahorra ; les troupes aragonaises doivent former un total d'environ 18,000
« hommes, de sorte que la force de l'armée entière sera de près de 40,000 hom-
« mes. L'armée d'Extremadure, qui est déjà près de Burgos, doit rejoindre la
« droite de Blake à Frias ; je souhaite qu'elle puisse arriver à temps ; d'après
« tous les rapports, l'ennemi a envoyé de notre côté les deux tiers de ses ren-
« forts ; il n'est pas impossible qu'il nous prévienne dans notre mouvement, en
« traversant l'Aragon, pour nous empêcher de déboucher par le pont de Ca-
« parroso » (²).

7 novembre. — Départ pour Bocal-del-Rey.

8 novembre. — On reçoit la nouvelle de la défaite de Zornoza, mais Blake
ne donne aucun détail précis. Des renseignements venus de la Navarre annoncent que les Français sont sur le point de prendre l'offensive vers Logroño et
Lodosa. En conséquence, Castaños abandonne le projet de traverser l'Èbre pour
aller prendre position derrière l'Aragon. Palafox était parti pour Exea ; on envoie à sa recherche pour qu'il puisse envoyer l'ordre à O'Neille de se mettre
en marche de suite à Sanguessa dans la direction du sud afin de venir soutenir l'armée d'Andalousie.

9 novembre. — « Les troupes battent en retraite sur Calahorra et Arnedo ;
« une seconde ligne de cantonnements s'étend entre Alfaro et Fitero. José Pa-
« lafox est revenu et a envoyé l'ordre (à O'Neille). Son frère Francisco, furieux
« en voyant que la décision prise par le conseil de guerre de franchir l'Èbre
« n'a pas été exécutée, envoie par un courrier du général à Sir John Moore
« une lettre confidentielle ayant trait au désir qu'a le général de se réunir à
« lui » (³).

---

(1) C'est-à-dire le 8 novembre ; le conseil de guerre eut lieu le samedi 5 novembre
1808.

(2) Au sujet de la séance du conseil de guerre, voici ce que le colonel Graham écrivait à Sir John Moore, de Tudela le 9 novembre :

« Les membres du conseil de guerre, en me faisant le compliment de me dire qu'ils
« n'avaient pas de secrets pour leurs alliés, m'obligèrent à m'asseoir, ce que je fis pen-
« dant un quart d'heure, et ce fut assez pour m'édifier sur le misérable système suivi
« par cette assemblée..... Bref, je plaignis le pauvre Castaños et la pauvre Espagne,
« et je me retirai dégoûté au suprême degré. »

(3) C'est probablement de Castaños qu'il s'agit, mais ce passage est assez obscur.
Au sujet des ordres envoyés à O'Neille, voici ce que le colonel Graham écrivait à
Sir John Moore le même jour 9 novembre :

« *On espère* que l'armée aragonaise viendra remplir le vide qui existe dans la ligne,
« mais comme elle forme un commandement indépendant, on n'a encore envoyé aucun
« ordre. On a envoyé un courrier après Palafox, qui reviendra ici ce matin, et alors
« *on espère* qu'il enverra au général O'Neille à Sanguessa l'ordre de se mettre en mar-

10 novembre. — Le quartier général de Castaños est porté à Cintruenigo ; la position sur les hauteurs entre Alfaro et Corella n'est pas fameuse.

11 novembre. — Départ pour Tudela. Le général (Castaños) a reçu des nouvelles de Blake qui dit qu'il a quitté Zornoza sans grandes pertes, qu'il s'est renforcé d'une division qui avait été coupée, et qu'il a battu le général Villatte. Il parle encore de se porter de nouveau en avant : cependant la défensive paraîtrait indiquée de son côté. On apprend que la 1re division de l'armée d'Extremadure est arrivée à Burgos : les bruits qui circulent dans le camp disent que les Français font des mouvements en remontant l'Èbre, et qu'ils évacuent quelques-unes de leurs positions en face de l'armée d'Andalousie. Serait-ce Blake qui attire leur attention ?

12 novembre. — Castaños malade est au lit avec des rhumatismes. Départ pour Fitero et environs.

13 novembre. — Le représentant Palafox tente un mouvement offensif sur Lodosa. Il avait été convenu qu'on ferait une démonstration sur Milagro pour détourner l'attention de l'ennemi de Caparroso. Mais Francisco Palafox se rendit à Calahorra et entreprit de faire traverser l'Èbre à la division Grimarest sur des bateaux. Il donna l'ordre à La Peña, au nom de la Junte. de coopérer à ce mouvement. Tout cela amena de la confusion et du mécontentement. Castaños a écrit à la Junte pour lui demander si c'est lui ou un autre qui doit commander l'armée. Le plan de Palafox a été abandonné parce qu'on s'est aperçu que l'ennemi avait reçu des renforts à Lodosa. L'attaque sur Caparroso n'a pas eu lieu parce que le général Saint-March n'a pas reçu d'ordres en temps utile ([¹]).

14 novembre. — Roca, avec la division de Valence, est parti de Tudela pour rejoindre l'armée d'Aragon et attaquer Caparroso. L'ennemi a évacué la ville à son approche ; mais Saint-March, n'ayant pas reçu d'ordres, n'a pas coopéré à son mouvement ; s'il s'était présenté en même temps que Roca, la garnison aurait pu être coupée.

15 novembre. — Roca s'est mis en marche sur Villafranca et on a formé le projet de faire un mouvement sur Estella dans la Navarre. Puisqu'on ne dispose pas au-dessus de Calahorra d'un pont fournissant une communication permanente, et qu'on ne s'est pas rendu maître du pont de Lodosa, un tel mouvement paraît des plus hasardeux ; car l'ennemi est maître d'attaquer avec des forces supérieures sur la rive qu'il choisira. Si l'armée espagnole est assez forte pour livrer bataille, mieux vaudrait la livrer de suite ; sinon ce serait une dangereuse expérience que de donner aux Français la faculté d'engager une action générale.

17 novembre. — Une lettre particulière de Lord William Bentinck à Madrid apprend à Castaños que la Junte l'a remplacé par La Romana.

18 novembre. — Castaños declare que « son armée se trouve dans une impasse » et qu'elle ne peut ni défendre l'Aragon ni se porter sur le flanc ou les derrières des corps français qui essaieraient de pénétrer en Castille.

19 novembre. — On reçoit la nouvelle de la défaite complète de Blake à Espinosa. Castaños s'attend dès lors à être attaqué par toutes les forces de l'ennemi qui vient de se débarrasser de Blake. Palafox se trouve à Caparroso et demande qu'on lui envoie des troupes d'Andalousie sur l'Èbre.

« che immédiatement ; de plus, *on espère* que le général O'Neille exécutera cet ordre
« sans attendre celui de son chef immédiat le capitaine-général de l'Aragon, qui est à
« Saragosse. Dans tous les cas on perd bien vingt-quatre heures par ce joli système de
« commandements indépendants, qui peut avoir pour conséquence de nous priver de
« 18,000 hommes dans une bataille. »

([1]) Le colonel Graham écrivait de Cintruenigo, le 13 novembre, à Lord William Bentinck (à propos de l'attaque manquée par Francisco Palafox) :
« Si quelque chose peut faire sentir à la Junte l'absurdité de sa conduite ce sera cela.
« Le coup aurait été plus sensible si, comme cela pouvait arriver, une grande partie
« de la division eût été perdue. Mais il était si difficile de faire passer tant d'hommes
« et d'artillerie dans de petits bateaux, et il aurait fallu tant de temps pour cette opé-
« ration, que je peux à peine croire que ces gens aient été assez fous pour y avoir
« sérieusement pensé. Mais quelles qu'aient été leurs intentions, soit qu'ils aient voulu
« prendre le commandement dans le but unique d'irriter Castaños, soit par la frivole
« vanité d'exercer le pouvoir et de faire quelque chose qui, réussissant par bonheur,
« montrerait ce qu'on peut obtenir avec un chef plus actif ; soit qu'ils aient été réelle-
« ment convaincus de l'excellence de leur projet, il n'en est pas moins évident pour tout
« militaire, ou même pour tout homme de bon sens qu'il est impossible que les affaires
« réussissent de cette façon, et que lorsque la Junte s'en mêle, tout va de mal en pis. »

21 novembre. — Castaños dit qu'il livrera une bataille défensive sur la position de Calahorra et qu'il ne prononcera aucun mouvement ni sur Lodosa ni
sur un autre point. On a reçu avis qu'un corps français, qu'on dit être celui de
Soult, est arrivé de Lerma pour renforcer l'ennemi à Logroño. Les deux Palafox demandent que toute l'armée, sauf la division de La Peña, traverse l'Èbre
pour venir prendre position sur l'Aragon : c'est toujours le même projet extravagant (qui a peut-être été inspiré par Doyle) d'aller intercepter les passages
des Pyrénées. Castaños a refusé et a demandé au contraire que les Aragonais
vinssent sur la rive droite du fleuve pour défendre avec lui la position de Calahorra. L'horizon est bien sombre dans ces conjonctures. C'est la Junte qui sera
cause de la ruine générale.

Francisco Palafox et Montijo sont partis « en courrier » ce matin pour Madrid sans prendre congé de Castaños. Je me rends à Tudela, où l'on vient justement d'apprendre qu'une division française, qu'on dit être celle de Dessolles,
se trouve à Osma, marchant sur Almazan et Soria. Cette nouvelle a déterminé
Castaños à quitter la position de Calahorra, et à battre en retraite sur celle de
Tarazona—Tudela ; mais cette dernière est beaucoup trop étendue.

Le délégué Palafox a envoyé l'ordre aux troupes de son frère de venir à Tudela. Peut-être que le mieux serait de marcher sur Soria dans le but de tomber
immédiatement sur la division Dessolles : ce serait une excellente occasion de reprendre la route de Madrid et de se retirer derrière le Duero.

22 novembre. — L'ennemi s'est présenté « en bataille » hier au soir devant
Calahorra ; on dit que c'est Moncey ; les Espagnols se sont retirés à la faveur de
l'obscurité. Le quartier général est maintenant établi à Tudela. Dans une réunion tenue chez Coupigny, j'ai entendu dire de tels non-sens, relativement au
mouvement à exécuter en avant de Pampelune, au pied des Pyrénées, que
dans les circonstances présentes, je trouve qu'il faut être fou pour dire de pareilles choses. Palafox semblait résolu à ne pas ramener ses troupes sur cette
rive de l'Èbre ; cependant les Aragonais sont arrivés assez tard dans la soirée,
et maintenant l'armée qui est ici présente une force totale de 45,000 hommes,
d'après l'estimation de Doyle. Ce dernier est venu me voir, mais ne m'a pas dit
un seul mot au sujet du plan insensé (mouvement par la région de Pampelune)
dont il a été, à ce que je crois, un grand partisan, si même il n'en est pas
l'auteur.

23 novembre. — « L'ennemi, avec un parti de cavalerie, pénétra jusqu'au-
« près de la ville (Tudela), vers 9 heures du matin, et y produisit une grande
« confusion. Les troupes coururent aux armes et se formèrent derrière la ville.
« Vers 11 heures, les Français, qui s'étaient formés dans la plaine au delà des
« plantations d'oliviers, commencèrent à attaquer : ils se présentèrent sur plu-
« sieurs lignes et plusieurs colonnes, avec beaucoup de cavalerie sur leurs
« flancs. Ils prirent l'offensive sur les deux ailes (de l'armée d'Aragon), et
« leurs attaques bien soutenues sur ces deux points réussirent. La retraite fut
« une fuite. Les Français avaient envoyé un peu de cavalerie et d'infanterie
« dans la plaine à leur droite pour surveiller Cascante où se trouvait la divi-
« sion de La Peña. Deux régiments furent envoyés de Cascante dans la
« plaine(²) et se comportèrent remarquablement bien. Départ pour Borja. »

24 novembre. — Dans la nuit du 23 au 24 novembre, après minuit, départ
pour Illueca par un mauvais chemin de montagne ; La Peña arrive à Borja.

25 novembre. — D'Illueca à Calatayud.

26 novembre. — Adieux à Castaños et départ pour Madrid.

30 novembre. — Arrivée à Madrid ; on vient d'apprendre que la Somosierra est forcée.

1ᵉʳ décembre. — Grande agitation à Madrid : le peuple prend les armes et
barricade les rues. On m'arrête comme espion ; on m'a pris pour un Français !
A midi, départ pour Guadarrama. Rencontré en route le général San Juan
avec les débris de son armée, marchant de San-Ildefonso sur l'Escorial.

2 décembre. — Dépassé le général Charles Stewart(³) et sa cavalerie à

---

(1) Ceci est à l'adresse de José Palafox qui, pendant le conseil tenu dans la nuit du
22 au 23 novembre, proposa encore d'exécuter son mouvement sur les derrières des
Français.

(2) C'est-à-dire à Urzante.

(3) Plus tard Lord Londonderry.

Fontiveros et le général Hope à Peñaranda. Arrivée à Salamanque à 8 heures du soir.

3 décembre. — Le général Moore, après avoir appris la défaite de Tudela, avait résolu de prononcer un mouvement général de retraite, mais la nouvelle de la résistance de Madrid le détermine à changer ses plans.

6 décembre. — Envoyé par le général Moore pour prendre des renseignements relatifs à la défense de Madrid; départ pour Alba-de-Tormès et traversée des montagnes.

7 décembre. — Arrivée à Talavera où se trouvent deux membres de la Junte centrale, et où l'on vient d'apprendre que Madrid a capitulé le 3 décembre : San Juan a été assassiné dans cette ville ce matin, victime de la fureur de la populace à propos de la retraite de Madrid.

8 décembre. — Envoi de dépèches à Sir John Moore par un courrier expédié par les deux députés. Rencontre avec le colonel Lopez. Départ à 9 heures pour Salamanque.

9 décembre. — Arrivée à Salamanque.

10 décembre. — Ma lettre, envoyée par le courrier, est arrivée ce matin seulement quoique ma route fût de 10 ou 12 lieues plus longue que la sienne.

Résumé et extraits du Journal de Vaughan.

16 octobre. — Départ de Madrid pour Saragosse en compagnie du général Doyle(1).

18 octobre. — Arrivée à Saragosse; je rencontre hors de la ville Palafox qui m'invite à demeurer avec lui au palais archiépiscopal.

19 octobre. — Castaños arrive à Saragosse pour conférer avec Palafox : ce dernier le promène autour de la ville pour lui montrer les travaux défensifs.

20 octobre. — « Les lignes générales du plan convenu (entre Palafox et « Castaños) sont les suivantes : l'armée d'Aragon s'avancera depuis Sanguessa « jusqu'aux Pyrénées et s'étendra dans les vallées de Roncal, Salazar et Ron-« cevaux, tandis que le général Castaños s'avancera sur Sanguessa en déta-« chant un corps d'observation devant Pampelune. Le général Blake sera prié « de marcher sur la Biscaye et le Guipuzcoa pour se réunir aux Aragonais sur « les derrières des Français. »

21 octobre. — Au moment même où Castaños quittait Saragosse, on reçoit des nouvelles du général Blake qui font ajourner l'exécution du plan convenu hier. On écrit à Blake pour le prier de ne pas prendre l'offensive avant que les opérations aient commencé de notre côte. Mais Blake a probablement dû s'arrêter, car il écrit qu'on lui signale l'arrivée de nombreux renforts français en face de lui; une lettre interceptée du gouverneur de Bayonne au maréchal Jourdan lui a appris que du 16 octobre au 16 novembre, 20 régiments d'infanterie et 15 régiments de cavalerie, venant d'Allemagne, arriveront à Bayonne.

22-29 octobre. — Séjour à Saragosse.

30 octobre. — Départ de Saragosse, avec la suite de Palafox, qui va visiter l'armée d'Aragon accompagné du général Doyle, du duc de Villahermosa, etc.

Arrivée à Exea, où se trouve cantonnée une partie de la division Saint-March : il y a deux régiments d'infanterie et 300 dragons. « L'infanterie est bien ha-« billée et composée d'hommes de belle mine, surtout le nouveau régiment de « Valence (Turia) : l'autre corps est un vieux régiment de ligne (volontaires de « Castille). La cavalerie comprend un escadron du régiment de Numance, re-« marquablement bien habillé dans son ancien uniforme jaune à revers noirs. « Toutes ces troupes ont été admirablement équipées par les soins de la Junte « de Valence; le reste de la cavalerie consiste en un escadron de dragons « nouvellement créés en Aragon. Il y avait quatre pièces de campagne avec « le détachement. »

1er novembre. — Départ de Exea pour Sadava, où Palafox passe en revue une autre fraction de la division Saint-March; « les troupes étaient bien équi-

---

(1) Le lieutenant-colonel anglais Doyle, détaché auprès de Palafox, avait été nommé général dans l'armée espagnole.

pées, et aussi bien armées et habillées que celles que nous avions vues la veille à Exea. » Total 4,400 hommes d'infanterie et 500 chevaux dans les deux villes ; le reste de la division n'a pas encore rejoint.

Arrivée dans la soirée à Sanguessa, quartier général de la division O'Neille.

2 novembre. — La division O'Neille comprend 9,168 fantassins et seulement 200 cavaliers ; ces derniers sont des lanciers quoiqu'on les appelle dragons. Une pluie continuelle empêche de passer la revue projetée et les troupes sont renvoyées dans leurs cantonnements. La division O'Neille offre un contraste pénible avec celle de Saint-March ; « les soldats étaient pour la plupart habillés « misérablement ; seul le régiment de Valence (2ᵉ) a reçu ses uniformes ; la « Junte de cette province s'est montrée bien supérieure aux autres par son zèle « et ses talents d'organisation. Les Murciens et les Aragonais n'ont guère « d'autre vêtement que leur *poncho:* sous ce *surtout* la plupart des soldats « n'ont que leur chemise et de légers pantalons de toile : ils n'ont aux pieds « que des sandales; c'est lamentablement insuffisant pour faire un service de « guerre dans les montagnes de la Navarre pendant la mauvaise saison. » Toutefois on attend de jour en jour des ressources en vêtements.

3 novembre. — Force de l'armée espagnole en première ligne d'après les dernières évaluations :

1° En Biscaye :

Armée de Galice (d'après un rapport envoyé par Blake à la Junte).	22,728 hommes.
Troupes asturiennes, environ.	8,000 —
Troupes de La Romana dont on attend l'arrivée.	10,000 —
Total	40,728 hommes.

2° Armée du centre :

A Nalda.	2,000 hommes.
A Ausejo	1,000 —
A Calahorra.	6,000 —
A Alfaro et Corella.	13,000 —
A Tudela	10,000 —
Armée de Castille, vers Logroño	10,000 —
Total	42,000 hommes.

dont environ 4,000 cavaliers.

3° Armée de la droite (d'Aragon) :

Division O'Neille à Sanguessa et Lumbier.	9,168 hommes.
Division Saint-March à Exea et Sadava	4,440 —
Reste de la division Saint-March attendu à Exea le 3 novembre .	4,000 —
Réserves aragonaises attendues de Saragosse avec 820 cavaliers dont 620 Murciens	2,500 —
Total	20,108 hommes.

4° L'armée d'Estremadure est estimée forte de 23,624 fantassins et 7,906 cavaliers. L'armée française est évaluée comme suit :

Troupes qui abandonnèrent Madrid en juillet	43,000 hommes.
Renforts reçus en septembre.	8,000 —
Renforts reçus en octobre	22,000 —
Total	73,000 hommes.

Palafox a reçu une lettre d'un émissaire secret qui lui donne le total des renforts qui ont passé par Bayonne jusqu'au 1ᵉʳ novembre, soit : 24,601 hommes d'infanterie de ligne, 3,662 d'infanterie légère, 3,500 de cavalerie.

4 novembre. — On apprend qu'une délégation de la Junte centrale est arrivée à Tudela avec ordre de faire prendre l'offensive aux armées d'Aragon et d'Andalousie ; la délégation est composée de Francisco Palafox, Coupigny et Montijo. José Palafox part pour Tudela afin de conférer avec les délégués et Castaños.

5 novembre. — Arrivée à Tudela avec la suite de Palafox. Pendant que se tenait le conseil de guerre je visite les cantonnements de l'armée d'Andalousie : « les troupes sont bien habillées et ont une apparence bien militaire ; le

« général Castaños a mélangé ses nouvelles levées avec de vieux cadres, car
« on a remarqué que les paysans, malgré leur enthousiasme et leur courage
« individuel, n'avaient jamais pu résister seuls à une attaque régulière. On s'en
« est aperçu en dernier lieu à Logroño, lorsque les levées de Castille se sont
« enfuies honteusement. Leur conduite a donné au général un excellent prétexte
« pour les dissoudre et les disperser dans les vieux régiments réguliers. »

6 novembre. — Le conseil de guerre a duré jusqu'à minuit. « Il a été décidé
« qu'une attaque combinée serait immédiatement exécutée sur Caparroso où
« l'ennemi est en forces. Les deux armées de Palafox et de Castaños doivent se
« mettre en mouvement le 7 novembre. »

Dans la soirée du même jour, Castaños déclare que le plan est inexécutable
parce qu'il serait impossible de nourrir 16,000 Aragonais et 20,000 Andalous
dans la région déserte et privée de ressources qui avoisine Caparroso et Sanguessa, si l'on ne constituait pas auparavant des magasins considérables. Les
troupes étant approvisionnées par des convois venant de Castille, elles mour-
raient de faim si elles traversaient l'Èbre sans avoir des réserves de vivres.
« Ces arguments ne semblent pas satisfaire le caractère entreprenant du général
« Palafox, qui était convaincu qu'il y avait grand intérêt à agir immédiatement
« pour dégager Blake de l'étreinte de l'ennemi; le refus du général Castaños
« aura pour effet d'augmenter encore les soupçons que les Aragonais font déjà
« peser sur lui. » Il ne paraît pas avoir confiance dans le résultat d'opérations
actives entreprises par les Espagnols seuls, et il voudrait attendre l'arrivée de
Sir John Moore et de l'armée anglaise. On prétend que c'est intentionnellement qu'il n'a pas présenté d'objections au conseil de guerre, parce qu'il savait
bien que les délégués de la Junte les auraient rejetées, et l'on dit qu'il a recu-
lé la déclaration de son refus de marcher jusqu'au moment où les deux Palafox étaient en route pour rejoindre l'armée d'Aragon.

8 novembre. — On reçoit avis de la défaite de Blake à Zornoza.

9 novembre. — Castaños commence à se concentrer à Calahorra, et les
Aragonais reçoivent l'ordre de descendre la rivière d'Aragon afin de venir au
contact de l'armée du centre.

13 novembre. — La division O'Neille arrive à Caparroso, que les Français
abandonnent à son approche.

14 novembre. — O'Neille occupe Caparroso.

17 novembre. — « Le général Palafox part de Saragosse pour aller prendre
« le commandement de son armée dans le mouvement combiné qui avait été
« décidé contre les Français réunis près du pont de Logroño et de Lodosa. Je
« me trouvais avec le général Doyle, qui en cette circonstance suivait le général
« Palafox.

18 novembre. — « L'armée d'Aragon devait s'avancer le 18 novembre en
« partant de Caparroso, le long de la rive gauche de l'Ebre. Mais à notre arri-
« vée au quartier général nous apprîmes que le général Castaños avait reçu des
« renseignements qui le décidaient à surseoir à l'attaque; on savait que le gé-
« néral Blake avait été obligé de battre en retraite, mais on supposait que son
« armée continuait toujours à occuper l'attention d'une partie considérable des
« forces de l'ennemi. »

Autour de Caparroso il y a l'espace nécessaire pour faire camper toute l'armée
d'Aragon (18,000 hommes) et son artillerie.

19 novembre. — Les Français attaquent les avant-postes aragonais à Tafalla et à Olite. On fait partir de Caparroso un détachement de 4,000 hommes
pour soutenir les avant-postes. Je suis ces troupes, ainsi que Doyle, et nous
assistons à une escarmouche sans résultat entre les Aragonais et les Français au
pont de Falces. En même temps, la division Saint-March avait un engagement
indécis quelques milles plus bas.

20 novembre. — Doyle est envoyé en Catalogne, et je vais retourner à Madrid; je prends congé de Palafox et me charge de porter les rapports de Doyle
à M. Stuart à Madrid.

21 novembre. — Départ de Caparroso, et arrivée à Cintruenigo, quartier-
général de Castaños; rencontre avec Francisco Palafox qui me dit que les mouvements des Français sur le front de Castaños sont tellement menaçants, qu'il
a envoyé une dépêche à son frère pour le prier de faire venir à Tudela toute
l'armée d'Aragon. De plus, les nouvelles de l'arrière annoncent qu'une division
française de 6,000 hommes d'infanterie et 2,000 de cavalerie se trouve à Osma,
marchant sur Almazan. Ainsi menacé sur son flanc, Castaños a décidé de

battre en retraite et de prendre position sa droite restant sur la Sierra del Moncayo et sa gauche sur Agreda.

22 novembre. — Départ pour Madrid par la route directe d'Almazan ; arrivée à Agreda pour coucher : l'épouvante règne dans la ville où le bruit court que les Français approchent : les habitants se préparent à fuir.

23 novembre. — Départ à l'aube ; à Almenar, à cinq lieues d'Agreda, des paysans fugitifs annoncent que les Français ont occupé Almazan et qu'ils marchent sur Soria et Agreda. Toute la population a pris la fuite, et le bétail est emmené dans les montagnes. J'abandonne la grande route, prends un mauvais sentier de traverse et j'arrive dans la soirée à Cetina dans la vallée du Xalon.

24 novembre. — Apres une marche forcée de trente heures, j'atteins Madrid ; en passant à Medinaceli, j'avais failli tomber dans une patrouille de cavalerie française qui heureusement ne m'aperçut pas.

25-26 novembre. — La populace de Madrid est indignée et murmure contre Castaños ; ce dernier a été destitué par la Junte et remplacé par le marquis de La Romana.

26 novembre. — On apprend la défaite de Tudela. M. Stuart me charge de porter cette nouvelle au général Moore à Salamanque et aux ministres à Londres.

27-29 novembre. — « Je quittai Madrid vers 2 heures le 27 et j'arrivai à Sa« lamanque dans la soirée du 28 apres m'être arrêté quelque temps pendant la
« nuit à Arevalo, ou je trouvai le général Hope (¹). La distance de Madrid à Sala« manque est de 38 lieues et demie d'Espagne ou 154 milles que je ne parcourus
« qu'en trente heures parce que je tombai plusieurs fois sur des chevaux de
« poste fatigués. Je passai la nuit à Salamanque et partis à 2 heures le jour sui« vant, 29 novembre, avec des dépêches pour Sir David Baird et des dépêches de
« Sir John Moore pour l'Angleterre. »

29 novembre. — Arrivée à Astorga.

30 novembre. — Départ d'Astorga pour la Corogne.

2 décembre. — Arrivée à la Corogne.

4 décembre. — Départ pour l'Angleterre.

13 décembre. — Arrivée à Plymouth après une mauvaise traversée.

----

(1) Dans la nuit du 27 au 28 novembre, le général Hope se trouvait à Villacastin ; il n'y avait à Arevalo que quelques vedettes de cavalerie. Vaughan a donc certainement commis une erreur et a voulu dire Villacastin pour Arevalo.

SITUATIONS

bre 1808.

ARMÉE D'ARAGON OU DE RÉSERVE

Situation des troupes en campagne en novembre 1808.

Commandant en chef :
Le capitaine général Don José PALAFOX Y MELCI.

1ʳᵉ Division.
Général O'NEILLE.

		Hommes.
Gardes espagnoles . . .	R	609
Extremadure.	R	600
Volontaires d'Aragon . .	R	1,141
1ᵉʳ infanterie légère de Saragosse.	N L	614
4ᵉ Tercio d'Aragon . . .	N L	1,144
2ᵉ de Valence	N L	869
1ᵉʳ volontaires de Murcie.	N L	1,029
2ᵉ — — .	N L	968
Huesca	N L	1,219
Chasseurs de Ferdinand VII (Aragonais) . . .	N L	386
Suisses de l'Aragon . .	N L	829
Carabiniers de Navarre.	N L	227
Dragons du Roi	R	169
Artillerie	R	79
Sapeurs.	R	47
Total.		9,926

D'après une situation du *Record Office*, publiée par M. Charles Oman.

2ᵉ Division.
Général DE SAINT-MARCH.

Volontaires de Castille.	R	3 bat.
Milice de Soria	M	1 .—
Turia.	N L	3 —
Volontaires de Bourbon.	N L	1 —
Alicante	N L	3 —
Chelva	N L	1 —
Chasseurs de Ferdinand VII (Valenciens) . .	N L	1 —
Ségorbe	N L	1 —
Dragons de Numance .	R	1 rég. (620 h.)
Sapeurs	R	1 cⁱᵉ.

Total : 9,060 hommes. } 14 bat. d'infanterie. 1 rég. de cavalerie. 1 compⁱᵉ du génie.

D'après les chiffres du Journal de Vaughan donnés par M. Ch. Oman. (Vaughan vit 4,400 hommes le 1ᵉʳ novembre à Exea et Sadava, et le 3 novembre il parle de 4,000 hommes et 620 chevaux qui arrivent à Exea. Total : 9,060.)

1ʳᵉ division	9,926 hommes.
2ᵉ division	9,060 —
Total	18,986 hommes.

R signifie régiment de l'armée régulière.
M signifie bataillon de milice.
N L signifie régiment de nouvelle levée.

*

TABLE DES MATIÈRES

TABLE DES CARTES ET CROQUIS

*Les cartes et plans ci-dessous sont réunis en une pochette
à la fin du volume.*

Plan du défilé de Somosierra à $\frac{1}{20,000}$.

Plan de la bataille de Tudela à $\frac{1}{35,000}$.

Carte à $\frac{1}{740,000}$ donnant la situation générale le 23 novembre au matin.

Carte à $\frac{1}{740,000}$ donnant la situation générale le 2 décembre au soir.

Nancy, imprimerie Berger-Levrault et Cⁱᵉ.

PHYSIONOMIE DE LA BATAILLE FUTURE

d'après nos nouveaux Règlements d'infanterie et d'artillerie. 1902. Brochure in-8 . . . . **1 fr.**

Gabriel ROUQUEROL

CHEF D'ÉTAT-MAJOR DE L'ARTILLERIE DU 2ᵉ CORPS D'ARMÉE

L'EMPLOI DE L'ARTILLERIE DE CAMPAGNE

A TIR RAPIDE

2ᵉ tirage. 1903. Un volume in-8 de 365 pages, avec figures, broché. **5 fr.**

ORGANISATION DE L'ARTILLERIE DE CAMPAGNE

A TIR RAPIDE

Un volume in-8 de 311 pages, broché. . . . . **5 fr.**

La Campagne de Chine (1900-1901) et le matériel de 75, par V. TARIEL, lieutenant-colonel d'artillerie. 1902. Un volume in-8 de 109 pages, avec 12 figures et une carte spéciale hors texte, broché. . . . . . **2 fr. 50 c.**

L'Artillerie de campagne française. *Organisation. Armement. Instruction. Tir. Combat,* d'après le règlement du 16 novembre 1901, commenté par le général H. ROHNE. Traduit de l'allemand par F***, capitaine d'artillerie. Un volume in-8, avec figures . . . . *(Sous presse.)*

L'Artillerie de campagne (1792-1901). *Étude technique et tactique. Artillerie lisse. Artilleries française et allemande en 1901,* par J. CAMPANA, lieutenant au 11ᵉ régiment d'artillerie. 1901. Un volume in-8 de 423 pages avec un portrait, 24 figures et 4 cartes, broché . . . . **5 fr.**

Colonel CHERFILS

ESSAI SUR L'EMPLOI DE LA CAVALERIE

Leçons vécues de la guerre de 1870, faites en 1895 à l'École supérieure de guerre. Un volume grand in-8 de 700 pages, avec un atlas in-4, comprenant une carte générale grand in-folio et 10 croquis en couleurs. Prix . . . . **15 fr.**

CAVALERIE EN CAMPAGNE

Études d'après la carte. 2ᵉ édition augmentée. 1893. Un volume grand in-8 de 352 pages, avec 4 cartes, broché . . . . **6 fr.**

BERGER-LEVRAULT ET Cie, ÉDITEURS

PARIS, 5, RUE DES BEAUX-ARTS. — 18, RUE DES GLACIS, NANCY

ÉTAT-MAJOR DE L'ARMÉE (SECTION HISTORIQUE)

Commandant BALAGNY

CAMPAGNE DE L'EMPEREUR NAPOLÉON
EN ESPAGNE (1808-1809)

TOME Ier : Durango. Burgos. Espinosa. 1902. Un volume in-8 de 5oo pages, avec 14 cartes, plans et croquis, broché. . . . . **12 fr.**

CAMPAGNE DE 1809 EN ALLEMAGNE ET EN AUTRICHE
Par le Commandant SASKI

Tome Ier. — Un volume in-8 de 595 pages, avec une carte et 4 croquis, broché. . **10 fr.**
Tome II. — Un volume in-8 de 394 pages, avec 7 cartes, broché . . . . . . **10 fr.**
Tome III. — Un volume in-8 de 412 pages, avec 1 carte et 2 croquis, broché. . **10 fr.**

Campagne de l'an 14 (1805). — Le Corps d'armée aux ordres du maréchal Mortier. — *Combat de Dürrenstein,* par le Capitaine ALOMBERT, de la section historique de l'état-major de l'armée. 1897. Un volume in-8, avec carte, croquis et gravure, br. **6 fr.**

Bautzen. — I. Une bataille de deux jours. 20-21 mai 1813, par le lieutenant-colonel FOUCART. 1897. Un volume in-8 de 349 pages, avec 4 croquis, broché. . . **5 fr.**
Bautzen. — II. La Poursuite jusqu'à l'armistice, 22 mai-4 juin 1813, par le même. 1901. Un volume in-8 de 379 pages, avec 1 croquis grand in-folio, broché. **5 fr.**

La Cavalerie napoléonienne peut-elle encore servir de modèle ? par le lieutenant-colonel A. AUBIER, du 15e chasseurs. 1902. Un volume gr. in-8, broché. **3 fr.**

ÉTUDES DE MARCHES — IÉNA-SEDAN

Marches de la Grande-Armée en 1806 (jusqu'à Berlin). — **Marches des armées allemandes en 1870 (du 31 juillet au 1er septembre),** par le général FAY, ancien commandant du 11e corps d'armée. Album-portefeuille grand in-4, comprenant 56 pages de texte, 36 pages de tableaux et 2 superbes cartes des marches en 5 couleurs, gr. in-folio. **10 fr.**

LA GUERRE CONTEMPORAINE DANS LES BALKANS

et la **Question d'Orient (1885-1897),** par le lieutenant G. BECKER, du 16e bataillon de chasseurs. Un volume in-8, avec 13 cartes in-folio en couleurs, broché. . . . . . **10 fr.**

LA GUERRE SERBO-BULGARE DE 1885

Combats de Slivnica (17, 18 et 19 novembre), par le Colonel REGENSCHASKY, de l'armée austro-hongroise. Traduit de l'allemand par le lieutenant BARTH, du 54e régiment d'infanterie. 1897. Un volume in-8 de 236 pages, avec 2 cartes et 3 tableaux, broché. **5 fr.**

LA GUERRE SUD-AFRICAINE

Par le capitaine G. GILBERT. Préface de M. le général BONNAL, avec 2 portraits de l'auteur et 15 cartes ou croquis. 1902. Un beau volume in-8 de 637 pages, broché. . . **7 fr. 50 c.**

Nancy, impr. Berger-Levrault et Cie.

9 780274 803